KB149400

금융의 역사

문명을 꽃피운 5천 년의 기술

금융의 역사

문명을 꽃피운 5천 년의 기술

초판 1쇄 펴낸날 | 2019년 7월 25일
초판 5쇄 펴낸날 | 2021년 8월 25일

지은이 | 윌리엄 N. 괴츠만
옮긴이 | 위대선
펴낸이 | 류수노
펴낸곳 | 한국방송통신대학교 출판문화원
　　　　우-03088 서울시 종로구 이화장길 54
　　　　전화 (02)3668-4764
　　　　팩스 (02)741-4570
　　　　홈페이지 http://press.knou.ac.kr
　　　　출판등록 1982년 6월 7일 제1-491호

출판위원장 | 이기재
편집 | 박혜원·이두희·이강용
본문 디자인 | 티디디자인
표지 디자인 | 김민정

ISBN 978-89-20-03436-7 03320

값 39,000원

Money Changes Everything

이 도서의 국립중앙도서관 출판예정도서목록(CIP)은 서지정보유통지원시스템 홈페이지 (http://seoji.nl.go.kr)와
국가자료공동목록시스템(http://www.nl.go.kr/kolisnet)에서 이용하실 수 있습니다.(CIP제어번호: CIP2019026056)

MONEY CHANGES   EVERYTHING

금융의 역사

문명을 꽃피운 5천 년의 기술

윌리엄 N. 괴츠만 지음 | 위대선 옮김

지식의날개

차례

감사의 글 6
서문 8

1부 — 쐐기문자에서 그리스·로마 문명까지   27

1장   금융과 문자   33
2장   금융과 도시   48
3장   금융구조   66
4장   메소포타미아의 황혼   91
5장   아테네 금융   101
6장   화폐혁명   127
7장   로마의 금융   142

2부 — 중국이 금융에 남긴 유산   187

8장   중국 최초의 금융계   195
9장   통일과 관료제   225
10장   금융의 분기   259

3부 — 유럽이라는 도가니   269

11장   성전과 금융   273
12장   베네치아   292
13장   피보나치와 금융   316
14장   불멸하는 채권   330

15장   확률을 발견하다   341

16장   효율적 시장   364

17장   주식회사 유럽   381

18장   주식회사와 탐험   401

19장   기획의 시대   421

20장   프랑스에 인 거품   456

21장   호일에 따르면   477

22장   증권화와 부채   503

4부 ─ 국제금융시장 출현   529

23장   마르크스와 시장   536

24장   중국의 금융업자들   560

25장   러시아라는 곰   585

26장   케인스가 구조하러 간다   600

27장   금융의 신세계   617

28장   미래 재설계   652

29장   전후 이론   666

결론   685

후주   688

참고문헌   704

그림 출처   716

옮긴이의 글   718

감사의 글

이 책의 초고를 읽고 의견을 준 내 친구와 동료들에게 고마운 마음을 전한다. 편집자 세스 디칙, 동료 헤이르트 라우번호르스트, 릭 프레헌, 다비드 르브리, 마틴 슈빅, 천즈우, 더글러스 레이, 발레리 한센, 헨리 핸스먼, 익명의 검토자 세 명이 그들이다. 그리고 고인이 된 아버지 윌리엄 H. 괴츠만은 누구보다도 이 계획을 진행하는 내내 용기를 북돋워 주고 지원을 아끼지 않았으며, 늘 독자와 폭넓게 소통해야 한다고 강조했다. 이 저술의 핵심을 해결하는 데 실용적인 도움을 준 리 앤 클라크, 이 책에 나오는 그림을 훌륭하게 처리해 준 조해너 팔라시오에게도 감사드린다. 중국 관련 부분을 세심히 편집해 준 천위안에게도 큰 빚을 졌다. 울라 카스텐은 내가 여러 해 동안 예일 대학교 바빌로니아 도서관 자료를 확인하는 데 도움을 주었다.

내가 바른 방향으로 가도록 조언하고 지적해 준 벤 포스터, 마르크 판 더 미어로프, 엘리자베트 쾰, 로버트 실러, 티머시 영, 캐서린 레이비어, 조너선 스펜스, 스티븐 핑커스, 나오미 라모로 등 학자에게도 감사드린다. 내가 사회에 첫발을 디딜 무렵 학계에 한 획을 그은 고고학 탐사대의 일원으로 받아 준 윌리엄 피츠휴와 하비 와이스에게도 감사드린다. 그리고 금융역사상 보기 드문 문서가 이 책에 실릴 수 있도록 주선해 준 친구 윌리엄 리스에게 고마운 마음을 전한다.

특히 여러 해 동안 나를 지원해 준 예일 경영대학원에 감사드린다. 내가 금융역사상 중요한 현장을 찾고 옛 금융문서를 모아 연구하면서 세계 이곳저곳을 찾아 자료를 살펴보고 옛 자본시장 자료를 구축하며 해당 분야에서 손꼽히는 학자들과 알찬 토론을 벌이고 발상을 교류하여 금융역사의 흐름과 여러 사건을 상세히 연구하게 된 것은, 예일 대학교가 댄 자금과 익명의 기부자가 국제금융연구센터International Center for Finance에 기부한 덕분이다. 잔 일라이어스, 앤드리아 너지스미스, 진 로즌솔의 연구 사례는 비록 이 책에 직접 포함되지는 않았지만 금융의 역사라는 주제를 깊고 폭넓게 이해하는 데 도움이 되었다. 무엇보다도 지성을 관용하는 분위기를 조성하고 학제 간 연구를 일관되게 장려한 예일 대학교에 감사드린다.

서문

보통 사람에게 금융이란 그저 추상적이고 수학적인 주제일 뿐이다. 이따금 발생하는 놀라운 위기 상황에서 잠시 주목을 받거나 탐욕의 상징으로 취급되는 정도이다. 하지만 사실 금융은 지난 5,000년 동안 인류사회가 발전하는 데 필요 불가결한 요소였다. 최초의 도시가 발전하고, 그리스와 로마에서 제국이 등장하며, 세계를 탐험하는 데 핵심 역할을 한 것도 금융이다.

금융의 역사는 흥미진진하다. 예컨대 문자가 고대 서남아시아에서 발명된 목적은 무엇보다도 금융계약을 기록하는 데 있었다. 시간과 위험을 정교하게 다룬 모형이 최초로 출현하는 데도 금융이 핵심 역할을 했다. 아테네가 황금기를 맞은 것은 소크라테스 덕분이기도 하지만, 또한 금융소송 덕분이기도 하다. 로마가 정교한 금융조직을 갖추지 못했다면 그 막대한 부를 수백 년 동안 지탱하지 못했으리라. 고대 중국 문명에서는 독자적으로 발달한 금융 전통에 따라 통치자가 광대한 제국을 하나로 묶어 냈다.

근대 유럽에서 금융은 위험을 계량하고 분석하는 새로운 수학 전통을 만들어 내는 한편, 전례 없는 탐험과 발견의 시대를 가능케 했다. 아시아나 아메리카와 교역할 자본을 모으는 수단으로서 새로 출현한 금융구조가 주식회사이다. 금융은 산업혁명을 일으킨 중요 요인 가운데 하나이다. 20세기 자본시장은 투자를 민주화하고 주요 사회문제에 새로운 해결책이 등장하도록 이끌었다. 가정의 경제위험을 줄이는 수단인 사회보장제도, 국부펀드, 개인퇴직계좌가 출현한 과정은 금융의 역사와 밀접한 관계가 있다.

이처럼 금융은 인류에게 중요하게 기여하는 한편 부채, 시장 거품, 엄청난 위기, 기업의 착취, 제국주의, 소득 불균형 등 셀 수 없이 많은 문제를 일으키기도 했다. 금융 이야기란 금융이 일을 해내는 방식, 즉 기술에 관한 이야기이기도 하다. 다른 기술이 그렇듯 금융도 혁신을 통해 효율을 높이며 발달했다. 금융 자체는 선하지도 악하지도 않다.

시간과 돈

세계사에 이토록 중요한 전환을 가져온 금융의 힘은 경제적 가치를 지금으로 앞당기거나 나중으로 미루는 데서 나온다. 주택담보대출을 생각해 보자. 주택담보대출은 집을 사려는 사람이 앞으로 30년 동안 매달 돈을 내겠다는 약속을 현재의 일시금으로 바꾸는 것이다. 주택담보대출 개념은 워낙 흔해져서 새삼스레 감탄을 자아내지 못한다. 하지만 집을 사려는 사람은 자기 것도 아닌 거액을 마법처럼 단숨에 얻어 낼 수 있다. 이 엄청난 힘은 어디에서 왔으며, 대체 어떻게 작동하는 것일까? 주택담보대출이 잘못되면 무슨 일이 일어날까? 이러한 의문 등이 이 책에서 다루는 핵심 쟁점이다.

주택담보대출은 돈을 현재로 가져오지만, 대출자가 보기에는 돈을 미래로 옮겨 두는 것이기도 하다. 마찬가지로 은퇴 후가 걱정된다면 미래의 생활자금을 오늘 상당히 할인된 가격에 사 두면 된다. 미래에 존재할 자신을 돌보는 근본 문제가 해결되면 마음이 놀라울 만큼 든든해진다. 그 해결책의 토대는 체결 후 수십 년 동안, 때로는 여러 세기를 넘어서까지 효력이 미치는 약속을 표현하고 실행할 정교한 금융기술 구조에 있다.

금융기술이란 결국 사람이 만들어 낸 타임머신이다. 다만 사람이 아니라 사람의 돈을 시간여행시킬 뿐이다. 그리하여 사람이 현재 처한 경제 상황과 미래에 처할 경제 상황을 바꾸어 놓는다. 또 사람이 생각하는 방식도 바꾼다. 인간은 금융 덕분에 미래를 상상하고 계산하는 능력을 키웠다. 더불어 과거를 더욱 깊이 이해하고 계량하는 능력도 키워야 했다. 역사는 미래를 예측하기 위한 기본 근거이기 때문이다. 금융 때문에 사람은 점점 더 시간에 매인 존재가 되었다. 금융구조는 시간 차원의 가능성 안에 존재하고 또한 그 가능성을 형성한다.

이 책에서는 세계사에서 금융이 발달하며 밟은 주요 단계를 살펴볼 것이다. 나는 문명이 발달하려면 시간과 위험이라는 조건을 관리할 정교한 도구가 필요하다고 전제한다. 금융은 고대 서남아시아에서 최초의 문명과 함께 출현한 이래 수준 높은 사회를 이룬 여러 문화권에서 중요한 역할을 했다. 지난 5,000년 동안 등장한 여러 문명은 모두 유사한 문제와 맞닥뜨렸고, 서로 유사한 금융도구를 발명하거나 빌려 이를 해결했다.

이 책에서 중국을 중요하게 다루는 이유는 바로 문명이 마주하는 경제적 시간·공간의 복잡한 난관을 독자적 방식으로 헤쳐 온 데 있다. 금융도구와 방식 중에는 교역과 종교를 통해 유라시아 대륙 전역에 널리 퍼진 것도 있지만, 중국의 금융은 자체 경로를 밟아 가며 발전했다. 중국에서는 화폐경제와 회계방식과 금융관리 체계가 독자적으로 발달했다. 그리고 서면 유가증권도 세계 최초로 등장했다. 즉, 마르코 폴로가 중국에 와서 사용해 본 지폐는 유럽에서 인쇄술이 출현하기 수백 년 전에 나온 것이다. 중국과 유럽은 서로 다른 역사 경로를 밟았기 때문에 금융 발달과정에서도 공통점뿐 아니라 차이점도 나타난다. 이를 살펴보면 여러 금융기술의 공통점, 유사한 혁신이 독립하여 일어날 수도 있다는 사실, 새로운 생각이 더 넓은 사회·정치·문화 틀 안에서 채택되고 변하며 그 안에 녹아드는 과정을 알게 된다. 왜 중국과 유럽의 금융 발전을 비교했는가 하면, 내가 지난 20년 동안 개인적으로 관심을 두고 연구해 온 주제이기 때문이다. 다만 다른 수많은 문명에서 발견한 근거는 안타깝지만 제외했다.

지난 5,000년에 걸쳐 인류와 도시사회가 보기 드물게 팽창한 사건은, 금융이 인간이라는 종의 능력을 엄청나게 향상시켰다는 사실을 뒷받침하는 증거로 볼 수 있다. 인류는 금융을 통해 생존의 위험을 줄여 왔고, 시간을 넘나들며 자원을 배분하여 성장을 촉진하였다. 하지만 문명의 성장은 그 자체로 문제를 낳기도 하였다. 가장 큰 문제는 시점 간, 즉 현재와 미래 사이의 균형(trade-off)이 유지될 수 있는가에 대한 것이다.

이 책은 문명기술인 금융의 역사를 만들어 온 사람·장소·사물을 내 관점에 따라 서술한 것이다. 여기에 세계금융의 역사를 빠짐없이 집대성했다고 주장하지는 않겠다. 금융이란 너무 방대한 주제이기 때문이기도 하고, 또 학자들이 공동으로 연구하면서 끊임없이 변하기 때문이다. 이 책에는 특히 금융과 문명을 잇는 주제들뿐 아니라, 내가 금융경제학자로서, 그리고 한때 고고학계와 영화업계에 몸담으며 얻은 특별한 개인적 경험이 녹아 있다. 나는 이 모든 경험을 통하여 금융이 사회에서 담당하는 역할을 판단할 여러 기준을 세우고, 금융의 역사에서 두드러진 지점 몇 곳에 서서 금융이라는 주제 전반을 통찰해 보았다. 때로는 이를 내 개인 관점에서 살펴보았음을 양해해 주기 바란다. '무엇이 일어난 장소'라는 준거 틀을 활용하면 더욱 다양한 사실이 드러나기도 한다. 하지만 이야기를 시작하기 전에 우선 금융기술을 개관하고, 문명을 몇 가지 기준에 따라 정의하며, 이 둘 사이를 관통하는 논리적 관계를 살펴보는 것이 올바른 순서이리라.

금융의 기본 요소는 다음과 같다.
1. 시간을 넘나들며 경제적 가치를 재할당한다.
2. 위험을 재할당한다.
3. 자본을 재할당한다.
4. 이러한 재할당 과정을 접근하기 용이하고 정교하게 만든다.

이를 하나하나 설명해 보겠다.

앞에서 들었던 주택담보대출 사례에는 시간을 넘나들며 경제적 가치를 재할당한다는 첫 번째 핵심 요소가 나타난다. 주택담보대출을 포함한 수많은 금융계약은 모두 미래에 어떤 행동을 하겠다고 오늘 맺는 약속이다. 계약은 계약 당사자들에게 유익한 방식으로 현재와 미래를 한데 묶는다.

둘째, 금융은 위험을 재할당한다. 금융계약이 시간을 넘나들며 재할당하려면 현재와 미래를 가르는 불확실성이라는 장벽을 뛰어넘어야 한다. 어쩔 수 없이 감수해야 하는 위험도 있다. 예컨대 운석이 지구에 충돌할 위험이 그렇다. 반면 절차를 밟으면 줄이거나 조정할 수 있는 위험도 있다. 금융계약은 시간 차원에 내재한 위험을 짊어진 후 다양한 당사자에게 할당한다. 예컨대 개별 가구는 생명보험 계약을 이용하여 사망에 따른 위험을 대형 기관으로 옮기고, 기관은 생명보험 계약 각각을 한데 모아 위험을 분산시킨다.

셋째, 금융은 자본을 재할당한다. 예를 들어 주식시장은 투자금을 생산성 높은 기업에 공급한다. 은행은 이익을 낼 잠재력을 갖춘 회사에 대출한다. 이를 통해 금융은 경제성장을 촉진하는 기술로 작용한다.

넷째, 금융은 이러한 재할당 과정을 접근하기 용이하고 정교하게 만든다. 역사가 흐르며 금융이 발달하자 체결할 수 있는 시점 간 계약도 점점 다양해졌다. 이렇게 계약이 다양하고 정교해졌다는 말은, 이를 낳은 사회도 복잡해졌다는 얘기다. 심지어 어떤 계약은 글로 명시할 수 있는 한계에 도전할 정도로 복잡하다. 예컨대 요즘 주택저당증권 mortgage-backed security 계약서는 엄청나게 다양한 조건·권리·의무를 상세하게 다루느라 900쪽이 넘어가기도 한다. 계약이 이렇게 정교해지면 계약이 체결될 '여지'가, 다시 말해 당사자끼리 협상할 차원의 가짓수가 확장된다는 장점이 있다. 그렇게 된다면 단순한 체계에서는 불가능했을 합의도 이끌어 낼 수 있다. 시점 간 계약이 다양하고 정교해졌다는 사실 자체가 바로 금융이라는 기술이 만들어 낸 중요한 이점이다. 이처럼 자유롭게 여러 차원을 넘나들 수 없었다면, 지금 문명을 이루고 있는 근본 활동 중 몇 가지는 불가능했을 것이다.

시간을 넘나드는 재할당

금융계약은 일반적으로 가치를 현재로 옮기려는 사람과 가치를 미래로 옮기려는 사람이 체결한다. 돈을 현재로 옮기는 이유는 크게 소비와 생산 두 가지이다. 소비동기란 지금 써야 할 비용을 충당하고, 식비를 내며, 의료비를 지불하고, 그 밖에 예기치 못하게 발생한 비용을 감당하기 위해 현금이 필요한 것을 가리킨다.

소비자는 위험을 줄이려고 금전 등을 차입한다. 삶은 불확실하므로 예기치 못한 비용이 든다. 금융계약을 활용하면 돈을 빌리거나 미래를 저당 잡혀 당장의 부정적 충격을 완화할 수 있다. 흉작이나 갑작스러운 질병과 같이 극단적 환경에 처해도 긴급자금을 대출하면 일용할 양식을 얻고 병원비를 댈 수 있으므로 좋은 시절과 나쁜 시절의 격차가 줄어든다. 그래서 금융계약은 생존하는 데 필수 도구가 되기도 한다. 한편 금융계약은 정부에도 잠재적 이익을 가져다준다. 정부는 돈을 빌려서 국방비나 재난복구비를 지불한 후 나중에 세금을 걷어 빚을 갚는다. 이러한 금융기능을 경제학 용어로는 '시점 간 소비조정intertemporal smoothing of consumption'이라고 한다.

생산자의 차입은 소비자의 차입과는 다르다. 생산자의 차입은 성장을 전제로 하므로 경제에서 특별한 역할을 한다. 즉, 현재와 미래 사이에서 경제적 충격을 조정할 뿐 아니라 미래를 바꾸기도 한다. 금융은 자본을 한데 모아 미래에 더 큰 가치를 창출할 사업을 일으킨다. 예컨대 농부가 씨앗을 살 돈을 빌려 파종하고 길러 수확하면 씨앗 원가를 훨씬 뛰어넘는 수익을 올릴 수 있다. 반면 농부가 돈을 빌리지 못한다면 밭을 생산적으로 쓰지 못한다.

또 금융은 인간이 재능을 생산적으로 사용하게 만든다. 금융이 없다면 이미 돈이 많은 사람만 창업할 수 있을 것이다. 금융은 기업을 경영하여 부를 얻으려면 먼저 갖춰야 했을 조건을 제거해 준다. 또 사업계획서의 생산성이 높아 보인다면 사업가는 개인 재산이 많든 적든 자본을 공급받는다. 그런 의미에서 금융은 부가 주는 경제적 이익을 널리 퍼뜨린다. 금융은 생산적 자본에 접할 기회를 민주화하고 자연적 제약을 제거하여 생산성 높은 계획에 자금을 댄다. 이것이 금융과 경제성장을 잇는 기본 논리이다.

소비하고 생산하기 위하여 금융을 사용하다 보면 문제도 생긴다. 소비자에게 대출하면 낭비를 부추기거나 궁지에 몰린 차입자를 착취한다고 비판받는다. 생산자에게 대출한 자본이 잘못된 길로 흘러가기도 한다. 돈을 구하기 쉬워지면 수익성 높은 사업뿐 아니라 어처구니없는 계획에도 자금이 흘러가기 십상이다.

소비와 생산에 드는 돈을 현재로 옮기는 데 사용되는 금융계약은 다양하다. 금융약정은 대출처럼 단순한 것을 포함하여 여러 가지이다. 주식회사나 조합의 지분에는 미래의 고정수입이 아니라 회사 소유권이 딸려 있다. 보험이나 옵션계약을 맺으면 미래에 특정 사건이 일어나거나 조건이 충족되었을 때 돈을 받게 된다. 인류역사 내내 사람들은 생산성 높은 사업에 참여하고 이익을 나눌 계약방식을 다양하게 고안해 냈다. 이 중 몇 가지를 이 책에서 자세하게 살펴볼 것이다.

투자

소비하고 생산하려면 지금 자본을 써야 한다. 그 자본을 공급하는 것이 투자이다. 투자는 미래를 위해 저축하는 데 쓰이는 기본 기술이다. 그래서 연기금은 주식이나 채권 같은 금융자산을 보유한다.

돈을 쓰지 않고 투자하려면 욕구는 나중에 충족해야 한다. 합당한 이유 없이 욕구충족 시점을 늦추려는 사람은 없다. 투자자를 투자하게 만드는 제일 중요한 원인은 미래에 더 많이 소비하리라는 기대이다. 가장 단순한 금융계약인 대출을 살펴보면 대부자는 원금을 돌려받을 때 조금 더 붙는 돈, 바로 이자까지 받으리라고 기대한다. 대출기간이 길어질수록 투자자가 소비할 시점도 그만큼 늦어지고, 따라서 보상으로 더 많은 이자를 약속받는 것이 보통이다.

투자수익률은 '시간의 가격'이라고 볼 만하다. 돈의 시점 간 수요와 공급 사이에서 균형을 잡아 주는 것이 투자수익률이다. 투자자의 요구와, 소비자 및 생산자의 요구 사이에서 균형을 잡는 것이다. 예컨대 이자율이 지나치게 낮다면 투자자는 돈을 저축하기보다는 지금 써 버리려 할 것이다. 이자율이 지나치게 높다면 생산자는 자금을 차입하여 얻을 기대수익으로 차입금을 갚기 어려워서 계획을 포기할 것이다.

이처럼 단순해 보이는 균형관계는 전 세계에 영향을 끼친다. 투자자본의 생산성은 전 세계의 소비자·생산자·투자자를 매개한다. 오늘날 투자자는 금융기관과 시장을 통하여 소비자 및 생산자와 이어진다. 균형은 매우 미묘하다. 금융시장이 붕괴하면 투자자는 기업으로 자본을 덜 보낼 것이다. 이 등식에서 중요한 요소가 인구이다. 전 세계 인구의 기대수명이 길어지면 저축해야 할 필요성도 높아진다. 세계 인구가 고령화되면서 소비자 대 생산자 비율도 낮아진다. 금융은 현재와 미래를 매개할 뿐 아니라 젊은이와 노인도 매개한다.

또 현재와 미래 사이의 금융 등식이 제대로 작동하려면 경제가 진정 성장해야 한다. 사업기회를 잡기 쉬운 세상에서는 그런 조건이 당연히 충족되겠지만, 개발도상국의 성장률이 둔화되어 선진국 성장률에 근접하는 지금은 미래 성장동력을 찾는 일이 점점 어려워진다. 성장의 한계라는, 그리고 그 결과 발생할 현재와 미래의 경제적 가치 단절이라는 악령은 오래전부터 경제학자와 경제기획 담당자의 골칫거리였다.

문화 대 금융

금융이란 추상적 관념일 뿐이라고 생각하기 쉽다. 사실 시간을 뛰어넘는다는 개념부터가 추상적이다. 하지만 인간의 문화와 행동에는 금융이 깊이 뿌리내리고 있다. 사회는 금융을 도덕적·문화적 맥락에 놓으려고 힘을 쏟아 왔다. 금융은 중요한 문제를 해결할 수도 있지만, 균형상태를 위협할 수도 있다. 금융은 위기 상황에서 도움을 주는 쪽과 받는 쪽을 바꾸고, 부를 재할당하며, 사회에서 유동성을 높이고 혼란이 일어날 여지를 키운다.

가족이란 어떤 의미에서는 경제적 가치를 서로 다른 시점으로 옮기는 제도 중 가장 기본적인 것이다. 예컨대 부모가 늙으면 자녀가 돌본다는 사회적 약속은 퇴직연금과 마찬가지이다. 동일하게 가족·친구·공동체 구성원 사이에서 선물을 받으면 보답한다는 약속은 금융대출과 같은 기능을 한다. 하지만 대출과는 달리 미래에 받는 보상이 이자가 아니라 사회적 의무이므로 사회 연결망을 느슨하게가 아니라 탄탄하게 만든다.

이러한 약속은 정식 금융계약보다 훨씬 전에 나타났다. 금융은 시점 문제를 어느 정도 해결한 문화에서 등장했다. 그런 의미에서 보자면 금융계약은 완전히 새롭게 등장한 것이 아니라, 시점문제를 해결하는 전통 방식을 대체하거나 개선하면서 등장하여 기존 균형상태에 도전했다.

문화는 시시때때로 금융을 비난했다. 금융위기가 발생했을 때는 더더욱 그랬다. 금융이 기존 사회·경제·정치 제도를 위협했기 때문이기도 하다. 예컨대 일찍이 바빌로니아에도 권력자가 금융업자를 인신공격한 사례가 있다. 18세기 영국에서 최초로 일어난 주식시장 호황에 쏟아진 비난 중에는, 전통적으로 남성이 장악하던 영역에서 단지 여성 투자자가 돈을 벌었다는 것도 있다.

사회는 잠재적 불안 요소인 금융에 재갈을 물리려 했다. 도덕 관점을 들먹이며 제약하기도 한다. 고리대금 금지법은 차입자를 보호한다는 허울을 쓰고 도입되었다. 영국의 거품방지법Bubble Act은 부도덕한 투기를 근절한다는 명목으로 주식회사 창업을 제한했다. 1930년대에는 금융기법과 도구 오용을 규제한다는 목적에 따라 미국 증권거래위원회가 설립되었다. 이처럼 금융계약을 제약하는 움직임은 전문가가 금융 관련 지식이 부족한 사람을 착취하지 못하게 막는 규칙이 있어야 한다는 암묵적·합리적 전제에 근거를 두는데, 전제의 근본에는 금융이 권력을 재편한다는 사실이 있다. 현재와 미래의 균형을 고려할 줄 아는 금융에 능한 사고방식은 금융상품과 시장이 존재하는 세상에서 귀한 자산이 되지만, 또한 위험을 부를 수도 있다. 금융이 일으킬 수 있는 거대한 사회 변화는 본질적으로 위험하다.

금융과 문명

금융은 매우 다양한 방식으로 인간관계를 재설정한다. 시간을 넘나들며 상호작용할 영역을 확장하기 때문이다. 금융은 경제적 권력에 집중하여 그 권력을 순식간에 이동시키기도 한다. 금융은 전쟁에 쓰는 무기가 될 수도, 평화를 가져오는 수단이 될 수도 있다. 금융이 문명의 특별한 도구가 되는 것은 이러한 복합성과 잠재력 때문이다. 금융이 최초의 문명에서부터 등장한 데도, 전통 문화권이 복잡한 금융상품을 활용한 경우가 드문 데도 다 이유가 있다고 나는 이 책을 통해 주장한다.

문명의 특징은 도시성이다. 즉, 분화한 사회, 정교한 상징체계, 복잡하고 다차원적인 상호작용이다. 한편 문명은 지식을 흡수하고 융합하는 열린 체계이기도 하다. 내 아버지인 역사학자 고 괴츠만W. H. Goetzmann은 이렇게 표현했다.

> 문화는 제도·언어·사상·가치·신화·기호가 서로 연관되어 이룬 구조체이다. 문화는 배타적이고, 때로는 종족을 구분한다. 반면 문명은 새로운 관습과 사상에 열려 있다. 문명은 모든 것을 혼란스럽게 뒤섞고, 사회 정보체계를 교란한다. 그리고 끊임없이 사회적 경험을 풍부하고 다양하며 복잡하게 만든다.[1]

금융제도는 이러한 사회관계의 범위와 본질을 시간 영역으로, 그리고 먼 곳과 매우 가까운 곳 모두로 확장한다. 밀도 높은 도시사회에서는 온갖 관계가 발생한다. 도시에서는 가족이나 오래 알고 지내던 사람들 사이에서만 인간관계가 발생하는 것이 아니다. 전통적 상호 관계가 통하지 않는 사람 사이에서도 관계가 일어난다. 도시생활을 하다 보면 외국에서 방문한 사람과 일회성 관계를 맺어야 할 때도 있고, 마음이 잘 통하지 않는 장사꾼과 반복하여 관계를 맺어야 할 때도 있다.

화폐·대출·조합 같은 금융도구는 상호작용할 생각이 없었던 사람과도 경제적 상호작용을 하게 만들었다. 금융시장 덕분에 서로 모르는 사람들이 전통적인 상호 협의보다 훨씬 효율적인 방식으로 시간을 넘나들며 가치를 거래하게 되었다. 신앙이나 문화규범을 공유할 필요 없이, 단지 문서를 작성하고 계약을 실행하는 구조만 공유하면 된다. 금융상품은 개인끼리 합의할 차원을 확장했고, 그리하여 복잡한 다차원적 도시사회에 필요한 것을 적절하게 충족시켰다.

문명이 성립하려면 다양한 형태를 갖춘 경제 주체끼리 계약해야 할

뿐 아니라, 복잡하고 다차원적인 문제에 대응할 융통성도 있어야 한다. 금융계약은 수없이 다양한 보상과 약속을 새로 가능케 했다. 최초의 금융업자가 사원과 궁정 같은 기관이나, 농부 같은 생산자나, 먼 곳에서 온 상인을 상대할 때도, 다시 이들이 다른 문화나 문명과 경제적으로 소통할 때도 복잡하게 얽힌 제도와 약정을 활용했다. 최초의 금융업자는 다양한 사건과 결과, 정치적 판단, 농작물 수확량, 해외무역의 성패, 변동하는 상품가격, 피고용인의 정직성 여부에 영향을 받았다. 삶이 복잡해지면 미래에 발생할 미지의 결과도 다양해지므로 이를 고려하여 여러 차원에서 소통하고 계획하며 계약해야 한다. 금융을 발전시킨 동력은 문명이 사회적·경제적으로 복잡해지며 나타난 수요였다.

금융과 지식

금융은 또한 문명의 또 다른 핵심 특징인 지식 발달에도 영향을 끼쳤다. 인류가 세계의 영역을 깨달은 주요 방식 가운데 하나인 장거리 무역에 자금과 시간을 들인 사람은 미래에 수익을 얻을 희망에 찬 투자자였다. 그리하여 금융은 문명을 확장하고 확대한 여러 요인 중 하나가 되었다. 서로 멀리 떨어진 사회를 이은 무역로는 공간 차원뿐 아니라 시간 차원에도 존재했다. 장거리 교역은 일단 넓은 시간 공백을 만든다. 불확실이라는 베일이 투자시점과 회수시점 사이를 가리는 것이다. 콜럼버스는 첫 대서양 횡단항해자금을 모을 기회를 잡기까지 인내해야 했고, 그 후에도 앞으로 얻을 미지의 이익을 가져다주겠다고 후원자에게 약속해야 했다. 그가 스페인 왕실과 맺은 계약은 매우 복잡하다. 콜럼버스는 정치적 지원뿐 아니라 대서양 횡단교역에서 나올 수입 중 10퍼센트도 얻게 되었다. 그리고 탐험 결과를 활용하려고 조직될 모든 영리회사의 지분 중 1/8까지 투자할 권리도 얻어 냈다. 이처럼 시점을 뛰어넘는 계약을 맺지 못했다면 콜럼버스는 아예 항해를 시작하지 않았을지도 모른다.

한편 금융은 인간이 지식을 발달시키고 보존하는 데 사용한 도구도 바꾸어 왔다. 금융문제를 해결하려다 보니 문자·기록·계산·인쇄가 발전했다. 또 로가리듬(로그), 확률론, 매우 긴 시계열 표현법, 시간과 변화과정을 무한히 작은 간격으로 나누는 방법같이 매우 중요한 수학적 혁신이 일어나는 데도 직접 관계했다.

금융은 미래를 계량화하는 모형을 개발하고 과거를 계속 상세히 기록하도록 자극했다. 사람들은 이성의 한계와 오판의 위험 같은 것을 시장에서 배웠다. 이처럼 복잡한 개념 틀은 문제 해결법이 다양해지고 발전하도록 자극했지만, 또한 전통적 사고방식과 계량적 사고방식이 서로 충돌하는 계기가 되기도 했다. 특히 금융혁신과 금융위기가 일어나던 시기에는 이러한 대립이 두드러졌다. 금융구조는 기존 제도뿐 아니라, 모르는 대상을 다루던 기존 개념 틀에도 위기를 불러왔다. 운運과 부富에 관한 문화 관념은 다양한 기호·신화·도덕감각에 담겨 있다. 이러한 대립을 이해하고 관리하는 것은 현대사회에서도 중요한 과제이다.

하드웨어와 소프트웨어

금융에는 두 가지 차원이 있는데, 이를 하드웨어와 소프트웨어라고 생각해도 좋다. 하드웨어는 금융계약·기업·은행·시장·통화체계·법률체계 등이다. 나는 이를 통틀어 금융구조라고 부른다. 그리고 금융은 집계·기록·알고리즘 계산·미적분·확률론 같은 고급 수학기법 등을 포괄하는 분석체계이기도 하다. 더 깊이 들어가면 금융은 사고체계이며, 돈·시간·가치와 관련한 복잡한 문제의 틀을 잡고 해결하는 수단이다. 본질적으로 이것이 금융이라는 기술이며 소프트웨어이다.

이 책에서는 금융 하드웨어와 금융 소프트웨어가 발달한 사건을 모두 중요하게 다룬다. 두 가지 모두 폭넓은 사회구조에 깊이 뿌리박고 있다. 즉, 금융의 두 차원은 다른 업무 분야나 기술을 활용하며 진화했고, 그 과정에서 다른 기술 역시 금융을 활용했다.

동전의 양면

금융의 하드웨어와 소프트웨어가 발전하면서 한 문제를 해결하면 또 새로운 문제가 나타났다. 금융이 내놓은 해결책은 도시를 만들고 신세계를 탐험하며, 경제적 기회를 확장하고 평등하게 배분하며, 위험을 관리하고 불확실한 미래에 대비할 능력을 향상시켰다. 그럼에도 금융혁신은 사회 안팎을 심각하게 불안정하게 만들기도 했다. 이처럼 금융이 야기한 혼란은 현대 세계에 존재하는 근본 갈등을 만들어 냈지만, 앞으로도 세상이 발전하는 기틀을 계속 잡아 나갈 것이다. 문제를 해결하기도 문제를 만들기도 하는 금융의 두 얼굴 모두를 살펴보고자 한다.

관점

이 책을 다양한 관점에서 기술했다. 첫째는 금융도구를 발명하고 사용한 사람의 관점이다. 발명자가 밝혀진 금융도구보다는 그렇지 못한 금융도구가 더 많다. 대출은 훌륭한 발명품이지만 누가 처음 그런 생각을 떠올렸는지는 아무도 모른다. 금융업자는 역사학자가 아니고, 자본시장은 도서관이 아니다. 다시 말해 금융기법은 유명해지려고 발명하는 것이 아니라 돈을 벌려고 발명하는 것이다. 금융을 혁신한 사람이 유명하다면, 십중팔구는 재앙이 일어났기 때문이다. 예를 들어 선구적인 은행업자 존 로John Law가 지금까지 유명한 것은, 그가 프랑스를 파산의 위기에서 구하려고 혁신 기법을 동원하여 만든 미시시피 회사 Mississippi Company가 설립 후 몇 년 동안 거품을 일으키다 1720년에 붕괴했기 때문이다. 발명한 사람이 무명이건, 아니면 좋은 뜻에서든 나쁜 뜻에서든 유명하건, 금융이란 인간의 삶을 위하여, 인간의 삶으로부터, 인간의 삶과 연관되어 만들어진 것이라는 사실을 기억해야 한다. 존 로가 설립한 미시시피 회사의 주주들이 주식을 산 것은 위험한 도박에 운을 걸었거나, 존 로가 제시한 계획을 신뢰했거나, 아니면 그저 다른 사람들이 주식을 사서라는 따위의 개인적 이유 때문이었다. 개인적 이유가 무엇이건 금융도구가 어떻게 작동하는지 확인하려면 그것이 애초에 왜 필요하냐고 물을 수밖에 없다. 결국 금융이란 추상적·이론적인 무언가가 아니라 개인적·구체적인 것이다. 금융에서는 돈뿐 아니라 사람도, 그리고 사람들이 돈을 쓰는 방식도 중요하다.

둘째는 연구자 관점이다. 역사는 발견이고 역사학자는 탐험가이다. 이 책에서는 고고학자·고전학자·역사학자·경제학자·수학자가 이루어 낸 연구 결과를 다루는 데 많은 분량을 할애한다. 하지만 문서 형태로 남은 역사의 증거를 소중히 여기고 과거를 보존하는 데 헌신하는 사서·수집가·거래자 역시 이들 못지않게 중요하다. 이 모든 사람이 목표를 추구하며 느꼈던 희열을 전하고 싶다. 이들의 시각은 여러 해 동안 세심하게 연구한 끝에 얻은 통찰의 결과이기도 하다. 예를 들어 텍사스 대학교 드니즈 슈만트베세라Denise Schmandt-Besserat 교수가 쐐기문자와 금융계약의 기원을 찾아내지 못했다면 우리는 고대 서남아시아에서 금융이 탄생한 경위를 이해하지 못했을 것이다. 또 우리는 상하이에서 금융업에 종사하다 화폐 역사학자가 되어 중국 금융사 연구에 일생을 바치고, 문화대혁명 중에 세상을 뜬 펑신웨이彭信威에게도 많은 빚을 졌다. 경제학자 로버트 실러Robert Shiller가 일상에서 사람들이 겪는 경제위험을 피하도록 돕겠다는 사명을 따르지 않았다면 우리는 최초의 물가지수연동증권을 이해하지 못했을 것이다.

셋째는 사물과 장소로 이루어진 세계라는 실증적 관점이다. 기술에는 실존하는 도구와 장소가 필요하다. 예를 들어 화폐·문서·서신, 그리고 이들을 만들고 교환할 장소가 있어야 한다. 화폐와 주식증서 같은 물체가 도구기능을 할 수 있는 것은 가치를 보관하고 운반하며 시간을 넘어 전달하는 문제를 해결했기 때문이다. 이러한 도구는 점토·금속·파피루스 같은 여러 가지 물체로 제작되거나 양피지·나무껍질·종이 등에 인쇄되었다. 이러한 물질문화를 이해해야만 금융이라는 기술의 작동방식을 이해할 수 있다.

그리고 문화적 관점도 있다. 비록 금융의 문화사는 이 책의 주제가 아니지만, 예술가·작가·윤리철학자·극작가, 심지어 희극인도 금융시장을 자기 나름대로 다양하게 해석하며 시장의 발전과정에 영향을 끼쳤다. 금융은 바빌로니아 시대 이래 도덕적 근거에 따라 착취도구라고 비판받았다. 사회가 복잡하고 추상적인 금융도구를 접하면서 불편한 감정이 형성되자 이를 다양하게 해석한 예술작품이 출현했고, 그에 따라 문화적 태도가 형성되었다. 이 책에서도 때로는 예술의 관점을 취할 것이다. 17세기 네덜란드의 튤립 광풍을 그린 인쇄물이나 20세기 뉴욕 록펠러 센터의 상업을 묘사한 벽화에서 보듯, 예술가는 친숙한 문화 상징을 이용하여 금융을 바라보고 묘사한다. 예술가의 상상력은 이 책을 서술하는 데 없어서는 안 될 요소이다.

지금까지 나는 주로 학계를 대상으로 금융 연구 결과를 펴냈지만, 사실 금융은 인류 모두가 공유하는 도구인 동시에 때로는 다소 복잡하기도 한 사고방식의 기원이므로 이에 대한 이야기는 일반 독자에게도 흥미롭게 다가갈 거라 생각되어 이 책을 쓰게 되었다. 금융은 현재의 하루하루를 사는 데 중요하기도 하지만, 한편 미래를 고심해 보도록 강요하기도 한다.

　　기술혁신은 대체로 긍정적이었고 앞으로도 계속 그럴 것이라고 생각한다. 오늘날 우리가 지닌 금융해법은 일반적으로 삶을 개선하고 있다. 금융은 때로 심각한 문제를 일으키기는 하지만, 전 세계라는 관점에서 보면 사회문제를 해결하는 데 진전을 보여 왔다. 대출·은행·주식·옵션·자본시장·보험·주식회사가 없었다면 세상은 더 좋아졌을까? 그럴지도 모르지만 나는 그렇게 생각하지 않는다. 금융기술 덕분에 정치제도가 더욱 정교해지고 사회이동성이 향상되었으며 경제가 더욱 성장하게 되었다고, 요약하자면 문명이라고 불리는 복잡한 사회의 주요한 지표가 모두 개선되었다고 이 책은 주장한다. 금융 관계는 여러 경제를 서로 단단히 묶어 복잡한 국제문명을 만드는 중요한 수단이 되었다. 국제문명의 구성원으로서 우리는 현재의 수요와 미래의 수요 사이에서 어떻게 균형을 잡을 것인가, 사회 구성원이 부유하든 가난하든 상관없이 모두 금융의 혜택을 보려면 어떻게 해야 하는가 등등의 금융이 제기하는 기본 문제와 계속 정면으로 마주해야 한다. 지금부터 보여 줄 금융 혁신의 역사적 경로가 문제의 매듭을 풀어 줄 유용한 안내자가 되어 줄 것이다.

1부

쐐기문자에서
그리스·로마 문명까지

금융은 도시가 처음 출현하면서 생겨났고, 도시도 금융이 출현하면서 나타났다. 1부에서는 도시문명과 금융이 동시에 출현한 사건에 초점을 맞춘다. 고대 서남아시아에서 금융과 문명이 함께 출현했다는 사실은 중요한 교훈을 시사한다. 정치와 사회가 고도로 발전하려면 정교한 경제조직과 기술을 갖춰야 한다는 것이다. 도시사회가 여러 방면으로 발전하도록 뒷받침한 것은 예나 지금이나 금융제도이다. 인류는 도시에 적합하게 발전해 가면서 경제적 순수함을 어느 정도 포기했지만, 그 덕분에 발견과 발명을 거듭하면서 인간의 경험을 근본부터 바꾸기도 했다.

1장부터 4장까지는 금융이 고대 서남아시아에서 발전한 특별한 과정을 따라가 본다. 시간 흐름에 따라 가치변동을 표현하는 방법이 발명된 덕분에 새로운 사고모형이 나타났다고, 다시 말해 경제활동의 성과를 예측하고 과거·현재·미래의 가치 모두를 구체적으로 다룰 수 있는 능력이 창조되었다고 주장한다. 사람은 금융을 발명한 덕분에 매우 정교하게 표현된 시간 틀 안에서 경제생활을 하게 되었다. 이처럼 정량적 시간 틀 안으로 발을 딛자 수많은 가능성이 새로 열렸다. 그중 하나가 위험을 줄이는 방법이다. 예를 들어 최초의 농경문명은 농업과 목축업을 계획해야 했고, 미래에 상품을 전달하겠다는 계약을 기록해야 했기 때문에 금융 사고방식을 받아들였다. 그뿐 아니라 금융기법은 전쟁의 일부이기도 했다. 고대에 벌어진 국경분쟁을 기록한 최초의 문서에는 배상금에 가혹한 복리까지 붙여 요구하는 내용까지 들어 있다.

금융과 도시사회는 공존하기 시작한 후 2,000년 동안 끊임없이 변화했다. 고대 서남아시아를 다룬 장에서는 금융기법이 상업뿐 아니라 농업 생산에도 모습을 바꾸며 적용된 과정을 면밀히 살펴본다. 금융이

엔메테나 원뿔비(기원전 약 2400년) 확대 부분. 이 기념비는 라가시 왕 엔메테나(Enmetena)가 경쟁 도시 움마에 거둔 승리를 기념하려고 수메르어로 기록한 문서이다. 왕이 전쟁배상금을 청구하는 부분에는 지금까지 알려진 기록 중 최초로 복리 개념이 나타난다.

라는 도구는 아나톨리아반도에서 인더스강을 아우르는 넓은 지역에서 복잡하게 벌어지는 상업활동을 뒷받침했다.

그다음 부분에서는 아테네와 로마가 서남아시아에서 금융을 물려받고 변혁한 과정을 살펴본다. 아테네와 로마 경제는 모두 금융을 도입한 덕분에 굴러갔다고 주장한다. 두 문명 모두 식량을 수입해야 했다. 두 곳에서 금융체계가 발달한 것은 교역을 뒷받침하려고 자본 투자와 위험을 배분했기 때문이기도 하다.

그리스 문명의 특징 중 특히 강조할 두 가지는 바로 법과 돈이다. 아테네가 실질적 재산권 개념을 만들어 투자자를 끌어들인 요인은 바로 법정이다. 그리고 법정이 끼친 지적·인지적 효과 역시 중요하다. 시민 수백 명이 배심원단을 구성하여 정기적으로 상업분쟁을 심판했기 때문에 사회 구성원 모두가 틀림없이 금융을 속속들이 이해하게 되었을 것이다. 화폐 도입 역시 아테네 경제가 밟은 중요한 단계이다. 최근 학계에 따르면, 아테네 하면 제일 처음 머릿속에 떠오르는 정치현상인 민주주의로 전환하는 데는 화폐 도입이 중요한 역할을 했다고 한다. 돈은 개인이 아테네의 경제적 성공을 공유하는 도구일 뿐 아니라, 국가에 충성하게 만드는 수단이 되었다.

1부 마지막 장에서는 금융이 완전히 도입된 고대 경제체제이자 아테네와 마찬가지로 상품교역으로 지탱하는 수입경제 사회였던 당시 세계 최대의 도시, 바로 로마를 살펴본다. 로마에서 정치력의 핵심은 개인이 소유한 부였고, 부를 뒷받침한 것은 다양한 직간접적 투자기회였다. 대출은 로마 금융체계에서 중요한 역할도 했지만 또한 여러 차례 발생한 금융위기에도 흔적을 남겼다.

로마인들이 금융 발전에 가장 혁신적으로 기여한 점은, 국가적 수요에 부응하여 주식회사를 설립한 것이다. 사람들은 징세인 조합, 즉 푸블리카니 소키에타스publicani societas라고 불린 회사에 투자하여 세금징수 도급, 공공시설 건설, 로마군 물자보급으로 발생한 이익을 나누어 가졌다. 징세인 조합은 오늘날 주식회사처럼 소유권을 공개리에 사고 팔 수 있는 세계 최초의 대형 회사였다. 가치가 시시각각 오르내리던 이 회사 주식의 주주는 다양한 로마 시민이었다. 이러한 금융상품은 로마의 팽창과 정복에 따른 경제적 이익을 주요 정치세력 사이에 재분배하는 수단을 제공했기 때문에 로마 역사에 갈림길이 등장할 때마다 정치구조에 중요한 영향을 끼쳤다.

1장

금융과 문자

이 장에서는 금융이라는 기술이 근동에서 출현한 사건과, 세계 최초로 출현한 도시사회에서 금융이 맡은 독특한 역할을 살펴본다. 메소포타미아에서는 세계 최초의 도시, 최초의 언어, 최초의 법률, 최초의 계약, 최초의 고급 수학이 출현했다. 이러한 발전은 대부분 직접적으로든 간접적으로든 금융기술에서 비롯했다. 예컨대 쐐기문자는 고대에 회계체계와 계약이 나타나면서 의도치 않게 발생한 부산물이다. 바빌로니아에서는 금융경제에 산수와 계산술이 필요했기 때문에 수학이 발전했다. 지금부터 4,000년 전에 사업의 성장과 이익을 구현한 수학모형이 최초로 등장했다. 바빌로니아 법률체계에서 개인의 권리와 의무를 확립하는 데 긴요하게 쓰인 공증·진술서와 계약은 오늘날 금융상품·계약과 크게 다르지 않다. 늦어도 기원전 2,000년대에는 부동산담보대출·권리증서·선물계약·조합계약·신용장 등 쐐기문자로 기록된 문서가 최초로 등장했다. 요약하면 지금부터 5,000년 전부터 도시사회가 크게 발달하면서 새로운 제도와 절차도 발전했는데, 이 중 대부분은 본질상 경제 및 금융과 관련된다. 광범위한 사회·경제 제도에 내재한 이 금융 절차들이 바로 서문에서 언급한 금융의 '하드웨어'이다.

이 장에서는 금융도구가 사람들의 사고방식을 어떻게 바꾸었는지도 살펴본다. 금융계약뿐 아니라 금융 사고방식, 즉 시간을 금융 관점에서 바라보고 계량하여 경제적 상호작용의 틀을 잡는 개념도 금융기술 덕분에 등장했다. 차입·대여·금융계획은 시간을 특정한 형태로 개념화하고, 이를 새로운 방식으로 측정하였으며, 계산하기 쉽게 단순화했다. 이처럼 새로운 사고방식과 전문 지식이 등장하자 정부와 사업체의 능력도 확장되었다. 이 개념화 틀이 서문에서 언급한 금융의 '소프트웨어'이다.

금융에는 수학에 따라 계량하고 논증하는 능력이 필요하다. 따라서 이 장에서는 고대의 수학 도구가 발전한 과정에 초점을 맞춘다. 금융의 또 다른 기본 요소는 시간 차원이다. 금융에는 시간을 측정하고 표현하는 기술이 필요하다. 이 역시 이 장에서 자세히 살펴볼 것이다. 마지막으로는 금융과 관련한 기록·계약·법적 틀을 다룬다. 금융이란 사실상 미래를 약속하는 것인데, 기록하고 실행할 능력이 없다면 약속도 무의미하기 때문이다.

금융도구는 대략 청동기시대로 접어들던 무렵에 등장한 고대 서남아시아의 초기 도시농경사회에서 최초로 모습을 드러냈다. 고대 서남아시아에 존재했던 도시사회의 기원은 선사시대인 약 7,000년 전까지 거슬러 올라간다. 기원전 3600년이 되자 현재 이라크에 속하는 티그리스강과 유프라테스강 사이 지역에서 고대 수메르의 도시들이 나타났다. 이곳은 곡식과 가축을 기르기에 적합한 반면 목재·구리·주석 등이 부족했다. 이 중 구리와 주석은 고대 전쟁의 필수품인 청동의 주재료라서 특히 중요했다. 고고학적 근거를 보면, 수메르의 도시들은 장거리 교역으로 이러한 핵심 물자를 얻었다. 마찬가지 방법으로 거래된 상아와 보석 등 이국의 사치품은 문명의 상징 역할을 하며 사회와 정치의 위계질서를 강화했다.

요약하자면 고대 서남아시아 문명의 경제에는 가까운 지역에서 기본 식량을 생산하여 도시에 밀집한 대중에게 배분하는 수단뿐 아니라, 먼 지역에서 물건을 얻는 방법도 필요했다. 경제에 긴요한 이 두 가지를 모두 다룬 금융의 기본 단위가 바로 시간을 넘나드는 계약이었다. 고대 서남아시아의 도시사회는 규모와 범위(즉 인구밀도와 교역거리)를 키워 가면서 시점 간 계약기술(즉 금융)에도 점점 더 의존하게 되었다. 금융은 인류가 만들어 낸 가장 놀라운 발명인 문자와 함께 등장했다. 문자는 미래에 확실하게 해석할 수 있도록 지금 무언가를 기억하는 수단이다. 그런데 문자의 조상이 출현한 것은 금융에 반드시 필요해서이다.

계산·회계·계약도구라는 금융의 필수 하드웨어를 살펴보면서 이 장을 시작하자.

🪙 사원과 토우

그는 양의 도시, 신성한 이아나 신전,
성스러운 보물창고인 우루크의 성벽을 지었다.
청동처럼 빛나는 벽의 부조를 보라!
무엇도 비할 수 없는 요새를 보라!

태곳적부터 내려온 돌계단을 밟고

앞으로도 어떤 왕도, 어떤 인간도 다시 만들 수 없는

이슈타르 여신이 머무는 이아나 신전으로 올라오라.[1]

인류 최초의 문학작품은 자기 도시에 신전을 지을 목재를 구하러 먼 곳에 다녀온 영웅의 이야기이다. 위 인용문은 바로 그《길가메시 서사시》에서 발췌한 것이다.[2] 서사시는 도시를 둘러싼 장엄한 성벽과 우루크의 이아나Eanna 신전, 즉 메소포타미아 문명의 요람을 유려한 문장으로 칭송한다. 하지만 서사시를 처음에 기록한 쐐기문자가 등장하는 데 기여한 사람은 시인이 아니라 상인과 회계사였다. 쐐기문자는 시를 쓰기 위해서가 아니라 사업과 장부기록을 위해서 발명되었는데, 우루크는 아마 이 두 가지 모두의 발상지였을 것이다. 물론 특정한 기술이 개발된 시간과 장소를 정확하게 짚어 내기는 힘들지만, 최초의 문자와 관련한 중요 유물 그리고 문자의 조상이 발견된 곳은 우루크이다. 문자발명을 연구하는 학자들은 문자가 우루크의 신전경제temple economy와 관련한 특유한 기호회계 기록체계에서 발달했다고 생각한다.

독일 고고학자 율리우스 요르단Julius Jordan은 1929년에 우루크의 핵심부인 중앙사원 지구를 발굴했다. 〈인디아나 존스〉가 연상될 만한 대규모 발굴 결과 드러난 장소가 요르단이 오랫동안 찾아 왔던 보물인 '신성한 이아나 사원, 성스러운 보물창고'이다. 이곳은 풍요의 여신 이난나(아카드어로는 위 인용문처럼 이슈타르라고 한다. - 옮긴이)를 숭배하는 장소이면서, 대중에게 재화와 상품을 분배하는 장소이기도 했다. 요르단과 발굴 팀은《길가메시 서사시》에 묘사된 그대로 신전 근처에서 돌계단을 찾아냈다. 요르단은 거대한 건축물뿐 아니라 작은 유물까지 발굴한 것은 무엇이든 가리지 않고 모두 일지에 세세하게 기록했는데, 그 중에는 신전 지구에서 찾아낸 '항아리, 빵, 동물과 같이 일상에서 사용하는 물건을 본뜬' 작고 신기한 토우도 있다. 하지만 이처럼 작은 유물이 본격적으로 연구된 시기는 텍사스 대학교 오스틴 캠퍼스의 드니즈 슈만트베세라Denise Schmandt-Besserat 교수가 체계적으로 분석하기 시작하면서부터이다.

슈만트베세라는 프랑스에서 태어나 학업을 마친 후, 영국 래드클리프에서 장래가 촉망되는 여성 학자를 지원하는 프로그램에 선발되면서 연구자로서 첫발을 내디뎠다. 그는 도기가 발명되기 전에도 점토를 다루는 기술이 있었느냐는 주제에 관심을 두었다. 수수께끼를 풀기 위해 우선 박물관에 보관된 점토제 유물을 찾아보았다. 이후 하버드 대학교 피바디 박물관의 서남아시아 고고학 연구교수가 된 그는 요르단이 발굴한 토우의 수수께끼를 다시 들춰 보았다. 슈만트베세라는 텍사스 대학교로 옮긴 후인 1970년대에도 서남아시아의 고고학 발굴지에서 발견된 토우 관련 기록을 세세히 추적하고, 토우를 소장한 박물관을 모두 찾아다니며 작업을 계속했다.

텍사스 대학교 오스틴 캠퍼스에서 미술사를 전공하던 대학원생 시절에, 대학교 미술박물관의 큐레이터였던 그를 처음 만났다. 내 담당교수였기 때문에 그가 개척한 업적을 가까이에서 보게 되었다. 하지만 당시에는 내가 토우의 예술성이 아니라 토우에 함축된 금융이라는 주제에 관심을 두게 되리라고는 전혀 생각하지 못했다.

당시에 고대 서남아시아를 연구하는 학자들 대부분은 신전건축의 발전, 고대 도시국가의 정치사, 고대 기후가 농경과 도시문명에 끼친 영향 등 자못 거창한 문제를 다루었던 반면, 슈만트베세라는 실험실에

그림 1.1 고대 근동 지역에서 출토된 상품 토우(土偶, token). 회계 용도로 사용되었다고 추정되는데, 세계에서 최초로 나타난 문자의 조상으로도 취급된다.

서 토우를 분석하고 보고서를 작성하는 데 전념했다. 그리고 토우는 고대 도시 우루크가 건설되기도 전부터 제작되었다고 결론지었다. 토우가 발견된 서남아시아 각지의 선사시대 유적지 연대는 기원전 7000년 전까지 거슬러 올라갔다. 이러한 물건이 계산도구였든 놀이용 말이었든 아니면 신비한 상징이었든, 문자가 발명되기 오래전부터 다양한 문화권에서 많은 사람에게 쓰였다는 사실은 확실하다.

토우의 크기는 놀이용 말과 비슷하다. 사실적이라기보다는 추상적이고 단순하게 양식화한 모습을 보면 무엇인지 알아보기 쉽도록 모양을 표준화했다는 사실을 알 수 있다. 슈만트베세라는 토우의 모양과 발견 장소를 체계적으로 구성해 본 후 놀랍도록 참신한 가설을 세웠다. 우루크에서도 가장 오래된 지역에서 발견한 점토서판에 기록된 최초의 그림문자와 토우가 도상학적으로 연관되어 있다고 분석한 것이다.

우루크 서판 중 가장 오래된 것은 기원전 약 3100년대에 제작되었다. 당시 필경사들은 덜 마른 진흙을 네모꼴로 만든 후 그 위에 나무 막대기로 글을 썼다. 막대기 양쪽 끝은 모양이 서로 달랐는데, 날카로운 쪽으로는 선을 긋고 둥근 쪽으로는 점을 찍었다. 막대기를 돌려 가며 쓰면 삼각형이나 원통 모양도 만들 수 있었다. 학자들은 이러한 모양을 조합하여 쓴 것이 최초의 문자라고 결론지었다.

슈만트베세라의 대표 업적은 최초의 서판에 나타난 그림문자가 사실은 토우를 그린 그림이라는 사실을 인식한 것이다. 예컨대 그는 천(베)을 가리키는 그림문자가 줄무늬를 새긴 둥근 토우에서 유래했음을 보여 주었다. 단것을 나타내는 기호는 꿀단지 모양을 한 토우에서 발전했다. 음식을 나타내는 기호는 가득 찬 접시 모양 토우에서 발전했다. 기호는 대부분 양·소·개·빵·기름항아리·꿀·맥주·우유·옷·노끈·

모직물·바닥깔개 같은 일상용품뿐 아니라 일정한 노동량 같은 추상적 대상까지 나타낸다. 여기서 묘사된 대상은 이난나 여신의 '성스러운 보물창고'에 저장되었던 물건이었던 듯하다. 이 작고 예쁜 물체는 수메르의 재분배 체계 안에서 거래되던 상품을 묘사했다. 다시 말해 예술품이 아니라 경제적 도구였던 것이다.

서판과 토우의 관계를 살펴보면 각각의 기능을 알아보는 데도 도움이 된다. 우루크에서 출토된 최초의 서판은 사실상 모두 재화와 상품의 이전을 기록한 회계문서이다. 이러한 관리기록을 사용한 주체는 일종의 중앙 경제기관이었다. 분명 신전이었을 것이다.

토우 역시 세계 최초의 회계사들이 사원 창고의 문 앞에 앉아 무엇이 얼마나 들어가고 나갔는지 기록할 때 사용했을 것이다. 아직 문자가 없지만 경제거래는 기록해야 했던 사회에서 토우는 표준화한 재화 및 서비스와 일대일로 대응하는 자연기호였다. 슈만트베세라는 토우라는 상징을 사용한 기록과 최초의 문자기록 사이에서 이러한 관계를 발견하여 문자의 발달과정을 다룬 이론을 세웠다.[3]

수메르 경제를 다룬 고전모형에서는 신전이 물건의 생산·취합·재분배를 관장하는 행정기관 역할을 했다고 본다. 신전 지구에서 발견된 행정문서 서판을 보면 토우는 결국 문자로 발달하며 중앙경제 관리의 도구가 되었다. 개인끼리 계약할 때도 같은 체계를 사용했는지는 확실치 않다. 우루크 시대 유적지에서 나온 고고학적 증거가 부족하기 때문이다. 사실은 문자가 발명 초기에 얼마나 널리 퍼졌는지도 분명치 않다. 최초의 서판에서 알아보기 쉬운 기호와 그림문자를 사용한 것은 행정관이 문자를 알든 모르든 내용을 이해해야 했기 때문이다. 그 후 기호가 추상화하면서 쐐기문자로 변해 감에 따라 합의한 내용을 확실하게 이해하기 위해 글자를 읽는 능력이 점점 더 중요해졌을 것이다.

문자는 티그리스강과 유프라테스강 유역 너머로 퍼져 나갔다. 수메르 도시들은 기원전 제4천년기(기원전 4000년에서 3001년 사이 기간 – 옮긴이) 동안 동쪽에 인접한 수사(Susa, 현재 이란 남서부에 존재했던 도시 – 옮긴이)와 폭넓게 교역했다. 사실은 기원전 제5천년기(기원전 5000년에서 4001년 사이 기간 – 옮긴이) 후반에 우루크가 수사를 식민지로 개발했을 가능성이 높다. 수사에서는 독자적인 점토 서판용 문자(원原 엘람 문자 proto-Elamite라고 한다)가 발달한 한편 우루크에서 발견된 것과 동일한 토우체계도 사용되었다.[4] 토우를 이용한 회계는 한 지역 안에서 물건을 배분할 때뿐 아니라, 서로 다른 지역끼리 교역계약을 할 때도 쓰였을 것이다.

쐐기문자 발달 이론의 핵심 연결고리는 고대 서남아시아에서 발견된 또 다른 수수께끼의 점토제 물체이다. 모양이 둥글고 가운데가 뚫린 점토제 용기인 불라bullae가 그것이다. 프랑스 학자 피에르 아미에Pierre Amiet가 발견한 불라의 표면에는 그 안에 든 토우의 종류와 개수가 일치하는 표시가 있다. 아미에의 이론에 따르면 우루크의 회계사들은 불라를 깨서 열지 않고도 안에 어떤 토큰이 들었는지 알 수 있도록 바깥쪽에 표시했다. 슈만트베세라는 아미에의 통찰에 기반을 두고 문자가 발전한 과정을 다음과 같이 재구성했다. 일상용품을 나타내는 3차원 모형인 토우는 양식화를 거쳐 점토제 불라 표면에 그려졌다. 이렇게 양식화한 그림문자는 이후 더욱 추상화하여 나무 막대기로 낸 쐐기 모양 자국이 되었는데, 이것이 소위 '쐐기문자'이다. 따라서 불라는 그림문자가 새겨진 서판의 조상 격이라는 이론이다.

슈만트베세라의 이론에 반대하는 사람도 있다. 학자에 따라서는 토우가 문자로 변했다는 기본 사상에 의문을 품고, 시간이 흐르면서 모형이 기호로 발달했다는 개념에 허점이 있다고 지적한다. 예컨대 토우는 고대 서남아시아에서 수천 년에 걸쳐, 심지어 문자가 발명된 이후에도 사용되었다는 것이다. 어째서 문자가 발명된 이후에도 불라가 사용되었을까? 토우가 가장 다양하게 나타난 시기는 문자 발명 이전이 아니라 그 이후라는 사실 역시 의문을 자아낸다. 그렇다면 토우와 불라 체계는 쐐기문자와 함께 존재하며 발달했음을 알 수 있다. 토우와 불라라는 기술은 문자 발견을 이끌어 내는 한편, 문자만으로는 완전히 채울 수 없는 수요를 충족하기 위하여 계속 사용되었던 듯하다.

고대의 계약

문자로 정보를 간단히 써내려 갈 수 있게 된 후에도 고대 우루크의 회계사가 거추장스러운 불라 체계로 계속 기록한 이유는 무엇일까? 어쩌면 불라는 회계도구가 아니라 계약서였을지도 모른다. 오늘날 금융상품으로 취급되는 것은 모두 계약이다. 예컨대 국채는 채권 소유자에게 앞으로 돈을 지급하겠다고 정부가 보증하는 계약이다. 주식이란 주주에게 회사의 이익을 나누어 주고 경영권을 보장하겠다고 회사가 보증하는 계약이다. 문자가 발명되기 전은 물론 불라가 발명되기 전에도 계약은 존재했지만, 계약이 성행했음을 강력하게 뒷받침하는 최초의 고고학적 증거는 속이 빈 점토제 공(ball)인 불라와 토우이다.

불라는 누군가가 꿀단지·양·소, 또는 며칠 분 노동력 같은 것을 신전에 제공하겠다고 약속했음을 확실히 보여 준다. 계약자 쌍방은 불라 바깥에 남긴 기록을 보고 계약기간 동안 갚아야 할 물건과 계약 당사자를 지칭할 수 있었다. 불라 안에 든 토우는 계약의무를 명확하게 나타냈다. 이렇게 해석해 보면 불라가 지닌 또 다른 재미있는 특징도 설명된다. 불라 바깥 면에는 메소포타미아에서 서명 대신 쓰인 원통형 인장을 빼곡하게 찍기도 했는데, 계약 당사자가 불라에 구멍을 뚫어 토우를 넣거나 빼지 못하게 한 것이다.

쐐기문자 연구자 스티븐 리버먼Stephen Lieberman은 불라가 정보기록 수단이라기보다 수량에 이견이 있을 때 사용하는 검증도구라고 말한다.[5] 오늘날에 분쟁이 발생하면 당사자가 서면계약서를 참조하는 것과 마찬가지다.

우루크 서판이 원시적 문서라면 불라는 원시적 금융상품이다. 물론 관련한 의무가 채무인지, 세금인지, 신전에 바칠 공물인지 확실히 알 수 없다. 무언가를 미래에 지급하겠다는 약속이 불라를 통해 형식을 갖추게 되었다는 사실만 명확히 알 뿐이다. 불라는 계약 당사자가 의무를 부담하게 되는 시점과 검증을 해야 할지도 모르는 의무 해제시점 사이에 존재하는, 확정되지 않은 시간 간격을 메우는 계약서였다.

불라와 토우 체계가 나타난 사회는 농업상품의 생산과 분배에 크게 의존하지만 구성원이 모두 농업에 종사하지는 않는 곳이었다. 고대 도시에서 누군가는 곡식을 재배하여 맥주를 만들었고, 누군가는 양을 치고 양털을 깎아 천을 짰다. 한편 교역에 종사하여 먼 곳에서 재화를 얻는 사람도 있었다. 오늘날 사람들은 시장에 들러 저녁거리를 사는 일을 별스럽지 않게 생각하지만, 현대 도시경제는 매우 복잡하고 농장과 식탁 사이에서 일하는 중개자는 셀 수 없이 많다. 도시에서 주문·증빙·변제 없이 일상용품을 공급하는 경제망은 상상할 수 없다. 고대 우루크에서도 마찬가지였다.

🪙 금융기록

쐐기문자는 광대한 가능성을 열었다. 정확한 발전과정은 여전히 논쟁 대상이지만, 기원전 약 3100년쯤에 우루크를 포함한 서남아시아 여러 곳(수메르와 수사 등)에서 그림문자를 쓴 점토 서판을 사용하여 경제거래를 기록했다는 데는 고고학자들의 의견이 일치한다. 하지만 지금까지는 우루크에서 발견된 서판이 가장 많기 때문에 길가메시의 도시가 문자의 최초이자 가장 중요한 중심지였을 가능성이 높아 보인다.

서판書板은 경제 관련 수요에 부응하기 위해 발전하던 고대 금융체계에서 중요한 기능을 발휘했다. 불라에 들어가는 토우는 많아야 20개 남짓이었지만 그림문자 서판에는 그보다 훨씬 많은 재화를 기록할 수 있었다. 바로 숫자라는 놀라운 수단 덕분이었다.

우루크에서 출토된 수많은 그림문자 서판은 추상적 숫자체계가 나타났음을 처음으로 뒷받침하는 증거이다. 이는 금융 소프트웨어 발달에 중요한 단계였다. 경제에서 다루는 수량이 증가하다 한계를 넘으면 이를 토우와 일대일로 대응시키기는 고사하고 그림문자로도 나타내기 힘들어진다. 그리하여 우루크 서판에서는 물건을 나타내는 그림문자와 추상적 숫자가 구분되기 시작했다. 예컨대 어떤 서판에서는 양 다섯 마리를 나타낼 때 가운데에 십자를 그린 원(양을 가리키는 기호) 하나에 선 다섯 개(숫자 5를 가리키는 기호)를 이어 그렸다. 숫자 10은 원 모양으로 나타냈다. 따라서 우루크의 회계사는 원 모양 세 개와 선 세 개를 그려 33을 나타냈다. 그런데 재미있게도 초기 우루크 서판에는 물건의 수와 종류가 서로 다른 기호로 나타났으면서도 숫자만이 독립하여 쓰이지는 않았다. 숫자는 언제나 수량을 세야 하는 물체를 따라다녔다. 따라서

이 체계에는 숫자 5라는 '개념'이 없고, 언제나 물건 '다섯 개'가 기록된다. 따라서 메소포타미아 사람들이 처음에는 추상적 관념이 아니라 구체적 개념에 묶여 있었으리라고 추측된다.

🪙 시간모형

시간이라는 개념은 원래 추상적인데다 계절의 변화나 달이 차고 이지러지는 등 천문현상과 일단 분리되면 더욱 추상적이게 된다. 시간은, 더 구체적으로 말해서 시간을 재는 공통 단위는 금융의 핵심이다. 예를 들어 무언가를 미래에 돌려주겠다는 약속이 효력을 발휘하려면 그 일이 일어날 시점을 합의할 수 있어야 한다. 고대 메소포타미아에서는 시간을 추상적 개념으로 표현한 기호체계를 사용했다. 그리고 시간을 기호로 나타냈을 뿐 아니라, 더 나아가 시간의 양을 계산 대상으로 삼기까지 했다. 메소포타미아인은 금융을 만들어 내기 전부터 시간을 확실하게 인식했지만, 한편으로는 경제가 시간 개념을 바꾸어 놓기도 했다.

캘리포니아 대학교 로스앤젤레스 캠퍼스의 로버트 잉글런드Robert Englund 교수가 책임자로 일하는 '쐐기문자 디지털 도서관 계획Cuneiform Digital Library Initiative'에서는 전 세계에서 발견된 쐐기문자 문헌을 온라인으로 검색하고 학문 연구에 활용할 수 있도록 저장고를 만드는 중이다. 잉글런드는 수메르에서 시간을 행정용으로 관념화한 틀을 세심하게 해독했다.[6] 그가 연구한 원시적 쐐기문자 서판에는 곡식을 3년 동안 매우 일정하게, 즉 매일 2.5리터 또는 5리터씩 배급한다고 적혀 있다. 이러한 기록이 재미있는 것은 '자연주기에 맞춘 시간이 아니라, 서른

날이 한 달이 되고 열두 달이 1년이 되는 인위적 시간 틀에 맞추어 곡식이 지급'되었기 때문이다.[7] 고대 수메르인은 기원전 제4천년기 말에서 제3천년기 초에 경제적 시간을 천문학적 시간에서 분리한다. 수학을 적용하기 편한 1년 단위를 만들어 낸 것이다. 예컨대 365라는 숫자는 5와 73으로만 나누어떨어지지만, 360이라는 숫자는 2, 3, 4, 5, 6, 8, 9, 10, 12, 15, 18, 20, 24, 36, 40, 45, 60, 72, 90, 120, 180으로 나누어떨어진다. 따라서 1년을 360일로 하면 다양한 기간을 1년 대비 비율로 생각할 수 있다. 1년을 둘, 셋, 넷, 다섯, 여섯, 여덟, 아홉, 열두 조각으로 나누어도 각 기간에 포함되는 날짜 수가 우수리 없이 떨어지기 때문이다. 메소포타미아인은 우수리 없는 수량과 딱 떨어지는 분수를 기준으로 사고했고, 철학적이라기보다는 실용적인 수학도구를 사용했다.

1년을 360일로 치자 이자를 계산하기도 매우 간편했다. 오늘날에도 회사채나 지방채 이자를 계산할 때는 1년을 360일로 친다. 수메르에서 행정에 쓰던 1년은 천문학 현실에 따라 정의된 시간이 아니라 수학자나 실무자가 편하도록 깔끔하게 개선한 이상적 기간이라고 볼 만하다. 요약하면 수메르인이 발명한 시간모형은 주기마다 나타나는 경제현상을 분석하는 훌륭한 틀이다. 한편 그 과정에서 자연의 시간보다 인간의 시간을 우위에 놓는다는 자만심 또한 높아졌다.

기원전 3000년 무렵 고대 서남아시아 도시에서는 금융에서 쓰이는 기본 도구가 발달했다. 여기서 쓰인 경제 수량의 기록수단이 기호에서

그림문자로, 다시 점토판 위에 쓴 글자로 발달하자 융통성도 매우 높아졌다. 이 체계는 장기계약을 맺는 데도, 쌍방이 물건을 제대로 받았다고 확인하는 데도 쓰였다. 금융 단위 중 가장 기본은 시점 간 계약이다. 수메르인은 경제적 단위 개념과 유연한 숫자체계를 발명함으로써 시점 간 계약을 명시적으로 수량화하는 도구를 만들어, 모호한 부분을 없애고 당사자끼리 분쟁을 벌일 여지를 제거했다. 문자와 숫자는 서남아시아의 경제체계에 필수였던 경제계약을 명확하고 정확하게 만들었다.

또한 금융계약이 개념적 사고와 함께 발전했을 뿐 아니라 이를 촉진했다는 증거도 있다. 동일한 권력자가 다스리는 경제권 내 도시의 밀도가 높아지다 보니 큰 수량을 표현할 수 있는 기록체계와 개념 틀이 필요해졌다. 초기 쐐기문자 문서에는 이처럼 기록방식이 도약하고, 이와 더불어 사고방식이 계산에 적합하게 전환했을 것이라는 증거가 나타난다. 또 학자들은 이 시대에 시간을 자연과 천문현상에서 분리하고 추상화하여 행정 용도에 맞게 수량화했다고 입증했다. 이 두 가지는 추상적 사고가 더욱 발전하는 토대가 되었다. 방대한 양을 표현하는 데도, 시간을 매우 작은 조각으로 나누는 데도 인간의 상상력이 허락하는 한 한계는 없었다. 현대 수학의 뿌리인 이 두 가지 개념은 금융기법이 출현한 덕분에 도약했다고 해도 좋다.

금융의 기본은 도시농경사회가 아닌 다른 문화에서도 나타났을지 모르지만, 고대 서남아시아의 금융기법을 상세히 살펴보면 그곳 특유의 사회 및 정치 구조에 적합한 특징이 많이 드러난다. 수메르 경제체계의 특성은 금융이 출현하는 근본이 되었기 때문에 더욱 폭넓게 살펴볼 가치가 있다. 그러면 이번에는 금융도구를 발전시킨 사회 및 정치 환경을 살펴보자.

2장

금융과 도시

2003년 6월 12일, 세 남자가 빨간색 자동차를 몰고 이라크 국립박물관으로 들어가 담요로 감싼 돌 조각을 경비원에게 조용히 건넨 후, 검문소를 빠져나가 티그리스강 강변도로를 타고 떠났다. 꾸러미를 풀자 드러난 것은 이라크 전쟁 동안 박물관에서 약탈당한 와르카 꽃병 Warka Vase(와르카는 우루크를 가리키는 아랍어 - 옮긴이) 조각이었다. 당시 박물관이 겪은 비극은 수없이 많지만 그중에서도 가장 뼈아픈 것이 이 유물을 약탈당한 일이었다. 이 꽃병은 절도당한 수많은 보물 중에서도 가장 가치 있는 예술품이었다. 메소포타미아 문명이 시작할 때 제작된 와르카 꽃병은 우루크의 신전 지구에서 발견되었다. 꽃병이 함부로 취급되다 보니 그중 많은 조각을 아직 되찾지 못했고 아마 앞으로도 찾지 못할 것이다. 전쟁이 일어나기 전에 꽃병을 자세히 찍어 둔 덕분에 연구는 할 수 있어서 그나마 다행이다.

기원전 3000년 전후에 제작된 와르카 꽃병은 설화석고로 만든 높이

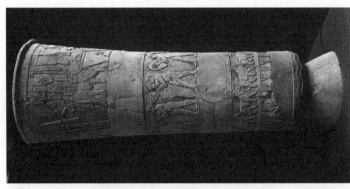

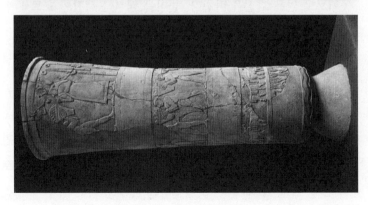

그림 2.1 2003년에 파괴되기 전 워르카 꽃병. 5,000년 전에 제작되어 이슈타르 여신에게 쓰인 이 설화석고제 꽃병에는 신전을 향하는 사람과 동물 등이 행렬이 보이는데, 이는 고대 도시생활의 경제구조를 나타낸다고 해석된다.

약 1미터짜리 좁은 원통형 용기이다. 꽃병 바깥쪽에 부조로 새긴 세 층은 각기 다른 세상을 상징한다. 맨 아래는 물을 나타내는데, 구불구불한 선은 우루크가 위치한 유프라테스강 강둑을 표현한 것 같다. 물 위에는 농작물이 묘사되었는데, 옛날에 우루크 주변에 있던 비옥한 들판을 나타낸 듯하다. 그 위에서는 숫양과 암양이 번갈아 행진한다. 꽃병 가운데 층에는 인간의 세계가 있다. 농부를 상징하는 벌거벗은 사람들이 대열을 이루어 걸어가는데, 이들이 들고 가는 바구니나 항아리 안에는 아래쪽 세상을 길들여 수확하고 가공한 상품이 들어 있을 것이다. 개성을 부여받지 않은 것을 보면 이들도 물건으로 취급된 듯하다. 즉, 인간이 아니라 인간의 노동력을 나타낸 것이다. 꽃병 맨 위쪽 세상은 신전이다. 동물과 사람이 엄청나게 늘어서 있고, 그 위에서는 사제가 신전의 여사제 또는 이난나 여신에게 제물을 바친다. 와르카 꽃병처럼 좁은 항아리도 근처에 보인다.

와르카 꽃병이 묘사하고 있는 것은 분명히 종교의식이지만, 한편으로는 고대 경제이기도 하다. 통치자는 대중을 대표하여 여신에게 우루크의 노동력으로 얻은 과실을 바친다. 물자는 대부분 시간이 흐르면 상하기 때문에 신전은 이를 일정한 방식에 따라 신속하게 재분배했을 것이다. 우루크 서판에 나온 숫자를 보면, 사람들에게 현물로 거둔 세금을 재분배하는 일은 엄청나게 규모가 큰 작업이었다. 경제가 중앙배급에 의존했기 때문에 사람들이 신전 가까운 곳에 살려고 도시로 몰려들었는지도 모른다. 전성기인 기원전 약 3000년 전후의 규모를 토대로 판단해 보면 우루크에 사는 사람은 1만 명이 넘었다. 다양한 물건이 출토된 데서 추측해 보면, 고대 우루크 거주자는 대부분 장거리 무역에 종사했다. 노동력은 전문화했다. 시민 중에는 양치기뿐 아니라 농부·제

그림 2.2 2008년에 우루크를 촬영한 항공사진

빵사·양조업자·직조업자, 심지어 회계사·필경사·교사도 있었다. 와르카 꽃병은 농업 생산·분배 체계의 핵심인 개인의 의무가 신전을 운영하는 데 매우 중요했음을 보여 주는 증거이다.

재화를 대규모로 재분배해야 하는 경제가 선의로만 굴러가지는 못한다. 미리 계획하려면 사전 약정, 즉 재화를 전달하겠다는 약속이 있어야 한다. 그리고 누가 열심히 일했고 누가 게으름을 피웠는지, 누가 지난번에 곡식을 바치지 않아서 다음 번에 벌충해야 하는지, 누가 이번 달 치 배급량을 얼마나 타 갔는지 등등을 관리하려면 각자가 신전에 진 의무를 기록할 방법이 있어야 한다. 중앙집중 체제에서는 사람이 숫자가 되고 회계가 매우 중요해진다. 회계사가 밀려들어 오는 공물을 기록하는 모습은 와르카 꽃병에 묘사되지 않았지만, 우루크에서 출토된 서판과 토우를 살펴보면 고대 경제가 민간의 의무를 신성한 약속으로 탈바꿈시키는 데 의존했으며, 의무 내용과 이행 여부를 세심하게 기록하는 행위가 도시생활의 출현에 중요했다는 사실도 알 수 있다.

이제까지 발견된 신용채무 증서 중 가장 오래된 것은 개인이 신전에 바쳐야 하는 보리의 양을 기록한 목록이다.[1] 기원전 24세기 초반부터 작성된 이 목록에는 마치 와르카 꽃병에 나온 신자의 말을 옮긴 듯, 탄원자의 이름과 사원에 바쳐야 할 공물의 양이 적혀 있다. "징세원 루기드: 보리 864리터, 바가라 출신 키두: 보리 720리터, 대장장이 이기지: 보리 720리터" 하는 식이다. 즉, 중앙에서 계획하고 재분배하는 경제가 탄생하면서 채무와 세금도 등장했다.

또한 약정과 배분으로 1만 명을 먹여 살리려면 광범위한 장기계획을 수립해야 했을 것이다. 한 도시를 유지하려면 1년 벌어 1년 치를 배분하는 체계로는 부족하다. 예컨대 내년에도 고기가 시민을 먹여 살리기 충분하게 걷힐 거라고 어떻게 확신하겠는가? 계획 담당자가 이 문제를 풀려면 가축이 새끼를 치는 속도와 현재 소비량 사이에서 균형을 잡을 수 있어야 한다. 이것은 금융문제이다. 양 떼를 기름진 초원에 풀어놓기만 한다면 시간이 흐르면서 기하급수적으로 늘어나겠지만, 그중 몇 마리를 잡아먹는다면 성장률에 영향이 간다. 이를 고려하여 성장률을 계산하는 것은 굉장히 복잡하다.

📚 복리가 등장하다

예일 대학교가 소장한 바빌로니아 유물 중에는 큰 파인애플처럼 보이는 점토제 원뿔비가 있다. 이 문서는 기하급수적 성장 개념의 복잡함을 보여 주고 논리를 극단까지 몰고 간 사례이다. 기원전 약 2400년에 제작된 원뿔비에는 고대 메소포타미아 남부에 있던 두 대도시 라가시 Lagash와 움마Umma 사이에서 벌어진 영토분쟁 내용이 수메르어로 새겨져 있다. 움마는 라가시에게서 비옥한 땅을 빼앗았다. 두 세대 후, 마침내 라가시의 지도자 엔메테나Enmetena(자료에 따라 엔테메나Entenena라고도 한다. -옮긴이)가 땅을 수복하고 '임대료'에 복리까지 친 금액을 요구했다. 비문에는 이렇게 새겨져 있다. "움마의 지도자는 난세와 닌구르수에게 보리 1구루guru(1구루는 518,400리터 -옮긴이)를 부당하게 빌려 갔다. 발생한 이자는 864만 구루이다."[2]

곡식은 고대 경제의 기반이었으므로 수메르 도시끼리 농경지를 사이에 두고 수십 년 동안 싸운 것이 유별난 일은 아니다. 이 문서는 추상 개념이 당시에 도달한 수준과, 금융 개념이 정치에서 담당한 역할을 이해하는 단서가 되기 때문에 중요하다.

우선 이 원뿔비에는 놀라울 정도로 큰 숫자가 나온다. 엔메테나는 전에 빌려주었다는 보리를 들먹이며 제멋대로 33.3퍼센트라는 이자율을 적용했다. 움마 사람들이 부담하게 된 양을 오늘날 기준으로 환산하면 곡식 4조 5,000억 리터에 달한다. 이는 요즘 미국에서 매년 수확하는 보리 양의 약 580배가 되니, 역사가 시작된 후 당시까지 메소포타미아에서 수확한 보리 양은 이를 훨씬 뛰어넘을 것이다. 그런데 재미있게도 관련 지식이 없는 사람도 이처럼 큰 숫자를 비문에서 찾아내기가 어렵지 않다. 원 세 개 안에 그보다 더 작은 원을 그려서 큰 숫자와 큰 숫자의 곱을 나타낸 것이다. 우루크 시대에 수학적 추상화가 크게 발달하지 않았다면 방대한 수량을 상상하고 표현하지도 못했을 것이다. 그리고 이 서판에서 배상을 요구받는 대상은 개인이 아니라 도시국가 전체이다.

그림 2.3 예일 대학교 바빌로니아 박물관이 소장한 엔메테나 비문

엔메테나 원뿔비의 두 번째 특징은 복리 개념이 나타났다는 최초의 증거라는 사실이다. 복리가 적용된 부채는 매년 동일하게 늘어나는 것이 아니라 시간이 흐르면서 기하급수적으로 늘어나며 엄청나게 커진다.

엔메테나가 이자를 복리로 쳐서 받아야 한다고 주장한 전제는, 한 해에 얻은 이익 모두를 다음 해에도 마찬가지 이익이 남는 사업에 재투자할 수 있다는 것이다. 물론 엔메테나의 주장은 논리적으로 불가능하다. 곡물수확이 복리에 따라 늘어나려면 종자 수도 계속 증가해야 할 뿐 아니라, 늘어난 종자를 심을 땅도 계속 넓어져야 한다. 라가시를 다스렸던 엔메테나도 배상금을 복리로 계산하는 것이 터무니없다는 사실을 잘 알았을 것이다. 따라서 복리란 움마에 무거운 배상금을 지우기 위해 수학과 금융의 언어를 동원하여 들먹인 수사도구일 뿐이다. 원뿔비에 이어지는 내용을 보면, 움마의 지배자는 채무를 갚을 수 없었기에 엔메테나는 빼앗은 땅에 물을 대 개간했다.

복리 개념은 어디에서 나왔을까? 수메르 경제를 뒷받침했던 또 다른 기반, 즉 가축에 원래 내재한 기하급수적 성질에서 등장했을 가능성이 농후하다. 고기·털·젖·힘을 제공하는 양·염소·소는 하나같이 모두 중요했다.

📚 금융계획

기원전 제3천년기 후반부에 작성된 쐐기문자 문서에는 대규모 목축업의 중요성뿐 아니라 여기에 필요한 고도로 정교한 수학 수준도 엿보인다. 그중에서도 이 책의 관점에서 볼 때 가장 흥미로운 것은 금융의 소프트웨어에서 핵심적 발전이 일어났다는 사실이다. 수학적 성장모형

그림 2.4 드레헴 서판

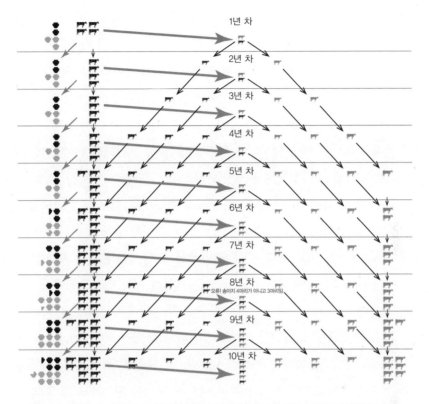

그림 2.5 10년간 소 떼 증가 및 유제품 생산으로 얻을 이익 추정표. 기원전 3천년기 제작

을 사용하여 장기 금융계획을 만들어 낸 것이다.

가축 매매로 유명했던 도시 드레헴Drehem에서는 대형 서판이 발견
되었다.[3] 이 서판이 제작된 시기는 기원전 2100년 전후에 시작된 우르
제3왕조기로 엔메테나 원뿔비가 제작된 이후이다. 로버트 잉글런드 교
수는 베를린에서 고고학자나 수학사 연구자 등 다른 학자들과 함께 서
판을 해독하고 분석했다. 서판에는 소 떼가 10년 동안 기하급수적으로
늘어나는 과정과 그 와중에 얻을 우유와 치즈의 양이 나온다. 그리고

생산된 식품의 경제적 가치가 고대 서남아시아의 화폐였던 은銀 단위로 표시되었다.

잉글런드 교수는 이 내용이 실제 회계기록이 아니라는 사실을 지적한다. 몇몇 가정이 비현실적이기 때문이다. 예컨대 소는 죽지 않고 매해 교미하여 송아지를 낳는다. 모든 암소는 해마다 송아지를 낳고, 암송아지는 태어난 다음 해부터 송아지를 낳는다. 그리하여 맨 처음에 두 마리뿐이던 소는 엄청난 수로 불어난다.

드레헴 서판은 기하급수적 성장을 수학도구로 나타낸 추상모형이다. 그리고 마지막에서는 그 과정에서 나온 결과를 은으로 환산했기 때문에 투자모형이기도 하다. 금융 관점에서 이 문서를 본다면 가축을 투자하고 유제품을 판매하여 수익을 얻는 기업의 이익 성장모형이라고도 볼 만하다.

그러한 모형이 드레헴의 회계사에게 왜 필요했을까? 기하급수적 성장에 관심을 둔 수학자가 몽상해 낸 이론적 연습문제일까? 이 모형은 가축이 죽지 않고 가격이 변동하지 않으며 새끼를 치는 속도가 정확하게 예상된다는 이상적 조건에서 만들어 낸 비교 기준이다. 따라서 소 한 쌍을 사서 이상적 조건하에 관리하면 이익을 얼마나 얻을 수 있는지 보여 준다. 어쩌면 사업계획서로 사용되었을지도 모른다.

드레헴 서판은 고대 서남아시아에서 발견된 금융문서 중에서 가장 흥미롭다. 금융 사고방식이 발전한 과정을 거의 모두 보여 주기 때문이다. 이 서판을 보면 늦어도 기원전 제3천년기에는 사업을 상상하고 계량하며 미래가치를 평가하는 기본 도구가 전부 개발된 것으로 보인다.

미래를 구체적인 숫자로 예측해야 할 필요가 절박하지 않았다면 드레헴 서판도 제작되지 않았을 것이다. 시간 자체에도 가격이 매겨지는 데, 그 가격의 근본은 동물의 번식에 기초를 둔 경제라는 근본 통찰이 서판에 담겨 있다. 이 서판은 추상적 금융 사고방식이 낳은 놀라운 결과물이다. 드레헴 서판에 숨은 '사업계획'에는 소 떼뿐 아니라 소 떼가 떠받치고 있는 사회의 성장과 변화를 예상하는 내용이 담겨 있다. 소가 번식할수록 소가 지탱하는 사회 역시 성장할 수 있다.

🪙 차입과 대여

도시에 살든 교외에 살든 누구나 가끔씩 물건을 빌려준다. 도움을 준 대가를 바로 돌려받을 성싶지 않을 때도 마찬가지이다. 작은 공동체에서 빌려주는 것은 도구나 시간이다. 그리하면 미래에 다시 도움을 받으리라고 기대할 만하지만, 그렇다고 계약서를 작성해서 그러한 기대를 대 놓고 공식화하지는 않는다. 이처럼 서로 돕는 행동은 일종의 보험이다. 여유가 있으면 다른 사람을 돕고, 도움이 필요하면 이웃에게 부탁한다.

우루크 같은 대규모 공동체에 모여 살기 시작한 사람들은 친구뿐 아니라 낯선 이들과도 같이 살게 되었다. 농촌에 산다면 몰라도 우루크 같이 거대한 도시에서라면 아는 사람과만 어울리면서 살 수는 없다. 한때 이웃끼리 암묵적으로 합의했던 일을 이제는 모르는 사람 사이에 명시적으로 계약하게 되었다. 모든 사람이 갖춘 직업과 기술이 같다면 이웃끼리 주고받는 도움도 서로 동일할 것이다. 하지만 직업이 서로 다르다면 이웃끼리 서로 같은 도움을 주기는 힘들어진다. 도시사회에서도 협동이 필요한데, 이웃끼리 소원하고 협동의 양을 재기도 힘들어지자 도움을 준 후 확실하게 대가를 받도록 형식을 갖출 필요가 커졌다. 케임브리지 대학교의 폴 밀레트Paul Millett는 고대 아테네에서 도시화와 이자부 대출이 서로 어떤 관계를 맺으며 발전했는지 추적한 끝에 뚜렷한 패턴을 발견했다. 도시화가 진행되자 명시적 계약이 필요하게 되었고, 이자가 등장했다는 것이다. 이자는 다른 사람에게 필요한 물건을 기꺼이 빌려주게 만드는 감미료이다.

이웃 간의 협동은 공동체에 닥친 위기에 대응하는 방법인 반면, 대출은 '선물'에 이자가 붙어 돌아오는 것으로서 꼭 필요하지 않더라도 빌려준 것을 되돌려 받아 부를 축적하는 방법이다. 이처럼 암묵적 계약과 명시적 계약이 이루는 대조에는 문명이 대출을 보는 양면적 감정이 숨어 있다. 도시가 출현하기 이전에는 상호 협동으로 위기에 대응했기 때문에 친구나 이웃에게 이자를 청구하는 행동이 바람직해 보이지 않았다. 인류는 에덴동산이 지적인 곳에서 이자를 발명하면서부터 타락하기 시작했는지도 모른다. 명시적 계약, 장부기록, 노동력 · 배급량의 문서화는 공동체를 기본으로 생활하던 이상적 세계와 고대 도시국가를 확실히 구분하는 특징이다. 도시와 국가의 규모를 키운 것도 이러한 도구임이 분명하다.

고대 메소포타미아에서는 개인끼리도 금융계약을 했다. 수메르에서 기원전 24세기 중반에 작성된 기록 중 하나는 개인과 신전이 아니라 최초로 개인끼리 맺은 대출계약으로 보인다. 문서 내용은 이렇다. "우르가리마는 푸주르에시타르에게 은 40그램과 보리 900리터(추정)를 받아야 한다."[4]

비록 작성일, 의무이행 기한, 계약 당사자의 지위와 소속 단체, 증인의 이름 등 여러 가지가 빠져 있기는 하지만, 어쨌든 푸주르에시타르가 우르가리마에게 의무를 이행해야 한다는 약정은 이 문서에 명확하게 남았다. 오래된 금융기록을 해독하기란 쉽지 않지만 개인 간 대출과 채무문서가 최소한 이 시기에 고대 메소포타미아 금융구조에 포함되었음은 확실하다.

채무가 발명되고, 대출을 장려하는 이자가 출현한 것은 금융의 역사에서도 가장 중요한 혁신이다. 차입자는 대출 덕분에 미래에서 돈을 끌어다가 지금 필요한 데 쓰게 되었다. 예컨대 저장해 둔 음식이 모두 상했는데 수확 철은 아직도 한 달이나 남았다고 생각해 보자. 대출과 이자가 없다면 농부는 한 달 동안 굶거나, 불안하게 요행을 바라거나 타인의 자비심에 기대야 한다. 하지만 대출이 있기 때문에 농부는 현재와 미래의 소비를 매끄럽게 조절할 수 있다. 그러한 의미에서 대출은 미래에 수확할 곡식을 현재로 옮겨 상한 곡식을 대신하는 효과를 낸다.

대출에는 소비조절 말고도 여러 가지 용도가 있다. 고대 메소포타미아에서 대출과 차입 기술이 활용된 것은 당시에 널리 채택된 경제체계 때문이다. 예컨대 신전이나 지배자에게 세금을 바칠 때라면 납세 부족분을 채우려고 개인끼리 대출을 했을 것이다. 반면 재화를 얻고 교역할 때, 대출은 중개인들이 이룬 복잡한 사슬의 일부가 되어 재화공급에 핵심적인 역할을 했다.

🪙 상인 감독자

웨스턴워싱턴 대학교에서 쐐기문자를 연구하는 스티븐 가핑클Steven Garfinkle은 기원전 제3천년기 후반, 즉 우르 제3왕조 시대의 대출계약을 조사했다. 엄청나게 많은 금융자료가 출현한 이 시대의 특징은, 사람들이 다양한 방식으로 서로 구속되는 대규모 공공가정institutional household(일반가정과 달리 혈연관계가 없으나 한곳에 모여 사는 개인들의 모임 - 옮긴이)을 기반으로 한 경제라는 데 있다. 이 시기에는 영리활동이 비교적 제한되어 경제활동이 대부분 개인이 아니라 큰 기관을 중심으로 일어났다고 간주된다.

가핑클은 미천한 농부에서 고귀한 정부 관리에 이르기까지 우르 제3왕조를 이루던 모든 계층에서 대출이 널리 활용되었다는 사실을 집어낸다. 계약 단위로는 은과 보리가 사용되었고, 형태로는 이자부 부채와 무이자 부채뿐 아니라 이자를 노동력으로 갚는 부채도 있었다. 이 시기에 작성된 문서 중에는 앞에서 말했던 푸주르이시타르의 부채가 그랬듯 계약체결 경위 없이 간결하게 서술된 것도, 또는 맥락을 넓게 살펴 조건을 유추해야 하는 것도 있다. 이때까지도 이어져 온 불라 방식을 따라 점토용기 안에 토우를 넣은 후 바깥에 원통형 인장으로 봉인하고 설명을 새겨 대출계약서를 만드는 경우도 있었다. 가핑클은 채무를 상환하면 채무문서 자체가 아니라 불라를 깼을 것이라고 추측한다.

우르 제3왕조 시절 니푸르Nippur시에서 상인을 감독한 투람일리Tūram-ilī라는 사람이 있었는데, 그가 한 일의 기록이 예일 대학교 바빌로니아 박물관에 보관되어 있다. 이 기록은 금융이 개인이 아닌 단체를 위해 어느 수준까지 사용되었는지 보여 준다. 가핑클이나 컬럼비아 대학교의 마르크 판 더 미어로프Marc Van De Mieroop 같은 쐐기문자 연구자는 60개가 넘는 투람일리 서판을 분석했다. 분석 결과에 따르면 차입과 대출은 우르 제3왕조 시기의 경제에서 중요한 역할을 했다. 고도로 통제되는 위계적 경제에서조차 대출은 꼭 필요했던 것이다. 투람일리 기록은 기원전 2042년에서 2031년 사이에 작성되었다.[5] 기록에 따르면 투람일리는 신전, 고위 관리의 관사, 왕궁 같은 주요 '가구'에 재화를 공급한 여러 상인의 장부를 감독했다. 상인은 해당 가구와 거래하며 장부를 기록했다. 즉, 은과 양털을 선금으로 받아 양파·병아리콩·마늘·보리·꼭두서니(염료용 – 옮긴이)·건포도·대추야자·밀·소·염소 등 여러 가지 상품, 명반·석고·염기류(비누 제조용 – 옮긴이)·숫돌·역청·소가죽 같은 기타 필수품, 금속제 상자·금·향료 같은 사치품을 구입하고 전달했던 것이다.

상인은 선금으로 받은 은을 다른 이에게 대출하기도 하고, 투람일리에게 받은 선금이나 대출금으로 다른 빚을 상계하기도 했다. 이러한 상업 신용체계 덕분에 상인은 유동성을 얻어 재화를 구입하고 전달할 유동성뿐 아니라 금융이익도 얻었다. 상인 감독자도 신용제도를 이용하여 자기 이익을 챙겼다. 감독자는 정부가 매긴 세금을 징수하고 자금 사정이 빠듯한 납세자에게 신용을 공급하였으며, 세입을 이용하여 상행위를 더욱 장려하는 등 일종의 세금징수 청부인 역할을 했을 것이다. 가핑클과 판 더 미어로프는 이처럼 중요한 기록을 분석한 후, 대규모 경제 주체의 대리인이었던 경제 중개인들마저도 이런 신용제도가 자신에게 유리한 경제적 유인을 지닌 것으로 생각했다고 결론지었다. 이자 개념이 등장한 후 대략 1,000년이 지나 기원전 2000년경이 되자, 고도로 통제되는 경제에서도 복잡한 시점 간 수요를 관리할 수단이 여전히 필요했다. 우르 제3왕조가 시장경제 체제는 아니었을지 몰라도 금융경제 체제였음은 확실하다. 도시국가에 필요했던 정교한 외부 중재를 해낸 것은 금융이었다.

🪙 '이자'라는 단어의 어원

고대 수메르인은 서로 이자를 매긴다는 발상을 어떻게 하게 되었을까? 언어학적 근거에 실마리가 있다. 수메르어로 이자를 가리키는 단어인 '마시mash'는 송아지를 의미하기도 한다. 고대 그리스에서 이자를 가리키는 '토코스tokos'는 소 떼에서 태어난 새끼를 가리키기도 한다. 라틴어로 짐승 떼를 일컫는 '페쿠스pecus'는 '돈과 관련한'이라는 영단어 '피큐니어리pecuniary'의 어원이다. 이집트어로 이자는 수메르어와 비슷하게 '므스ms'인데, '출산하다'는 뜻이기도 하다. 이 모든 용어를 살펴보면 이자 개념은 가축이 자연히 번식하는 데서 나왔음을 알 수 있다. 소 서른 마리를 1년 동안 빌려준다면 서른 마리보다 많은 소를 돌려받으리라고 기대할 것이다. 소는 번식한다. 따라서 소 떼 주인의 재산은 소 떼가 번식하는 속도와 같은 비율로 자연히 늘어난다. 소가 표준화폐 역할을 했다면, 가치가 비슷한 물건을 대여할 경우에도 마찬가지로 '새끼를 칠 것'이라고 기대했을 법하다. 수렵·채집 사회와 달리 농경·목축 사회에서는 이자라는 발상이 자연스럽게 출현했던 듯하다. 고대 수메르 사회는, 특히 그중에서도 '양 떼의 도시'라고 불리기도 했던 우루크는 돈을 빌려주고 이자를 받는다는 관습이 진화할 만한 환경을 완벽하게 갖추었던 셈이다. 이 장 앞부분에서 다루었던 드레헴 서판이 바로 그러한 발상을 자세하게 표현한 것이다.

———— ◆◇◆ ————

이 장에서는 고대 도시의 인구밀도가 높아지면서 계약과 이자 지급이 탄생하는 과정을 살펴보았다. 금융도구는 고대 도시를 지탱한 농경경제라는 논리적 도가니 안에서 발전하며 점점 정교해졌다. 농부는 매년 얼마큼 소비하고 얼마나 저장하거나 심을 것인지 결정하고 이듬해 수확계획을 세워야 했다. 오래전 서남아시아 도시에서 발달한 계획방식과 자산의 적정 수익률 개념이 사고방식의 근본이 되어, 국가 사이에 벌어진 정치분쟁마저도 금융을 사용하여 정교하게 계산하게 되었다고 해서 놀랄 필요는 없는 셈이다.

또한 최초의 도시에서 금융기법이 발달하고 금융이론이 출현했다는 사실도 알아보았다. 현실적이기도 하고 극히 가설적이기도 한 금융 성장모형이 바로 그 사례이다. 드레헴 서판은 소 떼의 번식률을 활용하여 유용한 이론을 표현했는데, 이것이 미래 생산계획이다. 반면 엔메테나 원뿔비는 복리의 수학을 이용하여 현실적 곡물 생산량을 뛰어넘는 지점까지 상상력을 밀어붙였다. 니푸르의 투람일리 사례는 경제가 복잡해지면서 상인이 상품을 구매하고 전달할 시점을 조정하는 기술이 필요해졌다는 사실을 드러낸다. 통제가 비교적 강한 시기에도 시간의 경제적 가치는 중요했다.

3장

금융구조

2장에서는 고대 서남아시아 최초의 도시인인 수메르인이 기본적 금융도구뿐 아니라 정교한 금융모형도 개발했음을 살펴보았다. 수메르 이후에도 2,500년에 걸쳐 점점 더 많은 사회가 수리적 사고를 하며 금융계약, 장부기록, 시장 등에 의존하게 되었다. 이 장에서는 그러한 사회 중 하나를 자세히 검토하면서 금융이 법률·교역·상업에서 어떤 역할을 했는지 들여다본다. 그리고 근대에 한 연구자가 고대 메소포타미아의 금융가 전체를 발견하고 당시 금융업자들이 벌이던 사업·법률 분쟁·금전대여·거래를 재구성해 낸 고대 유적지로 찾아가 본다. 고대 금융업자가 남긴 편지에는 사업활동뿐 아니라 그들의 삶과 개성도 드러난다.

고대 서남아시아가 정치적 격동을 겪었던 기원전 제2천년기 초반을 가리켜 고대 바빌로니아 시대(바빌로니아 역사는 고대 바빌로니아, 카사이트왕조, 신바빌로니아제국으로 구분된다. - 옮긴이)라고 한다. 이 무렵 수메르어 화자는 대부분 셈어 계통 언어를 쓰는 북쪽 사람들로 교체되었다. 이 셈어파 언어인 아카드어는 현재까지 알려진 사어死語 가운데, 해당 언어로 작성되고 발견된 문서 수로든 알려진 단어 수로든 가장 규모가 크다. 하지만 경제학자가 아니라면 아카드어 문헌에 별 관심이 없을 것이다. 서판 열 개 중 아홉은 회계기록이기 때문이다. 그중에서도 상당량은 담보대출, 땅문서, 대출계약서, 약속어음, 조합계약서이다.

그 시기 지배자 가운데 가장 유명한 사람은 대략 기원전 1792년부터 1750년까지 왕위에 있던 함무라비Hammurabi이다. 그의 이름을 널리 알린 함무라비법전은 검은 현무암에 법률을 새긴 것으로, 지금은 루브르 박물관에 있다. 함무라비법전에는 이자율이 은의 20퍼센트, 보리의 33⅓퍼센트로 명시되어 있다. 함무라비법전은 내용도 내용이지만 그보다도 법전 자체가 상징하는 것 때문에 중요하다. 법전은 바빌로니아제국 전역에 동일하게 적용되는 법체계로서 범죄·가족사·상행위·재산권 등 다양한 문제를 다루고, 범죄에 적용되는 처벌, 분쟁해결 방식, 여러 가지 사건의 귀책결정 등 다양한 주제를 상세히 기술한다. 판사·배심원·증인·원고·피고의 역할도 명시한다. 임대차 권리나 토지수용권 등 재산권도 인정하고 상세히 기술한다. 계약을 맺을 때 계약서의 효력, 영수증의 필요성, 이러한 문서가 없을 때 필요한 조치도 명기한다. 법정통화도 정한다. 상인·중개인·대리인의 책임, 선량한 관리자로서 진 의무, 강도나 도둑질을 당했을 때 져야 할 책임제한도 서술한다. 채무계약에도 유효기간 한도(3년)를 설정했다. 요컨대 함무라비법전은 상업 전반을 포괄하는 체계를 만들어 냈다.

법률·법정·배심·증인을 갖춘 법체계가 존재했다는 사실은 메소포타미아 역사 초기에 작성된 계약서에도 암시되어 있지만, 함무라비

그림 3.1 레너드 울리가 발굴한 기원전 제2천년기 우르의 금융 지구 상세도

법전은 그 체계를 매우 상세하게 설명하기 때문에 중요하다. 법률과 판결할 사법체계가 없다면, 그리고 법을 명시하고 시행하려는 정부가 없다면 계약은 아무 의미도 없다. 불라 표면이나 쐐기문자 서판에 무언가를 기록했다 해도 이 약속을 어겨도 적발되어 처벌받지 않는다면 아무 의미도 없다. 함무라비법전은 대출계약 서판·담보대출계약 서판·임대차계약·신용장 등 고대 바빌로니아 시기에 등장한 다른 모든 금융문서와 마찬가지로 고대 서남아시아 금융구조의 일부이다. 계약이 더욱 세밀하게 발달한 것은 함무라비법전이라는 제도적 환경 덕분이었다.

🪙 고대 금융 지구

1920년대, 레너드 울리Sir Leonard Woolley는 이스라엘 민족의 시조라 불리는 아브라함이 태어난 곳이라고 전해 내려오는 고대 도시 우르를 발굴하던 도중, 도시 중심부 근처에서 틀림없이 중상류층 주거지역으로 추정되는 유적지를 발견했다. 그와 같이 작업한 이라크인들이 파낸 것은 보통 서남아시아 고고학자들이 시선을 빼앗기는 장엄한 궁전 건물이 아니라, 주거용 건물로 쓰였을 법한 얇은 벽과 작은 방이었다. 울리와 발굴 팀원들은 도시 중심을 가로지르는 수로로 거대한 사원 단지와 구분된 구역에서 진흙 벽돌로 만든 집·가게·학교·예배실의 토대를 발견했다. 게다가 상업 지구와 부두와 잔교까지 찾아내 우르가 항구도시였음을 밝혀냈다. 우르는 농부와 목동뿐 아니라 어부와 해상무역상의 도시이기도 했던 것이다. 이 중 많은 사람들이 자기 금융기록을 선조의 유해와 함께 집 바닥에 묻어 안전하게 보관했다. 그때까지 우르에서는 수메르문명의 전통이 1,000년 동안 이어졌지만, 울리가 발굴한 집은 모두 고대 바빌로니아 시대를 지난 때 지어졌으므로 이때 발견된 문서는 온통 아카드어로 기록되었다.

컬럼비아 대학교 마르크 판 더 미어로프 교수는 고대 메소포타미아 경제 연구자 중에서도 손꼽힌다. 그는 울리가 남긴 발굴 노트를 토대로 점토 서판 수십 개가 발굴된 장소를 확인했다. 그리하여 고대 우르가 두 번째 천년기를 맞았을 때 대부업자와 사업가가 활동하던 지역, 다시 말해 금융 지구를 찾아냈다. 그리고 이들이 남긴 기록을 이용하여 먼 옛날 금융 중심지에서 벌어졌던 이야기를 흥미롭게 재구성해 냈다.

금융 지구에서 발견된 쐐기문서 문헌 중 대부분이 작성된 시기는 함무라비보다 약간 이전에 수도 라르사Larsa에서 나라를 다스렸던 왕, 림신Rim-Sin(기원전 1822~1763년) 재위기 초반이다. 해당 시기에 우르에 살던 사람은 2만 5,000명에서 4만 명 사이로 추정된다. 울리는 중앙 광장 근처에 크고 작은 집이 대규모로 밀집된 지역을 발굴해 냈다. 성소 두 곳에 접한 광장은 대로와 골목길을 통해 북적이는 도시의 다른 곳과 이어졌다.

🪙 우르의 상인

3번 니치 길(울리 교수는 발견한 길 이름을 모두 영국 캔터베리 지명에서 따왔다)에는 사업가였던 두무지가밀Dumuzi-gamil의 집이자 사무실이 있었다. 두무지가밀은 금융 관련 기록만 남겼지 개인적 내용은 전혀 남기지 않았지만, 어떤 사람이었는지는 어느 정도 알려져 있다. 교육을 잘 받았고 독립적이었으며, 필경사를 고용하지 않고 직접 장부를 쓰며 자기 돈을 제대로 관리했다. 교육수준이 높았는데도 화려한 수식어를 배제하고, 마르크 판 더 미어로프의 표현에 따르면 '간결한 어법'을 따랐다. 벤저민 프랭클린이 떠오르는 대목이다.

두무지가밀같이 우르의 금융 지구에 살던 사람의 행동을 살펴보면 금융업자가 고대 메소포타미아에서 어떤 역할을 했는지 대부분 드러난다. 두무지가밀과 동업자 슈미아비야는 기원전 1796년에 슈미아붐이라는 사업가에게 은 500그램을 빌렸다. 두무지가밀은 자기가 빌린 몫인 250그램을 5년 후에 297.3그램으로 갚겠다고 약속했다. 메소포타미아에서 이자를 계산하던 방식에 따르면 이자율은 연 3.78퍼센트에 해당한다. 대출기간은 5년으로 긴 편이었다. 나중에 슈미아붐에게서 대출채권을 산 이름난 상인 두 명은 기원전 1791년에 대출금을 잘 회수했다.

마르크 판 더 미어로프는 두무지가밀이 낮은 이율을 부담하여 돈을 얻고, 이를 갚기 전까지 생산적으로 사용했다는 점에서 은행업자 역할을 했다고 생각한다. 두무지가밀은 사업에 여러 번 손을 대 대성공을 거두었다. 그의 주업은 빵 유통업이었다. 그는 신전에 납품하던 대형 제빵소에 투자했다. 아마 북쪽으로 하룻길인 수도 라르사에도 빵을 공급했을 것이다. 그는 '왕실 곡식 공급업자'이기도 했다. 그가 남긴 서판 중에는 림신 왕에게 곡물 5,000리터 이상을 매달 공급하고 받은 영수증도 있다.[1]

두무지가밀이 차입을 통해 돈의 시간가치를 생산적으로 사용했다는 데는 의심할 여지가 없다. 그는 재산을 불릴 계획을 이미 세워 둔 다음에 슈미아붐에게 사업자금을 빌렸다. 그 계획이란 대형 제빵소를 설립한다는 사업가다운 발상이었다. 두무지가밀같은 우르의 사업가는 손에 넣은 차입금을 사회·경제적 이동성을 얻는 수단으로 썼다. 시간을 넘나들며 돈을 움직일 능력이 없었다면, 즉 미래소득을 빌려올 능력이 없었다면 두무지가밀은 제빵소를 세우지 못했을 것이다. 그에게 돈을 빌려준 사람이 누군지는 모르나 이자를 매겼으니 이웃 사이의 정만으로 빌려준 것은 분명 아닐 것이다.

두무지가밀은 빌린 돈 중 최소한 일부를 단기간 다른 사람에게 다시 대출했다. 판 더 미어로프에 따르면 두무지가밀은 어부와 농부에게 은을 빈번하게 빌려주었다. 한 대출 건에서는 한 달 만에 원금의 20퍼센트를 이자로 받아 내기도 했다. 같은 이자율을 유지한다면 은 1미나mina (오늘날 1.25파운드, 0.567킬로그램에 해당하는 고대의 무게 단위)는 2년 반후에 64미나로 늘어날 것이다. 두무지가밀이 기록을 남긴 대출계약 15건 중 대부분은 1~3개월짜리 초단기 계약이었다. 우르의 대부업자에게 빚을 진 시민은 비싼 값을 치르고 시간을 산 셈이었다.

두무지가밀이 빌린 장기 차입금과 어부가 빌린 단기 차입금 사이에는 중요한 차이가 있다. 단기 차입금은 명백히 소비하기 위한 것이고, 두무지가밀의 차입금은 생산하기 위한 것, 즉 제빵사업을 개척하고 대부업을 영위하기 위한 것이다. 사실 기원전 제2천년기에 우르에서 발생한 대출은 대부분 소비 용도였지 생산 용도는 아니었다. 보통 차입은 급한 상황에 대처하기 위한 수단이었다. 두무지가밀이 매긴 높은 이자율을 생각하면, 그는 아마 돈을 빌려 간 사람들에게 평판이 좋았을 리가 없다.

🪙 추상적 부

상인들이 그러하듯 고대 우르의 금융업자도 장부를 기록했다. 두무지가밀이 남긴 기록에는 개인에게 외상을 주었다는 내용도 있다. 상인과 금융업자는 비록 신용카드만큼 정교하진 못해도 어쨌든 외상장부를 갖춘 덕분에 경화를 덜 확보해도 되었다. 이러한 회계체계는 신전 고유의 회계방식을 모방한 결과물이겠지만, 이를 개인 간 거래에 적용한 것은 금융 사고방식에 작지만 중요한 진전이었다. 사람들이 '서류상 이익'을 인식하게 되었다는 말이기 때문이다. 이는 굳이 은을 쌓아 재산을 증명하지 않아도 부유해질 수 있다는 것을 의미한다. 그리하여 오늘날 금융체계가 기반을 둔 무형의 부는 첫 발전 단계에 진입했다. 이러한 무형의 이득이 존재하려면 사람들이 그런 것이 존재한다고 믿는 한편, 채권자가 자신이 빌려준 자산에 확고한 권리를 지니도록 보장하는 법체계가 뒷받침되어야 한다.

메소포타미아 법원은 재산권 분쟁을 판결했다. 소송 기간이 수십 년에 걸치는 경우도 없지 않았다. 두무지가밀이 살던 시절에 각지에 있던 예배소는 매매계약서같이 중요한 문서를 공증하거나 초안을 잡기도 했다. 보잘것없는 재산을 거래할 때도 계약서는 필요했다. 판 더 미어로프는 고작 땅 한 평을 거래한 경우까지 찾아냈다. 기원전 제2천년기에는 형제끼리도 사고팔며 기록을 남긴 데서 보듯이 이웃 간의 정으로 빌려주고 돌려받는 방식은 사라지고 있었다. 매매액은 대부분 은으로 환산되었다.

'점토(서판)에 적힌 이익'도 진짜 이익으로 취급되는 세상에서는 금융업자의 채무마저 돈 역할을 한다. 앞에서 언급했듯이 우르 문서에는 개인이 발행한 약속어음을 거래하는 시장이 매우 활발하게 돌아갔다고 나온다. 두무지가밀에게 돈을 빌려준 슈미아붐도 누르일리슈와 신아샤레드라는 투자자 두 명에게 어음을 팔았다. 두무지가밀과 동업자가 진 빚은 손쉽게 이전 가능했던 듯하다. 대출채권을 매각한 사례는 다른 기록에도 흔히 나타난다. 우르에 있던 대출채권 유통시장에서는 빚을 갚 겠다는 약정을 화폐로 취급했다. 고대 우르의 금융업자가 어떤 영향을 끼쳤는지 폭넓게 알려 주는 거시경제 기록은 없지만, 이들이 대출한 덕 분에 다른 상업활동이 장려되었을 가능성은 높다.

📚 부채와 위험

기원전 제2천년기 시절 우르는 자본을 갖춘 사업가에게는 그야말로 온실과도 같았을 텐데, 반면 대출금이라는 수렁에 빠진 차입자에게는 어땠을까? 메소포타미아법전은 오늘날 우리가 인권이라고 부르는 것 보다는 재산권을 훨씬 폭넓게 보장했다. 예컨대 개인에게는 자신을 노 예로 팔거나 자기 자유를 담보로 제공하고 돈을 빌릴 권리가 있었다. 사람을 잔인하게 착취하는 듯하지만 효율적이기는 했을 것이다. 경제 학자 달링M. Darling이 근대 인도 펀자브 지역의 농촌경제를 연구한 바 에 따르면, 불쾌한 사실이지만 인간은 본성상 빚졌을 때 더 열심히 일 하고 더 많이 생산한다.[2] 달링은 빚을 진 농부는 그렇지 않은 농부보다 곡식을 보통 더 많이 수확했다는 사실을 밝혀냈다. 게다가 펀자브 농부 는 기껏해야 재산을 차압당할 뿐이지만, 고대 우르에 살던 사람에게는 일할 동기가 훨씬 컸다. 채무자가 노예로 팔리는 일이 드물지 않았기 때문이다.

대출계약과 계약이행을 강제한 법체계가 등장하면서 메소포타미아 경제의 효율이 높아졌을지는 몰라도 일하는 사람의 삶은 비참해졌다는 결론은 필연에 가깝다. 역사가 폴 밀레트가 생각하듯 만약 대출이 농촌 사회에서 일어나던 친밀한 상호부조에서 시작되었다고 본다면 진화의 시작과 결과는 매우 달라진 셈이다. 바빌로니아 시대에 단기대출이란 대중에게 세금을 착취하고 신전이 소유한 땅의 생산성을 높이는 도구였다. 개인이 금융부담을 미래로 미룰 수 있게 만듦으로써, 정부가 경제에서 이익을 남김 없이 긁어갈 방법을 찾아낸 것이나 다름없다.

고대 우르에서는 대출을 통해 십중팔구 정부가 초래했을 비상사태에 대응하기도 했지만, 이면을 보면 두무지가밀 같은 사업가가 차입과 대출을 통하여 부를 축적하기도 했다. 따라서 금융제도는 일반인에게 가혹했을지 몰라도 창의적이고 생산적인 사업을 장려하기는 했고, 금융기술을 갖춘 사람에게는 보상을 안겨 주었다.

🪙 금융거래

고대 메소포타미아의 무역업자와 상인이 얼마나 독립적 주체로서 행동했고 얼마큼이나 국가를 위해 일했느냐는 질문을 두고 학계에서는 상당한 논쟁이 벌어진다. 두무지가밀의 집과 아주 가까운 곳에는 그와 사고방식이 비슷한 사업가 에아나시르Ea-nasir가 살았다. 그는 우르와 딜문Dilmun 사이에서 해상무역을 벌이고 여기에 투자하여 부를 쌓았다. 고고학자들은 딜문이 메소포타미아의 구리가 모이는 핵심 무역항이었다고 생각한다.

우르인은 일찍이 수메르 시대부터 딜문 같이 페르시아만과 인도양 해안을 따라 늘어선 항구로 항해했고, 에아나시르가 살던 시절에는 딜문 무역업을 하는 사람들이 메소포타미아와 남쪽을 잇는 주요 중개인이 되었다. 멀리 떨어진 항구에 상업 공동체를 세워 무역을 장악했다는 관점에서 보자면 딜문인은 당시의 베네치아인이라고 할 만했다. 우르의 기원전 제2천년기 지층 이곳저곳에서는 딜문인 특유의 서명, 즉 인더스 문명 양식의 영향을 받아 성스러운 소 모양을 새긴 원통형 인장이 발견된다. 에아나시르가 딜문인이었다는 확실한 증거는 없지만 딜문과 무역하던 주요 상인이었음은 틀림없다. 한번은 에아나시르가 투자자 51명에게서 은을 투자금으로 받고, 딜문에서 가장 수요가 많은 공예품이었던 우르제 바구니 등 다양한 물건을 교역품으로 받아 대규모 무역을 했다. 딜문 상인은 이러한 물건을 구리·귀금속·향신료와 교환해 돌아왔다.

에아나시르 서판을 살펴보면 딜문 무역에서 나온 이익을 공평하게 배분하려면 상당한 협상력이 필요했다. 두무지가밀은 돈을 빌렸지만 에아나시르는 지분을 투자받아 딜문 무역에 자본으로 투입했다. 무역이 성공하면 투자자는 이익을 얻는다. 채권자가 채권계약으로 얻는 이익은 미리 정한 이자까지로 제한되지만, 에아나시르를 후원한 사람들이 대박이 났을 때 받는 이익에는 상한선이 없다. 이들은 이익을 투자 지분에 따라 나누어 가진다. 우르의 투자조합 계약에는 그 외에도 흥미로운 특징이 있다. 손실이 투자액만으로 제한된다는 것이다. 이러한 유한책임을 투자조건으로 명시한 무역계약도 있다.

금융사 연구자들은 이러한 지분계약이 유한책임사원에게 납입 자본금을 넘는 책임을 지우지 않는 합자회사limited partnership가 출현했다는 명확한 증거라고 보아 흥미를 느낀다. 투자자들이 자금을 대지만 경영에는 참여하지 않는 합작회사joint venture인 것이다. 오늘날 석유채굴이나 부동산 투자처럼 위험한 사업에 자금을 대는 방식과도 동일하다. 에아나시르는 무한책임사원으로서 가장 큰 위험을 졌으므로 아마 얻는 이익도 가장 컸을 것이다.

🪙 합작회사

판 더 미어로프 같은 아시리아사 연구자가 해독한 서판을 살펴보면, 앞에서 말한 대출·부동산담보대출·합자회사 같은 금융도구는 협동하여 사업하는 수단이었다. 에아나시르가 딜문에서 구리무역을 할 때 여러 투자자가 참여했듯이 어떤 사업은 투자자 한 명이 감당하기 힘들 만큼 규모가 컸다. 이렇게 규모가 큰 기획을 가능케 한 것이 금융도구이다. 이 시기에 바빌로니아 왕들이 엄청나게 큰 궁궐을 지을 때와 마찬가지로 이러한 금융기획안도 여러 원천에서 자본을 얻었다.

흥미롭게도 왕궁 역시 딜문 무역에 투자했다. 정부가 남부 해상무역에 참여한 것이 처음은 아니었다. 그보다 5세기도 더 전에 이아나 신전이 딜문 무역에 자금을 댔었기 때문이다. 그런데도 에아나시르의 합작사업 기록이 흥미를 끄는 것은 일반인도 팔찌 한두 개 정도로 약소한 투자금만 내고도 사업이익을 나누어 가질 수 있었기 때문이다. 부자나 정치적 영향력이 있는 사람이 아니더라도 사업을 할 수 있었다. 우르 제2천년기에는 금융기술 덕분에 다양한 사회 구성원이 시간의 힘을 활용하게 되었다.

오늘날 뮤추얼펀드 투자자가 그렇듯, 구리무역에 조예가 없는 사람도 에아나시르에게 투자하여 이익을 얻었다. 게다가 위험한 사업 한 번에 전 재산을 걸 필요도 없었다. 이러한 사업구조는 개인의 부에 중대한 영향을 끼쳤다. 사람들은 자기 사업이 실패해도 에아나시르에게 투자한 돈으로 힘든 시기를 넘길 수 있게 되어 개인적 실패에 대비할 수 있었다. 이들은 핵심 산업 중 하나인 딜문 무역에 반복하여 투자함으로써 우르 경제가 전반적으로 성장할 때 이익을 나누어 가졌다.

🪙 자본주의 비슷한 것

에아나시르처럼 딜문 무역에 투자한 사람은 자본가와 비슷하다. 이들은 자본가라는 단어가 지닌 원래 의미 그대로 자기 돈으로 돈을 번다. 이러한 일종의 자본주의가 메소포타미아의 두 번째 천년기에 얼마나 퍼져 있었는지 알려 주는 통계자료는 없지만, 그 덕분에 노년에 국가나 자녀에게 부양받을 필요 없이 자산을 투자하고 미래에 경제적 안정을 얻어 경제적으로 독립한 개인 계층이 출현하는 등 사회구조는 큰 영향을 받았다.

지금의 사회보장제도를 생각해 보자. 보통 국민들은 생산적 일에 종사하는 시기를 지나 국가가 운영하는 제도에 의지하여 생활한다. 대가족제가 정부 연기금을 대신하던 수십 년 전까지만 해도 노인은 자녀·손주와 같이 살았다. 반면 고대 바빌로니아 시기 메소포타미아에서는 심지어 가족을 정의하는 법조항까지 동원하여 투자·금융 계약을 맺으며 은퇴 후 생활비를 댔다는 증거가 상당히 많다.

아시리아 연구자 아너 호데리스Anne Goddeeris는 고대 바빌로니아 시대인 기원전 2000년에서 1800년 사이에 메소포타미아 북부에 존재했던 대도시 시파르에서 발견된 경제계약을 폭넓게 연구했다. 계약 당사자는 여성이었는데, 이들은 마치 가톨릭의 수녀가 그렇듯 종교집단에 소속되어 결혼과 출산을 금지당한 반면 경제적으로는 독립하여 사업을 했다. 당시 남성들은 보통 집안 사업을 거들다가 상속을 받은 후에야 독립된 경제 주체로 활동했던 반면, 나디아툼Nadiatum이라고 불린 이 여성들은 그보다 일찍 경력을 쌓기 시작했다.[3] 나디아툼은 자신이 소유한 땅을 임대하여 이익을 얻었다. 때로는 조합을 만들기도 했다.

쿠무실리Kumu-silli라는 여성이 나오는 일련의 쐐기문자 문헌이 전형적인 사례이다.

쿠무실리는 훈누브툼과 아후시나에게서 독립하면서 바붐에 있는 땅 4이쿠iku 31사르sar, 바붐에 있는 다른 땅 2이쿠, 리바툼이라는 노예, 집 한 채를 상속한다. 수도원 성직자가 증인이다.

쿠무실리는 마하나 관개지역에 있는 땅 4이쿠를 무다둠의 아들 하탈룸에게 임대하고 보리 4.13코르kor를 임대료로 받는다. 하탈룸은 축제를 세 번 열고, 엘루눔 축제에 새끼 돼지 한 마리를 바쳐야 한다.

이시티아의 딸 쿠무실리는 부르신의 딸 인나바툼과, 카라수무이아의 딸 후수툼에게서 집터 1/2사르를 샀다. 수도원 성직자가 증인이다. 그녀는 집터 2/3사르를 팔았다. 1/2(단위 미상)은 후수툼과 인나바툼 몫이다.

훈누브툼 쿠무실리의 자매는 라마시를 입양하고 상속자로 지명한다. 훈누브툼은 나굼에 있는 땅 8이쿠, 일라브라트엔남이 시파르에 소유한 집 한 채, 해당 수도원에 있는 집터 전체, 그 외 훈누브툼이 소유한 모든 것을 준다. 다만 사용수익권은 훈누브툼이 살아 있는 한 훈누브툼에게 있다. 라마시의 상속자는 일수이비수로 지명한다. 수도원 성직자가 증인이다.[4] (수메르 시대에 1이쿠는 3,873m², 1사르는 39m²이고, 1코르는 약 300리터이다. - 옮긴이)

이러한 문서에 기록된 여러 가지 거래는 놀라운 한편 익숙하기도 하다. 놀랍다 함은 바빌로니아 여성이 재산권을 가지고 부동산 사업가로서 활동했으며, 상업용 농지와 주거용 부동산을 상속받아 임대했을 뿐 아니라 동업하여 재산을 거래하기까지 했기 때문이다. 그리고 마지막 문헌에 나오는 나디아툼 여성은 상속자를 입양하고, 대가로 부양의무를 계약하여 결국 재산수익에 따른 종신연금으로 노후를 대비하기까지 했다. 한편 익숙하다 함은 기록된 상황이 오늘날 벌어지는 재산거래나 동업과 마찬가지이기 때문이다. 당시 사람들은 이처럼 토지거래와 임대를 다루는 법체계 외에도 다양한 기술을 활용하여 스스로 수입을 얻고 투자 포트폴리오를 수정하며 편안한 노후를 도모했다.

이러한 관점에서 보자면 어느 정도는 국가가 금융 때문에 통치력이 약해질 가능성도 있다. 사람들은 투자자산을 통해 정부나 가족제도에 의지하지 않고도 미래의 경제력을 스스로 만들 능력을 얻는다. 고대 메소포타미아에서 법체계에 따라 개인재산을 국가로부터 지키는 투자자 계층이 충분한 규모로 성장했다면, 정부에 덜 의지하게 되었으리라고 상상하기는 어렵지 않다.

🪙 정부 규제

우르로 다시 돌아가 보자. 두무지가밀이나 에아나시르 같은 금융업자는 림신이 다스리던 시절 전반기 동안 은행업과 무역으로 이익을 보았다. 하지만 금융거래에는 위험이 따른다. 실제로 기원전 1788년에 금융위기가 발생했다. 림신이 칙령을 내려 모든 채권은 무효라고 선언한 것이다. 틀림없이 채무자는 기뻐했겠지만 채권자는 공황에 빠졌을 것이다. 두무지가밀 같은 채권자는 완전히 자취를 감추었다. 판 더 미어로프가 확인한 사실에 따르면, 림신이 칙령을 내린 후에 금융거래가 일어난 흔적은 찾아볼 수 없다. 소송은 예외였다. 칙령이 발표된 직후 수많은 당사자가 소송을 걸어 채권담보로 설정한 재산의 소유권을 주장했다. 하지만 소송은 성공하지 못했다.

채무면제 칙령은 림신이 왕위에 있던 시기 이전에도, 이후에도 자주 있었다. 루브르 박물관 서남아시아관에는 대중에 영합하여 개혁을 추진했던 우루카기나의 칙령을 담은 원뿔형 서판이 있다. 기원전 1900년 전후에 메소포타미아 도시국가인 라가시를 다스리던 우루카기나는 궁궐과 사원에 무거운 세금을 내느라 고통받아 온 일반 시민에게 힘을 되찾아 주겠다고 약속했다. 포고에 따라 징세 담당자가 일자리를 잃고 고리대금업자·강도·범죄자가 도시에서 쫓겨났다. 채무가 사라지고 금융업자가 악마 취급을 당했으며, 고리대금업자가 범죄자 취급을 받아 도시 바깥으로 내몰렸다.

금융은 국가의 기본 수단이고 민간 대부자는 교역과 징수에 필수적이지만, 고대 서남아시아 국가의 정부가 금융부문과 맺은 관계는 애매모호했다. 신전과 궁전은 금융업자를 통해 은을 간접적으로 얻었고, 그 와중에 적지 않은 사회적 비용이 발생했다. 정부는 스스로 전혀 통제하지 못하는 부문을 만들어 냈다. 구리무역 같은 경제거래를 장악한 것이 독립적 사업가였는지 국가의 대리인이었는지는 여전히 학계 의견이 갈린다. 하지만 개인도 직접 투자할 수 있었으므로, 사람마다 다른 성과를 얻었을 것이며 왕이나 신전에 충성하지 않고도 부를 얻을 수 있었다는 사실은 확실하다.

이자율을 제한하는 법이 존재한 데서 유추해 보면, 림신의 의도는 대부자의 이익에 한도를 정하고 급성장하는 금융부문을 어느 정도 통제하는 데 있었다. 하지만 의도를 완전히 달성하지는 못했다.

잊을 만하면 나오던 전체 부채탕감 포고령은 빚에 허덕이던 시민에게는 부담을 덜어 주었지만, 대부업자에게는 분산투자를 이용해도 막을 수 없는 유일한 위험 요소이기도 했다. 예컨대 에아나시르가 제빵사업에 투자하는 두무지가밀에게 돈을 빌려준다면 딜문 무역선이 침몰하더라도 피해를 줄일 수 있었지만, 모든 채무가 탕감된다면 분산투자를 한들 소용이 없다.

딜문 무역문서는 에아나시르 이후 1,000년 동안 나타나지 않는다. 우르는 전성기 시절과 달리 해상무역 중개항으로 번성하지 못했다. 장거리 해상무역이 쇠퇴한 것은 여러 가지 정치 요소 때문이라고 학자들은 생각하지만, 아마 금융 요인도 영향을 끼쳤을 것이다. 일정 시점 이후부터는 장거리 무역사업에서 나오는 이익이 채무면제에 따른 잠재적 위험을 상쇄하지 못하게 되었다. 그러한 경제환경에서는 무역도, 단기 대출도 서서히 중단되었을 것이다.

림신이 칙령으로 모든 채무를 없앤 이유가 무엇인지는 추측해 볼 수밖에 없다. 림신 자신이나 지인이 빚을 져서일지도 모르고, 국민에게 인기를 얻으려는 정치 행보였을지도 모른다. 왕실과 신전이 은과 구리를 모으는 데 도움을 준 금융혁신이 언제부터인가 자산이라기보다 부채가 되었을 수도 있다. 이유가 무엇이었든 간에 우르의 금융 지구는 영구한 영향을 받았다. 경제 중심이 수도 라르사로 옮겨 가면서 우르 금융의 황금기가 끝났으리라고 판 더 미어로프는 추측한다. 두무지가밀과 동료들은 기원전 1788년에 발생한 대충격을 이겨 내고, 금융 사업 기회를 찾아 근거지를 옮겼다.

🪙 상인의 도시

고대 서남아시아의 대출과 투자계약 단위로는 곡식이나 심지어 노동력도 쓰였지만, 가장 널리 사용되는 단위는 은이었다. 신기한 것은 은은 메소포타미아에서 나지 않는다는 점이다. 은은 어디에서 왔고, 어떤 경위로 이곳 금융체제에서 회계 단위로 쓰이게 되었을까? 1장을 시작할 무렵 논했듯 고대 이라크에서 나오는 자연자원은 고만고만했다. 목재나 구리 같은 기본적인 물건도 해외무역으로나 얻어야 했다. 기원전 제4천년기에 우루크는 오늘날 터키가 있는 아나톨리아반도나 이란에 있는 수사 같이 먼 곳에 교역소나 식민지를 건설하여 돌그릇 같은 물건을 수입했다. 우르의 왕묘를 장식한 아름다운 청금석은 분명히 오늘날 아프가니스탄 지역에서 무역을 통해 가져왔을 것이고, 메소포타미아에서 청동을 만드는 데 쓰인 구리는 대부분 딜문 또는 그보다 남쪽에서 교역을 통해 들여왔다. 에아나시르 같은 장거리 해상무역업자는 우르 경제에서 중요한 역할을 했다. 구리가 없으면 청동도 없다. 청동이 없으면 무기도 없다. 무기가 없으면 제국도 없다.

하지만 은이라면 얘기가 다르다. 은이라는 금속은 아름답고 가공할 수도 있지만 실용성은 거의 없다. 그러나 메소포타미아에서 은은 빌리고 빌려주고 투자하고 지불하고 징수하는 수단이었다. 고대 메소포타미아인은 은을 먹거나 물건을 만드는 데 쓰는 다른 재료처럼 중요하게 여겼다. 그러나 은이 지닌 가치는 추상적이다. 은은 그저 값지기 때문에 값질 따름이다.[5]

판 더 미어로프는 기원전 제2천년기 후반까지 메소포타미아의 정치구조를 이룬 도시국가들이 서로 또는 외부와 교역해야만 중요 물자를 얻을 수 있었기 때문에 은이 가치측정 단위이자 교환수단으로 발달하게 되었다고 말한다. 은은 옛 서남아시아 도시국가들을 벗어난 지역에서도 널리 통용되는 화폐였기 때문에 중요했다. 특히 흥미로운 사실을 들자면, 은은 확실한 가치를 지닌 화폐일 뿐 아니라 가상화폐 역할까지 했다. 다시 말해 장부에는 은을 단위로 가치를 적었지만 그렇다고 꼭 은으로 정산하지는 않았다. 은은 다양한 재화의 가치를 표현하기 위한 단일한 화폐단위가 되었다. 거래의 도구인 동시에 개념적 도구인 셈이었다.

고대 메소포타미아 도시국가가 은을 얻으려면 무역을 해야 했다. 림신이 통치하고 우르의 상인들이 활동하던 시절과 엇비슷한 기원전 제2천년기 초반에 은 무역 중심지가 된 곳은 메소포타미아 북부 아시리아Assyria ('시리아Syria'의 어원이다)라는 지역의 한 도시였다.

아수르Assur시가 고대 서남아시아 역사에서 유명한 것은 두 번째 천년기에 접어든 후 두 세기 동안 상인들이 다스렸기 때문이다.[6] 시청에서는 의회가 열렸고 지도자는 명망 있는 아수르 시민 가운데 추첨으로 뽑혔으며 정치구조는 중세 이탈리아의 상업 공화국과 매우 비슷했다. 역사학자 클라스 펜호프Klaas Veenhof는 아수르의 상인이 무엇을 거래했고 어떻게 사업을 조직했으며, 아나톨리아 무역을 아수르가 장악하는 데 통치방식이 어떤 도움을 주었는지 기록하는 데 연구 경력 대부분을 바쳤다.

상인의 도시 아수르 이야기는 문서고가 운 좋게 보존된 덕분에 알려질 수 있었다. 문서들이 발견된 장소는 아수르가 아나톨리아에 세운 주요 교역소인 카네시Kanesh 유적지였다. 이곳은 은이 산출되고 거래된 주요 지역이기도 했다. 카네시와 아수르의 관계는 매우 밀접했다. 아수르에 살던 상인 가문이 카네시나 대상隊商이 도시를 오가는 길에 있는 소규모 식민지에 자기 가문 사람들을 정착시킬 정도였다. 이처럼 외국 상인이 사는 식민지는 카룸kàrum이라고 하고, 아수르 상인은 팀카룸

timkàrum이라고 불렸다. 이 시기에는 상당히 많은 카룸 지구가 문서에 기록되었다. 그리고 펜호프가 언급한 바에 따르면 카룸에서 벌어진 상업분쟁은 나중에 아수르에서 판결을 받았다.

아수르의 무역자금은 대출뿐 아니라, 지분을 여러 해 동안 유지하는 정교한 투자조합 방식으로도 조달되었다. 투자자들은 증인이 참석한 가운데 의례를 치르며 조합을 결성한 후 관련 내용을 서판에 문서로 남겼다. 의례에는 투자자가 투자금을 나루쿰naruqqum(자루)에 넣고 상인에게 넘겨주는 절차도 있었다. 아래에 나오는 카네시 무역조합 계약은 이런 사례를 생생하게 보여 준다.

총액: 아무르이그타르의 나루쿰 안에 들어간 금 30미나mina.
아무르이그타르는 수사자Susaja 해부터 12년 동안 무역업을 할 것이다.
그리하여 이익이 난다면 1/3을 얻을(원문은 '먹을') 것이고, 손해가 난다
면 1/3을 책임질(원문은 '막을') 것이다.
계약기간 만료일 전에 투자금을 회수하려면 금과 은 가치를 4:1로 쳐서
은으로 받아야 한다. 이익은 분배받지 못한다.7

금 30미나는 약 17킬로그램에 해당한다. 이를 아무르이그타르는 12년 동안 맡아 두고, 이 중 1/3을 개인 용도로 쓴다. 그리고 1/3만큼은 책임을 지는데, 다시 말해 투자금을 모두 잃었다면 투자자에게 금 10미나를 개인 자격으로 갚아야 한다. 마지막으로, 12년이 지나기 전에 돈을 회수하려는 투자자는 금값을 매우 비싸게 쳐서 은으로 돌려받아야 하고 이익은 얻지 못한다.

에아나시르의 딜문 무역업이 그랬듯 아수르 시기 문서에 나오는 나

루쿰 계약에도 고대 서남아시아에서 금융 하드웨어가 크게 발달했음이 드러난다. 여러 투자자에게서 받은 돈을 한데 모아 대규모 자본을 형성하고 투자한 것이다. 대규모 무역을 단독으로 할 방법도, 인원을 선발하고 장비를 갖춰 대상을 조직하는 데 드는 고정비를 조달할 수단도 달리 없는 상인도 자원을 얻을 수 있는 방법이다. 또 에아나시르의 딜문 사업에서처럼 투자자도 위험을 분산할 수 있었다. 아무르이그타르가 하는 사업 같은 곳 열 개에 투자하면, 운 나쁘게 한 번의 무역 실패로 모든 재산을 날릴 위험을 피하기에 적당했다.

당시 메소포타미아에 있던 은은 대부분 아수르를 중개자로 삼아 아나톨리아에서 가져온 것이다. 아수르 상인은 대상을 조직하고 당나귀에 아나톨리아인이 탐내던 메소포타미아산 직물을 실은 뒤에 북쪽으로 출발하여, 아시리아 평원을 지나 토로스Taurus산맥에 당도했다. 카네시에서 발굴된 편지에 따르면 대상은 귀중한 화물을 빼앗길 염려가 없는 몇몇 주요 도시에서 쉬어 가며 무역로를 통과했다. 아수르 상인은 무역로가 지나가는 지역을 다스리는 사람이나 나라에 관세를 내고, 그 대가로 독점권을 얻어 다른 아시리아인 경쟁자를 몰아내려고 협상을 벌이는가 하면, 아수르에서 비공식적으로 물건을 반출하여 암거래하는 업자를 색출하기도 했다. 그리고 끌고 간 당나귀를 대부분 잃은 채 메소포타미아의 경제적 생명줄인 은을 가지고 돌아왔다.

아수르 무역로에 있는 주요 기착지 중 하나는 현재 시리아 북동부에 있는 카부르Khabur강 계곡에 있었다. 여기에 카룸 지구가 있었다는 사실은 문서로 뒷받침된다.[8] 이 도시는 기원전 세 번째 천년기 후반에 아품Apum 왕국의 수도였을 수도 있지만 확실하지는 않다. 나는 교수가 되기 전에 이 고대 교역기지를 찾아나서는 탐험에 참여하는 행운을 누렸다.

🪙 고대 도시 발굴

나는 1979년에 메소포타미아 북부 발굴에 참여하여 몇 달 동안 현장에서 멀리 떨어진 시장 마을 키부르알바이드에 숙소를 잡고 세계 각지에서 온 고고학자와 쿠르드족 일꾼과 함께 새벽부터 황혼까지 텔레일란Tell Leilan('텔'은 아랍어·히브리어로 '언덕'이라는 뜻 - 옮긴이)이라는 넓은 언덕 위 도시 유적지에서 일했다. 예일 대학교 고고학자이자 발굴단장이었던 하비 와이스Harvey Weiss는 고대 대상의 무역로 관련 기록을 연구한 끝에 텔레일란을 선택했다. 텔레일란은 와디wadi(평소에는 말라 있다 우기에만 물이 흐르는 물길 - 옮긴이)가 여기저기를 가로지르고 고대 마을과 도시의 유적을 품은 언덕이 도처에 솟은 채 끝없이 펼쳐진 구릉지대에 있다.

와이스는 텔레일란이 근방에서 가장 넓은 언덕은 아니지만, 대상은 북쪽으로 가다 이곳 근처에서 발길을 쉬었으리라고 계산했다. 카부르 평원에 있는 다른 언덕과 달리 텔레일란에만 있는 특징은 바로 확실하게 보이는 성벽 유적이었다. 비록 폐허가 되었을망정 여전히 거대한 성문 유적을 지나 언덕으로 올라가는 비포장도로를 따라가면, 기원전 제2천년기에도 이미 고대 유적 취급을 받던 성채에 닿는다. 점령당한 궁전의 폐허 위에 또 다른 궁전이 세워지고, 복잡하게 얽힌 도로와 장식된 건물과 산뜻하게 회를 바른 정원이 건축되던 때로부터 수천 년이 지난 지금, 텔레일란의 성채 근처에는 그보다 높은 지구라트Ziggrat(고대 바빌로니아, 아시리아 유적에서 발견되는 성탑 - 옮긴이) 한 채와 커다란 신전 건물들이 자리 잡고 있다.

1979년에 레일란 언덕에서는 여러 현장에서 발굴작업이 진행되었다. 성채 발굴작업의 초점은 건축 시기가 기원전 제2천년기까지 거슬러 올라가는 고대 궁전을 찾아내는 데 있었다. 와이스와 벤 포스터Ben Foster, 판 더 미어로프 같은 금석학자는 이곳에 있는 해자垓子(성 주위를 둘러 파서 못으로 만든 곳 – 옮긴이)에서 발견한 서판을 보고, 함무라비의 경쟁자 중 하나였던 샴시아다드Shamshi-Adad(기원전 1813~1781년 재위)가 메소포타미아 북부를 정복하고 아수르 무역이 갑자기 중단된 시절에 아시리아의 수도였던 슈바트엔릴Shubat-Enlil이 텔레일란이라고 결론지었다. 아시리아 연구자들은 샴시아다드가 아품 왕국의 수도를 점령하고 값진 무역이권을 손에 쥐었다고 생각한다.

사실 금융 관점에서 보기에 정말 흥미로운 증거는 성채 아래쪽에 있던 민간 구역, 바로 상인과 대부업자가 생활하고 일하던 카룸이다. 와이스와 발굴팀은 몇 년에 걸쳐 아래쪽 마을에서 대규모 주거 지구를 발굴했다. 대상은 분명히 이곳에서 발길을 쉬며 교역했을 것이다. 그리고 레일란 작업팀은 1987년에도 아래쪽 마을에서 또 다른 기념비적 건물을 발견해 냈다. 바로 기원전 제3천년기 후반에 아품 왕국이 얽힌 정치적 사건의 기록이 저장된 대규모 외교문서 보관소이다.[9] 슈바트엔릴은 상업과 금융뿐 아니라 정치와 종교를 통해서도 메소포타미아의 다른 도시와 연결되어 있었다. 물론 정치·종교 관계가 상업·금융 관계를 뒤따랐을 가능성이 높다. 레일란이 위치한 아품 땅은 아수르 상인이 점거하기 전에도, 점거한 때에도, 그 후에도 중요한 무역 기착지였다.

아수르 교역과 그 영향이 중요한 것은 단순히 폭넓은 교역망을 갖추었다든가 상업 원칙에 따라 도시의 정치구조가 조직되어서가 아니다. 은이 경제생활에 반드시 필요한 투입물로 간주되었기 때문이다. 메소포타미아에는 음식·의복·보금자리 못지않게 돈이 필요했다. 사람들은 귀금속이란 상류층이 위신 때문에 소유하는 '사치재'일 뿐이라고 깎아내리곤 하지만, 은과 금은 바로 그 임의적 위신을 부여받았기 때문에 화폐로서 유용하다. 은은 화폐나 회계 단위로서 특별한 효용을 지녔기 때문에 고대 서남아시아에서 돈으로 널리 인정받았다. 은이 지닌 가치는 한 지역에서뿐 아니라 폭넓은 곳에서 두루 인정되었다. 은 덕분에 멀리 떨어진 도시끼리, 심지어 적대하는 도시끼리도 경제적으로 상호작용할 수 있었다. 소속원끼리 생필품을 생산하고 분배하던 가구 중심 경제에서는 곡식이 '법정화폐'였다. 반면 메소포타미아의 도시를 더 넓은 세상과 이어 주던 교환수단은 은이었다.

이 장에서는 기원전 제2천년기에 눈부시게 발달한 금융기술 제도에 초점을 맞추었다. 고고학적 맥락에 부합하는 내용을 풍부하게 담은 문서가 많이 보존된 덕분에 메소포타미아의 금융구조는 상세히 알려질 수 있었다. 이 지역에서는 상인이 신전이나 궁전같이 '상위 가구meta-household'의 중심에 있는 권력자를 위해 일하기도 하고, 사실상 상인이 도시를 다스리며 교역하기도 하는 등 다양한 정치구조가 혼재했다. 어떤 정치구조에서든 금융은 경제의 주요 요소였다. 크고 작은 가정은 단기대출을 이용하여 소득과 소비 변화로 받을 충격을 줄였다. 또 대출은 상행위에 언제나 수반되는 수입과 지출의 시점문제를 해결했다. 다시 말해 상인이 적합한 시점에 교역을 하도록 자원을 우선적으로 할당받게 된 것이다. 개인은 사업으로 자본을 축적하고, 다시 이를 대출하여 교역을 지원하면서 부를 증식했다. 대출은 대부분 단기·고리대였다.

그래서 오늘날 학자들은 당시 대출이 궁핍한 사람을 빚의 노예로 만들 거나 땅주인으로부터 재산을 빼앗는 수단이었기 때문에 약탈적이었다 고 결론짓는다. 하지만 단기대출만 있었던 것은 아니다. 수익성이 좋지 만 성숙하는 데 시간이 걸리는 사업자본은 장기·저리 대출로 댔다는 사실도 밝혀졌다.

이 시기에 존재했던 금융도구는 대출만은 아니다. 장거리 교역자금 은 지분투자로 조달되었다. 이 장에서 살펴본 두 가지 조합투자 사례 중 첫 번째인 딜문행 해상무역은 구리를 얻는 데 목적이 있었고, 두 번 째 사례는 아마 아나톨리아의 은 무역과 관계가 있었을 것이다. 이러한 투자 형태 덕분에 사람들은 여럿이 자본을 한데 모으고 위험을 분산시 킬 수 있었다. 이익을 낼 전망이 매우 불투명한 대규모 사업에는 그러 한 조치가 요긴했다. 그런 의미에서 지분투자 조합은 위험한 국제무역 에 적합했다.

4장

메소포타미아의 황혼

금융은 고대 바빌로니아 시기를 지나도 결코 사라지지 않았지만, 그후 수 세기 동안 메소포타미아 도시에서 금융이 어떻게 돌아갔는지는 잘 알려져 있지 않다. 하지만 금융기술이 고대 서남아시아에서 계속 이어진 정치변화를 극복하며 이어졌고, 이후 페르시아제국(기원전 626~330년)에서도 중요한 역할을 했다는 사실은 확실하다. 이 시기에 작성되어 지금까지 전해지는 문서 중에도 서남아시아 금융사 관점에서 흥미로운 것이 있다. 이 장에서는 쐐기문자가 마지막으로 쓰이던 무렵 일어난 급격한 정치변동에 초점을 맞추고 두 가지 사례를 상세히 살펴본다. 그 결과 금융과 시장이 제도변화뿐 아니라 안정에도 영향을 끼쳤다는 사실이 선명히 드러날 것이다.

니푸르의 신전이 있던 언덕은 고대 우르와 우루크 유적지의 북쪽에 있으며, 메소포타미아 도시가 보통 그렇듯 사람들이 수천 년 동안 거주해 온 장소였다. 미국 고고학자들은 1889년에 니푸르 언덕을 깊게 파낸 끝에 놀라운 고문서를 발견했다. 대부업과 부동산업에 종사했던 한 가문이 3대에 걸쳐 작성한 금융거래 기록을 찾은 것이다. 이 가문이 계약·장부·증서·소송 서류를 작성한 시기는 메소포타미아 문명이 마지막으로 번성했던 때이다. 아시리아 연구자 매튜 스톨퍼Matthew Stolper는 이 풍부한 문서자료를 이용하여 소위 무라수Murašû 가문의 이야기를 구성해 냈다.1 무라수 가문이 후기 메소포타미아 사회의 금융과 정치에서 한 일을 보노라면, 마치 음모·추문·금융거래를 촘촘히 얽어 무소불위의 정부 권력을 조롱하는 요즘 미스터리 소설을 읽는 듯하다.

페르시아제국 시절에 도시 니푸르는 수사와 페르세폴리스에 장엄한 황궁을 세운 페르시아 왕들의 보호를 받으며 발전하고 번영했다. 무라수 가문은 니푸르의 신전 구역을 내려다보는 드넓은 사유지에 거주했다. 고대 바빌로니아 시기에 우르의 금융가가 그랬던 것처럼 이 지역도 도시 중심을 가르는 수로를 사이에 두고 종교 지역과 분리되었다. 아마 수로는 신성한 곳과 세속을 구분하는 상징이었을 것이다.

무라수 씨족의 가주家主에 관해서는 기원전 500년 전후에 태어났다는 정도밖에 알려져 있지 않지만, 아들 세 명과 손자 세 명은 지주이자 농장 관리자였으며 니푸르의 다른 지주에게 적극적으로 돈을 빌려주기도 했다. 이들은 기원전 417년경까지 가업을 능동적으로 이끌며 사업에 열을 올려 상당한 재산을 축적했다. 사업이 잘 풀린 해도 있고 그렇지 못한 해도 있었는데, 그중에도 무라수 가문에게 특히 중요했던 한 해가 있었다.

기원전 423년에 이르러 정치는 격동했다. 아르타크세르크세스 왕이 한겨울에 죽은 직후 권력투쟁이 시작되었다. 장남 크세르크세스 2세가 뒤이어 즉위했지만, 45일 만에 이복동생 소그디아누스Sogdianus가 그를 살해하고 자그로스산맥에서 지중해에 걸친 페르시아제국 전체를 손아귀에 넣었다. 그리하여 소그디아누스가 왕위에 올랐지만, 페르시아에서 가장 강력한 영주들은 아르타크세르크세스의 아들을 후원했다. 아르타크세르크세스와 바빌로니아인 첩 코스트마르티두스Costmartidus의 아들이자 남부 메소포타미아의 태수인 오쿠스Ochus는 이복형제인 소그디아누스가 왕위에 오를 당시 바빌론에서 널찍한 저택을 빌려 살고 있었다. 소그디아누스는 즉위 후 첫 칙령 가운데 하나로 강력한 힘을 지니고 있던 이복형제 오쿠스를 제국 수도 수사로 소환하는 칙명을 내렸다. 이복형제를 살해하고 권력을 강탈하려는 의도였을 것이다.

칙사가 쐐기문자 서판에 적힌 정식 소환령을 가져오자 오쿠스는 신속하게 대처해야 했다. 지지자들은 맞서 싸우라고 설득했지만 그럴 수단을 바로 동원하지는 못했다. 땅은 많았지만 현금은 부족했는데, 당장 은이 없으면 소그디아누스에 맞서 싸울 용병과 보급품을 얻을 수 없었다. 소그디아누스가 응답을 압박하자 지지자들은 무라수 가문에 도움을 청했다. 오쿠스를 지지하던 사람들은 유프라테스강 유역의 광활한 땅을 무라수 가문에 담보로 제공하고 돈을 빌려 군대를 고용했다. 불만을 품고 페르시아 정규군에서 탈영한 병사들도 곧 합류했다. 오쿠스는 소그디아누스의 포로가 아니라 후임으로서 수사에 들어갔다. 찬탈자는 다시금 찬탈당했다. 오쿠스는 왕위에 올라 다리우스 2세Darius II가 되었다.

소그디아누스 타도 전쟁은 지금까지 알려진 돈을 빌려 치른 최초의 전쟁이지만 마지막 사례는 절대 아니다. 다리우스 2세를 뒤이은 페르시아 지배자들은 징수권을 이용하여 전쟁비용을 댔다. 금융중개는 사업체나 중개인과 계약을 통해 급전을 마련하는 데 중요한 연결고리였다. 기원전 5세기에 무라수 가문의 사업체가 제공한 신용대출은 이처럼 중요했고, 그로 인해 승패가 바뀌었다. 하지만 운명이 항상 좋은 방향으로만 흘러가지는 않는다. 오쿠스를 지지했던 지주 대부분은 빚에 허덕이다 파산했다.

무라수 가문 이야기는 경제적 자산을 신속하고 강력하게 특정 시점과 장소에 집중시켜 정치적 이익을 얻어 내는 데도 금융이 사용되었음을 보여 주기 때문에 중요하다. 전투는 공간 차원에서만, 즉 군대와 군대끼리만 벌어지는 것이 아니라, 시간 차원에서도 벌어진다. 다리우스 2세는, 아니 다리우스 2세를 정치적으로 뒷받침했던 사람들은 미래를 저당 잡혀 군사적 우위를 얻었다.

🪙 가격 · 주기 · 시장 · 모형

지금까지 알려진 최후의 쐐기문자 문서에는 서기 75년에 바빌론에서 거래된 상품가격이 은 기준으로 나타나 있다. 당시 바빌론은 메소포타미아 수도로서의 지위를 잃은 지 오래였지만 여전히 무역과 천문관측의 중심지였다. 700년이 넘도록 상품가격과 천문현상을 기록한 일지와 연감 중 마지막 부분은 최후의 쐐기문자 문서이기도 하다. 이 바빌론 일지는 음력 기준으로 매달 일반 상품 여섯 가지의 가격[정확히 말하면 바빌론 거리에서 은 1세켈shekel(약 8.33g)로 살 수 있는 수량]을 기록했다. 최초로 바빌론 일지를 한데 모아 연구한 사람은 브라운 대학교에서 쐐기문자를 연구하는 앨리스 슬로츠키Alice Slotsky이다. 슬로츠키에 따르면 일지는 가격과 천문을 관찰한 기록을 12개월마다 모아 만든 것이다.

일반적으로 보이는 반 년 치 일지는 각각 음력 기준 1개월짜리 기록

6~7개로 구성되며, 월간 기록은 일간 천문·기상 관찰기록으로 채워졌다. 매 장의 결론 부분에서는 천체의 위치 요약, 여섯 가지 상품의 시장가치 목록, 유프라테스강의 수위를 기재하였으며 때로는 당시에 일어난 주요 사건을 언급하기도 했다.[2]

상품가격은 보리, 대추야자, 겨자, 미나리(또는 카르다몸이라는 일종의 향신료), 참깨, 양모 순서대로 여러 세기에 걸쳐 기록되었다. 왜 대상과 순서가 그대로 유지되었는지는 일지에 나타나지 않는다. 슬로츠키는 이 상품들이 "세계의 '거대한 균형'을 이루는 수학적 조각"이었다는 가설을 내놓았다.[3] 천문현상을 나타낸 바빌로니아식 모형과, 그보다 훨씬 오래전부터 경제현상을 표현한 메소포타미아식 모형에 관하여 지금까지 알려진 사실을 고려하면 그럴 듯한 얘기이다.

이처럼 다양한 상품의 가격변동 기록은 후기 바빌로니아 경제를 실증·분석하는 근거가 되었다. 학자들은 쐐기문자 기록에 정교한 수학기법을 여러 갈래로 적용하여 고대의 시장을 움직이던 요인들을 분석했다.

암스테르담 대학교 교수인 베르트 판 더 스페크Bert van der Spek는 여러 해 동안 바빌로니아 일지 자료를 다듬고 해석에 얽힌 문제를 찾아내 고대에 작성된 다른 가격목록과 조합한 후, 다른 학자가 연구할 수 있도록 공개했다.[4]

이 놀라운 자료를 분석한 경제학자는 스페크 말고도 몇 명 더 있다. 이들이 노력한 덕분에 고대 상품시장의 본질과 역할이 상당 부분 드러났다. 상품, 그중에서도 특히 식품의 가격변동 폭은 컸다. 고대 바빌로니아에서 곡식가격은 매월 크게 변동했기 때문에 예측하기 힘들었을 것이다. 학계는 메소포타미아가 고립된 농경 지역이었기 때문에 인근

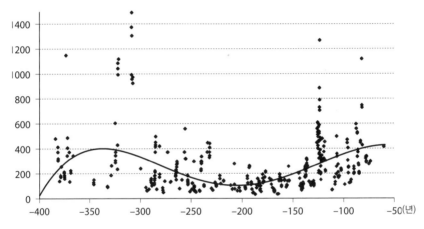

그림 4.1 기원전 380~60년 바빌론 시장의 보리 가격

지역에서 곡식을 수입하여 기근 피해를 줄일 수 없었다고 본다. 심지어 메소포타미아 안에서도 북부와 남부 시장은 서로 동조하지 않았다.[5] 비록 장기적으로 보면 공통적인 추세가 보이기는 하지만, 메소포타미아 전기와 마찬가지로 후기에도 식량수급은 지역별로 차이가 났다. 예전의 신전 중심 경제는 점점 복잡한 시장과 금융구조에 적응해 갔지만, 대중은 여전히 그 지역에서 난 식품을 먹었다. 그렇기 때문에 메소포타미아는 심각한 기후변동에 속수무책이었다. 보리 가격이 두세 배, 심지어 네 배로 뛰기도 했다. 시장경제와 금융체계의 기능 중 하나가 소득 충격 완화라면, 천문일지는 체계가 여전히 불완전했음을 보여 준다.

바빌로니아의 소비자가 매우 힘든 시기를 맞는 것은 사실 정치 불안 때문이었다. 알렉산드로스대왕이 기원전 321년에 바빌론에서 죽은 일은 천문일지에 기록되어 있다. 당시 서른두 살의 젊고 강한 지휘관으로서 전성기를 맞았던 그가 갑자기 죽을 것이라고는 아무도 예상치 못했다. 쓰러진 후 2주 만에 죽은 그를 누가 계승할지는 확실치 않았다. 알렉산드로스가 죽은 직후 바빌론의 식품가격은 두 배로 뛰었고, 군인들이 경쟁하며 후계자를 자처하자 그렇게 높은 가격 수준을 유지하면서 한 세대가 지났다. 가격이 오른 것은 식량이 군량으로 징발되어서였을까? 군대가 싸우면서 밭을 망쳐 놓았을까? 아마 식량 공급량은 변하지 않았는데 은화가 쏟아져 들어와 물가가 올랐을 것이다. 지배자들이 평화를 유지하려고 보물창고를 열었을지도 모르는 일이다. 셀레우코스왕조가 정치 질서를 확립하자 어려운 시기는 끝났지만, 내부에서 무력분쟁이 벌어지면 가격이 요동치는 상관관계는 명확히 이어졌다.[6] 그러나 시장이 혼란기에 출렁였을지는 몰라도 계속 작동하기는 했고, 바빌로니아의 일지 기록자들은 끈기 있게 가격을 추적했다. 아마 이를 이용하여 경제를 움직이는 요소를 밝혀내려 했을 것이다.

문자를 발명하고, 자연현상을 계량하고 모형화하는 분야를 개척하였으며, 경제 및 정치 생활에 숫자를 적용하는 새로운 사고방식을 도입했던 한 문명이 마지막을 맞던 바로 그 시기에 천문일지가 등장했다. 금융은 메소포타미아 사회의 일면에 불과했지만, 메소포타미아 역사 내내 핵심 역할을 했다. 경제적 관심사는 계산, 정량적 장부기록, 계약을 혁신할 필요성을 자극했다. 그리고 기술 혁신 자체도 다음 기술 혁신의 밑거름이 되었다. 사회가 숫자기호와 점토제 토우로 실제 재화를 상징하는 법을 숙달하고 나면 수학모형도 자연스럽게 상세하고 개념적으로 발달하는 듯하다. 소 떼가 기하급수적으로 늘어나는 모습을 관념적 수학모형으로 그린 드레헴 서판을 보면, 메소포타미아의 장부 기록법과 표현방식이 일찍이 발달하면서 나타난 부산물이 바로 수학 계산기술, 그리고 기호상징과 함께 자연스럽게 발달한 추상화일 가능성이 드러난다.

금융도구는 사고방식·의사소통·계약이 발달하는 데뿐만 아니라 메소포타미아 국가가 발달하는 데도 중요한 역할을 했다. 개인이 세금을 내기 위하여 은이든 곡식이든 돈을 벌 수단이나 회계기술이 없었다면 대규모 중앙계획이란 존재하지 못했을 것이다. 법체계가 단기대출을 가능케 하고, 개인이 자산과 부채를 명시할 수 있게 된 덕분에 개인사업체가 출현했다. 마지막으로, 금융기술은 정치에 깊은 영향을 끼쳤다. 전시금융은 메소포타미아에서 탄생한 이후 지금까지도 인류와 함께하고 있다.

메소포타미아인은 금융계약 덕분에 시간을 뛰어넘어 가치를 움직이고 그 비용을 매기게 되었다. 시간은 이 같은 차원의 구성 요소 중 하나일 뿐 아니라, 이자가 붙는 상품이기도 하다. 심지어 드레헴 서판을 보아도, 미래에 돌려받는 몫이 커지리라는 기대가 소 떼의 성장모형에 드러난다. 바빌론이 마지막으로 몰락한 지 2,000년이 지난 후 우루크가 있던 땅을 본다면 과연 이들 고대인은 무슨 생각을 할까?

⟞•⟨◈⟩•⟝

메소포타미아 문명은 3,000년 넘게 발달했다. 그리고 보기 드물게 오랜 역사 동안 경제·금융 제도가 계산·회계·계약·법률이라는 토대 위에서 복잡하게 성장했다. 따라서 금융과 국가 간 관계모형을 하나만 적용해서는 분석이 맞아떨어질 수 없다. 금융기술은 때에 따라 중앙기획자의 이익에 부합하기도, 개인사업가의 이익에 부합하기도 하며, 그리고 당연히 둘 모두의 이익에 부합하기도 했다.

1장에서 4장까지의 최우선 목표는 금융 하드웨어와 소프트웨어가 역사 초기에 발전하는 모습을 서술하는 것이다. 최초의 금융계약 등장, 금융수학과 사고의 발전 등이 여기에 포함된다. 두 번째 목표는 금융이 메소포타미아 사회에서 담당한 중요 역할을 보여 주는 것이었다. 금융이 발달한 것은 시점 간 계약이 필요해서였는데, 이는 최초로 등장한 도시들의 경제적 토대이기도 했다. 또 금융은 장거리 교역을 조직하고 활성화했다. 물론 금융구조가 열등한 사회에도 장거리 교역은 실재했지만, 고대 서남아시아 도시국가들은 은본위 화폐제도, 지분조합, 법집행 체계 같은 도구를 갖춘 덕분에 규모도 작고 서로 전쟁을 치르는 와중에도 먼 곳에서 귀한 재화와 금속을 얻을 수 있었다.

이러한 노하우가 어떻게 수천 년 동안 전해 내려왔느냐는 흥미로운 질문을 던질 수도 있겠다. 기술이란 문화 덕분에 발전하고 유지되는 수단과 사상의 집합이다. 태어날 때부터 복리계산법을 아는 사람은 없다. 이를 가르치려면 시간을 넘어 노하우를 전달하는 능력이 있어야 한다. 메소포타미아의 점토 서판 기록체계는 1,000년 동안 기록된 문서를 그 후에도 찾아 읽을 수 있다는 부산물을 남겼다. 금융기법은 고대 서남아시아 문명 3,000년에 걸쳐 정교하게 발달했지만, 도시가 버림받고 과거 지식이 실전失傳되는 공백기도 짧지 않았다. 다행히 고대에 필경사는 종이가 아니라 점토 위에 글을 썼다. 《길가메시 서사시》 같은 글은 계속 필사되어 고대에 존재하던 도서관 여러 곳에 보관되고 보존되었다. 또 어떤 글은 사라졌다가 고대 도시의 잔해를 뒤지던 메소포타미아 학자들의 눈에 띄었을 것이다. 이리하여 수 세기 동안 성장과 쇠퇴가 반복되었어도 수학·측량·천문·금융도구 같은 개념적 기술 전체가 유지될 수 있었다.

학자들이 지난 세기 동안 메소포타미아의 문헌이나 고고학 유적지를 연구하고 펴낸 결과만 가지고서는 도시문명과 장거리 교역이 나타날 무렵부터 등장한 풍요로우면서도 정교한 경제적 존재 중 극히 일부만을 힐끔 보았다고밖에 말할 수 없다. 다만 아직도 연구되지 않은 문헌이 수십만, 아니 어쩌면 수백만 건이지만, 지금껏 연구된 문헌만으로도 금융이 문명에서 무슨 역할을 했는지를 굉장히 폭넓게 알게 되었다.

5장

아테네 금융

밀 문제를 전혀 모르는 사람은 정치가가 될 자격이 없다.

　　　　　　　　　　　　　　　　　－소크라테스

　고전 시대 그리스와 로마 문명에서는 금융경제가 화폐와 시장에 기초를 두고 정교하게 발전했다. 그리스인은 은행·화폐·상사법정을 발명했다. 로마인은 이러한 혁신을 토대로 금융을 발달시키는 한편 주식회사, 유한책임 투자와 일종의 중앙은행을 덧붙였다. 고대 메소포타미아 도시는 인근에서 생산한 물건을 재분배하는 데 중심을 두고 이를 장거리 교역으로 보조했지만, 아테네와 로마는 인근의 농업 생산력만으로 뒷받침할 수 없을 만큼 성장하여 주로 해외무역에 의지하게 되었다. 아테네는 필요한 밀 대부분을 멀리는 흑해에서까지 수입했다. 로마는 필요한 곡식을 나일 삼각주의 비옥한 농지에서 얻었다. 이처럼 대담하게 경제를 운영하려면 새로운 금융구조가 필요했다. 아테네와 로마는 곡식이 중앙으로 흘러오게 만들어야 했다. 두 국가의 경제는 해외의 농부들이 곡식을 재배하고 선원과 선장이 목숨을 걸고 곡식을 실어 오며 투자자가 배와 교역품에 투자하도록 동기를 부여하는 한편, 국제무역에 수반되는 불확실성에도 견딜 만큼 확고한 결제체계를 만들어야 했다. 해결책은 시장의 보이지 않는 손, 예측 불가한 바다에 대응할 금융기술, 어디서나 통용되는 가치 기준에 기반을 둔 화폐경제였다.

고대 아테네 금융체계에 관한 내용 중 대부분은 지금까지 전하는 법정 변론을 바탕으로 알아낸 것이다. 법정 자체가 금융제도의 핵심 요소였다. 아테네 사법제도에서는 배심원제를 통해 원고와 피고 사이에 벌어진 분쟁을 해결했다. 재판이 열릴 때마다 배심원단(보통 500명)이 무작위로 선출된 후 재판 진행기일 한도인 하루 동안 자리를 지켰다. 원고와 피고는 스스로 변론했는데, 때로는 유명한 웅변가를 고용하여 변론 내용을 다듬기도 했다. 발언시간은 물시계를 사용하여 제한했다. 판결은 다수결로 결정되었는데, 배심원은 투표하기 전에 협의하지 않았다.[1] 날이 저물 무렵에는 판결이 확정되었다. 이러한 절차로 해결한 상업분쟁은 대부분 아테네의 곡식무역과 관련하여 일어났다. 항해기간이 아니었던 9월부터 이듬해 4월까지는 해상 사건을 다루는 특별법정이 열려 다음 항해기간이 오기 전에 분쟁을 해결했다. 아테네는 이처럼 독특한 법정제도를 갖춘 덕분에 위험의 가격, 돈의 시간가치, 사업 전체를 양도하거나 담보로 제공하는 방식 등 추상적 개념에 매우 친숙하고 금융지식에 해박한 사회가 되었다.

🪙 아테네와 곡식

기원전 386년, 몇몇 아테네 곡식 거래인이 사형당할 위기에 처했다. 이들은 가격을 조작하고 물량을 매점매석한 죄로 재판에 회부되었다. 수입상과 결탁하여 곡식가격을 담합했다는 혐의를 받은 것이다. 이러한 경제적 야합은 어떤 위험을 불러올까? 그만한 일이 왜 사형감이었을까? 기원전 4세기에 아테네는 자국의 농업 생산력을 넘어 성장했다. 아티카 평원이나 주변 언덕은 밀과 보리보다는 올리브 나무를 심고 벌을 치는 데 더 적합했다. 하지만 수십만에 달하는 인구는 빵을 주식으로 삼았다.

아테네인은 지리적 한계를 법률로 해결했다. 예를 들어 곡식을 수입한다면 그중 2/3는 아테네시로 들어와야 했다. 아테네 시민이 곡식을 다른 항구로 실어 나르는 것은 중죄였다. 그리고 법에 따르면 해외 곡식무역 용도로만 항해자금을 대출할 수 있었다. 일단 아테네로 들어온 곡식을 거래할 때 붙는 이윤도 법으로 제한되었다. 거래인이 보관할 수 있는 곡식량에도, 이를 재판매할 때 붙이는 이윤에도 상한선이 있었다. 시장 감독관은 이러한 규정을 모두 시행했고, 곡식 거래인이 규칙을 어겼다고 밀고한 사람은 보상을 받았다.[2] 이러한 제약을 살펴다 보면 의문이 절로 따라 나온다. 아테네에 곡식을 공급하게 만드는 긍정적 유인은 대체 무엇이었을까?

답은 시장가격이다. 수입업자가 받는 가격은 공급과 수요에 따라 오르내리는데, 가끔 곡식이 귀해져 가격이 오르기도 한다. 갑자기 두 배 넘게 뛰기도 한다. 그러면 아테네 사람들은 아침 식사를 지을 보리나 만찬에 곁들일 빵을 구울 밀을 사느라 비싼 값을 치러야 했다. 일단 아테네의 항구 피레우스Piraeus에 화물이 도착하기만 하면 무역에 투자한 사람은 확실한 수익을 기대할 수 있었다.

곡식 거래인이 재판을 받게 된 계기는 갑작스러운 곡가 급등이었는데, 아마도 아테네에 곡식을 공급하던 핵심 거래처가 해상봉쇄를 당해서 벌어진 일일 것이다. 거래인들이 항변한 내용에 따르면 아테네의 시장규제 담당자인 아니투스는 거래인끼리 담합해서 운송업자에게 곡식을 싸게 사라고 지시했다. 그런데 거래인들은 이렇게 담합으로 절약한 이익을 구매자에게 돌리지 않고, 매입한 곡식을 쌓아 두고 높은 가격에 조금씩 팔아 매점매석 금지법을 위반했다.[3] 다시 말해 공급자와 고객 모두를 상대로 담합한 것이다.

아니투스는 분명히 좋은 의도로 담합을 지시했다. 그는 거래인이 담합하면 수입업자와 협상할 때 우위를 누릴 것이라고 예상했을 것이다. 하지만 검사는 거래인끼리 카르텔을 결성하면 장기적으로 볼 때 해악이 더 클 것이라고 생각했다. 공정한 시장가격을 받을 수 없다면 상인은 아테네로 곡식을 실어 나르지 않을 것이기 때문이다. 검사 측 최종 논고를 작성한 그리스 웅변가 뤼시아스Lysias는 이렇게 진술했다.

여러분께서 유죄판결을 내리신다면 정의롭거니와 곡식가격도 낮추시는 셈입니다. 무죄판결을 내리신다면 곡식가격을 올리시는 것과 같습니다.[4]

그는 시장의 보이지 않는 손이 극히 중요한 곡식을 다른 지역으로 흘러가게 만들 것이고, 그래서 도리어 곡식가격이 오를 것이라고 주장했다. 곡식을 거래인에게 넘기는 가격이 지나치게 낮아지면 투자자도 곡식무역에 자금을 대출하지 않을 것이다. 화물을 팔아 이익을 보지 못한다면 선장은 위험을 무릅쓰고 바다에 나갈 유인을 잃어버릴 것이다.

기록이 온전히 남지 않아서 곡식 거래인이 어떤 운명을 맞았는지는 알 수 없지만, 이 재판기록은 담합이 고발 대상이었다는 근거 중 가장 오랜 것으로 유명하다. 앞에서 뤼시아스가 제기한 주장의 바탕에는 아테네가 생존하려면 시장유인을 만들어야 한다는 심오한 깨우침이 있다. 무조건 곡식가격을 낮추라고 명령해서는 안 된다. 법은 재수출과 시내 거래가격까지만 통제해야 한다. 오직 시장만이 사업가의 눈앞에 경제적 이익이라는 미끼를 매달아 곡식무역에 뛰어들도록 유혹할 수 있다.

금융과 바다

기원전 4세기경에는 흑해 대부분이 그리스 문화권에 들었고, 크림반도를 포함한 여러 지역에 그리스 식민지가 건설되었다. 아테네가 매년 수입하던 곡식 중 절반인 밀 1만 3,000톤은 흑해에 있는 여러 왕국에서 왔다. 옥스퍼드 대학교 역사학자인 알폰소 모레노Alfonso Moreno에 따르면 이는 5만 명 이상을 먹여 살리기에 충분한 양이다.[5] 또한 그가 계산한 바에 따르면 아테네 인구 중 1/3 이상이 수입한 곡식에 의존한 셈이다. 요컨대 그리스 배 수백 척이 반드시 매년 에게해를 지나 항해해야 했다.

2002년에 로버트 밸러드Robert Ballard가 이끄는 내셔널 지오그래픽 수중탐사팀은 불가리아의 도시 바르나 앞바다에서 흑해 깊은 곳으로 탐사선을 내려 보냈다. 그러다 해저에서 큰 물체를 발견한 연구자들은 흥분했다. 무인잠수선은 맑고 어두운 바다를 지나 이상한 물체에 접근

그림 5.1 앞면에 아테네 웅변가 데모스테네스의 초상이 새겨진 호박금(금과 은의 자연합금) 동
전. 기원전 322년

했다. 어둠 속에서 암포라(고대 그리스와 로마에서 흔히 쓰던 항아리 – 옮긴이)가 줄지어 나타났다. 고대 그리스 무역선에 실린 화물이었다. 연구자들은 암포라 하나를 건져 분석했다. 모양으로 판단해 보건대 그리스인이 폰토스라고 부르던 오늘날 터키 북쪽 해안 지역의 그리스 무역도시 시노페에서 제작된 것이었다.

연구실에서 암포라를 개봉한 과학자들은 놀랐다. 폰토스산 암포라는 주로 포도주 무역에 사용되었다. 하지만 방사성탄소 연대측정 결과 기원전 3세기 중반에 제작된 이 항아리에는 민물메기 뼈가 들어 있었다. 이 물고기는 지금도 민물메기 요리를 별미로 치는 드네프르강 하구에서 잡힌 것으로 보인다. 그리하여 그리스 배들이 흑해 연안에서 곡식만 실어 나르지는 않았다는 사실이 확실해졌다. 바르나 무역이 상업적 이익을 냈다고 가정한다면, 누가 항해자금을 빌려주었을까? 배와 화물이 가라앉았을 때는 무슨 일이 벌어졌을까? 과거에서 전해진 문헌을 활용하면 그 답을 추정할 수 있다.

💰 바다에서 맞는 위험

기원전 4세기 아테네의 위대한 웅변가 데모스테네스Demosthenes는 항해계약을 다룬 연설문도 남겼다. 기원전 352년경에 작성된 계약 하나에는 아테네에서 포도주를 싣고 흑해에서 곡식으로 교환한 후 돌아오는 상업항해에 자금을 대출하는 내용이 실려 있다. 하지만 대출금은 연체되었고 소송이 뒤따랐다. 데모스테네스는 젊은 상인 형제 중 형인 라크리투스를 고소한 원고를 대변하여 연설문을 썼다. 상인인 아르테몬과 아폴로도루스는 아테네를 출발하여 흑해 북부로 향해 바로 바르나 난파선이 왕래했던 드네프르강에 도달하는 항해자금으로 쓰려고 3,000 드라크마drachma를 빌렸다. 데모스테네스의 연설문은 아테네의 해양대 출이 작동한 방식, 해양항해의 위험을 관리한 방식, 대부자가 요구한 조건 등을 매우 자세하게 풀어낸다. 해당 계약은 해상무역이 수반하는 복잡한 위험을 아테네인이 어떻게 관리했는지 보여 주므로 길게 인용할 만한 가치가 있다.

스페투스의 안드로클레스와 카리스투스(그리스 에우보이아섬의 도시 - 옮긴이)의 나우시크라테스는 파셀리스(현재 터키 안탈리아주에 있었던 그리스계 도시 - 옮긴이)의 아르테몬과 아폴로도루스에게, 아테네를 출발하여 멘데 또는 스키오네(멘데와 스키오네는 모두 그리스 서해안 카산드라반도에 있던 도시 - 옮긴이)를 경유한 후 보스포루스에 도착하고 원할 경우 왼쪽에 있는 보리스테네스6까지 갔다가 아테네로 돌아오는 항해비용으로 3,000드라크마를 대여하고 이자를 1,000분의 225, 만약 아크투루스(목동자리의 별 중 하나 - 옮긴이)가 뜰 때까지 폰토스에서 히에룸 방향으로 출항하지 않았다면 1,000분의 300만큼 받기로 한다. 담보는 히블레시우스가 선장인 노 20개짜리 배로 멘데 또는 스키오네에서 실어 올 멘데산 포도주 항아리 3,000개이다. 이들은 같은 담보로 누구에게서도 돈을 더 빌리지 않았고 앞으로도 그러지 않을 것이라고 서약한다. 이들은 가져간 화물을 팔아 폰토스에서 산 모든 재화를 같은 배에 실어 아테네로 가져올 것이다.

만약 헬레스폰트(오늘날 다르다넬스해협 - 옮긴이)에서 열흘 동안 기다린 후 '개의 별(시리우스)'을 따라 폰토스에 진입하지 않는다면 이들은 아테네인이 화물을 차압당하지 않을 장소 어디에든 짐을 내리고, 그곳에서 아테네로 항해하여 돌아온 후 전년도에 맺은 계약에 기재된 대로 이자를 지불한다. 만약 물건을 실은 배 중 하나라도 수리하기 힘들 정도로 손상되더라도 담보물건이 무사하다면, 대부자는 남은 것을 분배해 가진다. 이에 관하여 서면계약보다 우선하는 사항은 없다.

증인: 피레우스의 포르미온, 보이오티아의 세피소도투스, 피투스의 헬리오도루스, (중략) 아르케다마스의 아들인 아나기루스의 아르케노미데스는 스페투스의 안드로클레스, 카리스투스의 나우시크라테스, 파셀리스의 아르테몬과 아폴로도루스에게서 계약서를 받았으며, 지금도 맡아 가지고 있다고 증언한다.7

이 계약에는 배가 침몰할 경우 채무를 상환할 필요가 없다는 특징이 있다. 난파할 위험을 지는 사람은 차입자가 아니라 대부자였다. 배가 바르나 난파선과 같은 운명을 맞았다면 두 형제는 채무를 면제받았다. 이처럼 대출자가 선박과 화물을 담보로 잡지만 배가 돌아오지 못하면 상환받을 권리도 없어지는 대출 형태를 가리켜 '선박저당계약bottomry'이라고 한다.

이처럼 위험을 사업가에게서 투자자로 옮기는 방식은 쌍방이 모두 받아들일 만하다. 선박저당계약에서 대부자는 여러 항해 건에 나누어 조금씩 돈을 빌려줌으로써 재난의 위험을 분산할 수 있었다. 흑해 지역의 곡식무역 규모를 생각한다면 투자기회는 상당히 많았을 것이다. 그리하면 배 한 척이 가라앉는다 해도 모든 돈을 잃지는 않는다.

한편 바다로 나간 상인은 말 그대로 달걀을 모두 한 바구니에 넣는다. 이들은 기꺼이 폰토스에서 곡식을 싸게 사서 피레우스에서 비싸게 팔아 차입금을 갚기에 충분한 이익을 내려 하지만, 날씨와 같이 자신이 통제할 수 없는 환경으로부터 보호받을 방법은 없다. 다른 상인과 합작하지 않는다면 여러 항해 건을 통해 위험을 분산할 방법이 없다는 것이 상인과 대부자를 구분하는 차이이다.

대부자가 분산투자할 수 있기는 해도, 어쨌든 배가 난파할 위험은 보상받아야 한다. 아르테몬과 아폴로도루스 형제는 대출자인 안드로클레스와 나우시크라테스에게 투자 원금 3,000드라크마와 이자 22.5퍼센트 또는 30퍼센트를 돌려주겠다고 약속했다. 만약 추분 전후라 바람이 거세지고 아크투루스가 뜨는 시기까지 형제가 보스포루스해협을 지나 돌아오는 길에 오르지 않았다면 이자율은 올라간다. 22.5퍼센트와 30퍼센트의 차이는 바로 재난위험이 올라간 데 대한 할증료였다.

위험을 관리하는 또 다른 핵심 수단은 담보였다. 계약서에는 3,000드라크마가 현재 테살로니키에서 멀지 않은 에게해 북쪽 항구에서 멘데산 와인 3,000동이를 사는 데 쓰일 것이라고 명시되어 있다. 배에 무슨 일이 생긴다 해도 항아리 일부 또는 전부가 무사하다면 이는 대부자의 재산이 된다. 언뜻 보기에는 견실해 보인다. 하지만 대부자는 담보를 감시할 수 없다. 아니, 애초에 담보가 존재하는지도 확인하지 못한다. 실제로도 형제가 구입한 담보는 흑해로 진입한 후에 선장이 다른 대출금을 얻을 때 다시 담보로 제공되었다.

파셀리스인인 선장은 폰토스에서 키오스(터키 연안 에게해의 그리스섬 – 옮긴이) 사람에게 돈을 더 빌리려 했는데, 키오스 사람은 먼저 돈을 빌려준 사람들에게 동의를 얻어 배에 실린 물건 전부를 담보로 제공하지 않으면 빌려주지 않겠다고 했습니다. 그래서 그들은 키오스 사람에게 우리 물건을 담보로 제공하여 권리를 모두 내주기로 동의했습니다.[8]

데모스테네스의 주장에 따르면 아르테몬과 아폴로도루스는 약속대로 와인을 구매하지 않고, 자기들이 빌린 돈을 다시 몰래 빌려주었다. 이들이 정말 흑해로 항해했을지는 몰라도 어쨌든 그리스에 빈손으로 돌아와, 크림반도에 있는 그리스 식민지 판티카페아움과 테오도시아 사이에서 조난당하는 와중에 염장생선과 포도주를 잃었다고 주장했다. 이들이 실었다는 화물목록을 보면 그보다 한 세기 후에 가라앉았다가 밸러드와 탐사팀에게 발견된 유물이 연상된다.

위 인용문에 나온 키오스인 대부자는 안드로클레스와 나우시크라테스의 대출계약 내용에도 불구하고 '선순위' 채권자가 되었다. 형제에게 양쪽 부채를 모두 갚을 방도가 있었는지는 알기 힘들다. 사기꾼 형제가 브로드웨이 뮤지컬 〈프로듀서스 *The Producers*〉 줄거리를 방불케 하는 계략을 꾸며 자기 능력을 뛰어넘는 계약을 맺은 후 채무에서 벗어날 유일한 방도는 배와 화물을 잃는 것뿐이었다. 어쩌면 바르나 난파선도 선박저당계약으로 빌린 돈을 갚지 않으려고 일부러 침몰시킨 것일지도 모른다.

넓은 관점에서 본다면, 아테네 상법이 그리스 세계 전역에서 온 사람들의 경제적 삶을 하나로 묶었다는 사실을 선박저당계약을 통해 알 수 있다. 차입자는 소아시아의 리키아 근처 도시 출신이었다. 두 대부자의 출신지는 각각 아테네 외곽 도시와 아테네 북동쪽 보이오티아 지방의 도시국가였다. 아테네는 양측이 계약을 맺는 법적 관할지 역할을 했다. 계약위반이 발생하자 아테네 법에 따라 소송이 진행되었다. 당사자들은 특정한 규칙에 따라 판결을 내리는 제도를 활용했다. 아테네는 분쟁을 투명하게 해결하는 규칙 덕분에 아테네 내부 자본뿐 아니라 외부 자본까지 끌어들였다.

아테네 법체계는 금융기술로도 볼 만하다. 대부자가 소송을 제기하여 흑해에서 일어난 사건의 보상금을 요구할 능력(그리고 라크리투스가 합의된 증거법을 활용하여 자신을 변호하는 권리)이 있었기 때문에 장거리 교역비용을 모을 수 있었다. 그리스에서 우크라이나로 향하는 상업항해에는 당연히 큰 위험이 따른다. 에게해 밑바닥에는 비슷한 항해에 나섰다가 침몰한 난파선이 허다하지만, 해상대출을 다루는 법적 기술이 존재하고 법률이 시행된 덕분에 노골적인 사기가 일어날 불확실성은 줄었다. 아테네의 항구 피레우스는 천혜의 내항으로서 주변에 많은 부두와 시장을 갖추는 등 다양한 장점이 있었지만, 정말 중요한 대들보는 계약과 상법이라는 두 가지 법 전통이었다.

🪙 은행업자와 투자자

앞에서 살펴본 고대 우르와 마찬가지로 그리스 세계에서도 대출과 해상무역 자금조달로부터 금융이 발전했다. 그런데 역사학자 에드워드 코언Edward Cohen의 주장에 따르면, 그리스에서는 언어와 세계관 모두에 만연한 특유의 이분법 사고방식 덕분에 새로운 금융제도가 출현했다.9 예컨대 토지와 같이 다른 사람에게도 보이는 가시적 재산은 실제 세계의 일부이다. 반면 예치금·장부·계약은 추상적 재산이다. 이러한 자산은 법적 권리, 쌍방 간 계약, 은행가가 수탁하는 계좌 형태로 존재했다. 코언은 추상적 재산은 고대 우르에서 금융업자가 대출 서판을 보관했던 것처럼 그리스인이 등장하기 전에도 존재했지만, 금융을 개념적으로 사업과 분리하여 가깝게는 장거리 해상교역에 적절하도록, 멀게는 제국의 요구에 부응할 만큼 유연하게 만든 것은 아테네 은행이었다고 주장한다.

금융재산이 추상화하자 고고학자가 은행업을 연구하기는 더욱 힘들 어졌다. 그나마 가장 좋은 출발점은 아테네의 항구 피레우스로, 고고학 자들은 이곳에서 고대의 항만 터를 찾아냈다. 이 거대한 항구의 북동쪽 에 펼쳐졌던 엠포리온Emporion은 국제교역의 중심이었다. 엠포리온이 란 상인과 투자자와 은행업자가 흑해무역을 하던 장소이며, 고대에 그 리스인이 거주했던 주요 장소가 다 그렇듯 경계석으로 주변과 구분되 어 있었다. 고고학자들은 이곳에서 엠포리온과 스토아stoas(지붕이 있는 통로나 현관을 가리킨다. 사람들이 모여 사업하는 장소였다.)의 잔해를 발견 했다. 이러한 건물의 기반은 1880년대에 오늘날의 피레우스시를 건설 할 때 드러났다.[10]

그림 5.2 기원전 5세기 피레우스의 중앙 항구를 재구성한 모습. 오른쪽에 그리스 은행업자가 최초로 영업하던 장소인 엠포리온이 보인다.

최북단에 있는 마크라 스토아는 고대에 곡식교역을 하던 장소였을 것이다. 데이그마라고 불리던 구역을 마주한 마크라 스토아는 수입한 물건을 선보이고 판매하는 중요한 장소였다. 마크라 스토아와 또 다른 스토아 세 곳의 잔해가 발견된 장소가 지금의 세관과 시청 주변이라는 데서 미루어 보건대, 현재 피레우스시의 여러 기관은 고대 시가지 바로 위에 건설된 듯하다. 항구의 동쪽을 따라 오늘날 피레우스의 거리를 걷는다면 최초의 그리스 은행가를 거니는 것이나 다름없다.

예나 지금이나 그리스어로 은행을 트라페자trapeza라고 하는데, 이 말은 원래 은행업자가 영업하던 탁자를 가리켰다.[11] 여기에서 보듯 '은행'이 가리키던 대상은 원래 건물 같은 장소가 아니라, 조그마한 가구 위에서 돈을 세거나 계산을 하는 영업이었다. 실제의 부와 추상적 부를 대조한 코언의 가설 그대로, 최초로 등장한 은행이 이름을 따온 대상조차도 장소가 아니라 행동이 일어나던 도구였던 것이다.

피레우스의 '트라페자'가 어떻게 생겼는지는 알 수 없지만, 아직 발견되지 않은 바빌로니아의 셈판을 본떠 만들었으리라고 생각해 봄직하다. 살라미스 서판Salamis tablet이라는 유물이 그리스 은행업자가 사용하던 트라페자의 본보기였을지도 모른다. 로마 시대에 제작된 가로 75센티미터에 세로 150센티미터짜리 대리석판인 살라미스 서판은 19세기에 키프로스섬에서 발견되었다. 서판 표면에는 가로 방향 직선 여럿이 위아래로 한 묶음씩 그려져 있다. 은행업자는 대리석의 직선을 세로로 보는 쪽으로 탁자 위에 놓고 앉았을 것이다. 탁자 양쪽에 쓰인 일련의 숫자는 그리스 화폐를 기준으로 한 분수와 배수를 나타낸다. 살라미스 서판은 선이나 선 사이 공간에 셈돌을 놓아 가며 계산을 하는 도구였을 것이다. 르네상스 시대는 물론이고 사실상 근대까지도 같은 식으로 계산했다. 널리 알려진 바와 달리 중국이 아니라 그리스에서 발명된 주판은 살라미스 서판을 가지고 다닐 수 있도록 셈돌을 줄에 엮어 흩어지지 않게 만든 것에 불과하다.

지금까지 알려진 것 가운데 가장 오래전에 피레우스에서 활동한 은행업자는 기원전 5세기 말에 영업한 '트라페지타이trapezitai' 안티스테네스와 아르케스트라토스이다. 기원전 394년이 되자 이들은 자기 소유였던 해방노예 파시오에게 은행을 넘겼고, 파시오는 기원전 370년 죽기 전에 자기 소유였던 해방노예 포르미오에게 다시 은행을 넘겼다. 이 은행은 대를 이어 오며 기원전 4세기에 아테네의 주요 금융기관이 되었을 것이다. 매 세대마다 은행을 해방노예에게 양도한 사실을 보면, 사업주가 노예제(즉 인적자본을 관장하는 재산권)를 활용하여 전문 기술을 이용했음이 드러난다. 재능은 말 그대로 포로가 되어 잡혀 있었고, 간단한 거래를 통하여 이전할 수도 있었다. 은행업이란 돈을 맡아 주고 대출을 하는 것이다. 은행의 진정한 자산은 가득 쌓인 돈, 거대한 건물, 수많은 직원이 아니고, 은행업자의 사업감각, 기회를 알아보는 눈, 영리한 위험관리 방식, 진실하다는 평판이다. 인간의 재능에 단순한 계산 탁자와 세심한 장부기록 방식이 조합된 것이 고대 아테네의 은행이다.

학자들은 아테네의 트라페지타이가 '단기예금으로 장기대출을 하는 기관'이라는 은행의 일반 정의에 정확하게 부합하는지 논하느라 엄청난 잉크를 소모했다. 하지만 그러한 정의는 금융 서비스가 수많은 방식으로 서로 묶이기도 따로 분리되기도 하는 21세기에 지나치게 좁은 정의인 것 같다. 지금도 아테네에서는 은행을 여전히 트라페자라고 부르지만, 오늘날의 기관을 가리키는 개념을 오래전 과거에 적용하려는 유혹은 뿌리치는 편이 낫다. 역사적 근거를 살펴보면 아테네의 은행업자는 확실히 예금을 취급했다. 대출을 했다는 증거도 있다. 데모스테네스는 파시온이 50탈란톤짜리 대출채권을 소유한다고 주장했고, 학자들은 아테네 부자들이 일상적으로 은행에서 대출을 받았다고 추정한다.[12]

은행차입금은 해양사업이나 사업체 운영 같은 생산적 목적에 쓰이기도 했지만, 각 시점의 소비를 조정하는 데도 쓰였다. 아테네 지배계층에게는 엄청나게 많은 비용이 드는 국가행사를 때마다 개최할 의무가 있었다. 이러한 일종의 세금은 재산에 예기치 않은 타격을 안겼으므로, 다른 지배계층 구성원이나 은행에서 돈을 빌리는 등 금융도구를 이용하여 이처럼 특수한 시점 간 충격을 완화했다 해도 전혀 놀라울 것은 없다. 물론 비생산적이라는 의미를 함축하는 '소비자금융'이라는 표현을 이러한 충격 대응수단에 붙이기는 힘들다. 역사학자 폴 밀레트는 그리스 은행업을 다룬 저서에서, 아테네의 사회·정치적 위계질서에서 권력을 유지하려면 감수해야 했던 이 지출에 '특권층 지출'이라는 이름을 붙였다.[13]

은행업자는 고객이 재산을 유지하고 자산 충격을 완화하는 데 반드시 필요한 존재였을 뿐 아니라, 투자과정에서도 핵심적인 중개 역할을 했을 것이다. 이들은 자기 돈을 대규모로 투자했을 뿐 아니라(예컨대 파시온은 방패를 제작하는 대규모 제작소를 소유했다) 고객이 직접 투자할 때 돕거나 이를 관리해 주기도 했다. 파시온이 고객에게 대출할 때는 자기 자본뿐 아니라 은행의 자본 역시 위험에 노출되었다. 그는 대부자와 차입자를 연결하며 아테네 경제를 중개하기도 했을 것이다. 그 실마리가 해상교역계약에 나와 있다.

앞에서 살펴본 흑해 선박저당계약에서 첫 번째 증인이 은행업자인 피레우스의 포르미온이었음을 주목해 보자. 물론 별 이해관계가 없는 방관자였을 가능성도 있지만, 그렇기보다는 채무가 상환될 경우 대부자를 대리하여 업무를 처리하는 은행업자였을 가능성이 더 높다. 그는 피레우스에서 손꼽히는 금융업자였기 때문에 누가 누구에게 돈을 빌려주었고 어떤 상인이 돈이 필요하며 누가 무엇을 가지고 있는지 쉽게 알아냈다. 아마 그러한 위치를 이용하여 고객에게 조언을 하거나 더 나아가 선박을 저당잡고 대출할 사람을 모집하여 신디케이트 론syndicate loan(둘 이상의 대출자가 같은 조건으로 자금을 대여하는 것 또는 그 자금 – 옮긴이)을 조직했을 것이다. 오늘날 시각으로 보면 아테네인에게는 다양한 금융 서비스가 필요했다. 즉, 동전을 침대 밑에 보관할 필요가 없도록 예금을 맡아 주는 기본 기관도, 거래 당사자들이 쉽게 거액을 주고받도록 돕는 회사도, 잠시 돈을 빌려주어 경제 충격을 흡수할 원천도 필요했다. 한편 은행업자는 경제적 투자를 촉진하며 경제적 이익을 얻는 동시에 명성과 인맥을 보강하기도 했을 것이다. 아테네 경제가 발달하면서 사업기회와 개인의 투자수요가 늘어나자 금융 중개수요도 커질 수밖에 없었다.

🪙 금융 이해력

데모스테네스는 젊었을 때 친척을 고소했다. 부친이 사망한 후 후견인으로 지정된 친척이 유산을 횡령했기 때문이다. 재판에서 고려할 금융 관련 사항은 매우 복잡했다. 사업체 두 곳, 재고자산, 대출금 등 많은 자산이 얽혀 있었다. 다른 재판과 마찬가지로 아테네 시민 중 무작위로 뽑힌 배심원 앞에서 변론이 시작되었다. 데모스테네스는 자신이 정당한 권리를 지닌 유산을 빼앗겼다고 배심원을 설득해야 했을 뿐 아니라, 유산이 지닌 가치가 얼마이고 근거는 무엇인지도 설명해야 했다. 이때 그가 가치를 평가한 방식을 살펴보면 아테네 일반인이 금융을 어떻게 생각했는지 대략 단서를 얻을 수 있다.

데모스테네스의 부친은 사업가였다. 그는 군대에서 쓸 무기를 찍어내고 다듬는 병기 제작소와 고급 소파를 만드는 가구 제작소를 경영했다. 그중 가구 제작소는 대출담보로 얻은 것이므로 차입자가 빚을 갚으면 돌려주어야 했다.

사업체는 규모가 꽤 컸다. 병기 제작소에서는 노예 33명, 가구 제작소에서는 22명이 일했으니 전일제로 일하는 숙련된 일꾼이 모두 합쳐 50명이 넘었다. 또한 이러한 사업뿐 아니라 예금과 대출 같은 투자자산도 있었다. 그가 은행업자에게 예치한 돈으로는 파시온에게 맡긴 2,400드라크마와 필라데스에게 맡긴 600드라크마가 있었고, 항해자금으로 대출한 채권은 크수토스에게 빌려준 7,000드라크마와 조카 데모멜레스에게 빌려준 1,600드라크마가 있었으며, 그 외에 무이자로 빌려준 소액 채권을 합쳐 약 6,000드라크마가 더 있었다.[14] 그 밖에 집 한 채와 부인이 소유한 보석 같은 개인용품도 있었다.

데모스테네스는 변론에서 자산의 가치를 평가할 때 우선 시장가치에 따르고 그다음에는 각자가 창출하는 연간 순수입에 따르는 등 두 가지 방법을 사용했다. 배심원은 분명히 두 가지 방법에 모두 익숙했을 것이다. 짧은 시간 안에 끝나는 아테네식 재판에서는 간결하고 명료하게 변론할수록 유리했기 때문이다.

배심원 여러분, 제 부친은 큰 사업을 하는 제작소 두 개를 남겼습니다. 하나는 병기 제작소인데, 여기서 일하는 노예 서른두세 명은 인당 최소한 3미나, 대부분은 5~6미나 가치가 나갑니다. 부친은 이 제작소에서 매년 30미나를 순이익으로 얻었습니다. 다른 하나는 노예 스무 명이 일하는 소파 제작소인데, 40미나를 빌려주고 담보로 받은 것입니다. 여기에서 나온 순이익은 12미나였습니다. 돈으로 남긴 유산으로는 한 달에 이자 1드라크마가 나오는 대출채권 1탈란톤이 있었는데, 이자를 모두 합하면 1년에 7미나가 넘었습니다. (중략) 이제 여기에 1드라크마짜리 이자 10년치를 모두 더하면 원금과 이자를 모두 합쳐 8탈란톤에 4,000드라크마가 될 수밖에 없습니다.[15]

마지막 문장에 주목해 보자. 그는 자신이 유산을 되찾으려고 요구할 때까지 흐른 10년 동안 잃은 소득의 시간가치에 단리 12퍼센트를 적용했다. 수메르 시대 엔메테나 원뿔비에서 이자를 재투자한다고 가정하여 청구했듯(2장 참고), 데모스테네스는 재산을 빼앗겼던 시간만큼 보상받기 원했다.

그의 가치평가 방식에는 주목할 부분이 둘 있다. 첫째, 당시 아테네의 일반적인 중산층 사업가는 상당히 다양한 대상에 투자했다. 데모스테네스의 부친은 주업에만 투자한 것이 아니라 저축도 했고, 선박저당 대출 같은 다른 사업에도 투자하여 1년에 약 12퍼센트 수익을 올렸다. 그는 노예·장비·재고·대출·예금에 나누어 투자했다. 자본은 생산에 투입되기도 하고, 미래지출을 위해 이연되기도 했다. 아테네에서는 두 가지 기회가 모두 충분했다.

두 번째 사실은 더욱 놀라운데, 아테네에는 금융계산이나 장기계획을 매우 잘 아는 사람이 넘쳐났다. 오늘날 무작위로 뽑힌 사람들 중에 데모스테네스가 제시한 금융논리를 확실히 이해할 만한 사람이 몇이나 될지 궁금하다. 기원전 4세기 아테네에 살던 보통 남성은 금융을 상당히 잘 이해했다. 앞에서 발췌한 내용을 다시 읽어 본다면 과연 이해하기 쉬운 내용이라고 자신 있게 말할 수 있겠는가!

🪙 금융과 토지

그곳에는 은의 샘이 솟는데,
그들에게는 지하의 보물이옵니다.[16]

 – 아이스킬로스, 〈페르시아인〉

오만한 페르시아 왕 크세르크세스를 다룬 아이스킬로스의 유명한 비극 〈페르시아인〉에서 태후 아토사는 아테네가 어떤 힘을 지녔는지 묻는다. 코러스(그리스 비극에 등장하는 합창단. 합창뿐 아니라 대사도 한다. – 옮긴이)는 페르시아인을 기다리는 보물을 눈앞에 그려 보인다. 기원전 472년, 아크로폴리스에 장엄하게 자리 잡은 디오니소스 극장에 모인 청중이라면 누구나 이 연극에서 말하는 '은의 샘'이 무엇인지 잘 알고 있었을 것이다. 아테네에서 남동쪽으로 수 킬로미터 떨어진 라우리온이라는 지역에는 고대 세계에서 매장량이 많기로 손꼽혔던 은광이 있었다.

아테네인이 내려받은 것은 기름진 농지가 아니라 은이었다. 라우리온에서는 청동기시대 이래로 때때로 은이 채굴되었다. 기원전 6세기가 되자 아테네인은 광산을 집중적으로 개발하고, 나라 안팎 모두에서 쓰려고 은화 주조량을 점점 늘렸다. 아테네는 라우리온 광산 덕분에 경제 대국이 되었다. 생산량이 절정에 이르렀던 기원전 5세기에는 매년 은

736탈란톤(20톤)이 채굴되었는데, 아테네시는 이 중 1/24인 30탈란톤을 채굴세로 거두어들였다.[17]

역사학자 길 데이비스Gil Davis의 주장에 따르면, 채굴세가 엄청나 보인다 해도 은화가 아테네 경제에 흘러들어 가서 낸 승수효과에 비하면 오히려 작은 편이다. 은 700탈란톤은 대략 400만 드라크마이다. 1드라크마는 당시 하루 치 임금과 비슷하다. 라우리온에 있는 '은의 샘'이 아크로폴리스에 장엄한 건물을 짓는 비용을 뒷받침했으리라고 추측하기란 어렵지 않다. 은은 라우리온의 광산에서부터 개인과 공공의 금고로 흘러들어 갔고, 화폐가 되어 피레우스 항구를 떠나 지중해로, 흑해로, 그리고 그 너머로 흘러 나갔다. 크세노폰에 따르면 은은 아테네가 국제교역을 할 때 확실한 우위를 뒷받침했다.

> 다른 항구에서라면 그 지역 화폐가 다른 곳에서 통용되지 않으므로 상인은 어쩔 수 없이 회송화물을 실어야 한다. 하지만 아테네에서는 화물을 교환하여 필요한 상품을 여러 가지 가지고 갈 수도 있고, 회송화물을 싣기 싫으면 은을 실어 가도 짭짤한 장사가 된다. 은은 어디에 팔든 투자한 자본에 걸맞은 이익이 확실히 나기 때문이다.[18]

아테네인은 다른 항구에서 교환하려고 상품을 실어 갈 필요가 없었다. 이들이 가진 은은 어디에서나 환영받았기 때문이다.

🪙 사유화

정부는 라우리온 광산에 지분을 일부 가지고 있었을 뿐 이를 직접 운영하지는 않았다. 곡식 교역업과 마찬가지로 은 채굴업도 민간에서 투자를 받아 자금을 조달했다. 사업가들은 아직 개발되지 않았거나 예전에 버려진 땅을 국가에게 빌린 후 자본을 들여 땅을 파며 은광석을 찾아다녔다. 그러다 광석을 찾아내면 자본을 더 많이 들여 제련소를 지었다. 은광석에는 납이 상당히 많이 섞여 있었다. 은과 납을 분리하려면 광석을 분쇄하여 굽고(배소焙燒라고도 한다. - 옮긴이) 다시 가열해야 했는데, 이때 대량으로 필요한 물이 광산 근처에 없는 경우도 많았다. 채굴을 하려면 기술뿐 아니라 재정문제도 해결해야 했다. 투자자는 광맥을 찾아다닐 때부터 큰 위험을 감수해야 했고, 찾아낸 후에는 더 많은 자본을 끌어모아야 했다.

라우리온 광산을 연구한 결과에는 이처럼 위험한 사업이 인가를 받고 자금을 조달한 과정이 드러난다.[19] 채굴지를 빌려주는 업무는 아테네시의 인허가와 입찰을 담당하는 위원회, 폴레타이poletai가 담당했다. 기원전 7세기부터 아테네의 정치체계에서 중요한 자리가 된 폴레타이는 아테네 10개 부족이 매년 1명씩 배출한 행정관 10명으로 구성되었다. 폴레타이는 라우리온 은광 대여권 같은 국가의 재산을 공개입찰을 통해 매각하는 임무를 맡았다. 위원의 임기가 제한되었기 때문에 부패할 가능성이 낮았고, 아테네 사람을 두루 대변했기 때문에 거래가 공정하리라는 공감대가 형성되었다. 이들이 내린 결정은 공개되었기 때문에 짬짜미가 있었다는 혐의를 뒤집어쓰는 일도 없었다.

아테네의 아고라를 고고학적으로 조사할 때 라우리온 채굴권이 새겨진 돌기둥이 여럿 발견되었다. 그중 다수가 아고라의 남서쪽 구석에서 발견된 것은 굉장한 행운이었다. 그래서 학자들은 여러 방으로 중정을 둘러싼 이곳의 사다리꼴 건물이 폴레테리온poleterion, 즉 폴레타이

청사라고 추정했다.[20] 2004년에 이 건물을 발굴한 결과 아테네에서 사용한 4드라크마 은화tetradrachm가 400개 넘게 발견되었는데, 이는 당시까지 아고라를 발굴하여 찾아낸 고대 통화 저장고 중 가장 규모가 큰 것이었다. 이 유물로 미루어 볼 때, 폴레테리온이 아테네의 시민사회에서 중요한 역할을 담당했음이 분명해진다.[21]

라우리온 돌기둥에는 복잡한 금융계약의 일면이 드러나 있다. 대여 대상은 미탐사지, 개발지, 과거에 개발되었던 유휴지 등 크게 세 종류로 나뉘었다. 대여권에는 대상 토지에 따라 서로 다른 위험이 붙었으므로 요구수익률도 각각 다르게 적용되었다. 학자들은 이처럼 위험과 요구수익률이 첨예하게 균형을 이루었기 때문에, 위험 등급에 따라 세 가지 대여권의 가격도 달리 매겨졌다고 본다. 아테네의 투자자는 채굴권이나, 광산을 운영하는 데 필요한 노예와 작업장비를 임차할 때도 해상 항해자금을 댈 때와 마찬가지로 조합을 결성했다. 조합결성은 탐사와 채굴의 위험을 분산할 뿐 아니라 잉여자본을 생산적으로 활용하기에도 적당한 방법이었다. 라우리온 광산을 둘러싼 금융거래는 아테네의 선박저당대출계약과 하나도 다를 바 없이 까다로웠다.

🪙 채굴거래

데모스테네스가 변론했던 소송을 통틀어 가장 복잡한 축에 끼는 것이 바로 채굴권 대여에 관한 분쟁이었다. 사업가 판타에네투스는 기원전 346년에 광산 하나를 임차한 후, 광산을 운영하는 데 필요한 노예와 작업장을 소유한 조합에 참여하려고 100미나(1만 드라크마)를 빌렸다.

조합이 소유한 노예와 작업장 중 판타에네투스가 소유한 지분에 해당하는 만큼은 그가 진 채무의 담보 역할을 했다. 그런데 그와 동업자들이 노예와 작업장을 다른 조합에 팔고, 판타에네투스는 이를 계속 빌려 쓰기로 결정한 데서 문제가 시작되었다. 그 후 판타에네투스는 임대료를 지불하지도, 폴레타이에 채굴권 대여료를 지불하지도 못했다.

해당 조합은 자산을 압류했지만, 그 후 판타에네투스가 이를 이미 대출담보로 제공했다는 사실을 알게 되었다. 담보는 사업체의 전부가 아니라 일부에 불과했다. 여러 채권자가 자기 권리를 주장했고, 소송은 인신공격 양상을 띠었다. 판타에네투스는 모든 사람을 비난했지만, 그중에서도 분명 전문 금융업자였을 채권자들을 특히 심하게 비난했다.

이 소송에는 놀라운 제도 틀이 드러난다. 아테네에 존재하는 것은 사실상 무엇이든 대체 가능했다. 즉, 노예·채굴권·작업장 전체에 이르기까지 무엇이든 담보로 제공할 수 있었다. 광업을 하나도 모르는 투자자라도 노예 광부 집단과 관련을 맺으면 사업에 참여할 수 있었다. 경제적 필요와 자원이 변동하면 사업체의 주인도 바뀌었다.

아테네의 금융제도는 장거리 교역 외에도 많은 것을 가능케 했다. 계약·담보·조합·외부 자금조달 도구 같은 해양 금융기술은 다른 사업의 자금을 조달하는 데도 쓰였다. 해양의 위험과 마찬가지로 채굴의 위험도 매우 유동적이고 유연한 금융제도를 활용하여 분산시켰다. 국가는 투명하고 현명하게 최고가를 이끌어 내는 공개입찰 제도를 이용함으로써 사용권 대여수익을 극대화하고 사유화에서 이익을 보았다. 투자자는 작업장의 유동성과 재산권 이전권리를 보고 채굴사업에 진입함으로써 자신뿐 아니라 국가의 이익에도 기여했다.

고대부터 전해 내려오는 문헌과 법률기록을 종합해 보면, 곡식수입에 깊이 의존한 아테네에는 금융을 발달시킬 동기가 잠재해 있었다.

기원전 4세기의 아테네는 민간자본도 거래 대상으로 포괄하는 민간시장이었다. 그럴 수 있었던 요인은 아테네의 법률제도였다. 한편 민간은행이라는 새로운 발명품은 개인이 교역에 투자할 때 쓸 연락창구·감시·장부관리 수단으로 등장했던 것으로 보인다. 이러한 발달은 그리스인이 유형재산과 무형재산 사이에 존재하는 이분법적 관계를 분별할수 있었던 결과인 한편 원인이기도 하다.

그리스 사상을 다룬 에드워드 코언의 논지가 옳다면, 두 가지가 간단히 구분되었기 때문에 금융구조도 점점 더 추상적이고 정교하게 변해 갔다. 데모스테네스의 연설문은 금융이 정교해졌다는 증거를 담고있지만, 금융구조 때문에 발생한 법적 모호함도 드러낸다. 사업이 실패했을 때 누구의 권리가 우선인가? 채권자의 지위는 어떠했는가? 수탁자는 어떤 책임을 졌는가? 배심원은 기하학이 아니라 법에 근거를 둔논리 전개에 의지하여 이러한 질문에 답해야 했다. 심심치 않게 거액이걸린 계약을 놓고 벌어진 법률분쟁은 아테네 은행제도와 관련하여 남은 유형 유물이 빈약한 상황과 대조적이다. 금융 전체가 운영된 근거는개인끼리 관계를 맺고, 법에 의지하며, 신뢰를 쌓는 등 모든 요건의 총체였다. 트라페지타이가 사용했던 탁자는 그저 손익을 계산하는 수단일 뿐이었다.

아테네에서는 사업거래·조합·대출·상속, 심지어 시장담합 때문에 분쟁이 생길 때마다 수백 명이나 되는 시민이 배심원으로서 관여해야 했다. 배심원이 무작위로 결정되었으므로 연설자는 평균적인 아테네 시민이 분쟁 쟁점과 관련하여 일반적으로 인지하는 지식에 의지하여 이들과 명료하게 소통해야 했다. 그런데 오늘날까지 남은 재판기록에는 돈의 시간가치나 위험에 대한 보상 같은 개념이 끊임없이 나타난다. 배심원이 소송마다 수백 명씩이었으니 매우 많은 아테네인이 상사법정을 들락날락했을 것이다. 이들은 복잡한 금융계약 내용을 듣고 이해하고 난 후 둘 중 한편에 투표했을 것이다. 배심제도 자체가 아테네 사람들에게 대출·은행업·조합·교역·손익계산서·담보·사기를 알려 주었다고도 할 만하다. 오늘날 고대 연설문을 읽어 보면 당시 사람들이 금융 쟁점을 놀라울 정도로 수준 높게 이해했다는 사실 만큼은 틀림없다.

곡식교역을 위해 흑해로 향하는 항해는 위험했고, 갤리선을 노잡이·상인·선장·선원으로 채우는 비용은 비쌌다. 국가의 지원을 받지 않고도 항해할 수 있었다는 사실이 놀라울 정도이다. 항해비용을 댈 만큼 부유한 사람은 바다 건너 수백 킬로미터 떨어진 곳으로 모험을 떠나기보다는 안전하고 편안하게 아테네에 머무르는 편을 선호했을 것이다. 교역에서 20~30퍼센트의 이익을 얻으려고 생면부지나 다름없는 사람에게 수천 드라크마를 건네주도록 투자자를 유도해 낸 금융제도는 놀라운 발명품이었다. 이는 아테네 경제의 기반 자체였다. 한편 아테네 정부는 재산권을 공정하고 투명하게 할당하는 수단과 분쟁해결 방법을 이용하여, 항해나 다름없이 위험한 탐사·채굴 사업에 투자자를 끌어들였다. 이러한 유인책 덕분에 투자자는 해양항해뿐 아니라 제조사업이나 채굴사업에까지 다양하게 분산투자할 수 있었다. 아테네가 보유한 금융제도는 투자를 촉진하고 위험을 분산하였으며, 위대한 도시에 필요했던 복잡한 수입 기반 경제를 뒷받침했다.

6장

화폐혁명

아테네는 민주주의가 탄생한 장소로 가장 유명하다. 아테네 정치제도가 발달한 과정은 오래전부터 연구되었지만, 민주주의를 뒷받침한 경제적 기초에는 최근까지도 별 관심이 모이지 않았다. 민주주의는 국민이 통치력을 공유하는 체제이다. 이 새로운 조직구조를 운영하려면 의사결정을 위한 정교한 제도를 갖추고, 개인이 충성하는 대상을 가문·부족·군주에서 국가로 옮겨야 한다. 아테네의 민주주의는 공동의 이해관계를 한데 모으고 5장에서 다루었던 폴레타이 같은 방법으로 통제력을 배분하여 발달하였으며, 데모스demos, 즉 민중 수준까지 절차가 완전히 뿌리내리며 달성되었다.

아테네 체제는 솔론Solon이 통치하던 기원전 7세기 말부터 페리클레스Pericles 시대인 기원전 5세기까지 두 세기 동안의 발달과정에서 개인과 국가의 관계를 근본부터 재구성했다. 이처럼 재조정하는 데 쓰인 기본 수단인 공공재정에는 전례 없는 요소가 여럿 있었다. 금융혁신이 없었다면, 그리고 독특한 금융자원이 없었다면 고대 아테네는 민주주의 실험에 성공하지 못했을지도 모른다.

유니버시티 칼리지 런던의 한스 판 베스Hans Van Wees 교수의 전문 분야는 고대 그리스 국가의 발전이다. 그가 펼친 논지에 따르면 아테네 최초의 정치 개혁자 솔론은 전쟁자금을 충당하는 등 공공의 이익을 증진하는 데 중앙기금을 사용하는 재정구조를 만들어 냈다. 솔론은 기금을 유지하기 위하여 명시적·의무적 세금제도를 수립했고, 일관되고 공정한 금융제도를 운영하기 위하여 도량형을 개혁했다.[1]

또한 솔론은, 비록 아테네인이 노예로 부리는 사람에게는 적용되지 않고 아테네 시민에게만 적용되는 것이었지만, 아테네 시민을 노예로 삼지 못하도록 금하여 자유가 자연권이라는 기본 원칙을 확립하였다. 그는 부동산담보대출금 전면 탕감을 시행하여 부자와 빈자 사이에 존재하는 권력관계를 재조정했고, 아테네 민주주의가 나타날 전조를 만들어 냈다.

아테네의 민주주의 발전이 보여 준 모순은 솔론 이후에 일어난 주요 금융개혁을 군주가 이루어내기도 했다는 데 있다. 참주 페이시스트라토스는 기원전 561년부터 527년 사이에 통치했다가 물러나기를 반복했고, 그 후 기원전 508년까지 아들 히피아스와 히파르코스가 아테네를 통치했다. 판 베스에 따르면 아테네가 화폐경제 체제로 전환한 것이 이 시기이다.

페이시스트라토스가 은화제도를 도입한 것은 점점 늘어나던 행정·사법·군사 담당자에게 봉급을 지불하기 위해서이기도 했다. 예컨대 왜 배심원을 무작위로 수백 명이나 선발해야 하는지, 그리고 한 사람이 배심원으로 선발되는 횟수는 어째서 규정에 따라 제한되는지 등이 의문이라면, 그 답은 국가가 급여 형태로 지급하는 보상이 정치적 혜택으로 인식되었다는 데 있다. 법정 같은 기관에서 일하게 된 시민은 제비뽑기로 선발되거나 한정된 기간에만 직책을 맡았다. 이는 돈을 아테네 시민에게 공평하게 나누어 국가에 대한 충성심을 키우는 방편이었다. 그 돈을 마련하기 위해 아테네는 피보호국으로부터 조공을 받고 시민에게 누진세를 부과하여 일정한 수입을 창출했다. 시민이 점점 더 국가와 밀접하게 경제적 관계를 맺도록 만든 것은 바로 재정제도였다.

🪙 돈과 그리스 사고방식

그리스인은 금융 이해력, 즉 비용과 수익을 계산하는 능력이 아테네의 특별한 정치구조를 지탱하는 중요한 기반이라고 인식했다. 기원전 4세기 피타고라스학파 철학자 아르키타스Archytas는 이렇게 말했다.

> 계산logismos을 발명하자 시민들은 다투지 않고 더욱 화합하였다. 계산이 존재하면 부당한 이득이 사라져 평등해지기 때문이고, 사람들이 계산을 통해 거래에 합의하게 되기 때문이다.[2]

금융 이해력이 민주주의의 뿌리였으리라고 누가 생각했겠는가? 아르키타스는 데모스테네스가 부친이 남긴 재산가치를 추산할 때 이를 이해하는 개념화 능력, 즉 계산력이 바로 정치제도를 건설하는 정신적 도구라고 간주했다. 가치를 계량하여 평가하는 원칙은 시민 사이에서 합의를 이끌어 내고 갈등을 줄이는 '소프트웨어'였다. 아테네인의 숫자 감각은 사업에서 성공하기 위한 기술일 뿐 아니라, 민주 절차의 근본이 된 특질이었다. 민주주의는 다양한 의견을 받아들이고 불협화음을 해결하여 관리해 내는 과제를 해결해야 한다. 이때 원칙으로 제시되는 의견은 충돌할 수 있지만 숫자로 표기된 것은 반박하기 힘들다.

그리스 문학 전문가이자 통찰이 넘치는 책《돈과 초기 그리스의 사고방식*Money and the Early Greek Mind*》저자인 리처드 시포드Richard Seaford는 돈이 고대 아테네 사회의 사고체계에서 중요한 역할을 했다는 논지를 전개한다. 아테네에서 진행된 수익화는 민주주의가 출현하는 데 중요한 역할을 했을 뿐 아니라 그리스 철학이 발전한 원동력이기도 하다는 것이다. 시포드가 보기에 수익화는 추상적 사고를 이끌어 냈다. 돈은 무한히 많은 물질과 바꿀 수 있다 해도, 은화 자체로 인간의 기본 욕구를 충족시키지는 못하기 때문이다.

더 나아가 시포드는 화폐경제가 플라톤과 아리스토텔레스학파가 개인을 보는 관점에도 영향을 주었다고 주장한다. 잠재적 가치를 계량하는 척도가 경제적 상호작용을 좌우하게 되자 사람들은 더 자주적이 되어 기존의 상호부조적인 사회제도보다는 결국 이익으로 측정되는 동기부여 구조에 더욱 의존하게 되었다.

소크라테스는 이 사실을 인식했지만 여기에 찬성하지는 않았다. 소크라테스가 특히 비판한 대상은 아테네 민주화를 사실상 완결한 기원전 5세기의 정치가 페리클레스였다. 페리클레스는 배심원 봉급을 인상하여 이들이 국가에서 나오는 연금에 더욱 의존하고 돈에 동기를 두도록 만들었다. 소크라테스가 보기에 수익화란 영혼을 매수하는 것과 같았다. 봉사에 봉급이 따라오자 동기가 더럽혀졌다. 소크라테스 아니면 최소한 플라톤은 "페리클레스는 일당지급제를 도입하여 아테네인을 게으르고 비겁하고 수다스럽고 돈만 밝히는 사람으로 만들었다."[3]고 비판했다. 최소한 소크라테스가 보기에 민주주의 제도는 개인의 덕을 고취하지 않았다.

🪙 부엉이 은화

아테네가 그 유명한 부엉이 은화를 주조하기 시작한 시기는 기원전 6세기 후반이고, 그중에서도 참주 히피아스가 다스리던 시절이었을 것이다. 아테네의 4드라크마짜리 부엉이 은화는 최대 1억 2,000만 개가 주조되어 역사상 가장 많이 발행된 동전에 든다. 그리고 기원전 5세기부터 기원전 1세기까지 발행되어 가장 오래 쓰인 축에도 든다.[4]

은화 앞면에는 아테나 여신의 얼굴이, 뒷면에는 그녀가 데리고 다니는 부엉이와 올리브나무 가지, 그리고 아테네를 나타내는 글자 'AΘE'가 새겨져 있다. 이 묵직한 4드라크마짜리 주화 양면에는 선명한 도안이 있다. 군주가 아테네를 다스리던 시절에 나타났는데도 특정한 지도자의 초상이나 상징물이 노골적으로 나타나지는 않았다. 앞면에 나오는 아테나 여신은 아테네와 다름없으니 동전은 아테네를 상징했다. 아테나를 숭배하는 것은 아테나의 도시를 숭배하는 것과 동일했다.

동전 뒷면에도 아테나 여신의 특징인, 따라서 여신이 축복하는 도시의 특징이기도 한 지혜를 표상하는 부엉이, 문자, 아테네의 주력 수출품인 올리브유 등 다양한 의미가 숨겨져 있다. 따라서 동전에는 상업·지성·학습이 모두 묘사된 셈이다.

아테네의 4드라크마짜리 동전은 아테네 자체를 끊임없이 광고하는 한편, 여신과 여신이 대변하는 원칙으로부터 금전적 이득이 흘러나온다는 사실을 상기시켰다. 그리하여 사람들에게 파블로프의 개처럼 조

그림 6.1 아테네 4드라크마 은화, 기원전 449년 이후 제작

건반사를 일으켰을 것이다. 시민들이 법정 같은 공공 봉사직을 돌며 보수를 동전으로 받다 보면, 아테네의 4드라크마짜리 동전이 반짝이는 모양을 보기만 해도 국가로부터 다시 보상받으리라는 기대를 품었을 것이다. 민주주의의 과제란 개인의 정체성을 가문이나 부족 같은 전통적인 체계에서 떼어 놓고, 그보다 더 큰 공동집단을 향하게 만드는 것이다. 아테네의 부엉이 은화 같은 민주국가의 상징은 이를 달성할 강력한 방법이었다.

부엉이 은화가 지닌 기능 중에서도 아테네 정부가 바로 사용할 수 있도록 가치를 유동적으로 보관하는 역할은 특히 중요했다. 투키디데스Thucydides에 따르면 군대와 함대 유지비를 뒷받침하는 은화 보유고가 바로 아테네가 지닌 강력한 군사력 중 하나였다.

> 페리클레스는 아테네가 가진 힘의 원천은 동맹국이 공물로 바치는 군자금이고, 전쟁의 승리는 현명한 판단과 풍부한 자금에 달려 있으니 동맹국을 확실히 관리하라고 조언했다. (중략) 아크로폴리스에 쌓인 기금은 가장 많을 때 9,700탈란톤이었고, 당시에는 6,000탈란톤이었다. 그들은 일부를 덜어 아크로폴리스의 문간과 기타 건물을 건축하고, 포티다이아 전쟁의 비용으로 썼다.5

재물이 보관된 장소는 그리스에서 가장 유명한 건물, 바로 아테나를 모신 파르테논신전이었다. 펠로폰네소스전쟁이 시작되려 할 때 파르테논신전에는 3,600만 드라크마가 보관되어 있었다.

오늘날 관광객이 아크로폴리스를 방문하여 파르테논의 장엄한 페디먼트(그리스 신전의 박공 - 옮긴이)를 올려다보면 과연 신전답다고 생각할 것이다. 그런데 고대 아테네인이 보는 파르테논은 침략을 막아 낼 강력한 무기, 바로 돈을 보관한 금고이기도 했다. 파르테논신전의 정문을 통해 들어가면 나타나는 방에는 엄청나게 큰 아테나 신상이 있었는데, 위급할 때는 신상에 도금된 금을 벗겨 내어 돈으로 주조할 수도 있었다. 신전 후문은 금고로 통했다. 아테나는 자기 이름이 붙은 도시를 내려다보며 보호했고, 이를 뒷받침하는 것은 경제력이었다. 조폐제도는 현명한 경제적 발명품일 뿐 아니라, 위대한 정치적 발명품이기도 했다.

아테네의 부엉이는 아테네에서 먼 곳까지 퍼져 나갔다. 아테네의 4드라크마 은화는 지중해 동부 전역뿐 아니라 더 멀리에서도 발견되는 것으로 보아 장거리 교역에서 쓰였다고 판단된다. 게다가 재미있게도 부엉이 은화는 타렌툼 같은 대그리스Magna Graecia(그리스인이 이탈리아 남부에 건설한 식민도시 지역 – 옮긴이)나 페르가몬같이 그리스인이 소아시아에 건설한 도시뿐 아니라 이집트·아랍·바빌로니아에서까지 복제 주조되었다. 복제품의 품질은 천차만별이었지만 앞면에 아테나, 뒷면에 부엉이라는 기본 형태는 모두 같았다. 도시이름은 바뀌기도 하고 그렇지 않기도 했지만, 기원전 5세기에 이집트·아랍·바빌로니아에서 주조된 부엉이 은화는 'ΑΘΕ' 표시를 유지한 것으로 보아 아테네에서 발행한 은화와 동등한 가치로 통용되었을 것이다.

크리넥스나 제록스 같은 상표가 해당 상품 종류 모두를 가리키게 되었듯이 아테네 부엉이 은화의 형태는 돈 자체를 상징하였다. 게다가 부엉이 은화는 아테네가 독점한 국제통화 지위를 차지하고, 기술복제를 통한 경쟁을 촉발하기도 했다. 지중해 동부와 서남아시아 세계가 보는 아테네는 국제교역용 화폐 공급처이기도 했다. 몇 세기 전에 있었던 니푸르 은 교역(2장과 4장 참고)이 그렇듯이 부엉이 은화는 외상을 반복하여 처리하거나 평판 및 소송으로 보강할 수 없는 교환에 쓰이는 기술로서 가치를 더해 갔다. 널리 인정받은 통화를 사용할 경우 정확한 가치만큼을 즉시 결제받기 때문에 거래 상대방에 따른 위험도 없었기 때문이다. 아테네의 부엉이 은화는 아테네 내부의 정치적 수요에만 적합한 것이 아니었다. 아테네와 같은 정부 형태와 제도를 공유하지 않은 사람들이 이룬 교역망의 수요에도 들어맞았다.

🪙 동전은 어디에서 왔을까

한때 떠들썩한 항만이었던 에페소스는 소아시아 해안에서 가장 중요한 항구이자, 로마 시대 기준으로도 이미 역사가 유구한 도시였다. 오래전 에페소스는 고대 세계의 7대 불가사의에 포함되었고 대지진 때문에 파괴되었다가 기원전 6세기에 복원된 거대 건축물 아르테미스 신전 때문에 유명했다. 새로 건축하는 비용을 댄 사람은 리디아의 유명한 왕 크로이소스였다.

1904년에 아르테미스 신전 터를 발굴한 영국박물관 고고학자들은 은과 금의 자연합금인 호박금으로 만든 작은 동전 더미를 발견했다. 고대에 공물로 바쳐진 이 동전에는 기하학 도형, 빗금, 사자 머리 같은 상징이 찍혀 있었다. 호박금제 동전은 무게가 크기별로 일정한 데서 미루어 보건대 단위 화폐로 쓰였을 것이다. 금융사에서 가장 흥미를 끄는 신비이자 화폐의 수수께끼인 이 물체들은 기원전 6세기 중반에 제작된 것으로 추정되었다. 이후 발견과 연구가 계속되면서, 호박금 동전이 최초 발행된 시점은 기원전 6세기 초반으로 당겨졌다.[6] 다시 말하면 아테네가 자체 은화를 발행하기 몇십 년 전에 호박금 화폐가 등장한 것이다. 이 사실은 다음과 같은 근본 문제를 불러일으켰다. "이 돈은 어디서 왔는가?"

아리스토텔레스는 국제교역을 통해 왔다고 설명한다.

한 나라 주민이 다른 나라 주민에게 점점 더 의존하여 필요한 것은 수입하고 남는 것은 수출하면, 필연적으로 화폐가 사용된다. 모든 생필품이 운반하기 쉽지는 않기 때문이다. 그래서 사람들은 무쇠, 은 등 값이 나가고 교환하기도 편한 것을 사용하여 거래하기로 합의했다. 처음에는 이러한 물건의 가치를 크기와 무게로 결정했지만 세월이 흐른 후에는 그 위에 가치를 나타내는 표지를 각인하여 무게를 다는 번거로움을 덜었다.7

학자들은 화폐의 발명에 앞서 장거리 교역이 존재했다고 보아 아리스토텔레스의 설명을 기각한다. 그리고 에페소스에서 발견된 초기 호박금 동전은 널리 통용되지도 않았던 듯하므로 국제교역에서 유통하려고 만든 것도 아니다.

오늘날 학자들은 두 가지 대안을 제시하여 특히 이곳에서 화폐가 출현한 이유를 설명한다. 데이비드 샙스David Schaps는 이스라엘 바르 일란 대학의 고전학 교수이자 화폐와 고전경제 전문가이다. 그는 동전이 도시국가끼리 끊임없이 전쟁하던 정치 상황으로부터 나타났다고 지적한다. 샙스는 기원전 6세기 메소포타미아와 이집트는 분배체계가 효율적으로 돌아가던 대규모 경제 제국이었지만, 동전이 처음 나타난 곳은 메소포타미아도 이집트도 아니었다고 한다. 그의 주장에 따르면, 화폐는 국가가 시장에 점점 더 의존해 정부가 시장을 자극해야 할 때 출현한다.[8] 섑스의 주장에 따르면 화폐란 서로 경쟁하는 그리스 도시국가의 통치자들이 통화 공급량을 늘리는 수단이었다. 화폐가 존재했다면, 그곳 정부가 시장을 경제의 핵심으로 보았다는 증거라고 섑스는 주장한다. 이 중요한 마지막 주장에는 반박의 여지가 없다. 어떤 영감이 번뜩인 결과든, 동전을 생산하는 데 국가가 관여했다는 사실은 정부가 시장의 수호자이자 '법정화폐 공급자'라는 역할을 새로 담당하게 되었음을 보여 준다.

이와 관련하여 시카고 대학 알랭 브레송Alain Bresson은 리디아의 호박금 동전이 지닌 특성을 설명할 이론을 제시한다.[9] 사용자는 은과 금을 정확히 얼마씩 배합하여 호박금을 만들었는지 모른다. 브레송이 지적한 바에 따르면, 무게와 부피에 따라 호박금의 순도를 측정하는 것은 전문 기술인데다 비용도 많이 든다. 무게를 재는 데 드는 비용은 액면가가 작은 경우 동전 가치의 10퍼센트까지도 든다. 이를 해결하려고 채택한 방법이 정부 관리하에 동전 무게를 쟀다고 확인하는 인장을 찍고, 이렇게 정부가 인증한 증서를 법에 따라 강제로 유통하는 것이었다. 이러한 과정을 제시한 브레송의 이론은 '조폐제도란 화폐를 공급하여 시장기능을 유지하겠다는 정부의 약속'이라는 섑스의 의견과 완전히 일치한다. 즉, 화폐제도는 변동을 줄이려는 수요 때문에 출현했고, 제작과정은 가장 효율적인 공급방식을 반영했다는 것이다.

이러한 이론은 아리스토텔레스가 제시한 화폐제도의 발명 경위와 비교해 볼 만하며, 기원전 6세기에 발달한 에게해 경제와 국제교역이 담당한 역할을 통찰하는 데도 도움을 준다.

바빌론에서 기록된 장기 시장가격 시계열 자료를 다시 생각해 보자. 가장 기초적인 수준에서 추측해 보면, 바빌로니아인은 거리로 나가 미나리, 곡식, 대추야자를 사고 대가를 어떻게 지불했을까? 구리 고리를 냈을까, 아니면 은을 싣고 다녔을까? 아마 둘 다 아니었을 것이다. 바빌로니아 가격체계가 은에 기반을 두기는 했지만, 소액을 결제하거나 빌릴 때는 동네 가게에서 외상을 달아 놓는 식으로 장부에 기록했을 것이다. 바빌로니아인에게 은은 장부를 적는 '언어'였지만, 식료품상이 보리, 미나리, 대추야자를 흥정할 때마다 은 무게를 몇 셰켈씩 정확하게 잴 수는 없다.

소규모 신용거래를 계속해 나가며 장부로 결제하려면 일단 모든 사람이 장부기록 방식을 신뢰하고, 정직하다는 평판을 갖춘 사람끼리 사고팔며, 장부를 만들 이유가 충분할 정도로 서로 아는 사람끼리 빈번히 거래해야 한다. 기록·평판·반복된 거래 중 한 가지라도 빠진다면 소액장부는 화폐로 사용할 수 없다.

이제 아리스토텔레스가 그린 국제교역 광경을 살펴보자. 아테네·이집트·키프로스·레반트(지중해 동부 연안-옮긴이) 흑해에서 온 목조선木造船이 돌로 만든 에페소스의 부두에 정박하여 기름과 곡식이 든 암포라·가정용품·직물 등 지중해 멀리서 가져온 화물을 내리고 싣는 장면을 상상해 보라. 바다 위에서 배를 타고 몇 주를 보낸 선장·선원·상인은 이제 먹고 자고 즐기고 싶어 한다. 다시 항해에 나서려면 배에 보급품도 다시 실어야 한다. 그 대가를 어떻게 지불할까? 에페소스의 상인이 이들에게 외상을 받아 줄 이유가 있을까? "우리가 믿는 것은 신뿐이다. 신이 아니라면 현금으로 지불하라"라는 속담이 생각나는 순간이다. 처음 본 선원을 평생 다시 만나지 못할 위험은 높다. 한편 이들이 싣고 온 화물과 물물교환하기는 불편하기도 하고 경제적으로도 효율이 낮을 수 있다. 그렇다고 정식으로 계약서를 쓰기에는 거래 단위가 너무

작다. 대신 지역 화폐를 받고 팔면 처음 방문한 장소일지라도 거래하기 간단할 것이다. 방문자가 에페소스의 부두를 따라 줄지어 선 노점 중에서도 제일 먼저 찾아간 곳은 환전상이었으리라.

물론 기원전 6세기보다 한참 전에도 지중해 교역은 존재했다. 예컨대 그리스 본토에 있던 미케네 도시들은 기원전 15세기에 이집트나 크레타와 교역했다. 그리스에서 가장 오래전에 기록된 문서는 궁전의 상품거래 기록을 상세히 남긴 선형문자 B 서판이다. 하지만 이처럼 정부가 자금을 댈 때는 소규모 독립 사업체와 달리 동전 같은 결제 기술이 필요하지 않았을 것이다. 정부끼리 조공하고 교환할 때는 아마 다른 보증·확인 수단이 사용되었을 것이다. 외국을 신뢰하는 것과, 외국인 선장·선원을 신뢰하는 것은 다른 문제이다. 동전 덕분에 거래할 능력을 새로 얻은 것은 국가가 아니라 개인이었다.

호박금 조각이 리디아에서 더 이상 사용되지 않게 되면서 조폐제도라는 전통도 같이 단절되었다면, 학자들이 세대를 거듭해 가며 매혹되지는 않았을 것이다. 사실 그리스 동전은 국가를 상징하기 때문에 사람들을 깊이 사로잡는다. 화폐의 예술 형식이 상당히 발전한 기원전 6세기 후반이 되면, 아테네는 부엉이를, 아이기나는 거북을, 코린트는 날개 달린 말을 새기는 등 도시마다 다른 동전을 발행하게 된다. 무게를 잰 은이나 청동에 부조로 각인된 이러한 장식은 해당 도시의 교환권이자 금전적 가치의 증서인 동시에 고전 예술의 일부가 되었다.

그러나 동전은 상징에 그치지 않는다. 아테네는 최초의 민주주의 국가이고, 아테네의 부엉이 은화는 민주주의 사회의 뿌리에 닿는 연결고리이다. 부엉이 은화를 쥐고 있다면 고대 민주주의 정부와 확실히 접선한 셈이다. 조폐라는 금융도구는 국가가 상업을 장려하고 규제하는 데 반드시 필요한 도구가 되었다. 그리고 아리스토텔레스가 옳다면 국제 교역에 특히 유용한 도구이기도 했다.

아테네와 그 이전에 존재한 고대사회를 구분하는 두 가지 주요 요소는 해상교역에 의존했다는 것, 그리고 독특한 통치제도가 발전했다는 사실이다. 고전 시대의 아테네는 수메르 초기 도시국가와 매우 다르다. 비록 아테네에도 장엄한 아크로폴리스가 있었지만 신전·해당 지역 생산물·농업은 재분배 체계의 중심이 아니었다. 해외 곡식교역은 보이지 않는 손 등에 의지하여 금전과 인적자본 모두를 포괄하는 위험자본을 끌어들였다. 보이지 않는 손은 도시가 스스로 생산하지 못하는 곡식을 사람들이 끌어오도록 장려하는 구조를 만들어 내는 데 중요한 역할을 했다. 그렇기는 하지만 아테네는 단순한 자유방임주의 사회가 아니었다. 곡식을 재수출하지도, 아테네가 아닌 곳에 곡식을 공급하는 교역자금을 대지도 못하도록 엄격하게 규제했던 것이다. 곡식 재판매나 매점매석 역시 규제 대상이었다. 법과 규제구조는 중요한 역할을 했다.

다양한 교역에 자본이 투자되었다는 얘기는 증빙 자체도 분산되어 흩어졌다는 말과 같다. 앞서 메소포타미아에 존재했던 도시와 달리, 아테네에는 경제활동을 기록한 문서를 보관한 국립중앙문서고가 없다. 남은 것은 점토 서판이 아니라, 법정 변론과 분쟁을 생생히 기록한 문서 몇 가지, 해상교역을 보여 주는 고고학적 증거, 그리스 연극에 나오는 몇 가지 언급, 그리고 말할 것도 없지만 동전 정도이다. 이 정도를 가지고 금융활동의 폭을 가늠하기는 힘들다. 특정한 계약과 제도가 존재했음을 알아낼 수 있을 뿐이다. 아테네 경제는 지중해 동부에서 흑해까지 펼쳐지며 중요한 영향을 끼쳤기 때문에, 고대 금융을 다루는 현대 연구자들은 단편적 근거를 동원해서라도 새로운 사실을 발견하려고 노력한다. 그리하여 금융구조가 충분히 구비되면 정교한 대규모 사회가 근본적으로 국제교역에 기반하여 성립할 수 있다는 사실이 증명되었다.

아테네 민주주의와 금융이 함께 발전하면서 역설적인 측면도 나타났다. 교역경제는 자본투자를 분산하고, 보이지 않는 손이 곡식교역에 자본을 배분하도록 함으로써 움직였다. 아테네 민주주의에도 통치력을 분산하는 구조가 필요했지만, 동시에 사람들이 기꺼이 세금을 내고 공공봉사를 제공할 추상적 기구(즉 국가) 앞에 시민을 하나로 묶는 수단도 필요했다. 민주주의는 정치구조일 뿐 아니라 경제구조이기도 하다. 민주주의를 운영하려면 종교적 상징까지도 포함한 여러 기술이 다양한 계층에서 작동해야 한다. 아테네의 화폐제도는 시민이 충성하는 대상을 가문이나 부족 같은 기존 집단으로부터 새로운 구조, 즉 국가로 옮겨 냈다. 아테네는 아테나를 국가의 상징으로, 돈을 사람들이 국가를 끊임없이 경험할 매개체로 활용했다. 돈은 보상체계이고 측정체계이자 공동의 부를 저장하는 수단이었다.

7장

로마의 금융

로마의 금융체계는 그 전에 출현한 어떤 금융체계보다도 복잡했을 뿐 아니라, 어떤 측면에서는 산업혁명 이전에 존재했던 어떤 체계보다도 정교했다.[1] 로마의 금융구조는 로마제국의 경제에 걸맞게 복합적이었다. 아테네가 그랬듯 주변 지역의 농업 생산력으로 도저히 감당할 수 없을 만큼 성장한 대도시 로마에 식량을 공급하는 중요한 기능을 수행한 것이 금융구조였다. 로마의 교역 범위는 현재 유럽과 북아프리카 대부분을 아울렀고, 멀리는 인도와 중국에까지 닿았다. 이처럼 광대한 교역망이 금융 없이 작동했을 리는 없다. 고대 아테네에서 그랬듯 상인에게는 자본이, 무역융자가, 그리고 위험에 대비할 보험이 필요했다.

로마는 정복을 통해 제국이 되었다. 그런데 정복이라는 위업을 이루는 데도 금융이 필요했다. 군대가 세 대륙 여기저기로 이동하고 주둔하려면 급료를 수령하고 보급을 받아야 했다. 로마가 자체 군대를 유지하려면 화폐경제를 발달시켜야 했다. 일단 한 지역을 정복하면 세금을 걷고 통치해야 했다. 이러한 운영문제를 해결하기 위하여 로마는 세금징수, 군대보급, 건설 등 국가가 수행했던 다양한 기능을 민영화했다.

이 장에서는 몇 가지 주요 사례를 통하여 로마가 확장할 때 금융이 담당한 역할, 로마가 교역하고 식량을 공급받을 때 복잡한 경제제도가 기여한 역할, 로마가 성장하는 데 대규모 민영기업이 담당한 역할, 권력을 쥐기 위한 정치투쟁에 금융중개가 담당한 역할을 알아본다. 놀랍게도 이러한 사례에서는 시점 간 교환, 자본형성, 위험과 불확실성 관리를 다루는 현대적 금융도구가 여럿 엿보이고, 금융위기나 인플레이션처럼 익숙한 현대의 병폐가 로마 금융체계에서도 일어났다는 사실도 드러난다. 신용위축과 걷잡을 수 없는 인플레이션 같은 로마 경제에 심심치 않게 발생했던 위기를 살펴보다 보면, 고대에든 현대에든 복잡한 금융구조는 필연적으로 체계적 충격에 노출될 수밖에 없는 듯하다.

금융사에서 로마를 돋보이게 하는 특징으로는 지배층의 엄청난 부를 지탱한 금융체계가 꼽힌다. 로마에서는 재산이 없다면 정치력도 없었는데, 재산을 키우는 것은 투자이다. 로마의 금융체계는 발전을 거듭하여, 소수가 부를 과점하고 유지하는 데 필요한 자본투자 기회를 제공했다. 로마에서는 정복에 참여한 상류층끼리 경제적 이익을 나누고, 복잡하게 펼쳐지는 정치투쟁을 해결할 때 금융균형을 이용하는 유연하고 전략적인 수단이 발달했다.

로마 사회

로마 역사를 통틀어 가장 두드러진 사회적 특징이라면, 계급이 서로 엄격하게 분리되고 정치적 서열이 재산에 달려 있었다는 것이다. 정치적 지위를 올리려면 돈도 필요했지만 그것만으로는 불충분했다. 군주국에서 공화정을 거쳐 제국으로 변하는 내내 로마를 지배한 것은 혈통과 재산으로 획득한 후 계속 존속한 소규모 과두집단이었다. 6,000만 명이 사는 제국을 지배한 집단은 많아야 약 1만 명이었다.

로마를 통치하는 원로원 의원이 되려면 25만 데나리우스를 넘는 재산을 보유하고, 기존 원로원 의원의 표결을 통과해야 했으며, 제정 시절에는 황제에게도 승인받아야 했다. 공화정 시절 로마는 주기적으로 인구조사를 하며 가문의 지위와 부를 평가하고 기록하여 시민의 서열을 매겼다. 재산 기준을 맞추지 못하면 원로원 의원 자격이 박탈되었다. 원로원 의석을 확보한 가문들은 매년 나오는 빈자리를 자기 가문 사람으로 채우려고 경쟁했다.

원로원 의원이 될 자격을 갖춘 사회계급은 두 가지였다. 그중 로마에서 가장 유서 깊은 지배 가문의 후손인 귀족patricius계급은 가장 배타적인 특권층이었다. 그다음으로는 기사equites계급이 있었다. 이들은 대대로 로마군에 기병을 공급하여 높은 지위를 얻었다. 기사계급에 들려면 재산이 10만 데나리우스 이상 있어야 했다. '기사계급'이라는 용어대로 말을 소유하거나, 말과 병사 유지비를 내기에 충분한 재원이 있어야 이 정도 재산 요건을 맞출 수 있었다. 기사계급에 들려면 처음에는 혈통을 이어받아야 했지만, 나중에는 재산을 모아서도 가능해졌다. 로마 사회의 하층에는 평민과 해방노예가 있었다.

이처럼 재산과 계급이 서로 연결되었기 때문에 금융 분야에서 벌어지는 협력·경쟁·음모는 정치전략을 이루는 차원 중에서도 특히 중요했다. 그렇다 보니 정치가가 사업을 할 때는 법에 따라 제한을 받았다. 예를 들어 기원전 218년에 원로원에서 통과된 클라우디아 법안은 원로

원 의원이 소유한 상선이 실어 나를 수 있는 물량을 제한했다. 법안의
의도는 원로원 의원이 정치력을 활용하여 경제적 이득을 얻지 못하게
막는 데 있었다. 원로원 의원이 돈을 벌어도 좋은 곳은 땅이었다. 다시
말해 원로원 의원은 넓은 땅에서 밀·포도·올리브를 길러 주변에 팔라
는 요구를 받았다. 그리고 땅에서 농작물을 거두어도 큰 배가 없기 때
문에 수출하는 데 상당한 제약을 받았다.

기사계급이 일단 원로원 의원이 되면 이론적으로는 엄청난 규모의
교역에 직접 참여하여 큰 이익을 내지 못하게 되지만 대출 같은 간접투
자는 할 수 있었다. 원로원 의원은 부유해야 했지만 한편 자본을 굴리
는 데도 심한 제약을 받았다. 이는 명시적 자격요건이었다.

요약하면 원로원 의원은 이익이 많이 남는 사업에 직접 참여하지 않
으면서도 엄청난 재산을 유지해야 했다. 따라서 사업에 개입하지 않았
다고 발뺌하기 위해 금융 행위를 위임하고, 소유와 경영을 분리하는 능
력이 중요했다. 바로 그러한 기회를 원로원 의원에게 제공하는 제도가
로마 금융체계에서 발달했다는 사실을 앞으로 살펴볼 것이다.

그다음 계급인 기사와 기사의 가족은 원로원 의원과는 달리 상업에
종사할 수 있었다. 이들은 굵직한 사업활동을 수행하고 주요한 관직을
차지했다. 그리고 결국은 오늘날 주식회사와 매우 비슷한 일종의 금융
조직을 개발했다. 이러한 기업 형태는 기사계급이 지분투자를 하는 수
단이기도 했지만, 또한 로마의 과두정치 구조를 보존하는 역할도 했다.
이러한 회사에 투자한 기사는 공동 투자자와 함께 사업의 위험과 수익
을 효과적으로 나누었기 때문이다.

따라서 로마 금융은 정치와 별개로 볼 수 없다. 혁신과 정교한 금융
제도에는 로마 통치방식의 특징이 드러난다. 무엇보다도 로마는 1,000년

동안 국가를 유지했고, 전성기에는 서구 인구 중 상당수를 다스린 데서 차별화된다. 이처럼 보기 드문 정치적 균형을 뒷받침한 것은 로마 특유의 금융도구였다.

🪙 금융위기

이제 로마 금융을 논하기 위해 드는 금융위기 사례를 살펴보고 나면 로마 경제가 어떤 의미로든 원시적이었다는 생각은 사라질 것이다. 서기 33년에 일어난 위기를 하나하나 살펴보면 로마제국 초창기에 존재했던 여러 금융기관과 이들이 복잡한 로마 정치에서 출현한 경위가 드러난다.

로마가 원로원이 통치하던 공화정에서 황제가 통치하던 제국으로 변해 가던 과정에서 연이어 내전이 벌어졌는데, 그중에서도 절정은 기원전 31년에 옥타비아누스가 안토니우스와 클레오파트라의 함대를 꺾은 그 유명한 악티움해전이었다. 그 후 옥타비아누스는 아우구스투스 카이사르가 되었고, 서기 14년에 그가 죽은 후 양자인 군사령관 티베리우스는 서기 37년까지 로마를 통치하는 동안 원로원이 로마의 최고 권력기관이라고 입에 발린 소리를 했다. 하지만 티베리우스 재위 중 마지막 5년은 권력투쟁으로, 그리고 역모의 실패와 뒤이은 박해로 얼룩졌다.

티베리우스가 죽기 4년 전 로마에는 부동산담보대출과 채무불이행이 촉발한 금융위기가 몰아닥쳤다. 사치로 악명 높은 후임 황제 칼리굴라와 달리 티베리우스는 공공지출을 보수적으로 운용했기 때문에 국고에는 돈이 충분했다. 서기 33년의 금융위기는 민간부문에서 발생했지만, 이를 해결하려면 결국 정부가 신용시장에 개입해야 했다.

위기가 닥치기 전인 서기 31년에는 티베리우스에게 반역한 세야누스Sejanus를 처형하며 숙청이 시작되었다. 나이 든 티베리우스는 수많은 반역 동조자를 죽여 테베레강에 던져 넣었던 것으로도 악명을 떨쳤다. 반역이 실패하고 숙청이 뒤이어 벌어진 데서부터 금융위기가 발생했을 수도 있다.

역사가 타키투스Tacitus, 디오 카사우스Dio Cassius, 수에토니우스Suetonius는 몇 년 후에 이 위기를 기록했다.[2] 위기는 분명히 율리우스 카이사르Julius Caesar가 채무를 규제하고 이탈리아의 부동산 보유 조항을 정한 새 법안을 시행한 수십 년 전에 나타났다. 그리고 카이사르가 규제를 도입한 목적도 기원전 50년대부터 계속되다 카이사르가 로마로 진격한 기원전 49년에 절정에 달한 금융위기를 해결하는 데 있었다. 당시에 원로원은 정치적 불확실 등 여러 요인 때문에 발생했을 신용 고갈과 자산가격 하락에 대응하기 위하여 이자율을 최대 12퍼센트로 제한했지만, 신용위기는 해결되지 않았다. 그래서 카이사르는 위기가 오기 전 가치에 따라 토지로 채무를 상환할 수 있도록 추가로 조치했다. 그리고 부동산담보대출에 따른 연체이자를 탕감했고, 현금 비축을 금지했으며, 대출자가 재산 중 일정 비율 이상을 부동산으로 보유하도록 했다.[3]

그로부터 80년 후인 서기 33년에 신용위기가 닥쳤을 때도 같은 해결책이 적용되었다. 이 율리우스법을 선포한 사람은 호민관이지만, 실제로는 티베리우스가 그렇게 하라고 명령했을 것이다. 호민관들은 이자율 상한선을 5퍼센트로 낮추고 고리대금업법과 토지임대법을 회피할 수 있는 허점을 막아 원로원 의원의 재정을 대놓고 압박했다. 유력 원로원 의원 네르바Nerva는 티베리우스와 호민관과 갈등을 겪던 끝에 스스로 단식하여 자살했다고 하는데, 명목상으로는 뻔히 파멸을 불러올 정책을 규탄해서라고 하지만 실제로는 금전적 어려움을 이겨 내지 못해 그랬을 것이다.

타키투스에 따르면 원로원 의원은 사실상 모두 대부업자였다. 법 때문에 교역을 하지 못하게 된 원로원 의원에게 대부업은 재산을 유지하는 가장 중요한 수단이었다. 로마사 연구자 네이선 로젠스타인Nathan Rosenstein이 원로원 의원의 재산상태를 조사한 결과에 따르면, 농업만으로 재산을 유지할 만큼 큰 이익을 올린 원로원 의원은 많지 않았다.[4]

원로원은 티베리우스에게 법 시행을 18개월 동안 미루어 달라고 요청하여 승인받았지만, 유예기간도 소용이 없었다. 뒤이어 신용공급이 사라져 돈이 부족해지고 차입자들이 차입금을 상환하려 재산을 매각하는 상황이 벌어졌다. 황제가 세야누스를 지지하던 사람들의 재산을 몰수하여 매각했기 때문에 자산가격 위기가 더 심해지기도 했을 것이다.

그 후 원로원은 전체 차입금 중 3/4이 이탈리아에 있는 토지를 담보로 잡도록 규정하여 지주에게 대출금이 공급되도록 함으로써 자산가격을 부양하려 했다. 이는 앞서 포고된 율리우스법을 반복한 것이지만 효과는 없었던 것 같다. 대부자는 담보대출 시장에서 철수하여 불안정한 토지가격이 회복될 때까지 자본을 놀려 두었다. 타키투스가 묘사한 결과는 이렇다.

> 그리하여 많은 사람이 파산했다. 재산이 소실되자 계급과 명예가 무너졌다. 결국 황제가 개입하여 은행을 통해 1억 세스테르티우스sestertius를 공급하고, 차입자가 차입금 가치의 두 배에 해당하는 토지를 국가에

담보로 제공하면 3년 동안 이자 없이 자유롭게 차입하도록 했다. 그러자 신용은 회복되었고 민간 대부업자도 점차 눈에 띄게 되었다.[5]

33년에 시행된 정부 주도 부동산담보대출 구제금융의 규모를 이해하려면, 4년 후 티베리우스가 죽을 때 남은 돈이 27억 세스테르티우스였다는 사실을 생각해 보자. 즉, 구제금융 규모는 정부재원 중 약 4퍼센트였고, 공화정 초기 원로원 의원이 되기 위한 재산 요건의 100배였다.[6]

33년 위기를 다룬 역사기록은 비록 짧지만 로마 금융의 일상을 상세히 보여 준다. 이처럼 주요 대부자가 서로 관계를 맺은 결과 체계적 위험(체계에 속한 이상 분산·회피 불가능한 위험 – 옮긴이)이 나타났다. 33년에 로마는 이미 여러 번 신용위축과 부동산담보대출 채무불이행 때문에 일어난 금융위기를 겪은 경험을 유산으로 물려받은 상태였다. 위기가 새로 나타나면 통치자는 앞선 위기에서 어떤 조치를 취했는지 살펴 지침을 얻었다. 그러면 로마 재무 담당자는 미국이 금융위기를 맞을 때 재무부가 해 온 방식대로 움직였다. 즉, 대출을 통해 신용 부족을 경감하고, 중개기관을 사용하여 해결책을 실행했다.

33년 위기는 고대 로마에서 정치와 금융의 관계가 밀접했음을 보여 주기도 한다. 위기는 정치 불안기에 뒤이어 발생했다. 정치 박해에 이어진 금융 박해라는 특징도 엿보인다. 그렇다면 복수는 원래 의도한 범위를 넘었던 셈이다. 티베리우스는 위기를 원로원을 공격하는 무기로 썼을지 모르지만, 결국은 국고를 열어 금융이 더 이상 무너지거나 정치까지 붕괴하지 않도록 막아야 했다.

원로원의 힘이 제정 시절 약해지면서 금융체계도 점점 더 위기에 취약해졌을 것이다. 공화정 시대 이탈리아의 주요 부동산 가치는 원로원

그림 7.1 포룸 로마눔(Forum Romanum, 고대 로마의 정치·경제 중심지이자 오늘날 로마시의 유명한 관광지)에 있는 카스토르와 폴룩스 신전. 신전 계단에서는 로마의 주식회사 인 '**소키에타스 푸블리카노룸**'이 계약을 수주하려고 경매에 참여했다. 이러한 회 사의 주식도 여기서 거래되었으니, 이 신전은 세계 최초의 주식거래소이기도 한 셈이다.

의석의 가치에 직결되었는데, 티베리우스가 황제로서 권력을 행사하여 유력 원로원 의원을 강력하게 탄압하자 자산가치가 하락 압박을 받았을 것이다. 티베리우스는 즉위할 때 원로원이 로마의 통치기관이라고 치켜세웠다. 그리고 죽을 무렵에는 신용제도를 통하여 금융권력을 통제하는 모습을 보였다.

🪙 포룸의 금융

고대경제 연구 권위자인 윌리엄 해리스William Harris는 서기 33년 위기를 분석하여 단순하면서도 중요한 사실을 짚어 냈다. 엄청난 금액이 오갈 때 은화를 주고받지는 않았다는 것이다. 돈은 금융중개인, 즉 은행업자로 이루어진 정교한 체계 안에서 오갔다.[7] 황제가 '은행을 통하여' 구제금융을 공급했다는 타키투스의 말을 생각해 보자. 정부는 여러 은행을 사용하여, 만기 3년에 무이자로 자산가치의 150퍼센트까지 담보대출을 제공했다.[8]

로마 포룸 동쪽에 있는 비아 사크라(고대 로마시의 중심 도로 중 하나-옮긴이) 앞에는 바실리카 아에밀리아Basilica Aemilia가 서 있다. 여기에는 여러 가게가 입주했는데, 그중 아르겐타리우스Argentarius, 즉 은행업자의 점포는 출입문의 신이자 로마에서 가장 오래된 청동제 동전 앞면에 새겨진 야누스의 신전을 마주 보는 곳에 있었다. 티베리우스가 구제금융을 공급할 때도 이러한 은행을 중개자로 썼을 것이다. 금고에서 자금이 나오면 이러한 은행은 정부를 주체로 내세우든 자기 이름을 내세우든 간에 담보대출을 실행하고 관리하다 자금을 상환해야 했다.

위기 대응책이 실제로 실행된 곳도 로마의 포룸이었을 것이다. 로마 국고가 있던 곳이 바로 바실리카 아에밀리아 건너편에 건설된 기념비적인 사투르누스 신전 터였다. 사투르누스 신전은 아테네의 파르테논 신전과 마찬가지로 로마의 환금성 자산뿐 아니라 금융장부도 보관하는 장소였다. 로마에 금융위기가 닥쳤을 때, 재무 담당자가 정문을 열고 세스테르티우스 은화가 가득 든 큰 자루들을 포룸 너머에 있는 바실리카 아에밀리아에 있는 은행업자의 점포로 옮기지는 않았을 것이다. 아마도 장부에서 금액을 대체하여 일을 처리했을 것이다. 그렇지만 바실리카 아에밀리아에 있는 은행업자는 현금을 다루었다. 지금도 바실리카 아에밀리아의 바닥에는 410년에 로마가 약탈당할 때 청동 동전이 든 자루가 불타면서 생긴 흔적이 남아 있다. 구제조치는 계정이체를 통해, 다시 말하면 정부가 자본을 제공하겠다고 약속하거나 보증한 후 은행이 담보대출을 하는 방식으로 진행되었을 것이다. 은행업자가 국고

그림 7.2 채무탕감 장면을 묘사한 트라야누스 난간

에서 인출할 수 있다는 정부의 보증에는 은화 같은 경화와 다름없는 효력이 있었다.

금융위기와 그 해결 광경을 상상해 볼 단서는 포룸에서 발견된 한 거대한 조각품에서도 찾아볼 수 있다.

트라야누스 난간에는 서기 101년에 트라야누스가 금융구제책으로 미납세액을 탕감했던 일이 나타나 있다. 그해에 트라야누스는 대규모 자선재단을 설립하여 이탈리아반도 안에서 담보대출에 투자하고 가난한 집안의 어린이를 도와주며 소농에게 돈을 빌려주었다. 속주의 미납세액도 탕감했다. 트라야누스는 이 두 가지 금융 행동을 통하여 이탈리아 대중에게 인기를 얻었고, 세금징수인에게 고통받던 속주민에게도 칭송을 받았다.

조각을 보면, 사투르누스 신전 앞에 선 황제는 국고에서 꺼내 왔을 세무기록을 파기하는 장면을 지켜보고 있다. 관리들은 세무기록을 적어 묶은 큰 책을 등으로 져 날라 쌓은 후 태우려 한다. 이 장면에서 황제가 하는 일은 분명 돈을 나누어 주는 것이 아니라 장부를 지켜보는 것이다. 가치는 세금부과 기록에 존재했기 때문이다. 황제 트라야누스가 금전적 아량을 베푸는 이 조각을 보면 그로부터 70년 전에 티베리우스가 보여 준 후의가 떠오른다. 정부의 구제대책이란 공공 기념물에 새겨 남길 정도로 중요했다.

🪙 로마와 그 이후 시대의 은행업자들

5장에서는 기원전 5세기 아테네에서 은행업자가 최초로 출현하여 예치기관이자 금융중개자 역할을 했음을 살펴보았다. 금융위기가 닥쳤던 33년은 은행업이 지중해 세계에 탄생하고 이미 수 세기가 지난 시점이었다. 사실 마케도니아 지배자도 로마가 이집트를 지배하기 훨씬 전부터 이집트에 국영은행을 설립하여 세금을 거두었다. 그리고 놀랍게도 그러한 금융기록 중 일부가 지금까지 전해진다.

예를 들어 피톤이라는 사람은 이집트의 크로코딜로폴리스라는 도시에서 살며 기원전 255년부터 237년까지 은행업자로 일했다. 피톤의 은행은 그리스가 이집트를 통치하는 데 중요한 도구였다. 피톤 같은 은행업자는 정부수입을 징수하여 전달하기도 하고, 이집트 주민에게 예금을 받거나 수표를 발행하고, 장부로 대금을 정산하거나 신용장을 발행하는 등 개인 금융 서비스도 제공했다. 프톨레마이오스 시대 금융의 권위자인 지타 폰 레덴Sitta von Reden은 이 은행업자들의 거래를 재구성해냈다. 이들의 서비스 범위는 상당히 다양한 신용행위까지 확장되었던 것으로 추정된다. 그가 연구한 사례를 살펴보면 징세계약을 담보로 잡고 돈을 빌려준 은행업자도 있다.[9]

로마의 민간 은행업자는 아르겐타리우스라고 불렸으며 기원전 4세기 중반부터 로마 역사에 나타난다. '아르겐타리우스'라는 이름을 보면 이들도 아테네 은행업자와 마찬가지로 환전상에서 기원했을 것이다(라틴어로 아르겐툼argentum은 은이라는 뜻이다-옮긴이). 아르겐타리우스는 예금을 받고 수표나 장부를 이용하여 송금하고 고객에게 선금을 지급하며, 경매에서, 입찰자에게 돈을 빌려주거나 환어음을 통해 송금하는 등 다양한 은행업 서비스를 제공했다.[10] 이들은 길드를 조직하고 포룸의 비아 사크라를 따라 가게를 냈다. 로마의 은행업자가 영업한 곳도 아테네에서처럼 부두에 더 가까운 곳, 즉 가축시장이 있던 포룸 보아리움 등이었을 것이다. 지금도 포룸 보아리움 입구에는 작은 아치형 문인 아르쿠스 아르겐타리오룸이 서 있다. 명문에 따르면 이 문은 서기 203년 경에 대부업자와 상인 길드가 셉티미우 세베루스Septimus Severus 황제에게 헌상한 것이다.

하지만 로마의 은행업자는 대체로 로마의 정치가보다 덜 유명했다. 그나마 가장 유명한 사람이 키케로Cicero의 친구이자 기사계급에 속한 티투스 폼포니우스 아티쿠스이다. 그는 키케로의 저술을 출판한 것 못지않게 금융영업으로도 유명했다. 최소한 로마 후기 전에는 은행업자가 사회에서 중요한 역할을 담당하지 못했다. 하지만 충분하게 돈을 벌어 사치스럽게 산 은행업자는 있다. 예를 들어 은행업자 루키우스 카이킬리우스 이우쿤두스의 별장은 폼페이에서 가장 아름다운 집으로 꼽혔다. 그는 벽에 벽화를 그리고 바닥에 모자이크를 깔아 이웃에게 부러움을 살 만큼 돈이 많았다. 그가 고객과 맺은 계약은 밀랍 서판에 봉인된 채 화산재에 묻혀 보존되기도 했다는 사실도 언급해 둔다.

고대 로마 시절 은행업자에 관한 단서는 시대에 따라 늘어나기도 줄어들기도 한다. 아르쿠스 아르겐타리오룸을 세운 지 고작 수십 년 후인 3세기가 되면 고전 문헌에서 은행업자를 언급한 사례가 줄어든다. 금융사학자들이 혼란스러워 하는 부분이다. 하지만 여러 근거를 보면, 심지어 410년에 로마가 약탈당한 후에도 은행업은 분명히 중요한 사업이었으며 수익성도 높았다.

이탈리아 동부 해안 근처에 있는 내륙 도시 라벤나에는 매우 잘 보존된 비잔티움 예술품이 여럿 있다. 항구가 토사에 덮이기 전만 해도 라벤나는 항구도시이자, 서로마가 멸망한 후 건국된 동고트 왕국의 수도였다. 547년에 완공된 산비탈레 성당은 모자이크로 멋지게 장식된 8면짜리 고층건물이다. 이 건물은 비잔티움제국 황제 유스티니아누스

Iustinianus가 라벤나를 제국 서부의 새 수도로 정한 사실을 기념하려고 건설한 것이다. 성당 안에는 유스티니아누스와 군사·종교 담당자를 그린 모자이크도 있다. 황제 왼쪽에는 덥수룩하게 수염을 기른 남자가 있다. 여러 학자에 따르면 이 사람이 비잔티움제국이 라벤나를 정복한 후 산비탈레 성당 같이 멋진 교회를 건설할 비용을 댄 은행업자 율리아누스 아르겐타리우스Julianus Argentarius이다. 산비탈레 성당을 짓는 데만 금 2만 6,000솔리두스solidus, 다시 말해 대략 120킬로그램이 들었다고 한다.11

율리아누스가 어떻게 살았는지는 별로 알려지지 않았다. 하지만 그가 유스티니아누스의 수행원에 끼었을 가능성이 높다는 데서 미루어 보건대 황제는 군대의 군사력, 교회의 정통성, 자문단의 지혜뿐 아니라 은행업자의 후원에도 의존했을 것이다. 학자들은 라벤나를 점령해 내는 데도 율리아누스가 기여했다고 생각한다. 전쟁에서 돈이 얼마나 중요한지 생각해 보면 합당한 추측이다. 또 다른 근거에 따르면 유스티니아누스는 정부재정을 관리할 때도 은행업자에게 세금징수를 맡기는 등 크게 의존했다. 그렇다면 유스티니아누스가 지배하던 비잔티움제국의 확장은 금융업자에게는 기회였다. 율리아누스가 얼마나 부유했는지는 아무도 모르지만, 그보다 더 유서 깊고 장엄한 건축 유산을 남긴 은행업자는 지금까지도 없다.

교차로에서 발견한 것

나폴리와 살레르노를 잇는 고속도로 건설공사는 1959년 봄에 중단되었다. 땅을 파던 중 고대 유적의 자취가 드러났기 때문이다. 이처럼 공사가 중단될 가능성도 예견되었던 것이, 고속도로가 지나는 장소 중에는 폼페이에서 남쪽으로 1킬로미터도 떨어지지 않아서 화산이 폭발할 때 같이 묻힌 로마 시대 해안도로의 교차로도 있었기 때문이다. 화산재를 파내려 가며 발굴한 결과, 멋지게 보존된 중정과 이를 둘러싼 벽감(장식을 위하여 벽면을 오목하게 파서 만든 공간 – 옮긴이)에 만든 화려한 접견실인 트리클리니움이 나타났다. 접견실의 3면에 붙박이식으로 낸 긴 의자는 낮은 석제 탁자를 둘러싸고 있었다. 고고학자들이 그중 한 접견실에서 찾아낸 바구니에는 접을 수 있는 목제 서판이 가득 들어 있었는데, 이는 은행업자 가문이던 술피키우스Sulpicius 가문의 법률문서였다. 79년에 베수비오 화산이 폭발하여 난리가 나자 버리고 간 것이 확실했다. 근처에서는 배의 잔해도 발견되었는데, 이를 보면 이 집은 폼페이 풍 휴양용 별장이 아니라 옛 항구에 인접한 사업소였을 것이다. 문서에는 대출이나 소송 및 기타 거래 내용 수년 치가 기록되어 있었다. 이를 보면 술피키우스 가문은 은행업을 가업으로 삼았고 아마 이 집에서 영업을 했을 것이다. 경제사학자 피터 테민Peter Temin의 의견에 따르면 술키피우스 가문은 예금, 계좌이체와 지급, 대출, 투자중개, 경매 낙찰자에게 선금대출 등 현재 은행이 제공하는 서비스는 물론이고 그 이상도 제공했을 것이다.[12]

이 문서는 폼페이에서 발견되었지만 내용을 살펴보면 나폴리만에서 폼페이 반대편에 있는 항구도시 푸테올리Puteoli에서 술피키우스 가문이 수행한 거래가 담겨 있다. 기록은 대부분 금융위기가 있었던 33년에서부터 10~20년 후 동안 작성되었다. 서판은 북적거리던 고대 도시 푸테올리에서 사업을 하던 상인과 교역업자가 어디에 관심을 두었고 포럼에서 어떠한 계약을 체결했는지 알려 준다. 이곳에서 벌어지던 사업

중에는 지중해 교역, 그중에서도 특히 로마 인구를 먹여 살리던 이집트로부터의 곡식 수송도 있다.

🪙 알렉산드리아에서 온 배

스토아 철학자 세네카Seneca는 어느 한여름 날에 항구도시 푸테올리에 있는 집에 있다가 상선대가 이집트에서 돌아오는 광경을 목격했다.

> 오늘 갑자기 알렉산드리아의 배가 우리들 앞에 모습을 나타냈다. 언제나 앞서 상선대가 온다고 알려 주는 '우편선'이 온 것이다. 함대가 온다는 것은 캄파니아(나폴리, 푸테올리 등이 속한 이탈리아 서남부 주 - 옮긴이) 사람들에게 매우 기쁜 일이다. 푸테올리 사람들은 모두 선창에 몰려들었는데, 아무리 배가 많이 들어와 붐벼도 돛대 꼭대기만 보고 '알렉산드리아'발 배를 분간했다. (중략) 이렇게 모두들 부산스럽게 해안 쪽으로 우왕좌왕할 때 나는 유쾌하게도 멍하니 앉아 있었다. 친척이 부친 편지를 받게 되겠지만, 거기에 담긴 내 상황이나 사연을 알려고 서두를 생각이 들지 않아서이다. 요즘 내게는 특별히 잃을 것도 얻을 것도 없다.[13]

푸테올리는 공화정 후기와 제정 초기에 걸친 기간에 로마의 원양항구 역할을 했다. 캄파니아 지방에 있는 나폴리 · 폼페이 · 헤르쿨라네움에서 해안을 따라 수 킬로미터를 올라간 곳에 있는 푸테올리에는 거대한 지중해 횡단 화물선이 안전하게 정박할 만큼 넓고 깊은 자연항만이 있었다. 곡식은 이곳에서 작은 배로 옮겨 실려 테베레강 하구에 있는 오스티아로 수송된 후 강을 거슬러 로마시로 이동했다. 그리고 마침내 키르쿠스 막시무스(로마의 대형 원형경기장 유적 – 옮긴이) 가까이에 있는 팔라티노 언덕 자락의 부산스러운 선창과 시장에 하역되었다.

이집트는 기원전 80년에 정식으로 로마에 합병되기 전부터 이미 로마 경제에 중요한 역할을 했다. 수도 로마는 지중해 전역에서 식량을 수입해야 했다. 물론 사치품도 전 세계에서 수입해야 했다. 해마다 겨울 강풍이 멈추고 바다가 잔잔해지면 상선대는 나일 삼각주에서 거둔 밀 부대, 와인이 든 암포라, 직물, 인도에서 들어온 보물을 가득 싣고 알렉산드리아를 떠나 로마로 향했다. 여정은 바람에 따라 한 달, 또는 그 이상도 걸렸다. 알렉산드리아를 출발하는 대선단의 배는 로마 경제에 매우 중요했지만 정부 소유는 아니었다. 곡식은 대부분 결국 국영 창고로 들어가게 되었지만 상행위 자금은 전부 민간부문이 조달했고, 사업의 위험과 이익은 투자자 개인에게 귀속되었다. 문제는 이처럼 대규모 국제교역을 가능케 한 법·금융제도가 무엇이었냐는 것이다.

알렉산드리아 배가 도착하는 광경을 세네카가 묘사한 글에는 그가 소유한 해외 투자자산(아마 아프리카 속주에 속한 알렉산드리아에 살던 시절 친척에게 상속받은 땅이었을 것이다) 소식을 상선대가 가져왔다는 사실이 명확히 적혀 있다. 그런데 여정의 핵심 요소는 위험이다. 토지를 상속했기 때문에 천한 상행위를 할 필요가 없던 정치가 세네카는 스토아파 학자답게 평정심을 유지하여 대중과 대조되는 감정을 보인다. 그는 이익도 손실도 보지 않는다고 말한다. 그렇다면 그는 배에 투자하지 않았을 것이다. 따라서 사건 소식이나 운명의 변덕에 행복이 달려 있지도 않았다. 게다가 더욱 다행스럽게도 잘 분산하여 투자했을 것이다. 하지만 평안을 누린 세네카와 달리 술키피우스 가문의 은행업자들은 필시 떠들썩하게 상선대를 마주하러 나간 군중에 끼어 있었을 것이다. 술키

그림 7.3 고대에 알렉산드리아에서 수송된 곡물을 로마로 들여오는 입구였던 푸테올리 항구를 그린 프레스코화. 술피키우스 가문 은행업자들이 영업한 장소가 바로 이 항구도시이다.

피우스 가문의 핵심 사업은 알렉산드리아 무역에 어떤 형태로든 관여하는 이 지역 사업가에게 돈을 대출하는 것이었다.

유명했던 푸테올리 항구의 흔적은 오늘날 포추올리시 앞의 수심이 얕은 바다에서도 찾아볼 수 있다. 옅은 청록색의 만灣 아래에는 고대의 방파제, 콘크리트로 만든 부두, 항구 근처 가게, 벽돌로 지은 창고가 뚜렷하게 보인다. 이렇게 수몰된 도시는 수중국립공원으로 지정되어 다이버들이 탐험하기도 한다. 지금도 지상에 있는 원형극장은 옛날 이곳에 사는 사람이 많았다는 증거이다. 고대 포추올리는 신전, 극장, 포룸을 자랑거리로 내세웠다. 고대 아테네의 항구가 그랬듯이 여기에서도 은행업자가 부둣가에서 대기하고 있었다.

금융분야 저술가이자 고전학자인 데이비드 존스David Jones는 복원된 서판 수백 개를 깊이 연구하여 은행업자인 술피키우스 가문의 거래 내용을 재구성해 냈다.[14] 그는 책을 통해 금융시장과, 그 안에서 활동했던 술키피우스 가문의 사업체를 다채롭게 그려 낸다. 술키피우스의 서고에서 발견된 서판 중 존스가 초점을 맞춘 다섯 개는 사업자금 신용대출과 금융중개인이 알렉산드리아 곡물교역에서 어떤 역할을 했는지 보여 준다.[15] 대부분의 영업활동은 기사계급 소속원이 아니라 해방노예와 노예가 수행했다. 하지만 기사라는 상위 계급이 분명히 관여했을 것이다.

예를 들어 서기 37년 6월 18일에 해방노예(즉 이전에 노예였다가 자유민이 된) 에우아누스 프리미아누스는 자기와 마찬가지로 해방노예인 가이우스 노비우스 에우누스에게 1만 세스테르티우스를 빌려주기로 계약하고, 실행을 자신의 노예 헤시쿠스에게 맡겼다. 에우누스는 곡물 7,000모디modi(7,000모디는 60,655리터)와 병아리콩·렌틸콩 등 콩 200자루를 담보로 제공했다. 담보는 공공창고에 저장되었다. 부패·절도·창고 이용료 미지급 등에 따른 손실 위험은 에우누스가 부담하기로 했다. 그 이후 작성된 두 번째 문서에 따르면 에우누스는 같은 조건으로 3,000세스테르티우스를 더 빌렸다. 세 번째 문서에는 헤시쿠스가 창고의 저장공간을 노예 디오그네투스에게 빌렸다고, 네 번째 문서에는 에우누스가 헤시쿠스에게 진 빚이 남아 있다고, 다섯 번째 문서에는 채무 잔액에 붙은 이자가 한 달에 1퍼센트라고 나온다.[16]

술키피우스 가문의 은행업자인 술키피우스 파우스투스는 첫 두 거래의 증인 역할을 했고, 그 후에는 채무상환액 수탁인으로 지정되었다. 즉, 헤시쿠스에게 은행업 서비스를, 그리고 곡물 중개상인 에우누스에게 상업신용(대출)을 제공한 것이다.

여기에 얽힌 과정을 살펴보면 곡물교역 자금이 어떻게 공급되었는지 매우 자세하게 알 수 있다. 곡식은 담보로 제공되었고, 보험계약은 명시적으로 체결되었으며, 언제든 투자할 자본을 갖춘 은행업자는 사업에 매우 중요한 역할을 했다. 여담이지만 헤시쿠스는 서기 39년 9월에 출세 가도를 달린다. 한 서판에 따르면 그는 가이우스 카이사르 아우구스투스 게르마니쿠스, 즉 가이우스 황제의 노예가 되었다(가이우스 황제는 칼리굴라라는 별명으로 더 유명하다. -옮긴이). 상속되었든 팔렸든 헤시쿠스는 이제 황제라는 강력한 새 후원자를 위해 금융거래를 계속하게 되었다.

고전 시대 은행업의 권위자인 장 앙드로Jean Andreau는 술피키우스 가문이 상류층에게 돈을 빌려 자본을 조달했다고 지적한다. 특히 한 문서에 따르면 황실의 노예에게 9만 4,000세스테르티우스를 빌리기도 했다.[17] 이 시기에 원로원 의원과 기사계급이 대출하며 담보로 잡은 땅은 이탈리아보다도 넓었다. 이들은 헤시쿠스 같은 전문 중개인을 통하여 사업자금을 대출했다. 황제와 수행원은 술피키우스와 동업자라기보다는 최종 대부자였다. 영세한 금융중개인은 먹이사슬에서 한참 위에 있는 대부자에게 돈을 빌렸다. 이처럼 서로 독립된 관계로 구성된 금융구조 덕분에 황제와 원로원 의원은 자기 손을 더럽히지 않고도 사업에 투자할 수 있었다.

로마 사회의 계급체계는 이렇게 정치가가 독립적 관계를 통해서만 사업을 하도록 강요한 한편, 모든 금융의 길이 로마로 통하는 구조도 만들어 냈다. 로마는 금융이 마지막에 집중되는 곳이자, 금융제도가 탄생하고 시행되는 곳이었다. 로마의 과점체계는 신용시장을 통해 힘을 키웠고, 정치적 파멸 또는 재정적 파멸에서 보호받을 수 있는 중개 형태를 만들어 냈다.

하지만 로마의 금융체계가 지배계급의 이익만을 위해 운영되었다고 결론짓는다면 잘못이다. 술피키우스 서고에서 드러난 정교한 중개망은 로마 상업의 세계가 지닌 능력을 입증한다. 자본이 이집트 곡물 수송자금을 대는 데 투입될 수 있다면, 다른 수많은 상업 행위에도 투입될 수 있다. 로마 시대에 작성된 모든 금융문서 중에서도 가장 복잡한 것은 교역품을 대상隊商을 통해 인도에서 이집트로 운송하고, 평저선에 실어 나일강을 따라 알렉산드리아 항구에 화물을 내린 후 로마로 수출할 운송자금 대출계약서이다. 대출계약이 체결된 장소는 인도 서해안 항구 무지리스에 있던 로마의 교역기지였다.[18] 계약서는 로마의 교역 범위가 광대했고, 이를 금융계약이 뒷받침했다는 사실을 증명한다.

🪙 노예제도와 유한책임

잠시 도덕 관점을 제쳐 두고 순수하게 법률 관점에서만 노예제를 생각해 보자. 노예가 범죄를 저지르면 피해자는 노예 소유주를 고소할 것이다. 그렇다면 주인에게 앙심을 품은 노예가 복수하려고 누군가의 배를 가라앉히는 등으로 엄청난 손실을 끼치는 경우도 생각해 볼 만하다. 이처럼 있을 법한 문제를 해결하기 위해 로마법은 노예 소유주의 책임을 제한하는 방향으로 발전했다. 로마법에 따르면 노예 소유주는 자신이 지시한 것이 아니라면 노예의 행위에 책임을 지지 않았다. 자기 노예에게 누군가의 배를 가라앉히라고 지시한 적이 절대 없다는 사실을 입증할 수 있다면 피해자에게 배상할 필요가 없었다.

이러한 유한책임 개념은 확장되어 금융거래에도 적용되었다. 투자자가 노예에게 사업자금을 대고 재량권을 주었다면 페쿨리움peculium이라는 계좌를 통해 노예에게 투자한 자본금까지만 책임을 졌다. 채권자는 페쿨리움에서 추심할 수는 있어도, 해당 대출이 주인의 지시에 따라 발생했다고 입증하지 못한다면 노예 소유주의 자산에서 추심할 수 없었다. 로마의 법과 금융에서 나타난 혁신 중에서도 가장 돋보이는 것이 이러한 제도구조이다. 개별 투자에서 발생할 잠재적 피해가 페쿨리움으로만 한정된다면 투자자는 더 큰 위험을 감수할 수 있다.

데이비드 존스는 서기 39년에 작성된 두 번째 문서에 나오듯 헤시쿠스가 자기 재량으로 곡식 거래사업을 했고, 따라서 그가 술피키우스 가문에 개설한 계좌는 페쿨리움으로 보는 편이 자연스럽다고 해석했는데, 이는 앞선 학자들과 일치하는 의견이다. 황제는 헤시쿠스의 사업감각 덕분에 이익을 본 한편, 헤시쿠스에게 대출한 채권자가 페쿨리움 잔액까지만 상환받을 수 있었으므로 막대한 재산을 보호받기도 했다. 그렇기 때문에 채권자는 페쿨리움에 돈이 얼마나 있는지 수시로 확인하고 싶어 했다. 은행업자가 맡은 예치금, 그리고 대출액과 채무 등 금융자산의 부채 정도를 가늠하면 노예가 지닌 순자산이 얼마인지 알기에 충분했을 것이다.

페쿨리움 제도는 오늘날 주식회사의 유한책임과 매우 유사한 효과를 냈을 것이다. 유한책임 덕분에 투자자는 손실 폭도 제한받을 뿐 아니라 사업에 깊이 관여할 필요도 없다. 분산투자로 직접 경영을 대신할 수 있는 것이다. 고대 로마의 투자자는 페쿨리움 구조를 이용하여 자기 손을 더럽히지 않고도 노예들이 경영하는 다양한 사업에 분산투자할 수 있었다. 로마법은 노예 소유주가 유한책임을 누리기 위해서 법에 따라 노예에게 경영을 위임하도록 강제하는 한편, 투자에 한 번 실패했다고 재산 전부가 위험해지지는 않는다고 주인을 안심시키기도 했다. 세네카가 이집트 소식을 듣기 전에 평정심을 유지한 것도 당연하다. 세네카의 경우에도 분명히 노예가 사업을 관리하고, 노예 각자의 페쿨리움 이상 손실을 볼 위험으로부터 보호받았을 것이다.

로마 경제에서 해방노예가 담당한 역할도 페쿨리움 제도로 설명할 수 있다. 노예시장에서는 분명 사업 수완과 경영기술도 거래되었을 것이다. 보통 사람들은 노예가 로마 경제에서 단순 노동이나 가사만 담당했으리라고 생각하지만, 실제로는 최소한도로만 감독하고 지침을 주면 사업을 운영하여 이익을 낼 수 있는 노예가 가장 비싸게 거래되었다. 로마에서는 투자자가 노예를 전일제로 계속 고용하는 만큼만 관여하고 그 외에는 직접 사업거래에서 완전히 분리되는 것이 자연스러웠다.

소유와 경영의 분리는 유한책임을 누리기 위한 법적 기준을 충족하는 필요조건이었지만 사업에서 이익이 나는 충분조건은 아니었다. 소유주는 직접 감독이 허용되지 않는 조건에서 노예가 이익을 창출하도록 유인할 방법을 찾아야 했다. 확실한 수단은 보상이다. 오늘날 경영자에게 회사 이익 중 일부를 주어 투자자와 이해관계를 일치시키듯, 로마 노예에게 동기를 부여하려 할 때도 채찍과 당근이 모두 필요했다.

사업거래 대부분을 해방노예가 담당했던 상황에서 미루어 보면, 노예는 사업이 잘될 경우 자유를 살 권리를 동기로 삼았다. 물론 이러한 유인책이 실현되면 노예 소유주가 관리자를 잃게 된다는 단점도 있다. 하지만 로마 시대에 작성된 술피키우스 문서 등을 살펴보면 노예와 주인 관계가 끝난 후에도 서로 사업거래를 계속한 사례가 수없이 나온다. 법에 따라 신분이 상승한 해방노예가 예전 주인과 계약관계를 유지했다는 말이다. 헤시쿠스를 사고판 거래를 뒷받침한 것은 이제까지 성공을 거두어 왔고 미래에도 사업 동반자가 될 독립 경영자가 운영하는 튼튼한 사업체까지 얻게 되리라는 기대였다.[19]

페쿨리움이라는 법적 제도는 투자자에게만 유리했을까? 페쿨리움은 더 큰 위험을 감수할 동기를 투자자에게 주어 산업과 교역에 자본을 끌어들였다. 그리고 경영 재능을 더욱 효율적으로 배분하는 효과를 내어 교역 발달과 경제성장을 촉진했다. 하지만 몇몇 예외를 빼면 여러 투자자에게서 자본을 끌어오는 효과를 내지는 않았다. 페쿨리움을 지닌 노예의 지분이 주식시장에서 거래되지는 않았던 탓이다.

법학계는 로마 조직법의 한계에 초점을 맞춘다. 로마법에 정의된 조직은 유한책임제가 없는 조합(또는 합명회사 – 옮긴이) 소키에타스societas 뿐이다. 금융사에서 유한책임이란 현대 금융이 출현하는 데 매우 중요한 혁신적 개념이다. 페쿨리움도 로마 경제가 발전하는 데 잘 들어맞게 적응한 중요한 제도지만 완전하지는 않아 보인다.

예일 대학교 로스쿨 교수 헨리 핸스먼Henry Hansmann은 조직법의 권위자이다. 그는 하버드 대학교의 레이니어 크라크먼Reinier Kraakman과 예일 대학교의 리처드 스콰이어Richard Squire와 함께 초점을 유한책임제에서 '조직격리entry shielding'라는 새로운 개념으로 옮긴 회사이론을 새로 발전시켰다.[20] 이 이론의 핵심은 투자자가 지는 가장 중요한 위험이 회사의 채권자에게 쫓기는 것이 아니라는 데 있다. 투자자가 가장 걱정하는 일은 자기 동업자의 채권자가 회사의 자산을 추적하여 사업을 청산하고 자산을 현금화하여 투자자의 이익과 반하는 방법으로 권리를 만족시키는 것이다.

따라서 투자자는 누구와 동업하든 우선 동업자의 금융자산과 부채를 평가해야 한다. 하지만 로마의 조합제도인 소키에타스에서는 그러는 데 한계가 있다. 자연스럽게 서로 신뢰하고 개인의 금융정보를 공유할 수 있는 소수끼리만 조합을 구성할 수 있었고, 그리하여 자본을 대규모로 모으고 회사의 지분을 거래하는 데 한계가 있었다. '조직격리' 개념이 없다면 주식을 소유한 사람이 누구인지가 매우 중요하다.

또한 조직격리가 없다면 회사에 돈을 빌려준 대부자에게도 문제가 생긴다. 회사가 파산하면 회사의 자산을 처분하여 최우선으로 자금을 회수할 수 있다는 보증도 받아야 할 텐데, 페쿨리움으로는 이러한 문제를 해결할 수 없었다. 페쿨리움마다 연관된 투자자는 한 명뿐이었고, 투자자에게 대여한 사람은 투자자가 파산하면 노예의 페쿨리움을 요구할 수 있었기 때문이다. 그러니 헤시쿠스도 신용위험을 진 소유주보다는 황제를 위해 일하는 편이 나았다.

오늘날 주식회사는 로마의 소키에타스와 달리 조직격리라는 혜택을 누린다. 회사 투자자에게 돈을 빌려준 사람은 투자자가 지닌 회사 주식을 담보로 잡을 수는 있어도 회사자산에 직접 권리를 행사할 수는 없다. 개별 투자자가 파산한다 해도 회사는 평소와 같이 계속 가동할 수 있다. 따라서 주식의 중요한 요소인 시장성도 조직격리에 의존한다. 핸스먼, 크라크먼, 스콰이어는 조직격리가 고대에 등장했는지 확인하기 위해 로마법을 상세하게 파고들었다. 그리고 실제로 로마에서는 오늘날 주식회사와 비슷하게 시장성 있는 주식구조가 발달했다.

🪙 로마의 주주

제2차 포에니전쟁(기원전 218~201년) 이후 로마는 더 빠르게 지중해 세계 곳곳으로 뻗어 나갔다. 그런데 공화국이 팽창하자 문제가 일어났다. 로마는 대규모 상비군을 뒷받침하고, 방대한 도시 기반시설을 건설·유지하며, 멀리에서 새로 정복한 속주에서 세금을 거두어야 했다. 이 모든 일을 처리하기 위해 로마는 관료체계를 만들지 않고 소키에타스 푸블리카노룸societas publicanorum, 즉 '징세인 조합'이라는 민간단체에 경매로 넘겼다.

징세인 조합은 오늘날 주식회사의 특징을 여럿 갖추었다. 이를 조직하고 경영한 사람은 부유한 로마 기사들이었다. 주주는 푸블리카누스publicanus라고 불렸다. 기사계급은 원로원 의원과 달리 상업에 직접 참여하여 이익을 볼 수 있었다. 제2차 포에니전쟁 이후 로마가 급격하게 성장하던 기간에 징세인 조합은 로마의 확장에 따른 기회를 이용하여 기사계급이 수익을 나누어 가질 수단을 제공하는 한편, 로마 공화국의 보급 및 재정문제를 해결하기도 했다.

징세인 조합은 속주의 세금징수뿐 아니라 공공 기념물 건설과 유지, 군대 보급에 이르기까지 다양한 용역을 공개입찰로 정부로부터 도급받았다. 이러한 회사는 대규모 영리기업일 뿐 아니라, 거래하여 현금화할 수 있는 소유권 지분을 발행하기도 했다고 로마법 연구자들은 확언한다.

징세인 조합이 가장 활발하게 활동한 지역은 아시아 속주이다. 아나톨리아반도와 시리아 원정이 끝난 후 로마의 포룸에서는 엄청난 금전적 이익이 걸린 징세권 경매가 연이어 벌어졌다. 낙찰받은 사람은 대중에게서 추가 수입을 짜낼 전망을 가장 낙관적으로 보는 사람일 수밖에 없다는 사실을 고려하면, 속주의 납세자들이 무자비한 징세인에게 불만을 터뜨렸을 거라는 사실은 놀라울 것도 없다. 실제로 이 장 앞부분에서 언급한 트라야누스 난간도 속주의 과도한 세금 부담이 탕감된 사실을 기념한 것이었다.

'기원전 2세기 로마 시민 중 정부도급 사업에 참여하지 않은 사람은 사실상 없다'는 역사가 폴리비우스의 말은 징세인 조합원이 많았다는 사실을 암시한다. 설령 기사계급에게만 적용되는 말이라 해도 여전히 주목할 만하다. 주식회사처럼 투자자 수백 수천 명이 공동으로 소유하는 조직이 등장한 덕분에 투자자는 회사의 활동에 직접 연관되지 않고도 지분율에 따라 수동적으로 이익을 얻는 새로운 형태로 사업에 참여할 수 있게 되었다.

앞에서는 아테네인이 다양한 사업을 소유하고 매각하며 담보로 제공했음을 살펴보았다(6장 참고). 로마의 징세인 조합은 그보다 한 발 더 나아간 형태이다. 투자자는 조합에서라면 발생할 법한 법적 관계에 복잡하게 얽히지 않고도 사업지분 일부를 매매할 수 있었다. 징세인 조합 지분이 손쉽고 널리 거래되자 로마인이 투자할 만한 대상도 다양해졌고, 대출이자를 뛰어넘는 이익을 얻을 기회도 커졌다.

지분 소유권이 널리 보급되었다는 사실은 크게 두 가지를 암시한다. 첫째, 회사는 외부 채권자 때문에 혼란을 겪지 않도록 조직격리 요건을 갖추었을 것이다. 둘째, 지분을 소유한 기사계급은 이 시기 로마의 팽창과 연동된 집단적 경제 부담·이익·불확실성을 널리 나누어 가졌을 것이다. 이런 사실은 속주의 세금징수와 관련하여 생각하면 더욱 명확히 드러난다. 한때 로마에서 가장 세금을 많이 거두던 주체는 징세인 조합이었다. 이들은 징수위험을 부담하고, 대신 이익을 추가로 뽑아낼 가능성을 얻었다. 국가에는 좋은 일이었지만 속주의 납세인은 고통스러웠을 것이다.

정치 관점에서 보면 지분제도란 로마가 군사 정복으로 얻은 이익을 나누는 방식이었다. 원로원은 식량을 공짜로 배분하여 평민계급을 만족시켰고, 경제적 성과 중 일부를 제공하여 기사계급을 만족시켰다. 징세인 회사를 마치 오늘날 주식회사처럼 다양한 사업기회를 추구하는 사기업 조직으로 생각하기 쉽겠지만, 이들 회사가 전적으로는 아닐지 몰라도 최우선으로 초점을 맞춘 분야는 분명히 정부 도급계약이었다. 따라서 징세인 조합은 정부문제에 엮일 수밖에 없었다. 회사 소유주가 늘어나면서 회사의 정치적 영향력도 커졌고 권력투쟁은 필연적이었다.

예를 들어 호민관 가이우스 그라쿠스Gaius Gracchus는 기원전 123년에 로마법 개정안을 발의하여, 속주총독의 행정을 감독하는 사법적 통제권을 원로원에서 기사계급 손에 넘겼다. 단순히 절차만 변한 것이 아니었다. 속주총독은 주요 징세인 조합주주에게 해명해야 했고, 그 탓에 가혹한 징세에 개입하지 못하게 될 개연성이 높아졌다.

로마 정치구조에서 보면 주식 소유가 자유로워지자 뇌물수수 역시 만연하였다. 원로원 의원 계급이 사업에 참여하지 못하게 금하는 규정의 효력 역시 필연적으로 약해졌을 것이다.

실증하는 사례가 있다. 공화정 말기인 기원전 59년에 연설가 키케로는 율리우스 카이사르 지지자인 호민관 푸블리우스 바티니우스를 부패 혐의로 고소했다. 그는 바티니우스가 푸테올리의 재무 감독관으로서 절대적 지위를 남용하여 사익을 얻어 폭동을 야기했다고 주장했다.[21] 또한 바티니우스도 키케로가 자기가 보유한 징세회사의 주가를 조작하여 이익을 보았다고 고발하였는데, 이는 오래전에도 주식시장

조작이 존재했음을 간접적으로나마 보여 주는 확실한 근거이다.22

하버드 대학의 고전학자 에른스트 바디안Ernst Badian이 보기에 바티니우스 사건은 공화정 말기에 징세인 제도가 새로운 정치질서에 적응해 나갔음을 알려 주는 사례이다. 바디안은 징세인 조합과 로마 정치의 관계를 세심하게 연구한 논문을 통하여, 기사계급이 권력과 영향력을 축적한 것은 징세사업 덕분이며, 원로원의 통제력은 약해졌는데 제정으로 대체되던 공화정 말기에는 특히 그렇다고 주장했다.

바디안은 바티니우스와 율리우스 카이사르 모두 징세회사 주식을 보유했을 것이라고 믿었다. 사실 투자자 중에는 기사계급뿐 아니라 원로원 의원도 있었다.23 어떻게 그럴 수 있었을까? 공화정 말기는 낡은 규칙이 깨지는 시기였다. 기원전 120년대에 그라쿠스 형제는 원로원의 권력을 약화시켰고, 한 세대 후 독재관 술라Sulla는 인구조사를 폐지했다(고대 로마에서는 4~5년마다 선거·조세·병역을 위해 시민을 대상으로 인구조사를 했다. 이를 가리키는 라틴어 켄수스census는 오늘날 인구조사를 가리키는 영어 센서스census로 이어졌다. –옮긴이). 그리고 공식 인구조사가 중단되자 원로원 의원의 재산 원천을 기록할 방법도 없어졌다. 바디안은 그 이후 로마인은 은행업자 같은 중개인을 통해 징세인 회사의 주식을 무기명으로 거래하게 되었다고 생각한다.

징세인 조합의 주식에 투자하는 사람이 다양해지면 당연히 회사에도 좋다. 징세청부제도는 정치가의 손익을 주주의 손익과 일치시키는 수단이자, 정부와 사업의 손익을 하나로 합치는 매우 유연하고 새로운 방법이었다. 주식회사는 국가가 군사를 통해 팽창할 때 나타나는 근본 쟁점을 해결하여, 이후에도 세계사에서 제국의 경제적 이익을 공유하는 방식으로 빈번하게 이용된다.

경제학자 토마 피케티Thomas Picketty는 금융투자수익률과 경제성장률 차이가 불평등의 뿌리라고 주장한다. 투자할 자본을 갖춘 사람은 재산을 더 빠르게 늘릴 수 있다. 로마 지배계급이 바로 그러한 사례이다. 로마에서는 권력이 재산에 크게 의존했기 때문에 지배계급은 자본을 불려야 했다. 그래서 대출과 주식 둘 다 이용하여 자본을 투자하는 방법을 발달시켰으며, 무엇보다도 정치적 영향력을 투자수익에 도움이 되는 방향으로 활용했다. 공화국이 붕괴하자 군대를 유지하는 데 돈이 필요했기 때문에 재산은 더욱 중요해졌다. 예컨대 로마 내전기에 율리우스 카이사르는 로마 국고國庫로 들이닥쳐 열쇠를 찾지 못하자 대문을 쳐부수고 들어갔다. 그리고 '금괴 1만 5,000개, 은괴 3만 개, 동전 5,000만 세스테르티우스'를 꺼냈다.[24]

로마법과 회사

캘리포니아 대학교 버클리 캠퍼스 금융경제학자 울리케 말멘디어 Ulrike Malmendier는 행동금융학 전문가로서 특히 주요 회사의 최고경영자와 이사의 행동을 깊이 연구한다. 말멘디어는 현대 금융체제에서 일어날 법한 규제의 실패 문제를 제기하는 등 현재 일어나는 현상을 연구주제로 설정한다. 반면 금융사학자로서 말멘디어는 로마 시대의 징세인 조합을 주요 연구 대상으로 삼기도 한다. 그는 어쩌면 로마법을 이루던 조각 중에서 징세인 조합 창설을 관장한 공화정 시절의 관련 법이 사라졌을지도 모른다고 주장한다.

징세인 조합은 제국 후기에 사라졌기 때문에 세부사항이 거의 알려지지 않았다. 말멘디어는 지금 로마법에 대해 알려진 대부분의 내용은 로마 역사 마지막에 수집한 문서에서 나왔다고 지적한다. 특히 유스티니아누스법전이 제정된 시기에 징세인 조합이란 수백 년 전에 사라진, 로마사 연구자에게도 아스라한 역사적 사실일 뿐이었다. 그는 에페소스의 성요한 성당 유적에서 발견된 문서에 특히 초점을 맞추었다. 대리석판에 각인된 공고문에는 서기 62년 에페소스에 존재했던 징세 대리인, 즉 징세인 조합의 권리와 의무가 상세히 나타나 있다.

명문을 살펴보면 징세회사는 정교한 법체계에 따라 운영되었다. 해당 법은 회사가 무엇을 받고 무엇을 어떻게 전달할 의무가 있으며, 의무를 완수하겠다고 정부에 보장하기 위하여 어떤 담보나 보증을 제공해야 하는지 등 징세권 위임 전반을 관장했다. 명문은 징수인 조합 주식이 논쟁 대상이 되고, 특히 아시아 속주에서 영업하던 회사가 비판을 받던 바로 그때에 작성되었다.

말멘디어는 징세회사가 누린 법적 권리는 여느 조합과 달랐다고 지적한다. 로마에서 일반적이었던 조합(소키에타스)은 개별 조합원이 사망하면 해산되는 등 존속기간이 제한되어 있었지만, 징세인 조합(소키에타스 푸블리카노룸)은 투자자와 독립된 '법인격'을 지녀 무한정 존속할 수 있었다.

또한 투자자는 다른 조합원의 채권자로부터 보호받을 수 있었다는 데서도 징세인 조합과 일반 조합은 구분되었다. 핸스먼·크라크먼·스콰이어가 찾는 현대 주식회사의 유전자는 한 기업의 투자자 수가 상호 신뢰하는 소수 동업자를 넘어 확대된 이때로부터 존재했다. 세 연구자가 세운 이론에 따르면 조직격리는 폭넓은 투자자에게서 자본을 모으고, 주식을 거래할 수 있게 된 데 기여했다. 고대 로마에서 나타난 이러한 현상을 관장한 것은 로마법 중 지금은 확인되지 않은 부분이었음이 틀림없다.

로마 포룸 한가운데에는 코린트 양식 기둥 세 개가 위에 코니스(처마 끝부분 – 옮긴이)를 얹고 나란히 서 있는데, 이것이 카스토르신전 유적이다. 팔라티노 언덕 아래 성스러운 우물인 라쿠스 유투르나이 근처에 있는 신전 터에는 지금도 주춧돌과 계단이 남아 있다. 이곳은 징세인 조합 주식을 거래하고 정부계약 입찰이 벌어지는 장소이기도 했다. 신전을 복원한 결과 앞쪽으로 보이는 삼각형 박공 조각은 묘하게도 뉴욕 주식거래소 건물의 정면부와 닮아 보인다. 매년 관광객 수백만 명이 로마 포룸을 방문하여 비아 사크라를 따라 걷고 로마 개선문을 보고 경탄하지만, 자신이 보고 있는 유적 중에는 최초의 주식시장도 있다는 사실을 아는 사람은 드물다.

징세인 조합은 왜 사라졌을까? 공화정 시절 로마법은 유연하고 적응력도 뛰어난 체계였으리라고 말멘디어는 주장한다. 하지만 로마가 빠르게 확장하며 제국으로 변모하자 경제적 수요는 제도보다 더 빠르게 성장했다. 이때 국가가 관료제를 갖추지 않고 필수 서비스를 외주하는 수단이 징세인 조합이었다. 그렇기 때문에 징세인 조합은 결국 쇠퇴했을 것이다. 로마제국에서는 관료조직이 징세인 조합을 대체한 것이다. 징세회사는 제국 초기에는 로마가 발전하는 데 중요한 역할을 했을지 몰라도 도급계약의 공개입찰이 줄어들면서 점점 사라져 갔다.

심지어 6세기에 유스티니아누스가 야심차게 만든 법전에서는 징세인 조합을 관장하는 법이 빠졌다. 법은 금융에 중요한 영향을 끼치지만, 금융기술이 더 이상 필요하지 않다면 법으로 뒷받침해 봤자 소용없다. 로마의 법과 금융은 모두 정치·경제가 공화국에서 제국으로 이동했다는 사실을 반영한다. 고대 주식회사를 다룬 울리케 말멘디어의 연구 결과를 보면, 금융이 발전해야 했을 때 로마법은 금융 발달에 필요한 요건을 충족하고 있었다.

🪙 돈과 전쟁

앞에서는 아테네가 라우리온 은광을 얻게 되면서 엄청난 경제적 이익을 보았다는 사실을 살펴보았다. 하지만 로마는 이탈리아반도에서 강국으로 떠오르면서 아테네와 반대 상황에 처했다. 로마는 은이 부족해서 중대한 전략적 열위에 빠졌다. 해외원정을 시작할 무렵 로마는 경쟁국가만큼 동전을 찍어 낼 능력을 갖추지 못했다. 그리스에는 아티카와 마케도니아에 은광이 있었다. 카르타고는 이베리아반도의 교역을, 다시 말해 스페인의 수많은 금광과 은광을 장악했다.

하지만 제2차 포에니전쟁과 그 여파로 상황은 완전히 바뀌었다. 카르타고를 상대한 역사의 분수령인 포에니전쟁은 군사분쟁이었을 뿐 아니라 금융분쟁이기도 했다. 전쟁은 로마를 금융재앙의 위기로 몰아갔다. 이 분야는 런던에서 일하는 금융업자이자 로마 역사가인 필립 케이Philip Kay가 전문가인데, 그가 주장하는 돈의 역할과 금융제도를 바라보는 관점을 적용할 만하다. 케이가 보기에 당시 로마가 겪은 금융변혁은 이후 제국이 되어 거둔 성공의 핵심 요소였다. 케이는 로마에게 제2차 포에니전쟁이란 경제혁명이었다고 주장한다. 기원전 216년에 로마는 군대에 지급하려고 외국 통치자(시라쿠사의 참주 히에론Hieron)를 접촉하여 빌린 돈을 상환하지 못한다.[25] 징세인 조합에도 군대에 물자를 보급하고 공공건물을 건축하는 데 든 비용을 지급하지 못했다. 그리하여 로마는 과부와 고아의 구호기금을 털고, 부유세를 매겼으며, 210년

그림 7.4 로마 초기 데나리우스 동전, 기원전 211년 전후

에는 부유한 시민에게 돈을 빌려 달라고 호소하고, 205년에는 캄파니아 지방에 있는 국유재산을 매각했다. 로마 정부는 명백히 파산을 눈앞에 두고 있었다. 하지만 마침내 벼랑 끝 금융전술이 효과를 발휘했다. 전쟁에 이기자 로마의 돈궤에는 전리품이 넘쳐흘렀다.

기원전 202년에 한니발이 패배하자 카르타고는 식민지를 모두 로마에 넘기고 엄청난 공물을 바치기로 합의했다. 카르타고가 이베리아반도에 소유했던 금광과 은광이 로마로 넘어가자 로마인들이 한몫 잡으려고 서쪽으로 몰려갔다. 그리하여 경제적으로는 로마의 화폐 공급량이 엄청나게 증가하는 결과로 나타났다. 로마는 이베리아반도의 은광을 얻은 후 지중해 세계를 지배하는 경로에 순조롭게 들어섰다. 부족했던 은이 풍부해지자 로마는 고대 아테네가 그랬듯이 돈의 힘을 빌려 육해군에 급료를 지불할 힘을, 그리고 화폐를 찍어 내 국제시장을 지배할 힘을 얻었다.

재미있게도 징세인 조합이 이베리아반도의 광산 경영을 독점했다는

그림 7-5. 로마 아스 동전, 기원전 235년 전후

증거는 잘 보이지 않는다. 채굴사업에는 모든 분야의 로마 사업가가 참여한 듯하다. 규제당국은 소규모 회사의 영업규칙을 제정했다. 이 중 지금까지 남은 규정을 살펴보면, 징세인 조합은 로마에 유일하게 존재한 기업 형태는 아니었다. 확실하게 유한책임을 누린 소규모 주식회사도 있었다. 즉, 이베리아반도에 풍부하게 매장된 광물자원을 캐내려고 다양한 형태를 갖춘 조직이 출현한 것이다. 그리하여 얼마 안 가 통화량이 팽창했다.

로마는 제2차 포에니전쟁이 시작할 무렵부터 데나리우스라는 작고 간편한 은화를 발행했다. 이전에 쓰던 화폐에 비하면 엄청나게 발전된 것이었다. 그 후 데나리우스는 지중해 전역에서 표준화폐가 되었다.

🪙 로마 초기 조폐제도

로마에서 최초로 사용한 금속화폐는 쇠막대기이다. 1미터짜리 쇠막대를 들고 장을 보러 가는 장면을 상상해 보자. 이처럼 고고학 유적지에서 발견된 초기 화폐는 널리 쓰던 가재도구에서 발전했을 것이다. 이후 쇠막대기 화폐는 청동 부스러기에, 그리고 나중에는 아에스 그라우에aes grave('grave'는 '무겁다'는 뜻이다)라는 커다란 청동 원반에 밀려났다. 일반 병사 한 명이 연봉으로 1,000아스를 받았는데, 1아스as는 1로마파운드(약 329그램 – 옮긴이)였다. 1개당 300그램짜리 동전을 주머니에 가득 넣고 다니기는 여전히 불편했다. 게다가 군사작전을 하려면 병사뿐 아니라 병사에게 지급할 아스 동전도 전장으로 실어 나를 계획을 세워야 했으므로 일이 복잡해졌다.

데나리우스 동전은 10아스와 동일한 가치를 지녔지만 무게는 10로마파운드에 견주어 훨씬 가벼웠다. 이베리아의 은광에 손이 닿자 로마가 군대를 유지하는 능력은 크게 향상되었다. 로마공화정 후기(기원전 140~37년)에 일반 병사 한 명에게 지급하던 연봉인 112데나리우스는 1,000아스, 즉 1,000로마파운드에 비하면 작은 주머니에도 들어가 가지고 다니기 쉬웠다. 로마는 제국을 확장하는 데 필요한 전략적 이점을 화폐를 개량함으로써 얻은 것이다.

고대 아테네에서 했던 것처럼 정부가 용역을 발주하고 대금을 동전으로 납부하는 일이 계속 늘어나자 로마는 화폐경제로 전환했다. 동전으로 급료를 받은 군인들은 동전으로 재화를 구매하는 데 익숙해졌다. 로마 경제는 일반 기준 화폐로 데나리우스를, 청동화폐 중 액면가가 가장 큰 화폐로 세스테르티우스(데나리우스 가치의 1/4)를 사용하며, 점점 금속화폐로 의존도를 높여 나갔다.

은화는 경제에 유동성을 불어넣고, 교역 및 시장 발전과 수공업 전문화를 촉진해 경제를 자극했다. 이처럼 은화가 도입되기 전에는 통화량이 제한되고, 예컨대 무거운 청동제 동전같이 수준 낮은 화폐 기술이 마찰을 초래하여 경제가 발목을 잡혔다. 이베리아산 은은 이러한 제약을 제거하고, 군대에 급료를 더욱 손쉽게 지급할 뿐 아니라 로마의 화폐제도라는 기술 자체의 가치를 끌어올려 로마가 경제 번영을 누리게 했다.[26]

윌리엄 해리스William Harris는 논쟁을 한 발 더 끌고 나간다. 그가 살펴본 바에 따르면 로마에서 은행이나 투자조직 같은 신용기관이 급격히 성장하자 화폐 공급량은 가상의 영역에서도 팽창했다. 조폐제도는 중요했다. 하지만 바다에 중심을 둔 위험한 운송체계에 의존하는 제국에서 금속화폐는 화폐 공급량이 줄어들 위험, 간단히 말하자면 돈이 물밑에 가라앉을 위험을 야기했다.

오늘날에도 로마 동전을 무더기로 볼 수 있는 이유는 당시에 많은 동전이 분실되었기 때문이다. 병사는 전투를 치르기 전에 데나리우스 동전을 자루에 넣고 땅속에 숨겼다. 가정에서는 모아 둔 돈을 들고 갈 여유가 없을 때는 황급히 땅에 묻었다. 선원이 가지고 다니던 동전은 배와 함께 가라앉았다. 오랫동안 유통된 동전은 닳아 가벼워졌다. 하지만 유통과정을 이겨 낸 동전도 결국은 녹여 차기 정부의 화폐를 주조하는 데 쓰였다.

그리하여 회계를 통한 가치 '가상화'가 등장하자 회계 자체가 안정적으로 돌아가는 한 실물화폐가 지닌 위험 중 일부도 경감되었다. 로마에서 빈부격차가 더욱 심해지면서 주요한 화폐거래가 가상으로 일어났음은 명백하다.

해리스는 로마 경제에서 화폐 공급량을 물리적 한계 이상으로 팽창시킨 주체는 은행업과 대부업이었다고 말한다. 계좌통화가 없었다면,

그리고 투자와 장거리 교역을 뒷받침하는 금융제도가 없었다면 로마는 대병력을 주둔시키지도, 바다를 가로질러 상품을 운송해야 할 만큼 광활하게 확장된 제국을 유지하지도 못했을 것이다. 한마디로 로마는 화폐제도나 투자·신용제도 같은 금융기술 덕분에 제국이 되었다. 금융은 로마의 곁가지가 아니라 생명선이었다.[27]

군사적 성공으로 얻은 것은 잃을 수도 있다. 로마 화폐사 권위자인 케네스 할Kenneth Harl은 로마제국 황혼기의 화폐문제를 연구했다. 그는 로마가 겪은 가장 큰 화폐위기의 시작을 국경선이 뚫린 235년 직후에서 찾는다. 게르만족은 북유럽 광산으로부터 제국을 침범해 들어왔고, 무어족은 이베리아의 광업을 방해했다.[28] 그 결과 은의 양은 군대에 급료를 지불해야 하는 가장 절실히 필요한 때에 줄어들었다.

이 문제를 해결하려고 로마는 통화가치를 떨어뜨렸다. 안토니니아누스antoninianus(명목가치 기준으로 2데나리우스와 같다)가 새 통화로 도입되었지만 은 함유량은 데나리우스의 두 배에 미치지 못했다. 안토니니아누스의 가치는 데나리우스와 경쟁하며 이후 수십 년 동안 계속 떨어졌고, 로마인이 동시에 사용하는 두 경쟁 화폐의 상대가치는 계속 변동했다. 동전 두 종류를 사용하느라 혼란이 발생하고 은의 상대적 물량이 등락하자 시장은 추상적 회계 단위에 의존할 수밖에 없었다. 결국 데나리우스 코무네스denarius communes라는 가상 화폐단위를 데나리우스와 안토니니아누스 시세와 비교하여 공시했다.[29] 광산을 잃은 로마는 화폐에 대한 신뢰와 경제력을 유지할 능력도 모두 잃었다.

뉴욕 시티 칼리지의 모리스 실버Morris Silver 교수는 경제모형이 고대 경제를 이해하는 데 유용하다고 주장한다. 그가 내세운 이론에 따르면 3세기 중반 이후 은행예금 소멸도 로마제국 후기에 벌어진 화폐가치 하락으로 설명할 수 있다. 학계에서는 이 시기 고전작품에 은행업자가 등장하는 빈도가 줄었을 뿐 아니라 이들을 가리키는 단어도 조금씩 변했다는 데 주목한 지 오래다. 제국 후기에는 '환전상'과 '은행업자'를 가리키는 단어가 서로 혼용되었다. 이를 보면 당시에 은행업자가 존재했다 해도 보통은 경화(다시 말해 소액)를 다루었던 듯하다. 실버 교수는 이처럼 은행업자의 존재감과 중요성이 떨어진 이유를 이자율 상한선 규제 발표와 화폐가치 하락이 함께 일어난 탓으로 돌린다. 로마의 공식 이자율인 12퍼센트보다 이자율이 높은데도 이를 원금상환 같은 방식으로 규정을 피해 보려고 했다가는 처벌을 피할 수 없었다. 흥미롭게도 이처럼 이자율을 규제하던 시기는 개인 채무를 갚지 못해 재산을 잃거나 심지어 노예가 된 사람들을 구제하느라 로마의 초기 기독교가 점점 더 압박을 받던 시기와 겹친다.[30]

실버는 화폐가치가 떨어지자 소비자 물가는 올랐다고 지적한다. 예컨대 3세기 말 이집트 속주에서 밀 가격은 매년 4에서 9퍼센트까지 올랐다.[31] 은행업자가 돈을 오랜 기간 빌려주고 이자로 12퍼센트를 받는다 해도 만기에 원금을 현금으로 상환받는다면 매년 가치가 약 7퍼센트씩 떨어졌을 것이므로 대출이윤은 엄청나게 낮아진다. 한편 예금이자율이 물가와 비슷한 5퍼센트 정도라면 은행에 돈을 넣으려는 사람도 줄어든다. 다시 말하면 이자율 제한은 비록 약탈적 대출을 줄이려는 좋은 의도를 따랐지만, 제국 말기에는 서기 33년 금융위기와 같은 역효과를 가져왔다. 그리고 투자를 금융체계에서 몰아냈다. 이집트 문헌에는 은행업 얘기가 여전히 등장하는 것으로 보아 은행업이 완전히 끝장나지는 않았겠지만, 그렇더라도 아마 음성화되었으리라고 실버는 추측한다. 한 발 더 나아가 제국 후기에 작성된 문서 중 상품계약서의 비중이 점점 더 높아지는 현상은 물가상승을 예상하고 이에 대비하려는 합리적 경제행동의 결과일지도 모른다.

🪙 로마와 고대 환경

로마가 제2차 포에니전쟁 이후 이베리아반도에서 집중적으로 은을 채굴하자 나타난 흥미로운 결과가 하나 더 있다. 그 덕분에 우리는 로마 경제와 현대 산업시대의 공업 강도를 비교해 볼 수 있다. 리오틴토강은 유럽의 강 가운데 오염이 심하기로 몇 손가락 안에 꼽힌다.[32] 광물이 풍부한 이베리아반도 남부 산맥에서 흘러내려 오는 적갈색 강물에는 중금속이 그득하다. 금속 때문에 이베리아는 세계 역사상 중요한 광업 지역이 되었다. 스페인과 포르투갈에서는 5,000년도 더 전부터 금속광업이 시작되었다. 타르테소스인, 페니키아인, 카르타고인, 로마인은 이베리아반도에 매장된 구리·납·철·은을 채굴했다. 광업은 서고트왕국 시절 동안 조악하게나마 계속되다가 중세 후기에 부활해 오늘날까지도 이어진다. 수천 년 동안 이어진 노천 채굴과 제련은 이베리아반도 남부의 토양에 흔적을 남겼다. 아니 사실은 전 세계에 흔적이 남았다.

환경학자들은 1997년 이베리아반도에서 발생한 대기 중 납 오염이 그린란드의 빙핵에 남긴 영향을 추적했다.[33] 리오틴토강과 카르타헤나의 광산에서 나온 납 성분은 서로 다르다. 동위원소 분석법을 사용한 결과 기원전 366년에서 서기 36년 사이에 북반구에서 산업에 따른 납 오염 중 70퍼센트는 리오틴토 광산에서 발생했다. 그 후에는 카르타헤나 광산의 영향이 커졌다. 영국 등 다른 산지가 고대의 대기 중 납 오염

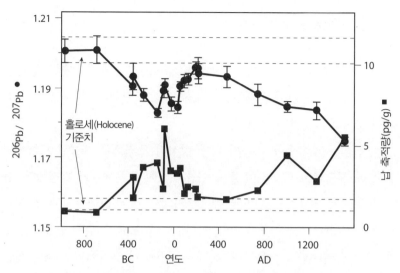

그림 7.6 그린란드 빙하의 납 206Pb/207Pb 동위원소비(위쪽 곡선)와 축적량(아래쪽 곡선). 기원
원년과 서기 1000년 전후에 보이는 급격한 변동은 구리 채굴 활성화에 따른 것이다.

에 끼친 양은 미미했다.

　로마의 흥망성쇠 관점에서 보는 납의 흔적은 로마 화폐사가 기록된
흥미로운 연대표와 같다. 산업이 야기한 인위적인 납 양은 기원전 680년
부터 서기 193년 사이에 두 배로 늘었으며, 특히 로마가 금융위기를 겪
었던 시기인 기원전 143년과 서기 36년에는 최고조에 달했다. 반면 서
기 473년에는 인류가 금속을 사용하기 이전과 비슷할 정도로 저점을
기록했다. 그 후 인위적 납 수준은 1200년이 되어서야 로마 시대 수준
을 회복했다. 로마 금융은 납이 많이 함유된 원광석을 캐고 제련하여
은화를 발행하면서 그 흔적을 그린란드의 빙산 같은 세계 곳곳에 영구
히 남겼다. 이베리아인의 유골에도 광산 근처의 대기 중 납 때문에 화
학 잔여물이 남아 있다.

🪙 로마 금융 요약

로마는 조폐제도, 은행, 해상계약, 담보, 부동산담보대출, 공공금고, 중앙은행 등 이미 존재했던 금융도구를 도입했다. 하지만 이를 사용한 로마의 상황은 독특했다.

재산이 지배계층에 속하기 위한 명시적 조건으로 제시된 로마에서는 부를 창출하고 기록하며 보여 주기 위하여 금융체계가 발전했다. 통치와 직접적 경제 이해관계를 애초부터 법으로 분리했기 때문에 정교한 신용시장이 탄생했다. 원로원 의원도 돈을 빌려줄 수는 있었지만 직접 사업에 관여하지는 못했다. 하지만 금융중개 분야에는 투자 사실을 숨기거나 독립적 관계로 운영하는 등 방법이 다양했다.

문제를 해결할 수많은 방법 중에는 페쿨리움이라는 법적 형식이 있었다. 최근 학계는 특히 금융중개 분야에서 로마 경제가 얼마나 정교했는지 입증했다. 로마 금융체계는 오늘날 시각에서 보아도 놀라울 정도로 친숙해 보일 때가 많다. 은행 같은 현대적 기관과 로마 시대 기관이 얼마나 유사하냐는 문제를 두고 논쟁이 계속 일어난다. 하지만 기관의 이름보다는 기능이 중요하다. 로마처럼 거대한 제국이 상업을 장려하고 수입을 안정시키며 위기에 대응하려면 화폐, 공공부채, 구제금융, 징세대리 같은 금융도구를 이용해야 했다. 그리고 금융구조가 유연했음은 로마의 오랜 역사로 증명된다. 금융경제 실패를 해결하기 위한 금융수단은 채무탕감 칙령에서 화폐가치 절하에 이르기까지 다양했다.

징세인 조합의 출현은 로마의 오랜 역사 속에서도 특히 눈에 띈다. 로마의 부는 대부분 민간에 속했다. 지배계층은 정복활동 덕분에 부유해졌다. 이렇게 얻은 재산은 어디에든 투자되어야 했고, 실제로도 신용체계를 통해 아래로 흘러내려 갔다. 하지만 신용만으로는 차입자와 대부자의 이해관계가 일치하지 않는다. 채무 불이행과 관련한 분쟁이 일어날 수 있기 때문이다. 경제 불황이 오면 정치가들은 채무를 탕감하여 안정을 유지하려 했다.

반면 주식회사 구조에서는 모든 주주가 동등하게 취급되었다. 이윤을 주식 수에 따라 배분한다면 회사의 이익이 늘어나는 데 비례하여 투자자의 재산도 늘어난다. 주식이 공공연히 거래된다면, 특히 무기명으로 소유할 수 있다면 주식은 이해 당사자 사이에 벌어질지도 모를 분쟁을 중재하는 도구가 된다. 로마 정치와 연관하여 보면 징세인 조합 주식은 원로원 의원·기사·황제 사이에서 벌어지는 권력분쟁을 해결하는 수단이었다. 따라서 황제가 모든 권력을 쥐게 되자 당연히 징세인 회사도 쓸모를 잃었다. 따라서 주식회사라는 형식이 정치·경제 세력 사이에 벌어지는 분쟁을 중재하고 해결하는 수단으로서 처음 등장했다는 결론을 낼 만한 것이다.

고대 세계의 금융을 살펴보면, 우선 금융계약·담보대출·지분투자 및 대출방식·상사법정·상사법·사기업·은행·은행제도 같은 기본 금융도구는 사실상 모두 기원전에 서남아시아와 지중해 동부에서 출현했다는 사실이 눈에 띈다. 심지어 금융계획, 경제성장 모형, 복리계산, 추세를 기억하고 분석하기 위한 실제가격 기록 등 더욱 정교한 개념 도구도 출현했다.

이 책의 목적에 가장 잘 부합하도록 표현하자면, 금융은 근본적 문제를 이해할 수단을, 그리고 이를 해결하려 할 때 필요한 도구를 제공한다. 수량을 기록하고 약속을 검증하는 수단, 향상된 산술능력, 시간과 공간을 추상화하여 다루는 능력은 금융의 기초이다.

금융기술이 발달하자 미래와 과거를 생각하는 방법도 틀이 잡혔다. 복리계산법 덕분에 새로운 정치적 대화법이 탄생했다. 장기대출 덕분에 이전에는 절대 불가능했던 방식으로 미래를 더듬어 보게 되었다. 그중에서도 가장 중요한 사실은, 금융도구는 우선 복잡한 도시경제를 돌아가게 만들었고, 최종적으로는 대제국을 형성하고 지탱했다. 은행업자는 먼 곳에 있는 정부의 명령에 따라 세금을 거두어 현금화하고, 금융사업가는 아테네와 로마에 매우 중요한 해외 곡식교역을 관리했다. 금융은 아테네에서 민주주의가 출현하는 데 중요한 역할을 했고, 로마에서는 권력 배분에 기여했다.

고대 세계에서 금융이 출현한 것은 역사의 대단한 우연 덕분이었을까? 금융은 다른 시간과 장소에서도 출현할 수 있었을까? 만약 그렇다면 이때도 마찬가지로 도시가 등장하고 국가가 팽창하며 장거리 교역을 하는 데 도움을 주었을까? 금융기술이 개발되자 정교한 장부기록 방식, 계획능력, 시장추세 기록의 필요성도 나타났을까? 금융체계는 국가가 출현하려면 반드시 필요한 기술일까? 답은 불완전하나마 이 책 2부에서 찾을 수 있다.

2부

중국이 금융에 남긴 유산

나는 2부를 통해 모든 문명의 금융 발전이 동일한 제도와 계약을 낳는 똑같은 길을 따라가지는 않는다고 주장한다. 중국사를 들여다보면 알 수 있듯 시간과 가치라는 근본 문제를 해결하는 방법은 다양하다. 대출 같은 도구는 어디에나 존재했지만, 국채 같은 도구는 그렇지 않다. 이처럼 금융기술이 달랐기 때문에 중국에서 기나긴 역사 동안 개인과 국가가 독특한 관계를 형성했고, 19세기에 유럽의 금융체계와 맞닥뜨리자 기업운영 구조에 혁신이 일어났다.

　마오쩌둥은 1939년에 '중국은 외국 자본주의에 영향을 받지 않았다 해도 스스로 서서히 자본주의 사회로 진입했을 것'이라고 주장했다.[1] 옳은 의견일까? 19세기에 외세의 침략이 없었더라도 중국은 자본주의 열강이 되었을까? 중국은 오랜 역사 동안 금융을 혁신했다. 중국인은 금속화폐, 지폐, 환어음, 관리제도, 대출채권 증권화를 발명했다. 중국사를 살펴보면 부유한 사업가, 금융제도, 민간조합, 사업체 사례는 수없이 많다. 그런데 이처럼 금융을 혁신한 중국이 아니라 유럽에서 최초의 국제적 주식회사가 기원한 이유는 무엇일까? 2부에서는 중국 정부와 민간기업의 역사적 관계와 깊이 관련되어 있다고 주장한다.

　고대 지중해와 서남아시아 사람들이 그랬듯 중국에서도 시간과 공간을 넘나드는 경제적 계약과 계획 같은 문제를 해결하기 위해 금융기술이 발달했다. 중국은 예나 지금이나 복잡한 대도시, 활발한 교역경제, 오랜 수학적 사고와 적용의 역사를 갖춘 대제국이다. 중국의 금융 발전을 살펴보면 어떤 도구가 필요한지 불필요한지 이해하는 데 도움이 된다. 2부에서 살펴보듯 동양과 서양의 금융 발전과정은 공통점도 많지만 차이점이 더 두드러진다. 중국도 대출상품과 이자를 계산하는 수학도구를 만들어 냈지만, 특히 세 가지 측면에서 서양과 구분된다.

하준(何尊) 안쪽에 새긴 명문 탁본. 하준은 주나라 건국을 기리려고 성왕 재위기(기원전 1055~1021년)에 제작한 청동제 제기이다. 제작자는 화폐로 쓰이던 조개 30묶음을 받았다.

첫 번째 차이는 화폐의 발달에 있다. 화폐는 중국 금융을 관통하는 거대한 주제이다. 금융기술이 메소포타미아 문명에서 시간·성장·이 자율이라는 추상적 개념을 이끌어 냈듯이, 중국에서는 화폐의 등장이 극도로 정교하고 추상적인 기술을 이끌어 냈고 이는 경제생활의 거의 모든 측면에 영향을 주었다. 금융도구의 존재가 고대 서남아시아와 지중해 세계의 사고방식에 영향을 끼친 것처럼, 화폐에 대한 고도의 도구와 이론은 중국의 사상과 철학에 영향을 미쳤다. 중국이 금융사에 남긴 커다란 업적 중 하나는 지폐를 발명한 것이다. 그러나 이 혁신은 중국 사회를 이루는 정치적·경제적 의무의 네트워크 안에서 다양한 지불제도를 2,000년 가까이 실험한 후에야 나타났다.

중국 특유의 금융기술 중 두 번째는 정교한 관료제이다. 광대한 중국제국은 기원전 221년에 처음 통일된 후 2,000년 동안 확장과 축소를 되풀이했다. 중국은 때로 분열하거나 인접한 아시아 국가에 정복당했다. 하지만 중국이 장구한 역사 동안 주로 맞닥뜨린 과제는 다양한 문화가 섞인 거대 국가를 어떻게 관리하느냐 하는 것이었다. 멀리 떨어진 영토에서 세금을 걷는 단순한 일조차도 중국에는 심각한 문제였는데, 고대에 중국을 제외한 세계에서는 이를 해결하는 조직적 능력이 대체로 불필요했다. 예컨대 앞에서는 헬레니즘 시대 이집트에서도 비슷한 문제를 다루기 위해 은행제도가 출현했다는 사실을 살펴보았는데, 중국이 겪은 문제는 규모가 훨씬 컸다. 지방에서 수도로, 또는 수도에서 지방으로 돈을 옮기는 금융문제는 결코 간단치 않은 일이었다. 그리고 그러한 국가를 운영하는 데 필요한 방대한 관료제를 관리하고 동기부여하며 통제하는 일은 그보다도 더 큰 문제였다. 그러려면 인간 본성의 어두운 측면인 부정부패를 직시하고 해결해야 했다.

중국에는 규모 말고 다른 문제도 있었다. 국가가 방대한 만큼이나 다양한 지역경제를 아우를 수밖에 없으며, 어느 때를 기준으로 삼더라도 그중 일부는 잘 운영되지만 일부는 그렇지 않다는 것이다. 오늘날 유럽연합도 각자 번영하고 쇠퇴하는 매우 다양한 지역의 문화와 경제를 관리해야 하는 거시경제적 과제와 마주하고 있는 것이 그 예이다. 이 같은 문제를 관리할 기술이 없었다면 중국은 진작 여러 지역별 정치 조직으로 분열되었을 것이다. 앞으로 살펴보겠지만 경제의 균형문제는 일찍부터 창조적으로 사고하고, 경제 원칙을 깊이 이해하며, 돈과 금융이 수행하는 중요한 역할을 인식하도록 촉진했다.

중국 금융 발전의 특징 세 번째는 사업에 대한 정부의 역할이다. 중국에서 금융을 혁신했다면 그 목적은 개인이 아니라 정부의 이익인 경우가 많았다. 현대 자본주의의 렌즈로 본다면 중국은 '탐욕스러운 국가grabbing state'의 전형이다. 하지만 이처럼 공공부문으로 흡수한 역사를 중국사 관점에서 본다면, 집단주의가 개인주의보다 우선하는 '부양하는 국가providing state'의 개념과 일맥상통한다. 중국은 거대하고 강력하며 복잡한 '부양국가'였다. 중국을 세계에서 가장 오래 지속된 문명으로 만들어 준 복잡다단한 관료제 구조는 민간기업에서 정기적으로 상업적 기회를 빼앗아 오고, 국가가 주도하여 사업을 독점하며 민간기업을 몰아내면서 계속 살아남았다. 국가가 민간사업에 자금을 공급하려 할 때조차도 정부관료들은 계속 개입하려 들었다. 이러한 환경에서는 사업 실패 말고도 경영위험을 하나 더 만들어 냈다. 바로 '성공할 위험'이다.

중국이 최소한 현대 유럽 관점에서 말하는 자본주의 사회로 더 일찍부터 발전하지 못한 데는 이처럼 민간부문을 몰아낸 것 외에 다른 이유도 있었다. 국가가 약해서가 아니라 도리어 강했기 때문이다. 중요한 금융혁신 중에서 국채는 중국보다 서양에서 훨씬 빨리 나타났다. 유럽에서 서로 끊임없이 싸우던 약소 도시국가들은 투자자들에게 돈을 빌리고 나중에 갚기로 약속하는 방법을 터득했다. 12세기에는 이탈리아에서 국채가 등장했고, 13세기에는 온전한 채권시장이 등장했다.

같은 시기 중국에는 지폐가 있었지만 채권은 없었다. 이는 우연히 그렇게 된 것이 아니다. 진나라가 중국을 통일한 기원전 221년 이전에는 각국별로 돈을 빌려 전쟁비용을 조달하곤 했다. 중국에서는 다양한 금융계약을 다루는 기술이 오래전부터 확립되어 있었고, 서기 1000년 전부터 상업분쟁이나 금융 재산권 문제를 재판으로 해결하였다. 따라서 중국은 국채시장을 운영할 만한 기술적 능력을 갖추고 있었다. 하지만 19세기가 될 때까지 중국 정부가 국채를 발행한 적은 없었다. 반대로 정부가 신용을 공급한 사례는 가끔씩 나온다. 중국의 정부는 민간 신용기관을 이용하여 국영사업에 돈을 댄 것이 아니라, 오히려 민간 신용기관과 경쟁했던 것이다.

국가가 돈을 빌려야 하는 상황에는 대체 무슨 이점이 있을까? 장기적으로 국민에게 문제만 안겨 주는 것은 아닌가? 국채란 결국 이미 거둔 세금이 아니라 앞으로 거둘 세금을 미리 거두는 것 아닌가? 물론 그렇다. 하지만 그뿐만은 아니다. 금융시장은 두 가지 역할을 한다. 첫째, 시장에서는 미래를 다루는 약속이 거래된다. 그 덕분에 기업가와 국가는 예상되는 미래 현금흐름을 지금 현금화할 수 있다. 둘째, 시장은 개인이 저축하고 금융계획을 세울 수단을 제공한다. 투자자는 지금 가진 재산을 불확실한 미래로 옮길 수 있는 수단이라서 채권을 선호한다. 이러한 기술은 일단 도입되면 스스로 발전한다. 유럽 국채 시장은 발생 초기에 제도화를 완료하고 나자, 사기업이 제시하는 미래 약속을 즉시 처리할 수 있는 장치와 약속에 대한 수요를 제공했다.

중국이 국채에 의존하게 된 것은 19세기에 영국 등에 침략당해 반식민지 처지가 되어 강요된 조약에 따라 항구를 개방한 후였다. 최초의 중국 국채가 중국 내부가 아니라 국제채권시장에서 거래되었다는 사실은 많은 것을 시사한다. 당시에는 채권을 소화할 만한 국내 수요가 아직 없었던 것이다. 중국이 19세기에 겪은 금융 현대화는 좋은 결과도 낳았다. 중국 정부는 차입을 통하여 국제채무를 갚을 뿐 아니라 광대한 철도망을 건설하기도 했고, 그로써 경제를 현대화하는 데도 도움을 받았다.

또한 19세기에 서양과 강제로 만난 결과 중국에서는 주주자본주의가 도입되고 기업이 폭발적으로 성장하게 되었다. 1870년대까지는 동서양 방식을 혼합하여 개인 소유와 정부 참여·후원을 결합한 주식회사가 여럿 생겨났다. 사회 혼란과 혁명이 이어지고 1912년에 중화민국이 건국되는 와중에도 주식회사는 수백 개로 늘어났다. 상하이는 전성기인 1920년대에 세계에서 손꼽히는 금융 중심이었으며, 이곳 주식시장은 유럽 여러 나라와 경쟁했다. 20세기 초에 보유했던 이러한 기반은 오늘날 중국이 자국 금융의 미래를 재건하는 토대이기도 하다. 하지만 중국의 미래를 예측하기에 앞서 아직은 과거에서 배워야 할 것이 수없이 많다.

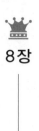

8장

중국 최초의 금융계

 전사 왕비의 재산

1976년에 중국 고고학자 정전샹鄭振香은 중국 청동기시대 최초의 왕조인 상商나라의 마지막 수도인 은허殷墟로 향했다. 은허는 황허黃河 북쪽, 허난성河南省 안양시安阳市 근처에 있다.

정전샹이 참여하기 전까지 발굴작업은 기대에 비해 충분한 성과를 내지 못했다. 이집트 왕가의 계곡이 그랬듯이 왕릉은 대부분 도굴된 지 오래였다. 정전샹은 제사 장소였을 가능성이 큰 동쪽 왕궁 터를 파내려 가기 시작했다. 4미터를 파도 유물을 찾지 못하자 동료들은 그만두자 고 말했지만 그는 멈추지 않았다. 그리고 몇십 센티미터를 더 파내려간 끝에 현대 중국 고고학 역사에서 가장 놀라운 성과를 올렸다. 도굴되지 않은 왕릉을 찾아낸 것이다. 나무로 만든 가로세로 20미터짜리 방에는 옻칠한 관 안에 여성의 시신이 들어 있고, 관 주변에는 열여섯 명이 순

그림 8.1 진나라의 청동제 반량전, 기원전 3세기. 진시황제가 중국 화폐를 통일한 이후 가운데에 사각형 구멍을 뚫은 둥근 동전은 제국의 공용 화폐가 되었다.

장되어 있었다. 조심스럽게 관 뚜껑을 열어 본 정전샹과 조원들은 이 놀라운 발견 이후 세계가 고대 중국 문명을 바라보는 눈이 달라질 것임을 알아차렸다. 부장품 자체도 청동제 제기 400점, 옥 590개, 갑골문 560점, 화폐용 조개껍데기 7,000개 등 엄청났다. 청동제 제기는 상나라 양식에 따라 제작되었다. 예컨대 커다란 직사각형 솥인 정鼎의 이곳저곳은 울부짖는 동물 머리 모양으로 장식되었고, 뚜껑 달린 술잔은 개 발이 달린 상상의 새 모양을 닮았다. 제기 표면 어디서나 보이는 동물 모양 장식은 생동감을 불러일으킨다.

이처럼 놀라운 청동제 부장품에 새겨진 명문을 분석한 결과, 무덤의 주인은 상나라의 여장군인 부호婦好로 밝혀졌다. 부호는 상나라 왕 중 재위기간이 길기로 손꼽히는 무정武丁의 왕후이면서, 수도 바깥에 성과 영지를 가진 제후이기도 했다. 무정 재위 시절에 기록된 갑골문에 따르면 부호는 군사 1만 명을 이끌고 상나라 서쪽에서 침입한 강羌족을 무찔렀다. 부호가 죽자 무정은 정식 왕비 세 명 중 하나였던 그녀에게 후신后辛(신 왕후)이라는 시호를 내렸다. 현대 고고학과 중국 초기 역사의 전설적 인물이 만난 보기 드문 기회였다. 정전샹은 "내 인생에서 가장 기억에 남는 일은 부호의 무덤을 찾아낸 것입니다"라고 회상한다. 그가 도중에 발굴을 멈추었더라면 상나라의 역사와 고고학을 잇는 마지막 연결고리는 지금까지도 발견되지 않았을 것이다.

발견 이후 지금까지 고고학자들이 연구해 온 부호의 부장품 중에서 그다지 별 볼 일 없어 보이는 조개껍데기 7,000개는 사실 중국 금융사 관점에서 매우 흥미로운 물건이다. 동물 모양으로 만들어 상상의 동물로 화려하게 장식한 청동 그릇, 매우 세밀하게 조각된 옥, 노예와 시중 꾼 등 전사 왕비와 함께 묻힌 유물은 왕가의 보물을 상징할 만하다. 그

그림 8.2 상나라 왕비이자 장군인 부호의 무덤 발굴 장면(1976년)

런데 평범한 흰색 조개껍데기는 왜 같이 묻혔을까? 조개껍데기는 훨씬 더 순수한 형태를 지닌 재산이었음이 분명하다. 즉, 돈이었던 것이다. 부호는 사후세계에 가지고 가지 못한 물건을 사려 했을 것이다.

오랜 중국사에서 상나라는 중국 청동기시대 최초의 왕조이다. 하지만 중국 문명의 뿌리인 상나라가 어느 곳에 존재했는지는 19세기 말까지만 해도 수수께끼였다. 20세기로 접어든 지 얼마 안 되었을 무렵, 역사학자들은 개인이 수집한 거북이 배딱지나 소뼈에 새겨진 문자 연구 결과를 토대로 고대로부터 전한 명문에서 상나라 왕과 신하의 이름을 해독해 냈다. 사실은 부호도 묘가 발견되기 오래전부터 실존 인물로 알려져 있었다.

1910년에 금석학자 뤄전위羅振玉는 갑골문의 출처가 황허 근처인 허난성 북부 안양시 지역이라고 밝혀냈다. 고고학자들이 그곳에서 찾아낸 고대국가의 수도에서는 판축版築(판자를 양쪽에 대고 사이에 흙을 넣어 다지는 방법 - 옮긴이)한 건물 터 80곳 이상과 수없이 많은 왕릉이 발견되었다. 정전샹을 포함하여 여러 세대에 걸친 중국인들은 안양시 유적을 발굴하면서 고대 통치자의 자취를 찾고 중국 최초의 청동기 문명이 전성기를 맞은 기반을 풀어내려고 노력해 왔다.

메소포타미아와 달리. 중국 문자는 회계기록에 기원을 두지 않았다. 최초의 중국 문자가 쓰인 기록은 모두 소 어깨뼈나 거북 배딱지에 쓴 점술 결과이다. 상나라에서는 동물 뼈를 불이나 달군 쇠에 대어 점을 쳤다. 왕은 하늘의 뜻을 묻기 위해 점술가를 두었다. 점술가는 제사 날짜, 참가자, 미래에 일어날지도 모르는 사건을 뼈에 새긴 후 열을 가하여 금이 가면 그 모양을 보고 길흉을 예측했다. 특정한 날짜에 전투를 벌이는 것이 좋을지 묻고, 농사의 수확이 어떨지 묻기도 했다. 제사를 올린 사실이나 천체현상을 기록하기도 했다. 부호와 관련한 갑골문 중에는 그녀가 임신했는지, 과연 순산할지 무정이 안절부절못하며 물어본 기록도 있고, 다른 장군과 함께 중요한 전투에 참전하라고 명령해야 할지 물어본 기록도 있다.[1]

즉, 최초의 중국 문자 기록은 누구나 미지의 미래에 대해 품는 근원적 불안을 반영하는 한편, 고대 중국 통치자가 미지의 세계와 신민을 중재하는 중요한 역할을 수행했다는 사실도 드러낸다. 그런데 점술가와 왕은 동물 세계도 다루어야 했다. 상나라와 후속 왕조인 주周나라의 제례의식은 동물의 영혼은 보이지 않지만 존재한다는 원칙에 기반을 둔다. 점술에는 동물 뼈가 반드시 있어야 했는데, 아마 죽은 동물의 영혼이 필요해서였을 것이다. 중국의 제사용 그릇이나 잔에 동물 형상을 나타낸 것은 보이는 세계 뒤편에 언제나 영적 세계가 존재한다는 사실을 깨우쳐 주기 위해서이다. 와르카 꽃병이 신과 인간의 세계를 상징하는 제례용 용기라는 사실과 완전히 다르지 않은가. 와르카 꽃병에는 신을 찬양하며 재화를 재분배하고, 통치자가 상품교환을 주관하는 모습이 나온다(2장 참고). 상나라에서 왕이 자연 세계와 영적 세계를 중개하는 의식을 치를 때 사용한 청동 제기에는 인간사회의 구조가 묘사되지 않는다. 하지만 정부의 역할이 불확실성을 해결하는 데 있다는 사실을 나름대로의 방식으로 알려 준다는 점에서는 두 가지 모두 같다.

🪙 고대 중국의 돈

부호의 무덤이 극적으로 보여 주듯 당시 중국인은 이미 돈이 가치를 저장하는 최종 수단이라고 생각했다. 중국에서는 상나라 때 화폐사회가 독자적으로 발전했지만, 돈이 통치와 경제에서 중요한 역할을 하게 된 것은 그리스와 로마 문명과 마찬가지이다.

3장에서는 메소포타미아인이 은으로 세금을 내고, 계약을 하거나 상품가격을 기록할 때도 은 무게를 기준으로 하는 등 교환수단으로 은을 사용했다는 사실을 보였다. 은은 돈을 교환수단·가치저장수단·가치기준이라고 보는 고전적 정의에 대체로 부합한다. 하지만 부호의 무덤에서 발견된 조개껍데기는 중국 화폐제도가 메소포타미아보다 한 걸음 더 나아갔다는 사실을 여실히 드러낸다. 즉, 그 자체로 가치가 있는 교환수단에서 벗어나 상징적 교환체계로 진입한 것이다.

6장에서는 기원전 6세기 중에 리디아에서 주조된 호박금 조각이 지중해 세계 최초라고 알려진 동전이라고 밝힌 바 있다. 중국에서 최초로 청동 동전을 만든 것은 그보다 1세기 정도 전후인데, 둘 중 어느 것이 더 빨리 출현했느냐는 문제는 아직 명확하게 풀리지 않았다. 그런데 재미있게도 비슷한 시기에 인도에서도 동전이 나타난 것을 보면, 아마 유라시아 대륙 전체에서 기술이 진보했을 가능성도 있다. 아나톨리아반도에서는 귀금속의 품질을 인증하는 방법으로써 동전이 발행되었다고 추정되는 반면, 중국에서는 조개껍데기를 금속으로 대체하면서 동전이 출현한 듯하다. 부호가 땅에 묻히기 수천 년 전부터 조개껍데기는 중국 중부 문명에서 중요한 역할을 했다. 스웨덴 지질학자이자 고고학의 선구자인 J. G. 안데르손Andersson은 중국 중부의 청동기시대 이전 매장지에서 진짜 조개껍데기와 뼈로 만든 모사품을 모두 발견했다.

신석기시대와 청동기시대 중국에서 조개껍데기는 돈으로 쓰였을까, 아니면 그저 예쁜 장식품으로나 쓰이거나 멀리 떨어진 인도양에서 수입해야만 하는 희귀품으로서 지위를 나타내는 용도로만 쓰였을까? 지금도 논쟁이 끊이지 않는 문제이다. 다만 조개껍데기가 여러 원시사회에서 돈으로 쓰였다는 증거는 충분하다. 중국사에 따르면 진시황은 조개껍데기를 돈으로 사용하지 못하게 금했다. 그렇다면 최소한 기원전 221년까지는 조개껍데기가 돈으로 쓰였다는 말이다. 그리고 금지령에도 불구하고 중국 남서부 원난雲南 지역에서는 14세기까지 계속 조개껍데기가 돈으로 쓰였다. 1305년에 원난 정부는 조개껍데기로 세금을 받았고, 조개껍데기를 수입한 사람을 화폐위조죄로 처벌했다.

모양이 신기하다는 것만 제외하면 내재가치가 없어 보이는 것을 왜 돈으로 썼을까? 돈이란 가치를 저장하고 측정하며 전달하는 도구이다. 가치를 저장하려면 상하지 않는 동전이 필요하고, 가치를 측정하려면 크기와 품질이 표준에 맞는지 쉽게 알아볼 수 있어야 하며, 가치를 전달하려면 들고 다닐 수 있어야 한다. 조개껍데기는 이 세 가지 요건을 모두 충족한다. 조개껍데기는 수명이 수천 년을 가고, 크기가 서로 같으며, 알아보기 쉽고, 가지고 다니기도 좋다. 하지만 돈에는 중요한 요건이 하나 더 있다. 얻기가 힘들어야 한다는 것이다. 돈이 가치저장수단이 되려면 얻거나 만들기 쉬워서는 절대 안 된다. 상나라 무덤이 분포하는 안양 지역에서 발견되는 조개껍데기는 주 원산지가 인도양으로 상당히 멀다. 황허 유역에는 그런 조개가 드물기 때문에 화폐 공급량은 비교적 일정하다. 따라서 조개껍데기 묶음은 재산가치를 잘 저장하고 유지했지만, 마찬가지 이유 때문에 고대 중국에서는 성장하는 경제를 따라 화폐제도의 규모도 성장하기는 힘들었다. 조개껍데기를 얻어올 수는 있어도 만들어 낼 수는 없다. 경제에 돈이 더 많이 필요해진다 해도 왕비조차 조개껍데기를 더 만들 수는 없다.

여러 증거에 따르면 청동기시대 중국 경제는 조개껍데기 화폐수요를 충족할 한계를 넘어 팽창했다. 안양시 근처에 있는 또 다른 상나라 시대 무덤에서는 진짜 조개껍데기가 아니라 청동으로 만든 조개껍데기가 출토되었다. 상나라 대장장이들은 기원전 14세기부터 기원전 11세기까지 왕릉에 넣을 조개껍데기를 '주조'했던 것이다. 주조된 조개껍데기에는 의복에 꿰매기 위한 구멍같이 장식 용도로 쓰였을 만한 특징이 없다. 이처럼 청동으로 만든 복제품을 돈 아닌 다른 용도로 사용했으리라고 생각하기는 힘들다. 따라서 이는 세계 최초로 주조된 금속화폐라고 할 만하다. 그리고 고대 유적지에서 인공 조개껍데기가 발견되었다는 사실을 보면, 상나라가 주요한 문명적 지위를 얻으면서 경제도 팽창했을 가능성이 있다. 화려한 무덤은 왕이 절대권력을 지닌 강력한 봉건사회임을 드러낸다. 조개껍데기는 상나라 경제가 점점 화폐경제로 이행했다는 사실을 흐릿하게 암시할 뿐이다. 조개껍데기가 돈으로 쓰였다는 사실이 기록으로 뒷받침되는 시기는 상나라가 멸망한 기원전 1045년 이후이다.

🪙 청동 그릇 한 점

상나라 다음 왕조인 주나라(기원전 1045~771년) 때 제작된 청동 술잔 명문을 보면 조개껍데기와 돈의 관계를 결정적으로 납득하게 된다. 산시성陝西城에서 발견된 기념비적 유물로 하준何尊의 안쪽에는 하준 제작에 얽힌 재미있는 이야기가 다음과 같이 새겨져 있다.

왕이 처음으로 성주成周(낙양을 말한다)로 천도하고 무왕武王의 예에 따라 하늘에 제사를 올렸다. 4월 병술일에 왕은 종실의 소년들을 종묘에 모아 놓고 이렇게 말했다. "옛날 너희 부친이 문왕文王을 잘 보필하였기에 문왕께서 천명을 받으셨다. 무왕이 강대하던 상나라를 멸한 후 하늘에 고하기를 '이곳을 천하의 중심으로 삼아 백성을 다스리겠다'고 하셨다. 오호라! 너희는 어려 비록 식견이 없으나, 부친이 하늘에서 작위를 받아 사명을 완성하고, 하늘을 공경하고 잘 받들었음을 알아야 한다." 공덕을 갖추고 하늘을 잘 받드는 왕이 이 우둔한 하何를 훈도했다. 왕은 훈계가 끝나고 하에게 조개껍데기 30묶음을 하사하여, 부친에게 제사드릴 귀한 술잔(준)을 만들었다. 즉위 5년째에 있었던 일이다.[2]

그림 8.3 하준(서주 시대인 기원전 11~10세기 제작, 산시성 바오지청동기박물관 소장). 명문에 조개껍데기가 돈으로 쓰였다는 내용이 새겨져 있다.

부호가 땅에 묻힌 지 한두 세기밖에 지나지 않은 때 제작된 하준은 조개껍데기가 화폐였다는 확실한 증거이다. '하'라는 귀족은 이 그릇 제작을 의뢰하고 조개껍데기를 지불한 것이다. 주나라 초기에 제작된 다른 청동 기념품의 명문에도 청동기를 주조하거나 병사에게 급여를 주는 데 조개껍데기를 사용했다는 내용이 나온다.

이러한 주나라 초기 청동기 명문에 그 이전 시기의 관행이 나타난다고 생각한다면, 전사 왕비인 부호가 병사에게 조개껍데기로 급여를 주었을 것이라고 생각할 만하다. 그녀의 무덤에 쌓여 있던 조개껍데기 무더기는 사후세계에서 벌일 전쟁 군자금이었을 수도 있다.

조개껍데기가 고대 중국에서 사용되던 원시화폐라는 증거가 하나 더 있다. 재산을 뜻하는 한자에는 조개를 뜻하는 한자 '패貝'가 포함되어 있다는 것이다. 한자를 이루는 부수는 214개인데, 이 중 대부분은 상나라 시대에 등장한 갑골문에 기원을 둔다. 상나라 시대에 돈을 뜻하던 기호는 분명 조개 모양을 본뜬 것이다. 그리고 보배 보寶, 빌릴 대貸, 재물 재財, 구매할 구購, 판매할 매賣, 재물 자資, 속바칠(죄를 면하려고 돈을 바칠) 속贖 등등, 상행위와 관련한 한자 중에는 조개 '패' 자字를 기초로 형성된 것이 많다. 이처럼 조개는 돈·재산·가치를 뜻하는 한자에서 중요한 위치를 차지하게 되었다. 한자의 특성 덕분에 중국의 의사소통 방식과 사고방식에 뿌리내린 돈의 근본 개념을 글자 형성과정을 통해 추적해 볼 수 있다.

인류학자 벤저민 리 워프Benjamin Lee Whorf는 사고가 언어에 영향을 끼치는 것 못지않게 언어도 사고에 영향을 끼치며, 따라서 표현방식과 내용은 서로 뗄 수 없다는 이론을 처음 세운 학자이다. 언어라는 기술은 마치 금융과 같이 개념체계로서 기능한다. 언어마다 모두 다른 구조를 지니는데, 이러한 구조 안에서 살다 보면 관점도 영향을 받는다. 부호가 과연 자기 부장품이 상징하는 새 경제 매체의 중요성을 깨달았는지는 알 수 없다. 하지만 그 이후에 쓰인 문헌을 보면 중국 지배자들은 분명히 돈과 시장이 지닌 잠재력을 완전히 이해하고 있었다. 조개껍데기를 나타내는 기호를 한자에 내포했다는 말은 이후 중국식 사고의 구조에 금융이 내포되어 있음을 의미한다.

📀 만약 엄청나게 많은 재화가 자유롭게 움직일 수 있다면…

서주西周 무왕武王은 기원전 1045년에 상나라 마지막 왕인 주왕紂王을 굴복시켰다. 주나라가 전성기에 다스리던 지역은 황허 동쪽 계곡 중심부에서부터 1,000킬로미터 떨어진 오늘날 베이징 지역까지 확장되었다. 하지만 그 후 주나라는 결국 외부 세력에 정복당한 것이 아니라 내부 원심력 때문에 여러 나라로 쪼개졌다. 이 나라들은 비록 약해졌어도 여전히 상징적 권위를 지닌 왕조를 보호했지만, 기원전 771년이 되자 통일 중국 왕조라는 허구는 결국 사라졌다. 중국은 주나라에 기원을 둔다는 사실을 인정하지만 사실상 주나라에서 독립하고, 문화는 공유하지만 각자 주권을 지닌 여러 소국으로 갈라졌다. 공자가 살았던 이때를 바로 춘추시대(기원전 771~480년)라고 한다.

공자 시대 이후에는 국가 간 전쟁이 격화하는 전국시대가 왔다. 이 시기 통치자들은 마치 르네상스 시대의 이탈리아가 그랬듯이 서로를 지배하려고 끊임없이 싸웠다. 마찬가지로 르네상스 시대 이탈리아에서처럼 치열한 경쟁으로 말미암아 예기치 않게 문화가 융성했다. 전국시대에는 맹자·묵자·장자·한비자와 같이 중국의 위대한 사상가가 다수 등장하여 각국 지배계급에게 조언을 하고 후원을 받았다. 이 시기에는 도시문명이 대규모로 발달하고 문학이 출현하기도 했다.

중국 동부 제나라의 수도 임치臨淄(오늘날 쯔보시 린쯔구. 앞으로 춘추전국시대 지명은 임치로, 현대 지명은 린쯔로 기재함-옮긴이)는 전국시대 중국에서 손꼽히던 대도시였다. 상나라가 멸망한 후 얼마 안 되어 주나라 강태공의 영지가 된 제나라는 연안 무역로와 내륙을 통한 남북 상업 교통망을 모두 활용할 수 있는 산둥반도 일대에 있었다. 주나라 시대에 제나라는 비단 같은 직물, 생선과 소금으로 유명했다.

주나라와 전국시대 역사를 처음으로 기록한 위대한 역사가 사마천 司馬遷에 따르면 제나라 사람은 '너그럽고 나긋하며 활달하고, 지혜가 있고 토론을 좋아하고 (중략) 사·농·공·상·고가 두루 모여 있다'[3]고 기술한 바 있다. 다섯 계층 중 둘이 상업에 직접 연관된다는 사실에 주의하자(원래 상商은 행상을, 고賈는 가게 주인을 나타냈다. – 옮긴이). 전국시대 임치는 사마천이 "천하 사람이 기꺼이 모여들기도 하고 단호히 떠나기도 하는 것은 모두 이익을 좇아서이다"[4]라는 속담을 인용할 정도로 상업이 융성했다.

임치는 주나라 말기와 전국시대 동안 주요 상업 중심지였다. 위대한 사마천은 제나라가 맞은 첫 번째 전성기를 중국 동부에 터 잡고 제나라를 건국한 최초의 통치자 강상姜尙의 경제적 재능 덕분으로 돌린다.

> 태공망(강상)이 봉해졌을 때만 해도 제나라 땅(원문은 영구營丘)은 소금기가 많고 백성이 적었다. 그래서 태공망이 부녀자에게 길쌈을 장려하고 수공업을 극도로 발달시키며 생선과 소금을 유통시키자 사람과 물건이 잇달아 모여들었다. 그리하여 제나라가 천하에 관과 띠와 옷과 신을 퍼뜨리자, 동해와 태산 사이의 제후들은 옷과 관을 바로 하고 제나라로 가서 조회하였다.[5]

국제도시로 유명했던 임치를 조사하는 고고학적 연구는 1930년대부터 시작되어 지금까지 계속된다. 중국 고고학자들은 왕릉뿐 아니라 주거지역·공업지구·도로·시장 등 고대 도시 임치의 전체 모습을 온전하게 밝혀냈다. 길이가 15킬로미터에 이르는 토성은 임치 주민을 외

적으로부터 보호했다. 임치 동쪽에는 치하淄河(오늘날 쯔허 – 옮긴이)가
흘렀다. 강변에는 틀림없이 동쪽으로 해상무역을, 서쪽으로 하상무역
을 하는 부두가 빼곡하게 늘어섰을 것이다. 이처럼 임치는 보하이만渤
海灣과 황해 너머 무역을 장악할 만한 위치에 있었다. 동쪽을 제외한 삼
면에는 거대한 성문이 있었다. 성벽 안쪽에는 너비 2미터짜리 통행로
와 상하수가 흐르는 수로가 서로 복잡하게 얽혀 있었다. 당시 중국에서
손꼽히던 대도시 임치는 아마 전 세계에서도 가장 큰 축에 들었을 것이
다. 하지만 이러한 숫자만으로 임치를 평가하기에는 턱없이 부족하다.
사마천은 임치의 통행로를 다음과 같이 묘사한다.

> 임치의 길은 수레가 서로 바퀴를 부딪치고 사람들이 어깨를 맞부딪칠
> 만큼 복잡하다. 옷자락이 서로 이어져 휘장을 이루고, 옷소매를 들면
> 장막을 이루며, 땀을 훔치면 마치 비가 내리는 것 같다. 집안은 부유하
> 고 개인은 풍요로우며, 포부는 높고 기백은 하늘을 찌른다.[6]

임치가 성공한 비결은 강태공이 세운 경제발전계획에 있었다. 그러면
그 비결 뒤에는 또 무엇이 숨어 있었을까?

🪙 임치의 오늘날

옛날 임치성이 있던 곳이 지금은 드넓은 양배추* 밭이 되었지만(아마
최근까지는 집단농장이었을 것이다), 지금도 도시를 이루던 격자 모양은 남
아 있다. 강이 있는 서쪽으로 보행로와 비포장도로를 따라가면 내성으
로 둘러싸인 사당과 넓은 언덕이 나온다. 관광객은 대부분 유명한 진시

황의 병마용보다도 앞서 건설된 장엄한 능을 보려고 린쯔구를 방문한다. 그중 동쪽 구역에 있는 한 무덤에는 600마리가 넘는 말이 죽은 주인과 함께 묻혀 있다. 이는 옛 제나라 정도 되는 나라에도 상당히 큰 경제적 타격이었을 것이며, 만약 전쟁 중이었다면 더욱 그러했을 것이다. 또 다른 무덤에는 당시 전차와 갑주 유물이 보존되어 있다. 항토夯土(흙을 다져 쌓는 건축방식) 기법으로 건축된 성벽 일부와 돌로 만들고 적이 침입하지 못하게 차폐물을 설치한 하수도는 2,500년이 지난 지금까지도 남아 있다. 그리고 비록 눈에 잘 보이지는 않지만 임치와 관련한 사상적·경제적 전통의 흔적도 있다.

🪙 경제전쟁

주나라 시대와 전국시대 동안 제나라는 임치에 오래 근거를 둔 두 가문이 지배했다. 대대로 제상을 세습하며 강성했던 전田씨 가문은 기원전 386년에 다섯 계급을 아우르며 혁명을 일으켜 강姜씨 가문을 몰아내고 제나라를 다스렸는데, 이 사건은 춘추시대와 전국시대를 구분하는 기준점이 되기도 한다. 전씨 가문의 영지는 임치 남서부에 성벽을 둘러친 '도시 안의 도시'로 추정된다. 성벽은 도시와 도시 밖뿐 아니라 전씨 영지와 도시 안 다른 지역도 구분하였기 때문에 임치 주민을 보호할 뿐 아니라 때로는 임치 주민으로부터 전씨 가문을 보호하기도 했다고 판단된다. 전씨 가문은 이 내벽 안에 궁궐을 건설하고, 대장간을 지어 철로 도구와 무기를 만들고 청동으로 제기를 만들었으며, 왕실 조폐소에서 동전을 주조했다.

내성 바로 바깥에 있는 임치성 서문 바로 아래에는 제나라에서 이름

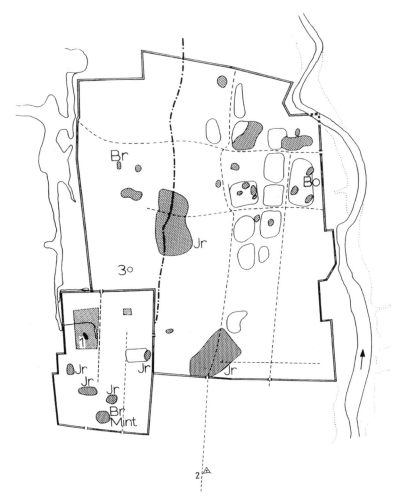

그림 8.4 임치의 상세 지도. 동전을 찍어 내던 조폐소(mint)는 좌측 하단에 보이는 공작 직할 령에 있다. 임치성의 서쪽 문인 직문(稷門)은 공작령 근처에 있었다고 추정된다.

난 직하학궁稷下學宮이 있었다. 직하학궁은 역사상 최초로 국가가 학문을 본격적으로 장려한 사례로 꼽힌다. 직하학궁을 영어로는 'Jixia Academy', 즉 '지샤(직하의 중국어 발음) 대학'이라고 하지만, 이곳이 정규교육기관이었다는 증거는 없기 때문에 '대학'이라는 표현은 사실 옳지 않다. 사실은 국가권력에 영합하는 학자들이 모이는 곳이었을지도 모른다.

직하학궁에서는 제나라 제후가 후원하는 가운데 국가와 정치를 논하는 생생한 철학 논쟁이 벌어졌다. 철학의 황금기였던 시대에 사상의 위대한 중심이었던 직하학궁이지만, 오늘날에는 기원전 300년 당시 이곳에 수백 수천 명에 이르는 학자가 모였다는 사실밖에 알려져 있지 않다. 기원전 4세기부터 3세기까지 이곳을 빛냈을 활발한 논쟁·이론·대화는 지금은 찾아볼 수 없다. 하지만 지금도 건재하는 거대한 성벽 근처에서 직하학궁 유적을 거닐다 보면, 서양철학이 태어난 아테네의 아고라 유적 위를 걷는 듯한 느낌이 든다. 직하학궁은 후대 역사가가 조작한 것일 뿐 실제로 존재하지 않았다고 주장하는 학자도 있다. 하지만 이 시대의 저작물을 들추어 보면, 옛날 임치에서는 제후에게 후원을 받아 조직되었든 아니든 간에 중요하면서도 특색 있는 지적 전통이 생겨난 것을 알 수 있다.

관자

직하학궁 덕분에 세상에 나왔음직한 저작은 《관자管子》뿐이다. 《관자》의 내용은 제나라 초기 실존인물인 환공桓公과 재상 관중管仲이 나누는 가상의 대화이다. 사실 다수 의견에 따르면 《관자》는 기원전 4세기에 직하학궁 학자들이 기술한 후 200~400년이 지난 한나라 시대에 개작되었다고 한다.

총 76장으로 구성된 《관자》는 도교의 풍수지리, 정치와 교육 토론,

음악 논쟁 등 다양한 주제를 다루며, 심지어 인체의 혈액순환에 대한 내용은 갈레노스(Galenos, 고대 그리스 의학자 - 옮긴이)보다 앞서 있다. 비록 다루는 내용이 단편적이고 다양하지만 읽다 보면 관중이라는 사람이 눈앞에 그려진다. 그는 현자라기보다는 재주꾼이었고, 도덕가라기보다는 해결사였다. 그는 인간 본성을 이해했고, 때로 이를 이용하여 국익을 도모하려 했다.

《관자》에 실린 글 중에서도 금전문제를 다룬 부분은 특히 많은 것을 시사한다. 관중이 제나라 국방비를 대려고 긴급 특별세금을 추가로 매기자 백성은 부유한 귀족에게 빌려서 돈을 마련했다. 전쟁은 이겼지만 사람들은 빚을 지게 되어 민심이 뒤숭숭해졌다. 환공은 부채를 탕감할 방도가 있는지 물었다. 관중은 이렇게 대답했다. "절묘한 방법을 써야 합니다."

그는 정치적 해결책을 제시했다. 관중은 환공에게 귀족들에게 벽옥을 내리고 나라가 위급할 때 도운 공로에 감사를 표하라고 건의했다. 그리고 귀족을 한 자리에 모아 벽옥을 수여하면서 백성의 빚을 탕감해 달라고 부탁했다. 계책은 성공했다. 관중은 다른 사람과 달리 왕실의 호의를 보여 주는 상징과 시장의 숨은 힘 같은 요소를 이용하는 해결책을 찾아냈다. 이 일이 실제로 벌어졌든 아니면 직하학궁 학자가 창작한 것이든, 관중은 중국적 상상력의 원형 중에서도 색다른 특성을 지닌 인물이다. 즉, 윤리에 따라 행동하고 올바른 삶의 방식을 체현하는 모범이 아니라, 인간 본성을 간파하고 이를 교묘하게 이용한 것으로 기록에 남겨진 사람이다.

《관자》 중 경제와 돈을 다룬 몇몇 장은 금융 관점에서 매우 중요하다. 그중에서도 가장 유명한 '경중輕重' 장은 경제에서 말하는 수요와 공급의 법칙을 제일 먼저 명확하게 서술했다고 평가받는다. '경중'이란 재화 각각의 상대가격을 말하는데, 이 가격 차이 때문에 교역을 할 동기가 생겨 결국 가격균형에 도달하게 된다. 지도자가 원하는 결과를 얻으려면 복종하라고 명령하기보다는 가격을 올리거나 내리는 편이 낫다.

'국축國蓄' 장에는 놀랍도록 정교한 화폐이론이 나온다. 이 장은 화폐수량이론을 처음으로 제기한 글로 언급되지만, 그 정도로는 이 장에서 경제를 보는 시각이 얼마나 혁명적인지 표현하기에는 부족하다. 자세히 읽어 보면 왜 제 환공이 직하학궁을 기꺼이 후원했는지 알게 된다. '국축'에서는 돈이란 경제균형을 이루는 수단일 뿐 아니라, 국가가 유용하게 쓸 도구이기도 하다는 논쟁이 치열하게 벌어진다.

중국의 사상가는 모순을 회피하지 않는다. 직하학궁의 사상가들은 돈에서 흥미로운 수수께끼를 발견했다. 《관자》에는 이렇게 나온다.

주옥, 황금, 도폐와 포폐 등 3종의 화폐를 손에 넣는다고 해서 몸이 따뜻해지지도 않고 먹는다고 해서 배가 부르지도 않다. 그러나 선왕은 이것으로 재물과 백성의 일상생활을 조절하여 천하를 다스렸다.7

《관자》 저자에게 사람을 관리하고 천하에 평화를 가져다주는 비결이란 군대도 법령도 도덕도 사상도 아닌 바로 돈이었다. 바람직한 변화를 일으키는 영리한 방법은 칙령이 아니라 화폐정책이다. 《관자》는 조폐소를 중요한 통치도구처럼 취급한다. 따라서 임치의 조폐소를 통치자의 시야에 바로 들어오는 내성에 둔 것은 너무도 당연하다. 당시 조폐소 유적은 전씨 영지에 걸쳐 있는 마을 뒤편에 있다.

제나라 화폐는 청동을 칼 모양으로 정교하게 주조하고 아래쪽에 돈을 뀀 구멍을 뚫은 것이다. 진짜 칼로 쓰이지는 않았고, 상나라 때 제작되어 안양에서 발굴된 칼 비슷한 상징적 형태를 갖추었을 뿐이다. 부호가 살던 상나라 시대 이후부터 임치가 등장하기 전까지 일정 시점 동안 중국 북동부 화폐가 처음에 띠었던 실제 금속도구 모양은 점차 흔적만 남게 되었다. 임치의 칼 모양 화폐 손잡이에는 보통 '건방建邦', 즉 '나라를 세우다'라는 구절이 새겨져 있는데, 여기에서 역동적이고 실용적인 정신과 돈을 명백히 발전의 도구로 보는 시각이 엿보인다. 린쯔 박물관에는 임치 조폐소 유적 근처에서 발견한 화폐가 전시되어 있다.

정치투쟁뿐 아니라 경제투쟁 역시 전쟁에 포함된다는 인식에 걸맞게 전국시대에는 화폐도 서로 경쟁했다. 중국은 사용된 화폐에 따라 나라가 크게 네 개로 나뉘었다. 서쪽 나라는 쟁기 모양 화폐와 둥근 청동 고리를 주조했다. 남쪽 나라는 청동 조개껍데기에서 발전했을 의비전蟻鼻錢(개미가 코에 올라가 찡그린 사람 얼굴 같다고 하여 '개미 코 동전'이라는 이름이 붙었다. – 옮긴이)을 주조했다. 제나라 같은 동쪽 나라가 발행한 도폐刀幣(칼 동전)가 유통된 지역은 쟁기와 고리 모양 화폐 지역과 어느 정도 겹친다. 전국시대에 중국 남쪽과 북쪽 모두에서 화폐가 나타났다는 사실을 보면, 비록 사용하는 화폐는 지역마다 달랐어도 중국 대부분이 교역 범위로 포함된 화폐경제권이 실재했음을 알 수 있다. 쟁기 모양 화폐는 춘추시대부터 있었고 화폐 개념은 상나라 때부터 있었지만, 돈이 전에 없이 폭발적으로 사용되기 시작한 시기는 전국시대이다. 경제 사학자 펑신웨이彭信威는 20세기에 쟁기 모양 화폐가 춘추시대의 것인지 전국시대의 것인지에 따라 어떻게 달라졌는지를 비교하여 상대적 희소성을 측정한 후, 전국시대 화폐 공급량이 춘추시대보다 열 배로 늘어났을 것이라고 추정했다.

그런데 앞서 언급한 펑신웨이는 중국 학계에서 중요한 인물이면서도 흥미롭기로 손꼽히는 사람이다. 상하이에서 은행에 다녔던 그는 상하이 역사를 따로 떼어서 볼 때 엄청난 격동기를 직접 겪었다. 청나라가 망한 후 여러 세력이 서로 싸우며 각지에 할거한 소위 군벌시대에 젊은 시절을 보내면서 상하이가 국제금융의 중심지로 떠오르는 장면을 목격했다. 그리고 일본 식민지였던 시절에도 상하이에서 살았다. 제2차 세계대전이 끝난 후 상하이는 국내 금융 중심지 지위를 회복하여 국가 재건 국채를 발행하고 국공내전 비용을 조달하는 장소가 되었다. 펑신웨이는 국민당 정부가 타이완으로 떠날 때도 상하이를 떠나지 않았다. 그가 남긴 저작 중에서도 가장 값진 결과물은 공산당이 대륙을 접수하고 대기근 때문에 엄청나게 많은 사람이 죽어가던 1940년대 후반과 1950년대 혼란기에 나왔다. 펑신웨이가 중국의 통화와 경제사상을 전반적으로 연구한 저작을 쓴 시기가 바로 이즈음이다. 그리고 사업경력 때문인지 금융사에 관심을 두어서였는지는 몰라도 문화대혁명 시절인 1960년대에 종적을 감추었다.

그가 남긴 두 권의 기념비적 저서 《중국화폐사》는 돈의 역사를 다루는 데 그치지 않고 중국의 경제사상사를 포괄한다. 이 책에서 펑신웨이는 지금도 풀리지 않은 중국 경제사의 문제를 논하며, 그중에서도 특히 화폐의 출현과 초기 사용 상황, 중국 정치사 내내 돈이 수행한 역할 등과 씨름한다. 독특하게 '건방'이라고 새긴 제나라 도폐가 주조된 시기는 《관자》를 쓴 저자가 살던 전씨田氏 가문 통치기라는 통찰은 펑신웨이가 발휘한 것이다.

《관자》는 화폐를 경제정책의 목표가 아니라 수단으로 취급하며 재미있는 비유를 든다. 저자는 "도폐는 물길이고 도랑이다"라고 말한다.

그림 8.5 관중 사당. 제나라 왕릉 주변에 있는 비교적 작은 언덕은 관중의 무덤이라고 하여 숭앙받는다(왼쪽). 누군가가 언덕 한쪽에 공물을 놓아두었다(오른쪽).

《관자》에 따르면 물길이 물을 들판으로 이끌고 동맥과 정맥이 몸 이곳 저곳으로 피를 흘려보내듯 돈은 경제활동이 영위되는 물길 역할을 한 다. 그 물길을 장악하는 통치자는 결국 국가 전체의 흥망을 장악하는 셈이다. 이러한 시각이 얼마나 중요한지는 아무리 강조해도 지나치지 않 다. 유럽 사상가들이 이를 온전히 이해하는 데는 2,000년이 더 걸렸다.

《관자》가 쓰였던 시절 중국의 정치환경은 르네상스 시절 이탈리아 의 도시국가 시대와 흥미로울 만큼 닮았다. 중국의 사상가는 군주가 깨 어 있다는 표식일 뿐 아니라 경쟁국가와 싸워 이기기 위한 '무기'이기도 했다. 유명한 손자孫子의 《손자병법孫子兵法》이 집필된 시기가 바로 이 때이다. 한편 묵가墨家는 전쟁기구, 방어설비, 전술을 개발하여 도움을 주었고, 직하학궁 학자들은 국가 사이의 분쟁이 전장에서뿐 아니라 시장에서도 일어난다는 사실을 깨달았다. 제나라가 패권을 쥔 진秦나라에 그토록 오래 저항할 수 있었던 이유는 아마 자연이 지닌 경제력을 통제하여 이용했기 때문이리라. 제나라에서는 물자 부족이 발생해도 자연적으로든 정부가 직접 개입해서든 가격, 즉 교환비율이 균형을 되찾았다. 《관자》에는 이렇게 나온다.

> 지금 곡물가격이 제나라만 높으면 마치 물이 위에서 아래로 흐르듯 열국의 곡물이 대거 유입될 것입니다. 물가가 높으면 재화가 모이고, 낮으면 흩어집니다.[8]

학자들은 시장이 가격 차이에 즉시 적응해 나가는 과정을 액체에 비유하여 잘 개념화하고 있다. 하지만 직하학궁 학자들은 보이지 않는 손이 작동하지 않을 경우 직접 가격전쟁에 나서야 한다고까지 주장하지는 않았다. 다만 화폐 자체로는 백성을 먹일 수 없기 때문에 무력으로 빼앗지 않고도 필요한 물건을 얻는 방법을 제시하고 있다. 즉, "열국의 곡물가격이 10일 때 우리가 20으로 올리면 열국의 곡물이 제나라로 들어오고, 20일 때 우리가 10으로 낮추면 제나라의 곡물이 열국으로 빠져나갈 것입니다"[9]라고 말한다. 군주가 가격을 통제할 수 있다면 재화의 흐름을 통제할 필요는 없다. 가격비율이 교역을 촉진하여 원하는 결과가 나올 것이다. 사람은 이익을 쫓아 움직이기 때문이다.

《관자》의 저자는 정부가 상품가격을 통제하는 편을 지지하면서도, 시장가격체계가 엄청난 사회적 이익을 준다는 사실 역시 잘 알았다. 자유롭게 거래하면 모두 더 잘 살게 되기 때문이다. 《관자》에는 '만물이 유통돼야 비로소 변화가 있고, 변화가 있어야 비로소 가격이 떨어진다'

는 말도 나온다.[10] 다시 말하면, 시장이 있다면 거래가 일어날 것이고, 거래가 자유로워지면 가격은 내려가고, 그 이익은 모든 지역이 나누어 가지게 된다. 오늘날 세계무역기구WTO 고위층도 시장과 가격의 원리를 이보다 더 멋지게 표현하지는 못했다.

🪙 빚과 세금

시장이 자연스럽게 지니는 힘을 《관자》가 꿰뚫고 있다는 점을 고려하면 전국시대는 금융기관의 도움을 어느 정도 받아 민간 사업체가 꽃을 피운 시기이기도 했다는 사실이 당연해 보인다. 그 전에도 중국에는 엄청난 부가 쌓여 왔다. 상나라 고분을 보면 알 수 있다. 하지만 기원전 4세기부터는 왕실이나 신하에게만 부가 집중되지 않았다. 사마천은 《사기》 중 〈화식열전貨殖列傳〉을 통하여 평범한 사람이 부자가 된 사례를 살펴본다. 전국시대에는 금속제련, 이방인 교역, 부동산 투자, 노예 소유와 대여, 음식과 곡식 판매, 농사, 도굴, 칼 갈이, 대출 등에서 큰돈이 나왔다.

당시 대부업을 했던 사람 중에 가장 유명한 사람은 제나라를 다스리던 전씨 가문의 일족이며 겸손하고 자애롭기로 유명한 맹상군孟嘗君이다. 기원전 300년경에 살았던 그는 대부업으로 매년 10만 전錢 이상을 벌었다고 한다. 맹상군이 어떻게 채권을 회수하고 금액을 확인했으며, 또 가끔 상환받는 데 실패한 이유는 무엇이었는지 상세히 알려 주는 이야기가 있다.

풍환馮驩(풍훤馮諼이라고도 한다)이라는 사람은 혼자 먹고 살기도 힘들

만큼 가난했다. 어느 날 그는 맹상군에게 사람을 보내 밑에 있기를 청했다. 식객이 되어 맹상군에게 몸을 의탁하려 한 것이다. (중략) 이후 맹상군은 설薛 땅에서 장부를 관리하고 채권을 수금해 올 사람이 있는지 식객들에게 물었다. 풍환이 자원했다. (중략) 그리하여 풍환은 수레를 빌려 대출장부를 싣고 떠났다. (중략) 풍환은 설 땅에 도착한 후 시종을 시켜 맹상군에게 빚을 진 사람을 한데 모으고 차용증을 서로 맞추어 보았다. 그 후 풍환은 맹상군이 채무를 모두 탕감해 주라고 명령했다고 거짓말을 한 후 장부를 태워 버렸다. 사람들은 모두 기뻐했다.11

이 이야기의 주제인 채무는 3장에서 살펴보았던 메소포타미아 금융 이야기와도 일맥상통한다. 고대 메소포타미아와 마찬가지로 고대 중국에서도 백성은 빚 때문에 고통받았고, 따라서 마찬가지로 빚쟁이를 싫어했다. 한편 이 이야기에 상세히 묘사되고 있는 일상에는 맹상군 시대에 이루어지던 금융기술 수준이 드러나고 있다.

이 이야기에서 풍환이 태워 버린 대출장부에는 아마 맹상군에게 갚아야 할 금액이 적혀 있었을 것이다. 풍환은 부유한 귀족들에게는 채권액을 돌려받았지만 백성에게 빌려준 돈은 탕감했다. 맹상군 같은 옛 중국 부자의 이야기는 전국시대 중국에도 사업가가 있었고 또 번창했다는 사실뿐 아니라, 금융이 상당한 역할을 했다는 사실을 보여 주기 때문에 중요하다. 기원전 4세기 중국에서도 메소포타미아 역사에서 살펴본 것과 유사한 방식으로 대출을 처리했다. 장부를 점토 서판이 아니라 죽간(대나무 조각)에 기록했을 뿐이다. 이러한 장부는 불라bulla와 같은 기능을 했다. 즉, 서로 기록을 대조하는 한편, 채권자든 채무자든 사후에 계약 내용을 변조하지 못하는 데 쓰였다.

그럴 수 있었던 것은 대나무의 특성 때문이다. 커다란 대나무 조각의 부드러운 바깥쪽 표면에 글을 쓰고 나면 결을 따라 반으로 쪼갤 수 있었다. 그리고 채무를 상환할 때나 금액에 이견이 있을 때는 두 쪽을 맞추어 보는 것이다. 금융업자들은 이처럼 점토든 대나무든 손쉽게 구할 수 있는 자연자원에서 금융계약 검증기술을 얻어 진취적으로 발전시켰다. 대나무는 점토에 비해 삭아 버리기 쉬워 고대 중국에서 작성된 금융문서도 수없이 사라졌다. 삭지 않고 온전하게 남은 죽간은 대부분 침수된 고분에서 발견된 것이다. 더군다나 금융사 연구자에게는 안타까운 일이지만, 고대 중국의 대부업자는 죽은 후에 대출장부보다는 고전 문헌과 함께 묻히기를 택했다.

1957년 안후이성安徽省에서는 맹상군이 살던 시절보다도 몇 세기전인 서주시대(기원전 1046~770년)에 제작된 청동제 죽간 모사품이 발견되었다. 이들 죽간의 짝을 맞추면 금으로 상감한 글자를 읽을 수 있다. 내용은 관세를 내고 물건을 운송하라는 상업 허가였다. 대장장이들은 특유의 검증수단으로 이용할 수 있도록 세로로 가른 죽간 모양을 청동으로 고스란히 재현해 냈다.

메소포타미아에서도 그랬듯이 앞의 이야기만으로는 맹상군이 과연 대출이자를 얼마나 매겼는지 알 수 없지만, 당시 수학 학습서에 이와 연관된 정보가 있다. 기원전 186년에 수학을 논한 《산수서算數書》가 후베이성湖北省에서 발굴된 한 무덤에서 나왔다. 이 무덤 주인은 진나라에서 일하다가 뒤를 이은 한나라에서도 일한 정부관리이다.[12] 책은 맹상군과 풍환 시절보다 한 세기 이상 지났을 때 쓰였지만, 풍환이라면 여기에 나온 수학 지식에도 통달했을 것이다. 《산수서》를 번역한 크리스토퍼 컬런Christopher Cullen(케임브리지 대학 니덤 연구소 연구교수) 같은 수학사학자들은 당시 중국에 존재했던 수학지식 수준에 자연스레 흥미를 느낀다. 반면 금융사 관점에서는 《산수서》에 기술된 금융기법의 역할이 더 궁금하다. 죽간 190여 편에 쓰인 《산수서》는 풍환 같은 관리가 지방 행정업무를 하며 마주칠 법한 다양한 실용적인 문제와 해법을 다루고 있다. 예를 들자면 관세계산, 옷감을 짜거나 화살을 만들 때의 노동산출량 계산, 가축에게 먹일 여물의 분량 계산, 비단의 가치 측정 및 필당 계산, 심지어 길이와 너비가 일정한 대나무로 만들 수 있는 죽간 수까지 다루고 있다. 또 책에는 기장(수수) 같은 농산물의 가격비율, 생산과정에서 발생하는 손실량, 여행 거리와 비용, 계단·원뿔·사각뿔 같은 다양한 모양을 만들 때 필요한 토사량 등 토목공사와 관련한 문제를 해결하는 기법이 나온다. 밭 면적을 계산하는 기하학적 방법도 쓰여 있다.

금융문제와 관련된 내용은 많지 않지만 역시 흥미롭다. 그중에는 투자한 자본에 따라 이익을 분배하는 문제도 있다. 아마 교역에서 동기를 얻은 문제일 것이다. 또 이자율을 계산하는 문제도 있다. 예를 들면 이런 것이다. "꾸어 준 자본이 100전이라면 이자는 한 달에 3전이다. 60전을 빌려주고 16일째에 돌려받았다면 이자는 얼마인가?" 이 문제는 월이자율이 3퍼센트일 때 16일 동안 60전을 빌리면 이자가 얼마냐고 묻는 것과 같다.

이처럼 간단한 문제에서도 여러 가지 사실이 드러난다. 첫째, 실제로 구리 동전 60개(60전) 같은 소액을 16일 같은 단기간 대출하기도 했을 것이다. 이자는 월 3퍼센트로 높았다. 연환산하면 복리로 계산하지 않아도 바빌로니아 시대의 금리 33⅓퍼센트를 뛰어넘는다. 풍환이 장부를 불태우자 백성이 기뻐한 것도 당연하다. 단기대출 금리가 자본의

그림 8.6 제나라 왕릉. 지평선에 보이는 언덕 네 개는 제나라 군주들의 무덤이며, 기원전 3~4세기에 건축된 것으로 추정되나 확실하지는 않다. 제나라 군주들은 《관자》의 사상대로 통화정책 같은 경제이론을 국가의 운용도구로 이용했다.

생산력을 뛰어넘은 것은 고대 중국에서나 메소포타미아에서나 마찬가지였다. 마지막으로, 최소한 진나라가 중국을 통일한 무렵까지는 돈의 시간가치를 정밀하게 다루는 개념이 중국의 전통 수학에 포함되었고, 돈을 빌리고 상환할 때는 그 지역의 동전을 썼음이 분명하다.

맹상군은 분명 전씨 영지에 가 보았을 것이고, 여전히 그곳을 굽어보는 언덕에도 올랐을 것이다. 언덕은 이제 비록 잡초가 우거져 있을 뿐이지만 오늘날에도 여전히 깊은 인상을 남긴다. 제나라 때부터 남아 있는 교차로 근처 마을 동쪽에 흩어진 집만 보아서는 전국시대 임치의 활기찬 삶을 떠올리기란 쉽지 않다.

하지만 이곳에서 내려다보면 중국의 도시가 수평 차원뿐 아니라 수직 차원에도 존재한다는 사실이 명확하게 보인다. 사원이나 무덤처럼 중요한 건축물은 높게 지어진다. 사실 지금도 제나라 시대 무덤은 들판·벽·집이 이루는 평면 위에 우뚝 서 극적인 효과를 자아내는 기념물로서 도시의 풍경에 방점을 찍는다. 임치 같은 도시의 고분 중에는 정부 관리가 아니라 상인과 대부업자가 안식을 취하고 있는 것도 몇 있을지 모른다. 쯔허(치하)를 건너 린쯔 동쪽으로 가면 산이 높이 솟아 있다. 이곳에는 고대 중국의 경제사상이 남긴 매력적인 유적이 있다.

쯔허를 넘어 2킬로미터쯤 이어지는 비포장도로 옆에는 커다란 흙봉우리 네 개가 있다. 바로 전국시대 왕릉이다. 사각형 기단 위에 23미터 높이로 둥글게 쌓아 올린 고분은 2,500년 동안 깎여 나가고도 여전히 장엄한 모습니다. 무덤 쪽에서는 강 유역과 도시를 굽어보며 폭넓게 조망할 수 있다. 그 근처에는 작아서 눈에 잘 띄지 않는 언덕이 하나 있다.

여기서 작은 농촌 외곽 방향으로 2.5킬로미터를 더 가면 관중이 묻혀 있다는 작은 무덤이 있다. 높이는 7미터 정도밖에 안 되는 언덕이지만 역시 린쯔를 내려다보기에 훌륭한 곳이다. 근거가 있든 없든 이 지역 사람들은 이곳이 분명히 관중의 무덤이라고 생각한다. 무덤 뒤편에는 나무 한 그루가 있는데, 가지에는 관중에게 비는 소원을 적은 종이나 플라스틱 조각이 수없이 매달려 있다. 지금도 사람들은 수요공급의 법칙을 창안한 사람의 무덤 앞에서 경의를 표한다.

이 장에서는 중국에서 엄청난 재산을 지닌 지배계급이 다스리던 초

기 도시·군사 사회에서 원래 사용된 가치 단위가 화폐로 발달하는 과정을 따라가 보았다. 옛 중국 지배자들은 조세를 매겨 통제력을 행사하고, 세금징수 기법을 발달시켰다. 한자에서 보이듯 중국에서 처음 등장한 화폐는 조개껍데기였지만, 이후에는 바다에서 채집한 것을 교역하여 얻을 필요 없이 금속으로 만든 쟁기나 칼 모양의 화폐로 발달했다. 다음으로는 고대 도시 중에서도 진시황의 중국 통일에 맞서 마지막까지 버틴 임치를 상세히 살펴보았다. 임치는 지배자가 편 실용적 경제 정책 때문에 특히 흥미를 끈다. 수공업과 교역에 기반을 두고 경제 발전을 도모한 임치에서는 역사상 가장 위대한 경제사상가로 꼽히는 관중이 활동했다. 《관자》를 한 사람이 썼는지 한 학파가 썼는지는 중요하지 않다. 이 책은 돈이 경제에서 수행하는 역할을 인식하고 보기 드문 수준까지 상징적 가치를 추상화했다. 《관자》는 돈이란 재화의 공급과 수요 사이에서 균형을 잡기 위한 기본 도구라고 파악했다. 그리고 돈을 국가의 목표를 이루는 도구라고 인식했다. 《관자》가 제시한 통화정책은 아마 실제로도 실행되었을 것이다. 더 자세히 살펴보면 《관자》는 이윤추구라는 동기가 사회에서 담당하는 역할을 강조하기도 했다. 시장의 보이지 않는 손이 작동하는 것은 이윤이라는 동기 때문이다. 《관자》가 제시하는 '절묘한' 도구는 대부분 이처럼 자연스러운 인간의 욕망을 활용한 것이었다.

9장

통일과 관료제

여러 세기에 걸친 경쟁 끝에 진나라가 승리하면서 전국시대는 기원전 221년에 갑자기 끝난다. 진시황은 화폐를 장악하면 권력도 강해진다는 사실을 꿰뚫고 있었다. 그리하여 경쟁국을 모두 복속시킨 데서 그치지 않고, 화폐생산을 표준화·국영화하고 경쟁 화폐를 모두 없앴다. 진시황이 도입한 화폐는 누구나 본 적이 있을 것이다. 네모난 구멍을 뚫은 둥근 구리 동전이 바로 그것이다. 진나라 동전은 전국시대에 쓰인 동그란 구멍을 뚫은 원반형 화폐를 본떠 만들었을 것이다. 그 후 청의 마지막 황제가 물러나던 20세기 초까지도 동전 모양은 그대로였다가 의화단운동이 벌어지던 1900년에 광동廣東 주정부가 구멍을 뚫지 않은 원형 구리 동전을 발행하면서 2,000년 만에 처음으로 모양이 달라진다.

중국 정부는 오래전 이미 거대한 관료체계 관리라는 중요한 과제와 맞닥뜨렸다. 게다가 전국시대가 끝나고 중국이 하나의 제국으로 통일되어, 문화적으로는 밀접하지만 정치적으로는 이해관계가 다르며 충성심은 의심스러운 여러 지역이 새로운 황제 아래 한데 묶인 상황에서 이는 더욱 중요한 문제가 되었다. 어떤 의미에서 보면 중국 재통일 전후에 나타난 정치 담론은 대부분 어떤 식으로든 조직 안에서 다른 사람의 지시를 받아 일하는 체계, 즉 관료제 문제와 관련이 있다.

대규모 조직구조에는 오늘날 경제학자가 말하는 소위 '대리인문제'가 있다. 주인(고용인)은 대리인(피고용인)에게 작업을 위임해야 한다. 그런데 일을 위임한다면 과연 주인이 원했던 대로 일이 처리되느냐는 문제가 발생한다. 대리인은 게으름을 피울 수도 있고 부정한 짓을 할 수도 있다. 대리인 제도에는 동기부여 문제도 있지만, 또한 정보 비대칭의 문제도 있다. 물론 주인이 대리인을 항상 감시하여, 얼마나 노력하고 정직한지에 따라 상과 벌을 줄 수 있다면 관료제는 완벽하게 돌아갈 것이다. 하지만 안타깝게도 그렇게 계속 감시하기에는 비용도 많이 들고 생산성도 떨어진다. 결국 체제에는 신뢰에 기대는 부분이 어느 정도 남을 수밖에 없는데, 신뢰란 언제나 악용될 수 있다. 관료체제를 잇는 모든 고리에는 태만과 부정이 발생할 가능성이 있으므로 조직의 규모와 범위가 커질수록 대리인문제는 심각해진다. 더군다나 독립국이었던 나라들을 강제로 통일한 것이라면, 대리인들이 주인의 이익을 최우선으로 일하도록 만들기는 더욱 어려워진다. 이러한 대리인문제를 풀 제일 좋은 해결책은 대리인이 스스로 자기 일에 온전히 헌신하고 올바르게 처신하도록 만드는 것이다. 바로 이것이 고대 중국에서 가장 유명한 사상가인 공자가 대리인문제에 제시한 해결책의 핵심이다.

🪙 대리인과 인간 본성

공자가 활동했던 기원전 6세기 후반은 전국시대가 시작하기 직전이었지만, 중국은 이미 사실상 여러 독립국으로 분열되어 있었다. 공자는 올바른 행동에 초점을 맞추어 겸양·자애·자제력을 보이라고 관리들에게 권했다. 그는 정치세력이 통합되고 지도자는 정의로웠던 주나라 황금시대를 자주 돌이켜보며 선현을 예로 들었다. 오늘날 지위를 이용하여 개인적 이득을 챙기는 부패관료를 주기적으로 공개 처벌하는 데도 유교가 영향을 끼쳤다. 만약 모든 공무원이 유교윤리만이라도 실천한다면 그렇게 부패 척결을 강조할 필요는 없을 것이다. 유교에서는 정의롭고 도량이 넓으며 너그러운 관료를 이상적으로 본다. 그러한 이상이 실현된 국가에서라면 백성 전체에게 이익이 가도록 통치하려는 계몽군주의 의지가 개별 관리자의 욕망을 압도한다. 유교는 인간의 고귀한 본성에 호소한다. 모든 사람에게 올바르게 행동할 가능성이 있으며 그러한 목표를 달성하기 위해 평생 노력해야 한다는 가정을 근본에 둔다.

하지만 정반대로 인간의 본성이 악하다고 보거나, 최소한 상급자나 하급자보다는 자기에게 유리하게 행동한다고 가정하는 시각도 있다. 그렇다면 해결책은 인간의 고귀한 본성에 호소하는 것이 아니라, 법을 어기면 엄격하게 처벌받고 올바르게 행동하면 상을 받는다고 끈기 있게 가르치는 것이다. 그러한 사상가 중에 한韓나라 귀족가문 출신인 한비자韓非子가 있다. 그는 유교 전통을 배웠지만, 인간의 내면이 아니라 외부에서 영향을 주어야 행동을 바꿀 수 있다고 생각하는 데서 유학과 다른 사상을 지녔다. 한비자는 법을 만들고 모두에게 적용하며 이를 어긴 사람은 누구라도 처벌해야 한다고 주장했다. 법의 테두리 안에서라면 개인은 자기 이익을 추구할 수 있고, 그러지 못하게 말릴 이유도 없다. 이러한 사상을 후대에 '법가法家'라고 일컬었지만 당시에 그런 학파가 존재하지는 않았다.

이후 진시황이 되는 진나라 왕은 한비자의 사상에 주목했다. 비록 한비자는 진나라에 사신으로 갔다가 모략을 당해 암살당하지만, 그가 죽은 후 진나라 왕은 한비자를 사면하고 복권했다. 나중에 여러 적대국을 무력으로 정복하는 진시황이 한비자의 사상을 염두에 둔 것은 당연할지도 모른다. 진시황이 신하의 손익이 자신의 손익과 자연스럽게 일치할 거라든가, 또는 광대한 제국의 신민들이 내면에 지닌 도덕심에 호소하면 좋은 결과가 나올 것이라고 생각했을 가능성은 희박하다. 인간 역사를 살펴보면 친족과 가문을 향한 충성심을 의무의 근본으로 삼아 정치를 한 경우가 대부분이다. 경쟁국의 통치 가문끼리 맺는 혼인관계는 평화를 담보하는 수단이었고, 친족관계는 군사적 도움을 요청하는 근거가 되었다. 하지만 넓은 영역을 통제해야 하는 진나라의 새 황제는 친족을 통치의 근거로 삼을 수 없었다. 그래서 가족관계나 고고한 도덕심을 향한 호소를 법률과 징벌이 대체했다. 한비자는 "성인은 나라를 다스릴 때 사람들이 스스로 선한 일을 하리라고 기대하지 않고, 그릇된 일을 하지 못하게 막는 수단을 쓴다"[1]고 말했다.

자유방임주의 경제학자가 법가사상을 얼핏 보면 매력을 느낀다. 어쨌거나 법은 재산권과 계약의 기반이다. 함무라비법전 또는 그 조상들은 고대 메소포타미아의 금융 기반을 구축하는 제도 틀을 만들어 냈다. 중국에서 누구에게나 투명하게 적용되는 법을 만들고 이를 위반하면 처벌한다고 미리 알렸을 때도 비슷한 효과가 났을 것이다. 그렇다 해도 지금은 명확한 근거가 없는 추정이다. 《관자》와 달리 법가에서는 자유시장이 주는 이익은 다루지 않았다. 법가가 다룬 대리인문제는 경제성장과 국가운영이 아니라 통치와 관리에 얽힌 것이다.

유가와 법가는 비록 고대 중국 사상의 양극단을 케케묵은 방식으로 묘사하기는 해도 제자백가 가운데 가장 유명하다. 반면 《관자》는 인간 본성과 관료제 문제 해결책을 두고 형성된 양 진영 중 어디에도 딱 맞아 들어가지 않아서인지 몰라도 논하는 사람이 비교적 적다. 《관자》가 제시하는 인간상은 모범적이고 동정심 많은 관리도, 전능한 규칙의 강요자도 아니다. 관중은 마치 그리스신화의 오디세우스처럼 문제를 영리하게 해결하는 관리이자, 올바른 유인책이 있다면 보이지 않는 손으로 국가를 지탱할 수 있고 백성이 부유해지면 통치자에게도 이익이 된다는 사실을 깨달은 재상이었다.

관료제라는 금융기술

현대 경제학 이론에 따르면 대리인문제에는 유인책과 감시라는 두 가지 해결책이 있다. 유인책 해결법의 근거는 손익이 서로 일치한다면 대리인이 주인의 이익을 극대화하는 쪽으로 행동하리라는 것이다. 《관자》에는 화폐 공급량을 조절하여 경제를 통제하는 사례가 나온다. 동전을 더 찍어 내면 제나라에 곡식을 더 많이 팔 유인이 생긴다. 곡식을 파는 이유가 고상한 도덕적 목표를 달성하는 데 있는지, 아니면 사욕을 채우는 데 있는지는 유인책 체계의 관심사가 아니다. 《관자》는 시장 윤리를 판단하지 않고, 시장의 힘을 이용하여 개인적 유인을 군주의 목적과 일치시켜 국익을 달성하는 방법만을 추구한다.

이러한 사상논쟁이 오늘날 금융 및 지배구조 쟁점과 매우 동떨어져 보일지 몰라도 사실은 그렇지 않다. 오늘날 유인책을 이용하여 대리인 문제를 해결하려는 사례로 회사 관리자에게 주는 성과급이 있다. 유인 책 이론은 관리자가 주식옵션을 받으면 주식가치를 높이려 할 것이라고 말한다. 그리하여 주식가격은 극대화될 것이고 따라서 주주의 재산도 늘어난다. 최고경영자는 엄청나게 많은 돈을 받겠지만, 그러려면 회사가 잘되어야 한다. 반면 유교 관점에서 보면 주주에게 이익이 되도록 일하라고 회사의 관리자에게 뇌물을 줄 이유가 없다. 경영자가 지니는 '선량한 관리자의 주의의무'만으로도 최선의 노력을 할 이유가 충분하지 않은가? 오늘날 사회도 최고경영자에게 고액의 보상을 하는 데 매우 비판적이다. 이러한 비판에는 윤리에 기반을 둔, 다시 말해 인간의 고귀한 측면에 호소하는 해결책이 대리인문제를 해결하는 데 긍정적 유인책보다 낫다는 믿음이 뿌리내리고 있어서는 아닐까?

🪙 수수께끼의 문헌

서양인에게는 그다지 알려지지 않은 중국 고대 문헌 중 하나는 관료 제의 문제를 해결하기 위한 해결책으로 '감시'를 제안한다. 《주례周禮》 는 매우 독특한 문헌으로 사상 교과서도 현명한 관리가 남긴 기록도 아니다. 저자가 알려지지 않은 주나라 정부의 상세 조직도이다.

《주례》는 위로 왕과 재상에서 아래로 궁중 요리사와 부엌 일꾼에 이르기까지 나라에 필요한 관직을 하나도 빠짐없이 상세하게 사실만을 다룬다. 주례에 나오는 관직 중에는 신기한 것도 있다. 예를 들어 나쁜 새의 둥지를 없애는 관리도 있고, 곤충을 연구하여 이를 보호할 수칙을 정하는 임무를 맡은 사람도 있으며, 나라가 소유한 굴과 조개를 채취하는 사람도 있다. 《주례》는 나라의 역할을 여섯 부서에 나누고, 각 부서의 임무와 인원을 상세히 다룬다. 통치행위뿐 아니라 종교의식도 임무에 포함된다. 《주례》에는 인간과 초자연 사이의 관계를 유지하는 것이 나라의 중요한 기능이라고 명확히 하고 있는데, 여기에는 황제가 천명을 받들어 중국을 다스린다는 사상이 반영되었을 것이다. 《주례》가 말하는 황제란 국가를 상징하는 존재이다.

> 왕은 제국을 세워서 동서남북의 방위를 분별하고, 천자와 군신 간의 지위를 바르게 하여 도시를 정비하며, 읍이나 리를 구획하고 관직을 설치하고 직분을 나누어 모든 백성이 지켜야 할 도덕을 만든다.[2]

황제가 만든 여섯 관청은 천관天官(행정부), 지관地官(교육부), 춘관春官(의례부), 하관夏官(국방부), 추관秋官(법무부), 동관冬官(공공사업부)이다. 천관의 장天官冢宰은 나라에서 두 번째로 강한 권력을 지닌 국무총리 격이다. 총리가 권력을 사용하는 도구가 나라 전체의 경제를 감독하는 회계사와 감사인 집단이라는 사실이 흥미롭다.

회계국을 담당하는 관료 두 명은 총리 바로 아래 직급이다. 부서원 67명은 모든 정부기관을 매월, 매년마다 감사하는 임무를 맡는다. 그런데 재무부 장관보다 회계국장의 서열이 높았다는 사실이 중요하다. 회계국이 재무부의 활동을 감독할 책임을 졌기 때문에 일부러 서열을 그렇게 짠 것이다. 재무부는 궁궐 창고, 황실이 소유한 옥과 귀금속, 나라의 화폐를 감독했다. 회계국은 이러한 재산이 정기적으로 조사되는지, 세입과 세출이 모두 기록되며 정기적으로 검토되는지 확인했다. 총리는 시기에 맞춰 회계를 하도록 규제했다. 《주례》에 따르면 총리는 매년 말에 고위관료 100명에게 행정활동을 정리하도록 지시했다. 그 후 보고서를 받으면 검토하고, 각각을 해고하거나 유임하도록 황제에게 상주했다. 3년마다 모든 관리의 행정활동을 자세히 감사하고 상이나 벌을 주었다.

해고나 유임뿐 아니라 당근과 채찍, 즉 상과 벌도 행정절차에 포함되었다는 사실에 주목하자. 상벌은 주기적인 회계감사 결과에 따랐다. 즉, 관리 각각이 얼마나 청렴한지를 평가한 것이 아니라 사실과 숫자, 측정과 수량 평가에 기반을 두었다는 사실이 중요하다.

감시는 회계라고 간주할 만하다. 관청에 들고 나는 것들의 수치를 확인하고, 물건을 받으면 봉인하고 이를 보내면 영수증을 받으며, 관청에서 일하는 사람이 실제로 출근하는지 확인하고, 걷은 세금과 수입을 올바르게 썼는지 확인한다는 데서 그렇다.

《주례》에는 과연 누가, 언제, 왜 썼느냐는 등 수많은 이야기가 적혀 있다. 지금은 과연 주나라 시대에 쓰인 것이 어느 정도 되는지도 알 수 없다. 한 가지 설에 따르면 한나라 시대(기원전 206년~서기 220년) 초반에 작성된 후, 찬탈자 취급을 받는 왕망王莽이 주요 정치개혁안을 정당화하는 데 쓰였다고도 한다[왕망은 전한을 멸망시키고 신新(서기 8~23년)을 건국했다. – 옮긴이]. 왕망은 노예를 해방하고 부유한 지주에게서 재산을 빼앗았으며 채무를 탕감했기 때문에 중국 최초의 '사회주의자'라고도 한다. 그가 이러한 개혁을 정당화할 때 기댄 것이 옛 황금시대, 바로 주나라이다. 비록 왕망이 나라를 다스린 기간은 짧았지만 그의 개혁정책은 중국 역사에서 계속 반향을 일으켰다. 한나라에서 발생한 경제 사건 중에서도 가장 중요한 것은 중국에서 가장 중요한 사업 대상인 소금과 철을 국가가 전매한 일이다. 사업을 민간에 맡겨야 하느냐 국가가 소유해야 하느냐는 격렬한 논쟁이 한나라에서 벌어졌고, 결국 국가 소유파가 승리했다.

《주례》는 거의 2,000년 동안 중국 정부를 관리하는 패러다임이 되었기 때문에 중요하다. 《주례》는 나라를 통치하는 관료체계가 어떤 모습을 갖춰야 하는가, 그리고 정부관리에게 유인책을 주고 이들을 감독하려면 어떻게 서로 견제하고 균형을 잡아야 하느냐는 근본 질문에 조직구조를 제시함으로써 답하고 있다. 《주례》에는 가격안정과 같이 《관자》에 나오는 조치가 많이 나온다. 한편 《주례》는 정부의 신용공급을 다룬 중국 문헌 중 가장 오래된 것이기도 하다. 《주례》에 나오는 정부는 차입자가 아니라 대부자이다. 재무부는 장례비 같은 비상금이 필요한 백성에게 단기대출을 할 권한을 부여받았다. 《주례》는 민간 대부업자가 아니라 정부가 돈을 빌려주어야 한다고 말한다.

🪙 지폐, 공공재

중국에서 오래전부터 돈이 교환수단이자 국가의 도구로 수용된 것을 생각해 보면, 지폐가 중국에서 처음 나타난 것도 당연한 일이다. 하지만 지폐가 출현한 데는 흥미로운 사실이 얽혀 있다. 가치를 이전하려고 만든 최초의 서면증권은 지폐가 아니다. 중국에서는 지폐가 발명되었을 뿐 아니라, 중앙정부와 지방정부가 문서제도를 정교하게 발달시켜 재정문제를 관리하기도 했다. 문서는 동서양을 잇던 거대한 상업망인 '실크로드' 경제에서도 중요한 역할을 했고, 또한 앞서 서남아시아와 지중해 동부의 고대 문명에서 살펴보았듯이 금융체계가 성립하기 위한 핵심 요건인 계약·계약법·재산권이라는 더 폭넓은 맥락 안에서도 작동했다. 이러한 핵심 요건에 대한 발전 이야기가 이 장의 주제이다.

두 위대한 문명, 한나라와 로마제국은 대략 동시대에 존재했다. 로마가 동쪽 레반트 지역(지중해 연안 서남아시아 지역, 현재 팔레스타인·시리아·요르단·레바논 등지-옮긴이)으로 확장해 나갈 때, 한나라는 실크로드를 따라 서쪽을 향하여 중앙아시아로 확장해 나갔다. 확장에 박차를 가한 요인은 정치력을 확대하려는 의도뿐만 아니라 경제문제도 있었다.

장안長安과 낙양洛陽은 400년 동안 이어진 한나라와 다음 왕조인 당나라 시대(618~907년)까지의 '쌍둥이' 수도였다. 현재 시안西安이라 불리는 장안은 당시 세계에서 손꼽히는 대도시였다. 실크로드의 시작점이었던 장안은 짧았던 수隋나라 시절인 6세기 후반에 중국 전통 도시 설계방식에 따라 80제곱킬로미터짜리 직사각형 땅을 성벽으로 두르고 너비 100미터짜리 도로로 구획을 나눈 다음, 여기저기를 가로지르는 물길을 놓아 만들었다. 장안 북부 중앙의 황궁에는 조정과 인사·재무·제례·군사·사법·토목 담당 부서, 칙령을 담당하는 재상부, 정책을 담당하는 사무국, 점점 늘어가는 외교업무를 담당하던 국무원 등 행정기관이 유기적으로 배치되었다. 국제도시로도 유명했다. 이슬람교인, 조로아스터교인, 네스토리우스교인 구역이 모두 따로 있었다.

수도 장안의 상업 중심지는 동시東市와 서시西市 두 곳이었다. 벽으로 둘러싸인 두 상업구역에서는 전 세계에서 들어온 진귀한 물건들이 거래되었다. 그중에서도 서시는 비단 무역의 중심이었다. 가게 수천 개가 늘어서 있던 서시는 아시아 전역의 언어와 문화가 뒤섞이는 광장이었다. 가로세로 각각 500미터 정도 되던 서시 구역에서 허가를 받고 활동하던 상인은 200명이 넘었다. 서시는 당나라의 월스트리트였다. 금융업자는 물건을 저당잡고 예금을 수납하며 수표를 받아주고 돈을 환전하며 단기대출을 내주었다.

　중국에서 앞선 시기에 등장한 대출은 상환기간이 짧고 이자가 비쌌지만, 당나라 시절 서시에 간 상인들이 금융업자를 찾아가기 쉬웠음을 생각하면 분명 이곳에서는 사업자금을 대출해 주거나 최소한 상업금융 서비스를 제공했을 것이다. 정부관리는 시장에서 벌어지는 상업활동에 세금을 매겼고, 도량형 담당 관청은 이러한 상업활동을 규제했다.

🪙 실크로드 재발견

　대담한 학자 한 명이 1900년에 탐험대를 이끌고 인도를 출발하여, 거친 아프가니스탄 땅을 지나 고대에 실크로드가 있던 황량한 '타타르 고원'에 도착했다. 헝가리에서 태어난 겁 없는 모험가 오렐 스타인Aurel Stein은 파란만장한 인생을 살며 수많은 논란을 일으켜 중앙아시아 고고학계에서 손꼽히는 사람이다. 중국에서는 봉기가 일어나고 중앙아시아 국가들은 '그레이트 게임'(영국과 러시아가 19~20세기 초에 중앙아시아의 주도권을 두고 벌인 패권 다툼 – 옮긴이)이 최고조에 달한 상황에서 이합집산을 거듭하면서 정세가 극히 불안한 시기였지만, 스타인은 로마와 중국 제국을 잇던 실크로드의 전설적 도시를 재발견하고 발굴하려는 의지가 확고했다. 스타인과 동료 모험가들은 2,000년 전 실크로드를 오가던 대상처럼 낙타 무리를 이끌고 호탄和田을 출발하여 타클라마칸사막 남부의 옛길을 따라 단단윌릭丹丹烏里克에 도착했다. 한때 중국·인도·중앙아시아라는 세 거대 문명이 상업을 하려 모여들던 곳이다.

　지금은 상상하기 힘들지만, 중앙아시아 중심부 사막 언저리에 외따로 떨어진 이 도시는 한때 여러 언어가 오가던 국제도시였다. 고대 도시의 윤곽은 발굴자들에게 여전히 선명했고 집·사원·탑·벽은 수천 년이 흘렀어도 여전히 건재했지만 정말 놀라운 발견물은 문서였다. 발굴자들이 눈을 돌리는 어디에나 산스크리트어로 적힌 불경, 한자로 쓰인 편지와 쪽지, 그리고 사어인 토카리어(중앙아시아 언어 중 하나)로 쓰였다고 판명된 문서 등 문자문화의 흔적이 널려 있었다. 다음 해에 스타인은 근처에 있는 고대 도시 니야尼雅에서 분량으로나 보존 상태로나 모두 더욱 뛰어난 문서를 발견했다. 약 2,000년 전에 버려진 인도 양피지 두루마리였다.

스타인은 탐험을 통해 실크로드가 상업의 고속도로일 뿐 아니라 정보의 고속도로였음을 밝혀냈다. 먼 길을 떠나 이국 도시에 와 사는 상인들이 언어가 다른 사람들에게 일감을 받으면서, 실크로드는 문자체계를 비롯한 지식과 문화가 대륙을 가로질러 이동하는 주요 경로가 되었다. 가장 중요한 정보 매개체는 나무·양피지·야자수 잎, 그리고 마지막으로 종이에 쓰인 글자였다.

스타인의 업적 중 가장 유명한 발견은 또한 가장 많은 논란을 불러일으켰다. 그는 1907년에 마르코 폴로의 여행기록을 따라 광활한 롭사막Lop Desert을 통과하여 오늘날 타림분지Tarim Basin라고 부르는 지역으로 갔다. 이 여정에서 스타인은 엄청난 소득을 얻게 된다. 탐험은 둔황敦煌의 오아시스로 이어졌다. 이곳에서 스타인은 석굴을 파서 공들여 채색하고 거대한 당나라 불상을 모신 사원들이 모인 성소, 바로 그 유명한 둔황 천불동을 찾아가게 되었다. 순례자들은 4세기부터 이곳을 방문했다. 하지만 스타인이 얻은 진정한 수확은 천불동이 생길 때부터 작성한 기록을 보관한 후 조심히 숨겨 둔 방이었다. 스타인은 여기에서 발견한 문서가 불교와 인도 문화가 고대 실크로드를 통해 중국에 전해

졌음을 알려 주는 기록으로 자신의 경력을 빛낼 수 있는 특별한 상이 될 만하다고 생각했다. 그는 뇌물을 써서 모두 합쳐 말 다섯 마리가 끌어야 할 만큼 엄청난 문서를 얻어냈다. 제작 시기가 5세기까지 거슬러 올라가는 희귀한 경전을 획득한 그는 더 이상 바랄 것이 없었다. 스타인의 둔황 두루마리는 지금 대영 도서관에 있다. 이후에도 문서 수집가들이 둔황 유물을 매입한 탓에 이제는 둔황 문서를 소장한 박물관이 세계 여기저기에 많다. 물론 좋지만도 나쁘지만도 않은 일이다. 문서를 숙련된 보존 전문가가 관리하고 여러 학자가 연구하게 되었다는 장점은 있지만, 한편으로 이제 문서가 원래 보존되던 맥락을 잃어버렸으며 중국 최고의 역사 유물이 사방으로 흩어져 버렸다는 단점도 있다. 그렇지만 격동했던 근대 중국사를 생각하면 스타인이 문서를 가져간 것이 다행이 아니었을까 싶기도 하다.

스타인은 다시 실크로드로 돌아갔다. 1915년에는 서부 중국으로 탐험을 떠나 투르판吐魯番 지역에 초점을 맞추었다. 탐험에서 가장 빛난 성과는 모래언덕 아래에서 고대 아시아인이 훌륭한 부장품과 함께 묻힌 죽은 자들의 도시, 아스타나阿斯塔那 고분군을 발견한 것이었다. 여기에서도 기묘한 종이로 덮인 관이나 죽은 이가 사후 세계에 가지고 갈 작은 빵까지 건조한 기후 덕분에 거의 모든 것이 잘 보존되어 있었다.

그중에서도 가장 훌륭한 부장품으로는 개인 장서와, 악사·무용수·광대 등 당나라 시대의 삶을 잘 보여 주는 채색 인형이 꼽힌다. 스타인은 아스타나 고분군 중 상당수를 발굴했지만 후대 고고학자의 몫도 꽤 남겼다. 오늘날 중국인 발굴자도 수십 년 동안 아스타나 유적지를 발굴한 끝에 잘 보존된 당나라 시대 무덤을 여러 개 찾아내는 행운을 누렸다. 한 무덤에는 도자기, 옷감, 종이 등으로 만든 멋진 인형들이 있었다.

수도 장안에서 제작되어 변경까지 실려 온 듯한 이 인형에는 흥미로운 비밀이 숨어 있었다. 인형의 팔은 장안에서 수거된 폐지를 장인이 재사용해 만든 것이다. 오늘날 중국에서 가장 부유한 여성인 장인張茵이 미국에서 나온 폐지를 모아 재처리하는 사업으로 수십억 달러를 모았다는 사실을 생각하면 아이러니하다. 1,000년도 더 전에 중국 사업가들도 같은 방법으로 돈을 벌었다는 사실이 아스타나 인형에 드러나기 때문이다. 하지만 아스타나 인형에 사용된 종이가 중요한 것은 원래 용도 때문이다. 종잇조각에 적힌 것은 7세기 중국 전당포의 거래기록이었다.

이 특별한 금융문서를 연구한 사람은 예일 대학교 역사학자 발레리 한센Valerie Hansen과 제자인 아나 마타핑크Ana Mata-Fink이다.[3] 종이는 썩기 쉬워 이처럼 오래전에 작성된 사업기록 가운데 지금까지 남은 것은 거의 없다. 이 전당포 전표는 우연히 재사용되어 사막에 있는 도시까지 실려 왔기 때문에 지금껏 보존된 것이다. 하지만 어떤 경위로 종이가 중국에서 사업기록을 남기고 거래하는 데 사용되기 시작했느냐는 흥미로운 의문에는 아직 답이 나오지 않았다. 그 전에는 계약을 기록하는 데 대나무를 사용했다는 사실은 앞에서 살펴보았지만, 종이가 발명된 후 특정 시점부터는 종이가 금융기록을 남기는 매체가 되었다. 한센은 전 세계에서 실크로드의 상업에 관한 전문가로 꼽힌다. 가족과 함께 코네티컷주 해안에 살며 예일 대학교에서 중국사를 강의하는 그의 전문 분야는 고대 중국의 계약분석이다. 전당포 전표는 금융에 확고한 연결고리를 제공하기 때문에 흥미를 끈다.

한센과 마타핑크는 전당포 전표가 작성된 곳이 수도 장안임을 알아냈다. 전표에는 들고 다닐 수 있는 물건이 자세히 기록된 것으로 보아 되팔 가치가 있다면 무엇이든 단기로 돈을 빌리기 위한 담보로 쓰였다는 것을 알 수 있다. 그리고 재미있게도 전표에는 옛 장안에 실제로 있던 세 곳의 지명, 연흥문延興門·관음사觀音寺·승도방昇道坊이 적혀 있었다. 지명을 보면 전당포는 동시東市에서 2~3킬로미터 떨어진 장안 남동쪽 구역 근처에 있었을 것이다. 학자들은 장안에서 대출이 일어나던 장소를 삼각측량으로 알아냈고, 전당포가 어떻게 이용됐는지 기록했다. 그다지 부유하지 않던 전당포 고객들은 오래된 노란색 윗옷, 알록달록한 손수건, 보라색 망토, 비단 윗도리, 테두리가 해진 관모, 다떨어진 신발 같은 헌 옷가지를 주로 맡겼다. 물론 비단 한 필, 청동 거울, 진주 네 묶음 같이 귀한 물건도 있었다. 돈을 빌려 가는 사람은 대부분 문맹이었다. 그래서 계약서에 서명하지 않고, 대신 선을 그어 손가락 마디 길이를 표시했다. 어떤 전표에는 이자지불 내역도 적혀 있었다.

> 최기崔基는 음력 1월 19일에 100전을 받았다. 음력 6월 7일에는 원금 40전과 이자 9전을 갚았다. 최기는 비단을 되가져 갔다. 상환 완료일은 음력 7월 18일이다. 최기는 동쪽에 살며 스무 살이 되어 간다.[4]

최기라는 젊은이는 누구며 왜 100전이 필요했을까? 이만큼을 반년 동안 빌리는 데 이자를 9퍼센트나 낼 가치가 있었을까? 간략하기만 한 영수증은 이 질문에 답해 주지 않지만, 어쨌든 당나라 시대 이자율은 연간 20퍼센트를 밑돌았을 것이다. 이는 최기가 돈을 빌려간 다음 날에 발생한 다른 대출내역으로도 뒷받침된다. 여기서 왕상王爽이라는 사람은 40전을 빌리고, 넉 달 후 원금 중 15전을 갚았다. 이때 2전을 이자로 냈으니 할인율이 연 15퍼센트쯤 된다. 분명 높기는 하지만 고리대금이라고까지 하기는 어려운 이자율이다. 아스타나에서 출토된 전당포 전표를 보면 당나라 시대 중국에서는 적당한 이자를 받고 개인에게 신용을 공급하는 체계가 잘 돌아갔다. 이러한 체계에서는 옷처럼 가지고 다니기 쉬운 물건이 재산이었다. 경화가 필요하면 윗옷·신발·진주를 저당 잡히면 되었다. 지위재地位財를 거래하는 2차 시장(그리고 그러한 물건을 담보로 잡는 금융체계)은 소비지상주의를 부추겼다고 비판받기 쉽지만, 한편으로는 지위재를 가치 저장수단으로도 쓸 수 있음을 보여 준다. 아닌 게 아니라 내구재는 잘 관리하면 현금과 달리 인플레이션에 대비하는 수단이 된다. 전당포는 유동성을 만들어 내는 기술이었고, 그러기 위해 기록하고 계약하는 주요 매개체는 종이였다. 종이는 발명된 지 얼마 지나지 않아 중국 금융체계 속에서 널리 쓰였다.

날아다니는 돈, 비전(飛錢)

당나라는 물길과 도로를 갖춰 상업교통을 가능케 하고 자본을 먼 지역까지 이은 것으로 유명하다. 중국 각지 지방정부는 중앙정부와 강한 유대를 유지하려고 수도에 진주원進奏院을 두었다. 진주원은 오늘날 교섭(로비)기관과 마찬가지로 지방정부와 지방민의 이익을 대변했다. 그런데 당나라 시대 진주원은 은행의 송금기능도 수행했다. 예컨대 상인이 사천四川에서 장안까지 차를 실어다 판 다음 사천 진주원에 수익금을 예치하면, 진주원은 비전飛錢이라는 영수증을 써 주었다. 땅 위로 나르지 않아도 돈이 그 주로 '날아가기' 때문에 비전, 즉 '날아다니는 돈'이라는 이름이 붙었다. 비전은 두 부분으로 나뉘어 한쪽은 상인이, 다른 쪽은 진주원이 가졌다. 두 부분이 모두 주에 도착하면 상인은 자기가 가진 영수증 반쪽을 관청에 내고 돈을 받아 왔다. 진주원은 수도에서 쓰는 비용을 확보할 수 있었기 때문에, 상인은 경화를 나를 때 발생하는 위험과 비용이 줄어들기 때문에 비전제도를 좋아했다. 한편 비전 덕분에 동전은 지방으로 유출되지 않았고, 나라의 상업 중심지에는 화폐 공급량이 늘어났으며, 무엇보다도 지방정부의 진주원은 무이자 대출을 받는 것이나 다름없었다. 진주원은 상인이 지방으로 돌아가 증서를 제출할 때까지 돈을 활용할 수 있었을 뿐 아니라, 가끔은 지방정부도 비전을 즉시 상환하지 않고 미적댔다. 재정 담당 부서나 군대 같은 다른 관청이 비전과 비슷한 기능을 제공하려고 경쟁한 것도 당연하다.

비전은 이제 하나도 남아 있지 않으므로 비전이 양도 가능한 어음이었는지, 지급기한이 정해져 있었는지, 표준 액면가대로 발행되었는지, 그 외에 사용될 때 특징은 무엇이었고 중국 사회에서 경제·금융과 관련하여 어떤 역할을 했는지 알 도리는 없다. 비전이 양도 가능했는지는 알 수 없지만, 상인이 비전을 다른 사람에게 맡기거나 넘겨주지 않았으리라고는 생각하기 힘들다. 그렇다면 비전은 어떤 의미에서 돈과 같은 기능을 했을지도 모른다. 그렇다 해도 비전을 인쇄하여 돈으로 쓰지는 않았을 것이다. 그런데 여기에는 재미있는 일화가 있다. 미국의 수집가이자 금융사학자인 앤드루 맥팔랜드 데이비스Andrew McFarland Davis는 20세기 초에 당나라 시대 지폐를 구입하고, 그 그림을 저서 《보스턴미술관 소장 중국 지폐On Certain Chinese Notes, Deposited in the Boston Museum of Fine Art》에 실었다. 그런데 데이비스가 찾아냈다는 지폐는 오늘날 어디에서도 발견되지 않는 것으로 보아 십중팔구 얼마 전에 제작된 위조품이었을 것이다. '날아다니는 돈'을 묘사한 내용에 들어맞지 않는 반면, 그 이후 시대에 인쇄된 지폐와는 의심스러울 정도로 닮았기 때문이다.

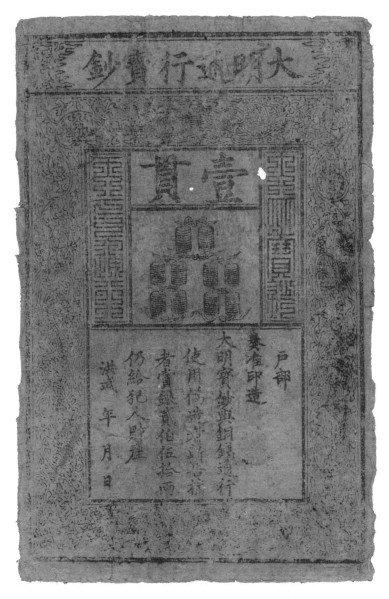

그림 9.1 명나라 때 발행된 지폐(약 1375~1425년경). 닥종이에 동판으로 인쇄되었으며, 이 지폐와 동일한 가치를 지닌 동전 묶음이 그려져 있다. 중국에서는 이처럼 정부가 가치를 부여하는 명목화폐가 발명되었다.

🪙 종이 사회

당나라는 907년에 멸망했다. 이전 중국 역사와 마찬가지로 중앙정부는 허약해진 끝에 지방의 원심력에 굴복했다. 황족과 수행원 일부는 남서쪽으로 피신하여 양쯔강 상류에 있는 푸르른 산악지대인 사천 지역에 당도했다. 당나라가 망한 후 사천은 촉(蜀, 전촉과 후촉으로 나뉜다. - 옮긴이)이라는 독립국이 되었다가, 10세기 후반에 중국을 통일한 송나라에 굴복하고 병합되었다.

송나라 시대(960~1279년)는 중국의 르네상스 시대로 불리며 역사상 널리 찬탄을 받는 시기이다. 송대에는 시·연극·그림·서예·조경·음악·건축 등 고급예술과 대중예술이 모두 융성했다. 도시에는 곡예사·곡마단·만담가·인형술사·무용수·요리사가 넘쳐 났다. 야금학·식물학·천문학·고고학·농학·화학 같은 과학 분야에서 송나라는 당시 전 세계 최고였다. 백과사전 편찬자·역사가·사상가 같은 학자는 학생을 가르치기도 하고 정부에서 일하기도 했으며, 관료가 되려면 교양과 지혜를 갖추어야 했다. 관리는 파벌이나 인맥이 아니라 실적과 시험성적에 따라 승진했다. 송나라에서는 상업과 예술이 함께 융성했다. 상인계층은 존중받았고, 이들의 행동 영역은 당나라 때와 달리 시장 구역에 국한되지 않았다. 이들은 도시 전역을 누비며 부지런히 장사했다. 북송의 수도인 개봉開封의 인구는 전성기에 50만 명이 넘었을 것이다.

송나라 시대에 발전한 기술 중 가장 중요한 것을 꼽으라면 제지술과 인쇄술을 든다. 관직을 얻고 승진하려면 일단 과거에 응시해야 한다는 등 이유 때문에 글을 읽고 쓰는 사람이 늘어났고, 책이 출간되어 서점에서 팔렸으며, 비교적 가난한 학생도 문학 및 수학 고전을 읽어 볼 수 있었다. 학생들은 중국 전역에서 소위 '과거 지옥'이라고 불린 곳으로 모여 그동안 고전을 잘 암기했는지 가혹하게 검증받았는데, 역사가 벤저민 엘먼Benjamin Elman이 추정한 바에 따르면 6년 동안 하루에 200글자씩 암기해야 과거를 볼 수 있었다.[5]

오늘날에는 정보가 전자매체를 통해 저장되고 전달되는 '종이 없는 사회'로 발전하고 있다고들 한다. 하지만 종이가 곳곳에서 사용된 송나라 시절에도 중국은 오늘날 못지않은 속도로 발달했다. 한센과 마타핑크가 연구한 전당포의 종이 전표나 비전에서 보듯이 종이 문화는 분명 그 뿌리를 당나라에 두고 있다. 하지만 정보를 보관하고 전파하는 매체로서 종이가 지닌 가능성을 고도로 실현한 때는 송나라 시대이다.

종이는 도입된 후 국가금융에서 가장 중요한 도구가 되었다. 송나라 지폐는 오늘날에도 천연색 책을 인쇄할 때 쓰이는 4색 동판 인쇄술로 찍어 낸 최초의 인쇄물이다. 닥종이는 뽕나무를 비단 생산에 사용한 사천 지역에서 발전하고 완성되었으며, 여러 해 동안 유통되어도 버틸 만큼 튼튼한 최초의 지폐용지였다(닥나무는 영어로 mulberry라고 하며, 뽕나무mulberry과에 속한다. - 옮긴이). 금융혁신이 일어나려면 문서화·기록·계약기술이라는 기반을 갖춰야 한다. 메소포타미아에서 점토 서판을 발명하고 유라시아 대륙 이곳저곳에서 동시에 금속화폐가 탄생한 것처럼, 중국은 내구성이 좋은 종이에 금속판으로 인쇄함으로써 금융혁신의 역사에 유산을 길이 남겼다.

🪙 무거운 돈

송나라 시대는 중국 문화의 황금기이기도 하지만 또한 북쪽과 서쪽

초원의 이민족 나라들과 끊임없이 싸우다 결국 패배한 시기이기도 하다. 이러한 정치환경은 지폐가 발달하는 데 인쇄기술 못지않게 중요한 영향을 끼쳤다. 송나라는 문화가 융성하기도 했지만, 한편 영토 전역에서 군대가 경계 태세를 늦추지 않고 주둔하며 현지 경제에 의존하여 식량과 보급품을 지원받기도 했다. 송나라는 산산조각난 당나라 영토를 군사력으로 이어 붙여 중국을 통일했지만, 정작 가장 중요한 과제는 다시 통일된 상태를 유지하는 것보다도 외국의 침략을 막아 내는 것이었다. 단적인 예를 들면 송나라 시대를 북송시대와 남송시대로 나누는 기준은 아름다운 수도 개봉을 포함하여 영토 절반을 금나라에 빼앗긴 후 수도를 남쪽으로 옮긴 1126년이다.

송나라 시절 사천 지역은 중요한 완충지였다. 서쪽 끝에 있어 중원으로부터 고립되어 있었고, 외적의 침입에 3면이 노출된 사천은 중국의 주요 전선이었다. 이곳은 중국에 병합된 시기부터 독특한 경제적 특징을 보였다. 철로 만든 화폐를 사용했던 것이다. 사천의 철제화폐는 무겁고 사용하기 불편하다는 문제가 있었다. 상인이 선호했던 구리화폐는 사용이 금지되었다. 정부가 사천에서 철제화폐를 사용하게 한 것은 일종의 벌이 아니라, 귀중한 구리가 금나라나 서하처럼 때때로 중국 서부에서 전쟁을 치렀던 나라로 흘러 나가지 않게 막아 보려는 시도였다. 중국의 재무장관은 《관자》에 나오는 '경중'의 법칙대로 시장의 보이지 않는 손을 활용하여 다른 곳에서 돈을 끌어오려고 그랬는지 몰라도 점점 더 무거운 금속으로 동전을 찍어 냈다. 문제는 철에 내재가치가 충분히 높지는 않았다는 데 있었다. 물건 몇 개만 사려 해도 화폐를 몇 킬로그램씩 들고 다녀야 했다. 사천에서 장사하려는 상인은 구리화폐를 철제화폐로 교환하고 나서야 관문을 통과할 수 있었다.

철제화폐의 가치가 낮은 데는 철의 내재가치가 낮은 탓도 있지만 정부가 지나치게 많이 찍어 낸 탓도 있었다. 당시 중국 제국에서 발행하던 화폐는 사실상 명목화폐였다. 정부가 발행한 동전이 유통되었던 것은 법령에 따라 유통되는 법정화폐였기 때문이지 귀금속이 아닌 철을 특정 비율만큼 함유했기 때문이 아니었다. 정부가 철을 매입하고 동전을 찍어 내는 비용은 발행한 돈의 액면가보다 낮았다. 가격과 수량을 조절하는 보이지 않는 손에 따라, 당시 사천에서 소금 500그램을 사려면 철동전 약 700그램이 필요했다. 이처럼 철제화폐에 딸린 문제 때문에 세계 역사상 가장 중요한 금융혁신, 바로 지폐가 등장했다.

반란 세력이 993년에 사천 지역의 성도省都인 성도成都(오늘날 청두시 - 옮긴이)를 점령하고 조폐소를 '폐쇄하자 동전 부족 현상이 일어나는 한편, 유통되던 화폐의 가치하락 추세가 반전되기도 했다. 성도 상인들은 이와 같은 통화위기에 대응하여 종이화폐를 발행하기 시작했다. 중국 화폐 역사의 권위자로 꼽히는 리처드 폰 글란Richard Von Glahn에 따르면 당시 화폐위기를 엿볼 수 있는 정보는 오늘날 거의 모두 사라졌다. 하지만 철제화폐가 종이로 바뀌게 된 경제적 원동력이 무엇이었는지 추정해 볼 만하다. 조폐소가 폐쇄되자 앞으로 금속화폐가 안정적으로 공급될지 불확실해지면서 지폐 같은 혁신적 해결책과 함께 변화를 원하는 상업적 수요가 발생했을 것이 틀림없다. 게다가 화폐가 부족해지자 준비금을 지폐 발행액보다 낮게 보유할 동기도 생겼을 것이다. 그러한 유혹 때문에 '민간이 발행하는 잡다한 지폐가 급증하였는데, 그중에는 부도덕한 사업가가 발행한 지폐도 많았기에 남용되어 법적 분쟁이 크게 늘어났다'고 폰 글란은 말한다.[6]

정부는 반란을 진압한 후 개입했다. 성도 총독 장영張詠은 1005년에 지폐 발행 형식을 규격화하고 일부 상인에게만 지폐를 발행할 권한을 부여했으며 철제화폐를 다시 발행했다. 교자交子라는 일종의 약속어음을 발행할 권리를 받은 업소는 16곳뿐이었다. 고객은 철전 꾸러미를 해당 업소에 맡긴 후, 받은 현금만큼 지불할 것이라는 종이 영수증인 교자를 받는다. 이때 현금을 받아 두는 업소를 궤방櫃坊이라고 불렀다. 영수증을 인쇄할 때는 오늘날 수표책처럼 예치금액을 적을 칸을 비워 두었다. 업소끼리 교자 처리규칙을 미리 맞춰 두었기 때문에 고객은 원래 맡겼던 업소로 가든 다른 업소로 가든 상관없이 수수료를 내고 거추장스러운 철화를 돌려받아 세금을 내거나 할 수 있었다. 업소는 특정한 도장이나 문양을 사용하여 교자를 누가 발행했는지 표시했다. 고객에게 현금을 돌려준 업소는 이 표시를 보고 교자를 발행한 업소에 현금을 이전해 달라고 요청했을 것이다. 검은색과 붉은색으로 목판인쇄한 교자 모양은 모두 동일했으며, 폰 글란에 따르면 사람이나 건물이 그려져 있었다고 한다. 송나라 시대에 민간이 발행한 지폐인 교자는 오늘날 모두 사라졌다. 하지만 왜 그렇게 정교하게 인쇄했는지는 명백하다. 정부는 위조범보다 한 발짝 앞서야 했다. 인쇄술이 널리 퍼진 사회에서는 재주가 뛰어난 인쇄업자가 닥종이를 보물로 바꿀 수 있었다.

🪙 화폐위기

궤방이라는 민간제도는 한동안 제대로 운영되었다. 지폐가 있는데 수고스럽게 일부러 현금을 돌려받으려는 사람은 드물었기 때문에 철화는 성도 상인의 창고에 안전하게 보관되었다. 어쩌면 지나치게 안전하게 보관되었는지 누군가는 불미스럽게도 속임수를 쓰기도 했다. 어떤 상인은 현금을 바로 상환하지 않고 미적댔다. 상인이 유혹에 넘어가 돈을 빼앗아 버린 것인지, 아니면 위조범이 가짜 교자를 제시하고 돈을 돌려달라고 했는지는 알 수 없다. 무엇이 원인이었든 이러는 사이 민간 체계는 붕괴했고 정부가 개입해야 했다. 중국 정부는 1016년에 사천에서 민간이 지폐발행을 독점하는 상황을 바꾸고 화폐발행권을 국영화했다. 1023년에는 교자무交子務라는 관청을 설립하여 교자를 발행하고 발행액의 약 30퍼센트를 준비금으로서 실물화폐로 보유하기 시작했다.

교자를 발행하여 얻는 이익은 정부 몫이었다. 새 지폐는 시 외곽에서 인쇄를 전담하는 특수 관청에서 액면가마다 서로 다른 표준 형식에 따라 인쇄되었다. 정부는 아마 지난 세대에 반란이 일어났을 때 인쇄 장소를 인구 밀집 지역과 떨어뜨려 놓아야 한다는 교훈을 배웠던 듯하다. 국가는 지폐발행을 1160년부터 독점했다. 몇십 년 전인 1111년에 발행된 교자는 지폐 도안과 인쇄의 극치를 보여 준다. 기본 문구와 액면가를 인쇄하는 데는 동판 네 개가 쓰였고, 파란색과 빨간색으로 된 장식 도안을 인쇄하는 데는 두 가지 판을 사용했다. 1161년에 인쇄된 교자에는 '지부국재병至富國財並', 즉 '재산을 모으면 나라도 부강해진다'는 경구가 쓰여 있다. 제나라 도폐에 새긴 명문을 연상하게 하는 말이다. 이 경구를 붙잡고 있는 금계는 푸른색으로 인쇄되었고, 장수를 상징하는 등나무를 안에 그린 타원은 붉은색으로 인쇄했다. 표와 문서를 지닌 용과 거북은 검은색으로 인쇄되었고, 500문文짜리 지폐의 뒷면에는 '왕상의 효심에 감복하여 잉어가 뛰어오르고 참새가 날아든다(王祥孝感躍鯉飛雀)'라는 구절이 적혔다(남북조시대 인물인 왕상이 계모에게 효심을 다하자, 잉어가 언 호수에서 스스로 뛰어나오고 참새가 날아들어 계모에게 고기를 바쳤다는 고사를 가리킨다. – 옮긴이).

지폐 인쇄는 사천에서부터 중국 전역으로 천천히 퍼져 나갔다. 한때 지폐는 남부에서만 사용되고 북부에서는 사용이 금지되었는데, 아마 중국의 국제무역이 대부분 남부에서 일어났기 때문이었을 것이다. 송나라 지폐는 이제 하나도 남김 없이 사라졌지만 그다음 왕조인 원나라 지폐는 아직 남아 있다.

지폐는 그 자체로도 중요하지만 또한 송나라 인쇄문화라는 더 폭넓은 맥락에서도 의미심장하다. 종이에 인쇄된 증서·권리서·화폐는 교자나 그 이후 발행된 지폐뿐이 아니었다. 특히 중국 정부가 독점한 소금 매매업은 정부가 설정한 새로운 금융환경의 핵심 사업이었다. 정부는 소금을 구입하고 재판매할 권리증서를 발행했다. 이러한 권리증서는 오늘날 야구장 입장권처럼 암거래되었다. 그리하여 소금 매매권리증을 거래하는 2차 시장이 발달하자 사람들은 권리증을 돈처럼 사용하기 시작했다. 소금 매매권리증을 야구장 입장권에 비유하기보다는 정부가 발행하는 오염배출권에 비유하는 편이 좋을지도 모른다. 미국 환경보호청은 1993년부터 이산화황을 배출할 수 있는 권리를 경매에 부쳐 판매하고, 구매자가 이를 서로 거래하도록 허용했다. 오늘날 오염배출권의 개념은 발전소가 배출할 수 있도록 허용된 법정 오염물질량을 정부가 독점한다는 것이다. 발전소는 권리증서를 사서 얻은 배출권을 사용하거나 판매한다. 오염배출권에서 가장 높은 경제적 가치를 얻는 발전소가 오염배출권을 가장 많이 구입하게 될 것이므로 시장은 효율 관점에 따라 권리를 배분하는 셈이다. 오염배출권을 누가 쓰는지와 무관하게 대기 중 오염물질 총량은 고정되지만 오염물질당 전력생산량은 극대화된다. 그리고 권리증서는 사용되기 전까지 몇 번이라도 거래될 수 있다. 발전소를 운영할 생각이 없는 투기꾼도 앞으로 가격이 오를 때 팔려

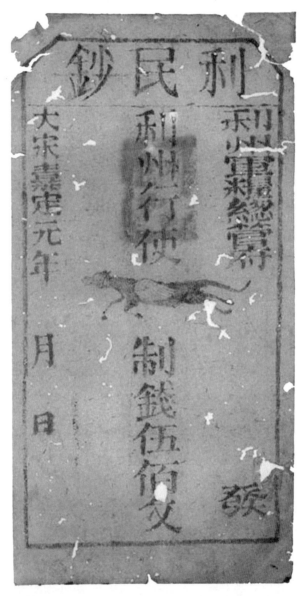

그림 9.2 송나라 시대에 군수품 납품대금 지급수단으로 쓰인 증서

고 오염배출권을 살 수 있다. 오염배출권을 마지막으로 사서 사용하는 것은 오염배출권이 필요한 회사겠지만, 그렇게 되려면 오염물질 한 단위가 추가로 창출하는 경제적 가치가 일단 시장에서 합의되어야 한다.

마찬가지 원칙이 소금 독점 권리증서에도 적용된다. 오염시킬 권리가 소금을 판매할 권리로 바뀌었을 뿐이다. 사고팔 소금이 공급되는 한 권리증서는 가치를 지닌다. 약삭빠른 투기꾼이 소금가격이 오를 것이라고 예상하고 권리증서를 엄청나게 많이 사 둘 수도 있다. 하지만 홍수 때문에 염전이 쓸려 내려가면 존재하지도 않는 소금을 팔 권리의 가치는 없어진다. 그러한 위험이 있기는 해도 소금 매매업은 대체로 예측 가능했고, 이윤은 권리증서가 지닌 경제적 가치를 신뢰하는 한도까지로 제한되었다. 그 결과 소금 매매권리증은 송나라 시대에 상당한 기간 지폐 역할을 했다. 어떤 의미에서는 교환 매개체 역할을 한 복잡한 상품 선물계약으로 볼 만하다.

💰 돌아다니는 돈

스티븐 로스Stephen Ross는 매사추세츠 공과대학의 금융학 교수이며 현대 금융이론을 정립한 사람 중 하나다. 무엇보다도 그는 대리인문제를 다루는 이론의 기본 틀을 만들었다. 그리고 나처럼 중국에 관심이 많다. 언젠가 스티븐의 사무실에 찾아갔다가 벽에 걸린 액자 안 문서에 시선이 갔다. 그런데 놀랍게도 문서에는 한자가 쓰여 있었다. '전錢'이나 '대송大宋(송나라의 정식 명칭)' 같은 글자였다. 또 문서 제목에는 지폐를 뜻하는 '초鈔'자도 들어 있었다. '지폐'…'송'이라면 '송나라 지폐'인데… 스티븐의 사무실에 드나든 것이 몇 년인데 그동안 한 번도 벽에 걸린 문서에 주의를 기울이지 않다가, 중국 금융사를 연구하기 시작한 뒤에야 자세히 보게 된 것이다. 내가 이제껏 옛 금융계약을 연구해 왔는데, 코앞에 걸려 있는 저것이 아직까지 발견된 적 없는 송나라 시절 돈이란 말인가? 그리하여 나는 이 고문서를 가지고 가능한 한 모든 것을 알아내려는 여정을 시작했다.

중국사학과 교수인 엘리자베트 쾰Elisabeth Köll과 함께 이 문서를 상세히 분석했다. 우리는 이 종이가 일종의 권리증서이며, 송나라 시절 정부관리가 물자를 징발할 때 쓰던 양식이라는 사실을 알아냈다. 증서에는 앞서 사용된 지폐처럼 액면가도 적혀 있고, 사용한 날짜와 관리의 이름을 기록할 공란도 있었다. 증서는 동시대에 쓰인 지폐처럼 내구성이 좋은 닥종이가 아니라 얇은 종이에 인쇄되었다. 종이에 그려진 것은 엽전 꾸러미도 금계 · 용 · 거북도 아니고, 승천하는 말이었다. 제목은 '이민초利民鈔(백성을 이롭게 하는 지폐)'였다. 1208년에 인쇄된 이 증서의 액면가는 500문文(전근대 시절 중국의 표준 화폐단위. 구리 동전 한 개에 해당함)이었다. 증서를 발행한 정부기관은 사천에 주둔한 군부대였다.

이 재미있는 종이는 13세기 초에 송나라가 겪은 군사적 혼란이 얼마나 심각했는지 잘 보여 준다. 이 당시 국경에 주둔한 군대에 물자를 보급하기 위한 방편으로 특수한 권리증서 체계가 발달했다. 보급장교는 전선에서 물건을 징발하고 이러한 권리증서로 값을 지불했다. 500문짜리라고 기재된 이 문서에는 특정인에게 교부되었다는 내용이 없으므로 아마 소지한 사람이 제출하고 돈을 돌려받는 무기명채권이었을 것이다. 인쇄된 종이가 얇은 것을 보면 지폐처럼 여러 번 거래되지 않고 금방 상환할 것을 상정한 듯하다. 금융도구로서 특이한 점이라면, 관리의 이름과 발행일을 쓰는 칸이 있다는 점이다. 정부 감사관이 징발 담당관의 지출내역을 합하고 검토하여 나랏돈을 어떻게 썼는지 규명하려는 목적이었을 것이다. 즉, 이 권리증서가 중요한 이유는 중국 역사상 송나라 때 제작되어 지금까지 전해 내려오는 금융문서일 뿐 아니라, 돈을 자유롭게 순환시키는 대안적 금융기술이며 소금 독점매매권리증처럼 상품에 기반을 둔 도구라는 데 있다. 퀼과 나는 이 권리증서가 전국에서 유통되는 지폐를 대체하는 대안 지불체계이자, 자유시장경제가 아니라 정부통제 경제에 의존하는 체계를 상징한다고 결론지었다. 문서에 담긴 화폐가치는 특정한 발행 담당관에게서 나오는 것이다. 중국 정부는 관리가 어려운 시험을 통과하고 유교의 도덕 기준을 엄격하게 지키도록 강제했지만, 관리들이 증서에 서명하고 날짜까지 적어야 했다는 사실에서 보듯 관료제가 돌아가려면 신뢰뿐 아니라 검증도 필요했다.

왕안석과 정부 수용

왕안석王安石은 중국 역사를 통들어도 매우 파란만장한 삶을 산 사람이다. 관료에게 유능함뿐 아니라 학식 또한 강조했던 중국 교육체계의 산물인 왕안석은 오늘날 송나라 최고의 문인이자 가장 논란이 큰 정치인으로 기억된다. 그는 공공부문 경영자로서 민간사업의 이익을 국가에 돌리려 했다. 관리로 일하던 시절에 왕안석은 나라가 항상 전쟁에 휘말려 있는 상황 덕분에 폭리를 취하던 상인들에게 주목했다. 송나라에서 물자를 운송하고 기병이 탈 말 같은 자원을 끊임없이 보급하려면 민간에 기대는 수밖에 없었다. 1069년 신종神宗의 수석고문(參知政事)에 임명된 그는 중국 경제 중 상당한 부분을 국가 몫으로 돌리는 경제개혁 정책을 발표한다. 그는 대놓고 관중을 인용하며 가격체계와 교환비율

(輕重)의 통제력을 민간부문에서 빼앗아 제국 전체에 물자가 매끄럽게 흘러가게 하려 했다.

앞서 관중이 그랬듯이 왕안석도 가격체계를 정부가 통제하는 것이 국가의 경제를 부강하게 하는 수단이라고 확신했다. 왕안석이 권력을 쥐었던 시기에 차마사茶馬司(차와 말의 교역을 관리하던 관청)는 강력한 권력기관으로 성장했다. 차마사는 높았던 차 수요를 이용하여 돈을 마련하고, 북쪽에서 침략해 오던 유목민족과 싸우는 데 계속 필요했던 말을 티베트에서 구입했다.7

왕안석이 개혁하기 전에는 나라에서 차와 말을 교역할 허가나 특혜를 받은 힘 있는 상인들이 이익을 보았지만, 개혁 후에는 국가가 중개인을 통하지 않고 정부 차원에서 사업체를 운영하여 이익을 국가에 귀속시켰다. 그래서 왕안석의 개혁안을 사회주의의 옛 형태로 보는 사람도 있다. 한편 왕안석은 소작농에게 저리(20퍼센트)로 돈을 빌려주는 관청도 설립하였으며, 여기서도 정부가 민간 금융부문과 직접 경쟁하였다. 그리하여 얼마간은 나라가 필요로 하는 부문에서 민간 상업활동을 불허하기도 하였으며, 전쟁을 치르는 최전선에서는 더더욱 그러했다. 이 시기 송나라는 서쪽에 있는 서하西夏와 자주 분쟁을 겪었다. 나라의 재정이 어떤 상태이든 어쨌든 병사는 먹이고 재워야 했고, 말과 수레는 사들여야 했다.

왕안석이 민간사업을 상대로 성전을 벌인 결과, 이윤추구가 없어진 것이 아니라 공공부문이 민간부문을 대체하고 이익이 중앙정부라는 '단일한 원천'을 통해 흘러가게 되었다. 정부는 지대를 축적하여 물자흐름을 안정시키고 관리하는 역할을 수행했다. 상부의 통제와 규제를 받고 승인을 받는 한 사업에는 문제가 없었다. 이 시기에 정부는 차·소금·

술을 전매하여 상당한 수입을 얻었다. 왕안석은 1074년에 자리에서 물러났다가(아이러니하게도 나라에서 돈을 빌렸다가 파산한 사람들에게 채권을 지나치게 열심히 상환받으려다 일어난 일이다), 복귀하여 다시 얼마간 권력을 잡았지만 결국 1076년에 퇴임한다. 그 후 그가 추진한 통찰력 넘치는 계획은 폐기되었다. 하지만 그는 《관자》를 인용하고 《주례》를 적용하는 등 역사의 선례를 현명하게 이용하여 경제력을 국가에 집중시켜야 한다는 기본 사상을 정당화했고, 이 사상은 중국의 통치방식 중 하나로 자리 잡았다. 물론 왕안석이 금융공학을 이용하여 중앙정부에 기여하는 방식을 최초로 도입한 사람은 아니다. 하지만 이를 왕안석처럼 예나 지금이나 친숙한 방식으로 대중을 설득함으로써 세련되게 구현해 낸 정치인을 찾기는 어렵다.

🪙 서양인이 본 중국의 혁신

오늘날 지폐 없는 세상은 상상하기 힘들지만, 진귀한 행운 덕분에 당시 외국인이 지폐라는 금융혁신을 보고 얼마나 놀라워했는지 확인할 수 있다. 13세기 베네치아 상인 마르코 폴로Marco Polo가 정말 흑해를 넘어 동방을 여행했는지는 논란이 있다. 마르코 폴로가 남긴 근사한 기록은 중세 소설가 루스티첼로Rusticello가 폴로와 함께 제노바 감옥에 갇혀 있을 때 듣고 쓴 것이다. 이 책은 마르코 폴로가 중국으로 건너가 쿠빌라이 칸의 신하로 일한 이야기이다. 그가 황제의 주요 조언자가 되어 중국 도시 하나를 온전히 다스릴 권한까지 위임받았다는 이야기는 어쩌면 실크로드를 오가던 상인에게 들은 이야기들을 조합하여 꾸며 낸 것인지도 모른다. 어쨌든 이 책 내용 중에서도 나무껍질을 가지고 돈을 만들었다는 부분은 현장감이 넘치는데, 유럽인이 명목화폐를 처음 보고 느꼈을 놀라움을 직간접적으로 잘 전달하고 있다. 아래에 이 부분 전체를 인용한다.

대칸大汗은 어떻게 나무껍질을 종이 비슷한 것으로 만든 후 온 나라에 화폐로 통용시켰는가.

이제까지 황제의 도시 캄발룩(원나라 수도 대도大都의 다른 이름 칸발리크 汗八里를 《마르코 폴로 여행기》에서 가리키는 이름 - 옮긴이)이 얼마나 훌륭한지 자세히 살펴보았으니, 이번에는 이 도시에서 황제의 돈을 찍어 내는 조폐소 이야기를 해 보겠다. 그리하면 대칸이 이 책을 통하여 이제껏 말한 것보다, 그리고 앞으로 말할 것보다도 훨씬 많은 일을 해낼 만한 사람이라는 사실을 명백하게 보여 줄 수 있을 것이다. 앞으로 무슨 말을 하건 진실만을 말한다는 사실을 독자는 아마 믿지 못할 것이다!

캄발룩 시내에 있는 황제의 조폐소가 돌아가는 모습을 알게 된다면 황제가 연금술의 비밀에 통달했다고 말할지도 모르겠는데, 그 말이 사실일 수도 있다. 황제는 이렇게 돈을 만든다. 우선 특정한 나무의 껍질을 벗겨 오는데, 여러 구역에서 빼곡하게 자랄 만큼 수가 많은 이 나무는 사실 누에의 먹이가 되는 뽕나무이다. 이 중 실제로 사용하는 것은 목재로 쓰는 부분과 두꺼운 바깥 껍질 사이에 있는 하얗고 고운 속껍질인 인피(靭皮)이다. 이것을 가지고 검은색 종이 비슷한 것을 만든다. 종이가 완성되면 여러 가지 크기로 재단한다.

종이는 마치 순금이나 순은인 양 엄숙한 절차를 거쳐 인쇄되며, 모든 지폐에는 여러 관리가 자기 임무대로 서명하고 날인한다. 모든 절차가 제대로 끝난 후 칸에게 권한을 위임받은 국장이 맡은 옥새에 인주를 묻히고 종이 위에 찍어 옥새의 모양을 붉은색으로 종이 위에 새기면 비로소 정식 화폐가 탄생한다. 대칸은 이 화폐를 온 세상 보물의 가치와 맞먹을 만큼 엄청나게 발행하면서도 아무런 대가를 치르지 않는다.

대칸은 앞에서 묘사한 과정대로 제작된 지폐를 가지고 자기가 지출한 비용을 대고, 또한 이 지폐가 자기 나라와 속주는 물론, 권력과 지배력이 미치는 모든 곳에서 통용되게 한다. 자기가 얼마나 강한 사람이라고 생각하든 간에 감히 이 지폐를 받지 않는 사람이 있다면 사형에 처해진다. 대칸이 지배하는 땅을 밟고 지나가는 사람이라면 모두 이 종잇조각이 통용된다는 사실을 알고, 또한 순금으로 만든 금화나 마찬가지로 물건을 구매하는 데 사용할 수 있으므로 사실은 모두 기꺼이 지폐를 받는다. 게다가 인도 같은 나라에서 온 상인은 들고 온 금·은·보석·진주를 황제 아닌 다른 사람에게 팔 수 없다. 황제는 빈틈없고 이 분야에 경험 많은 전문가 열두 명을 뽑아 일을 처리한다. 전문가는 물건을 평가하고, 황제는 지폐로 후한 값을 치러 준다. 상인도 흔쾌히 대가를 받는데, 첫째, 다른 사람에게는 이렇게 좋은 값을 받기 힘들고, 둘째는 대금을 즉시 지불받기 때문이다. 또 지폐는 제국 어디서나 원하는 것을 사는 데 쓸 수 있을 뿐 아니라 매우 가벼워서 가지고 다니며 여행하기에도 좋다. (중략) 그리하여 황제는 매년 이렇게 귀한 물건을 엄청나게 사들이기 때문에 끝없이 많은 보물을 가지게 된 한편, 그러느라 지폐를 지불할 때 드는 비용은 하나도 없다. 게다가 금·은·보석·진주를 가졌을 경우 조폐소에 내면 후한 값을 쳐 준다는 포고가 1년에도 몇 번씩 발표된다. 그만한 가격을 내고 사갈 사람은 달리 없기 때문에 물건을 가진 사람도 포고를 들으면 기뻐한다. 따라서 이렇게 하여 들어오는 양도 엄청나지만 물건을 내지 않는 사람에게도 별일은 없다. 그렇다 해도 나라에 있는 귀중품은 거의 다 이런 방식을 통해 대칸의 소유물이 된다.

훼손된 지폐의 소유자는 조폐소로 가서 가치의 3퍼센트를 지불하고 새 지폐로 바꿔 온다. 그릇이나 허리띠 같은 것을 만들 금·은·보석·진주가 필요한 부자는 조폐소에 지폐를 내고 필요한 것을 사온다.

이렇게 하여 대칸이 어떤 방식과 수단을 통해 전 세계 모든 왕보다도 더 많은 보물을 가질 수 있고 실제로도 가졌는지 살펴보았다. 독자는 여기에 얽힌 모든 사실과 그 이유를 알게 되었을 것이다.8

마르코 폴로가 남긴 기록은 단순히 지폐제작을 다룬 보고서에 그치지 않고, 중앙정부가 세심하게 규제하고 경제정책 도구로 삼는 화폐제도가 묘사되어 있다. 황제는 귀한 물건을 지폐와 교환하도록 강제하여 결과적으로 민간 상업에 개입했다. 지폐는 순환하는 교환수단일 뿐 아니라 중국에서 영업하는 외국 상인의 자본을 확인하고 인증하는 수단이었다. 한편 명백하게 상업에 세금을 부과하는 수단이기도 하다. 백성이 진주 같은 귀중품을 돌려받는 절차를 묘사한 부분도 흥미롭다. 정부가 상환가격을 일반 시장가격보다 높게 설정하여 백성이 상환할 동기를 주었음을 생각해 보자. 1,000년 전 《관자》에 나온 계책 그대로이다.

영광이 넘치고 문명화하였으며 예술이 융성했던 송나라는 마르코 폴로가 중국에 오기 전에 유목민족의 침략을 받아 정복당했다. 새 몽골 지배자는 자체의 통치제도를 들여와 한족 지방관리 위에 색목인色目人 관리자를 두기도 했다. 하지만 쿠빌라이 칸은 명목화폐를 계속 사용해야 할 이유가 무엇인지 이해했다. 그는 전 왕조인 송나라를 따라 계속하여 지폐를 인쇄하고 지출을 확대했다. 14세기 후반에 명나라가 원나라를 몰아낸 후에도 지폐의 사용과 남용은 여전히 계속되었다.

10장

금융의 분기

조지프 니덤Joseph Needham은 일생을 바쳐 중국의 과학 발전을 상세하게 다룬 총서를 펴냈다. 《중국의 과학과 문명Science and Civilization in China》(한국에는 축약본과 총서 일부가 번역 출간되었다.-옮긴이)은 두말할 것 없이 20세기에 나온 가장 위대한 책으로 손꼽힌다. 옛 중국에서 일어난 수학·과학·공학적 업적을 체계적으로 기술한 이 총서는 1956년에 처음 출간된 이후 이제 17권으로 늘어나 수학·물리학·공학·인쇄술·화학·군사학·직조기술·광업·식물학·생물학·농학·의학·논리학 등을 포괄한다. 지금은 케임브리지 대학 니덤 연구소Needham Institute가 Science and Civilization in China를 계속 출간하고 있다. 총서는 처음 출간된 후 반세기 동안 거의 니덤 혼자서 서구 시각에서 바라본 문명사를 재평가하는 계기를 제공하다시피 했다. 이전 몇 세기 동안 유럽인들이 직접 접촉하여 알아낸 중국의 과학·기술 지식만으로 서양 사회가 세계의 진리와 빛의 유일한 원천이라고 주장하는 것은 합당하

그림 10.1 과학사학자 조지프 니덤. 그는 18세기와 19세기에 중국과
서양 사이에 나타난 커다란 분기에 대해 의문을 제기했다.

지 않다. 그렇게 단정하기에는 중국 문명 전반에 대한 연구의 깊이와 양이 일천하기 때문이다. 《중국의 과학과 문명》은 바로 그 최소한의 요건인 2중의 문화 관점을 제공했고, 더 나아가 제2천년기에 유럽 문화가 차별화된 이유가 무엇이었든 간에 어쨌든 과학·기술 노하우가 우월해서는 아니었다는 사실을 암시한다.

사실은 니덤 자신도 총서의 양이 늘어나고 중국 과학 지식에서 나오는 근거가 계속 쌓여 가자, 산업혁명이 왜 중국이 아니라 유럽에서 일어났는지 궁금해하기 시작했다. 송나라 과학자가 그토록 현명하고 생산기술이 그렇게 효율적이었다면, 19세기 유럽과 아메리카에서처럼 기술혁신 자체가 어느 순간부터 저절로 이루어지면서 기술도약으로 이어지지 않은 이유는 무엇일까? 유럽의 교통은 1820년대에서 제1차 세계대전까지 한 사람의 일생에 불과한 시기 동안 말이 끄는 마차를 이용하다 운하가, 철도가, 자동차가, 그리고 항공교통이 태동하기까지 급속하게 발달했다. 같은 기간 유럽과 아메리카의 조명은 등잔에서 가스등으로, 그리고 전등으로 발달했다. 고속통신은 우편제도에서 시작하여 대서양 횡단 전신으로 발달했다가 무선통신과 전화체계로 급격히 변이했다. 《중국의 과학과 문명》을 집필한 니덤 및 다른 저자들은 이처럼 놀라운 기술 발달을 하나하나 살펴보면서 중국 과학계에서도 비슷한 발전으로 이어질 만했던 특징을 짚어 냈다. 예컨대 중국 과학자들은 수력공학을 연구하여 세계에서 가장 광범위한 운하망을 만들어 냈고, 또한 철광채광과 금속공학에서도 세계 최고였다. 증기력도 알고 있었다. 세계 최초의 증기기관차가 중국에서 나오지 않은 이유는 대체 무엇일까? 제임스 와트James Watt, 로버트 풀턴Robert Fulton, 알렉산더 그레이엄 벨 Alexander Graham Bell은 왜 중국인이 아니었을까? 중국은 세계 다른 나라에 비하여 그토록 앞선 기술을 보유했으면서, 또한 관료제 역시 그토록 발달했으면서 세계 역사상 가장 규모가 컸던 기술변혁인 산업혁명이 일어나기 직전에 왜 비틀거렸던 것일까?

단순하게 답한다면 우연 때문이다. 와트, 풀턴, 벨 같은 천재는 드물다. 어쩌면 산업혁명은 특정한 역사의 순간에 천재성이 우연히 한데 모여 생긴 유전자의 '장난'일 것이다. 이러한 우연이론에 반론을 제기한 사람은 중국(대만) 경제학자 저스틴 린Justin Lin(중국명은 린이푸林毅夫)이다.[1] 린은 유전자 변이만큼 확률규칙이 잘 들어맞는 것도 드물다고 지적한다. 엄청난 천재가 태어날 가능성은 인구의 함수에 따라 결정되는데, 송나라 시절에 세계에서 중국보다 인구가 많은 나라는 없었다. 어떤 사람은 이 주장을 확장하여 천재가 태어났더라도 흥미로운 문제에 노출시키며 육성해야 했다고 말한다. 중국 교육제도는 오로지 평등을 추구했으니, 토머스 에디슨이 중국 고전을 외우느라 6년을 보내야 했다면 전기를 가지고 놀 시간이 있었겠느냐는 의문도 품을 만하다. 어쨌든 송나라 시절 중국 도시의 밀도는 창조적 지식이 흘러넘쳐 혁신을 자극하기에 충분했다. 따라서 린은 우연만으로는 차이를 설명할 수 없음을 보여 주었다.

소위 '니덤 수수께끼'에 매달린 명석한 학자는 수도 없이 많다. 린은 서양의 과학적 실험방법론이 우연에 따른 발견과정을 체계적으로 가속하고 조직하며 최적으로 활용하는 결과를 낳았다고 설명했다. 그의 시각에 따르면 차이를 만들어 낸 요소는 과학적 방법론이다.

중국 문명이 계속 달성했던 성공 자체도 또 다른 요소이다. 이 책 2부에서 살펴본 금융해법을 보면 중국은 계획·자원배분·위험 최소화 등 수없이 많은 복잡한 문제를 잘 풀어 왔다. 자기 나름대로 경로를 밟으며 화폐를 발행하고 시장을 발달시키기도 했다. 역사학자 마크 엘빈 Mark Elvin은 송나라가 '높은 균형 함정high equilibrium trap'에 빠졌다고 주장한다. 제1천년기의 농업을 살펴보면 중국은 더 혁신할 필요가 없어 보일 만큼 성공적으로 발전했다. 반면 유럽은 낮은 수준에서 발전하기 시작했기 때문에 기술을 급격히 바꿔야 할 필요가 더 컸다.

캘리포니아 대학 케네스 포메란츠Kenneth Pomeranz 교수는 '지리결정론'이라는 급진적 사상을 제시했다. 포메란츠에 따르면 중국의 천연자원은 효율적으로 활용하기 어려웠다. 광석은 운송이 편리한 하천과 거리가 먼 곳에 주로 매장되어 있었다. 중국의 집약적 산업화를 막은 것은 바로 지형이었다.

그런데 이러한 설명에는 기술발전을 뒷받침하는 금융의 역할이 무시되고 있다. 기술에는 천재성이 필요하지만 또한 자본도 필요하다. 철도가 존재하려면 철로를 깔고 열차를 살 자금이 필요하다. 하지만 투자에 성공하면 수익이 난다. 그리고 사업가에게는 안정된 직장에서 일하는 대신 모험을 계속할 동기가 있어야 한다. 사업가가 혁신으로 돈을 벌려면 특허 같은 법적 보호수단이 뒷받침되어야 한다. 사업가가 이룬 혁신을 국가가 빼앗아 간다면 인적 자본을 투자할 이유가 없어진다. 자본시장과 지식재산권 보호는 사업가의 동기와 자본투자를 지탱하는 보조 요인이다. 중앙집권화한 중국 정부는 새로운 기술을 만들어 내는 개인에게 보상할 여력을 갖췄지만, 한편 시장이 새로운 발상에 자금을 대지는 못하게 했다.

물론 예외도 있다. 컬럼비아 대학 매들린 젤린Madeleine Zelin 교수는 18세기 후반에서 19세기 전반 사이에 사천 지역에서 암염 채굴권 지분을 거래하는 자본시장이 마치 오늘날 주주자본주의를 연상케 하는 형태로 발달했음을 보여 주었다.[2] 포메란츠는 같은 시기에 중국에서 여러 투자자에게 자본을 받아 설립된 농업회사를 연구했다.[3] 즉, 중국에서도 가끔씩은 주식회사 같은 구조와 증권거래를 통해 사업자금을 대는 방법을 찾아낸 사업가가 나왔다. 따라서 금융 발달의 차이는 근본적 제약의 문제라기보다는 규모와 적용 범위의 문제였을 것이다. 니덤 수수께끼를 풀려면 금융의 보조 요소를 진지하게 탐구해야 한다.

산업혁명을 전문으로 연구하는 역사학자 중에도 19세기 유럽의 금융제도가 필수적인 보조 요소였다고 주장한 사람이 있다. 산업혁명이 진행되면서 유럽에서는 소득 불균형이 심화하고 소득이 투자자에게 집중되었다. 손꼽히는 경제사학자 로버트 앨런Robert Allen은 기술을 전문으로 연구한다. 그는 영국 산업혁명 시기의 소득 불평등을 연구한 2005년 논문에 이렇게 썼다. "새로운 공장방식을 도입하는 데 드는 자금을 공급하려면 소득이 자본가에게 이전되어야 한다. (중략) 이윤배분 폭이 커졌기 때문에 자본수요를 충족하고 산출을 늘리는 데 드는 자금을 끌어올 수 있었다."[4] 간단히 말하면 불평등 심화라는 비용이 들기는 하지만 투자자에게 이윤으로 보상하는 금융체계가 투자를 촉진하고 기술발전을 뒷받침했다. 3부에서 살펴보겠지만 투자에 보상하는 체계를 개발하는 과정은 주로 유럽에서 오랫동안 복잡하게 진행되었다.

중국과 서양의 차이는 기술발전에서 벌어지기 전에 금융 발달에서 먼저 벌어졌다는 것이 가장 강력한 근거이다. 유럽 금융시장은 증기기관이 발명되고 생산공정이 기계화될 때 갑자기 출현한 것이 아니다. 상업은행과 조직화한 증권시장은 산업혁명이 일어나기 최소한 2세기 전부터 유럽에 존재했다. 19세기에 철도회사가 철로를 깔고 기차를 만들 자본을 얻으려고 접촉한 폭넓은 투자자 층은 거액을 내고 미래에 돌려

받기로 하는 방식에 익숙했다. 당시 서양에는 투자기회를 얻으려는 수요와, 이 수요를 충족하는 상품을 개발할 구조화된 노하우가 존재했다. 반면 중국에는 기술 우위를 지닌 사업체와 자본을 지닌 민간 투자자를 한데 모아 줄 체계적 수단이 거의 없었다. 한마디로 중국에는 재화와 상품을 거래할 거대하고 체계적인 시장이 있었지만, 자본시장의 발달 수준은 그에 미치지 못했다.

19세기에 동양과 서양 사이에서 나타난 산업 발달의 대분기가 금융의 분기 발생 이후에 나타났을 뿐 아니라, 부분적으로는 금융의 분기 때문에 나타난 것이기도 하다면, 그렇게 된 것은 어떻게, 언제, 왜일까? 어떻게 유럽이 중국을 뛰어넘는 종이 기반 경제를 발달시켰을까? 앞서 보았듯이 송나라에서는 소유권을 기록하고 이전하는 종이 기반 기술이 매우 발달했다. 당시 중국에는 극도로 추상화된 가치 개념이 이미 존재했다. 중국인은 종잇조각이 사실상 재산을 상징하며 무기명 증권 기능을 한다는 사실을 이해하고 활용했다. 여기에서 조금만 더 높이 도약했다면, 예컨대 소금 전매회사 같은 사업체가 투자자에게 자본을 끌어모으고 그 대가로 주식 소유권을 나타내는 증명을 발급해 주는 주식회사 자본주의가 발달했을 것이다.

사실은 중국에도 고도로 발달한 정보관리 체계가 있었다. 회계와 문서는 도덕적 해이에 대응하는 기본 도구였다. 이러한 기술이 있었다면 관리자와 대리인을 감독하여 민간기업을 잘 관리했어야 마땅했다.

중국의 금융기술에 없었던 한 가지 요소는 시간 차원이다. 중세 후기와 르네상스 시절 유럽 정부들은 허약했기 때문에 계속 돈을 빌려 가며 재정을 적자로 운용할 수밖에 없었다. 중국에서는 그렇지 않았다.

12장에서는 그러한 특정 사례 하나를 살펴볼 것이다. 1174년 베네치아는 콘스탄티노플을 상대로 전쟁을 치를 함대를 조직해야 했다. 그래서 미래에 되갚겠다는 약속, 즉 채권을 시민에게 발행했다. 이러한 채권거래시장은 마르코 폴로의 집에서 몇 걸음 거리에 있는 리알토 다리Rialto Bridge 발치에서 발달했다. 반면 송나라는 군사적 위기에 직면해도 채권 발행 없이 지폐를 더 인쇄했다. 중국에서 금융위기 대응책은 물가를 올리는 것이지, 비용을 미래로 전가하는 것이 아니었다. 왕안석 집권기 송나라 정부는 차입자가 아니라 대부자였다. 이렇게 되면 시간 개념이 도입되고 국가가 성장하는 데는 별 효과가 없다.

국가가 차입을 한다는 것은 어떤 의미에서 국가 차원의 다단계판매와 같다. 기본 개념은 오늘 돈을 빌려 나라의 미래 경제력을 키울 대상에 투자한다는 것이다. 간단히 말하면 국가는 미래의 세금수입을 늘릴 수 있는 활동에 투자하려고 돈을 빌린다. 시민이 투자금과 미래에 얻을 수입을 고려할 때 장기적으로 수익이 나리라고 신뢰하려면, 우선 국가가 투자하여 경제적 수익을 내리라고 믿어야 한다. 《관자》 이래 중국 정부는 전략적·경제적 힘을 비축하기보다 공급에 주력했다. 현재 갖춘 재정능력은 자연이나 국가의 적이 문제를 일으킬 때 대중에게 제공할 강력한 도구였다. 이렇게 비축한 힘을 제대로 관리하는 것이 재무 담당 부서의 임무였다. 개인의 저축과 투자는 개인의 손익과 국가의 손익을 분리하는 결과를 낳았다. 최소한 중국 관점에서 본다면 금융체계의 분기는, 미래에 상환하겠다는 약속이 적힌 종이를 원하는 수요가 상당히 크다는 사실을 유럽 국가가 깨달아 가고 있던 바로 그때, 송나라에서는 정부 차원에서 돈을 빌리는 방법을 개발하지 못했기 때문에 발생했다.

포메란츠는 금융체계가 대분기를 낳은 근본이라는 사실을 부인하지 않지만, 한편으로는 중국에도 민간 자본시장이 있었다고 주장한다. 중국의 국내 금리기록은 지금까지 전해진다. 민간 대부시장은 역사적 시기에도 잘 이어 내려왔다. 위에서 지적했듯이 심지어 18세기에는 중국 고유의 재산권·법·회계방식에 기반을 두고 사기업이 설립되었다는 기록도 있다. 1949년까지 중국에는 사기업과 자본주의가 죽 존재했지만, 한편 정부관리의 개입과 감독에서 벗어난 적도 드물었다. 중국에서 사업을 할 때 국가가 후원하고 통제한 사례는 예외가 아니라 일상사였다.

🪙 중국이 받은 영향

중국사에 등장한 금융과 금융사상은 요약하기 힘들 정도로 광범위하다. 하지만 2장에서 살펴본 핵심 주제 몇 가지를 추릴 수는 있다. 첫째, 서남아시아에서는 문자의 뿌리가 회계·금융·도시성과 밀접했지만 중국에서는 그렇지 않았다. 중국에서는 불확실한 미래 때문에 문자가 나타났다.

중국에서 처음 일어난 금융 발전을 고대 서남아시아와 지중해 문명과 비교해 보면, 정교한 금융체계가 서로 다른 기원에서 발달하기도 한다는 사실을 알 수 있다. 화폐라는 발상이 유라시아대륙 서쪽에서 동쪽으로 확산되었을 수도 있지만, 중국 동전이 조개껍데기에 기원을 두기 때문에 전혀 다른 모양을 갖춘 것을 본다면 아마 동양과 서양의 화폐는 별도로 발명되었을 것이다. 그렇다면 금융기술이란 보통 경직되어 있지만 한편 영리한 사업가나 관리가 근본 문제를 해결하려고 몇 번이고 재발견하여 독립적으로 출현하기도 한다고, 그리고 동전·대출·회계제도·계약·증권·지폐 같은 특정한 제도와 기술은 서로 다른 전통에서 출현했다 해도 결국 안정적 평형상태를 이룬다고 볼만하다.

중국 문명이 발달할 때 중요했던 도구나 금융 개념은 서양과는 다르다. 중국에서는 나라의 규모와 넓이 때문에 경제적 동기와 감독방식을 연구하는 관리이론이 일찍부터 출현하고 발달했다. 한 예를 들면 중국에서는 한편으로 이익동기를 중시하고 다른 한편으로 감독·연간 결산·보고 등을 통해 부패를 통제했다. 8장에 나온 옛 중국 수학책에는 노동 생산력 측정과 기록방법, 건축과 생산에서 발생하는 손실량 계산 같은 문제가 나온다. 이는 행정 담당자가 상급자에게 장부를 보고할 의무가 있는 관료제에서는 중요한 문제이다. 오늘날 보기에는 이러한 회계제도가 그리 특별해 보이지 않는데, 지금은 정부관리의 책임 문제가 늘 따라다니기 때문이다.

돈은 동서양 문명 어디에서나 중요했지만 중국에서 더욱 중요했다. 새 화폐제도 도입은 기원전 221년 중국 통일을 상징한다. 제국 전체를 단일한 화폐로 묶는다는 대담한 전략 덕분에 교역 효율이 분명히 높아졌을 것이다. 이는 유로화가 도입된 1990년대부터 유로존 사람들이 향유한 이점이기도 하다. 하지만 한편으로는 중앙에서 통화정책과 통화 유통량을 결정했기 때문에 각 지역이 겪은 경제문제도 있을 것이다.

사천에서는 구리화폐가 국경지역으로 흘러 들어가지 않도록 철제화폐를 도입한 독특한 문제 때문에 지폐가 등장했다. 지폐는 오랜 역사를 지닌 '날아다니는 돈'과 '양도 가능한 영수증'에 기반을 두고 등장한 논리적 돌파구였다. 종이로 만든 명목화폐는 일단 등장하고 나자 국가의 강력한 도구가 되었지만, 그러려면 당연히 군주가 절대권력을 갖춰야 했다. 절대적 명령권 없이 명목화폐를 만들기는 불가능하다. 따라서 화폐가치는 국가의 힘과 함께 올라갔다가 결국 떨어진다. 오랜 시간이 지나 유럽 역사에서도 같은 교훈이 등장한다.

3부

유럽이라는 도가니

3부에서는 유럽에서 금융혁신이 시작된 초기부터 현대적 국제화를 시작한 시기까지를 살펴본다. 앞에서는 금융기술이 중국이라는 거대한 단일 제국을 유지할 때 어떤 역할을 했는지 알아보았다. 앞으로 살펴볼 서양에서는 도시와 소국 간 다채롭게 파편화된 경쟁이 빈번하여 대국을 이룬 일은 드물기 때문에 중국과 매우 다른 금융제도가 출현했다. 서기 1000년 이후 유럽이라는 도가니에서는 사회와 시간의 관계, 사회와 돈의 관계를 완전히 바꾸어 놓은 금융제도가 탄생했다. 이러한 현상이 어떻게, 왜 생겼는지 설명하는 이론은 수없이 많다.

　소국들로 파편화된 유럽의 상황은 창의적이고 독립적인 금융 실험을 자극했다. 파편화된 유럽의 정치경제는 투자시장이 발전하고, 주식회사가 다시 발명되며, 비정부 은행제도가 출현하고, 복잡한 생명·자산·무역 보험이 등장하며, 정교한 금융수학·추론·분석 절차라는 전통이 정교하게 발달하도록 촉진했다. 아울러 이러한 혁신은 인간의 행동을 바꾸었다. 혁신은 위험과 우연을 보는 태도를 바꾸어, 한편으로는 확률에 따른 사고와 계산을 등장시켰고, 다른 한편으로는 고삐 풀린 투기를 낳아 세계 최초의 주식시장 거품을 부추겼다. 유럽은 결국 유럽과 전 세계를 투자자로 바꾸어 놓았다.

　유럽의 금융 발달을 핵심 단계별로 나누면, 첫째는 금융제도의 출현, 둘째는 증권시장의 발달, 셋째는 주식회사의 출현, 넷째는 주식시장의 갑작스런 폭발, 다섯째는 위험의 수량화, 마지막은 전 세계를 향한 제도 전파이다. 서기 1000년 이후 유럽 금융구조가 이처럼 급격하게 재편되자 여러 가지 경제문제가 놀라울 정도로 신기하게 해결되었지만, 이 해결책은 미묘한 저항을 불러일으키기도, 때때로 사회 혼란을 야기하기도 했다. 그 결과 새로운 혁신과 변화가 이어졌다. 제2천년기 동안 유럽은 금융을 시험하는 거대한 실험장이 되었다. 앞으로 살펴보듯 현대 금융기술이 발달한 과정은 절대 일직선이 아니었다. 새로운 발상은 제대로 효과를 내기도 했지만 대실패를 겪기도 했다.

후대 사람들에게 주식투기가 위험하다고 경고하기 위해 네덜란드에서 1720년에 출판된 《어리석음을 비추는 위대한 거울》의 삽화. 금융시장에서 벌어지는 광란을 악마의 수작으로 묘사했다.

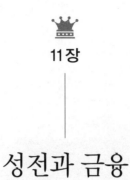

11장

성전과 금융

성전기사단은 일반적인 금융사 연구 대상과 동떨어져 보인다. 성전기사단은 십자군전쟁 시대에 발전한 종교기사단이기 때문이다. 그런데 한편으로는 사회봉사기관이 스스로 탈바꿈하여 금융기관이 된 중요한 사례이기도 하다. 기사단은 14세기까지 거대한 초정부기관으로 성장하여 유럽 경제 대부분과 몇몇 주요 왕국의 금융을 좌지우지했다. 그리고 청빈하게 살며 종교적 사명에만 헌신하겠다고 서약했지만, 결국에는 중요한 금융중개자가 되었다. 성전기사단이 유럽에 영적으로가 아니라 금융 면으로 기여하도록 변한 이야기에는 배울 것이 많다. 이들이 몰락하고 박해받은 과정을 보면, 오늘날 이야기하는 금융기관의 '대마불사론'이 지닌 한계도 드러난다.

그림 11.1 런던의 성전교회

🪙 런던 첫 번째 은행

성전교회Temple Church로 가다 보면 매번 성지순례를 하는 느낌이 든다. 마치 미로 같은 뜰을 지나 북적거리는 플리트 스트리트에서 런던의 역사로 한 걸음 한 걸음 더 깊이 들어가다 보면 인스오브코트Inns of Court(영국 고유의 법학대학원 – 옮긴이)의 한적한 중심에 도달한다. 여기에 서 있는 한 기둥 꼭대기에는 말 한 마리에 같이 탄 두 기사의 조각상이 올라가 있다. 기념비 반대편에는 평범한 고딕 양식으로 지은 본당과 독특한 원형 예배당이 이어져 있다. 바로 댄 브라운Dan Brown이 쓴 《다빈치 코드Da Vinci Code》의 무대가 된 성전기사단 교회이다. 1185년에 지어진 교회는 성전기사단이 탄생한 장소이자 이들이 보호하겠다고 서약한 예루살렘 성전산Temple Mount의 교회를 본뜬 것이다. 성전교회와 인스오브코트 중 건물 두 동은 한때 성전기사단 런던지부였다. 런던의 세속적인 장소와 떨어진 이곳에서는 거친 기사들이 수도회에 소속되어 생활했다. 그리고 믿기 힘들지만 성지에서 영국 제도諸島까지 손을 뻗친 금융기관으로 13세기 대부분 동안 유럽 왕과 귀족의 재정문제를 관리했던 국제조직의 런던 지부이기도 했다. 기사단은 1314년에 기사단장 자크 드 몰레Jacques de Molay가 파리 퐁뇌프Pont Neuf 부근에서 사형당하고, 기사단에게 돈을 빌린 왕실이나 경쟁관계이던 탁발수도회들에 의해 유럽 전역에 있던 재산을 빼앗기면서 갑자기 최후를 맞았다. 그리하여 소속원 개인은 청빈하겠다고 서약했지만 조직은 토지와 보물로 거대한 부를 모은 비영리 은행이었노라는 금융역사상 가장 흥미로운 실험도 막을 내렸다.

제1차 십자군은 1099년에 예루살렘을 점령한 후, 성지를 방문하려 몰려드는 유럽 순례자에게 개방했다. 그로부터 20년 후에 성지 순례자를 보호하려고 창설된 것이 성전기사단이다. 기사단은 레반트 지역에서 순례 경로를 지킬 수 있는 곳에 요새를 세웠다. 수도사가 기사단에 가입할 때는 청빈과 순결 서약을 하고, 빚이 없다고 맹세하며, 성전기사단 밖에서 밤을 보내지 않겠다고 약속했다. 그러고 나서 기독교도 순례자를 지키는 데 일생을 바쳤다.

그 후 기사단은 유럽에서 동방으로 돈을 안전하게 운송해 주는 데까지 사명을 확대했다. 여러 달 동안 여행하기에 충분한 돈을 전대에 넣어 허리에 두른 외국인은 분명 좋은 표적이었을 것이다. 기사단은 유럽에 있는 기사단에 돈을 맡기고 성지에서 인출하는 방법을 만들어 냈다. 9장에서 말했던 중국의 비전飛錢 비슷한 것이 유럽에도 생긴 셈이다. 이처럼 장거리 송금이라는 기본적인 경제기능에서 금융기관 하나가 탄생했다.

성전기사단이 발행하여 순례자가 발행한 신용장은 이제 역사 속으로 사라졌다. 내가 연구한 금융상품 중에서도 가장 찾고 싶은 문서가 이 신용장이다. 기사단 신용장은 당나라 송금증 또는 그보다 앞선 금융 문서와 마찬가지로 절도나 사기를 막기 위한 기능이 있었을 것이다. 여행자가 기사단의 장부기록과 대조하여 자신의 신분을 검증할 특별한 암호나 열쇳말을 지녔을지도 모른다. 역사학자들은 순례자가 순례길을 따라 두었던 기사단 역참에서만 해독할 수 있도록 암호화된 문서를 가지고 다녔을 것이라고 추정한다. 하지만 그보다는 여행자가 옛날에 했던 방식대로 돈을 먼저 보냈을 가능성이 더 크다. 즉, 송금액이나 신용 공여액을 알려 주는 편지를 은행업자끼리 주고받는 것이다. 편지에는 오늘날 현금인출기에서 돈을 뽑을 때 암호를 넣듯, 필요할 때 여행자 본인임을 확인할 정보도 있었을 것이다. 여행자는 먼 목적지에 도착한 후, 출발지에서 예치금을 받은 기사단원이 작성하고 봉인한 문서를 제출하고 자기 신원을 증명할 증거를 제시한 후 돈을 인출했을 것이다. 이때 쓰인 문서가 하나도 남아 있지 않다는 사실이 애석할 뿐이다. 비밀암호를 모르면 훔쳐도 소용없는 방식으로 암호화되었을까? 이것도 성전기사단을 둘러싼 수많은 미해결 수수께끼로 남아 있다.

성전기사단은 보관소와 금융중개인 역할뿐 아니라 자체 재산도 축적했다. 처음에는 기사단에 가입한 사람이나 신앙심 깊은 신도가 기부한 선물이 재산으로 쌓였다. 기사단은 십자군에게 기부하려는 사람이 선택할 만한 주요 자선단체였다. 부동산이 기부로 들어오기도 했다. 예를 들어 예루살렘 왕국의 왕 보두앵Baudouin 1세는 성전산 땅과 알아크사 모스크를 기부했다. 또 왕이나 고위 귀족이 기사단에 봉토나 징세권을 기부하기도 했다. 심지어 기사단은 영토를 정복하는 데 도움을 주고 그중 일부를 떼어 받기도 했다. 아라곤(스페인의 지역명 - 옮긴이) 왕은 기사단에게 무어인(중세에 이베리아반도나 이탈리아 남부 등에 거주하던 무슬림 - 옮긴이)과 싸워 얻은 전리품과 토지 중 1/5을 주겠다고 약속했다. 그리하여 아라곤 왕은 12세기에 기사단을 종교용병으로 고용하여 스페인 전선에 배치하고, 대가로 성과 왕실 세입, 그리고 아라곤 왕국 중 상당 부분에 대한 실질적인 정치적 통제력을 부여했다.

자금이체 체계, 장부기록, 예치기능, 부동산 소유권 계약방식, 부동산 수입배분 등 성전기사단이 보여 준 정교한 금융 처리방식은 유럽 최초로 자본시장이 발달하는 전주곡이기 때문에 중요하다. 기사단이라는 조직은 동시대인 송나라 시절 중국 사회에서도 그랬듯이 바다 너머 또는 전쟁이 한창이라 불확실성이 최고조에 달한 위험한 지역 너머 멀리 떨어진 곳에 재산을 옮겨야 한다는 당시 유럽 사회의 수요에 부응하는 기술이었다. 하지만 기사단 조직은 중국과 달리 매우 다채로운 정치환경에서 운영되었다. 기사단이 봉사한 대상은 정치적으로 통일된 유럽 제국이 아니었다. 기사단이 대응한 목표는 재정능력이 부족하고, 군사·정치 수요에 맞추려고 만성적으로 채무에 의지했으며, 동시에 재정을 믿고 맡길 만한 비정치적이고 중립적인 단체가 필요했던 유럽 각국 군주의 수요였다. 기사단은 교황, 영국 군주, 프랑스 군주, 이베리아반도 왕들 모두를 똑같이 신의를 다해 도왔다. 심지어 이들 군주가 서로 싸울 때도 마찬가지였다. 유럽 군주의 요구는 성전기사단의 성공을 견인했을 뿐 아니라 결국은 몰락도 이끌었다.

🪙 은행 서비스

성전기사단이 제공한 금융 서비스 중 장거리 송금 다음으로 중요했던 다양한 중개활동을 요즘 기준으로 말한다면 은행업이다. 런던과 파리에 있는 기사단 지부는 모두 왕과 귀족의 귀중품을 맡아 주는 금고 역할을 했다. 잉글랜드 왕의 왕관에 박힌 보석을 런던탑이 아니라 성전기사단에 보관한 적도 있다. 여러모로 생각해 봐도 그럴 만하다. 청빈하게 살겠다고 서약하고 훈련도 잘되어 있으며 개개인의 입출금 내역을 점검하는 회계제도를 운영하는 전사들이 지키는, 성벽으로 둘러싼 요새보다 안전한 곳이 대체 어디에 있겠는가?

기사단은 그 외에도 다양한 금융중개 기능을 수행했다. 13세기에는 잉글랜드 왕을 위해 세금을 걷고 납부 현황을 감시했고, 잉글랜드와 프랑스 왕실의 부채와 미지급금 장부를 관리했다. 잉글랜드는 재무부가 정부재정을 관리하면서 기사단이 제공하는 서비스를 폭넓게 이용한 정도였던 반면, 프랑스는 기사단을 사실상 왕국의 재무 및 회계 부서로 삼았다.

잉글랜드 왕은 귀중품을 담보로 잡히고 기사단에게 돈을 빌렸다. 예를 들어 1213년에 존John 왕은 전임 헨리 3세가 그랬듯이 군사비로 쓰려고 금 1,000마르크(금속 무게 단위로 1마르크는 지역에 따라 약 227g에서 약 234g이었다. - 옮긴이)를 빌렸다.[1] 또한 기사단은 유럽 군주 사이에서 서로 결제할 금액을 정산했다. 예를 들어 헨리 3세는 마치 백작에게 올레롱Oléron섬을 사기로 하고, 대금으로 5년 동안 200파운드를 성전기사단 런던 지부를 통해 백작에게 주기로 했다.[2] 군주끼리 갚아야 할 배상금이나 빚도 기사단을 통해 처리할 수 있었다.

기사단이 수행한 금융 관련 역할 중에서 더욱 세련된 것으로는 시점 간 가치교환을 관리하는 업무가 있다. 기사단은 유산을 관리하고 재산을 적정하게 분할하도록 보증하며 종신연금을 판매하는 등 신탁사무소 역할도 했다. 예를 들어 존 왕은 연금을 설립하고, 매년 금액을 지급할 수 있도록 총액을 기사단의 라로셸 지부에 납부하여 자금을 댔다. 마찬가지로 앙굴렘 여백작 앨리스(존 왕과 결혼한 앙굴렘 여백작 이사벨라의 모친 - 옮긴이)에게 줄 지참금 500파운드를 떼어 놓느라 기사단에게 2,500파운드를 선금으로 지급했는데, 이는 기사단의 편의를 위해서, 또는 고의로 돈의 시간가치를 무시한 계약이었다.[3] 프랑스 왕들도 기사단을 통하여 채권과 비슷한 상품을 이용했는데, 이러한 상품은 거래할 수도 있었다는 사실이 재미있다. 예를 들어 1259년에 에티엔 드 몽생장 Etienne de Mont-Saint-Jean은 페르테알레에 있는 성을 포기한 대가로 성루이(즉 루이 9세)에게서 임대료조로 매년 300리브르livre를 성전기사단 파리 지부를 통해 영구히 받게 되었다. 그 후 1270년에는 영구 임대료 수령권 중 절반을 장 사라생Jean Sarrasin에게 팔았다.[4] 영구 수입을 종신 연금으로도 바꿀 수도 있었다.[5] 성전기사단은 오늘날 말하는 '금융상품'을 다양하게 만들어 서비스했다. 기사단이 기록으로 남긴 은행 서비스는 대부분 귀족에게 제공되었지만, 때로는 상인과 장사꾼에게도 제공되었다. 신분이 낮은 요리사조차도 기사단을 통해 대금을 지불하기로 계약한 사실이 장부에 남아 있다.

성전기사단은 진정한 은행업자였을까? 만약 그렇다면 이들의 은행은 어떻게 돌아갔을까? 우선 기사단의 사명은 은행을 운영하는 것이 아니라 순례자를 보호하고 성지를 탈환하는 것이었다는 사실을 명심해야 한다. 기사단이 보여 준 금융활동 역시 같은 관점에서 보아야 한다. 기사단이 취득한 자산, 개발한 도구, 추구한 특권은 아마도 목적을 달성하려는 수단에 불과했을 것이다. 이들이 사명에서 일탈하지 않았다는 말이 아니라, 기사 개인이 금융활동에서 이익을 보지는 않았다는 얘기다. 기사는 성전기사단에 가입할 때 자기 재산을 모두 포기했다.

은행이라는 조직은 예금을 받고 대출을 하고 다양한 금융 서비스를 제공한다. 그리고 다른 일도 한다. 영업하는 지역의 법적 환경에 적합하다면 지분투자를 하기도 하고, 증권발행을 주선하기도 하며, 회사 경영에 참여하기도 한다. 이러한 기준으로 본다면 성전기사단은 어엿한 은행이었다. 성전기사단의 자산을 다른 기사단으로 이전하거나, 기사단을 해산하라고 명령할 권리는 교황에게 있었기 때문에 이 은행을 최종적으로 '소유'하는 것은 가톨릭교회였다. 하지만 이러한 소유권에 의미가 있으려면 일단 기사단이 종말을 맞아야 한다. 기사단은 존재했던 대부분의 기간 동안 입단과 운영구조 승계규칙을 세심하게 정해 둔 일종의 조합으로 운영되었다. 조직의 사명을 확장하려는 수단으로 기사단의 자산은 기사단원만이 관리할 수 있었다. 성전기사단은 교황에게 조직설립을 '인가'받았으며, 그리하여 통합된 기관으로서 움직일 정당한 권리를 부여받았다. 이 말은 예컨대 파리 지부가 진 채무는 런던 지부의 채무로도 취급되었다는 얘기다.

은행은 공립이든 사립이든 비영리든 두 가지 이점을 누린다. 금융 전문성이 첫째이고 자본이 둘째이다. 금융 전문성은 차입자를 평가하고 채무 불이행의 위험을 통제하며, 자산을 안전하게 보호하고, 예금·출금·수입·지출을 평가·나열·문서화·기록하는 능력을 포함한다. 이러한 기술을 성전기사단은 처음에 순례자 금융에 진출하며 발달시키고, 잉글랜드와 프랑스 왕의 사실상 재무 담당자로 일하며 완벽하게 갈고닦았다. 게다가 기사단에는 자본도 있었다. 성전기사단의 최종 자산 상태를 기록한 장부는 없지만 서유럽 전역에 소유한 재산이 엄청나게 많다는 말은 돌았다. 이러한 재산은 어떻게 얻은 것일까? 재산 중 일부는 기부 형식으로 들어왔다. 독실한 신자가 돈·땅·보물을 기사단에 기부하기도 했다. 또 수도자가 기사단에 입단하면서 가져온 개인 재산에서 얻기도 했다. 놀랄 만큼 많은 재산이 유산 형태로 들어오기도 했다. 예컨대 스페인의 알폰소 1세Alfonso I는 왕국 중 상당한 부분을 기사단에 남긴다고 유언했다. 그 후 오랜 협상이 이어진 끝에 1143년이 되어서야 기사단은 알폰소 1세의 유언에 따라 얻은 소유권을 포기하고, 대신 몬손·몽가이·바르베라·찰라메라·벨치테·레몰린스성, 사라고사와 우에스카에서 매년 나오는 수입과 점령에 성공한 무어인 영토 중 1/5을 받기로 했다.[6]

기사단의 재산 중에는 이들이 수행했던 금융 서비스와 연계된 기부 형식으로 들어온 것도 있을 것이다. 은행은 대부분 이자를 매겨 돈을 벌지만, 성전기사단이 마찬가지 방법으로 재산을 모았다는 명백한 증거는 없다. 고리대금업법이 있었으므로 기사단이 대놓고 이자를 매기기는 힘들었겠지만 그렇다고 불가능하지는 않았을 것이다. 상환 연체 수수료 명목으로 이자를 몰래 받을 수도 있다. 한편 고리대금업 금지조항은 성전기사단이 제공한 서비스를 받고 답례로 선물을 주는 것을 금지하지는 않았을 것이다. 그리고 성전기사단은 왕실에 금융 서비스를 제공한 대가로 이자와 다를 바 없는 권리, 예컨대 면세권이나 독점영업권, 또는 소금이나 와인 같은 상품을 팔 때 관세할인 등의 특혜를 받기도 했다.[7]

🪙 성전기사단의 재보

성전기사단이 은행업자로서 어떠했는지를 생각하면 성전기사단이 보유한 재물과 보화도 분명히 있었을 것이다. 기사단의 부는 성채·수도원·교회를 건설하고 유지하거나 십자군 자금을 대는 데 쓰였지만, 유럽 여기저기에 소유한 수많은 부동산도 중요한 자산이었다. 이러한 자산은 흥미진진한 방식으로 운영되었다. 예전에 아라곤왕국이 있던 스페인 북동부에는 기사단의 자산을 상세하게 기록한 문서가 남아 있다. 이러한 기록은 기사단이 소유한 재산의 본질을 정확하게 살펴볼 수 있는 창이 된다.

예루살렘이 기독교와 이슬람교 사이에서 벌어진 국제전의 동부전선이었다면, 이베리아반도는 서부전선이었다. 앞에서 살펴보았듯이 지나치게 통 큰 기부자 알폰소 1세는 1100년대 초반 성전기사단에 부동산을 증여하고 군사원조를 요청했고, 1122년에는 기사단이 최전선 요새를 지켜 줄 거라고 기대하며 그라네나성을 선물했다. 1164년에는 카탈루냐왕국이 성전기사단에 2년 동안 1,000모라베틴을 빌리고, 대가로 바르셀로나의 제분소 두 곳에서 나온 사용료를 주었다.

성전기사단은 이러한 권리를 받음으로써 결국 부동산과 관련한 경제권을 부여받은 셈이다. 여기에는 돈·생산물·노동 형태로 지급되는 이용료를 받을 권리, 통행료와 관세를 받을 권리, 어업권과 수렵권, 천연자원 통제권, '도량형, 오븐, 방앗간, 공증사무소' 관리권 등이 포함되었다.[8] 또한 기사단은 '조건부 점유권', 다시 말하면 부동산 점유자와 맺은 임대차계약과 상업박람회 개최 및 시장 개설권 등을 승계했다. 어떤 지역에서는 성전기사단이 제왕 같은 봉건군주에게 사법권을 받아 사법체계가 이중으로 작동하기도 했다.[9]

관할권이라는 금융권리

제왕과 같은 군주가 지대·수익·자신이 보호하는 재산통제권을 양도할 권리가 있었던 것처럼, 성당기사단도 받은 권리를 재양도할 권리가 있었다. 예를 들어 선물이나 권리를 받고 그 대가로 도시의 지배권을 부여할 수 있었다. 성전기사단만 특별히 양도할 수 있었던 것이 아니라 봉건 재산권에 근거를 둔 표준계약 방식이었다.

캘리포니아 대학교 버클리 캠퍼스 교수이자 중세의 계약과 사회 전문가인 토머스 비슨Thomas Bisson은 성전기사단이 스페인 북동부에 진출한 직후인 1151년에서 1213년까지 작성된 카탈루냐 왕실의 재무기록을 발견하여 연구했다. 비슨이 연구한 기록에는 왕실이 쓴 술수가 어마어마하게 기록되어 있었다. 백작이면서 왕이었던(당시에 카탈루냐 지역을 다스린 사실상의 왕가가 바르셀로나 백작가이다. – 옮긴이) 이들은 특권을 마치 보드게임에서 쓰는 장난감 돈처럼 뿌리고, 돈을 빌리고 이권과 혜택을 얻었다.[10]

왕실이 돈을 빌린 근거는 대부분 지역관할권이었는데, 여기에는 해당 도시나 지역에서 세금과 사용료를 거둘 권한까지 따라왔다. 아라곤 왕국의 지역관할권은 1년 이상 단위로 나뉘어 경매로 팔렸다. 채권자는 왕에게 돈을 주고, 왕에게 속한 수입과 권리를 가질 권리를 얻었다.

1205년 5월 27일에 작성되었다가 비슨이 발견하여 번역한 다음 계약 내용을 예로 살펴보자.

> 왕의 대리인이자 바르셀로나의 관할관인 라몬 바탈라는 모이아의 관할권을 1205년 5월 3일부터 1년 동안 라몬 데 파사렐과 게라우 데 우일라르 호우암에게 매각한다. 왕의 '5개 조항'은 유지된다. 대가로는 모두 1,000s.b.(카탈루냐 화폐인 바르셀로나 수Barcelona sous)를 세 번에 나누어 지급한다. 태풍 때문에 재산피해가 발생하면 해당 지역의 '명망 있는 사람들'이 가치를 다시 평가한다. 구매자들은 대금을 확실하게 지급하고, 충실하고 공정하게 관리할 것을 서약한다.[11]

바르셀로나에서 북쪽으로 50킬로미터 떨어진 피레네산맥 기슭에 있는 모이아시는 지금 3,800명이 거주하는 소규모 관광지이다. 1205년 당시에는 산차Sancha 왕비가 소유하고 남편인 알폰소 2세가 다스리는 요새 도시였는데, 이 도시의 관할권을 알폰소 2세의 대리인인 라몬 바탈라가 매각한 것이다. 모이아 관할관은 시장을 개설하고 축제를 개최할 권한을 지녔는데, 이를 운영하고 이익을 나누어 가진 사람은 레스타니 l'Estany(지역명)의 수도사들이었다. 요금을 왕의 식량창고나 도시에 사는 가정에서 아마 산출물 형태로 걷기도 했다. 이와 같은 권리로 얻은 수입은 분명히 1,000바르셀로나 수(은 3,240그램과 같다)를 넘었다. 계약에 따른 의무가 해제되면 계약서 양피지에 더 이상 유효하지 않다는 취소 표시를 하고 찢어 버렸다.

계약이 한 역할을 주의 깊게 살펴보자. 계약은 특정한 기간 동안 특정 자산의 봉건적 권리를 현금화했다. 관할관은 1,000바르셀로나 수를 준 대가로 확정되지 않은 현금흐름을 얻었는데, 태풍이 계약서에 예외 조건으로 들어간 것을 볼 때 이는 관할권으로 얻는 농산물과 연관되어 있음이 틀림없다. 이는 왕에게 돈을 빌려주고 왕의 토지에서 나오는 수입으로 상환받는 것과 비슷하다.

관할권은 왕이 현금을 얻는 수단인 동시에 투자자가 미래수입을 창출하려고 돈을 들이는 대상이기도 했다. 이러한 계약을 사려는 목적이 1년 동안 도시를 다스리는 데 있지는 않았다. 무엇보다도 계약기간은 대부분 짧았다. 관할권을 얻는 목적은 권력이 아니라 돈에 있었다. 관할권은 금융상품이었다.

이처럼 특정 기간에 재산에서 나올 수익과 현금을 교환하는 계약 형태인 '센서스census'나 '연금rente'은 중세 유럽에 흔했다. 모이아 계약과 달리 이자율을 명시한 센서스도 있었다. 예컨대 스페인 왕 겸 바르셀로나 백작인 페드로 2세Pedro II는 채무가 해제될 때까지 20퍼센트를 이자로 내기로 하고 고브마우 데 리벨스에게 7,500 마즈무딘mazmudin을 빌렸다.[12]

🪙 13세기 국제 금융

양도 가능한 봉건적 권리는 이후 유럽 금융구조 전체의 기반이 되었다. 12세기 초 국가와 도시는 지대·농산물·통행료·세금·해상관세·광업권·전통적 노역 등 봉건시대 토지에서 나오는 수입을 현금화하여 재정을 마련했다. 이러한 금융 시스템 덕분에 봉건제적 채무를 사용하여 통치자와 지주는 돈을 빌리고, 투자자는 이익을 받고 재투자했다. 성전기사단은 관할권 제도와 센서스 계약이 출현한 지 오랜 후에야 등장했음에도 이를 다른 진취적 대부자와 마찬가지로 자기 자본을 굴리는 데 이용했다.

이러한 계약에는 이를 부여하는 나라나 통치자의 권력을 잠식한다는 위험한 문제가 있었다. 백작·공작·도시·공화국이 이러한 금융방식으로 필요한 현금을 조달하자 국가의 통제력이 감소했을 뿐 아니라 채무불이행 또는 몰수 위험도 커졌다. 대략 1세기 동안 성전기사단은 토지 수천 곳과 복잡하게 얽힌 계약권리를 보유하게 되었으며, 그리하여 유럽의 주요한 경제세력이 된 동시에 돈이 필요한 군주가 기회를 엿보는 표적이 되었다.

🪙 몰락

타르투스는 넓게 펼쳐진 백사장에 햇볕이 내리쬐는 시리아 해안도시이다. 언덕 기슭에 해안을 따라 펼쳐진 이곳은 십자군 시대에는 분명 포도원 같은 과수원으로 덮여 있었을 것이다. 타르투스 해안에서는 2킬로미터 정도 떨어진 루아드라는 작은 섬이 잘 보인다. 루아드섬의 관광지로는 성전기사단 최후의 기지 유적이 꼽힌다. 성전기사단은 유럽 금융체계에 꾸준히 녹아들었지만 결국 근본 사명을 달성하는 데는 실패했다. 13세기 내내 십자군 국가는 성지 지배력을 점차 잃어 갔다. 1244년에는 예루살렘을 무슬림에게 빼앗겼다. 성전기사단은 성을 하나하나 잃으며 후퇴하다가 시리아 해안 너머에 있는 성을 1302년에 잃으며 발판을 모두 빼앗겼다.

성전기사단이 그 후 금융조직이자 수도기사단으로서 존속한 기간도 길지 않다. 기사단은 아이러니하게도 이슬람이 아니라 프랑스 왕의 칼날에 몰락했다. 필립 4세Philip IV가 기사단 파리 지부를 급습하면서 유럽 성전기사단은 파멸하기 시작했다. 성전기사단 건물은 현재 파리 지하철 템플역 인근 구도심 벽 바로 바깥에 있었다. 기사단원은 체포된 후 자신이 살던 요새의 지하감옥에 갇혀 고문을 받으며 이단 혐의를 자백하라고 종용받았다. 박해 사유는 당연히 기사단의 엄청난 재산에 있었다. 성전기사단이 앞서 저지른 실수란 필립 왕이 진 채무를 탕감하지 않은 것이었다. 상황을 잘 헤아렸어야 마땅한 것이, 이미 몇 년 전에 필립 왕이 유대인과 이탈리아인 채권자에게 같은 죄목을 씌워 프랑스에서 추방했기 때문이다. 기사단과 프랑스 왕실은 여러 세대 동안 상호의존관계를 이어 왔지만, 필립은 체포를 개시하기 몇 년 전부터 프랑스의 재정체계를 기사단 재무부에서 분리하여 왕실의 수입과 지출을 기사단이 아니라 루브르 궁전에서 처리했다.

성전기사단 재판은 가톨릭교회 역사상 유명한 이단심문으로 손꼽힌다. 기사단원 수백 명이 우상을 섬기고 비밀의식을 치렀으며 동성애 관계를 맺었다고 자백하라고 고문받았다. 당시 교회 참관인은 이처럼 쥐어짜 낸 자백에 효력이 없다고 생각했지만, 어쨌든 성전기사단을 지켜

보는 여론을 바꾸는 데는 효과가 있었다.

런던과 스페인 지부가 받은 고통은 프랑스 지부만큼 심하지는 않았다. 에드워드 1세Edward I는 처음에 기사단원 체포를 망설였지만 결국은 필립의 고발에 뒤이어 발표된 교황의 명령에 따랐다. 아라곤의 기사단은 요새에 들어앉아 저항했지만 결국에는 마찬가지로 체포되었다. 성·교회·재산 같은 성전기사단의 자산은 성요한기사단, 즉 구호기사단으로 이전되었다. 살아남은 성전기사단원은 구호기사단에 합류했다.

돈이 필요했던 유럽 통치자들은 성전기사단의 자산을 분할하고 금융의무(압류하거나 재양도한 재산, 센서스 계약, 왕실 대여금 등)에서 해방되어 잠시나마 한숨 돌렸겠지만, 성전기사단이 만들어 낸 국제적 예치 및 결제 체계가 파괴됨으로써 손실을 입은 것은 결국 유럽 전체였다. 성전기사단이 몰락하며 초래된 제도의 진공상태를 메꾼 사람들은 종국에 이탈리아 은행업자들이었다.

성전기사단이 해체된 후 구호기사단은 런던에 있던 성전교회를 부수지 않고 도심에 남은 이 요새 안의 기숙사·식당·운동장·창고·정원을 법학대학 두 곳에 대여했다. 그리하여 이곳은 지금까지 영국법을 공부하고 연마하며 실습하는 장소 역할을 해 왔다. 한때 기사들이 예루살렘을 지켜 내겠다고 맹세한 곳에서 이제는 젊은 변호사들이 법 앞에 충실하겠다고 맹세한다. 성전기사단 구역에는 여전히 성스러운 사명이 감돌고 있다.

🪙 대안체계

3부 서문에서는 통치구조가 통일되었던 중국과 달리 정치적으로 허약한 도시국가들로 조각조각 나뉜 대륙에서 유럽 금융이 탄생했다고 언급했다. 이처럼 유럽 왕들은 강력하지 못했으므로 토지와 지대를 계속 양도해 가며 돈을 얻어야 했고, 그렇게 모든 것을 저당 잡히고 나면 군사적으로 왕국을 확장하여 새로운 수입 원천을 찾아야 했다. 그러자 이 새로운 요구를 충족할 금융기관이 탄생했다.

한마디로 필요는 발명의 어머니이다. 성전기사단이 처음부터 은행업이라는 사회적 역할을 염두에 두고 설립된 것은 아니다. 필요와 기회에 따라 그렇게 발전한 것이다. 역사가 다르게 굴러갔다면 예치와 중개라는 역할은 예컨대 에드워드 1세에게 돈을 빌려준 루카Lucca(이탈리아 도시국가-옮긴이)의 민간 은행업자가 맡았을지도 모른다. 또 역사가 달리 흘러갔다면 신성로마제국이 강력한 중앙집권국가가 되어, 중국에서처럼 황제가 권력과 재정관리의 중심에 있으면서 유럽 전역을 장악하고 예치와 중개 역할을 맡았을 수도 있다.

금융기술은 중복되고 적응하며 때로 변덕스럽다. 어떤 제도를 두고 사람들은 절대 침해하면 안 되고 필연적이며 필수 불가결하다고 생각하지만 실제로는 그렇지 않을지 모른다. 역사적 사건이 우연에 따라 귀결된다는 사실을 받아들인다면 같은 금융문제를 해결하는 제도가 지금과 달리 발달했을 가능성도 있다. 따라서 금융혁신이란 시간·장소·기회의 변덕이 연속적으로 빚어낸 역사적 우연이다.

성전기사단이라는 초거대 금융기관은 우선 같은 기능을 서로 다른 제도적 기술이 수행할 수 있다는 흥미로운 증거이다. 또 재산 근거가 봉건제에 있다는 특징도 보여 준다. 성전기사단의 보물은 창고에 보관된 금과 은이 아니라, 봉토·관할권·연금으로 만든 봉건제 테두리 안에서 소유한 수많은 재산이었다. 중세에 토지란 시간을 넘어 가치를 전달하는 주요 수단이었다. 농장·포도원·과수원·가금류·가축은 제왕과 군주가 봉신이나 채권자와 주고받은 연금·계약·봉급을 뒷받침했다. 봉건적 권리란 통치자가 토지나 토지에서 나온 산출물을 양도하고, 그 대가로 지원받을 권리였다. 전통적으로 봉토란 군사 지원을 받을 대가로 상정되었지만 그 외에 금전 지원이나 대출 같은 다른 도움을 받는 대가로도 양도할 수 있었다. 성전기사단이나 구호기사단 같은 종교단체는 주요한 봉토 수령자가 되었고, 유럽 법체계는 봉토와 같이 양도 가능한 권리를 둘러싼 분쟁을 해결하는 방향으로 발전했다. 봉건법은 원래 토지와 산출물 양도 원칙에 기반을 두었지만 결국 순수한 금전적 의무체계로 변모하여 유럽 특유의 금융구조 개념의 기초를 이루게 되었다.

금융혁신은 시간과 지리에 얽힌 경제문제를 해결하기 위해 일어났다는 것이 이 책의 핵심 주장이지만, 한편 혁신은 필연적으로 새로운 문제를 일으킨다. 성전기사단은 안정적이고 수명이 긴 체계를 제공함으로써 미래에 일어날 결제를 두고 체결한 계약을 신뢰할 수 있게 했다. 기사단은 청빈을 서약한 윤리적 개인을 선별하여 받아들였기에 부정이 발생할 가능성이 낮았다. 게다가 광범위한 지역에 걸친 영업망 덕분에 시간뿐 아니라 공간을 넘나들며 돈을 송금할 방법도 제공했다. 하지만 성전기사단을 이상적 금융기관으로 만든 이러한 특징은 동시에 기사단이 실패한 원인이기도 하다. 기사단은 소유한 부 때문에 정치적 표적이 되었고, 원래 사명이 없어지자 14세기 초반부터는 가톨릭교회에조차 중요하지 않은 존재가 되었다. 성지를 잃었으니 성지의 수호자도 불필요해진 것이다. 사실 성전기사단이 지닌 부는 교회 전체가 지닌 재산 규모에 버금갈 정도였다.

성전기사단 이야기는 한동안 안정적으로 발달했던 대안기관 금융구조 사례이기 때문에 중요하다. 기사단은 오늘날 중앙은행과 달리 특정 국가에 대해 책임을 지지 않았다는 특징 때문에 결국 몰락했다. 그렇기 때문에 유럽중앙은행European Central Bank을 성전기사단에 비추어 보면 흥미를 불러일으키는 것이다.

12장

베네치아

이 장에서는 르네상스 시기 베네치아에서 현대적 금융상품과 시장의 기원을 찾아본다. 이러한 혁신이 일어날 무대를 마련한 것은 중세의 센서스 계약이었고, 발견을 촉발한 것은 정치위기였다는 사실도 살펴볼 것이다. 12세기 베네치아에서 금융상품시장이 탄생한 사건은 유럽 역사의 분기점이었다. 그 덕분에 국가는 부채를 발행하여 자금을 마련하고 지출하는 소위 적자지출을 시작했다. 금융은 상업 대국으로 떠오른 베네치아가 영향력을 행사하는 핵심 도구였다. 베네치아의 금융구조는 실물자산과 마찬가지로 중요했다.

베네치아에서 채권이 발명되자 유럽 철학은 위기를 맞았다. 가톨릭교회가 고리대금업을 금지했기 때문에, 국가에 돈을 빌려준 베네치아 투자자들은 도덕적으로 애매한 처지에 빠졌다. 이 문제를 다루느라 자본사용이라는 주제가 더욱 깊이 분석되었고, 유럽인이 시간을 개념화하고 수량화하는 방식이 바뀌었다.

📚 존 러스킨

이제 독자들은 탁월한 세계 건축 세 가지가 약 12킬로미터 범위 안에서 서로 경쟁하는 도시의 건축물을 연구하는 것이 얼마나 중요한지 이해했을 것이다. 여기에 있는 모든 건축물에는 종교라는 환경이 나타나는데, 비록 조금씩 오류가 있는 조건이나마 다른 것을 수정하기 위해 필요하고 또 다른 것에 따라 수정되기도 한다.[1]

－존 러스킨, 《베네치아의 돌*The Stones of Venice*》

오늘날 곤돌라를 타고 대운하를 따라 흘러가다 보면 유명 비평가 존 러스킨이 목격한 대로 화려하게 장식된 베네치아의 오래된 광장에서 동서 문명이 대충돌하는 모습이 보인다. 러스킨이 본 베네치아는 유적이자 수수께끼이기도 하지만, 무엇보다도 고대 문화제도의 흔적이 기적적으로 보존되어 돌과 물이 서로 어우러지며 가능할 법하지 않은 조합을 만들어 내는 장소이다. 《베네치아의 돌》을 들고 온 여행자라면 로마 양식에서 롬바르드 양식으로, 다시 아랍 양식으로 진행해 가는 고전·고딕·서남아시아식 장식 문양을 베네치아의 건물에서 발견하게 될 것이다. 그중에서도 산마르코 광장에 있는 두칼레 궁전은 정면부(파사드façade)에 이러한 양식 모두를 잘 보존하고 있기로 유명하다.

물론 베네치아의 등장·번영·쇠퇴를 결정한 것은 목숨과 운을 걸고 공해로 나가 지중해 곳곳 또는 그 너머에서 물건을 사고파는 상업적 모험, 즉 해상무역이라는 확고한 사실을 먼저 언급해 두어야겠다. 하지만 '베네치아의 돌'에는 흥미롭게도 세계 금융구조가 발달하며 밟은 단계의 흔적 역시 보존되어 있다. 베네치아 시내 곳곳에는 현대적 자본시장이 탄생하는 데 가장 중요하게 기여했던 금융기관들이 흔적을 남겨 두었다.

예컨대 부유한 관광객들에다 때로 유명인들까지도 믿기지 않는 금액을 내고 음식을 먹으러 몰려오는 조그마한 가게 해리스 바에서 여정을 시작해 보자. 해리스 바의 바로 뒷길인 칼레 델라센시오네에는 베네치아에서 가장 유서 깊은 호텔로 1118년에 문을 열었다는 호텔 루나 발리오니가 있다. 1118년이라면 성전기사단이 산마르코 광장에 붙어 있었다는 '로칸다 델라 루나Locanda della Luna'를 차지했던 때이다. 따라서 호텔 루나 발리오니가 있는 자리에는 성전기사단 베네치아 지부가, 그리고 오래전에 파괴된 성전기사단 교회 산타마리아 인 브롤로Santa Maria in Brolo가 있었을 법하다. 그러니 이 호텔은 예전에 성전기사단의 요새이자 은행이었을지도 모르는 장소에서 묵어 볼 수 있는 곳이기도 하다.

대운하를 따라 산마르코 광장을 동쪽으로 가로질러 가면 이번에는 산조반니 인 브라고라 교회가 보인다. 한때 산조반니 델 템피오라고 불린 이 교회와 그 옆에 있는 병원은 성전기사단이 1187년에 취득했다가 조직이 해체된 이후 구호기사단에게 넘긴 건물이다.

성전기사단이 베네치아 도심에 남긴 가장 볼 만한 유물이라면 아마도 18세기에 고전 형식으로 소박하게 재건한 칸나레지오 지구의 막달레나 교회가 꼽힐 것이다. 교회 입구 위에는 원과 삼각형이 서로 얽힌 모양이 새겨져 있고, 그 가운데에는 미국 1달러 지폐 뒷면에도 자리 잡은 프리메이슨의 상징인 '모든 것을 보는 눈'이 있다.

이 교회는 원래 발보Balbo 가문이 지었다. 베네치아의 십자군 영웅인 에첼리노 1세Ezzelino I는 제2차 십자군에서 '바르바로사Barbarossa(붉

그림 12.1 베네치아에 있는 호텔 루나 발리오니. 성전기사단 베네치아 지부 터에 있다.

은 수염)'라는 별명으로 유명한 프리드리히 1세Friedrich I와 함께 싸웠다. 아들인 에첼리노 2세 역시 제국군에서 용감히 싸웠지만 만년이 되자 재산을 모두 포기하고 성전기사단에 합류했다. 칸나레지오 지구에 있는 막달레나 교회에는 발보 가문과 성전기사단 사이에 존재했던 유대 관계의 흔적이 남아 있을지도 모른다. 18세기 건축가가 교회를 재건할 때 원형으로 지은 것은 옛 전통을 따라서였을까, 아니면 예전 교회 터도 둥근 모양이라서였을까? 관계는 확실치 않지만, 소설《다빈치 코드》를 좋아하는 사람이라면 우연의 일치에 상상력을 자극받을 것이다.

성전기사단 또는 기사단이 14세기 초반에 해체된 이후에도 전통이 이어졌는지 여부와는 상관없이 성전기사단이 베네치아의 건축물에 남긴 흔적을 보면 '가장 고귀한 공화국Serenissima(베네치아 등 몇몇 도시국가의 별칭 – 옮긴이)'이 기사단의 광범위한 금융 영업망의 중심이었음을 상기하게 된다. 베네치아는 성지로 떠나는 순례자가 항해를 시작하는 중요 지점이었으므로 유럽 대륙에서 가장 중요한 연결고리였을 것이다.

지금도 교회를 찾아가 기사단원들이 살았던 장소를 볼 수 있다. 그런데 베네치아 지부는 어떻게 운영되었을까? 여행자가 맡긴 돈을 계속 파악하려고 적은 방대한 회계기록은 어디에 있을까? 가족이 파리·런던·바르셀로나·베네치아에서 예치한 돈을 성지에 도착한 순례자가 여행비로 쓰려고 인출할 때 대차를 알리려고 지부에서 지부로 전달한 편지는 어디에 있는가? 순례자가 소지하다가 산마르코 광장 근처 부두에, 또는 어쩌면 바로 호텔 루나의 선창가에 배가 정박했을 때 제시했을 전표와 비밀표시는 얼마나 교묘했을까? 베네치아 정부기록에서는 아무런 답도 찾을 수 없다. 언젠가 교회 문서고나 십자군을 싣던 난파선에서 운 좋게 성전기사단의 금융기법을 상세히 알려 줄 증거를 찾게 될지도 모른다. 해리스 바 정문 바로 앞바다에서도 금융 고고학 탐사를 해 볼 만하다.

베네치아의 돌은 중세 초기에 최초로 국제 은행 역할을 한 교회 산하 기관의 흔적을 보존하고 있는 한편, 베네치아에서 성전기사단과 공존하다 나중에는 기사단을 대체한 세속 정부망이라는 또 다른 금융기관 이야기도 들려준다. 두 번째 금융기관 이야기는 베네치아 시민 중가장 유명한 사람이자 중국의 금융혁신 이야기에서 이미 만나 본 인물인 마르코 폴로의 관점에서 살펴보는 편이 가장 좋다. 마르코 폴로가베네치아에서 보낸 일생에는 오래전 베네치아의 금융구조가 지닌 또 다른 요소가 드러난다.

마르코 폴로가 살던 13세기에 베네치아는 달마티아 해안을 따라 크레타섬과 에게해까지 뻗은 해상식민제국이었다. 베네치아군은 제4차 십자군 원정 중인 1204년에 비잔티움제국을 약탈하고 보물을 노략질했다. 그런 와중에도 베네치아 상인은 콘스탄티노플과 성지 너머까지 진출했다. 고대 그리스인처럼 보스포루스해협을 지나 실크로드에 접하는 동시에 북쪽 사람들과 교역하는 접점인 흑해까지 무역로를 개척한 것이다.

13세기 중반에 베네치아에서 태어난 마르코 폴로는 베네치아인이지만 인생 대부분을 흑해 무역기지와 중앙아시아 등 기독교권 동쪽 경계에서 상인으로 활동했던 숙부와 함께 중국으로 떠났다. 제노바 감옥에 갇혀 있던 동안 마르코 폴로는 수십 년에 걸쳐 중국에 갔다가 돌아온 모험 이야기를 풀어냈다. 그가 루스티첼로Rusticello라는 작가에게 도움을 받아 집필한 책 제목은 《세계의 경이를 담은 책Livre des Merveilles du Monde》이었는데 이후 이탈리아어로 번역되면서 《백만Il Milione》이 되었다(이 책이 소위 《동방견문록》이다. -옮긴이). 이 유명한 책은 처음에 라틴어나 이탈리아어가 아니라 격식 있는 프랑스어로 쓰였던 것이다. 이탈리아인이, 아시아 여행을 소재로 한 책을, 프랑스어로 썼다는 사실만으로도 마르코 폴로가 살았던 시대에 이탈리아가 다른 세계와 더 폭넓게 접촉했다는 증거가 된다.

베네치아는 제4차 십자군 원정 전후로 비잔티움제국과 밀접한 관계를 맺은 덕분에 동지중해 지역과 적극적으로 접촉하며 교역하게 되었다. 하지만 동방시장에 진출하려는 경쟁 도시국가 피사와 제노바는 더욱 격렬하게 베네치아에 도전했다. 십자군 원정은 아랍으로부터 지중해와 레반트 지역 지배권을 빼앗으려고 도전한 사건이었을 뿐 아니라, 이탈리아 도시국가와 상인이 경쟁하다 결국 비잔티움제국의 몰락을 앞당긴 주요 원인이기도 했다. 제노바와 피사는 제1차 십자군 원정과 성전기사단 설립 이전인 1015년에 무슬림이 지배하던 사르데냐Sardegna섬을 함께 공격하기도 했다. 제노바는 1096년에 안티오크에 있던 제1차 십자군에게 물자를 보급함으로써 전통적으로 베네치아가 장악했던 동방무역에 교두보를 마련했다. 두 도시의 분쟁은 1100년 로도스섬 근처에서 베네치아가 제노바 함대를 공격하면서 절정으로 치달았는데, 그후 몇 세기 동안 계속된 해상 경쟁도 비슷한 양상으로 흘러갔다.

중세 유럽은 로마가 남긴 잿더미 위에 재건된 통일제국으로서가 아니라, 규모가 작고 공격적이며 무역에 뿌리를 둔 상업적 도시국가로서 모습을 드러냈다. 경제가 재건된 서기 1000년 이후 시기를 다룬 역사 연구 결과는 수없이 많다. 하지만 서유럽이 다시 깨어나는 데 금융이 어떤 역할을 했는지 알아보려면, 초기 도시금융이 실제로 어떻게 돌아갔는지에 초점을 맞추어야 한다.

🪙 리알토 시장

마르코 폴로는 1298년에 석방된 후 베네치아에 있는 집으로 돌아왔다. 그가 남긴 유명한 책의 이탈리아어 원제 '백만Milione'은 지금도 정원 두 곳의 이름(코르테 프리마 델 밀리온Corte Prima del Milion, 세콘다 델 밀리온Seconda del Milion)에 남아 있다. 만약 이 정원에 정말 마르코 폴로의 집이 있었다면, 상인이 살기로는 위치가 굉장히 좋았던 셈이다. 부유한 가문의 집이 그렇듯 당시 이곳에는 다층 건물이 서로 연결된 정원들을 둘러쌌다. 그리고 리알토 다리 바로 북쪽에 있는 작은 수로는 대운하로 이어졌다. 리알토 구역을 묘사한 그림을 보면 마르코 폴로 시대에 리알토 다리는 운하를 가로질러 상판을 설치한 후 나무벽을 높게 친 구조물이었다. 다리 가운데에는 구멍을 내어 다리 아래에 있는 배로 상품을 내릴 수 있게 했다. 다리 너머로는 중요한 리알토 구역이 있었다.

마르코 폴로 시절 유럽 최대의 상업 중심지 중에서도 금융 심장부였던 리알토에는 부호·사업가·금융업자·투자자·투기꾼·은행업자·차입자·보험대리인·중개인·환전상·세무공무원·정부감찰관뿐 아니라 심지어 험담꾼·도박꾼·방관자·여행객까지 모여들었다. 다양한 금융 서비스가 좁은 공간에 집중되었기 때문에 중개가 더 쉽기도 했다.

마르코 폴로가 리알토 다리를 걸어 건너다보면 베네치아 세관에 배가 정박하여 검사받을 화물을 내리는 광경이 눈에 띄었을 것이다. 다리 끝부분 바로 오른쪽에는 상인들이 모여 지식과 정보를 교환하는 로자loggia, 곧 천장을 아치 모양으로 만들고 한 면을 튼 방이 곧 지어질 참이었다. 만약 셰익스피어가 창조한 '베니스의 상인'이 실존 인물이었다면 돌아오지 않는 배 소식을 들으러 매일 찾아갔음직한 장소이다. 다리 계단을 내려 걸어가면 캄포 산자코모 디 리알토라는 작은 광장이 나온다. 기둥이 늘어선 마당을 둘러싸고 다양한 금융 전문가가 모여 있고 금융기능이 자리 잡은 이 친근한 광장의 외형은 이후 유럽에서 지어진 사실상 모든 금융 건물의 모범이 된다. 오늘날 광장 주변에는 가게, 건물 차양, 조그마한 좌판이 가득하다. 무엇보다 이곳은 베네치아의 청과물시장이기도 하다.[2]

리알토는 7세기 전에도 아마 오늘날과 비슷한 모습이었을 것이다. 다만 청과물 도매상이 아니라 은행업자와 환전상이 '반치banci'라는 작

그림 12.2 베네치아 리알토 시장. 유럽 최초의 채권시장이자 금융 중심지였다.

은 나무 탁자 앞에 앉아 돈을 세고 무게를 달며 순도를 분석했을 것이다. 이곳에서 은행업자는 예금을 받는 한편, 담보대출과 신용대출도 했다. 전당포 일도 했지만 주된 업무는 당연히 사업가에게 상업융자를 내주고 여러 가문의 계좌를 관리하며 매매를 위탁받는 것이었다. 광장 북쪽 편에는 해외사업을 하려고 해상보험에 가입하는 상인도 있었다. 북쪽으로 넘어가면 부두와 시장, 정확히 말하자면 피혁시장과 생선시장이 한 곳씩 있었다. 리알토 광장에는 대부분 상업시설이 늘어서 있었지만 신에게 봉헌된 곳도 하나 있었다. 베네치아의 중세 금융 지구를 굽어다 보는 산자코모 교회는 베네치아의 주요 섬에 있는 교회 중 가장 오래되었는데, 벽돌로 만들어 꼭대기에 작은 종탑을 올린 전면은 시간의 흐름을 나타내는 기념비 역할을 했을 큼지막한 시계로 덮여 있다. 교회 주변에는 상인들에게 저울눈을 속이지 말라고 경고하는 글이 각인되어 있다. 교회 바로 앞 광장 한가운데에 있는 작은 우물에는 아틀라스Atlas(그리스신화에서 하늘을 떠받치는 벌을 받았다는 거신 - 옮긴이)처럼 생긴 사람이 어깨에 무거운 짐을 진 형상이 있다. 빚지는 것이 얼마나 위험한지 경고하기 위해 만들었다고 한다.

정부도 리알토가 있는 한 중요한 축이었다. 리알토 다리 남쪽에서 대운하를 마주한 곳에는 곡식·주세·소금 담당국이 있었다. 소금은 중국에서처럼 베네치아에서도 정부가 수입을 얻는 원천이었다. 이곳에는 체납세와 중개세 담당국도 있었다. 가장 중요한 관청은 위에서 말한 광장이나 대운하에 직접 접해 있지는 않았다. 카메라 델리 임프레스티티 Camera degli Imprestiti, 즉 베네치아 채권청은 광장 서쪽에 줄지어 있는 건물 중 가게가 주로 모여선 줄 뒤에 있었다. 이곳은 미국 재무부와 마찬가지로 정부부채를 담당했다. 차입을 하여 예산을 마련한다는 결정은 정치 중심지인 산마르코 광장 두칼레 궁전에서 내릴 몫이었지만, 결론을 시행하는 업무는 마르코 폴로가 살던 시절에는 리알토로 넘어 왔다.

베네치아는 나중에 도제doge(베네치아공화국의 종신통령 - 옮긴이)가 되는 세바스티아니 지아니Sebastiani Ziani 등 유력한 베네치아인 12명과 1164년에 계약을 맺으면서 처음으로 공공재정을 공식화하려고 시도했다. 이 투자자 집단에게 앞으로 11년 동안 리알토에서 걷히는 지대를 주는 대가로 은화 1,150마르크를 빌린 것이다. 앞에서 보았듯 중세 도시국가가 성전기사단 같은 대부자와 맺은 계약과 유사한 약속이다. 사실 리알토식 대출은 카탈루냐 왕들이 소유지의 행정권과 수입을 채권자에게 양도하는 센서스 계약과 매우 유사하다.

그림 12.3 자코포 데바르바리(Jacopo de'Barbari) 작 〈베네치아 풍경*Veduta di Venezia*〉 중 리알토 시장 부분(1500년)

🪙 최초의 공공재정

하지만 정말 획기적인 것은 베네치아가 8년 후에 자금을 마련한 방법이다. 공채를 발행한 것이다. 정부는 시민에게 보유재산에 따라 강제로 프레스티티prestiti, 즉 채권을 할당했다. 아드리아해 지배권을 놓고 비잔티움제국과 다투다 대규모 인질극과 격렬한 분쟁이 벌어져서 돈이 필요했기 때문이다. 채권을 발행하기 몇 년 전에 비잔티움제국은 헝가리왕국에 승리하여 아드리아해에 접한 항구를 점령하면서 베네치아와 직접 경쟁하게 되었다. 1171년에 황제 마누엘 1세Manuel I Komnenos는 베네치아인이 콘스탄티노플에 있는 제노바인 거주구에 불을 질렀다는 누명을 씌워 수도에 있던 베네치아 상인을 모두 수용소에 억류하고 재산을 몰수했다.[3]

이는 정치위기일 뿐 아니라 재정위기기도 했다. 당시 베네치아 도제인 비탈레 미키엘 2세Vitale II Michiel가 앞선 리알토식 대출방식을 통해 정부의 미래수익을 담보로 잡힐 수 있었다면 공채는 탄생하지 않았을지도 모른다. 하지만 그는 베네치아인이 모두 금전적 고통을 나누는 차입방식을 고안했다. 정부는 채권을 발행하기 위해 베네치아를 지금과 같이 카스텔로, 칸나레지오, 도르소두로, 산타크로체, 산폴로, 산마르코 등 6개 구역으로 나누었다. 각 구역은 에스티모èstimo, 즉 재산조사를 통해 소속 시민의 재산을 평가한 후 자기 몫을 거두어 대의회에 보냈다. 비록 대출은 의무였지만 채무관계가 소멸할 때까지 베네치아 정부가 이자 5퍼센트를 지급하기로 약정했기 때문에 세금은 아니라는 중요한 특징이 있다.

1164년과 1172년에 자금을 조달한 방식이 어떻게 다른지 살펴보면,

1172년 방식인 프레스티티는 소수 투자자에게 채권자로서 통제력을 넘기지 않고, 국민에게 넓게 부담을 떠안기면서 도시와 시민 사이에 대출·차입 관계를 만들었다. 이것이 우연인지 의도적인지는 알기 힘들다. 어쨌든 그 결과 베네치아인은 모두 채무자가 된 한편 국가에는 채권자가 되었다. 1172년식 조달법의 재미있는 특징을 또 하나 들면, 이제 채무를 어떻게든 재조정하려면 새로 설립된 6개 구역의 정치적 영향력을 고려해야 했다는 사실이다. 채권이 뿌리를 내린 기반이 확대되자 간접적으로나마 정부가 재정 판단을 공평하게 내리도록 하는 정치 도구 역할을 한 것이다.[4]

도제는 채권 덕분에 비잔티움제국에 맞설 대규모 함대를 구축해 냈다. 인질을 구하고 베네치아의 재산을 회복하러 배 120척이 베네치아를 출항하여 소아시아 해안에 정박했다. 마누엘 1세는 협상으로 해결책을 내자고 제안하며 시간을 끌었다. 협상이 지지부진하게 흘러가던 중 공격 시기를 기다리던 베네치아 함대에 갑자기 역병이 창궐했다. 비잔티움제국이 싸움을 걸 필요도 없었다. 베네치아 해군은 질병에 무릎을 꿇었다. 도제 비탈레 미키엘은 자신도 병에 걸린 채 크게 줄어든 함대를 끌고 베네치아로 돌아와 비보를 전했다. 그리고 분노한 군중에게 바로 살해당했다. 비극이 낳은 부담 중에는 1172년에 발생한 채무도 있었다. 허약해진 공화국이 원금을 갚을 가능성은 전혀 없었다. 국가는 이자는 충실히 지급했지만 원금은 결국 영구히 고정된 부담이 되었다.

최초의 국채는 재정이 튼튼해서가 아니라 허약해서 발행된 것으로, 절박한 상황에서 탄생했으며, 국가가 자본을 상환할 수 없어 계속 빚으로 남게 되었다. 하지만 중요한 금융혁신이기는 마찬가지였다. 국채 덕분에 정부는 필요할 때 금융자원을 신속히 집중하여 군사적 자산으로 바꿔 놓을 수 있었다. 채무가 오래 존속한 것은 국가가 돈을 빌릴 때부터 영구히 빚을 남겨 놓으려고 의도해서가 아니라, 원정이 실패해서였다.

베네치아는 1262년에 '레가토 페쿠니아이Legato Pecuniae'라는 포고를 내려 채무를 정형화했다. 이에 따라 앞서 정부가 진 채무는 모두 액면가의 5퍼센트에 해당하는 이자를 매년 두 번에 나누어 지급하는 단일 기금으로 편입되었다. 이 기금이 소위 몬테 베키오Monte Vecchio(vecchio는 이탈리아어로 '오래된'이다. -옮긴이)이다. 몬테 베키오의 특징은 크게 두 가지이다. 투자자끼리는 채권을 이전할 수 있지만, 정부는 원금을 갚아서 채무를 해소할 수 없다. 채권을 이전할 수 있다면, 프레스티티를 강제로 사게 되어도 바로 다른 사람에게 팔면 된다는 얘기다. 그 후부터는 이자가 다음 채권 소유자에게 지불된다. 정부가 액면가만큼 상환하여 프레스티티를 소멸시킬 수 없게 되자, 채권은 영원히, 아니 최소한 베네치아 정부 스스로 공개된 시장에서 재매입할 때까지 금융자산으로 남게 되었다. 원금상환을 미루려던 편법이 결국에는 영구히 국가채무가 지닌 바람직한 특징으로 남았다. 마르코 폴로가 활동하던 시대(사실은 마르코 폴로가 대칸의 웅장한 궁정을 칭송하던 때)에 베네치아의 프레스티티는 정형화한 채권이 되어 경쟁에 따라 활발하게 돌아가는 2차 시장[금융상품이 발행되는 1차 시장(발행시장)과 달리 이미 발행된 상품이 거래되는 시장. 유통시장이라고도 한다. -옮긴이], 즉 리알토 시장에서 거래되었다.

베네치아는 그 후 몇 세기 동안 페라라Ferrara와 전쟁하고(1310~1354년), 제노바와 3차전을 치르고(1350~1354년), 제노바를 상대로 키오자Chioggia 전쟁을 맞고(1378~1381년. 이때 베네치아 정부는 개인이 소유한 자본 전체의 41퍼센트를 차입하고 부동산을 대량으로 현금화해야 했다.[5], 마지막으로 1400년대 초반에 밀라노와 싸우는 등 군사적 필요가 생길 때마다 몬테 베키오에 의지했다. 그러다 콘스탄티노플이 함락당한 다음 해인 1454년에 오스만제국을 상대로 작전을 펼치는 데 든 비용을 댈 때는 직접세에 의존하느라 몬테 베키오를 발행하지 않았다. 하지만 1482년에 페라라를 상대로 치른 전쟁비용을 댈 때는 몬테 누오보Monte Nuovo(nuovo는 이탈리아어로 '새로운'이다.-옮긴이)를 발행했다. 그리하여 두 가지 채권이 리알토에서 동시에 거래되기 시작했다.

프레스티티 가격 추이를 살펴보면 투자자들이 장차 베네치아가 빚을 상환할 전망을 어떻게 보았는지 알 수 있다. 베네치아 프레스티티는 1262년에 채무가 통합된 후 1376년까지 액면가의 80퍼센트에서 100퍼센트 사이 가격으로 팔렸다. 하지만 1376년에서 1441년까지는 공화국이 이자지급을 때때로 연체하다 보니 평균 거래가격이 40퍼센트에서 60퍼센트 사이로 떨어졌다. 그 후에는 액면가의 20퍼센트만 받아도 운이 좋은 셈이었다. 프레스티티에 투자한 사람이 받아야 할 몫은 추첨으로 결정되기도 했다. 당첨된 사람은 지급기일이 지난 이자를 받고, 낙첨된 사람은 기다려야 했다. 최초로 정부 신용시장을 발전시킨 베네치아의 신용도는 채권가격 추이로 보았을 때 1340년경에 고점을 찍었다. 베네치아 채권이 마지막으로 발행된 때는 1797년에 나폴레옹이 공화국을 점령하기 직전이다. 공화국이 마지막으로 남긴 위대한 금융혁신의 흔적은 지금도 찾아볼 수 있다. 언젠가 경매에서 베네치아의 지로 은행 Giro Bank이 1797년에 발행한 소위 '세둘라cedula'를 산 적이 있는데, 지폐처럼 유통되었던 이 쿠폰은 유럽에서 가장 오래 존속했던 독립공화국이 마지막으로 내건 약속이기도 하다.

은행이 어디에나 있었다는 사실 정도를 가지고 13세기 베네치아 금융시장이 보여 준 놀라운 특징으로 꼽기는 힘들다. 은행의 역사는 고대 지중해로부터 이어져 왔기 때문이다. 진정한 혁신은 레가토 페쿠니아 이에 따라 국가채무를 제도화한 것이다. 이를 가지고 공화국이 의도했든 의도하지 않았든 완전히 새로운 수입원을 만들어 냈기 때문이다. 이러한 것은 이전까지 세계 어디에도 없었다. 베네치아 채권은 중세 센서스 계약에 기원을 두었지만, 자국 시민에게 분산한 방식은 완전히 새로운 것이었다. 베네치아 시민은 노동이나 무역으로 모은 경제가치를 미래 현금흐름으로 바꿀 수 있었다. 이리하여 나이가 들며 육체와 정신이 노쇠하고 돈 벌 능력이 사라져 가더라도 경제적으로 대비할 방법이 생겼다. 게다가 자선단체에 이익을 영구히 흘려보내는 것도 가능해졌다. 한편 프레스티티는 관리하지 않아도 돌아가는 자산을 넘겨주는 수단이기도 했다. 베네치아 프레스티티의 매력은 무엇보다도 가치가 소유자의 능력이 아니라 국가의 생존 확률과 정직성에만 달려 있는 수동적 투자 수단이라는 데 있었다.

🪙 고리대금과 혁명에 대한 고찰

베네치아는 국채를 제도화하는 바람에 잘 알려져 있다시피 고리대금업을 금지하는 기독교의 가르침을 대놓고 위배하는 듯 비쳤을 것이다. 13세기 초에는 가톨릭교회에 속한 탁발수도회가 여럿 창설되었다. 일례로 1206년에 창설된 프란체스코회와 1216년에 창설된 도미니크회가 있다. 고리대금업을 혐오하는 태도는 수도회의 가르침 중에서도 중요했다. 재산과 개인적 자본축적을 포기한 이들 수도회는 바로 서기

1000년 이후 융성하기 시작한 금융과 상업에 체계적으로 대응하기 위해 출현했다고 볼 만도 하다. 베네치아나 경쟁 도시에 존재한 상인자본주의merchant capitalism는 신분이 활발히 변동할 여건을 조성하고 사회질서를 뒤엎으려고 위협했다. 종교계는 당연히 반발했다.

13세기에 고리대금업 금지가 더더욱 강조된 데는 종교뿐 아니라 법과 사상의 영향도 있다. 사상 쪽 뿌리는 아리스토텔레스 철학이다. 중세 후반에 다시 학문적 주목을 받게 된 아리스토텔레스의 저작에 따르면 고리대금의 폐해는 다음과 같다.

> 그중에서도 고리대금이 가장 심한 증오의 대상이 되는데, 지당한 일이다. 화폐의 본래 기능인 교역과정이 아니라 화폐 자체에서 이득을 취하기 때문이다. 화폐는 교역에 쓰라고 만든 것이지 이자를 낳으라고 만든 것이 아니다. 그리고 돈의 증식tokos(그리스어로 '자식', '새끼' 또는 '이자')을 '돈이 낳은 돈'이라는 용어로 가리키는 것은 새끼가 어미를 닮기 때문이다. 그래서 고리대금은 어떠한 재산 획득 기술보다도 자연에 어긋난다.[6]

이 글을 보면 금융의 악덕 중에서도 가장 악한 것은 차입자에게 고통을 주는 것이 아니라 금융업자가 오만하게도 생명을 창조하여 신에게 도전한다는 것이다. 금융업자가 지닌 돈은 돈을 낳는다. 돈은 무생물이면서도 자손을 만드는 일종의 자동인형이자 인간이 신의 특권에 손을 뻗어 만든 괴물이다. 돈은 '죽은 것'이므로 번식하게 두어서는 안 된다. 이처럼 금융이 부자연스러운 현상이라고 해석한 소위 스콜라 철학자들은 금융의 악덕 목록에 한 가지 죄를 덧붙였다. 바로 시간 자체를 도둑질한다는 죄목이다.[7] 기욤 도세르Guillaume d'Auxerre는 1220년에 "고리대금업자는 모든 생명에 주어진 시간을 팔기 때문에 자연법칙을 위배한다"라고 썼다.[8] 금융계약은 주기적으로 이자를 매김으로써 시간에 가격을 매기고, 존재의 흐름을 현금의 흐름으로 전락시킨다. 그러고 보면 베네치아 영구채의 만기는 정말로 신에게만 허용된 시간인 영원이었다. 투자자는 배당paghe(17장 참고 - 옮긴이)을 지급받는 간격을 기준으로만 시간흐름을 측정할 수 있었다.

오늘날 학계에서 보기에 돈과 시간을 연결한 사고방식이 출현한 사건은 혁명이다. 중요성으로 따져도 그 후 이어진 상업 관습 혁명에 전혀 뒤지지 않는다. 프랑스 역사학자이자 중세학의 최고 권위자인 자크 르 고프Jacques Le Goff는 시간 자체를 상상하는 방식이 크게 변했다는 증거를 고리대금업을 보는 학문적 태도에서 찾을 수 있다고 주장한다. 르 고프의 시각에 따르면 상인의 시간은 교회의 시간과 충돌했고, 대출계약처럼 자본을 시간 차원으로 분할하는 행위는 세상을 경험하는 방식을 바꾸어 놓았다.[9] 그의 생각을 더 따라가 보면 자연의 시간이란 이마에서 떨어지는 땀방울로 측정되는 시간, 계절의 순환과 성인의 축일로 측정되는 농업활동이다. 농부가 돈을 빌리면 노동으로 얻은 수확을 가지고 빚을 갚아야 하므로 노동력을 대부자에게 받은 돈과 동일하게 보게 된다. 무엇보다 금융에서 교회와 상업사회가 서로 충돌하자 사회의 역동성이 자극받기 시작하여, 유럽인이 중세 농노 신분에서 해방되고 자본주의로 가는 길을 걷게 되었다고 르 고프 같은 학자는 생각한다. 르 고프는 이러한 진화가 유익했다고 인식하면서도, 진보가 일어났느냐 여부에는 모호한 입장을 취한다. 그가 보기에 금융은 타락이다. 르 고프가 느끼는 감정은 명백히 드러난다. 중세에 시작한 혁명이 지나치게 진전되어 20세기까지 이르렀다. 언젠가는 문화가 세속적이고 실증적인 가치체계에서 한 걸음 물러나는 날이 올지도 모른다. 바로 정반합이다!

이처럼 중세를 다시 불러내어 현대사회를 구원할 본보기로 삼자는 사람에게는 이렇게 물어보아야 한다. 시장과 사업이 존재하기 전의 시간은 과연 '더 훌륭했는가?' 중세에 도시가 성장하고 교역이 다시 출현하기 전까지 만연했던 영속적 속박, 바로 농노제를 생각해 보라. 봉건적 틀에서 시간을 소유한 사람은 영지를 지닌 영주뿐이었고, 또한 이들 영주가 왕에게 진 의무를 재는 기준은 전쟁에 참여한 시간이었다. 채무를 노동에서 화폐로 바꾼 것은 인도주의 관점에서 분명히 대단한 진보였다. 오래전 메소포타미아 사회 이전으로 돌아가 보자. 진심으로 금융이 출현하기 전이 황금시대였다고 말할 수 있는가? 상업과 금융이 현대사회를 불경스럽게 만든다는 사소한 학문 논쟁에는 신경 쓸 필요가 없다. 오늘날 이러한 질문에 열성을 다해 답하려는 현상을 보면, 중세와 르네상스 시대 철학자와 신학자가 논한 쟁점은 지금도 건재한 모양이다.

🪙 요건 정의

중세에 금융을 놓고 벌어진 논쟁 주제는 교회의 교리 해석방법뿐 아니라 법적 근거도 포괄했다.

이탈리아 북부에서 금융도구가 발달하던 12세기에 법학자들은 로마법을 부활시키고 있었다. 유스티니아누스법전을 재발견했던 것이다. 이 책 앞부분에서는 유스티니아누스법전이 로마제국 초기가 아니라 말기의 법 전통을 다룬다는 사실을 알아보았다. 그렇기 때문에 울리케 말멘디어Ulrike Malmendier는 법전은 소키에타스 푸블리카노룸 같은 예전 금융제도를 다루지 못한다고 말한다(7장 참고). 유스티니아누스법전이 중세에 주는 가장 큰 이점은 유럽 전체에서 법을 표준화할 때 차이를 조정하는 제도적 도구 역할을 했다는 데 있다. 반면 막 등장하던 금융제도에 임의적이고 제약이 많은 예전 틀을 강요한다는 단점도 있었다.

유스티니아누스법전 중에서도 채권과 대출에 특히 중요한 영향을 끼친 부분은 고리대금업 금지조항이다. 로마법이 정의하는 채무란 돈의 소유권이 차입자에게 이전되고, 이후 똑같은 금액을 대부자에게 되갚는 소위 '무투움mutuum' 계약이었다. 이 경우 일단 대출된 자본의 소유권이 이전되기 때문에 대부자에게는 더 이상 소유권이 없다. 원금보다 더 많은 돈을 상환한다면 법에 어긋난다. 유스티니아누스법전이 되살아난 후 사업계약은 무투움 모형에 비교되어 고리대금에 해당하는지 여부에 따라 불법인지 판별되었다. 그 결과 금융은 11세기부터 스콜라철학과 종교교리뿐 아니라 로마법에 따라서도 비판받았다.

채무계약에 따른 이자를 받아도 어느 정도까지가 합당한가에 대해서는 다양한 의견이 제시되었다. 이자는 자본을 달리 쓴 보상으로 간주되었다. '루크룸 케산스lucrum cessans'란 돈을 다른 자산에 투자했더라면 벌었을 수익(즉 기회비용 - 옮긴이)을 가리키며, 대출의 합당한 대가라고 할 만한 이자를 정당화하는 데 쓰였다.

중세 센서스 계약은 대여한 자본에 정당한 이자를 매기는 확실한 본보기이다. 센서스 계약에서는 '차입자'가 토지사용권을 이전받은 후, 땅을 주인에게 돌려줄 때까지 지대를 지불한다. 루크룸 케산스는 스콜라 사상가에게 정당하다고 인정받지 못했을지 몰라도 서로 다른 미래 수익흐름을 명확하게 비교하는 모형으로서 새로 등장하는 금융의 논리적 틀을 구성했다는 사실은 확실하다.

스콜라 철학 논쟁에서는 위험에 대한 정당한 보상이라는 중요한 관념도 탄생했다. 1234년에 교황 그레고리우스 9세는 상환 가능성이 불투명할 때도 고리대금이냐는 질문을 받았다. 교황은 위험이라는 개념을 받아들였음에도 불구하고 위험한 상행위에 돈을 빌려준다 해도 고리대금이라고 선언했다. 이 때문에 해상교역이 어떤 영향을 받았을지는 짐작할 만하다.

스콜라 철학자들은 위험 프리미엄을 지분투자에만 인정하고 대출에는 인정하지 않았다. 도미니코수도회 수도사 도밍고 데 소토Domingo de Soto는 여기에 반발하여, 투자금을 잃을 위험을 진다면 반드시 지분투자를 하지 않았더라도 정당한 보상을 받아야 한다고 강력하게 주장했다. 소토는 보험 프리미엄이란 '결과가 불확실하기 때문에 발생하는 위험periculi susceptio'을 부담할 경우 받는 정당한 보상이라고 제시했다. 그러한 보상이 없다면 누구도 위험한 교역에 투자하려 하지 않는다. 소토는 또한 보험을 이용하여 위험을 공유한다면 상업을 장려하고 따라서 공익에도 기여하게 되므로 사회에 이익이 된다고 지적했다. 논리를 확대하면, 누가 소유한 자산을 투자했든 투자자는 위험 프리미엄을 얻어야 정당하다는 것이다.

🪙 프레스티티를 둘러싼 논쟁

베네치아 프레스티티는 고리대금을 두고 벌어진 신학 논쟁의 초점이 되었다. 프레스티티 옹호론자는 우선 14세기 후반 철학자인 니콜라스 드 앙글리아Nicholas de Anglia의 관점대로 프레스티티가 국가를 유지하는 데 필요하다고 주장했다. 한편 프레스티티는 강제로 매입해야 하는 채권이며 따라서 보상을 받으려는 채권 소유자의 욕망에 기초를 두지 않는다는 명분도 있었다. 같은 논리에 따르면 2차 시장에서 채권을 사지 않는 한 죄를 저지른 것은 아니다. 물론 프레스티티에는 리알토 시장에서 현금화할 수 있다는 굉장한 매력이 있었다. 그런데 니콜라스는 2차 시장에서 매각하는 행동이 고결하다고 주장했다. 매각자는 손실을 보는데 이는 국가에 기부한 셈이 되고, 매수자는 현금이 필요한 사람을 도우려고 나선 셈이기 때문이다. 프레스티티는 모든 사람이 거래하기 때문에 정당하다고 주장하는 사람도 있었다. 피에트로 단카라노Pietro d'Ancarano는 "성직자도 가지고 있는 프레스티티를 어떻게 불경하다 하겠는가?"라고 했다. 그리고 원금이 상환되지 않으므로 프레스티티는 사실 대출이 아니라고 주장하기도 했다. 무투움 계약은 자본이 돌아온다고 전제한다. 돈을 돌려주지 않아도 된다면 차입은 아니다. 만기가 없는 한 프레스티티는 고리대금일 수 없다. 수명이 영구하기 때문에 채권이 정당해진다는 신기한 결과가 나타난 것이다.

피에트로와 달리 프레스티티를 반대하는 사람도 있었지만 그렇다 해도 현실에는 별 영향이 없었다. 공공재정이라는 요정은 이미 램프에서 빠져나왔다. 고리대금업 금지령은 중세와 르네상스 시대 민간 금융의 형식에 상당한 영향을 끼쳤지만 아마 금융이 보급되는 데는 별 영향을 주지 못했을 것이고, 유럽 도시와 국가가 공공재정이라는 금융혁신을 자주 이용하는 것을 막지도 못했다. 게다가 저축상품을 원하는 유럽 대중의 수요를 억제하지도 못했을 것이다. 하지만 논쟁과정에서 중요한 개념 몇 가지가 출현하기도 했다. 첫째는 금융자본의 개념이다. 무

투움을 정의하려면 우선 자본이란 '이전 가능한 자산'이라고 명시해야
했다. 둘째는 위험 프리미엄 개념이다. 이 개념은 오늘날에도 모든 자
산가치 평가모형의 근본이다. 셋째는 자본의 기회비용을 수익 비교의
기준으로 삼는 개념이다. 이 역시 나중에 자산의 가치를 평가하는 핵심
도구가 되었다.

새로운 자본, 새로운 관점

새로 등장한 베네치아 채권과 이를 거래하는 리알토의 2차 시장은
국가와 개인 모두에게 중요한 금융기술이었다. 국가에는 미래에서 현
재로 자원을 옮겨 자본을 집중하고 군사적 목적에 사용하는 수단이었
다. 전략적 위협과 기회에 자원이동으로 대응할 만하게 된 것이다. 그
리고 미래에 의무를 이행할 능력이 베네치아에 있는지 채권 보유자가
확인할 유인이 생겼다는 부산물도 발생했다. 베네치아는 국가부채를
늘리고 유지하는 데 시민이 발언권을 가진 자치공화국이었으므로, 시
간을 넘나들며 돈을 움직이고 궁극적으로는 국가자원을 유지하고 성장
시킬 책임을 공유하는 합작회사기도 했다.

이처럼 새로운 자본이 등장하자 마찬가지로 새로운 관점에 따라, 즉
시간 자체가 세상을 생각하는 새로운 방법이라고 재정의하고 시간을
세속화하게 되었다. 베네치아 리알토의 금융구조는 이탈리아 전체로,
그리고 유럽 각지에 있는 금융 중심지로 퍼져 나갔다. 그러자 사람들은
시간에 가격이 매겨진다는 사실을, 그리고 새로 등장한 재산과 투자방
식으로 돈을 굴릴 수 있게 되었다는 사실을 바로 깨달았다. 리알토의
산자코모 성당에 이상하리만치 큰 시계를 건 것은 의미 없이 벌어진 일

이 아니다. 옛날 이탈리아의 금융업자는 시계를 보고 시간이 중요한 차원이라는 사실을 깨달았다. 다음 장에서는 이탈리아에 새로 등장한 금융구조와 상업조직이 시간과 돈을 다루는 수학에 혁신을 일으켰고, 그리하여 이전까지와 매우 다르게 계량화와 경제적 의사결정에 초점을 맞춘 교육과정이 등장하였음을 살펴본다.

13장

피보나치와 금융

    '피사의 레오나르도Leonardo da Pisa'라는 수학자는 오늘날 피보나치 Fibonacci라는 이름으로 더 유명하다. 그가 찾아낸 기하학 수열은 해바라기와 앵무조개의 구조, 황금비율, 그리고 일부 의견에 따르면 주식시장 경기가 폭등하고 폭락하는 패턴 등을 설명한다. 피보나치는 중세에 지중해 교역을 두고 베네치아와 경쟁하던 피사Pisa 시민이다. 피렌체에서 멀지 않은 피사가 강력한 교역도시였던 12세기에, 도시의 부가 늘어나는 만큼 그 유명한 피사의 사탑도 높이 올라갔고, 성당과 세례당은 예술적 깊이로는 몰라도 최소한 규모로는 베네치아나 심지어 피렌체와도 겨룰 만했다. 그런 12세기에 관리의 아들로 태어난 피보나치는 북아프리카에 있던 피사의 식민지 부자Bugia에서 어린 시절을 보냈다. 그는 이곳에서 매우 특별한 교육을 받았다. 아랍 수학을 배웠던 것이다. 당시 이탈리아의 또래들은 불편한 로마 숫자로 계산하는 법이나 셈판과 주판으로 더하기·분수·곱하기를 배웠지만, 피보나치는 숫자를 바로 이용하여 써내려 가며 문제를 풀어내는 놀라운 기술을 접했다.

《리베르 아바치Liber Abaci》 서문에 나오는 간략한 자서전에 따르면, 피보나치는 상인으로서 여러 곳을 돌아다니면서 언제나 수학지식을 찾아다녔다. 그리고 피사로 돌아오자마자 지식을 한데 모아 놀라운 책을 썼다. 제목의 뜻은 대략 '계산 책'이다(직역하면 '주판abacus 책'이다. – 옮긴이). 이 책에는 아라비아숫자로 곱하기 · 더하기 · 빼기 · 나누기 · 분수 등 기본 셈을 하는 법이 나온다. 이러한 도구를 유럽에 최초로 소개한 책은 아니지만 중요하기로는 개중 제일이라는 데는 이견이 없다. 《리베르 아바치》는 수학자에게 보여 주기 위해 추상적으로 쓴 수학 논문이 아니라 사업설명서이다. 숫자와 산수를 소개한 후에 바로 사업과 물물교환 가치를 평가하는 법, 회사의 이윤을 계산하는 법, 그리고 고리대금업이 교회법으로 금지된 시대였는데도 이자율을 계산하는 법을 다룬다. 마지막 장에 가서야 선형근사(어떤 함수를 일차함수로 간단히 나타내는 법 – 옮긴이), 제곱근과 세제곱근을 찾는 방법, 이항식을 푸는 기술 등 수학이론이 나온다.

《리베르 아바치》는 여러 가지 사례를 들며 이러한 기법을 적용하는 법을 보여 준다. 사례 자체도 12세기가 저물 무렵 지중해 교역이 매우 활발했다는 사실을 흥미롭게 보여 주는 창문이다. 중세에 '새로운 수학'으로 풀어야 했던 문제는 다음과 같다.

어떤 사람이 자기 배에 면직물 1,147필을 실어 시칠리아섬 근처에 왔는데, 이를 꾸러미로 환산하고 싶다. 한 꾸러미는 1과 ⅓필이다. 그렇다면 네 필은 세 꾸러미가 된다. 이 문제를 풀려면 1,147에 3을 곱하고 4로 나눈다. 그러면 몫은 860과 1/4꾸러미가 된다.[1]

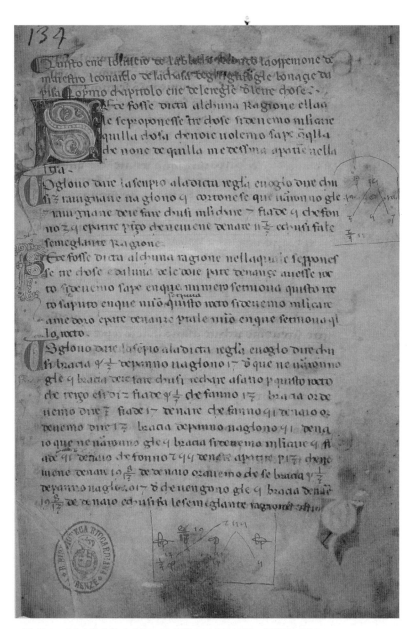

그림 13.1 피보나치가 쓴 《리베르 아바치》 중 상품가격을 계산하는 부분

이 부분을 읽다 보면 12세기에 면직물을 가득 실은 배를 타고 시칠리아섬에 당도한 이탈리아 상인이 상품가치를 시칠리아 장사꾼에게 익숙한 수량으로 환산하여 팔 궁리를 하는 장면이 눈에 선하다. 문제는 배를 어디에 정박하고 누구를 만나 물건을 파느냐 하는 것이 아니라, 돌돌 말아 놓은 천을 꾸러미로 환산하는 데 있다. 수량계산을 잘못하면 이익이 줄어든다. 피사 사람이 상품을 빠르게 환산하는 데 능숙한 아랍 상인을 상대로 장사하려면 당시에 최신 수학 논문을 쓴 학자보다도 더 확실하게 아랍 수학에 적응해야 했다.

위 사례에서 나온 계산법은 '3의 법칙'이라고 불리는데, 분자와 분모의 등식관계가 주어졌을 경우 교차곱을 사용하여 미지수를 찾는 방법이다. '3의 법칙'의 뿌리는 아랍에서 예전에 쓰던 수학 교습서로 그보다 더 동쪽으로 가 인도로, 그리고 결국은 중국으로 이어진다. 피보나치는 이 기법을 발명해 낸 것이 아니라 아랍인 선생에게 배웠거나 아니면 젊은 시절 수학여행을 다니다 건졌을 것이다. 그리하여 유럽을 아시아의 실용수학 지식과 다시 연결했다. 피보나치가 남긴 업적 중에서도 가장 중요한 것이 지금 아라비아숫자라고 부르는 기호를 소개한 것이다. 아라비아숫자는 사실 인도숫자를 이슬람 학자들이 가져온 것이며, 이때 인도숫자를 이용한 여러 가지 문제풀이 기법도 들여왔다. 3의 법칙에 내재한 교차곱은 대수학 방식 중 가장 간단한 축에 든다(대수를 가리키는 영단어 'algebra' 역시 아라비아어 'al-jabr'에서 왔다).

피사의 피보나치는 저서에서 대수를 발명한 8세기 아랍 수학자 알콰리즈미al-Khwárizmi를 언급했다. 《리베르 아바치》는 대수기법을 활용할 때 알콰리즈미의 《대수Algebra》에 경의를 표하기는 했으나, 교역과 상업 문제에 초점을 맞추었다는 차이를 보인다. 알콰리즈미는 유족에게 자산과 부채를 분배하는 방법 등 상속문제의 법률 쟁점을 푸는 데 수학도구를 적용했다. 물론 《리베르 아바치》에도 자산배분 문제가 나오지만 이때 재산은 가족의 재산이 아니라 사업자산이다.

피보나치가 살던 시절 교역자금은 '코멘다commenda'라는 계약으로 충당했다. 로버트 로페즈Robert Lopez는 앞선 세대에 예일 대학교 교수를 역임하며 코멘다를 자세히 연구하고 분석하여 코멘다가 현대 상업의 근원, 더 나아가 현대 주식회사의 근원이라는 결론을 내렸다. 사실 코멘다 계약은 조합원이 각기 다른 의무를 진 조합에 가깝다. 코멘다토르commendator(직역하면 '고문단')는 자본을 투자하고, 트락타토르tractator는 노동을 제공한다. 표준계약에 따르면 코멘다토르는 상업항해에 투자하고 이익 중 3/4을 받는다. 코멘다 계약이 나타난 현존 문서 중 가장 오래된 것이 피사에서 1156년에 작성된 콘스티투툼 우수스Constitutum Usus이다. 피보나치가 든 사례 중에는 코멘다 계약에 따라 회사societas의 이익을 코멘다토르들이 나누는 방식을 다룬 것도 있다.

> 한 집단의 이익을 구성원끼리 나누려면 위에서 쓴 협상기법에 따라 풀어 나가야 한다. 그러면 자본이 152파운드이고 이익을 56파운드 낸 회사가 있다고 가정하고, 구성원 사이에서 이익을 똑같이 나누려면 몇 파운드씩 지불해야 할지 살펴보자. 우선 피사 방식에 따라 위에서 말한 이익 중 1/4을 (트락타토르 몫으로) 떼어 놓고 나면 42파운드가 남는다.[2]

피보나치는 그런 뒤 3의 법칙을 적용하여 투자금 1파운드당 이윤을 계산한 후, 투자한 자본이 서로 다른 투자자에게 이윤이 얼마씩 돌아가는지 계산하는 방법을 보여 준다. 3장에서 살펴보았듯이 기원전 제2천년기 바빌로니아 시대 우르에서 에아나시르가 조직한 조합과 별반 다르지 않다.

피보나치는 자본투자액에 따른 이익배분 문제를 다양하게 살펴본 후에 은행과 이자율 문제로 넘어간다. 13세기에 고리대금업을 두고 논쟁이 벌어졌다는 사실을 생각하면 놀라운데, 《리베르 아바치》에는 이자율을 상세히 다룬 문제가 상당히 많다. 아래는 한 예이다.

> 어떤 사람이 이자로 매월 1파운드당 4데나리우스를 받기로 하고 100파운드를 어떤 영업소에 예치했고 매년 30파운드를 인출했다. 그렇다면 매년 감소하는 자본 30파운드와 여기에 붙는 이윤을 계산해야 한다. 그렇다면 이 사람이 영업소에 돈을 예치한 기간이 몇 년, 몇 월, 며칠, 몇 시간일지 구해 보자.3

이 문제가 무엇을 묻는지 생각해 보자. 미지수는 시간인데, 예치금이 고갈될 때까지 투자자가 해마다 일정액씩 인출해 가기 때문에 문제가 어려워진다. 간단히 말해 저축한 돈에서 이자를 받아 생활한다면 저축액이 다 떨어질 때까지 얼마나 걸리겠느냐는 문제이다.

피보나치가 세 쪽에 걸쳐 단순 계산을 반복하여 이 어려운 문제를 풀이한 후 제시한 정답은 6년 8일 5시간이다. 은행업자가 실제로 마지막 한 시간까지 쳐서 이자를 주지는 않겠지만, 어쨌든 이 문제는 기욤 도세르가 열변을 토하며 저주한 대로 시간이라는 신성한 대상을 금융 기술로 세속화하고 상품화한 사례를 완벽하게 보여 준다. 그렇다면 베네치아 리알토에서 나타난 은행업 혁신이 굉장히 드문 사례는 아닐지도 모른다. 은행대출은 일반화되었을 뿐 아니라 최소한 1202년까지는

《리베르 아바치》에 그토록 많은 문제가 실릴 만큼 무척 관심을 받았던 것이 확실하다. 그리고 피보나치가 문제에서 말한 '영업소'가 무엇을 가리키는지 알 수 있다면 더 큰 도움이 될 텐데 안타깝다. 성전기사단일 수도(아마 아닐 것이다), 루카나 피렌체에 사는 대부자일 수도(그럴 듯하다), 베네치아 은행업자일 수도(역시 그럴 듯하다) 있다.

대출액의 이자율이나 대출계약 기간을 계산하는 문제는 복잡하지만, 이를 해결하는 능력 유무가 동양과 서양을 구분하지는 않는다. 8장에서 말한 고대 중국의 수학 교습서 《산수서》에도 매우 비슷한 문제가 나온다. 이보다 훨씬 복잡한 은행 관련 문제도 12세기가 저물 무렵 중세 세계가 공유한 상업수학 지식이었다.

🪙 현재가치

《리베르 아바치》에는 금융역사상 분수령이 된 문제가 하나 있다. 문제 이름은 '300베잔트bezant(비잔티움제국의 동전)를 봉급으로 받는 군인'이다. 이 문제에는 매년 왕에게서 연금으로 300베잔트를 분기마다 나누어 받는 군인이 나온다. 만약 왕이 분기마다 지급하던 연금을 연말에 한 번에 몰아서 주기로 했다면 연금가치는 얼마나 줄어드느냐가 피보나치의 질문이다. 이 질문을 보면 베네치아 대의회에서 차입금의 이자를 지연하여 지급하면 어떤 효과가 생기느냐고 논하는 장면도 연상된다. 이 문제가 특히 중요한 이유는 13세기 초반에 봉급이 군인에게 보상하는 일반적 방식으로 사용되었다는 사실을 보여 준다는 데 있다. 한편 봉급이 군인으로 복무한 대가로 지급되는 퇴직급여였다는 사실도 흥미롭다. 고리대금업 논쟁에도 나온 대로 자금사용의 대안이라는 핵심 개념이 존재해야 풀리는 문제이기 때문에도 중요하다. 군인은 투자금을 은행으로 짐작되는 곳에 맡겨서 매월 2퍼센트 이자를 받을 수 있다고 문제에 나온다.

수학 관점에서 보자면 이 문제는 금융적 사고의 분수령이다. 피보나치는 선택하지 못한 투자대안에서 나왔을 수입의 가치를 평가하여 문제를 해결했다. 다시 말해 매 분기마다 은행에 돈을 넣었다면 받았을 이자를 계산한 것이다. 이 수입이 없어지면 봉급가치도 상당히 줄어든다. 300베잔트짜리 봉급의 가치는 이제 259베잔트에 몇 푼이 더 붙는 수준으로 떨어졌다.

앞에서 나온 복잡한 은행문제와 달리 이 문제는 두 가지 현금흐름의 현재가치를 비교한 최초의 사례로 알려져 있다. 나는 그 전에 작성되어 지금까지 남아 있는 수학문서가 있는지 살펴보았지만 결국 수학사에서 이보다 전에 등장한 직계 조상을 찾아내지는 못했다. '순현재가치net present value'법은 현대 금융에서 가장 중요한 도구이다.

순현재가치는 비용을 줄이려는 정부뿐 아니라, 어떻게 대출할지 고민하는 은행업자에 이르기까지 다양한 관점에서 "돈을 매년이 아니라 분기마다 받는다면 가치가 얼마나 늘어날까?"와 같은 금융 관련 결정을 내리는 데 도움을 준다. 오늘날에도 주택을 구입할 때 계산에 속는 사람이 많다. 주택담보대출 금리는 일·월·년 단위로 공시될 수 있다. 군인과 봉급문제는 분기별 복리와 연복리가 얼마나 큰 차이를 내는지 보여 준다. 피보나치의 《리베르 아바치》는 이처럼 시간과 돈에 관한 다양한 문제에 답하는 틀을 만들어 낸다.

《리베르 아바치》가 상업문제, 은행대출, 현재가치에 초점을 맞춘다는 사실을 생각하면, 어쩌면 이 책이 동양과 서양의 수학 사이에 '대분기'를 만든 핵심 요인 아니냐는 의문이 들지도 모른다. 정말 그럴지도, 아닐 수도 있다. 이 책에 나오는 기법 중 현재가치 계산만 빼고 대부분은 중국 수학계에서도 조금 늦든 빠르든 비슷한 형태로 출현했다. 당시 중국 수학자라면 《리베르 아바치》에 나오는 문제를 모두 풀 수 있었을 것이다. 아마 군인과 봉급문제조차도 해결했으리라.

하지만 《리베르 아바치》보다 앞서 나온 중국 고전 수학책에는 상업문제가 비교적 적게 나온다. 즉, 피보나치는 13세기 동양과 서양 수학 사이에 존재한 중요한 차이를 강조하여 표현했다. 큰 숫자를 다루는 다양한 상업문제가 이 책에 나온다는 사실은 수학도구가 사업에 필요했고 수학적 상상력이 실용적 상업문제에 무게를 실었음을 명확하게 드러낸다. 피사의 레오나르도를 뒤이은 뛰어난 수학자들이 이처럼 세속적 방향을 지향함에 따라 이후 르네상스 시기에는 더욱 중대한 결과가 나타났다.

🪙 사업교육

《리베르 아바치》는 아라비아숫자를 서양에 소개하여 널리 퍼뜨렸고 세상 어디에나 존재하는 기하수열을 담은 것으로도 유명하며 13세기 지중해의 상업정보도 풍부하게 포함했기 때문에 중세 유럽의 수학책 중 가장 중요한 것으로 인정받고 있다. 그런데도 불구하고 이탈리아어 외에 현대 언어로 번역 출간된 것은 참으로 이상하게도 처음 나온 지 800년이 지난 2002년이었다. 물론 이전에도 내용 일부나 사례가 번역되기는 했지만, 방대한 범위와 구성을 쉽게 이해할 수 있는 학자는 드물었다. 그래서 래리 싱글러Larry Singler가 2002년에 번역한 《리베르 아바치》를 읽으며 각별한 기분을 느꼈다. 매 장을 읽을 때마다 피보나치는 매우 설명을 잘하는 사람이었다는 사실을 실감했다. 그는 단순한 문제를 제시하고, 앞부분에서 다듬었던 기법을 사용하여 푸는 방법을 보여 준 후, 더욱 복잡한 사례로 넘어간다. 완벽한 교육방법이다. 두말할 것 없이 《리베르 아바치》는 교육 목적으로 만든 문제로 구성한 교과서이다.

그렇다고 단순히 교과서로 취급한다면 이 책이 주는 재미를 정당하게 평가하기 어렵다. 책의 한 부분은 온전히 흥미로운 수학 퍼즐에 할애되었다. 그중에서도 유명한 기하수열 등식은 토끼 한 쌍이 마음 내키는 대로 새끼를 치면 어떻게 될지 묻는 진짜 퍼즐이다. 2장에 나온 드레헴 서판이 떠오른다. 이런 심심풀이 문제가 포함된 데서 보듯 예나 지금이나 수학자는 사소한 일상을 지적 모험으로 바꾸고 싶어 한다. 《리베르 아바치》에는 재미만을 위한 부분도 있다. 이를 보고 스콜라 후기 철학을 논하기는 힘들 것이다. 그래서 어린 학생을 가르칠 교재로 적합하기도 하다. 책은 독자의 흥미를 끌 수단이 풍부하다. 청년 시절에 수학도였다는 피사의 피보나치는 분명 선생이기도 했을 것이다.

책 앞부분에서 간략하게 다룬 생애 이후에 피보나치가 어떻게 살았는지는 알기 어렵다. 그에 대한 공식기록은 하나뿐이다. 피사 시립 문서고에 있는 문서에 따르면 피보나치는 1241년부터(군인이 봉급을 받게 된 해와 비슷하다) 교육doctrinum과 회계·가치평가·계산법에 남긴 공로를 인정받아 종신연금을 받게 되었다. 이 문서는 피보나치의 교육과 조언이 대중에게 값진 도움을 주었다는 사실을 간략하게나마 알려 준다.

피보나치는 피사 상인의 자녀를 가르쳤을까? 그의 노하우가 지중해에서 사업하는 데 이로움을 주었을까? 물론 내 해석에 비약이 있었을

지도 모른다. 위에서 말한 'doctrinum'은 '교육'뿐 아니라 학습·지식·학식을 뜻하기도 한다. 피보나치 또는 다른 사람이 13세기 초에 상업수학을 가르쳤음을 입증하는 공식기록은 피사 학교 어디에도 없다. 하지만 전하는 옛 기록은 어디에서나 흔하지 않다.

　수학사 연구자이자 수학 고서적 전문가인 워런 밴 에그먼드Warren Van Egmond 교수는 지금까지 알려진 가운데 최초로 설립된 중세 이탈리아의 수학학교를 연구했다.[4] 이 '계산학교'의 특징은 종교색이 없는 일반 교육기관이라는 데 있다. 상업교육은 세속적이었다. 사업학교는 인본주의에 헌신하는 학교와 달랐다. 에그먼드 교수는 계산학교가 형태를 갖춘 시기는 피보나치 시절보다 한 세기 후라고 생각한다. 수학교사 수가 늘어 길드를 형성하려면 1316년이 되어야 했다. 그 이전에는 계산학교가 이탈리아 도시에 존재했다는 증거를 전혀 찾을 수 없다. 그 전에 사업학교가 이어져 왔는지는 불확실하지만 1338년에 피렌체에서는 주산학교를 다니는 젊은이가 1,000명에 이르렀다. 피렌체 주산학교는 졸업생 중에 니콜로 마키아벨리Niccolo Machiavelli나 레오나르도 다빈치Leonardo da Vinci 같은 유명인이 있는 것으로도 유명하다. 《신곡》을 쓴 단테 알리기에리Dante Alighieri도 아들을 계산학교에 보냈다.

📚 수량화

　밴 에그먼드의 연구결과에 따르면 피렌체가 르네상스 시절 수학 교육과 지식의 주요 중심지가 된 데는 계산학교 덕이 컸다. 피렌체 금융가문은 한때나마 르네상스 시대 유럽에서 가장 강력한 금융업자였다. 이처럼 피렌체의 번성에 계산학교가 중요한 역할을 한 것은 틀림없다.

사실 역사학자들은 르네상스 초기에 일어난 진정한 혁명은 경제나 금융혁명이 아니라 수량화였다고 주장한다. 기욤 도세르 같은 중세 후기 신학자와 스콜라 철학자가 금융상품이 시간 자체를 수량화하여 생명을 세속화하리라고 우려한 데는 근거가 있는 셈이다. 이탈리아의 강력한 금융가문이 소유한 문서고에는 상세한 수치자료가 풍부하다. 피렌체 가정과 사업체는 금융재산을 세심하게 기록하여 관리했다.

레오나르도 다빈치의 친구이자 수학자이며 '회계의 아버지'라고 불리는 이탈리아 수도사 루카 파치올리Lucca Pacioli가 저서 중 가장 유명한 수학책(《산술집성》-옮긴이)을 펴낸 시기는 1494년이다. 책은 대체로 기하학을 다루지만 한 부분에서는 '이탈리아식' 복식부기법을 설명한다. 나머지 부분과 비교하면 지루해 보일지 모르는 이 부분이 영원히 파치올리의 이름을 남겼다.

파치올리는 회사의 현금 유입과 유출을 기록한 분개장journal을 부기의 기본으로 삼았다. 거래 각각은 차변debit과 대변credit이라는 두 항목에 기록된다. 따라서 차변과 대변에는 시간이 흐르면서 회사가 운영된 상황이 기록되는데, 둘은 정기적으로 결산할 때마다 서로 일치해야 하며 그렇지 않다면 오류가 발생한 것이다. 복식부기는 우선 기록 오류를 줄이는 수단이라는 데 장점이 있다. 하지만 그뿐만이 아니다. 일단 복식부기를 사용하기 시작하면 세상을 회계 관점에서 생각하게 된다. 가정은 그저 가족이 모인 곳이 아니라 비용과 주기적 수입이 연속되는 곳이다. 사람의 영혼마저도 죽기 전에 저지른 죄와 그중 속죄받은 것을 정산해야 하는 계정으로 볼 수 있다. 원장元帳은 조직을 측정하는 수적 기준이며 조직의 수량적 본질이 된다.

오래전부터 사업체의 거래를 계속 기록하는 수단으로서 중국의 행정 기반이었던 부기는 르네상스 시대 유럽에서 혁명적 도구가 되었다. 중국에서는 중앙정부가 방대하고 복잡한 관료체제를 통제하려다 보니 회계혁명이 일어난 반면, 유럽에서는 사업이 시간흐름에 따라 어떻게 발전해 나갔는지 계산하기 위하여 수량화하고 기록하는 수단으로 회계가 출현했다. 기록수단이 불라에서 서판으로, 파피루스에서 죽간으로, 다시 양피지에서 종이로 변해 가는 와중에도 사업과 금융의 근본은 언제나 숫자를 세고 기록하며 특정 시점의 경제가치를 검증하는 것이다. 스콜라철학은 절차가 세상을 보는 시각을 결정한다고 정언한바, 현실이 기술을 만드는 한편 기술도 현실을 만들어 낸다고 올바르게 파악했다.

🪙 피보나치식 미래

피보나치의 《리베르 아바치》가 중요한 데는 역사적·수학적·금융적 이유가 있다. 역사학자가 보기에 이 책은 지중해에서 13세기 초반 당시에 전형적이던 사업문제를 상세하게 묘사한 보기 드문 자료이다. 책에는 이탈리아 상인이 취급한 다양한 교역품과 이들이 방문한 여러 항구가 나온다. 자산분할, 이윤배분, 자금대출 같은 사업도구가 발전하는 모습도 드러난다. 피보나치는 정부를 도운 공로를 인정받았지만 이 책은 사기업의 시각에서 쓰였는데, 이는 지금까지 서양을 다른 세계와 구분하는 시각이기도 하다.

수학의 관점에서 보자면 《리베르 아바치》는 수학자가 작업하고 논증하는 방식을 영원히 바꾸었다. 아라비아숫자·비율·분수를 접하게 되자 셈판과 주판을 쓸 이유가 없어졌다. 수학자는 이제 종이(또는 양피지)와 펜을 도구로 썼다. 피보나치의 금융도구는 한 풀이방법에서 다른 풀이방법으로, 기본 통찰에서 점점 더 복잡한 풀이방법으로 진행하며 쌓아 나가는 논증방식을 보여 준다. 이러한 질문방법을 통해 피보나치는 돈의 시간가치를 매우 정밀하게 측정해 냈다.

그중에서도 가장 중요한 사실은 《리베르 아바치》가 인간의 분석력을 확장했다는 데 있다. 계산을 나타내는 용어는 '라티오나타부스 rationatabus', 즉 '논증reasoning'이다. 《리베르 아바치》에 나오는 상업수학은 말 그대로 논증하는 능력을 확대했다. 수량과 가격이 각각 다른 여러 물건의 상대가치를 번갈아 가며 다루기는 쉽지 않은데다, 특히 기준시점까지 제각각이면 더더욱 그렇다. 《리베르 아바치》는 바로 그것을 다루는 기술을 제공한다. 스프레드시트와 인터넷이 금융과 실물경제 사이의 격차를 줄였듯이 중세에 새로 출현한 금융도구는 시장이라는 경기장의 기울기를 바르게 조정했다. 《리베르 아바치》가 대를 이어 이탈리아 계산학교의 기본 교재가 된 것은 당연하다. 피보나치는 교양과 종교가 아니라 수량화 기법에 근거를 둔 교육 전통을 만들어 냈다. 최종적인 결론을 내리면, 피보나치는 유럽인이 배우고 생각하며 계산하는 방식을 바꾸었다.

하지만 유럽인은 이처럼 새로운 정신을 온전히 받아들이지 않고, 금융기술과 지식뿐 아니라 금융과 대립하는 윤리적 태도 역시 유지해야 했다. 겉으로나마 고리대금 금지법을 옹호하고 대부업을 비난하는 한편, 자녀에게는 돈의 시간가치를 구하는 방법을 가르친다면 문제가 생길 수밖에 없다. 이처럼 은연중에 벌어지는 위선을 해결하려고 시도한 스콜라 철학자도 있었지만, 금융이 발전하고 종교가 이를 비난하면서 유럽 사회에 발생한 문제는 순수하게 경제적이라기보다 심리적이고 실존적인 것이었다.

14장

불멸하는 채권

💰 레크디크 보번담스

2003년 7월 1일, 교수 한 명이 네덜란드 위트레흐트시 전체의 제방과 운하를 유지·보수하는 치수위원회water board 본부의 현대식 건물 정문으로 들어갔다. 전면을 번쩍이는 유리로 덮은 이곳 덕분에 건물로 보는 유럽의 인상은 '오래된 나라'에서 '첨단기술 국가'로 바뀌고 있다.

치수위원회는 레크강의 흐름을 통제하는 문제와 오랫동안 씨름해왔다. 위트레흐트는 자연스레 흐르던 강이 인간이 만든 운하로 나뉘어 흘러가는 분기점에 있다. 네덜란드의 운하체계는 공학의 진수이고, 네덜란드 국토 중 대부분은 중세부터 지금까지 계속 혁신하는 수문학hydrology 기술의 산물이다. 네덜란드의 운하와 둑 체계는 기술뿐 아니라 정치와 금융 관점에서 봐도 경이롭다. 국토 중 상당 부분이 해수면 아래에 있는, 게다가 독립국이 된 지도 얼마 되지 않은 이 나라는 홍수가 일어나 제방이 무너지는 자연재해에 어떻게 대응했을까? 대형 기반 시설을 지으면 국토 여기저기에 산재한 각 지방이 피해를 방지할 수 있지만 이때 드는 건설비용을 어떤 지방정부도 혼자 감당할 수 없다면 자본을 어떻게 조달해야 할까?

위트레흐트 같은 지역의 치수위원회를 가리키는 '호헴라드샤펀 Hoogheemraadschappen'은 네덜란드 역사 내내 환경안보에 중요한 역할을 해 왔기 때문에 정부와 별반 다르지 않은 영향력을 행사해 왔다. 네덜란드가 스페인·프랑스·네덜란드인 중 누구에게 지배를 받을 때라도 치수회사에는 징수권과 홍수에 대응하기 위해 필요할 때 자체 병력을 소집할 권한이 있었다. 저지대 국가의 정치체제가 사람의 몸이고, 호헴라드샤펀은 그 안에 있지만 반쯤 독립한 별도의 림프계라고 생각해 보자. 호헴라드샤펀이 능력을 갖추지 못했더라면 시민들은 이웃나라뿐 아니라 범람으로부터도 항상 크게 위협받았을 것이다. 네덜란드 역사에서 수문학에 얽힌 문제는 정치분쟁보다도 중요했다. 위트레흐트 호헴라드샤펀의 조상은 홀란트Holland와 위트레흐트가 1323년에 협정을 맺으며 출현했다. 위트레흐트 주교공主教公이 레크강 제방을 방치하라고 명령하여 위트레흐트뿐 아니라 인근에 있는 홀란트 백작 빌럼 3세 Willem III van Holland의 영지까지 물에 잠길 위험에 빠지자, 빌럼 3세는 위트레흐트를 침공하여 주교공이 레크강 제방을 항시 제대로 관리하겠다는 협정에 서명하도록 강요했다.

오늘 교수가 논의하려는 주제는 정치도, 수문학도, 회사의 유구한 역사도 아니다. 그는 회계부서가 어딘지 정중하게 물었다. 수금하려고 왔기 때문이다. 이 사람은 예일 대학교 경영학 교수이자 내 동료인 헤이르트 라우번호르스트Geert Rouwenhorst이다. 그는 국제 자본시장과 주식

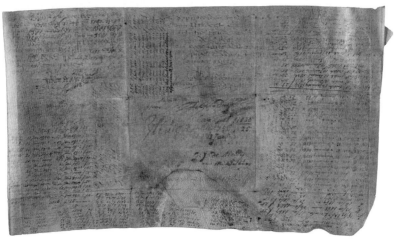

그림 14.1 레크디크 보번담스 치수위원회가 1648년 5월 15일에 발행한 액면가 1,000휠던, 금리 5퍼센트짜리 영구채 증서. 위트레흐트 근처에 있는 레크강 강둑 보수비용을 조달하는 데 쓰였다. 이자를 계속 지급하는 영구증권이다.

및 상품거래로 이익을 내는 온갖 기법에 정통하다. 라우번호르스트는 누렇게 변한 옛 양피지를 꺼내 놓은 다음, 눈이 동그래진 위트레흐트 치수위원회 회계부 사람들에게 26년 치 이자를 받으러 왔다고 밝혔다.

빛바랜 문서에 따르면 요한 판 호헌하우크는 레크디크 보번담스 Lekdijk Bovendams의 재무책임자로서 1648년 5월 15일에 니클라어스 더 메이어에게 1,000휠던gulden(영어로 길더guilder라고도 한다.-옮긴이)을 받았다. 그 대가로 메이어(또는 이 채권을 제시하는 사람)는 이자 50휠던을 1년에 두 번, 11월 15일과 5월 15일에 나누어 받는다. 다시 말해 이 문서는 1648년에 회사가 발행한 채권으로 지금도 효력이 있다. 이 해에 가톨릭 강대국들이 네덜란드공화국의 생존권을 인정한 뮌스터조약(베스트팔렌조약의 일부)이 체결되고, 네덜란드는 스페인과 신성로마제국을 상대로 80년간 전쟁을 치른 끝에 독립하는 역사의 분수령을 맞았다.

그런 중요한 사건은 라우번호르스트 교수가 제시한 양피지에 나오지 않는다. 문서는 그저 계약에 집중한다. 발행자는 오늘날 위트레흐트 치수국의 조상이며 레크강의 제방 중 위트레흐트댐 상류 34킬로미터를 보수할 책임을 진 레크디크 보번담스다. 채권에는 혼스비크시 근처를 흐르는 강 만곡부에 구조물을 쌓기 위하여 1,000휠던(길더)을 받는다고 명시되어 있다. 강이 굽어지는 곳 바깥쪽 둑에서부터 강 안쪽으로 길게 튀어나온 이 구조물을 건설한 이유는 레크강의 물살을 조절하여 이 지점에 있는 제방이 붕괴할 위험을 줄이는 데 있다. 지금도 같은 지점에 현대식으로 다시 만든 시설이 있다. 1648년 문서에 나오는 치수위원회, 혼스비크시, 구조물은 지금도 모두 그대로다.

레크디크 보번담스 회사는 위트레흐트 치수위원회 주식회사로 바뀔 때 부채의 이자를 계속 지급할 의무를 포함하여 모든 책임과 의무를 승계했다. 이 문서는 홀란트의 황금시대를 간직한 '화석'이라서가 아니라, 350년도 더 전에 작성되었지만 지금도 이자를 지급하고 앞으로도 지급할 살아 있는 금융문서이기 때문에 특별하다.

📀 불멸

흡혈귀가 영화나 소설 같은 미국 대중문화에 자주 등장하는 것을 보면 미국인은 이 기괴한 인간형 괴물을 동경하는지도 모른다. 흡혈귀를 동경하는 현상에는 잔혹함에 대한 일반적 관심이 반영되었을지도 모르지만, 아마 흡혈귀가 영원히 사는 존재라는 관념도 영향을 주었을 것이다. 앤 라이스Anne Rice의 소설(《뱀파이어와의 인터뷰》 등 '뱀파이어 연대기'를 말한다. - 옮긴이)에 나오는 흡혈귀는 시간의 흐름을 증언하는 존재이다. 피라미드를 건설하고 로마가 몰락하며 나폴레옹전쟁이 벌어지고 비행기가 발명되던 장면을 모두 보았을 흡혈귀도 있다. 영생하지만 흡혈귀처럼 위험하지는 않은 존재라면 2002년 영화로도 제작된 소설 《터크 에버래스팅Everlasting Tuck》의 주인공으로 우연하게 영원히 살게 된 가족도 있다. 등장인물인 앵거스 터크는 이렇게 말한다. "우리 터크 가문 사람들의 삶을 인생이라고 부를 수는 없다. 우리는… 그저 존재할 뿐이다. 마치 개울가에 박힌 바위처럼."[1]

레크디크 보번담스 채권은 터크 가문 사람처럼 네덜란드 역사라는 개울에 박혀 있는 바위이다. 소유자들은 3세기 반 동안 이 채권을 치수 위원회에 보여 주고 이자를 받아 갔다. 아마 처음에는 바로 요한 호헌하우크의 집에 가져갔을 것이다. 그러면 호헌하우크는 반년 치 이자를 계산한 후 문서 뒤편에 이자지급 사실을 꼼꼼하게 적었다. 마침내 채권 뒤편에 빈칸이 남지 않게 되자 레크디크 보번담스 이사회의 승인을 받아 '회수권(talon, 인환권)'을 채권 뒤편에 붙이고 지급 사실을 계속 확인했다. 이때는 제2차 세계대전이 최고조에 달하고 안네 프랑크Anne Frank 가족이 아직 암스테르담 집의 은신처에 숨어 살던 1944년 1월이었다. 이자는 처음에 카롤루스휠던Carolusgoulden으로, 그 후에는 플랑드르 파운드Flemish pound로, 그리고 현대 휠던으로 지급되었다가, 라우번호르스트 교수가 치수위원회에 나타났을 때는 유로로 지급되었다. 그러는 동안에도 돈은 흘러가고 구조물은 보수되었으며 옛 채무의 이자는 확실히 지불되었다.

이 옛 채권은 앞으로도 치수위원회의 돈이라는 피를 영원히 빨아먹으며, 세대가 거듭되며 건물이 지어지고 나라가 형태를 바꾸어 가면서도 신경 써서 기본 치수 기반시설을 유지하는 모습을 지켜볼 운명을 타고난 흡혈귀일까? 아니면 앵거스 터크처럼 그저 시간이 흘러가도 자리를 지키는 기묘한 물건일 뿐일까? 사실 1년 치 이자인 50휠던을 오늘날 유로로 환산하면 11.34유로(약 1만 5,000원 - 옮긴이)라서 그리 큰돈은 아니다. 17세기에 발행된 치수위원회 채권 중 지금 확실하게 확인된 것은 네 장뿐이라서 재정에 그리 부담도 되지 않는다. 하지만 나 같은 금융학 교수에게라면 다른 쪽으로 가치가 크다. 우리가 영구채의 가치를 평가하는 방법을 가르칠 때마다 학생들은 영구채가 정말 존재하느냐, 만약 그렇다면 대체 어디 있느냐고 묻는다. 그런데 드디어 영구채는 편의상 만들어 낸 수학적 허구가 아니라고 보여 줄 수 있게 되었다.

베네치아공화국이 발행하고 리알토에서 거래된 채권은 다 어떻게 되었을까? 서로 경쟁하던 이탈리아 도시국가가 발행한 영구채는? 그 후 18세기에 발행된 유명한 영국 공채는? 이 중에는 채무불이행이 선언뜻 것도, 정리된 것도, 또한 발행자가 재매입한 것도 있다. 베네치아는 여력이 충분할 때 채권을 공개시장에서 계속 시가로 매입하여 소멸시켰다. 레크디크 보번담스 채권이 2003년에 경매에 나왔을 때도 위트레흐트 치수위원회가 재매입할 수 있었지만 결국은 예일 대학교가 낙찰받았다. 물론 지불한 가격을 생각하면 최소한 경제적으로는 올바른 결정이 아니다.

2003년 이후에도 흥미로운 사건이 있었다. 채권은 수하물로 비행기에 실려 도서관에 도착했다. 세계 최고의 고문서 보관서로 꼽히는 예일 대학교 바이네케 희귀본 도서관Beinecke Rare Book Library에 보관하기 위해서였다. 그런데 심각한 문제가 생겼다. 바이네케 도서관은 더 이상 효력이 없는 고문서만 보관한다는 것이다. 반면 이 채권은 금융기술의 역사를 보여 주는 문헌이지만 아직 효력이 살아 있는 상품이기도 하다. 채권을 찾고, 경매에서 낙찰받아 감정을 받고, 이자까지 받는 수고를 했건만 바이네케 도서관에는 보관할 수 없었다. 대체 어떻게 해야 했을까? 우리는 결국 타협했다. 채권 자체는 소장품으로 넣지만, 1944년 이후 발행된 회수권은 최소한 모두 사용될 때까지 분리하여 보관한다는 것이다. 그렇게 하면 예일 대학교 사람이 때마다 이자 11유로를 받으러 위트레흐트로 가지고 갈 수 있다. 불멸하는 문서는 바이네케 도서관에 온전히 들어가지 못했다.

🪙 종신연금

베네치아 프레스티티나 레크디크 채권 같은 영구채의 정수는 이자를 언제 얼마나 지급할지를 영원히 완벽하게 알 수 있다는 데 있다. 영구채는 불멸이다. 영구채는 한 사람의 생애를 초월하여 역사를 증언한다. 상상하기도 힘들 만큼 먼 미래의 한 부분이라는 데서 사람을 전율하게 만든다. 하지만 한 사람의 일생에 묶인 '필멸' 채권 정도라면 상상해 볼 만하다.

이탈리아 도시들이 영구채를 발행할 당시에는 소유자의 생존 여부에 직접 연관된 또 다른 금융 형태도 번성했다. 이는 중세 센서스 계약이나 피보나치가 가치를 평가했던 종신봉급이 발달한 것인데, 오늘날에는 '연금'이라고 불린다. 종신연금은 수익자가 살아 있는 동안 매년 고정된 금액을 지불한다. 영구채와도 비슷하지만 물려주지는 못한다. 연금은 구매자와 함께 사라진다. 따라서 수명이 제한되므로 가격도 싸기는 하지만, 수익자가 앞으로 얼마나 살지는 아무도 모르기 때문에 가치를 정확하게 계산하기란 여전히 어렵다.

종신연금은 정말 중요한 문제를 해결했다. 죽을 때까지 생활비가 들어오도록 보장했다. 생사에 연동된 수입은 노년에 돈이 떨어지는 상황을 막기에 매우 효율적이다. 미래수입에 지나치게 많거나 적은 돈을 지불할 걱정이 없다. 하지만 종신연금에도 문제는 있다. 구매자의 여생을 정확히 알 수 없다면 판매자는 연금가치를 어떻게 계산할까?

판매자의 운이 좋다면 구매자가 종신연금을 구입한 다음 날 병에 걸려 죽을지도 모른다. 하지만 구매자가 100세 넘게 사는 내내 연금을 주고 또 주게 될지도 모른다. 확보한 자원보다 오래 살 위험은 개개인을 떠났을 뿐 사라지지는 않았다. 국가로 옮겨 갔을 뿐이다. 피보나치가 예로 든 군인의 봉급을 지급할 왕의 처지에서 생각해 보자. 그리고 왕이 자신을 위해 전쟁에서 싸운 군인 1,000명과 같은 계약을 맺었다고 가정하자. 현재가치로 따지면 비용이 얼마나 될까?

연금은 프톨레마이오스왕조 이집트의 결혼계약에서 중요한 요건이었듯이 그리스와 로마 시대에도 있었다. 13세기 북유럽 도시 여러 곳이 종신연금을 판매했지만 민간에서는 더 일찍부터 판매했을 법하다. 프랑스의 두에시와 칼레시에서는 1260년에 종신연금을 발행했다.[2] 겐트(벨기에 도시 - 옮긴이)에서는 1290년에 종신연금을 활용했다. 연구자들이 찾아낸 결과에 따르면 종신연금은 도르드레흐트, 브뤼주, 위이, 암스테르담 등 수많은 도시에 보급되었고(모두 벨기에와 네덜란드의 도시다. - 옮긴이), 16세기에는 저지대 국가의 주요한 공공재정 조달방식이 되었다. 한 연구에 따르면 1535년 암스테르담 연간예산 중 60퍼센트는 채무 상환과 연금 지급에 들어갔다. 최소한 당시에 종신연금은 국채와 함께 널리 보급되어 부유한 사람뿐 아니라 중산층까지 포함하는 다양한 계층의 유럽인이 활용하는 금융도구였다. 이 시대 사람들은 자신이나 자녀를 위한 사회보장계약을 구입할 수 있었다. 국가는 노인을 부양했다. 어디까지나 투자받은 액수에 비례해서였지만 말이다.

물론 미국의 사회보장제도에도 같은 특징이 있다. 연금 가입자는 정부로부터 퇴직하거나 특정 연령이 되면 살아 있는 동안 주기적으로 돈을 주겠다는 약속을 받으며, 결혼했다면 부부 중 한쪽이라도 살아 있는 동안까지 수령기간이 연장된다. 미국 사회보장제도에 더 붙는 특징이라고 해 보았자 지급액이 임금 인상률에 연동되기 때문에 퇴직자가 상승하는 생활수준과 물가를 따라잡을 수 있다는 정도이다. 따라서 사회보장제도 개념의 뿌리는 유럽의 연금계약에 있으며, 아마 훨씬 깊은 곳에도 닿아 있을 것이다. 현대 사회보장제도의 문제는 '정부가 앞으로 오랜 세월 동안 연금을 지급해야 할 장기부채를 어떻게 평가하느냐'인데, 바로 이 문제 때문에 새로운 수학 분야가 탄생했다.

🪙 너무 이른 죽음

종신연금이 네덜란드 경제에 얼마나 중요했는지 보여 주는 증거를 들자면, 17세기 중반까지 네덜란드 국가수반을 '제1 연금수령자grand pensionary라고 불렀다는 사실만한 것이 없다. 이들 중 가장 유명한 요한 더 비트Johan de Witt는 레크디크 보번담스 채권이 이자를 지급한 지 세 해째인 1653년에 취임했다. 더 비트는 1654년에 제1차 영란 전쟁의 종전협정을 맺었고 강력한 네덜란드 해군을 구축해 냈으며, 오라녜공 Prins van Oranje이 대표하는 군주제가 아니라 공화제를 채택할 명분을 다듬어 내는 등 여러모로 국가수반으로서 굉장한 성공을 거두었다. 이처럼 여러 업적을 쌓은 그도 네덜란드가 1672년에 프랑스와 영국으로부터 동시에 공격받자 원흉 취급을 받는다. 오라녜공 지지파가 요한 형제를 모략한 것이다. 요한의 형 코르넬리스 더 비트Cornelis de Witt는 오라녜공 빌렘 3세Willem III van Oranje 암살을 모의했다는 혐의로 투옥되었다. 요한은 날조된 편지를 읽고 코르넬리스를 찾아 감옥으로 갔다가 둘이 함께 거리로 끌려나와 살해당하고 시체도 갈기갈기 찢겼으며 그중 일부를 성난 군중이 먹기까지 했다고 한다. 오라녜공은 음모를 꾸민 자들을 칭찬하고 상을 내렸다.

그런데 더 비트의 이야기가 금융과 무슨 관계가 있을까? 그가 통치하던 시절 네덜란드의 부채 대부분을 차지하던 종신연금은 젊은이에게나 늙은이에게나 같은 가격으로 팔렸다. 요한 더 비트는 그래서는 전혀 말이 안 된다는 사실을 알아차렸다. 여생이 길 어린이에게 지급될 연금을 사려면 나이가 든 성인의 여생에 연동된 미래연금보다 비싼 값을 내야 한다. 따라서 개개인의 나이에 따라 연금가격을 달리 매기는 편이 논리적이다. 그렇다면 이번에는 이러한 문제가 남는다. 가격을 얼마로 매겨야 적정할까?

더 비트는 수학을 이용하여 문제를 푼 후, 죽기 1년 전인 1671년에 기본 해결책을 실은 소책자를 완성했고, 그것이 《상환 가능한 연금과 비교한 종신연금의 가치*Waardije van Lyf-renten naer Proportie van Los-renten*》이다. 형제가 죽은 후 장서가 흩어져서인지 찾기 힘들기로 악명 높은 이 책자가 다룬 내용은 피보나치 시절 이후 고도로 발달한 돈의 시간가치 이론과, 책이 쓰일 당시 아직 걸음마 단계지만 역시 중요한 과학인 확률론이다. 이 책은 당시 유럽 정부로서는 가장 중요한 재정문제를 다루었다. 종신연금을 발행하여 얻는 수입과 미래에 연금을 지급할 의무의 현재가치 사이에서 균형을 잡는 과제를 논한 것이다.

더 비트는 종신연금의 가치를 계산하는 데 있어 가장 중요한 문제는 예상수명의 확률이며, 따라서 연령대가 다양한 연금 수령자에게 평균적으로 현금이 지급될 기간을 추정해야 한다는 사실을 알아차렸다. 문제는 본질부터 불확실한 수량을 어떻게 확정하느냐는 것이었다. 더 비트는 연금 구매자 자신이 회피하려는 위험을 계량하려 했다. 문제를 풀기 위해 그는 나이에 따른 생존 확률을 추정한 후, 나이에 따라 가격에 차등을 두자고 제안했다. 문제를 지나치게 단순화한 해결책이었지만 해결책에 상당히 접근한 한 걸음이기도 했다. 그런데 연금가치평가 문제에 대한 더욱 정확한 답은 매우 기묘한 곳에서 출현했다. 바로 도박이었다.

15장

확률을 발견하다

연금계약은 유럽이 인류에게 크게 공헌한 업적으로 손꼽힌다. 시민은 개인 또는 여러 명의 생애와 연동한 연금을 구매하여, 기대보다 길게 장수했을 때의 부양의무를 가족에서 국가로 넘겼다. 그리하여 국가는 여러 가정의 위험을 한데 모으게 되었고, 그래서 모두 이익을 보았다. 하지만 연금이라는 혁신은 새로운 문제를 불러일으켰다. 장기적으로 앞으로 연금 수령자 모두에게 연금을 지급하느라 드는 비용은 얼마나 될 것이고, 이처럼 복잡한 연금계약 관련 비용을 지불하려면 돈을 얼마나 모아야 하는가? 이 문제를 푸는 방법은 통계학과 확률론이라는 새로운 과학에서 나온다. 금융위험을 서로 나누어 부담하는 혁신과, 위험을 이해하는 방법의 혁신이 서로 결합하여 중국과 서양을 서로 멀리 갈라놓았다.

확률 수학이란 미지에 체계적으로 접근하는 방법이라고 할 만하다. 금융은 미지의 미래를 다루는 것인데, 금융상품을 수학으로 분석하자 바로 확률법칙이 발견되었다. 일단 유럽 문화에 확률 수학의 기초 기법이 등장하자 위험이라는 요정이 램프를 빠져나왔다. 이 장에서는 확률 개념이 발달하고 이에 따라 어떤 세상이 생겨났는지 추적한다. 물론 확률은 도박에서 시작되었다. 투자의 사악한 쌍둥이 형제인 도박은 불확실을 피하지 않고 오히려 적극적으로 추구하는 행동이다. 문화적 원형에 따른 이분법은 오늘날에도 여전히 명백하다. 즉, 투자자는 존경받고 투기꾼은 비난받는다.

지롤라모 카르다노Girolamo Cardano(1501~1576년)는 르네상스 시대 이탈리아의 저명한 의사이자 점성학자로 손꼽히는 지성인이다. 그의 자서전은 진정 박학다식한 사람이 남긴 다채로우면서도 매우 개인적이며 논쟁적이고 흥미로운 작품으로, 수학·물리학·천문학·철학·식이요법·점술·의학 등 다양한 주제를 다룬 저서 150여 권 중 마지막 저술이다. 카르다노는 이 책에서 크게 후회되는 일을 고백한다.

> 40년이 다 되어 가는 오랜 세월 동안 나는 도박에 빠져 살았다. 그 때문에 개인생활에서 본 피해는 말하기도 힘들 정도지만, 그럼에도 내세울 만한 성과는 거두지 못했다. (중략) 부끄럽게 고백하건대, 나는 사고력과 물질과 시간 모두를 매일 손해 보았다.[1]

카르다노는 일류 연구자이자 전략가였다. 그는 주사위 여러 개를 던질 때 특정한 숫자 조합이 나오는 빈도를 알아내는 큰 업적을 세웠다. 그는 숫자 각각이 나올 확률은 모두 같다고 가정하고, 우선 가능한 결과를 모두 열거한 후 결과가 나오는 횟수를 계산했다.[2] 이렇게 빈도를 기록한 덕분에 카르다노는 특정한 패가 나올 가능성이 얼마나 낮은지,

자신에게 유리한 숫자가 나올 확률이 높은지 등을 상당히 정확하게 추정할 수 있었다.

카르다노보다 앞선 도박사들도 주사위 두 개 모두 6이 나올 가능성이 낮다는 사실을 알았겠지만, 1/6과 1/6을 곱하면 1/36이므로 36번에 한 번 꼴로 나온다는 식으로 수학에 따라 생각하지는 않았다. 카르다노의 뛰어난 통찰은 주사위가 단순하기 때문에 가능했다. 면이 6개뿐이기 때문에 가능한 조합을 모두 떠올린 후 셀 수 있었기 때문이다.

주사위에서 사람으로

수학자들은 주사위를 연구한 후, 테니스 같은 스포츠 경기가 벌어지는 동안에 결과를 예측하여 돈을 거는 등 훨씬 복잡한 확률문제에 착수했다. 한 예로 스위스 수학자 야코프 베르누이Jacob Bernoulli는 1686년에 친구에게 보낸 편지에서 테니스(물론 편지에는 프랑스어대로 죄 드 폼jeu de paume이라고 썼다)를 언급했다. 베르누이는 도입부에서 기계가 아니라 사람이 기술을 겨루는 경기에는 주사위를 굴린 결과를 모두 열거하는 간단한 방법이 통하지 않는다고 인정한다. 하지만 그에게는 문제를 간단하게 만드는 통찰력이 있었다. 확률이 알려지지 않은 복잡한 경기라도, 과거 결과가 연구하기 충분할 만큼 많다면 분석할 만하다. 베르누이는 어떤 일이 발생할 진짜 확률을 모른다 해도 가능성을 올바로 판단하기에 충분할 만큼 많은 결과를 관찰할 수 있으면 된다고 생각했다. 예컨대 양면이 똑같지 않은 동전이 있다 해도 계속 던지다 보면 앞면과 뒷면이 나오는 비율을 점점 더 정확하게 알게 된다.

베르누이는 확률 수학이란 인간이 지식을 깊게 다듬는 지름길이라고 주장했다. 9회 동점 상황에서 타석에 들어선 장타자가 무슨 생각을 하는지 알아내려 해서는 경기에서 이길지 질지 알 수 없겠지만, 같은 타자가 같은 상황에 처했던 경우를 모두 연구한다면 끝내기 홈런이 터질 확률을 계산하여 적절한 쪽에 돈을 걸 수 있다. 베르누이는 이 정도라면 인간으로서는 전지전능에 제일 가까이 다가간 셈이라고 생각했다.

야코프 베르누이는 확률론을 발달시킨 위대한 사상가 중에서도 가장 중요한 사람이다. 그는 도박을 현실의 문제와 연결했다. 강타자가 홈런을 칠 확률을 확실하게 추정하려면 그의 머릿속을 스치는 생각을 정말 모두 알아야만 할까? 확실한 추정이란 95퍼센트 확실한 것인가, 99퍼센트 확실한 것인가? 베르누이는 항아리를 사용한 유치한 게임을 분석하여 확실성 문제를 풀어 나갔다.

항아리에 하얀 공과 검은 공이 몇 개씩 들어 있다. 항아리 안에 든 검은 공과 하얀 공 개수 비율이 2:1이라고 확신하려면 모두 꺼내서 세어 봐야 할까? 베르누이는 그렇지 않다고 답한다. 비율이 2.01:1에서 1.99:1 사이에 있다고 99퍼센트 확신해도 충분하다면, 이 정도를 확신하기 위해 공을 몇 개나 꺼내 봐야 하는지 베르누이는 말할 수 있었다.

이치에 맞는다는 생각이 드는가? 이해하는 데 시간이 걸렸다면 정상이다. 베르누이는 1704년에 위대한 수학자 고트프리트 라이프니츠 Gottfried Leibnitz에게 쓴 편지에서 이 개념을 두 번에 걸쳐 설명해야 했다. 라이프니츠는 미적분을 발명한 사람으로 유명하지만 또한 인간이 직면한 기본 문제를 풀 때 수학이 지닌 잠재력에도 폭넓게 호기심을 보였기 때문에 베르누이와 편지를 교환하였다. 라이프니츠는 자료를 통계에 따라 분석하여 자연법칙을 이해할 가능성에 관심을 두었다.

베르누이의 주장은 지금 '큰 수의 법칙'이라고 불린다. 간단히 말하자면 항아리 안에 있는 검은 공 대 흰 공 비율의 관찰값은 관찰하는 사례 수가 늘어날수록 실제 비율에 점점 가까워진다. 따라서 항아리 안에 공이 1,500만 개 정도 있다 해도 이를 모두 꺼내 세어 볼 필요도 (또한 전능한 창조자가 될 필요도) 없이, 검은 공 대 흰 공 비율이 2:1에 지극히 가깝다고 99.9퍼센트 확신할 수 있다. 여기까지 말해도 유치해 보이기는 마찬가지라 현실 문제에 별로 유용해 보이지 않을 것이다. 하지만 베르누이는 라이프니츠에게 이렇게 설명했다.

> 이제 공이 든 항아리를 병균을 가진 노인 혹은 청년의 신체로 바꿔 생각한다면, 같은 방식으로 관찰하여 노인이 청년보다 얼마나 죽음에 더 가까운지 판단할 수 있습니다.[3]

그리고 같은 해에 보낸 두 번째 편지에는 이렇게 썼다.

> 사망자 수는 무한합니다. 하지만 오차를 발견하기 힘들 때까지 관찰횟수를 늘려 간다면, 유한한 관찰횟수로도 사망자 비율을 분명하게는 아니더라도 현실 목적에 충분할 만큼 정확에 가깝게 판단할 수 있습니다.[4]

베르누이에게 항아리에서 공을 꺼내는 문제란 청년과 노인이 사망할 확률을 알기 위한 모형일 뿐이었다. 도박을 수학으로 분석하여 도출한 큰 수의 법칙 덕분에 사망확률을, 그리고 청년과 노인의 예상수명을 충분할 만큼 확실히 예측하게 되었다. 이는 14장에 나온 요한 더 비트가 끔찍하게 죽기 직전에 다룬 정치·경제문제, 바로 종신연금 가격문제를 푸는 데 활용될 수 있었다.

베르누이와 라이프니츠 둘 다 편지에 모든 것을 털어놓지는 않았다. 베르누이는 자기가 제시한 놀라운 명제의 증명을 라이프니츠에게 보여주지 않았다. 아마 라이프니츠가 자기보다 먼저 출판할까 봐 그랬을 것이다. 라이프니츠도 베르누이가 보여 달라고 계속 애걸하던 책, 바로 연금을 다룬 더 비트의 소책자를 그대로 가지고 있었다. 책상 위에 두었는데 지금은 찾지 못하겠다고 변명하고 다음번에 보내 주겠다고 약속하며 베르누이를 매정하게 가지고 놀았다. 학문적 경쟁이란 이토록 옹졸하다. 베르누이는 더 비트가 가입자의 나이에 따라 네덜란드 연금 가치를 계산할 때 실제 자료에 기반을 둔 사망률표를 사용했으리라고 오해했기 때문에 그 자료를 검토하여 자기 이론에 적용하고 싶어 했다.

🪙 바젤

베르누이가 교수로 일했던 바젤 대학교는 지금도 수학과의 명성을 업고 활기차게 돌아가는 지성의 중심이다. 대학교는 라인강을 굽어보는 언덕에 있지만 베르누이 가족은 이곳이 아니라 바젤 시청을 마주 보는 중앙시장 구역 바로 근처에 살았다. 조그마한 구역에 있는 평범하고 좁은 집이 이들의 주거지였다. 베르누이는 매일 직장으로 가는 길에서 시장을 통과해야 했을 텐데, 이때 흥미로운 도덕철학 문제이자 재미있는 상업문제와 마주쳤을 것이다.

두 사람이 편지를 교환했을 때 일어난 가장 이상한 일은 라이프니츠가 다른 학자와 편지를 교환하며 얻은 귀중한 기대수명 실증자료를 베르누이와 공유하지 않았다는 것이다. 카스파르 나우만Caspar Naumann은 슐레지엔 지역의 항구도시인 브레슬라브(오늘날 브로츠와프 - 옮긴이)

시의 1690년 전후 기록을 세심하게 연구했다. 이 자료에는 1687년에서 1691년까지 브레슬라브의 출생과 사망 기록이 상세하고 방대하게 남아 있어, 다양한 연령집단의 기대수명을 추정하는 데 충분한 정보를 제공했다. 라이프니츠가 베르누이와 공유하지 않고 런던에 있는 영국 왕립 학술원에 보낸 이 자료에 관심을 보인 사람은 천문학자인 에드먼드 핼리Edmund Halley였다. 핼리는 브레슬라브 자료를 사용하여 각 연령집단별 사망률을 계산한 사망률표를 만들어 냈다. 그리고 1693년에 연구 결과를 〈왕립학회지Transactions of the Royal Academy〉에 실었다.[5] 핼리가 통계를 분석하여 낸 결론의 핵심은 정부가 종신연금을 지나치게 싸게 팔았다는 사실이다.

핼리가 살던 시절 영국에서는 종신연금을 젊은이에게든 늙은이에게든 같은 가격에 팔았다. 핼리는 13세가 안 된 사람에게 연금을 판다면 정부는 손해를 본다는 사실을 사망률표를 이용하여 보여 주었다. 비록 당시에 아동 사망률이 굉장히 높았다 해도 어린이가 더 오래 살 가능성이 높을 수밖에 없고, 정부는 계속 연금을 지불해야 한다. 웬만큼 건강한 13세 아이의 잔여수명은 70년에 가깝다. 물론 영국 정부는 핼리의 분석을 무시하고 그 후로도 연금을 지나치게 싼 가격으로 팔았다.

핼리는 계산을 통해 각국 정부가 연금을 판매해서 재정에 손해를 보고 있다는 결론을 냈다. 정부는 시민에게 져 주는 경기를 계속했다. 만약 도박사가 카드 게임에서 계속 진다면 굳이 수학을 잘하지 못해도 자기가 이길 확률이 낮다고 깨달을 것이다. 프랑스와 영국 정부는 17세기와 18세기에 종신연금 가격을 잘못 산정한 탓에 오랫동안 재정문제를 겪었다. 게다가 이 큰 손실은 시간에 가려 보이지 않았다. 손실이 보이는 시기는 먼 미래가 될 것이다. 젊은 연금 수령자가 계속하여 예상보

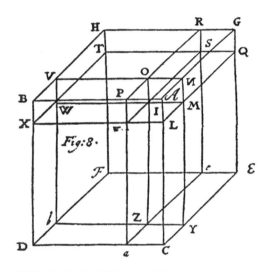

그림 15.1 수령인이 세 명인 톤틴연금의 사망률을 나타낸 에드먼드 핼리의 그림

다 오래 산다면 정부는 받은 수익 이상을 지출하게 된다. 오늘날 사회보장제도를 둘러싼 논쟁을 들어본 미국인에게는 낯설지 않은 얘기다. 재정적 시한폭탄은 언제가 되었든 정치적 시한폭탄이 될 수밖에 없다.

아이러니하게도 오늘날 바젤은 전 세계 은행제도의 위험관리 중추로 가장 유명하다. 바젤협약Basel Accords이 바로 은행 규제안이다. 바젤 은행감독위원회는 27개국 중앙은행 대표자들이 모여 은행이 자기 위험을 측정하는 방법과 지급불능 사태를 막기 위해 확충해야 할 자본규모를 수학적으로 매우 정밀하게 결정하는 기관이다. 위원회가 요구하는 계산 대상 중에서도 핵심은 특정한 연도에 발생할 수 있는 손실이다. 그리고 규제 당국이 믿을 만한 예상손실 결과를 계산할 때 사용하는 기본 도구가 바로 야코프 베르누이의 '큰 수의 법칙'이다. 전 세계가 규칙을 다듬어 전 세계에 은행위기가 다시 오지 않도록 막는 데 사용한 도구(즉 문제를 개념화하는 방법론 자체)가 태어난 것은, 야코프 베르누이 및 그와 동시대를 살았던 수많은 확률론 학자가 확률 미적분법을 통해 도박을 위험분석 틀로 바꾸어 낸 덕분이다.

연금과 혁명

17세기가 저물어 갈 무렵 런던 세인트마틴 거리에 있던 슬로터스 커피하우스의 굽은 유리창에는 아브람 드무아브르Abraham de Moivre의 수척한 모습이 자주 비쳤다. 드무아브르는 언제나 배고파 보였고 실제로도 그럴 때가 많았다. 돈이 거의 없었어도 수학과 물리학 논문뿐 아니라 희곡과 소설까지 파고들던 그는 뉴턴의 《프린키피아Principia》 중 몇 장을 항상 주머니 속에 넣어 다니다가 틈날 때마다 꺼내 읽었다. 수입원이라면 수학 강의료나 자신이 쓴 책 인세를 조금씩 받는 정도였다. 저서 중 가장 잘 팔린 《확률 원칙: 도박 확률 계산법A Doctrine of Chances, or a Method for Calculating the Probabilities of Events in Play》은 1718년에 초판이 나온 후 그가 살아 있는 동안 몇 번이나 다시 인쇄되었다. 이 책은 1709년 영국 왕립학술원에 제출한 라틴어 논문을 영어로 번역하고 살을 붙인 것이다. 베르누이의 확률론이 현학적인 데 비해, 영어로 쓰인 이 책은 일반인에게도 널리 읽혔다. 드무아브르는 《확률 원칙》 서문에서 책의 목적을 이렇게 설명한다.

> 《확률 원칙》은 오랫동안 세상에 존재했던 온 일종의 미신, 즉 행운이나 불운 따위가 도박에 영향을 미친다는 생각의 치료에 도움이 될 것이다.6

이 책은 주사위놀이·복권·카드놀이 같이 당시 런던 시민이 빠져 있던 다양한 도박을 체계적으로 분석한다. 인기 있는 도박 대부분을 이론적으로 숙달한 사람이 가난하게 살았다는 사실은 매우 아이러니하다. 그는 칼뱅교 신자라서 도박을 피했을 것이다. 어쨌든 그는 다른 사람에게 수학·확률법칙·금융을 가르쳤을 것이고, 도박장에 자주 출입하던 런던 한량들에게는 드무아브르의 조언이 분명 값졌을 것이다. 복권을 거래하던 금융업자에게도, 돈의 시간가치를 매우 중요하게 여긴 종신연금 발행자와 구매자에게도 분명 그랬으리라.

고정된 미래기간에 지급될 고정 액수를 다루는 공식은 드무아브르의 가장 중요한 업적으로 꼽힌다. 그는 1724년에 자신의 가치평가 방법을 《생존연금 논고A Treatise of Annuities on Lives》에서 사용했다. 친구인 핼리가 앞서 발표한 계산 결과에 영예를 돌리는 한편, 자신이 이를 개선할 수 있다고 주장했다. 드무아브르는 종신연금 가치를 정확하게 계산하기가 매우 힘든 것은 돈의 시간가치 때문이라고 언급했다. 연금 수급자의 나이는 핼리가 주장한 정도보다도 훨씬 중요했다. 드무아브르는 대부분의 연령집단에 속한 연금 가입자는 생애 동안 돈이 지급되는 금융증권을 구입할 때 가격보조를 받는 셈이라는 사실을 증명하였다.

미국 사회보장제도를 생각해 보자. 당신이 퇴직연령에 도달하면 사회보장제도는 종신연금을 지급하기 시작한다. 사회보장제도를 비판하는 사람은 일단 미국 노동자가 젊었을 때 납입한 돈의 현재가치가 은퇴한 후 이들에게 지급해야 할 연금비용에 못 미친다는 근거를 든다. 사람들의 수명이 점점 길어지기 때문이다. 17세기와 18세기에 연금을 팔던 정부도 똑같은 쟁점에 맞닥뜨렸다. 자신들이 제공하던 사회보장제도에 걸맞은 사용료를 매기지 못했기 때문이다. 미국 사회보장제도에서는 인구가 증가하는 한 근로소득세 수입으로 연금 지출액을 보충할 수 있다. 하지만 비율이 바뀌면 사회보장제도는 정부의 자원을 고갈시킬 것이다. 핼리와 드무아브르는 정부가 연금을 팔아서 재정적 이익을 보지 못하고 있다는 결론을 계산을 통해 보여 주었다. 하지만 더 비트, 핼리, 드무아브르의 연구 결과가 나온 후에도 각국 정부는 자신에게 이익이 되도록 연금가격을 바꾸지 않았다.

왜 그랬을까? 당시 연금제도는 미국 사회보장제도처럼 사회보험을 널리 제공하는 방법으로 받아들여졌기 때문일까? 아니면 연금가격을 설정한 입법자 자신이 주요한 연금 구매자였기 때문에 잘못 설정된 가격이 계속 유지되었을까? 사실은 그저 문제를 풀기가 지나치게 어려워서였을 것이다. 아니면 진정한 가치에 근접하도록 가격을 설정했다가는 아무도 연금을 구매하지 않을까 우려해서였는지도 모른다.

🪙 프랑스의 연금

18세기 프랑스에서는 종신연금과 톤틴연금tontine(개개인이 아니라 가입자 집단 중 살아 있는 사람들에게 지급하는 연금)을 팔아 재정을 충당하는 비중이 높아졌다. 앞에서 말한 대로 이러한 연금을 운용하는 데는 사망률표를 이해하고 이에 따라 계약가격을 매기는 능력이 매우 중요하다. 톤틴연금은 매우 복잡한 상품인데, 연금액이 정부로부터 생존자에게 간다는 사실을 제외하면 오늘날 주택저당증권과도 비슷한 점이 있다.

당시 일반적인 톤틴연금이 운영되는 방식을 알려 주는 연금증권이 있다. 보병 대위인 피에르 레르미트 드 샤토뇌프와 아내인 엘리사베트 들라랑드에게 파리시가 교부한 것이다. 증권은 네 페이지에 인쇄되어 있고 사이에 양피지 한 장이 삽입되었는데, 아마 양피지가 종이보다 오래가기 때문일 것이다. 부부는 연금을 300리브르에 매입하고, 수령 조건을 다섯 살 난 딸 수잔느 엘리사베트 레르미트 드 샤토뇌프의 생존으로 지정했다. 수잔느가 살아 있는 동안 매년 24리브르가 지급되었고 죽으면 수입 중 1/4이 왕에게, 3/4이 그녀가 속한 연령집단 내 생존자들에게 간다. 수잔느는 국영 톤틴연금의 제1계층 제2부에 속했다. 같은 계층에 속한 다른 어린이가 죽을 때마다 생존자가 톤틴에서 얻는 현금의 몫은 점점 커진다. 톤틴 계약은 정부가 소금 같은 상품에 매긴 세금으로 지급을 보증받고, 왕의 요구를 포함하여 어떤 이유로든 연금 지급액이 압류·취소·재조정 대상이 되지 않는다고 애초에 약속했다.

부모 입장에서 보면 굉장한 이익이다. 딸이 살아 있는 한 투자금의 8퍼센트를 이자로 받는데다 딸이 오래 살수록 받는 몫도 계속 커진다. 예컨대 프랑스에 있는 동일 연령 집단 중 90퍼센트보다 오래 산다면 원

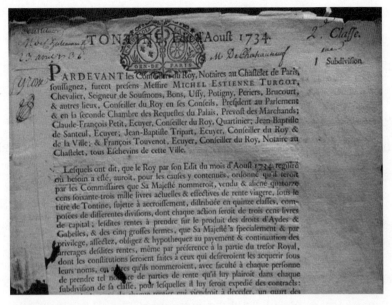

그림 15.2 1734년 프랑스에서 발행된 톤틴

래 자기 몫인 24리브르뿐 아니라, 죽은 동일 연령집단이 생전에 받을 연금 중 3/4까지 받으므로 모두 합해 186리브르를 받게 된다. 원금이 300리브르이고 매년 연금을 186리브르 받는다면 연 수익률은 무려 62퍼센트에 이른다.

정부 입장에서 본다면 가입자가 죽을 때마다 톤틴 계약액 중 1/4이 사라지므로 생존자에게 지급되는 연금액은 매년 8퍼센트에서 6퍼센트로 줄어든다. 그렇다 해도 톤틴 가입자 중 생존자가 정부에 부담을 주기는 마찬가지였고, 1770년에는 프랑스 재무장관인 아브 테레Abbe Terray가 문서에 기재된 약속을 무시하고 톤틴 채무를 재조정했다. 그는 모든 톤틴을 가입자의 나이와 무관하게 10퍼센트씩 지급하는 종신연금으로 교체했다.

수잔느 엘리사베트가 1770년에 살아 있어서 40세가 되었다면 톤틴 재조정 때문에 186리브르를 받을 기회를 놓쳐 큰 손실을 보았을 것이다. 역사학자 데이비드 위어David Weir가 계산한 바에 따르면, 테레가 고정이율로 조정한 덕분에 정부가 톤틴 지급에 썼을 돈을 크게 아낄 수 있었지만 종신연금 지급비용도 적지 않았다.7 정부가 나이와 관계없이 10퍼센트 수익을 주는 종신연금을 발행한다는 소식이 퍼지자 일종의 금융 골드러시가 발생했다. 투기꾼들은 멋진 기회를 찾아냈다.

종신연금을 잘못된 가격에 파는 것보다도 나쁜 일이 더 있다면, 실수를 이용해 자기 이익을 챙길 방법을 정확하게 아는 영악한 사람들에게 파는 것이다. 1770년이라면 정부관리는 몰라도 유럽 금융업자 중 확률과 종신연금 가치산정을 다룬 당시 최신의 연구 결과를 모두 읽어 보지 않은 사람은 없었다. 네덜란드(홀란트)와 스위스 금융공학자들은 프랑스 정부가 새로운 종신연금을 판매할 때마다 모두 사들인 후, 연금수익을 기초자산으로 하는 채권을 발행했다.

그중에서도 제네바 은행업자들이 연합하여 발행한 증권이 가장 유명하다. 제네바 투자연합은 소녀 30명을 수익자로 지정하여 프랑스 정부의 종신연금에 가입했다. 소녀들은 유복한 가정 출신이며(연합 투자자의 딸도 있었다), 대부분은 천연두를 앓고도 살아났다. 당시 출간된 종신보험표에 따르면 이 소녀들이 속한 연령집단의 연금가격이 실제 가치와 가장 큰 차이를 보였다. 이 종신연금 묶음에 대응하여 발행한 채권은 매년 프랑스 정부로부터 수령하는 연금액을 채권 보유자에게 전달했다.

위어와 공저자 프랑수아 벨드François Velde는 톤틴에 관한 프랑스 재무 자료를 깊이 분석하다가 흥미로운 사실을 발견했다. 1781년에 '고정이율 연금 수령권 중 3/4은 어린이를 수익자로 했다.[8] 이 중 대략 40~50퍼센트는 제네바 은행업자들이 주선했다. 즉, 이 은행업자들이 미래 예상손실을 심각하게 악화시켰다고 유추할 만하다. 최소한 종신연금이 젊은이와 늙은이 모두에게 팔렸다면 가격산정 오류에 따른 피해가 줄어들었을 것이다.

하지만 역사학자들은 조금 다르게 해석한다. 혁명이 다가올 무렵 프랑스는 연금뿐 아니라 모든 부채에 높은 이자를 지급해야 했다. 게다가 시장 전체는 1770년에 톤틴이 재조정된 데서 보듯이 정부의 약속이 깨질 수 있고 또 깨질 것이라는 사실을 잘 알았다. 한편 혁명 직전 프랑스의 신용위험이 높기도 했다. 프랑스는 톤틴이나 종신연금 같은 수단을 이용하여 세금을 징수하고 수익을 창출할 만한 한계까지 돈을 빌려야 했다. 연금을 증권화하여 재판매하려는 제네바 은행업자에게 종신연금 가격을 깎아서 팔아 대자 채무불이행 발생이 불 보듯 뻔하기는 해도 단기적으로는 재무상태가 호전되었다.

18세기 프랑스 정부의 재정을 보는 관점에 따라서는 톤틴과 종신연금제도가 제대로 돌아가기만 했다면 개인 퇴직과 정부재정이라는 두 가지 중요한 문제를 동시에 해결했으리라고 보기도 한다. 프랑스인이 모두 종신연금이나 톤틴에 가입했다면 모두 노년에 수입을 얻게 되었을 것이다. 종신연금은 생활자금이 떨어진 이후에도 살아 있을 때의 위험을 멋지게 방어한다. 큰 수의 법칙 덕분에 개인보다는 정부가 이러한 위험을 관리하기에 낫고, 따라서 개인은 정부에 보험 프리미엄을 기꺼이 지불한다. 공정시장가격에 발행되는 한 종신연금과 톤틴은 정부재정을 저렴하게 조달할 뿐 아니라 노년이 된 시민을 부양할 훌륭한 방법이기도 하다. 문제는 공정가격 산정에 정치가 끼어들고, 정부가 연금을 지급할 것이라는 신뢰를 잃었을 때 발생한다. 위어와 벨드는 정부의 재정 악화 못지않게 프랑스혁명을 촉발시킨 요소가 바로 신뢰 추락이라고 주장한다. 종신연금은 프랑스 정부와 시민이 맺은 기본적 사회계약이었다. 계약이 무너지자 정부도 무너졌다.

🪙 확률 이야기를 종합하면

유럽 수학자들이 한 세기에 걸쳐 엄청난 일을 해냈고, 그 결과물이 현실 정치에 영향을 끼쳤다는 사실에 주목하자. 우선 이들은 도박에 보였던 병적 관심을 과학으로 바꿔 놓았다. 도박이 현실세계를 반영하고 통제하여 만든 모형이라는 사실을 깨달은 것이 변천을 이룬 핵심과정이었다. 하지만 현실의 복잡함이 수학자의 분석능력을 넘어서는 지점에 도달하면 더 이상 수학으로도 현실을 통찰하지 못하게 될 것이다. 그런데 베르누이는 가장 복잡한 상황조차도 통계자료로 만들어 낸 확률도구로 해결할 수 있다고 생각했다. 역사를 활용하면 발생 가능한 모든 결과를 나열하지 않더라도 확률을 추정해 낼 수 있다는 것이다. 인생의 매 순간이 무수한 주사위를 동시에 굴려 결정된다면 지롤라모 카르다노는 순수익을 예측하려는 시도를 포기했을 것이다. 하지만 더 비트, 핼리, 베르누이 같은 18세기 후반 확률학자들은 새로운 방법을 찾아내어 알려지지 않은 것에 접근했다. 통계학을 이용하면 강한 확신 수준에 꽤 근접할 수 있었다.

확률학자들의 발견 결과는 금융에 예상치 못한 심각한 영향을 끼쳤다. 더 비트의 업적을 본 네덜란드 연금 사업자들은 연령 차이를 관리하기 시작했다. 핼리, 드무아브르, 베르누이는 프랑스와 영국의 자금조달 방식이 미래에 재정위기를 불러올 것이라는 명백한 증거를 정부에 들이밀었다. 어쩌면 연구 결과를 출판하여 위기를 가속하고 부채질했다는 표현이 적절할지도 모르겠다. 수학적으로 공정한 가격을 산정하여 자금조달 방식을 조정한 나라도 있고 그렇지 못한 나라도 있었다. 프랑스 정부에는 18세기 내내 차입과 가격산정 실수 때문에 발생한 부채가 쌓여 갔고, 1770년에 제네바의 차익 거래자들이 문제를 악화시키자 프랑스 정부는 파산을 피할 수 없었다. 적자로 재정을 운용하는 정부와, 정부로부터 연금을 받아 생활하는 시민은 재정적으로 멋지게 공생할 가능성이 있었지만, 프랑스혁명은 이 모두를 박살내 버렸다.

🪙 중국의 확률론

17세기와 18세기 중국 수학계에서도 확률론과 통계분석이 발전했을까? 조지프 니덤이 《중국의 과학과 문명》에서 다룬 중국 수학의 연구 결과에는 흥미로운 가능성이 나타난다. 니덤은 동전 여러 개를 던졌을 때 나오는 결과를 모두 나열한 표인 소위 '파스칼의 삼각형'과 비슷한 형태를 송나라 시대 문헌에서 발견했다.[9] 그런데 니덤이 밝힌 바에 따르면 흥미롭게도 이 표는 확률계산이 아니라 대수代數에 쓰기 위한 것이다. 이는 이항식의 승수가 올라갈 때 계수가 어떻게 변하는지 보여준다. 니덤은 이 표의 이름을 '이항계수를 구하기 위한 도표'라고 번역했다.

17세기와 18세기 중국 수학자의 관심사는 대수 · 기하 · 삼각법 · 천체운동이었지 확률론은 절대 아니었다. 중국에도 도박은 있었고 중국 수학자도 조합이론을 연구했지만 17세기 말엽 유럽에서 극적으로 발견된 확률 수학은 중국 수학 전통에 별 영향을 끼치지 못한 듯하다. 중국은 1723년부터 1839년까지 한 세기가 넘도록 서양 수학계에 사실상 문을 닫았다. 접촉이 단절되자 중국은 발전한 확률론을 흡수하지 못했을 뿐 아니라 미적분도 배우지 못했다.

중국과 서양 사이의 거대한 간극을 연구한 사상가로 손꼽히는 마크 엘빈Mark Elvin은 중국에서 수학적 확률론이 독자적으로 나타나지도 않고, 서양에서 확률계산 도구를 도입하지도 않았다는 사실에 특히 의아해 했다. 그는 중국에도 유럽만큼 도박이 널리 퍼져 있었고, 고대 인도와 서남아시아에서 하던 주사위놀이와 보드게임이 중국에도 있었다는 사실을 지적한다.[10]

그중에서도 가장 중요한 사실을 꼽는다면, 무작위로 일어나는 사건을 보고 미래를 예측하는 전통은 옛날 상나라 때 동물 뼈로 신탁을 구하며 시작되었고, 주나라 때 나온 《역경易經》(다른 이름은 《주역周易》-옮긴이)으로 이어져 지금까지도 계속된다. 《역경》에서는 동전을 던지거나 산가지를 뽑아 무작위적 결과를 얻는다. 《역경》에 나오는 괘는 동전 여섯 개를 던져 나오는 모든 조합과 사실상 같기 때문에 라이프니츠도 흥미를 보였다.

엘빈은 중국사에 나타난 확률론적 사고와 논증 사례를 기술했다. 이 중에는 점술과 관련한 것도 있고 도박에 관련된 것도 있다. 그리고 엘빈은 풍부한 감정을 담고 깊은 인상을 주어 널리 찬탄받은 시를 쓴 송나라 시대 여성 시인 이청조李淸照(1084~1151년 전후)가 뛰어난 수학 논문을 썼다는 사실도 찾아냈다. 그는 마치 카르다노처럼 서책과 골동품 수집가이자 도박에 빠진 팔방미인이었다.

이청조는 주사위 세 개를 굴려 놀이하는 보드게임 '타마打馬'를 만들고, 주사위 조합이 만들어 내는 결과를 열거하기까지 했다. 하지만 결과가 나타나는 빈도에서 확률을 계산하는 중요한 다음 단계로 나아가지는 않았다. 엘빈은 이 작지만 중요한 도약이 이청조 같은 중국 사상가를 비켜 갔다고 말한다. 아니면 도약이 실제로 이루어졌는데 사료에 기록되지 않았을지도 모른다.

아마 중국의 전문 도박사도 확률계산법을 알았겠지만, 이는 더욱 차원 높은 수학이나 지적 담론으로 이어지지 않았다. 왜 그랬을까? 중국에서 통계를 유용하게 활용할 일이 없어서일 리는 없다. 경제통계는 정부회계제도의 기본이었다. 큰 수의 법칙은 각 지방의 수확량을 예측하고, 군대를 유지하는 데 필요한 식량을 추정하며, 몽골에서 사온 말의 감소율을 예상하는 등 미래를 예측함으로써 자원을 정확히 배분해야 하는 모든 상황에 유용하게 쓰일 만했다.

중국인이 확률 수학을 발명(또는 도입)하지 못한 것은 역사의 우연 때문이었을지도 모른다. 한편 유럽에서 확률론이 태동할 당시에 확률이론가가 자본시장 발달에 깊은 영향을 주었던 것을 보면, 금융은 확률에 깊은 관심을 보이고 도박에서 얻은 확률기법을 적용할 만한 동기가 되었을 것이다.

17세기가 저물 무렵 확률이론가는 대부분 연금가치평가 문제를 논했다. 확실히 이들의 수법은 18세기 금융혁신에 중요한 영향을 끼쳤지만, 또한 그 반대로 악영향을 미친 것도 사실이다. 수학자는 주사위놀이 문제뿐 아니라, 복리와 정부가 발행한 연금가치를 올바로 계산하는 방법에도 관심을 두었다. 금융시장과 금융사고라는 두 가지 기술은 함께 발달했다.

🪙 해협 너머로 벌어진 논쟁

공포정치가 기승을 부리던 1794년에 콩도르세 후작Marquis de Con-dorcet은 18세기에 발표된 논문 가운데 가장 낙관적인 논문을 집필했다. 그는 확실하게 죽음으로 이어질 체포영장을 피해 오늘날 파리 뤽상부르 공원 근처인 세르반도니 길 14번지에 있는 친구 베르네 부인Madame Vernet네 집 뒷방에 숨어 있는 동안 서둘러 글을 썼다. 콩도르세는 미적분 발전에 기여한 뛰어난 수학자이다. 그랬던 그는 파리 조폐소 총감독관으로 임명받으면서 정치와 경제에 매료되었다. 계몽시대 인물 중에서도 가장 계몽된 인물이었던 그는 노예제 폐지론자, 여권신장론자, 민주주의 옹호자이자 인류문제를 풀 이성의 힘을 깊이 믿는 사람이었다. 이처럼 진보적 시각을 지녔지만 한편으로 루이 16세를 사형에 처하지 말고 수감해 두자고 주장했다가 곤경에 처한 것이다. 콩도르세 후작은 책을 완성한 후 파리에서 도망치려다 붙잡히고 말았다. 그가 죽은 후 1795년에 출판된 《인간정신 진보의 역사적 개관 초고Esquisse d'un tableau historique des progrés de l'esprit humain》는 계몽시대의 기념비적 작품이 되었다. 이 책은 과학의 진보가 지식에 도달하는 수단이라고 칭송하고, 사회문제 대부분이 전 세계에서 해결되었을 미래사회를 그린다. 그러한 앞날에 중요한 역할을 하는 것이 금융과 확률이다. 비록 프랑스 정부는 쇠약해지다 못해 톤틴연금을 지급하지 못하게 되었지만, 같은 금융구조를 활용하면 시민 전부에게 노령연금을 지급할 수 있을 것이라고 콩도르세는 믿었다.

하지만 우연과 우연을 맞세우면, 다시 말해 노년이 된 사람에게 그 자신이 저축한 돈뿐 아니라, 공동재산에 비슷하게 기여했지만 이를 되돌려 받기 전에 죽은 사람의 저축까지 보충해 준다면 불평등은 대부분 사라진다. (중략) 그 시기에 도달하기 전 요절한 사람 덕분에 비용이 덜 들어 (자본이) 늘어나게 된다. 우리는 생존확률과 이자계산에 수학을 적용한 덕분에 이러한 수단을 생각해 내었고 이미 적용하여 어느 정도 성공을 거두고 있으나 아직은 일부 가족만 도움을 받는다. 수단의 깊이와 형식을 확장해 낸다면 수많은 가족의 주기적 몰락이 해결되어 사회 전체가 이익을 얻고 부패와 타락의 영원한 원천에서 해방될 것이다.11

콩도르세는 한 사람이 노동할 수 있는 나이를 넘어서도 살 확률과, 일찍 죽을 확률이 확실하게 상쇄되도록 '우연과 우연을 맞세우자'고 제안했다. 이때 그는 더 이상 가족이 파산할 위험에 노출되지 않도록 돕는 길잡이로 수학과 확률을 이용하자고 상정한 것이다. 콩도르세는 더 나은 세상에서 살 사람이 앞으로 점점 더 많아질 것이라고 예상했다. 진보의 기본 개념을 널리 퍼뜨린 것이나 다름없다.

케임브리지 대학교 지저스 칼리지에서 수학을 공부하고 서리Surrey 지역에서 성공회 사제로 일하던 토머스 로버트 맬서스Thomas Robert Malthus는 1798년이 되자 콩도르세가 그린 장밋빛 미래에 공개적으로 이의를 제기했다. 그는 저서 《인구론[원제는 *An Essay on the Principle of Population, as It Affects the Future Improvement of Society, with Remarks on the Speculations of Mr. Godwin, M. Condorcet, and Other Writers*(《인구 원리가 미래 사회 발전에 미치는 영향 소고, 그리고 고드윈 콩도르세 및 기타 저술가의 예측에 대한 논평》)이다]》을 통하여 콩도르세의 논증에서 발견한 근본 결함을 지적한다.

그림 15.3 콩도르세 후작(왼쪽), 토머스 로버트 맬서스(오른쪽)

콩도르세는 인간의 예상 수명과 금리를 계산하고 적용하여, 일부는 노인 자신이 저축한 돈에서 마련하고 일부는 똑같이 희생했지만 대가를 수확하기 전에 죽은 개인들의 저축금으로 마련하여 노인을 도울 기금을 설립하자고 제안한다. (중략) 그러한 제도와 계산은 서류로 보기에 매우 유망해 보일지 몰라도 실생활에 적용해 보면 완전히 탁상공론으로 밝혀질 것이다. (중략) 가족을 먹여 살릴 만큼 풍족하게 지원받으리라고 확신한다면 누구나 가정을 꾸릴 것이고, 그리하여 태어나는 세대가 '된서리를 맞을' 공포에서 벗어난다면 인구는 빠르게 증가할 것이 틀림없다.[12]

맬서스가 보기에 인류의 진보에는 단순한 생물학적 함수에 따른 자연한계가 존재한다. 좋은 시절에는 인구가 증가하다가 결국 유한한 자원을 놓고 경쟁하게 된다. 인간이 일반적으로 겪는 피해를 없애는 사회보험제도는 (1) 사망률을 낮추어 인구 증가율을 감당하기 힘들 만큼 높이고, (2) 일할 유인을 없애 인구 증가율에 비하여 식량 증산률과 경제성장률을 낮춘다. 그는 종신연금에 기반을 둔 사회안전망은 산술적으로 실패할 운명을 타고난다고 주장했다. 사회보장제도는 확률과 돈의 시간가치를 결합한 18세기 당시의 최신 수학에 근거를 두었다 해도, 생식하려는 인간의 자연적인 성향 때문에 미래에는 실패할 수밖에 없는 잡종이라는 것이다.

콩도르세와 맬서스에서 보듯 확률과 복리를 다루는 수학은 윤리학자가 인류의 가능성과 한계를 탐색하는 지적 도구가 되었다. 한 명은 국영 사회보장기금을 꿈꾸었고, 다른 한 명은 그러다가 경제적 동기를 파괴하게 된다고 주장했다. 확률 수학이 발달하지 않았거나 유럽에 종신연금과 톤틴이라는 전통이 없었다면 두 사람의 시각은 변증법을 이루지 않았거나, 이루었다 해도 실제 역사와 근본부터 다른 분석 틀을 사용했을 것이다. 콩도르세와 맬서스 사이에 벌어진 논쟁은 그 후 몇 세기가 지나도록 끝나지 않았지만, 어쨌든 현대사회가 맞닥뜨린 커다란 도전으로 꼽히는 주제, 바로 불확실한 미래에 모두를 부양하는 문제의 틀을 잡았다.

이리하여 종신연금이 탄생하고 보험료를 내지 못하는 사람을 포함하여 모든 사회 구성원이 연금의 도움을 받는 미래를 상상하게 되자, 이전에는 상상하지 못했던 결과가 나타날 가능성이 새로 나타났다. 인류가 스스로 거둔 성공 때문에 희생당할 개연성이다. 토머스 맬서스의 비관론은 금융이 준 빛나는 희망 위에 그림자를 드리운 사건이었다.

16장

효율적 시장

　계몽주의 전통에 따른 수학적 탐구와, 금융시장 및 그 안에서 거래되는 다양하고 독특한 증권은 서로를 자극하고 자극받았다. 이 장에서는 그 후에 벌어진 일을 살펴본다. 역사 연표에서 잠시 벗어나 확률이라는 토끼를 잡으러 토끼굴까지 쫓아갈 것이다. 19세기부터 20세기 초반까지 특히 프랑스에서 확률 학습의 가능성을 믿고 확률 수학을 계속 탐구한 결과, 실제 세계를 묘사할 때 매우 중요한 과학모형을 도출하게 된 한편 시장을 이기기가 어렵다는 기본 통찰도 얻게 되었다.

　이 장에서는 시간을 건너뛰어 근대에서 이야기를 이어 간다. 그 과정에서 흥미로운 사람을 여럿 만나게 된다. 첫째는 효율적 시장이론을 발전시킨 파리 출신 주식중개인이자 금융경제학자 쥘 르뇨Jules Regnault이다. 둘째는 파리 로스차일드 은행의 회계사였으며 주식과 채권의 복잡한 보유상태 계산법을 설계해 낸 앙리 르페브르Henri Lefèvre이다. 셋째는 파리 증권거래소에서 거래되는 옵션가격산정에 매료되었다가 하나의 체계가 시간이 흐르며 어떻게 변화하는지 보여 주는 추상적 모형인 브라운운동을 발견해 낸 프랑스 수학자 루이 바슐리에Louis Bachelier이다.

세 사람의 통찰은 현대 금융공학에서 쓰이는 사실상 모든 도구의 기반이 되었다. 다만 이러한 도구에는 한계가 있으므로 아무리 정교한 모형이라도 결국 실패할 가능성이 있다는 사실이 드러났다. 이를 이용하여 발달한 금융도구 중에는 특히 금융파생상품을 꼽을 만한데, 이는 유명 투자자 워런 버핏Warren Buffett에게 '대량살상무기'라고 불렸지만[1] 한편으로는 위험을 방어하고 완화하는 기본 도구로도 널리 인식되고 있다. 앞으로 현대 금융의 세 거인인 로버트 머튼Robert Merton, 피셔 블랙Fischer Black, 마이런 숄즈Myron Scholes가 남긴 업적은 프랑스의 수학 전통이 지닌 통찰과 기법의 강점과 약점 모두에 직접 영향받았음을 살펴볼 것이다. 마지막 부분에서는 한때 나와 함께 예일 대학교에서 일하기도 했던 프랑스 수학자 브누아 망델브로Benoit Mandelbrot('만델브로트'라는 이름도 유명하다. - 옮긴이)를 논한다.

🪙 랜덤워크

19세기 프랑스 주식중개인인 쥘 르뇨(1834~1894년)에 대해 알려진 사실은 많지 않다. 이 정도라도 알려진 것은 라이세스터 대학교 금융학 교수인 프랑크 요바노비치Franck Jovanovic 덕분이다. 요바노비치는 10년 동안 수리금융 분야에서 일어난 지적 발전과정을 연구한 끝에 현대 계량기법의 논리적 핵심 기초를 19세기 중반 파리 증권거래소에서 주식중개인으로 성공했던 쥘 르뇨에게서 찾았다.[2]

그림 16.1 파리 증권거래소를 그린 19세기 삽화

르뇨는 1863년에 매우 참신한 주장이 담긴 저서 《확률 계산과 증권 거래소 철학*Calcul des Chances et Philosophie de La Bourse*》을 통하여, 시장에서 투기로 이익을 남길 방법은 없다고 주장했다. 주식과 채권 거래를 중개하여 생활하는 사람이 그런 의견을 낸 것이다. 르뇨는 자신의 통찰을 '무한에 가깝도록 많은 우연한 사건을 평균하면 진정한 경향으로 수렴한다'는 야코프 베르누이의 '아름다운' 정리 덕으로 돌렸다. 르뇨는 주식시장이 유명한 '베르누이의 항아리'의 전형이며 그 안에는 수많은 사람의 생각이 담겨 있다고 보았다. 시장가격은 항아리에서 공을 뽑으면서, 즉 거래와 거래가 반복되면서 형성된다. 거래라는 공을 수백 번 뽑고 나면 가격의 핵심 경향이 드러난다. 거래가 계속되면 사람들의 의견은 각각이 낙관적이든 비관적이든 모두 평균으로 수렴하여 시장가격을 '평균적' 의견 수준으로 조정한다.

그렇기 때문에 르뇨는 이익을 내기 힘들다고 주장했다. 당신이 거래하러 가는 동안에 시장가격에는 이미 앞서 거래한 투기꾼 모두의 집단 지성과 지식이 반영된다. 다른 사람이 모르는 정보를 혼자만 알지 않는 한 거래해서 이익을 내거나 손실을 볼 가능성은 50:50을 넘지 않는다. 아직 그렇게 되지 않았다면 투기꾼 세력이 가격을 높이거나 낮춰 그렇게 만들 것이다. 한마디로 적극적으로 움직여 이익을 추구하는 참여자가 매우 많기 때문에 시장은 이기고 질 확률이 같은 공정한 경기장이 된다. 미래에 가격이 어떻게 움직일지 예측하여 투자하는 전략이 아무리 정교하다 해도 가격변화 패턴은 무작위를 따를 것이라고 르뇨는 주장했다.

또한 르뇨는 증권가격이 미래에 어떻게 될지는 불확실하지만 거래 비용은 확실히 든다는 사실을 짚어 냈다. 중개인은 수수료를 받는다.

투자자에게 확실한 것이 한 가지 있다면, 거래할 때마다 내야 하는 수수료는 시간이 지날수록 쌓여 파멸을 가져오리라는 사실이다. 르뇨는 투기꾼이 모든 재산을 잃는 데 얼마나 걸릴지 상세히 계산하는 데 책의 한 부분을 할애했다.

르뇨는 시장이 '공정한 경기장'이라는 이론을 발전시켜 수학적 가정을 제시했다. 자신의 무작위이론이 맞다면 주식가격이 변동하는 폭은 특정한 패턴을 따라 커질 것이라고 그는 언급했다. 르뇨가 계산한 바에 따르면 일정 기간에 예상되는 주식가격 변동 폭은 해당 기간의 제곱근에 비례한다.

그는 시장의 일반 법칙을 발견했다고 생각했다. 시장이 '공정한 경기'라면 시장에서 증권가격의 변동 폭은 단순한 수식에 따라 커진다. 르뇨는 자기 이론을 검증하려고 채권가격 자료를 모아 통계적으로 분석했다. 그리고 이론은 아름답게 맞아 들어갔다! 르뇨의 법칙은 추상적으로 보일지 몰라도, 투자자가 일정 기간 주식에 투자할 경우 노출되는 위험이 어느 정도인지 계산하는 데 쓰이므로 유용하다. 이 원칙은 전 세계 규제당국이 은행이 안고 있는 위험이 얼마인지 계산하려고 쓰는 규칙 중에서도 핵심에 자리하고 있다.

르뇨는 파리 증권거래소를 '당대의 신전'이라고 불렀다. 자신이 일하는 건물을 적절히 묘사한 표현이다. 파리 증권거래소는 1808년 설계되어 20년 동안 건축된 거대한 신고전주의 건물이며, 오늘날에도 처음 지어졌던 플라스 드 라 부르스Place de la Bourse에 서 있다. 줄지어 선 코린트식 기둥으로 에워싸인 건물은 궁궐 같아 보인다. 하지만 일단 안으로 들어가 보면 여러 상징이 풍부하게 담긴 벽화로 우아하게 장식된 4층 높이 아치 지붕 아래에 거래장이 나타난다. 오늘날 파리 증권거래소를 인수한 유로넥스트Euronext는 더 이상 객장 거래중개인도, 시장조성자들이 가격을 설정하려 얼굴을 맞대고 말하는 장면도 필요 없는 전자거래체계이다. 시장기술은 그렇게 변화했지만, 다행히 파리시에서는 물리적 금융구조 중 영광스러운 부분을 보존해 두었다.

🐖 옵션 그래프

앙리 르페브르(1827~1885년) 또한 주식시장을 표현하는 수학적 모형 개발의 선구자이다. 그의 업적을 깊이 연구한 사람 역시 프랑크 요바노비치다.[3] 르페브르는 옵션가격에서 나타나는 복잡한 행위를 이해하는 데 집중했다. 우선 주식 자체가 거래되기 시작한 지 얼마 안 되어서부터 주식옵션이 거래되기 시작했다는 사실을 상기하고 이야기를 따라가 보자. 옵션이란 지금 정한 가격으로 미래에 주식을 거래할 수 있는 권리계약이다. 그중 '콜옵션call option' 소유자는 주식가격이 엄청나게 올랐더라도 미리 정한 가격만 내고 상대방에게 주식을 달라고 요구할 수 있다. 콜옵션은 가격이 오를 거라는 데 걸지만 실제로 주식을 사지는 않는 방법이다.

'풋옵션put option'은 콜옵션과는 반대이다. 풋옵션이 있으면 거래 상대방이 원하지 않더라도 미리 정한 가격에 주식을 팔 권리가 생긴다. 주식가격이 엄청나게 떨어졌더라도 미리 정한 가격대로 돈을 받고 주식을 상대방에게 '떠넘기는' 것이다. 앞에서 말했듯이 쥘 르뇨가 생각한 세상에서는 투기행위가 상품가격을 공정한 수준까지 몰고 가기 때문에 풋옵션과 콜옵션가격도 공정해져야 한다. 풋옵션과 콜옵션은 주식가격 변동으로 이익을 얻는 방법으로도 쓰이지만 또한 위험을 줄이는 데도

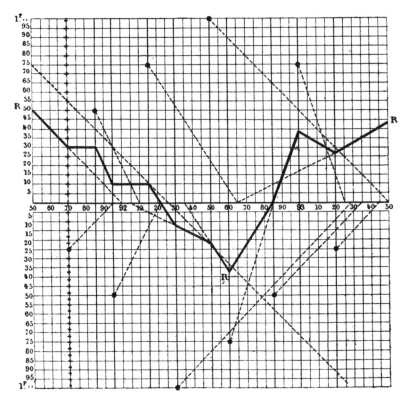

그림 16.2 앙리 르페브르가 옵션을 시각적으로 나타내는 자신의 방식이 다양하게 적용될 수 있음을 보여 주는 데 사용한 복잡한 옵션 수익 그래프

쓰인다. 예컨대 풋옵션을 가지고 있다면 주식가격이 폭락할 경우에 대비할 수 있다. 이렇게 두 가지 목적으로 사용할 수 있기 때문에 옵션은 비록 비난받기도 하지만 위험관리 도구로서도 유용하다.

르페브르도 르뇨처럼 시장의 기초 철학에 관심을 두었다. 그는 시장이 큰 사회적 가치를 지녔으며 효율적 동력원이기도 하다고 보았다. 르페브르의 업적은 옵션의 수익을 매우 간단하게 도표로 나타내는 방법을 만든 것이다. 예컨대 풋옵션과 콜옵션이 하나씩 있다면 주식가격이 오르건 내리건 돈을 벌 수 있다. 물론 시장이 공정한 경기장이라는 법칙에 따르면 두 옵션을 사느라 드는 돈은 옵션으로 낼 수익의 기댓값과 같다.

르페브르는 이러한 풋-콜 동시보유(스트래들straddle 매수라고 한다.-옮긴이) 포지션을 모눈종이(데카르트 좌표) 위에 V자 모양으로 나타냈는데, 이 중 왼쪽 사선은 풋옵션, 오른쪽 사선은 콜옵션 보유에 따른 이익을 나타낸다. 주식가격이 X축을 따라 움직이면 포트폴리오의 가치는 Y축 방향을 따라 변화한다.

그 후 르페브르는 주식(또는 채권이나 상품)의 옵션투자 포트폴리오가 아무리 복잡하더라도 각각의 옵션에 따른 성과를 더해 도표로 나타내기만 하면 된다는 사실을 보여 주었다. 따라서 세상에서 가장 복잡한 증권, 바로 파생상품을 이해할 수 있도록 분해하는 방법을 세상에 가져다 준 것이다. 그가 발견한 방법은 당연히 고용주였던 로스차일드에게 엄청난 이익을 안겨 주었다.

이 혁신이 굉장히 중요한 이유는 무엇보다도 옵션 거래인이 기초자산의 가격변동에 따라 자신의 투자 포트폴리오가 어떻게 변동하는지 빠르고 정확하게 계산할 수 있었고, 필요하다면 파생상품 계약을 더 사거나 팔아서 위험을 조절할 수도 있게 되어서이다. 이 거래방식은 오늘날 위험을 상쇄하느라 엄청난 규모로 사용된다. 원자재와 상품을 생산공정에 투입해야 하는 회사는 갑작스러운 물량 부족이나 급격한 가격변동으로부터 보호받기 위해 파생상품을 쓴다. 예를 들어 항공사는 항공유를 기초자산으로 하는 콜옵션을 사용하여 항공유 가격상승에 따른 위험을 방지한다. 네슬레라면 코코아 선물을 기초자산으로 하는 콜옵션을 사용하여 코코아 가격이 올라갈 경우에도 원료조달에 차질이 생기지 않도록 한다. 하지만 옵션은 가격변동에 돈을 거는 값싼 방법이기 때문에 위험을 방지할 때뿐만 아니라 투기할 때도 매력적이다. 즉 실제 증권가격보다 훨씬 적은 돈만 들이고도 살 수 있고, 가격이 원하지 않은 방향으로 움직인다면 옵션을 사용하지 않으면 그만이다. 만약 가격이 원하던 방향으로 움직인다면 옵션가격은 두 배, 세 배, 네 배 또는 그 이상으로도 커진다. 그래서 노름판에는 돈이 마르지 않는다.

주식가격이 크게 움직일 확률이 커질수록 옵션가격은 올라간다. 위에서 말한 콜-풋 동시보유 도표를 머리에 그려 보자. 주식가격이 크게 움직이면 콜옵션이나 풋옵션 둘 중 하나에서 돈을 벌게 된다. 가격이 떨어지면 풋옵션 가치가 올라가고, 가격이 올라가면 콜옵션 가치가 올라간다. 손해를 보는 경우는 주식가격이 움직이지 않을 때뿐이다. 매우 변동성이 커서 가격이 크게 오르내릴 가능성이 높은 주식을 기초자산으로 하는 풋옵션과 콜옵션을 모두 사는 비용은 높고, 그다지 가격이 움직이지 않는 주식을 기초자산으로 할 때는 낮다. 마찬가지 이유 때문에 오랜 기간 권리를 행사할 수 있는 옵션일수록, 예컨대 한 달짜리보다 2년짜리가 더 비싸다. 바로 기간이 길어질수록 상승이든 하락이든 예상가격 변동 폭도 커진다는 쥘 르뇨의 법칙 그대로이다.

🪙 브라운운동

하지만 이러한 직관만으로는 옵션가격 결정방식을 두루뭉술하게만 파악할 수 있을 뿐이다. 엄밀한 옵션가격 계산기술을 개발한 사람은 19세기 말 프랑스 수학자 루이 바슐리에(1870~1946년)이다. 예상했겠지만 이 방법을 쓰려면 주식의 위험도(르뇨는 일찍이 이를 주식의 '진동'이라고 표현했다)를 입력해야 한다. 옵션이 부여된 기간(즉 '만기')도 필요하다.

《투기 이론*Théorie de la Spéculation*》은 바슐리에가 1900년에 소르본 대학에 수학박사 학위 논문으로 제출한 책자이다. 바슐리에는 옵션가격 산정 문제를 풀기 위해 우선 무작위로 움직이는 주식가격을 명확하게 나타낼 모형을 고안해 내야 했다. 이를 오늘날에는 브라운운동이라고 한다. 흥미롭게도 알베르트 아인슈타인 역시 바슐리에보다 늦은 1905년에 독자적으로 브라운운동 모형을 만들어 냈다.

옵션가격산정 문제의 답으로 바슐리에가 제시한 등식은 당시 시장 참여자의 지식수준을 넘어섰다는 사실이 밝혀졌다. 여기서 흥미로운 철학적 문제가 나타난다. 옵션가격이 1900년 당시까지 알려지지 않은 난해한 비선형 다항함수에 따라 결정된다면, 보이지 않는 손(즉 투기과정)은 옵션가격을 어떻게 효율적인 선까지 조정하는가 하는 것이다.

바슐리에의 논문은 널리 인정받지 못했다. 논문 심사자 중 한 명인 뤼시앵 레비Lucien Lévy는 바슐리에가 분석과정에서 실수했다고 생각하여 안타깝게도 그를 당시 수학계의 핵심에서 벗어난 변방에 배치했다. 아이러니하게도 레비의 아들인 폴 레비Paul Lévy는 20세기 확률론의 거장이 된다.

바슐리에의 논문은 심사를 받은 후 115년이 넘는 동안 수리금융계에서 고전으로 인정받았다. 이 책자는 옵션가치 산정문제를 완전히는 아니지만 거의 해결해 냈는데, 그 말은 르페브르 덕분에 바슐리에가 옵션·위험회피·투기로 이루어진 복잡한 포트폴리오의 가치를 산정하는 데 거의 근접했다는 것이다.

옵션가격산정 문제는 오랜 시간이 지난 20세기까지도 완전히 해결되지 않았다. 문제를 해결한 마이런 숄즈, 피셔 블랙, 로버트 머튼은 바슐리에의 공적을 인정한다. 숄즈와 머튼은 이 중요한 금융문제를 해결한 업적으로 1997년에 노벨 경제학상을 받는다. 피셔 블랙은 그 전에 세상을 떴기 때문에 수상자에 포함되지 못했다.

🪙 모형과 현대 시장

숄즈와 머튼은 매사추세츠 공대에서 금융경제학 교수로 일하던 1970년에 경제학자 피셔 블랙을 만났다. 셋 모두 바슐리에를 몰랐다 보니 1960년대 후반에 옵션가격산정 문제를 풀기 시작할 때 공정가격과 랜덤워크random walk를 뒷받침하는 수학적 논리를 처음부터 밟아야 했다. 이들도 바슐리에가 그랬듯이 가격변동모형(즉 브라운모형)을 이용했지만, 옵션가격이 음수가 되지 않는 모형을 사용했다는 데서는 바슐리에의 한계를 극복했다.

소위 '블랙-숄즈 모형Black-Scholes formula'은 탄생했을 때나 지금이나 복잡한 수학공식인 것은 마찬가지이지만 그 핵심에 있는 새로운 통찰은 수학적이라기보다는 경제적이다. 이들은 옵션가격을 결정하는 '보이지 않는 손'이 위험중립적이라는 사실을 밝혀냈다. 만약 마찰 없는 이상적 시장이고 주식가격이 브라운운동을 따라 움직인다면, 옵션의 손익을 위험 없이 복제해 낼 수 있다. 이후 연구자들[4]은 주식과 채권만 거래해서도 풋옵션이나 콜옵션의 성과를 만들어 내는 간단한 틀을 개발했는데, 이를 '이항모형binomial model'이라고 한다. 이러한 옵션가격산정 문제의 해법은 이후 영원히 금융과 물리학을 잇는 연결고리가 되었다. 블랙-숄즈 옵션가격산정모형은 열역학에서 다루는 '열' 방정식과 같다는 사실이 밝혀졌기 때문이다. 단, 이 식에서 무작위로 흐르는 것이 분자가 아니라 주가일 뿐이다.

열역학의 기본은 엔트로피 증가의 법칙, 즉 무질서의 증가 경향이다. 시간은 한 방향으로만 움직이고, 우주의 무질서는 늘어날 뿐 줄어들지 않는다. 옵션가격산정모형이 기반을 두는 원칙은 르뇨가 주장한 대로 주가가 시간경과분의 제곱근만큼 랜덤워크에 따라 움직인다고 가정하여 앞으로의 주가변동 범위를 예측하는 것이다. 하지만 블랙-숄즈 모형은 시간을 수학적으로 되돌림으로써 지금의 옵션가격을 찾아낸다. 엔트로피를 감소시키는 것이다. 이는 금융의 가장 기본적인 특질을 상기시킨다. 즉, 수학을 이용하여 시간을 초월하는 것이다.

🗂 열역학

블랙-숄즈 모형이 발표된 1973년은 시카고 옵션거래소Chicago Board Options Exchange에서 표준화한 옵션계약이 거래되기 시작할 무렵이기도 하다. 바슐리에의 논문이 그랬듯 블랙-숄즈 모형 역시 획기적이었지만 처음에는 인정받지 못했다. 〈저널 오브 폴리티컬 이코노미*Journal of Political Economy*〉도 시카고 대학교 교수 머튼 밀러Merton Miller가 강력하게 추천한 후에야 논문을 실어 주었다. 하지만 논문은 금융연구의 분야 하나를 온전히 개척해 냈을 뿐 아니라 이익을 낼 방법을 모색하는 월스트리트의 거래자에게 놀라운 도구를 안겨 주기도 했다. 블랙, 숄즈, 머튼 같은 금융경제학자는 확률 미적분에 기반을 둔 파생상품 가치산정모형을 개발하여 월스트리트에 혁명을 일으켰다. 이들 덕분에 열역학 등식에 익숙한 물리학자와 수학자는 새로 높은 연봉을 받으며 투자은행에 안착할 기회를 얻었다. 그리고 18세기에 확률학자가 그랬듯이 수학을 투기에 사용하는 새 세대의 '퀀트quant(수학·통계 지식을 이용하여 투자법칙을 찾아내 투자 모델을 만들거나 금융시장의 변화를 예측하는 사람-옮긴이)'는 시장이 붕괴할 때마다 비난을 받게 되었다.

예컨대 이항옵션가격산정모형으로 유명한 마크 루벤스타인Mark Rubenstein은 1980년대에 자신이 개발한 모형을 사용하여 투자기금이 시장붕괴에 대비할 방법을 만들었다. 풋옵션이 존재하지 않아도 이항모형을 활용하면 주식과 채권을 계속 거래하여 풋옵션을 합성할 수 있다. 하지만 1987년에 미국 주식시장이 붕괴하자 모형의 큰 약점이 드러났다. 예컨대 모형의 기반인 브라운운동에서는 가격이 순식간에 크게 움직이지 않는다고 가정한다. 하지만 이틀 만에 주가가 22퍼센트 이상 폭락하며 시장이 자유낙하하자 별로 위험해 보이지 않던 연속성 가정도 문제를 드러냈다. 한마디로 말해 이 가정은 위험회피 전략을 휴지 조각으로 만들었다. 자기가 '포트폴리오 보험'을 들었다고 생각했던 투자자들은 보장 범위가 결코 충분하지 않았음을 깨닫게 되었다.

시장 논평가들은 곧바로 루벤스타인과 동료들의 '프로그램에 따른' 거래가 눈사태를 일으켰다고 주장하며 이들을 1987년 시장붕괴를 일으킨 원흉으로 지목했다. 하지만 포트폴리오 방어기법은 미국 외 시장에서 그다지 널리 사용되지 않은 반면, 시장붕괴는 전 세계에서 나타났다. 이러한 비판은 흥미로운 철학적 문제를 불러일으킨다. 과연 시장모형이 시장에 영향을 끼칠 수 있었을까? 참여자 중 하나가 이항모형 기법에 따라 거래했다면, 그러한 기술을 적용한 자체만으로 시장이 잘못 돌아갈 수도 있을까? 나는 그렇지 않다고 생각하는 편이다. 프로그램에 따른 매매 때문에 가격이 왜곡되는 기회를 이용하여 이익을 얻어 내려고 만반의 준비를 갖춘 영악한 투기꾼은 언제 어디에나 숨어 있다.

'사악한 퀀트들이 실패를 부를 수밖에 없는 복잡한 금융상품을 만들고 탐욕스런 은행업자들이 내다 판다'는 논리대로, 투자은행 임직원과 금융공학자는 2008년 금융위기가 벌어진 책임을 지게 되었다. 조금 더 깊게 들어가면 자신의 모형을 지나치게 신뢰한 금융공학자의 오만함을 꼬집는 분위기도 있다. 수학공식에 따라 제작한 시스템이 금융을 계속 높이 밀어 올렸다가 구조의 허약함이 드러나 전체 건물이 무너지자, 납세자가 난장판이 된 전 세계를 청소할 수밖에 없었다는 얘기다.

금융계에서 일했던 나심 탈레브Nassim Taleb는 2008년에 표준위험모형을 사용한 퀀트를 교도소에 가둬야 한다고 도발적 주장을 펼치며 다음과 같이 썼다. "우리는 계량위험 관리자들이 더 큰 피해를 끼치기 전에 사회가 이들을 격리하기를 바란다."[5] 그의 블로그에 방문한 사람들은 그보다도 훨씬 강한 어조로 화답했다. 물론 탈레브가 그렇게 말한 것은 베르누이의 원 공식에 기반을 둔 표준확률모형으로는 극적 사건이 자주 발생하는 상황을 설명할 수 없다는 저서 《블랙 스완The Black Swan》을 홍보하기 위해서였다. 옵션가치를 산정하는 표준모형은 주식가격에 로그를 취하면 '정규분포를 이루며', 따라서 표준종형분포를 보인다고 간주하는 것과 다름없기 때문에 이틀 동안 22퍼센트가 폭락하는 상황은 루벤스타인의 계획에는 없었다.

하지만 증권가격이 정규분포를 따르지 않는다는 사실은 시장이 붕괴한 2008년보다 수십 년 전부터도 잘 알려져 있었고, 1987년에 시장이 붕괴할 때도 사건이 극적으로 전개될 잠재력은 안고 있었다. 나심 탈레브가 금융 일을 시작하거나 극적 사건을 다룬 글을 쓰기에 앞서 등장했던 비정규분포의 '고위 사제'는 프랙탈 기하학을 창시하고 프랑스 수리금융에 지각변동을 일으켰으며 또 자기가 이 분야에서 심각한 오류를 발견했다고 믿은 브누아 망델브로이다.

망델브로의 지도교수인 폴 레비는 바로 1900년에 에콜 폴리테크니크École Polytechnique(프랑스 국립이과대학)에서 바슐리에를 나쁘게 평한 뤼시앵 레비의 아들이다. 레비가 집중적으로 연구한 '확률과정stochastic process'이란 시간이 흐르면서 특정 변수가 보이는 행동을 나타내는 수학모형이다. 예컨대 앞에서는 쥘 르뇨가 무작위로 움직이는 확률과정을 제시하고 검증하였으며, 그 결과 위험이 기간의 제곱근에 따라 증가한다는 법칙을 도출했음을 살펴보았다. 루이 바슐리에는 랜덤워크 확률과정을 더욱 틀을 갖춰 다듬기도 했다. 폴 레비는 이처럼 앞서 나온 랜덤워크 모형을 일반확률과정으로 형식화하여 '레비 과정'이라고 이름 붙였다. 레비 과정 중 하나로서 그중 가장 큰 성과를 낸 것이 바로 브라운운동이다. 다른 확률과정 중에는 비연속적으로 도약하고 드물게 큰 충격(예컨대 1987년 시장붕괴 시 미국 주식 총가치가 하루 만에 22.6퍼센트 떨어진 일)을 주는 효과를 내는 것도 있다.

망델브로는 레비 과정이 면화가격이나 주식가격 같은 경제적 시계열 자료를 잘 설명하고 있는지 1960년대부터 연구하기 시작했다. 그 결과 급등락과 극단적 사건을 생성해 내는 모형이 금융시장을 더 적합하게 설명한다는 결론을 내렸다. 그리고 이처럼 특이한 레비 절차를 수학적으로 발전시켜 '프랙탈 기하학'이라는 이름을 붙였다. 망델브로는 탈레브가 말한 '블랙 스완'같은 비정상적 사건은 사실 브라운 모형에 나오는 것보다 훨씬 일상적으로 일어나는 현상이라고 주장했다.

그는 1987년에 시장이 붕괴했을 때 놀라기는커녕 자기 이론이 입증되었다고 생각했다. 망델브로가 남긴 주요 저작은 금융학에 크게 공헌했는데, 그중 1966년작은 효율적 시장에서라면 주식가격이 랜덤워크를 따라 움직이지는 않을지 몰라도 예측할 수는 없다고 입증했다. 거의 한 세기 전에 르뇨가 세운 가설이 멋지게 다듬어진 셈이다.

마침내 망델브로는 학생 두 명과 함께 프랙탈 기하학에 기반을 둔 옵션가격산정모형을 개발하여 극단적 사건과 일반확률과정을 가격에 반영해 냈지만, 여러 가지 이유 때문에 실무에 널리 채택되는 광경을 보지는 못했다. 내 생각에는 그가 제시한 해결책이 유용하게 쓰일 잠재력은 풍부하지만, 지나치게 복잡한 데다 계량금융학자가 사용하는 다른 도구 대부분과 상충하기 때문인 것으로 보인다. 망델브로 모형은 극단적이다. 브라운운동의 세계를 뛰어넘고, 베르누이의 큰 수의 법칙 같은 오랜 친구를 버려야 한다. 실무를 하는 퀀트와 시장을 연구하는 교수 대부분이 보기에는 지나치게 넓은 간극을 뛰어넘어야 하는데, 들인 수고에 걸맞게 이해가 충분히 증진될지는 의심스럽다. 어쨌든 망델브로는 엄청난 돈을 벌 시기를 예측할 수 있다고 약속한 것이 아니라 그런 시기가 언젠가는 올 법하다고 진술했을 뿐이다.

망델브로는 자신이 발견한 것이 넓게 보면 세계의 핵심 구조이고 좁게 보아도 금융시장의 핵심 구조라고 믿었다. 하지만 그의 통찰도 계몽시대에 뿌리내린 수학적 탐구라는 특별한 전통에 직접 맞닿아 있다. 생각하기에 망델브로는 자신의 업적이 역사를 통틀어 시장에 확률론을 적용해 온 시도의 정점이라고 여기며 황홀해 했을 것이다. 퀀트들은 증권가격을 산정하거나 위험회피책을 생각해 내느라 브라운운동 같은 확률과정을 사용할 때, 유럽에서 금융시장이 출현했기 때문에 탄생한 수학지식의 깊은 정수를 끌어온다. 물론 오늘날 퀀트들이 시장에 적용하는 모형은 잘못 동작할 때도 있다. 모형이란 복잡하기도 하거니와 계속하여 변화하기까지 하는 현실을 조악하게나마 묘사해 보려는 시도인 까닭이다. 금융시장은 비록 붕괴를 겪지만(아니, 어쩌면 바로 붕괴를 겪기 때문에), 끊임없이 가장 우수한 사람들에게 지적·금전적 보상을 약속하는 수수께끼를 들이민다. 그중에서도 아마 금전적 보상 덕분에 미래의 불확실성을 이해하고 이를 제한하려는 매우 혁신적인 수학 전통이 유럽에 출현했을 것이다.

오늘날 계량금융과 복잡한 금융공학의 수학적 뿌리를 더욱 좁혀 보면 확률론이라는 도구를 가지고 투자과정과 시장가격을 모형화하려고 굳세고 대담하게 시도했던 프랑스 전통에 이르게 된다. 우리는 초점을 르뇨에서 르페브르로, 바슐리에에서 레비로, 블랙과 숄즈에서 마지막에는 망델브로로 옮겨 가며 보이지 않는 손이 자각 없이 하는 일을 이해하기 위하여 무작위 개념을 고안하고 개량한 과정을 살펴보았다.

17장에서는 수학의 세계를 벗어나 지정학적 세계로 돌아간다. 현대 수학적 사고의 발전과 위험관리의 미세구조에 금융이 중요했듯이 현대의 금융구조는 독특한 경제 단위, 바로 주식회사 주위를 공전한다.

17장

주식회사 유럽

유럽이 금융에 기여한 업적 중 하나는 주식회사, 즉 주주에게 자금을 받는 사업체를 만든 것이다. 주식회사의 기원은 법학과 경제학 분야에서 해묵은 연구과제이다. 한 세기 동안 연구 결과가 쌓여 왔어도 주식회사의 뿌리가 어디에 있느냐를 두고 여전히 논쟁이 벌어지고 있지만, 주식회사가 근대 세계사에서 중요하다는 데는 논쟁의 여지가 없다. 이 장에서 나는 주식회사가 유럽 안팎에 있던 여러 가지 요인에서 기원했다고 주장한다. 앞서 로마공화정 시대에 지분증권을 발행한 회사가 출현한 것은 주식회사가 발명된 여러 사례 중 하나일 뿐이다. 주식회사라는 형태는 여러 가지 조건과 제도의 환경이 서로 균형을 이루었을 때 나타났다고 생각한다. 앞에서 살펴본 대로 그리스의 환전상과 중세의 종교단체라는 서로 동떨어진 기관에서 은행이 발달해 왔듯, 주식회사의 뿌리는 봉건적 토지 지배권과 상업항해 칙허에 다양한 방식으로 닿아 있음을 이 장에서 보여 줄 것이다. 핵심은 두 가지 발전과정 모두 자본을 조달하고 사업체를 관리하며 투자자에게 유동성을 제공해야 하는 문제를 풀려고 제시된 해결책이라는 데 있다. 로마 시대를 제외하면 유럽 최초의 주식회사는 14세기 지중해 서부에서 나타났다. 양도 가능한 최초의 부채와 최초의 채권시장이 출현한 때와 마찬가지로 주식회사가 출현할 때도 권리의 이전이 가능한 봉건법 전통이 큰 영향을 끼쳤다.

제노바는 1407년에 급진적인 공공재정 조달수단을 채택했다. 제노바 정부에 대출한 주요 채권자들이 별도로 만든 금융기관 '카사 디 산 조르조Casa di San Giorgio'는 제노바의 채무를 모두 인수하고 제노바의 주요 수입원을 관리하기 시작했다. 그리고 '카사'는 마치 베네치아 프레스티티처럼(12장 참고) 2차 시장에서 거래 가능한 주식인 루오기luoghi를 발행했다. 간단히 말하면 제노바는 빚을 민간 회사에 떠넘기는 동시에 핵심 수입원(해외교역에서 얻는 관세수입)도 넘겨준 것이다. 카사 디 산 조르조는 회사처럼 운영되었고 사실 회사였다. 이곳에는 경영구조도, 비용보다 수익을 많이 올린다는 목표도, 회사가 성공할 경우 배당(paghe)을 지급한다는 정책도 있었다. 본부를 제노바항 근처에 두고(크리스토퍼 콜럼버스의 집에서 몇 걸음 떨어진 곳이기도 하다) 자산·부채·수익·비용을 회사 차원에서 기록해 나간 카사 디 산조르조는 제노바에 돈을 빌려주는 것이 회사의 유일한 목적이라는 사실만 제외하고는 이처럼 기업체의 특징을 모두 갖추고 있었다.

이 새로운 기관은 어떻게 생겨났을까? 제노바도 피사나 베네치아와 마찬가지로 정부의 세입을 담보로 민간으로부터 자금을 차입하면서 처음으로 빚을 지게 되었다. 결과를 놓고 보면 정부가 일정 기간 세금을 거둘 권리를 채권자에게 빌려준 것과 같다. 이와 같은 권리대여는 재산 이용권을 일정 기간 빌려주는 중세 센서스 계약에 뿌리를 두고 있다.

예컨대 제노바가 거두는 염세 수입을 담보로 잡히는 계약도 있었다. 이런 거래는 고리대금업 금지법에 어긋나지 않는다. 마치 토지를 빌려주고 임차료를 받듯 채권자도 자본수익을 수확하기 때문이다. 다만 수확하는 대상이 세금일 뿐이다. 이러한 계약을 일컫는 콤페레compere는 루오기로 분할되었는데, 루오기를 발행받은 투자자가 여러 시민의 연합체였기 때문일 것이다. 콤페레의 수익률은 보통 매년 8퍼센트였지만, 수입 원천이 되는 세금의 위험과 수익에 따라 달라지기도 했다. 인디애나 대학교 경제학 교수이자 금융역사학자로서 카사 디 산조르조가 지닌 혁신적 특성을 오랜 시간 연구해 온 미켈레 프라티아니Michele Fratianni에 따르면, 콤페레를 나눈 루오기는 12세기 중반부터 제노바 경제에서 사고팔 수 있는 유동금융자산으로 취급받았다.[1]

카사 디 산조르조는 상환되지 않은 콤페레를 모두 매입하여 단일한 포트폴리오로 통합했다. 징세사업체 각각의 루오기를 카사 디 산조르조가 지닌 포트폴리오의 루오기와 교환하면 수익률은 7퍼센트로 낮아졌다. 아니면 원 투자금을 되돌려 받을 수도 있었다. 하지만 투자자 대부분은 투자처가 분산되어 위험이 감소되었으므로 약간 낮아진 수익률을 감수했다. 어쨌거나 그 전까지 가지고 있던 계약에서 손실이 예상되기도 했다. 카사 디 산조르조가 설립되자 다른 도시 사람들도 투자하기를 원했다. 1420년에는 다양한 사람이 7퍼센트짜리 고정 배당금을 받았고, 공공부채는 완전히 민간자본으로 변모했다.

카사 디 산조르조 설립은 제노바의 채권자를 주주로 바꾸었다는 데서 진정 영리한 행동이었다. 이제 주주들은 제노바의 수입이 늘수록 이익이었다. 제노바의 루오기는 시민의 손익을 국가의 손익과 일치시키는 데 있어 베네치아 프레스티티보다도 나았다. 통합주식을 발행하자

말 그대로 제노바의 재정관리권을 사서 제노바를 효율적으로 운영하는데 경제적 손익이 걸린 투자자 층이 크게 넓어졌다.

혁신은 또 다른 혁신을 낳는다. 카사 디 산조르조는 때마다 배당을 결의했지만 세금이 들어오는 시점상의 문제 때문에 배당이 결정되는 시점과 실제로 배당이 지급되는 시점 사이에 간격이 발생하기 일쑤였다. 그리하여 발달한 것이 '배당선물'을 거래하는 투기시장이다. 주주가 할인을 감수할 수 있다면 제노바 금융시장에서 미래에 받도록 약속받은 파게paghe(배당)를 합의된 돈의 단기 시간가치로 할인하여 팔 수 있었다. 오늘날 기업어음이나 국채에서도 같은 일이 벌어진다. 파게 거래시장은 활발히 돌아갔다. 두 주주 사이에서 벌어진다면 거래는 매우 단순했다. 다음 번 배당금을 받을 권리가 카사에 있는 주주별 계정에서 차감되어 다른 사람에게 부가될 뿐이었다. 주주 입장에서 보자면 루오기와 파게를 사고파는 금융거래는 모두 증권현물을 주고받지 않고 계정 위에서만 처리할 수 있었다. 카사 디 산조르조는 은행계좌를 만든 셈이다.

카사 디 산조르조는 제노바공화국의 재정에 핵심 역할을 했기 때문에 반은 공공기관이나 다름없었다. 하지만 한편으로는 독립된 법적 주체이고, 비록 제한은 있지만 주식 소유권의 이전이 가능하며, 회사 수입에 따라 배당액을 결정하는 이사회가 있는 등 오늘날 주식회사의 특징을 여럿 보이기도 했다. 어떤 의미에서 카사 디 산조르조는 제노바 정부만큼 중요했다. 제노바인 중 상당수는 카사의 투자자였고, 주식을 소유하여 얻는 배당은 금융자산이었으며, 산조르조 은행은 재산을 보관하고 이전하기에 편리한 체계를 만들어 냈다. 정부의 채무를 지분으로 만든 데서는 이전의 공공재정모형과 크게 달랐지만 어쨌든 베네치아에서 발달한 장기국채와 같이 성공을 거두었다. 두 도시는 서로 격렬하게 경쟁했음에도 불구하고, 아니 어쩌면 바로 그랬기 때문에 두 금융제도는 수 세기 동안 살아남았다. 오늘날 미국에도 국채는 있지만 카사디 산조르조 같은 기관은 없다. 오늘날에도 그런 기관이 제대로 작동할수 있을까? 국제채무 위기가 다시 발생한다면 국고 민영화도 해결책에포함될 것인가?

제노바의 전성기는 지중해 동부 교역량 중 상당 부분을 장악한 14세기와 15세기였다. 하지만 카사 디 산조르조는 그 후 오랜 시간이 지난후에도 기관으로 존속하였고 제노바인은 스페인이 해상무역에 진출할때도 상인과 금융업자로서 중요한 역할을 했다. 콜럼버스도 제노바인이고, 카나리아제도와 신대륙으로 진출하던 스페인을 뒷받침한 주요 인물 중에도 세비야에 살던 제노바인이 있다. 16세기가 되면 제노바 선단은 더 이상 무역의 최첨단에 서지 못하지만 제노바 금융업자는 스페인의 해상 진출에 중요한 역할을 했는데, 이들이 지닌 금융 노하우와 상당히 축적한 자본 덕분이었음이 거의 확실하다. 그런데 지중해 서부에서는 카사 디 산조르조보다도 앞서 주식회사 형태를 갖춘 사례가 있다.

🪙 물랭 드 툴루즈, 툴루즈의 풍차

프랑스 남서부 도시인 툴루즈의 역사는 다채롭다. 대서양과 지중해로부터 대략 같은 거리만큼 떨어진 툴루즈는 처음에 켈트족이 사는 장소였다가 이후 로마 도시가 되어 번영하고, 로마제국이 멸망한 후에는서고트족의 지배를 받는다. 이탈리아를 지나 서쪽으로 진군하여 얻은전리품이었던 셈이다. 툴루즈는 서고트왕국의 수도가 되어 중세 초기

Tolofa

그림 17.1 1493년 〈뉘른베르크 크로니클〉에 실린 툴루즈 전경. 왼쪽에 보이는 아치형 구조물은 이 그림이 그려질 당시까지 한 세기 이상 주식회사로 운영되었다.

까지 정치·문화적으로 중요한 위치를 유지했다.

11세기와 12세기에는 툴루즈 백작가문이 프랑스 남부 중 절반과 스페인 일부를 세습하여 독립적으로 지배하며 툴루즈를 통치했다. 툴루즈 백작가문은 시민에게 군사적으로 지원을 받고 대신 자치권을 부여하는 사회계약을 통해 지역의 정치력을 점차 툴루즈 시의회에 양도했다. 그리하여 툴루즈는 1,000년 이후 유럽 문명이 부활할 때 강력한 상인계급, 시민이 정치를 주도하는 경향, 종교의 자유 등 교역을 중심으로 하는 지중해 도시국가들이 지닌 강점을 대부분 공유하였다.

하지만 툴루즈는 핵심 사항 한 가지, 바로 법에서는 지중해 도시국가와 달랐다. 로마법은 서로마제국이 멸망한 이후 거의 자취를 감추었지만, 툴루즈에서는 서고트왕국 알라리크 2세가 서기 506년에 로마법을 명문화하라고 명령하고 지브롤터해협에서 루아르에 이르는 왕국 전체에 적용한 덕분에 보존되었다. 이처럼 옛 로마법과 서고트족 전통이라는 서로 다른 기초 위에서 발전한 독특한 법체계는 유연하게 발달한 계약과 재산권 체계를 갖춰 상업과 사업에 특히 적합했다. 툴루즈법은 시민이 어떤 종류의 금융책무라도 계약할 수 있도록 폭넓은 자유를 부여했다. 툴루즈 계약의 대상에는 금전대출, 유사대출, 식량대출, 채권상환 용도로 발생한 대출, 부동산 담보대출, 임차권, 재임차권, 봉토, 보석금, 그리고 종류를 불문하고 조합에 출자한 모든 자산 등이 포함되었다. 계약 당사자는 백작, 교회, 수도원, 성전기사단 지부, 시의회가 대표자 역할을 하는 기업으로서 툴루즈시, 상인, 은행업자, 교역업자, 인부, 농부, 심지어 미성년자까지 툴루즈 사회의 모든 계층을 포괄했다. 계약은 기독교인뿐 아니라 유대인 공동체 역시 대상에 포함시켰다. 툴루즈에서 옛날 음유시인이 쓰던 오크어Lenga d'oc(영어로는 Occitan. 지금도 쓰이는 언어이다. – 옮긴이)와 현대 프랑스어가 둘 다 라틴어에서 나온 친척이지만 촌수는 서로 멀듯이 툴루즈식 로마법은 유스티니아누스법과는 다르다.

툴루즈법은 은행업, 대부업, 이자부과를 허용했을 뿐 아니라, 유럽다른 곳에서 고리대금업을 비난하던 시절에도 채권자의 권리를 보호하던 법체계이다. 파리 대학 학자들이 유스티니아누스법전에 몰입하여루크룸 케산스lucrum cessans를 정확히 어떻게 정의할지 고민하던 12세기에 툴루즈에는 대학이나 법을 연구하는 학문 전통조차 없었다. 그 대신 용어가 복잡하지 않고 명확하며 실용적이고 기능적인 법 기술이 있었다.

이처럼 새로운 법적 토양에서 경제와 사회가 융성한 툴루즈는 유럽

그림 17.2 오늘날 가론강 강둑에 있는 바자클 전경

이 자본주의로 다가가는 길 위에서 중요한 정류장 역할을 했다. 12세기와 13세기의 툴루즈에서는 베네치아 같은 이탈리아 도시국가와 마찬가지로 정치사와 금융사가 서로 엉켜 있다. 하지만 금융이 발전한 과정은 북이탈리아의 공화국이 밟은 경로와 매우 다르다. 툴루즈에서 금융 발달과 밀접하게 연관된 산업은 해상교역과 매우 동떨어진 곡식제분이었다. 제노바와 베네치아의 우위가 지중해에 접했다는 데 있었다면, 툴루즈의 우위는 가론강에 접했다는 데 있었다.

🪙 바자클 방문

툴루즈 사회과학대학 교정은 한 폭의 그림 같은 운하에 맞닿은 옛 성벽 바로 바깥쪽에 있다. 이 대학은 유럽에서 기업금융과 자본시장 연구의 중심으로 유명하다. 학교 바로 뒤편을 흐르는 가론강 주변의 소위 바자클이라는 지점에는 툴루즈 발전소로 쓰이는 고색창연한 벽돌 건물이 있다. 이곳은 700년 전까지만 해도 유럽에서 가장 오래된 주식회사인 오노르 델 바자클Honor del Bazacle 본부였다. 오노르 델 바자클은 최소한 12세기부터 바자클 근처 부지에서 운영되던 작은 제분회사 12개를 1372년에 합병하면서 정식으로 설립되었다. 그 후 계속 주식회사로서 운영되다가 1946년에 프랑스 전력회사 EDF의 일부로 합쳐지며 국영기업이 되었다. 오노르 델 바자클이 설립된 바탕에는 수리학과 법률, 즉 가론강의 수리학과 중세 툴루즈의 재산권이 있다.

유럽 도시는 적어도 6세기 이후부터 수력을 이용하여 방앗간을 돌렸다. 처음에는 흐르는 강물 위에 배를 흘러가지 않도록 띄우고, 여기에 물결을 맞으면 위에서 아래로 도는 외륜수차를 달아 방앗간을 만들었다. 이러한 수상 방앗간은 툴루즈의 역사기록에 11세기부터 나타났다가 1138년이 되면 육지로 올라온다.

🪙 자본주의의 문서고

놀랍게도 툴루즈에는 중세부터 작성된 기록물이 지금까지 남아 있기 때문에 방앗간에 드는 자금을 어떻게 조달했는지 알 수 있다. 방앗간 주인들은 자본을 한데 모아 조합을 만들고 각각 지분 1/8에 해당하는 위쇼uchaux(지분)를 나누어 가졌다. 방앗간은 주로 곡식을 제분하여 이익을 냈고 그 외에 어업권 같은 부가 권리에서도 수입을 얻었다. 방앗간 주인뿐 아니라 누구라도 위쇼를 사고팔 수 있었다. 수확 철이 되면 방앗간은 제분한 곡식량에 따라 돈을 받고, 위쇼 소유자들은 지분에 따라 수익을 나누었다.

제분회사들은 강에서 가장 정박하기 좋은 곳을 차지하려고 진정한 자본주의 정신에 입각하여 격렬하게 경쟁했다. 최대 60개에 이르는 제분소가 좋은 위치를 차지하려 서로를 밀어내던 와중에 가끔씩 홍수가 닥치거나 배끼리 사고가 생겨 문제가 일어나기도 했다. 배를 묶어 둔 줄이 풀려 물 위에 뜬 제분소끼리 부딪히고 가라앉는 경우도 있었다. 해결책은 제분소를 바자클같이 상류에 있는 좋은 위치에 있는 강둑에 짓는 것이었다. 게다가 댐을 지으면 물살을 효율적으로 이용하는 데도 도움이 되었다. 그런데 둘 중 어떤 혁신을 실행하든 상당한 자본이 필요했고 시정부도 개입해야 했다. 땅 위에 제분소를 지으려면 부동산을 소유하거나 임차하고, 당국의 허가도 얻어야 했다.

바자클에서처럼 툴루즈에서 토지를 개발하도록 허가하는 권리는

12세기 말에서 13세기 초까지 툴루즈 백작이나 그에게 봉토를 받은 사람, 또는 백작의 권한이 미치지 않는 토지를 독립적으로 소유한 가톨릭 교회에 있었다. 이러한 봉건권을 중재하는 시의회도 있었다. 예컨대 방앗간용 용수로를 놓으려면 도시의 공익을 대변하는 '인사 몇 명'에게 승인을 받아야 했다. 12세기 이탈리아 도시국가가 대부분 그랬듯이 툴루즈도 민주주의 비슷한 방법으로 통치되었다. 백작의 권력(교회의 권력조차도 어느 정도)은 11세기에서 12세기 동안 점차 시 자치기구의 견제를 받았다. 자치기구 구성원에는 봉건적 지위를 지닌 기사뿐 아니라 '평민burgher'도 있었다. 의회는 백작보다 하위에 있었으나 1152년에 독립된 입법부로 정식 출범했다.[2] 시의회는 법적 분쟁과 상업행위를 감독하고 경찰을 관리하였으며 시방위군을 조직했다. 1188년에는 백작 레이몽 5세Count Raymond V에 반대하는 소요가 일어나 의회의 권력이 더욱 확대되었다.

1138년에는 툴루즈 근처에 있던 도라드 수도원 원장을 포함하여 동업자 네 명이 바자클에 제분소 세 곳을 세울 권리를 얻었다. 투자자 집단이 자본을 한데 모으고 개발권을 취득하여 제분소를 세우고 운영하여 얻은 이익을 지분에 따라 분배한 데서 보듯 이 조합은 영리회사였다. 동업자들은 툴루즈 백작에게 봉토를 이전받는 유서 깊은 방식으로 권리를 얻었다.

이와 비슷한 회사는 유럽에서 그 전에 이미 나타났다. 조합 구조는 중세 중에서도 더 앞선 시기에 교역 용도로 쓸 대규모 투자자본이 필요했던 이탈리아 도시국가 등에서 나타났음을 앞에서 살펴보았다. 그런데도 바자클의 회사가 중요한 이유는 로마공화정 이후 처음으로 현대적 주식회사의 특징을 여럿 갖추었다는 데 있다.

1372년에는 바자클에서 영업하던 제분회사 12개가 오노르 델 바자클이라는 대형 회사로 합쳐진다. 원래 회사의 주주는 자기가 가지고 있던 위쇼를 합병 후 회사지분으로 교환하고, 회사운영 방식을 상세하게 기록한 문서를 남겼다. 회사는 운영내역을 상세하게 기록하고 매년 개최하던 주주총회에 제출했다. 오노르 델 바자클이 발행한 주식은 제한 없이 이전 가능했고 주주의 책임은 유한했다. 회사에는 이사회와 전문경영인과 종업원이 있었고, 영업내역을 일상적으로 기록하고 이익이 나면 배당하였으며 심지어 조직의 윤리와 사명도 갖추고 있었다. 법은 회사를 주주나 경영자와는 별개인 법적 실체로 간주했다. 회사 명의로 재산을 보유하고 계약을 작성할 수도 있었다.

그중에서도 가장 놀라운 사실은 사람들이 보통 농노제, 갑옷 입은 기사, 왕에게 받은 특권 같은 것을 떠올리는 중세 성기中世 盛期(중세 초기와 말기 사이인 11세기부터 13세기까지를 가리키는 용어 - 옮긴이)에 존재했던 바자클 제분회사가 안정된 수입원인 지분을 중산층 투자자 상당수에게 제공했다는 것이다. 주식 소유주 가운데 대다수는 지역 유지보다는 변호사·정부 공무원·은행업자, 심지어 비록 드물지만 방앗간 주인과 같이 형편이 어느 정도 되는 툴루즈 중류층이었다. 종교단체가 주식을 기부받아 주주가 되기도 했다. 주식은 대를 물려 이전되기도 하고 사고팔리기도 하며, 또는 대출담보로 사용되기도 했다.

오노르 델 바자클은 세 가지 면에서 뛰어났다. 자금조달 수단으로서는 대규모 사업체를 세우는 데 필요한 자본 상당량을 한데 모아 주었다. 투자수단으로서는 땀 흘려 일하거나 왕에게 영지를 하사받지 않고 투자금에서 나온 배당으로 살아가는 새로운 경제계급에게 힘을 더해 주었는데, 이 계층은 이후 '부르주아지bourgeoisie'라고 불린다. 마지막으로 조합을 통해 자금을 모으는 교역회사와 달리 바자클 회사는 처음부터 영구히 계속될 사업체로 취급되었다. 회사가 갖춘 구조는 수명이 영원히 이어지는 기관에 적합했다.

프랑스 중세사의 권위자이자 툴루즈 대학 교수였던 제르맹 시카르 Germain Sicard는 1953년에 제분소 연구 결과를 펴냈다. 이 책은 진정 여러 학문을 넘나들며 세심하게 연구한 결과물이다. 책은 수리학과 중세 정치를, 그리고 회사의 법적 근거·운영·관리·조직경영을 다루고, 툴루즈 회사가 사회에서 담당한 역할을 세심하게 평가하고 있다. 시카르가 특히 관심을 둔 대상은 툴루즈 회사와 현대 주식회사와의 관계이다. 그는 바자클 회사, 그리고 상류에 있는 주요 경쟁자였던 소위 샤토 Chateau 회사의 주식가격을 추적하여 1350년에서 1471년까지 한 세기가 넘는 기간에 걸쳐 두 회사의 주식가격 변동내역을 그래프로 나타냈다. 놀랍게도 툴루즈 기록물보관소에는 제분소의 역사뿐 아니라 실제 주식가격 기록까지 남아 있었다.

오래전부터 바자클 회사와 시카르의 업적에 매료되었던 나는 다비드 르 브리David Le Bris(보르도 대학교 금융학 교수), 세바스티엔 푸제 Sébastien Pouget(툴루즈 경제대학교 교수)와 힘을 합쳤다. 우리는 1471년 이후 제분소 기록도 남아 있는지 궁금했는데 정말 남아 있었다. 다비드는 툴루즈 기록물보관소에서 회사의 회계장부, 주주명부, 연간보고서를 대부분 찾아낸 후 2년에 걸쳐 회사의 주식가격과 배당을 사실상 전부 재구성해 냈다. 연구 중 가장 흥분된 순간이라면 회사가 1372년에 설립되면서 받은 2.5미터짜리 허가장을 펼 때를 꼽아야 하리라. 알려진 것 중 가장 오래된 주식회사의 설립 근거이자 6세기도 더 전에 벌어진 기업합병을 상세히 기록한 문서가 눈앞에 펼쳐졌다. 당연히 우리는 문서를 읽지 못했다. 라틴어와 오크어를 흑자체Blackletter(중세 유럽 문헌에서 흔히 보이는 장식 많은 글자체. 고딕체라고도 하나 오늘날 사용하는 장식 없는 고딕체와는 전혀 다르다. - 옮긴이)로 기록한 이 문서를 읽으려면 전문 교육을 받아야 한다. 다행히 기록물보관소에서 일하는 사서가 바로 그 전문가였다. 그녀는 문서에서 핵심이 되는 문단을 몇 개 짚어 주었다.

우선 허가증은 왕이 내린 칙허증이 아니라 사계약 문서라는 사실이 주목할 만했다. 따라서 회사를 운영할 권리를 왕이 부여했다는 내용도 나오지 않는다. 회사를 공동소유할 권리는 봉건법에 따라 이미 부여되었기 때문이다. 문서에는 칙허 같은 내용이 아니라, 당사자가 상호 합의에 따라 결정한 모든 특징이 적혀 있었다.

문서는 왜 그렇게 길어졌을까? 쐐기문자로 적은 대출거래 내역, 이집트 부동산 담보대출문서, 네덜란드 영구채권과 같이 이 책에서 다룬 옛 금융문서는 대부분 상당히 간결하게 기록되어 있다. 주식회사를 만드는 데 왜 2.5미터나 되는 문서가 필요했을까? 채권은 상환을 약속하는 문서이지만 주식회사는 수 세기에 걸쳐 자율적으로 운영될 조직이라는 데 차이가 있다. 이 문서는 놀라운 기계를 만들 청사진으로서, 우선 투자자의 자본을 실제 공장으로 바꾸어 놓은 후 자본의 사용방법과 이익의 배분에 대한 규칙을 풀어놓은 특별한 도구이다. 어쩌면 청사진이라는 표현은 제대로 된 비유가 아닐지도 모른다. 오노르 델 바자클의 영업허가증은 오히려 게임규칙을 모두 모아 둔 규정집에 가깝다. 누구도 고의든 아니든 게임판을 망쳐 놓거나 다른 참여자에게 피해를 주지 않도록 막으려면 이러한 규칙이 요구되었다. 한편 놀이에 자발적으로 참가했음을 확실히 하기 위해서도 규칙이 필요했다. 합병문서는 강압적으로 작성되지 않았다. 합병 전 회사주주는 경우에 따라 여러 세기가 흐를 동안 자율적으로 운영된 회사를 소유하고 운영하려고 자기 권리를 포기한 것이다. 합병 전 회사주식과 합병 후 회사주식의 교환비율을 공정하게 설정하는 일은 매우 중요했다. 그래서 문서에서는 긴 문단을 여럿 할애하여 합병될 개별 제분회사의 지분가치를 평가했다. 회사를 공동소유하고 운영하는 민주적 절차 역시 모든 사람이 만족할 만큼 자세히 기록되어야 했다. 창업주주뿐 아니라 앞으로 주주가 될 미래세대도 지분과 경영권을 만족스럽게 보호받도록 제대로 처리해야 했다. 위쇼가 팔릴 때 지불하는 가격에는 매입자가 곡식제분업을 신뢰하는 수준뿐 아니라, 회사가 자기 이익을 최우선으로 경영하여 공정한 몫을 계속 지급할 거라고 신뢰하는 수준도 반영되었다. 예컨대 (툴루즈 시민이 원하는 바와 달리) 제분 수수료를 낮추지 않고, (제분소 운영자가 원하는 바와 달리) 일상 업무를 처리하는 운영자에게 높은 봉급을 주지 않는 방향으로 경영되어야 한다는 것이다. 오히려 가격은 게임의 규칙(즉 설립허가장과 부속문서)이 투자자의 자본을 보호하고 자본에서 정당한 수익이 나오도록 보장한다는 믿음을 반영하고 있다.

허가증을 작성할 때 완전히 실패하는 경우까지 예상했는지는 불분명하다. 예컨대 회사는 1427년에 화재가 났을 때나 1709년에 홍수 때문에 댐이 무너졌을 때 경영에 심각한 차질을 겪었다. 이러한 상황이 닥치면 주주에게 재건비용을 요청했지만, 그럴 돈이 없는 주주도 물론 있었다. 바로 그럴 때 주식회사가 지닌 두 가지 특징이 빛을 발한다. 주주에게 무한정 돈을 내라고 강요할 수는 없다. 대신 주식을 포기하고 다른 길을 가도록 선택권을 줄 수는 있다. 이 '유한책임'이 오늘날의 주식회사가 지닌 차별화된 특징이다. 그 덕분에 주주가 직면하는 하방위험에는 한계가 생긴다. 따라서 사람들이 불확실한 사업에 자본을 걸어 볼 유인도 생긴다.

회사가 1709년에 맞은 재앙은 흥미로운 사례이다. 제분소가 심각하게 손상을 입었기 때문에 영업을 재개하려면 큰돈을 들여 재건해야 했다. 돈을 더 내느니 위쇼를 포기하는 주주도 있었다. 이때 진취적인 기술자가 회사에 제안을 했다. 자기가 제분소를 재건할 수 있다고 장담하면서, 대가로 회사주식을 요구한 것이다. 그러더니 그는 역시 선금을 내고 주식을 받으려는 제네바 투자자를 접촉했다. 회사는 제안을 수락하고 재건비용을 마련하려고 새 위쇼를 발행했다. 그렇게 새로 지어진 제분소는 이전과 동일한 생산성을 보이며 돌아갔다. 옛 회사를 살릴 제안을 마련해 온 이 기술자는 수리 기술자일 뿐 아니라 금융공학자로도 불릴 자격이 충분하다.

오노르 델 바자클은 여러 번 역경을 겪으면서도 20세기 이전까지 프랑스에 들어선 어떤 정부보다도 오랫동안 존속했다. 백년전쟁과 프랑스혁명 와중에서도 살아남았고, 중국 송·원·명나라보다도 오래갔다. 이처럼 오랜 기간 존속해 온 데는 건물이 튼튼하다는 이유 말고 다른 이유가 있을 것이다. 결국 제분소 건물과 댐은 여러 번 쓸려 나가지 않았는가. 살아남은 것은 여러 세기 동안 버텨 올 만큼 놀랍도록 튼튼함을 증명한 금융기술, 즉 회사의 기본 설립구조인 주식회사 형태였다.

오늘날에도 이 회사 주식을 찾아볼 수 있다. 나는 인터넷으로 프랑스 주식 수집가에게서 세 주를 샀다. 이 '살아 있는 화석'을 '소시에테 툴루쟁 뒤 바자클Société Toulousain du Bazacle(툴루즈 바자클 협회)'이 발행한 시기는 19세기 후반이다. 프랑스에서 기업자본주의가 성숙하고 주식시장이 발달하자 결국 회사도 '주식회사société anonyme'로 탈바꿈하고 파리 증권거래소에 주식을 상장했다. 이처럼 오랫동안 공동출자회사로 유지된 바자클 회사도 결국 20세기 들어 프랑스 정부에 국영화되었다. 국영기업이 된 툴루즈 전력회사Toulouse Electric Company는 바자클 제분 회사에 수 세기 동안 차별화된 자연적 우위를 제공한 가론강 굽이에 지금도 서 있다.

이제는 사기업이 아니라 공기업이 된 바자클 회사는 자본주의 역사에 우뚝 선 이정표가 되었다. 그런데 이렇게 작은 기업이 대체 어떻게 800년이나 존속했을까? 전쟁이나 정치분쟁이 벌어져도 살아남은 비결은 무엇일까? 무엇보다도 최소한 20세기 이전까지 국가에 수용당하지 않은 이유는 무엇일까? 중국사에서는 국가가 사기업을 인수하거나 사업가에게 가는 지대를 도덕적 근거에 따라 몰수하려는 시도가 끊이지 않았음을 이미 앞에서 살펴보았다. 툴루즈에서는 20세기까지 벌어지지 않은 일이다. 시카르 교수는 재산권을 명시한 계약이 널리 받아들여졌다는 데서 회사가 살아남은 이유를 찾는다. 강둑 사용권을 공동투자자에게 부여했던 힘 있는 백작이라 해도 민법의 계약은 따라야 했다. 이것이 유서 깊은 봉건계약 전통 때문인지, 아니면 로마법이 유럽 전역에서 인정되었기 때문인지는 아직까지도 결론이 나지 않았다.

유럽의 대척점

오늘날 관점에서 보면 이러한 민간회사의 등장이 대단한 혁명처럼 보이지 않을지도 모른다. 전 세계 곡식 수요량 중 상당 부분을 공급하는 아처 대니얼스 미들랜드Archer Daniels Midland와 카길Cargill도 각각 상장·비상장 주식회사이다. 하지만 바자클 회사를 동시대에 중국에서 번영했던 소금 전매상과 비교해 보자. 두 조직은 유라시아대륙의 양 끝에서 서로 매우 다른 형태로 존재했지만, 둘 다 필수식품을 산출할 자금을 마련하려고 발달했다는 공통점도 있다. 중국에서는 정부가 소금 생산시설을 소유하고 생산량을 통제하며, 배급허가서를 발행하여 사실상 상인의 이익을 조절했다. 9장에서 보았듯이 이러한 허가서 자체도 화폐로 취급되어 유통되었다. 정부가 소금을 독점하고 통제해야 한다는 주장에는 두 가지 논리가 있다. 첫째, 통치권을 쥔 행정당국이 필수식품 통제권을 장악하고, 정책결정자가 수요의 증감에 따라 산출량을 결정해야 한다. 둘째, 민간 투자자에게 갈 이익을 정부에 귀속시켜야 한다.

송나라 관리가 툴루즈를 방문했다면 얼마나 이상해 보였을까? 제분하기에 상당한 이점이 있는 강여울이라는 특별한 자연환경이 여기에 있다. 왜 그런 이점에서 나오는 지대를 정부가 가져가지 않는가? 왜 개인이 이익을 보도록 허용해야 하는가? 정부가 나라 안에 존재하는 그런 지점을 모두 소유하고, 제분요금과 제분량을 조절하면 왜 안 되는가? 그렇게 하면 필요할 때 정부가 효과적으로 대응할 수도 있지 않을까?

정부 소유 대 민간 소유(즉 국영화와 민영화)를 놓고 벌어지는 근본 문제는 오늘날에도 중요하다. 미국 정부는 대형 은행 10곳과 3개의 자동차회사 주식을 소유하고, 공익을 위해 영업지침을 내려야 하지 않을까? 인도에서는 은행을 민영화해야 할까, 아니면 직접 공익을 책임지도록 해야 할까? 에어버스Airbus는 국가 소유 기업이라서 자연적 우위(또는 열위)를 지니는가? (에어버스 지분 중 약 11퍼센트를 프랑스 정부가 간접적으로 소유하고 있다. - 옮긴이) 미국 항구는 외국 소유가 아니라 민간 투자자 소유라서 더 안전하고 효율적으로 운영되는가? 민간부문이 미국 서부의 수리권(하천 등에서 물을 얻어 사용할 권리 - 옮긴이)을 소유하거나 이전할 수 있게 해야 하는가? 러시아 석유회사는 전 세계에 있는 주주 소유가 되어 그중 상당 지분을 가진 올리가르히oligarch(러시아 신흥재벌을 가리키는 말 – 옮긴이)의 통제를 받아야 하는가, 아니면 국영화하여 러시아 정부가 이익을 가져가야 하는가? 민간이 소유하고 경영하면, 이익을 볼 특정 투자자에게 좋다기보다는 공익에 기여한다고 생각할 만한 이유는 있을까?

민간 소유 대 공공 소유 쟁점을 빠져나오면, 이번에는 과연 제분회사 소유주가 경영책임을 온전히 위임하는 것이 가능한가라는 문제가 있다. 오늘날 주식회사에서 드러나는 천재성과 동시에 문제는 소유와 경영의 분리이다. 경영자가 제분소에서 나오는 이익을 대부분 가져가고 주주에게 성과를 왜곡해서 보고하지 못하는 이유는 무엇인가? 중국 사상가와 회계 담당자가 옛날부터 제기한 대리인문제는 공기업에서 다시 모습을 드러낸다. 툴루즈 회사는 위임 · 경영 · 감독 문제를 푸는 데 성공했기 때문에 오랫동안 살아남았다.

오늘날 바자클 회사는 현대적 주식회사의 시조로 잘 언급되지 않는다. 실제로 시조가 아니어서일 수도 있지만, 그렇다고 해서 전혀 시조가 아니라고도 하기 어렵다. 제분소는 중세 후기 유럽 어디에나 있었다. 수력을 활용한 것은 당시 가장 중요한 기술 진보였고, 제분소를 제대로 지으려면 상당한 자본을 투자해야 했다. 프랑스 남부에 있던 다른 회사도 틀림없이 주주자본주의 · 유한책임 · 환금성 같은 발상을 툴루즈에서 빌려 왔을 것이다. 아니, 사실은 툴루즈 회사가 그러한 발상을 빌려 왔을지도 모른다. 툴루즈 회사가 알려진 것은 역사기록이 우연히 남았고, 학자들이 이를 근거로 분석하는 데 기여한 덕분이다. 사실 중세 유럽에서 벌어진 여러 사업을 가까이서 관찰하다 보면, 현대 주식회사의 조상일지도 모를 유사한 사업체가 있었다는 흔적이 보이기 시작한다. 독일 광업회사들은 '쿡센Kuxen'이라는 주식을 발행했다. 스웨덴의 유서 깊은 회사 스토라엔소Stora-Enso는 기원이 13세기까지 올라가는데, 1347년에 받은 칙허장을 지금까지 보관하고 있다. 지분을 나눈 합작 채광회사로 설립된 스토라엔소의 형태는 아마 툴루즈 최초의 제분회사와 비슷했을 것이다. 카사 디 산조르조 역시 현대적 주식회사의 특징을 여럿 지녔다는 사실도 앞에서 살펴보았다. 유럽 중세 후기는 사업체의 형태를 다양하게 만들고 자금을 조달하는 방법을 적극적으로 실험한 시기였던 듯하다.

이처럼 중세 유럽 이곳저곳에서 주식투자를 통해 자본을 출자받은 제분회사와 채광회사를 살펴보면 자본주의란 역사에 반복하여 출현하는 경제적 해결책이라는 결론이 나올 수밖에 없다. 자본주의의 계보는 단선적이지도 유일하지도 않다. 오히려 경제적 생태계에서 자연스럽고도 흔히 나타나는 '돌연변이'에 가깝다. 앞에서 살펴본 대로 로마공화정 시절에도 등장했다가 황실의 후원제도에 희생되기도 했다. 이처럼 어느 순간 갑자기 나타나 경제를 압도하며 지배한 것이 아니라, 등장했다가 사라지면서도 미약하게 살아남는 과정에서 엿볼 수 있듯이, 사실 주주자본주의는 제대로 된 주변 환경과 정치적 조건을 갖추어야만 번영 가능한 연약한 제도일지도 모른다. 마오쩌둥은 자본주의가 중국에서 필연적으로 발생했을 것이라고 보았지만 자본주의 자체는 목적이 아니다. 자본주의는 등장할 수 있는 만큼 사라질 수도 있다. 자본주의는 수많은 균형상태 중 하나에 불과한 것이다.

18장

주식회사와 탐험

현대적 주식회사의 역사적 기원은 16세기와 17세기에 영국인과 네덜란드인이 떠난 탐험 항해에서 찾는 편이 더 일반적이다. 북유럽에서 각각 1600년과 1602년에 설립된 두 무역회사, 즉 영국 동인도회사와 네덜란드 동인도회사는 이후 두 세기 동안 유럽과 아시아 교역을 독점하다시피 했다. 두 동인도회사는 주식회사이자 식민지 통치기관이었는데, 민간기업이 진화하여 국가의 도구가 되었다는 사실은 유럽 금융사를 특징짓는 주제이기도 하다.

중국에서는 국가가 민간부문에 돌아갈 보상을 통제하고 때로 몰수하기도 했음을 이미 살펴보았다. 서양에서는 반대 상황이 일어나기도 했다. 결국 국가는 국제무역을 하는 영국·네덜란드 상인의 이익에 영합하게 되었다는 주장도 있을 정도이다. 무역회사로서 시작한 식민지 제국을 지킨 것은 결국 해군 유지비를 지불한 영국·네덜란드 납세자인 셈이다.

이 장부터는 주식회사라는 형태(정확하게 말하자면 옛 북유럽 무역회사에서 태동한 주식회사 형태)가 유럽 사회의 경제에, 그리고 결국은 유럽 문화의 꿈과 염원에 내재하게 된 경위를 살펴볼 것이다. 국제무역회사의 금융구조는 다시 현대 경제의 기초를 쌓았다.

역사를 살펴보면 배를 잃고 선원이 죽어 가며 몇 년이나 걸려 '아프리카의 뿔(아프리카 대륙 북동부의 튀어나온 지역. 에티오피아·소말리아 등이 있다. - 옮긴이)' 부근이나 마젤란해협(칠레 최남단에 있는 길이 560km, 너비 3~32km의 해협. 대서양과 태평양을 잇는다. - 옮긴이)을 통과하는 등 상상할 수 있는 가장 위험한 모험이 초기 해상무역 주식회사의 모태라는 사실에 놀라게 된다. 투자자는 매일매일은 물론 월 단위로도 항해를 감독할 수 없었고, 배가 돌아올 때까지는 항해가 성공했는지 실패했는지 알 도리도 사실상 없었다. 15장에서는 투자시장에서 위험을 계량하고 관리하며 대비하기 위해 유럽에서 수학이 발달했음을 살펴보았다. 하지만 새로운 대륙을 마주할 (그래서 완전히 모르던 문화권과 접촉할) 가능성이나, 향신료 또는 이전에 모르던 교역품을 발견할 가능성부터가 불확실하다면 어떻게 위험을 회피할 수 있을까?

투자자가 날마다 회사 자산 옆을 거닐 수 있던 오노르 델 바자클과 얼마나 다른 상황인지 생각해 보자. 물론 툴루즈 주주들도 홍수나 화재가 발생할 위험이 있음을 알았지만, 최소한 그런 위험이 야기될 확률을 추정할 수는 있었다. 반면, 말 그대로 세계 반대편을 상대하는 무역사업은 어떤 위험에 직면했는지 알 도리는 없다. 하지만 주식을 사고팔 수 있고 소유와 경영이 분리된 주식회사 형식은 두 가지 회사에 모두 적합했다. 이제 이 장에서 다룰 질문은 주식회사 형태 덕분에 탐험이 가능했는지, 아니면 탐험의 위험성 때문에 주식회사 형태가 독자적으로 발

달하게 되었느냐 하는 것이다. 표현을 달리해 보자. 금융혁신이 대항해
시대를 이끌었을까, 아니면 대항해시대가 금융혁신을 이끌었을까?

📚 발견이냐 금융이냐

영국이 탐험 항해를 시작한 초기에는 재정확충이 시급했던 왕실이
사업기회를 제공하여 탐사가 시작된 사례가 대부분이었다. 엘리자베스
1세 시절은 스페인 무적함대Armada를 격파하고 버지니아 식민지를 개
척하였으며, 골칫거리였던 스코틀랜드 여왕 메리 1세Mary Queen of Scots
가 반란에 실패한 후 왕권을 강화하는 등 영국이 강력한 힘을 떨쳤던
시기처럼 느껴진다. 하지만 엘리자베스 1세 재임기 영국의 금융은 취
약했다. 국내 자본시장이 없었기 때문에 엘리자베스 1세는 신용장을
개설하려고 벨기에 안트베르펜Antwerpen 은행업자에게 사절을 보내고,
정부 세수와 왕실의 재산을 담보로 잡히며, 단기 차입금을 만기마다 연
장하고, 영국이 채무를 불이행할지도 모른다는 매우 그럴듯한 가능성
을 반영하여 점점 높아지는 이자를 물면서도 끊임없이 국제금융시장에
서 돈을 빌려 가며 연명해야 했다. 영국의 신용도는 형편없었다. 차입금
을 새로 들여오려면 높은 이자를 물어야 했는데, 제노바의 카사 디 산
조르조 같이 신용도가 좋은 회사 주식의 배당률이 3~4퍼센트에 불과
하던 시절에 영국 정부는 이자로 14퍼센트를 내야 했다. 유럽 대륙에
있는 도시국가와는 달리 영국 도시에는 채권을 발행하던 전통도 없었
고, 증권을 사서 거래하려는 투자자층이 국내에 폭넓게 존재하지도 않
았다. 영국은 금융 발달이 더딘 탓에 전략적 열위에 처했다.

영국 정부에는 대안이 없다시피 했다. 세금을 매기거나 차입하거나

혹은 권리를 파는 수밖에 없었는데, 팔 수 있는 권리라면 이미 대부분 팔린 뒤였다. 예컨대 해외무역 대부분을 독점할 권리는 오래전부터 '상업모험가 회사Company of Merchant Adventurer' 소유였다. 이 회사는 지분을 나눈 회사라기보다는 무역권을 독점하려고 서로 연합한 상인조합에 가까웠으며 따라서 길드 기능을 했다. 회사 구성원은 영국과 저지대 국가 사이 직물교역을 장악하고, 다른 북유럽 항구에서는 독일의 한자동맹Hanseatic League과 경쟁하며 무역했다. 엘리자베스 1세가 '상업모험가 회사'에 부여한 무역권을 재조정하려다가는 영국의 국제경쟁력에 문제가 생길 위험이 있었다.

영국인이 옛날에 무역상이자 차입자로서 안트베르펜에 왔다는 증거는 오늘날에도 남아 있다. 안트베르펜 대학 건물 중 하나는 꼭대기층을 목재로 만든 아름다운 아치로 장식한 16세기 건축물인데, 예전에는 '상업모험가 회사'의 안트베르펜 지부 창고였다. 안트베르펜이 금융중심지로 전성기를 누리던 시절에는 토머스 그레셤Thomas Gresham (1519~1579년. '그레셤의 법칙'으로 유명하다. – 옮긴이)이 지부장으로서 이곳에서 일하기도 했다. 옛 창고로부터 조금 걸어가면 삼면에 각각 로자 loggia(한 면이 트인 아치 모양의 방 – 옮긴이)가 있고 위가 뚫린 작은 중정이 나온다. 그 위에는 창을 낸 파수대가 있는 탑이 서 있다. 로자 바닥에 깔린 대리석은 격자 모양을 이루고 있다. 기둥은 가느다란 고딕 양식이다. 이 중정이 바로 1460년에 문을 연 안트베르펜 곡물거래소이다. 탑의 파수대는 도시로 다가오는 배가 가장 먼저 보이는 장소로 유명했다. 그러면 파수꾼은 아래층에 있는 상인들에게 큰 소리로 소식을 전했다. 그레셤은 중정 부근 이곳저곳에 자리를 잡은 상인들이 교역할 상품가격을 흥정하고 거래하는 장면을, 심지어 채권이 처음 거래되던 장면도 보았을 것이다. 안트베르펜 거래소를 본떠 런던에 거대한 건축물인 왕립 증권거래소를 만든 것도 그레섬이 남긴 업적이다. 왕립 증권거래소는 이후 영국의 주식시장이 발달하는 배경이 된다. 금융도구를 차용한 과정을 이처럼 명확하게 추적할 수 있는 경우도 흔치 않다.

🪙 수색하고 탐색하고 발견하라

'상업모험가'가 독점한 무역권에는 흥미로운 허점이 있었다. 이를 이용하여 엘리자베스 1세는 당시까지 영국 상인이 자주 접촉하지 않던 새로운 지역·사람·항구와 교역할 권리를 다른 회사에 줄 수 있었다. 원한다면 아직 발견되지 않은 지역과 독점적으로 교역할 권리를 허가할 수도 있었다. 만약 어떤 영국인이 당시까지 알려지지 않았던 땅이나, '상업모험가'가 아직 장악하거나 그러려고 시도하지 않은 무역로 또는 항구를 발견한다면 그는 새로 독점권을 가질 수 있었다. 허점을 처음 활용한 사람은 여왕의 할아버지인 헨리 7세Henry VII이다. 헨리 7세는 1496년에 베네치아 시민인 존 캐벗John Cabot(이탈리아어로는 조반니 카보토Giovanni Caboto)에게 '이제까지 어떤 기독교인에게도 알려지지 않은 곳이라면 세계 어디에 있든, 어떤 이교도나 무신론자가 사는 곳이든 가리지 말고 모든 섬·나라·지역·주를 수색하고 탐색하고 발견'할 권리를 부여하는 특허장을 주었다.[1] 그리고 배타적 권리를 준 대가로 이익 중 1/5을 약속받았다. 탐험비용은 캐벗이 스스로 부담했다. 이탈리아 출신 뱃사람인 캐벗은 첫 번째 항해에서 뉴펀들랜드(캐나다 북동부 지명-옮긴이)에 영국 국기를 꽂았는데, 이곳이 유라시아대륙의 일부일지도 모르겠다고 생각했다. 서쪽을 향한 두 번째 항해의 목적은 일본에 무역 식민지를 건설하여 향신료를 동양에서 영국으로 바로 수입하는 데 있었다. 그러나 이번에는 캐벗이 탄 배가 난파했고, 결국 영국 왕실이 아시아 교역에서 스페인과 포르투갈에 도전하려고 들인 수고도 물거품이 되었다.

1553년에 제안서를 받은 엘리자베스 1세는 새 무역로를 통해 인도·동인도제도·인도차이나반도와 교역한다는 희망을 되살리며 기뻐한다. 제안서를 보낸 회사 이름은 '미지의 지역·영토·섬·그 외 장소를 탐험하려는 상업모험가 회사The Mysterie and Companie of the Merchants Adventurers for the Discoverie of Regions, Dominions, Islands and Places Unknown'였다. 보통 머스코비 회사Muscovy Company('모스크바 회사'라고도 한다)라고 불렸다. 이 회사는 시베리아 북쪽을 통과하여 캐세이, 즉 중국에 도달하는 북동항로를 개척하기 위해 설립되었지만 실제로는 알려지지 않은 북쪽 섬 모두에 독점권을 가졌다. 존 캐벗의 아들인 서배스천 캐벗Sebastian Cabot(이탈리아어로는 세바스티아노 카보토Sebastiano Caboto)도 설립자 중 하나였다.

1555년에 공식 인가를 받은 머스코비 회사는 최초의 현대적 주식회사로 널리 알려져 있다. 주식회사를 연구하는 역사가들이 툴루즈 제분소를 잊은 지 오래였기 때문이다. 머스코비 회사는 자본을 내고 주식을 받은 부유한 투자자들이 '영원한 우정과 연대감을 통해 한 몸이 되어'[2] 계속 유지되는 집단으로서 조직되었다. 이러한 주식 소유 구조는 이탈리아식 회사를 잘 알던 서배스천 캐벗이 만들어 냈을 것이라고 추정하기도 한다. 제노바 금융업자가 대항해시대에 적극적으로 활동했다는 데서는 카사 디 산조르조까지도 연상된다.[3]

📑 주식문제

머스코비 회사 투자자들은 주식을 보유하여 회사의 소유권 중 일부를 소유하게 되었지만, 오늘날 주주와 달리 회사에 필요할 경우에는 추가로 자본을 보충할 의무도 졌다. '캐피털 콜capital call', 즉 자본보충 의무가 발생할 때 느끼는 부담은 주주마다 달랐다. 요구받은 만큼 판돈을 더 걸 여유가 있는 주주도 있었지만 그렇지 않은 주주도 있었다. 캐피털 콜에 응하지 못하면 주식을 매각해야 했다. 즉, 이제 노름판을 떠나야 할 투자자는 캐피털 콜에 응할 여유가 있는 기존·신규 주주에게 주식을 팔았다. 주식이 증권거래소에 정식으로 상장되지는 않았어도 2차 시장은 분명히 발달했다. 오늘날에는 지분을 유지하려면 돈을 더 납입하라고 지분투자자에게 회사가 강요하지 못한다. 대신 신주를 발행하여 필요한 자본을 확충한다. 따라서 머스코비 회사는 오늘날 주식회사의 특징을 지니기도 했지만, 유한책임 같은 특징을 보이지는 않았다.

머스코비 회사와 오노르 델 바자클의 기업구조 사이에는 분명 공통점이 존재하지만 중요한 차이점도 있다. 머스코비 회사가 조달받는 자금은 '모험venture'적이라는 데서 진정한 벤처캐피탈venture capital이었다. 오늘날 벤처캐피탈 투자자는 자신이 투자한 수많은 프로젝트 중 소수만이 이익을 낼 것이라고 기대한다. 머스코비 회사 주식은 식권이라기보다는 복권에 가까웠다. 여러 세대에 걸쳐 제분업으로 이익을 내 경제적 타당성을 증명한 오노르 델 바자클과 달리, 앞으로 새 땅을 발견하여 교역할 것이라는 희망에서 탄생한 머스코비 회사는 완전히 투기 대상으로도 볼 수 있었다. 잘 알려진 가치를 토대로 설립되었다기보다는 미래의 가능성을 보는 꿈에 호소했다는 데서 머스코비 회사는 본질부터 희망으로만 가득했다.

영국 탐험회사들이 투자자에게 제시한 위험과 보상은 완전히 새로운 형태를 띠었다. 어떤 의미에서는 계산된 도박이었다. 대부분은 실패할 확률이 컸지만 성공하기만 한다면 세계지도를 새로 그리고, 개인과 정부의 금고를 엄청난 재산으로 가득 채울 수도 있었으며, 엄청난 악조건을 이겨 낸 결과 유럽 문명의 북쪽 변두리에 있는 작은 섬이 전 세계에 걸친 해양제국을 건설하여 군림하기도 했다.

결국 머스코비 회사는 중국에 도달하는 북방항로를 찾아내지 못했지만, 러시아와 교역을 개시하여 영국산 직물시장을 확장하는 한편, 돛대를 만드는 데 적합한 목재 공급처를 시베리아 삼림에서 찾아내 이익을 보는 데는 성공했다. 지금도 모스크바를 방문하여 크렘린 성벽에서 조금만 걸어가면 옛 부두를 내려다보는 곳에 벽돌로 튼튼하게 쌓은 머스코비 회사 본부 건물을 볼 수 있다. 회사는 설립 초기부터 상당한 이익을 보았다. 하지만 주주 중 몇몇은 계속 북방항로를 꿈꾸었다. 그중 한 명이 마이클 로크이다.

🪙 로크와 프로비셔: 금융업자와 사략선장

마이클 로크Michael Lok(1532년 전후~1615년 전후)는 선견지명이 있는 사업가였다. 인맥을 폭넓게 갖춘 영국 상인의 아들인 그는 젊은 시절에 저지대 국가에서 견습 일을 하고, 스페인과 포르투갈을 돌아다녔으며, 베네치아에 살면서 비단과 사치품 무역을 하러 레반트 지역을 왕복하는 등 세계에서 손꼽히는 금융 중심지에서 경력 초반을 보냈다. 하지만 그가 맡은 직책 중 가장 눈에 띄는 직함은 머스코비 회사의 런던 지점

대리인이다.

마틴 프로비셔 선장은 마이클 로크를 훌륭하게 수행한 적이 있다. 한 번은 실패로 끝난 1562년 아프리카 탐험에 선원으로 참가했다가 포르투갈 수용소에 한동안 억류되어 있기도 했다. 하지만 프로비셔의 주업은 해적이었다. 그는 때로는 인가를 받고 사략선私掠船을 몰기도 했고, 때로는 용병으로 고용되기도 하는 등 〈캐리비안의 해적〉의 주인공 잭 스패로를 빼닮은 건달이었다. 한 번은 와인을 가득 실은 영국 화물선을 횡령했다가 수감되기도 했다. 그 덕분에 더 큰 계획을 진행하는 기회를 얻게 되었는지도 모른다. 풀려난 후 프로비셔는 중국까지 닿는 북서항로를 열겠다는 대담한 계획을 들고 로크와 머스코비 회사에 접근했다. 북방탐험 칙허를 받은 머스코비 회사에 반드시 동의를 얻어야 했기 때문이다. 결국 회사는 마이클 로크가 조직하여 새로 설립한 캐세이 회사Company of Cathay에 북방 탐험권을 흔쾌히 넘긴다. 신설 회사의 주요 투자자 중에는 영국 재무장관인 스티븐 버로Stephen Burough, 영국 왕립 증권거래소 창립자이자 '악화가 양화를 구축한다'는 명언으로 유명한 토머스 그레셤 등이 있었다. 하지만 폭넓은 인맥으로도 프로비셔의 첫 항해자금을 모두 끌어오지 못하자 로크는 소요비용 중 상당 부분을 개인적으로 보증하기로 했다.

프로비셔는 1576년 6월에 준비를 마치고 멀리 북쪽을 향해 출항하여 한 달이 조금 넘게 항해한 끝에 그린란드에 도착했다. 동쪽으로 방향을 돌려 항해하다 해협을 발견한 프로비셔는 이곳이 오랫동안 찾아 헤맸던 북서항로의 입구라고 여기고 환호했다. 선장과 선원은 여기서부터 북쪽으로 240킬로미터를 올라갔지만 항로는 점점 좁아질 뿐이었다. 오늘날 널리 알려졌듯이 이곳은 길게 이어지다 막다른 끝이 나오는

그림 18.1 1577년 프로비셔만(캐나다 동부 해안에 있는 만)에서 마틴 프로비셔가 이 끈 선원과 원주민이 싸우는 장면을 그린 존 화이트의 삽화. 프로비셔는 중국을 동쪽에서 연결하는 항로를 탐험하기 위해 캐세이 회사('캐세이'는 중세에 서양에서 중국을 가리키던 단어로 거란을 가리키는 '키탄', '키타이' 등 에서 변형되었다)를 설립했다.

피오르fjord 지형이었다. 도중에 선원 다섯 명이 스스로 장사를 해 보려다 실종되자 프로비셔는 호기심에 배를 따라오던 에스키모 원주민 중 한 명을 납치하여 인질로 잡고 선원들을 돌려달라고 교섭해 보기로 했다.

탐험자들은 포로와 함께 다시 남쪽을 향해 항해한 끝에 만 입구에 상륙했다. 프로비셔는 후원자를 기리기 위해 이곳에 로크스랜드 Loksland라는 이름을 붙였다. 로크스랜드를 탐험한 결과물은 고작 잘 부서지는 검은색 돌뿐이었다. 이 광물에는 빛을 받으면 반짝이는 운모가 섞여 있었다. 이들은 8월 후반에 고향으로 출항했다. 납치당한 원주민은 영국에 도착한 직후 죽었다.

북서항로 발견 가능성과 로크스랜드에서 발견한 검은 돌의 분석 결과 해당 광물이 금광석이라는 매우 의심스러운 결론을 담은 프로비셔의 보고서는 프로비셔와 로크가 머스코비 회사를 본떠 만든 '캐세이 회사' 설립 칙허를 받는 데 충분한 역할을 했다. 로크는 총독을, 프로비셔는 총제독을 맡았다. 이번에는 엘리자베스 여왕도 회사에 1,000파운드를 투자했다. 로크는 모금한 총액 4,275파운드 중 20퍼센트를 주선 수수료 명목으로 가져갔다. 회사의 사명은 배와 사람을 더 많이 끌고 신세계에 도착하여 식민지를 세우고 금광을 찾으며 북서항로를 탐색하는 데 있었다.

프로비셔가 가져온 광석이 값지다고 누군가가 생각한 이유를 상상하기는 매우 힘들다. 광물은 금 성분이 전혀 없는 가벼운 황철석일 뿐이었다. 엘리자베스 여왕의 광석 분석 전문가 세 명 중 두 명도 같은 결론을 냈다. 금이 들었다고 주장한 분석가는 한 명뿐이었다. 캐세이 회사 설립자들이 이 분석가를 속일 방법을 찾아낸 것일까? 그 덕분에 탐험을 계속 할 자금을 모았지만, 여왕을 속인 죗값을 생각하면 사기를 치려다가도 생각을 고쳐먹었을 법하다. 잭 스패로는 대체 무슨 짓을 한 것일까?

프로비셔가 1577년과 1578년에 떠난 두 번째, 세 번째 항해의 초점은 검은 광석을 더 모으고, 여왕이 '메타 인코니타Meta Incognita'라고 명명한 땅에 식민지를 세우는 데 있었다. 프로비셔는 검은 광석이 풍부한 로크스랜드 근처 작은 섬 코드런안Kodlunarn Island에 식민지를 세웠다. 이번에도 마주친 원주민에게 기습을 받아 싸움이 벌어졌다. 그중 한 번을 화가 존 화이트John White가 그린 그림에서 엿보자면, 앞에서 이누이트 한 명이 카약을 타고 있고 뒤에서 영국 사수가 활을 든 원주민과 대치하고 있다. 또한 오늘날 코드런안섬과 주변 환경도 제대로 묘사되어 있다. 멀리 빙하에 깎여 둥글둥글한 산은 여름철 북극 지역에 나는 식물 때문에 푸른색이 감돌고, 만에는 떠내려 오는 얼음이 가득하며, 본토에는 원주민 야영지가 있고, 건너편에는 바다에서 바로 치솟은 코드런안섬의 절벽이 보인다.

🪙 폭풍우와 코드런안섬

프로비셔가 광석 순도분석 결과를 의심 없이 받아들인 것은 이상하지만, 한편으로는 자기가 보물을 발견했다고 믿지 않는데도 이렇게 황량한 곳에 다시 갈 사람이 있으리라고 보기도 힘들다. 코드런안은 얼어붙는 듯한 바닷물에서 갑자기 튀어나온 듯한 작은 타원형 섬인데, 특징이라고 해 봐야 엘리자베스 여왕 시절 광부들이 광맥을 따라 섬 한가운데를 가로질러 파 놓은 도랑이 있을 뿐이다. 그로부터 여러 세기가 지난 오늘날에도 광부들이 살던 집터는 쉽게 눈에 띈다. 멀지 않은 곳에는 광석을 옮겨 배에 싣는 데 쓰였을 간단한 수송로가 보인다. 사실 수송로를 따라 운반된 광석이 수백 톤은 된다. 해협 너머 본토에서는 지난 몇 번의 접촉 결과 우호적이라고는 하기 힘들 에스키모들이 대체 영국인들이 무엇을 하는지 궁금해했다. 스페인과 맞먹는 부, 중국을 잇는 북서항로, 영국 왕이 지배하는 완전히 새로운 세계 등 영국인을 탐험하게 만든 최고의 열망이 이곳에 서려 있다는 생각을 하면 묘한 기분이 든다. 오히려 이곳은 탐험가와 투자자가 결국 깨어나야만 했던 셰익스피어식 몽상 그 자체 같아 보인다.

실제로 황금과 북서항로라는 프로비셔의 꿈을 산산조각 낸 것도 프로비셔만에 부는 '템페스트', 즉 폭풍이었다. 세 번째 항해에서 맞은 여름이 끝날 무렵, 선원들이 코드런안섬을 떠날 채비를 할 때 갑자기 폭풍이 몰아닥쳐 배를 암초와 빙산 쪽으로 밀어 갔다. 배 한 척과 수많은 선원이 실종되었고 또 섬에 버려져 겨울을 맞게 된 선원도 있었지만, 운 좋게 빙산을 지나쳐 남쪽으로 겨우 탈출한 이들로서는 남은 동료들을 구할 여력은 없었다. 부족한 보급품으로 고향에 돌아오는 길은 더욱 고달팠다. 물론 영국에 도착한 후에는 투자자의 고통이 시작되었다. 항해비용 때문에 회사자산은 대부분 날아갔고, 코드런안섬의 광석은 쓸모없었으며, 중국 항로는 보이지 않았다. 광석은 '도로를 보수하는 데' 쓰였다. 그 후 마이클 로크는 회사가 실패하면서 몰아친 재무적 폭풍을 해결하는 데 여생을 바쳤다.

그런데 프로비셔가 가져온 광석은 어떻게 된 것일까? 첫 번째 항해 직후에 있었던 시금試金 결과는 두 번째, 세 번째 항해자금을 마련하기 위해 벌인 완전한 사기였을까? 황금을 얻으려던 이들의 꿈은 완전히 무모한 것이었을까? 지금 프로비셔만은 1999년에 신설되어 이누이트가 통치하는 누나부트Nunavut준주準州의 일부이다. 배핀섬에 있는 주도 州都 이칼루이트는 프로비셔만의 가장 깊은 곳에 있다. 누나부트의 주요 산업은 광물탐사이다. 누나부트준주는 배핀섬의 광업권을 여러 회사에 부여했는데, 그중 가장 큰 배핀랜드 아이언Baffinland Iron은 프로비셔만에서 300킬로미터 정도 북쪽에 있는 대규모 고품질 철광을 개발하고 있는 캐나다의 상장회사이다. 이 소기업은 광구에 순도 65퍼센트짜리 철광석 6억 5,000만 톤이 묻혀 있다고 추정하고 있다. 그렇다면 무거운 철광석을 제련하거나 배로 실어 나르는 물류문제를 해결하면 이와 같은 오지에서의 노천광산 개발도 경제성이 충분하다고 볼 수 있다. 이칼루이트로 흘러온 21세기 광부들이 프로비셔의 용감한 선원들의 발자취를 따라가는 장면을 떠올려 보자. 그리고 이처럼 귀한 철광맥을 찾아내지 못한 부하들을 생각하며 분을 삭이지 못할 마이클 로크의 유령도 떠올려 보자. 하지만 새로 광부가 될 사람은 대부분 이누이트일 것이다. 일자리를 얻을 가능성이 높아지는 누나부트 사람들에게는 캐나다 동부 극지방 개발이 무척 달가운 일이다.

🪙 극북 지역의 황금 열기

엘리자베스 1세는 배핀섬에 있는 메타 인코니타반도에서 금을 가져오라고 마틴 프로비셔에게 명령했다. 배핀섬에는 금이 있을까? 그렇다고 보는 투자자도 있다. 커맨더 리소스Commander Resources는 캐나다 지질학자와 사업가들이 설립하고 운영하는 상장회사이다. 회사 주식은 주당 약 20센트에 거래되므로 시가총액으로 따져 1,400만 달러 정도 되는 소형주이다. 커맨더 리소스 웹사이트를 보면 2004년에 말록Malrok

이라는 지점에서 채취한 시료 그림이 나오는데, 가운데에 금박이 보인다. 시금 결과는 이 벤처 회사를 계속 운영할 투자금을 모을 만큼 설득력이 충분할까?

보석은 어떨까? 트루 노스 젬스True North Gems사는 배핀섬 키미루트시 근처에 있는 광산에 본사를 세우고 사파이어를 채굴하여 '벨루가 사파이어Beluga Sapphire'라는 이름을 붙였다. 하지만 사파이어를 실제로 캐냈어도 회사가 공시한 손익계산서에는 아직 적자가 나고 있다. 회사의 가치는 여전히 미래의 가능성에 달린 셈이다. 고품질 다이아몬드가 발견된 것을 보면 배핀섬에는 보석 중에서도 가장 비싼 보석이 산출될 지질학적 잠재력이 있다. 드비어스 캐나다DeBeers Canada는 배핀섬 북부의 넓은 지역을 임차하여 탐사하고 있다.

지금도 마틴 프로비셔의 꿈에 투자할 수 있다. 이처럼 배핀섬을 탐사 중인 이들 소기업 주식을 사면 된다. 프로비셔가 발견한 이 땅에는 금·다이아몬드·사파이어뿐 아니라 철도 대규모로 매장되어 있다. 언젠가는 거친 폭풍, 유빙, 캐나다 북동부의 오지라는 난관을 극복하고 매장된 광물을 개발하여 상업적으로 이익을 남기게 될까? 이윤을 확보하려면 지구 온난화가 전제되어야 할지도 모른다. 확실한 것은 여러 투자자가 여전히 극지에서 엄청난 부를 캐낼 꿈에 부풀어 있다는 정도이다.

캐세이 회사는 모험회사로서 실패했지만, 탐험을 위해 설립된 영국 회사가 살아남아 번영하는 경우도 있었다. 주식회사라는 형태는 자본을 사업체로 끌어올 유연한 사업구조를 제공했다. 영국은 비록 캐세이 회사에 실망했어도 계속하여 탐사와 해외무역을 전담하는 회사에 칙허를 내주었다. 예컨대 버지니아 회사Virginia Company는 미국 대서양 해안 중부에 식민지를 건설하여 유명하고, 허드슨만 회사Hudson's Bay Company는 지금의 캐나다 지역에서 성공적으로 영업했으며(지금도 영업 중이다), 그중에서도 가장 눈에 띄는 동인도회사East India Company는 1600년에 칙허를 받은 후 남아시아 교역에서 영국의 교두보를 마련했고 인도에 식민제국을 건설하는 데도 앞장섰다.

이 회사들은 모두 설립될 때부터 위험한 사업을 영위했고, 성공하기도 실패하기도 했다. 투자자들은 품질이 의심스러운 금광석, 신대륙에서 살아남지 못할 확률, 태평양에서 스페인인과 마주치면 일어날 싸움, 포르투갈인과 네덜란드인을 상대로 벌이는 경쟁 등 심각한 불확실성과 마주하면서 돈을 쏟아부었다.

사촌지간 주식회사

네덜란드 동인도회사Vereenigde Oost-Indische Compagnie(VOC)는 오노르 델 바자클이 설립될 때와 흡사한 방식으로 몇몇 네덜란드 도시의 상인들에게 후원을 받은 여러 무역회사가 합병하여 1602년에 탄생했다. 1600년에 상인들이 한 회사 아래 연합하며 설립된 영국 동인도회사 사례를 따른 것이다. 두 회사는 포르투갈과 경쟁하여 이윤이 많이 남는 아시아 향신료 무역에 참여하려 했고 마침내 성공했다. 그 후 2세기 동안 네덜란드 동인도회사는 인도네시아 무역을 장악했고, 영국 동인도회사는 인도와 중국 무역을 지배했다. 아시아로 통하는 해양항로와 신대륙을 처음으로 발견한 것은 스페인과 포르투갈이지만 이를 지배한 것은 네덜란드와 영국의 동인도회사였다.

유럽에서는 법학·경제학·역사학 교수로 구성된 연구팀이 VOC의 초기 역사를 세심하게 연구하고 있다. 연구팀에 따르면, 네덜란드와 영국 동인도회사가 아시아 무역을 장악하게 된 요인은 자금을 조달하고 사업을 운영하는 틀인 주식회사가 발달한 데 있다. 이 문제에 다양한 시각을 적용한 사람들은 주세페 다리마르티니Giuseppe Dari-Martini, 오스카 겔더블롬Oscar Gelderblom, 요스트 용커Joost Jonker, 엔리코 페로티 Enrico Perroti이다. 요스트 용커와 오스카 겔더블롬은 네덜란드 자본시장 역사 연구자로 손꼽히는 인물이다. 주세페 다리마르티니와 엔리코 페로티는 법경제학 전문가이다.[4] 이들은 VOC가 자본을 영구히 확보하고, 거래되는 주식을 발행하며, 소유와 경영이 분리된 회사로 발전한 이유와 과정을 알려는 목적으로 VOC의 서고를 함께 뒤졌다.

VOC는 바자클 회사와 달리 10년 동안만 인가를 받았다. 해상무역 사업체에 기원을 두었기 때문에 존속기간이 제한되었던 것이다. 알려진 가운데 역사상 최초의 지분계약은 딜문과 교역하기 위한 메소포타미아 조합 계약이었다는 사실을 떠올려 보자(3장 참고). 투자자는 자본을 대고, 상단이 무사히 돌아왔다면 교역 결과에 따라 이윤을 나누어 가졌다. 조합에는 영구히 확보한 자본이 없었다. 유한책임도, 완전히 이전가능한 주식도 없었다.

다리마르티니는 동료들과 함께 VOC의 기원을 추적한 끝에 1600년 이전 몇 년 동안 암스테르담이 주도하고 네덜란드공화국에 속한 여러 주가 후원하여 이익을 창출한 1회성 사업체에 도달했다. 1602년에 발행된 설립허가증에 따르면 회사는 6개 주에서 무역을 독점하고 10년 동안 자본금을 고정하며 이익이 투자자본을 넘을 때만 배당할 수 있었다. 투자자는 이처럼 자본을 오랫동안 투입하는 대가로 주식을 자유롭게 거래할 수 있었다. 연구자들은 이 유동성이 바로 자본금 고정 조항을 명시적으로 보완한 금융혁신이라고 주장한다. VOC 주식에 거래가능성을 부여하는 방법은 앞선 바자클 회사나 산조르조에서 '빌려 온' 것이 아니라, 몇 년이 걸려야 열매를 맺을 사업에 자본을 모아야 한다는 당위적 문제를 풀기 위한 자생적 해결책이었다.

VOC 설립허가증은 오노르 델 바자클과 달리 산조르조와 비슷한 유사 공공기관을 만들어 냈다. 네덜란드 의회는 VOC의 독점권을 승인했고, 법을 강제하고 조약을 체결하며 외국과 전쟁하는 등 정부가 지닐 만한 권한을 부여했다.

VOC 주식은 발행량 전부가 매각되어 활발하게 거래되기 시작했다. 암스테르담에서만 1,000명 넘는 투자자가 주식을 매입했다.[5] 암스테르담 증권거래소는 보통 최초의 주식시장으로 인정받는다. 암스테르담은 17세기 내내 투기에 쓰이는 정교한 금융기법이 진화하던 장소였다. 1688년에 조제프 드 라 베가Joseph De la Vega가 쓴 《혼돈 속의 혼돈 Confusion de Confusiones》에는 VOC 주식가격의 등락을 예상하고 하는 매매, 풋옵션과 콜옵션 발행, 주식공매도, 소액만으로 단주를 사서 투기하는 교묘한 수법 등이 나온다. 투자자끼리 주식을 거래하며 발행한 거래 영수증은 나중에 회사 주주명부에서 주식 소유주를 바꾸어 기록하는 데 쓰였다. 거래시점과 기록 이관시점 사이에는 간격이 있으므로, 그 사이에는 무슨 투기든 일어날 수 있었고 실제로도 일어났다.

따라서 VOC가 오늘날 주식회사의 모든 특징을 갖추지 못했다 하더라도 암스테르담에 자본을 거래하는 주식시장이 생겼다는 사실만으로도 중요한 금융혁신이다.

VOC 주식을 거래하는 공개시장 덕분에 여러 가지가 달성되었다. 첫째, 투자자는 주식을 샀다면 팔 수도 있다는 구체적 증거를 시장에서 얻었다. 이제 베네치아 프레스티티 이래 유럽에 존재했던 채권과 마찬가지 권리를 주식도 지니게 되었기 때문에 유동성에는 엄청난 가치가 있었다. 둘째, 시장은 도박하고 투기하려는 인간 고유의 경향을 활용했다. 어떤 매매자는 천성부터 비관적인 반면 어떤 매매자는 천성부터 낙관적이라고 묘사한 드 라 베가는, 몇 년 동안 배당을 지급하지 못한 회사의 재산을 두고 자연스럽게 거래가 이어지는 장면을 목격했다. VOC 주식이 공개발행되자 암스테르담 증권거래소는 미래 향신료 무역을 예상하는 여론 측정기가 되었다. 17장에서 보았듯이 바자클 회사 주식은 15세기에도 자유롭게 거래 가능했고 툴루즈 곡식시장은 분명 투기가 벌어지는 장소였지만, 결국 이때까지는 낙관론자와 비관론자가 광란을 벌이는 주식시장은 현실화되지 못했다. 암스테르담 투기꾼들로부터 탐욕을 이끌어 낸 요소는 엄청난 부를 가져올 잠재력과 심각한 재앙을 맞을 위협이 공존하던 사업체, 바로 VOC의 불확실성과 위험 자체였을 것이다.

VOC와 그 사촌지간인 영국 동인도회사가 현대적 주식회사로 전환되는 데는 몇 년이 더 걸렸다. 다리마르티니와 동료들의 분석에 따르면, VOC는 차입을 통해 임시 운영자금을 확보해야 했기 때문에 유한책임제를 받아들였다. VOC는 주식뿐 아니라 채권도 발행했지만 그러려면 일단 지분을 소유한 사원의 책임을 제한한다는 승인을 얻어야 했다. 예일 대학교 바이네케 도서관도 VOC가 발행한 금리 6.25퍼센트짜리 채권증서 하나를 금융사 관련 소장품으로 보관하고 있다. 헤이르트 라우번호르스트 교수가 찾아내어 대학에 기증한 보물이다.

1612년에는 허가증이 대폭 개정되면서 자본이 영구화했다. 주주는 자본을 회수하여 이익을 거두기 원했지만, 정부는 허가기간이 영원히 계속되도록 개입했다. 이때 정부는 회사가 대변하고 방어하는 국익 때문에, 그리고 회사에는 현실적으로 가치를 평가하고 현금화하기 쉽지 않은 해외자산이 있었기 때문에 회사를 계속 유지하는 편을 강력하게 선호했다고 다리마르티니와 동료들은 말한다. 따라서 바자클 회사는 파리아지pariage(두 제후가 한 영토에 동일한 권리를 행사하는 공유영주권 - 옮긴이), 즉 영구히 계속되는 봉건적 권리 안에 존재했기 때문에 자본이 자연스레 영구히 유지된 반면, VOC 주주들은 강압에 따라 균형상태를 받아들여야 했다. 영국 동인도회사도 한참 후인 18세기에 VOC 사례를 따라간다.

주식회사가 해외교역, 그리고 궁극적으로는 식민지 확장에 적합한 형태였느냐는 문제는 지금도 논쟁 대상이다. 영국과 네덜란드 동인도회사가 우월한 금융기술 덕분에 비교적 큰 성공을 거두었다는 주장에는 설득력이 있다. 목표가 지나치게 많은 (그리고 이를 달성할 자금이 없는) 왕실보다는 카사 디 산조르조와 마찬가지로 상인들이 장악한 통치기관이 경제성장을 이끌어 낼 전략적 판단을 내리기에 적합했을 것이다. 하지만 금을 찾으러 배핀섬 탐험대를 조직하거나, 부유한 부르주아지가 지갑을 열 만큼 독특한 향이 나는 씨앗을 가지고 오기 위해 배를 아프리카 너머로 왕복시켜야 하는 회사 주식에 큰돈을 들이려는 사람들은 무모하리만큼 낙관적이었다. 두 번째로 탄생한 주식회사와 주식시장은 신중함과는 거리가 매우 멀어 보인다.

19장

기획의 시대

영국과 네덜란드는 비록 소국임에도 놀라울 정도로 해양력을 널리 떨쳤다. 18장에서 살펴보았듯이 두 나라가 해양력을 확장한 과정은 상업항해, 그리고 아시아 교역로를 열고 유지했던 대규모 독점 교역회사와 떼어 놓을 수 없다. 두 제국의 부상은 개개인이 적지 않은 개인적·재정적 위험을 감수하면서 이루어졌다. 북유럽의 무역 주식회사는 자본을 끌어오고 위험을 나누며, 성공할 때까지 엄청난 인내력을 발휘해야 하는 기획안에 돈을 댄 투자자에게 유동성을 제공하는 도구로서 발달했다.

주식회사라는 패러다임은 탐험이 한두 번 실패하고 전쟁에 패하며 시장이 폐쇄되는 동안에도 주주의 이익을 지켜, 몇 년·몇 세대·몇 세기에 걸쳐 자본의 영속성을 유지하며 튼튼히 버티는 규칙의 집합임이 입증되었다. 두 나라에서 주식회사들은 국가와 다름없을 정도로 중요해졌고, 따라서 회사와 국가의 손익은 서로 밀접하게 얽히게 되었다.

이 장에서는 주식회사와 자본시장이 영국과 네덜란드에서 출현한 지 한 세기가 지난 세상을 찾아가 본다. 그리고 무역회사들이 새로 만들어 낸 이 금융도구에 온 사회가 열광했던 시절에 초점을 맞추고 깊이 살펴볼 것이다. 주식회사가 탐험·발견·식민지 건설에 그토록 적합했다면 과연 다른 목적에도 쓰이지 않을 이유가 있었을까?

📚 기획 소론

네덜란드공화국의 국력이 절정에 달한 1687년 11월, 공화국 통령이 던 오라녜공 빌럼 3세Willem III van Oranje(윌리엄 3세)는 스페인 무적함대의 네 배 규모에 이르는 함대를 편성하고 영국해협을 건너 데본에 상륙했다. 항해자금은 암스테르담에서 손꼽히던 상인 은행업자들에게 빌려 마련했다. 독일·스코틀랜드·스위스·스칸디나비아 출신 용병으로 조직한 침략군은 저항다운 저항을 겪지 않았다. 사실은 환영하는 이도 많았다. 심지어 영국 육해군이 속속 네덜란드군軍에 합류하기도 했는데, 이는 가톨릭교도인 영국 왕 제임스 2세James II가 민심을 크게 잃었기 때문이었다. 여러 도시에서 가톨릭에 반대하는 반란이 일어났다. 그해 말이 되자 영국 왕을 지지하는 세력은 사실상 증발해 버렸다. 심지어 상류층에 속한 지주조차도 싸워 봐야 손해만 보리라고 생각했다. 제임스 2세는 빌럼이 합법적 권력의 마지막 상징을 손에 넣지 못하게 하려고 영국 옥새를 템스강에 던져 버리고 프랑스로 도주했고, 빌럼과 메리 2세Mary II는 공동 왕으로서 영국을 다스리게 되었다. 대부분 개신교도였던 영국 대중은 피를 거의 흘리지 않은 침략을 환영했고 정권은 놀라울 정도로 순조롭게 바뀌었지만, 어쨌든 1688년 네덜란드가 영국을 정복한 사건은 두 나라 모두에 깊고 오래가는 충격을 남겼다. 정치사에서는 이를 영국 왕권이 축소되고 의회민주주의가 완전히 자리 잡도록 자극한 중요한 단계라고 평가한다.

금융사에서 1688년은 대영제국이 국제적 금융 강국으로 떠오르는 분수령이다. 네덜란드에서 왕을 따라 온 은행업자와 금융업자는 개방된 자본시장으로 가는 지침, 채권을 사용하여 정부 운영자금을 대는 방법, 투기심리를 자극할 복권, 불로소득자 계층에게 제공할 종신임차료와 종신연금, 그리고 재정정책 도구로 쓸 만한 중앙은행 등을 망라하는 네덜란드 금융의 '유전자 정보'를 가져왔다. 그리고 영국인은 이러한 도구에 넘쳐 나는 상상력을 더하여 1688년 이전 영국 사회가 감히 상상하지 못하던 방식으로 적용했다. 명예혁명은 영국인의 금융 상상력을 해방했다. 대영제국이 들어선 새로운 금융 시대를 가리켜 작가이자 사업가인 대니얼 디포Daniel Defoe는 '기획의 시대projecting age'라고 명명했다.

디포는 영국 금융혁명에 담긴 새 정신을 어떤 저술가보다도 명징하게 포착해 냈다. 자신부터가 몽상가로서 새 정치질서와 금융이 지닌 거대한 가능성을, 그리고 이 두 가지 모두를 이용할 수많은 수단을 받아들였기 때문일 것이다. 새로 왕위에 오른 개신교도 왕이 런던에서 개선 행진을 하던 1689년, 젊은 디포는 환영 인파에 섞여 있었다.[1] 어쩌면 어떤 일로든 개인 자격으로 새 왕과 여왕을 위해 일했는지도 모른다. 그 후 10년 동안 디포는 여러 가지 사업을 시도해 보았다. 해상보험 사업에 뛰어들었다가 자신이 보험을 인수한 배가 프랑스 사략선에 나포되어 재앙을 맞기도 했다. 처남이 하던 보물 인양사업에 쓸 새 다이빙벨에 투자했다가 돈을 잃기도 했다. 영국 상류층의 향수 수요에 기대 한몫 잡으리라고 기대하며 돈을 빌려 사향고양이 농장 사업을 벌이기도 했지만 빚을 갚을 수 없어 사향고양이를 장모에게 팔았는데, 알고 보니 가축도 디포 마음대로 처분할 수 있는 소유물이 아니었다. 명예혁명 이후 그는 이러한 실패를 겪으며 법정을 들락날락거리고 등골이 휠 만큼 많은 빚을 졌다. 그리고 런던 서더크Southwark에 있는 채무자 형무소에서 얼마간을 보낸 후에야 빚을 탕감받는다. 가끔씩 민영 복권사업 기획자와 징세청부인으로 일하며 쌓은 인맥을 이용한 결과였다. 그리고 마지막에 생각해 낸 사업으로 결국 이익을 낸다. 네덜란드풍 기와를 만들어 런던 건설업자에게 납품한 것이다.

하지만 오늘날 역사에 남은 디포는 사업가가 아니라 수필가·언론인·소설가이다. 《로빈슨 크루소Robinson Crusoe》를 쓰고, 스스로 쓴 정치 평론을 출간하였으며, 정치·상업·금융·증권중개업·국채에 관한 소책자를 다수 집필했다. 그중 그가 1697년에 처음 쓴 책인 《기획 소론 An Essay upon Projects》은 새 시대의 가능성을 탐구한 기획서 묶음이다.

디포는 이 얇은 책을 통해 17세기 말 영국에 새로 출현한 자본시장이 특히 사회에 몰고 온 변화를 깊이 다루고 있다. 저자 서문은 길게 인용할 만한 가치가 있다. 그는 새로운 금융질서가 몰고 온 놀라운 풍경을 이렇게 그려 낸다.

오늘날에는 발명의 어머니라 할 만한 필요가 인간의 슬기를 매우 격렬하게 자극하기 때문에, 이 시대를 다른 시대와 구분하여 '기획의 시대'라고 부르기에 전혀 부족함이 없다. (중략) 새로운 기계를 발명했다거나 놀라운 발견을 해냈다거나 그 외에 내가 알지 못하는 그럴듯한 헛소문이 지나치게 많이 도는데, 소문이 점점 커져서 엄청난 돈을 선금으로 받기만 한다면 그 기계를 만들 수 있고 이를 통해 엄청난 일을 해낼 수 있다는 얘기가 오가고, 잘 속아 넘어가는 사람들은 기대만으로도 꿈에 부풀어 회사를 세우고 이사를 선임하며 직원·주식·장부를 정비하고 주식을 엄청나게 발행하며 공허한 말을 소리 높여 외치지만, 일은 결국 전혀 새로울 것 없는 회사의 주식을 산 이들이 기대한 대로 흘러가지 않는다. 그리고 계획을 꾸민 사람들은 장난질을 쳐 자기 지분을 모두 팔고 나면, 구름이 스스로 흩어지고 불쌍한 투자자들이 서로 싸우며 소송을 걸고 주식을 떠넘기도록 내버려 두고, 사업 실패 책임을 투자자 스스로 뒤집어쓰도록 교묘하게 함정을 판다. 그리하여 주가가 점차 떨어지기 시작하면 주식을 제때 판 사람은 기쁨을 누린다. 마침내 최후에는 아무것도 남지 않는다. 주식·특허·기계·사업의 지분이 거창한 말과 명성 있는 사람들의 이름값이 이룬 공허에 흩어져, 100분의 5(때로는 그보다도 큰)에 해당하는 지분가치가 100파운드에서 12, 10, 9, 8파운드로 쪼그라들다 결국 아무에게도 팔리지 않고(한마디로 '아무 가치가 없다'는 말을 멋있게 바꾼 표현이다), 주식을 산 수많은 가정은 쑥밭이 되는 장면을 나는 이제껏 수없이 보았다. 아마포방직, 초석제조, 구리광산, 잠수기계, 염색약 같은 사례를 열거해도 진실에 어긋나거나 무고한 사람을 잘못 비난하는 경우는 전혀 없을 것이라고 나는 믿는다.[2]

디포는 공허한 계획으로 사기를 치거나 주식을 투기하는 행위를 비난하지만, 책에서는 깨끗한 금융 프로젝트를 여러 가지 제안하기도 한다. 이 소론Essay에 처음 나오는 공동주식 프로젝트에는 영국 은행제도를 크게 확장하자는 선견지명이 드러난다. 그는 자본을 대규모로 모집하여 대형 국영은행을 만들자고 주장했다. 이런 은행을 통해 상업대출을 하고 환어음을 발행하며 거액을 송금해 주고 금리 4퍼센트짜리 담보대출을 하는 것이다. 디포는 '이 나라에는 자본이 필요하다! 그러니 은행을 키우자. 이사 수를 늘리고, 영국 제도 전역에 지점을 내자. 캔터베리, 솔즈베리, 엑세터, 브리스틀, 우스터, 슈루즈버리, 맨체스터, 뉴캐슬어폰타인, 리즈, 핼리팩스, 요크, 워릭, 버밍엄, 옥스퍼드, 레딩, 베드포드, 노리치, 콜체스터같은 지역별 상업 중심지에 자본을 공급하자. 상인에게 기꺼이 돈을 빌려주려는 은행이 있으면 모두 이익을 보게된다. 그런 은행은 새로운 사업이라면 무엇에든 직접 자금을 댈 수 있다. 저축과 투자를 잇는 연결기관도 제공한다. 한 지역에서 예금을 받고 다른 지역에서 돈을 공급함으로써, 지방이라는 지리적 족쇄를 극복하고 도시 간 교역을 장려할 수 있다'고 제안한다.

국영은행제도 제안 다음에는 전국 고속도로 체계를 만들자는 계획이 이어진다. 자금은 의회에서 세금을 받아 마련하고, 실행은 입찰을 통해 선정한 기획자에게 맡겨 정부가 수용한 토지를 할당하고 유료도로를 건설하도록 하며, 용역에 대한 보상은 법으로 규제하자는 주장이다. 그다음에는 해상보험·화재보험·부동산물권보험을 취급할 상호보험사를 세우자는 계획을 제시한다(그런데 신기하게도 생명보험사나 종신연금보험사 얘기는 꺼내지 않았다). 심지어 마치 오늘날 미국 사회보장체계와 같이 수익자가 낸 기여분으로 대규모 투자금을 조성하고, 복권사업과 부동산 투자로 이익을 내는 국영연기금을 만들자고 제안하기도 했다. 디포의 표현을 빌리면 이 계획은 '왕국에서 구걸과 빈곤을 몰아낼' 수 있었다. 돈을 새로운 자본시장에서 모집할 수도, 금융제도를 대담하게 혁신할 의지가 충만한 계몽 의회로부터 받을 수도 있는 시대에는 모두 실현할 만한 계획이었다.

디포는 《기획 소론》에서 사회를 개선할 다른 방법도 그린다. 채무자

형무소를 없애고 규칙에 따라 자산을 처분하여 채권자에게 나누어 주는 파산법을 제시했다. 여성 교육기관, 프랑스 한림원Académie française을 본뜬 학술단체, 상사분쟁에 특화한 상업법원·상선 선원부조기금도 그렸다. 한마디로 이 책에서는 인간이 처한 환경과 상업을 과격하게 변혁하자는 제안이 쉴 새 없이 펼쳐진다. 디포는 이 책으로 동시대 논설가 및 대중 비평가 중에서도 발군의 존재가 되었다. 사실상 선견지명을 갖춘 언론인이 맡아야 하는 역할을 창조해 냈지만, 결과적으로 그가 낸 목소리는 새로운 제안과 기획이 넘쳐 나는 시대에 묻혀 버렸다.

🪙 기법이 아니라 기술

디포는 책을 통하여 새로운 제도와 기술에 근거를 둔 새로운 사회질서를 주창했다. 그런 의미에서 새 금융질서가 거대한 자본을 축적하여 사회 전체를 재창조할 수 있는 방법을 제시한 최초이자 가장 빛나는 저술이기도 하다. 역사학자 프란체스카 브레이Francesca Bray는 기법과 기술을 구분하기에 매우 유용한 기준을 다음과 같이 제시한다.

> 기술technology이란 기법technique이 사회적 맥락에 따라 행사된 것이고, 바로 이 사회적 맥락이 생산된 대상과 생산자 모두에게 의미를 부여한다. (중략) 기술은 분쟁을 완화하는 데 기여하지만, 때로는 대립을 촉발한다. 기술은 이념적 작업을 수행하여, 사회질서를 안정시키기도, 변혁하기도, 발전시키기도 한다.[3]

18세기 초엽 런던에서 새로 급성장하던 주식시장은 자본을 모으는 새 기법일 뿐 아니라, 브레이가 제시한 정의에 꼭 들어맞는 새 기술이었다. 주식시장에는 새 사회질서를 도입하고 사회적 가능성을 완전히 새로 상상할 힘이 있었다. 또 브레이가 주장했듯 문화는 다양하게 해석되므로 새 기술은 대립을 촉발하여 문제를 일으키기도 한다.

디포가 남긴 저술에서도 시장을 우선 매도했다가 뒤에서는 새 사회를 만드는 도구로 간주하는 등 해석이 서로 대립한다. 그는 부정직한 중개인의 출현, 시장이 조작될 위험, '수백만이라는 숫자를 입에 달고 사는' 기획자에게 사기·농락·기만·날조당한 끝에 파산할 가능성 등 새로운 금융 시대의 위험을 경고했다.

완전히 새로운 금융기법이 출현한 것은 아니었다. 주식회사·주식시장·투기꾼은 《기획 소론》이 출간되기 오래전부터 존재했다. 진정 새롭게 등장한 것은 이러한 기법을 한데 묶는 창의적 상상력이었다. 금융 도구는 투자자와 혁신가 사이에 상호작용이 시작하고 계속되도록 했다. 디포의 소론은 금융혁명으로 가는 과정 중에서도 이미 2단계에 있었다. 디포는 금융이 가능케 한 일을 목격했기에 한 걸음 더 나아가자고 제안했다. 그가 살던 시절에 일어난 금융혁신은 '기법'을 강화한 끝에 새 문화와 불가분의 관계에 있는 '기술'을 만들어 냈다. 새 문화에서는 주식회사가 사업의 핵심 단위가 되고, 대중의 투자 열망이 크게 확대되며, 회사를 설립하고 주식을 사고팔며 옵션을 발행하고 시장을 조성하는 중개인이 발달하였다. 법과 규제제도가 새 문화를 따라잡아 회사가 할 수 있는 일과 할 수 없는 일을 정하고, 경영자·주주·이사회의 역할을 명확하게 설정하며, 회사 주식이 나타내는 재산 종류를 파악하고, 정부가 회사를 통제해야 하는지 회사에 재량권을 부여해야 하는지 결정하기까지는 몇 년이 더 흘러야 했다. 디포가 소론을 쓴 이후 몇 년은 금융역사상 흥미진진하기로 손꼽히는 시기이다.

🪙 할부투자

'기획의 시대'에는 주금납입을 이연한 채 주식을 발행하여 회사를 창립하는 방법도 있었다. 예컨대 주식을 청약한 사람은 주식 장부가 중 일부만 내고(장부가의 1퍼센트만 내는 경우도 있었다) 소유권을 가져가는 것이다. 그리고 신설 회사는 주금이 완전히 '납입'될 때까지 일정에 따라 몇 번에 걸쳐 주주에게 자본을 납입하라고 요청한다. 그동안에도 청약권은 거래 가능하다. 다시 말하면 회사는 처음 주식을 살 때 드는 돈을 거의 모두 청약자에게 빌려주는 셈이다. 그리고 자본납입 요청에 응하지 않은 주주의 지분은 몰수한다.

1파운드를 내고 청약권을 샀다가 주가가 오르면 판다. 만약 회사가 주금납입을 요청한 때도 주가가 낮다면 주식을 회사에 반환한다. 1파운드를 잃기는 했지만 사업이 정말 궤도에 올라 엄청난 이익을 낼 확률에 건 판돈 치고 큰돈은 아니다. 회사가 중간이윤을 붙인 가격에 주식을 산다는 행동이 도박이나 다름없어 보이는데 실제로도 그런 셈이다. 회사가 영위하는 사업의 기본 사항을 추상화하여 단 하나로 압축한 숫자, 바로 신문에 매일 나오는 가격의 등락을 보면 돈을 땄는지 잃었는지 알 수 있다. 자기 복권이 당첨되었는지 확인하는 행동과 다를 것도 없다. 그리하여 투자는 숫자 놀음이 되었고, 투자자는 투자한 자본에서 장기적으로 나올 수익 전망이 아니라 내기에 이겼는지 알려 주는 매일매일의 시장 상황에 주의를 기울이게 되었다. 그처럼 폭넓은 사람들에게 갑자기 매력을 끈 것도 당연하다. 17세기 판 주식 당일매매(데이트레

그림 19.1 네덜란드에서 1720년에 출판된 《어리석음을 비추는 위대한 거울》 중 런던 왕립 증권거래소를 그린 삽화. 실체가 없는 종잇조각을 사고판다는 뜻에서 네덜란드어로 '바람 장사꾼'이라고 지칭된 중개인들이 그림 한가운데 목록에 나온 증권을 거래하고 있다.

이딩)와 증거금 제도라고 할 만하다.

새로운 회사의 주가목록이 처음 실린 곳은 존 호턴John Houghton이 1691년에 쓴 《농사와 장사 개선법 모음Collections for Improvements of Husbandry and Trade》이다.[4] 호턴은 1694년부터 주식이 거래되는 52개 회사의 주가를 정기적으로 실었다. 그리고 대형사 주가는 매주 무료로 공개했다. 작은 회사 주가에 관심이 있는 사람은 돈을 내야 했다. 뒤이어 *Freke's Prices of Stocks &c*가 시장 소식을 제공했고, 존 캐스테잉John Castaing의 *Course of the Exchange*가 세 번째 소식통이 되었다.

호턴이 제공한 목록에는 다음과 같은 회사가 있었다. 영국의 구리광산 회사, 대포를 주조하는 회사, 러시아산 가죽의 모조품을 만드는 회사, 잠수기계를 만드는 회사(디포와는 무관하다), 배수펌프를 만드는 회사(당시에는 이스트앵글리아 지역의 소택지를 간척하는 사업이 한창이었다), '상인인 존 로프팅 씨의 벌레 빨아들이는 기계(소화 펌프)' 만드는 회사, '흰 종이 제조사', '푸른 종이 회사', '습기를 방지하여 전통 수공업을 개선하려는 협회(유리제조 회사이다)', 가죽을 습기 없이 보관하는 데 쓰는 '독일식 공German ball' 만드는 회사, '토탄과 석탄을 써서 납을 제련하는 회사', 영국은행, 밀리언 은행, 고아 은행, 그린란드 포경 회사, 뉴펀들랜드 인근에서 대구를 잡는 회사, 진주 채취 회사, 펜실베이니아·뉴저지·토바고 식민지 회사, 서더크와 런던 중심가 배관 및 햄스테드 수도 회사, 요크 건물주 협회, 왕립 아일랜드 아마포 직조 주식회사, '컨벡스라이트 회사', '뉴캐슬 수도 회사' 등. 호턴의 목록을 살펴보면 당시 기술혁명이 일어나고 있다는 사실에 이의를 제기하기 힘들다. 주금 중 일부만 내고도 이러한 발상에 투자할 수 있었다는 사실을 생각하다 보면, 그 후 약 300년이 흐른 후인 1990년대에 기술주 거품tech bubble('닷컴 버블'이라는 표현으로도 유명하다. - 옮긴이) 당시 만연한 장밋빛 낙천주의가 연상된다. 과학자와 공학자가 세계를 바꿀 만큼 놀라운 기계를 고안해 내는 데서 그치지 않고 일반인도 한몫 낄 수 있었던 것이다.

이처럼 영국에서 새로 등장한 회사를 산업별로 보면 광업·인양·어업·임업·농업·직조 등 기계를 이용한 제조업·해외교역·기반시설 건설업·부동산·대여·금융 등으로 나뉜다. 영국이 독점법Statute of Monopolies을 도입한 1623년 이후에는 새로운 발명을 통해 이익을 얻을 독점권이 발명자 몫으로 돌아갔다. 1688년 이후 새로 등장한 금융시장은 창의력과 지식재산권을 자본과 혼인시킨 것이다. 혁신 동력이었을 주식회사가 경제에서 지닌 중요성은 다른 구성 요소에 비하여 극적으로 커졌다. 역사가 윌리엄 로빈슨 스코트William Robinson Scott가 추정한 바에 따르면 주식회사는 1695년에 대영제국의 국부 중 1.3퍼센트를 차지했지만 1720년에는 13퍼센트를 차지할 정도로 성장했다. 주식회사는 무역독점 특권에 의존하는 소수 상인이 소유하고 지배하는 회사 모임에서, 서로 무관한 투기꾼들이 부자가 될 꿈을 꾸며 새로운 발상이나 특허에 열광적으로 투자한 자본이 가벼운 규제만을 받으며 한데 모인 장소로 바뀌었다.

사람들이 이러한 기획에 투자하면 할수록 주식과 청약권도 환금하기 쉬워졌다. 발행 당시에 청약권을 얻은 투자자는 소수였다 해도 이들이 권리를 팔고 나면 주주와 투기꾼 집합은 계속 늘어났다. 런던의 비공식 주식시장인 익스체인지 앨리Exchange Alley가 과열되면서 주주는 바뀌고 또 바뀌었다. '신생 회사가 정말 혁신적 제품을 내놓았는지', '제품이 팔릴 시장이 정말 있는지' 같은 소문에 따라 주가는 급등하기도 급락하기도 했다.

1692년 이후 주가는 실제로 폭등하기 시작하여 일부 회사의 경우 장부가의 두 배로, 실제 납입된 주금에 비하면 그보다 훨씬 높게도 뛰었다. '농사와 장사 개선법'을 제시하는 사업체 설립이 영국 시민의 재산을 장기적으로 늘리는 수단이라면, 이러한 사업체의 주식을 놓고 투기하는 것은 개인의 재산을 매우 빠르게 늘릴 수 있는 방법이었다. 주식 수요가 1690년대에 급증하면서 숙련된 투자자들이 활기차게 움직였고 투기꾼도 크게 늘었다. 1697년에 영국 최초로 주식시장이 붕괴하자 장부가의 두 배까지 올랐던 주가는 장부가의 반 이하로 떨어졌다. 주가가 폭락하자 투기꾼의 민낯과 투기의 위험이 드러났고, 디포는 이를 통렬하게 비판했다. 하지만 1697년에 마주한 시련은 '기획의 시대'의 끝이 아니라 시작일 뿐이었다. 1990년대 기술주 거품이 그랬듯 그보다 훨씬 거대한 금융의 불꽃놀이의 전조였던 것이다.

🪙 산업혁명을 부추기다

일반적 시각에 따르면 산업혁명은 18세기 후반에 영국에서 시작하여 19세기 중반에 생산공정 기계화와 공업의 분업으로 경제적 전환이 완료되며 절정에 달했다. 하지만 윌리엄 로빈슨 스코트는 세 권에 달하는 대규모 연구 결과에서, 산업혁명의 씨앗은 그보다 훨씬 앞서 1720년까지 이어진 '기획의 시대'에 뿌려졌다고 주장했다. 명예혁명 이후 설립된 회사목록을 살펴본 후라면 반박하기 어려운 주장이다. 기계화·혁신·재산권·자본 등 모든 요소가 그때 존재했다.

'기획의 시대'에는 이렇게 새로운 회사들이 폭발하듯 출현하는 사건이 왜 네덜란드에서는 일어나지 않았는지는 수수께끼로 남아 있다. 17세기가 저물 무렵 암스테르담에는 런던 이상으로 세련된 금융기법이 있었다. 17세기 초에 런던 시장이 등장하는 데는 명예혁명과 함께 들어온 네덜란드 금융업자도 공헌했다. 영국 증권과 은행제도의 기본 구조 및 작동방식은 대부분 네덜란드에서 빌려 온 것이다. 채권시장, 연금 및 기타 저축수단이 발달한 네덜란드 등 유럽 대륙 경제권에서는 자본이 공급되면 투자증서 시장이 움직인다는 사실도 이미 입증되었다. 네덜란드인은 VOC(네덜란드 동인도회사)와 네덜란드 서인도회사Westindische Compagnie (또는 영어로 West India Company, WIC) 주식시장을 만들었다. 그런데 왜 다이빙벨 계획, 종이회사, 제련사업이 거래되는 주식시장은 없었을까?

아마 명예혁명 자체가 변화의 정신에 촉매 역할을 했을 것이다. 마찬가지로 왜 1990년대에 유럽이나 일본이 아니라 미국에서만 기술주 거품이 일었는지 궁금한 사람도 있을 것이다. 세 시장 모두 금융제도와 활발하게 돌아가는 기술 연구 프로그램을 갖추었다. 하지만 인터넷이 변혁을 일으킬 가능성, 새로운 마케팅 모형과 통신수단, 옛 기술의 죽음, 이익보다는 클릭 수와 판매량에 따라 가치를 평가하는 '새 시대'의 금융 등을 논하며 진정한 열기가 시작된 곳은 분명히 미국이었다.

예일 대학교 경제학자이자 노벨상 수상자인 로버트 실러Robert Shiller는 어떤 의미에서 디포의 정신을 지닌 현대의 기획자이다. 그는 금융시장을 사용하여 사람들이 경제생활에서 직면하는 큰 위험을 처리하도록 돕자고 제안해 왔다. 실러는 주택 자산가치가 하락할 위험을 방어할 수 있는 주택선물을 생각해 내고 특허까지 냈다. 국내총생산GDP 에 연동된 금융상품을 개발하여 실업위험을 방어하자고 제안하기도 했다. 이런 상품이 미국 경제 호황기에 올린 수익은 그다지 높지 않았지만, 실러 역시 그보다 먼저 살다 간 기획자들마따나 시대를 조금 앞서 태어난 사람일지 모른다. 그런데 그가 내놓은 발상 중에도 사람들의 상상력을 단번에 사로잡은 것이 하나 있다. 실러가 유명해진 것은 주식시장 거품을 연구한 결과 인터넷 열기가 꺼질 것이라고 예측해서였다.

점잖으면서도 호기심 많은 학자인 실러는 주식시장 심리에서 관심을 돌린 적이 없다. 나와 실러는 여러 해 동안 서로 알고 지내면서 계량경제학부터 투자행위에 얽힌 수수께끼까지 별별 주제를 놓고 이야기를 나누었다. 실러는 화려한 연구 경력 중 한때를 할애하여, 기술주 거품이 결국 꺼질 것이라는 확신을 토대로 《비이성적 과열*Irrational Exuberance*》이라는 주식 관련 책을 썼다. 이 책에서 실러는 투기를 정당화하는 근거(예컨대 새로운 발명품이나 발상)와 주변 사람들이 투기로 큰 이익을 냈다는 소문 또는 물증, 그리고 뉴스 매체의 보강 등 여러 가지 요소가 융합된 결과 나타나는 심리현상이 바로 주식시장의 거품이라고 주장했다. 아무리 수준 높은 투자자라 해도 이러한 환경조건에 처하면 사고방식에 영향을 받아 이성적으로 가능성을 평가하지 못하고 일반상식도 무시할 수 있다고 그는 강조했다.

실러가 보기에 투기 거품을 키우는 마지막 재료는 협동구조이다. 투자자가 모두 함께 주식을 사려 하지 않으면 모든 주식가격이 올라갈 수도 없다. 무언가 대단한 일이 벌어져 상상력을 사로잡고 거품을 부풀리며 투기심리를 샘솟게 해야 한다. '기획의 시대'가 절정에 달했던 시절, 런던 시장에서는 남해회사South Sea Company가 바로 그 '대단한 일'이었다.

🪙 아시엔토

대니얼 디포는 옥스퍼드 백작 로버트 할리Robert Harley에게 크게 신세를 졌다. 1702년에 디포는 선동적인 글을 썼다는 죄목으로 뉴게이트 형무소에 갇힌 후 3일 동안 조리돌림당하고 벌금 130파운드를 낼 때까지 수감한다는 판결을 받았다. 이때 암암리에 벌금을 대신 내겠다고 여왕을 설득한 사람이 할리였다. 그리하여 디포는 남들 모르게 할리의 대리인, 선전가, 재정고문 역할을 하게 되었다.

디포는 자신이 1704년에 창간한 논설지 〈영국 현황 논평A Review of the State of the British Nation〉을 통해 영국의 정치와 경제 논쟁에 참여하면서 논평가로서 영향력을 키워 갔다. 잡지는 특히 해외무역 같은 주제에 매우 국수주의적이었다. 1704년에 디포는 프랑스와 스페인이 남아메리카와 카리브해 지역을 장악한 현실에 도전하자고 제안했다. 특히 캐나다를 프랑스에게서 빼앗아 오고 남아메리카에 영국 식민지를 건설하자고 주장했다.

1710년에 로버트 할리는 재무장관이 되어 실질적으로 대영제국의 총리 역할을 맡는다. 그가 해결해야 할 일 중에서도 가장 심각한 것은 스페인 왕위계승전쟁에서 오랫동안 프랑스와 싸우느라 엄청나게 불어난 정부부채였다. 영국이 진 빚은 900만 파운드였는데, 그중 상당 부분은 참전군인에게 단기간에 지불해야 할 급료였다. 이때 채무문제를 해결할 기발한 방법을 제안하며 등장한 사람이 런던 금융업자 존 블런트John Blunt와 조지 캐스월George Caswall이다. 두 사람이 1710년 10월에 할리에게 보낸 편지에서 틀을 잡은 계획안은 디포가 수익성 좋은 남아메리카 무역을 보는 시각과 매우 잘 들어맞았다. 두 사람이 제시한 계획과 대서양 남쪽에서 스페인에 도전하자는 디포의 주장이 서로 명백히 유사한 것을 보면, 디포는 남해회사 설립계획을 만드는 데 분명히 한몫했을 것이다.

제안서가 담은 내용은 정부부채를 재조정하고, 금융 대기업을 세워 당시까지 영국은행이나 동인도회사처럼 영국에서 재정적 중요도가 엄청났던 대형사의 경영에서 배제되었던 토리당(할리가 속한 당이다)이 통제하자는 것이었다. 오래전부터 재무부가 짊어진 채무, 선원급여, 육해군 차입금, 단기환어음 등 당시 영국 정부가 상환해야 할 채권을 남해회사 주식과 교환해 주자는 것이 핵심이었다. 그리고 정부는 이 부채를 고정금리 6퍼센트짜리 채권으로 바꾸고, 회사는 채권이자를 받아 주주에게 지급한다. 회사는 남아메리카 동해안 중 오리노코강 남쪽, 그리고 칠레와 페루를 포함하여 서해안 전역과 교역할 권리도 독점하도록 했다.[5]

회사는 총재를 할리로, 이사회를 대부분 토리당 당원을 이사로 채운 상태로 1711년 5월 의회의 승인을 받았다. 회사의 가장 중요한 특징은 엄청난 자본금이었다. 액면가 기준 1,000만 파운드에 육박하는 채무를 자본으로 전환한 덕에 남해회사는 동인도회사와 영국은행을 합친 것보다도 많은 자산을 확보했다. 블런트와 캐스웰, 그리고 기타 금융업자 집단은 대성공을 거두었다. 이들은 계획이 발표되기 전에 6만 5,000파운드어치 채무를 대폭 할인된 가격에 인수한 후 액면가 기준으로 남해회사 주식과 교환했다.

디포는 1712년에 《남해 무역에 관한 소론, 그리고 현재 남해회사 설립에 반대하는 불만의 근거와 이유에 대한 질문*An Essay on the South-Sea Trade with an Enquiry into the Grounds and Reasons of the Present Dislike and Complaint against the Settlement of a South-Sea Company*》을 썼다. 디포가 보기에 회사의 진정한 가치는 남아메리카에 영국의 교두보를 마련하는 데 있었다.

우리는 아메리카에서 하나 이상의 장소를 찾아내어 식민지를 세우고 조약에 따라 영국 소유로 인정받아야 한다. 이 정도면 충분한 이유 아닌가? 그리하면 무역이 활발해지지 않을까? 그리고 남아메리카는 스페인 사람들에게 주는 만큼 우리에게도 산출물을 내놓지 않을까? 우리는 과연 스페인 사람들보다 게으른가? 척박한 장소에 있으면서도 움직이지 않는다면 그것은 우리 잘못이다. 금·은·약품·인디고(남색 염료)·코코아·코치닐(적색 염료) 등이 널려 있는 곳으로 가면 안 될 이유가 있는가? (중략) 남해 지역과 무역한다는 것은 여왕 폐하의 가호와 이름과 힘으로, 그러한 항구·장소·토지·지역·나라·영토 등 독자가 무엇이라 부르든 그곳을 빼앗고 점유하고 소유한다는 것이며, 그러기에 적합한 장소가 아메리카이다. (중략) 스페인 왕이 우리를 막고 싶어 한다면, 어디 한번 해 보라고 하자.6

디포는 남아메리카를 빼앗고 식민지화할 도구로 남해회사를 사용하여, 대서양을 끌어안은 스페인제국의 부에 영국이 손을 뻗도록 협조하라고 의회를 강력하게 설득했다.

프랑스와 스페인을 한 군주가 동시에 다스리지 못하도록 네덜란드·영국·신성로마제국이 한편이 되어 엄청난 비용을 들였던 스페인 왕위계승전쟁은 1713년에 위트레흐트조약이 체결되며 끝났다. 조약 체결 결과 영국은 처음으로 스페인으로부터 아시엔토asiento, 즉 아프리카 노예를 스페인령 아메리카에 공급할 허가권을 얻었다. 여기에는 상업 무역권, 30년 동안 아프리카 노예 4,800명을 스페인령 아메리카에 공급하고 노예무역에 따른 이익 중 10퍼센트는 스페인 왕에게 지급할 의무, 그리고 남아메리카에 교역 중심지를 세우고 한 곳당 영국인을 최대

여섯 명까지 배치할 권리가 포함되었다.7

원래대로라면 아시엔토는 1660년에 서아프리카와 영국의 교역독점 권을 부여받으며 설립된 왕립 아프리카 회사Royal African Company에 돌아가야 했다. 회사는 노예에게 회사의 이름(또는 총재인 요크 공작의 이름)을 낙인찍고, 남아프리카 해안을 따라 세운 요새를 운영하면서 독점권을 침해한 상선을 나포하고 금을 활발하게 거래했다. 그래서 과거 영국 금화에 서아프리카 지역명을 따 '기니guinea'라는 이름을 붙였던 것이다. 회사는 1698년에 독점권을 잃었지만 다시 의회의 후원을 받아 아시엔토를 얻을 꿈을 꾸고 있었다.

1711년에 디포는 왕립 아프리카 회사를 돕자는 글을 써, 회사가 아무런 대가도 받지 않고 서아프리카 해안에서 활동하는 영국 상인을 보호하고 있으므로 재정 부담을 완화해 주어야 한다고 주장했다. 이 글에 드러난 디포의 입장을 보면 아무 거리낌 없이 노예무역에 찬성했을 뿐 아니라, 영국의 대서양 경영에 중요한 도구 역할을 하는 한 남해회사와 왕립 아프리카 회사가 경쟁관계가 아니라고 생각했음이 분명하다.

하지만 왕립 아프리카 회사가 원한 바와 달리 아시엔토는 750만 파운드를 낸 남해회사에 넘어갔다.8 남해회사는 스페인 왕 펠리페 5세에게 100만 페소를 차입하는 대가로 신주 28퍼센트를 넘겼다. 앤 여왕 몫은 22.5퍼센트였다.

회사는 비싼 대가를 치렀지만 이를 수익성 좋은 남아메리카 무역에 진입하기 위한 지렛대라고 여겼다. 남해회사의 주력사업은 노예무역이었지만, 디포(그리고 그의 후원자이자 회사 총재였던 로버트 할리)는 이를 대서양에서 영국의 상업적 영향력을 확대하기 위한 수단으로 생각했다. 아시엔토는 회사에 대서양 노예무역권을 가져다주었을 뿐 아니라, 교역소를 세우고 나중에 식민지로 발전시킬 여지도 제공했다. 영국 회사가 아시엔토를 얻자 전쟁 중에 영국과 연합한 네덜란드는 특히 큰 충격을 받았을 것이다. 네덜란드 서인도회사(WIC)는 수리남 식민지와 서아프리카 요새를 통해 노예를 공급받았다. 이 회사의 사업 중 상당 부분은 노예무역이 차지했다. 이제 영국은 네덜란드 사업 모델을 본떠 회사를 새로 세우고, 대서양을 오가는 인신매매사업을 넘겨받을 권리를 얻었다. 게다가 영국은 남아메리카에 있는 스페인 정착지뿐 아니라 신대륙에 있는 네덜란드 식민지까지 탐냈다.

노예무역사업(또는 최소한 인가받은 노예무역)은 이제 주식회사 형태를 갖추었다. '기획의 시대'는 인간의 공학 재능을 해방하는 데 자본을 대기도 했지만 또한 인간이 지을 수 있는 가장 악랄하면서도 체계적인 죄를 퍼뜨리는 데도 자본을 댔다. 한마디로 자본을 한편으로는 자유에, 다른 한편으로는 노예무역에 공급한 것이다. 주식회사 구조는 사업가가 투자자의 자본에 직접 접근하는 길을 열었을 뿐 아니라, 매우 효율적으로 이익을 분배하고 경영권을 나누며 정치적 영향력을 활용하는 수단도 제공했다. 남해회사가 지닌 강점은 수송과 교역의 우위가 아니라 영국 정부에 닿은 연줄이었다. 남해회사는 투자자와 기업가가 공평한 조건에서 자본을 사고판다는 자유방임주의 자본주의체제와는 완전히 상반된 사례였다. '기획의 시대'는 새로운 사업계획과 발상이 폭발하게 된 동력이었지만, 주식회사는 정치계가 이권을 집중시키고 나라들이 협상하는 도구가 되었다. 정치가들이 모든 무역 중에서도 가장 혐오스러운 무역에서 이익을 취하기로 결정했다는 사실은 의미심장하다.

유럽·아프리카·아메리카를 잇는 그 유명한 '삼각무역'은 1711년에야 시작된다. 삼각무역은 18세기 서양사회에서 경제력이 순환하는 주된 방식이었다. 공업화된 영국 북서부 도시의 공장에서 생산한 물건은 아프리카로 실려 가 노예와 교환되고, 노예는 악명 높은 '중간항로(아프리카 서해안과 서인도제도를 잇는 항로 – 옮긴이)'를 통해 카리브해 섬으로 실려와 조직적으로 억압받으며 본토에 팔 작물을 생산했다. 그리고 노예를 팔아 남은 이윤으로 구입한 설탕과 사탕수수 같은 상품이 유럽으로 실려 왔다.

노예무역 분야에서 손꼽히는 역사가 조지프 이니코리Joseph Inikori는 삼각무역이 활성화된 덕분에 대영제국이 18세기에 기계화·공업화가 발생했고, 재화와 사람이 멕시코만류를 따라 크게 순환하며 간접적으로 현대 유럽을 만들어 냈다고 주장한다.[9] 그 말이 맞을 것이다. 1711년에 남해회사에 투자한 투자자는 이 회사가 교역하여 세계경제를 바꾸리라고는 생각하지 못했을 것이다. 하지만 금과 은과 남아메리카 플랜테이션 농업 이미지를 덧칠하며 맹목적 자국중심주의를 주장한 대니얼 디포의 글은, 영국 정부에 받을 돈이 있는 채권자가 연체되는 채권을 포기하고, 그 대신 다른 누구도 아닌 총리가 설립하고 운영하며 아시엔토까지 소유한 새 회사에 기꺼이 운을 걸게 만들 만했다.

빌 리즈Bill Reese는 손꼽히는 고서 상인이자 역사를 바꾼 문서를 알아보는 안목이 탁월한 사람이다. 그는 몇 년 전에 런던에서 가죽 장정으로 된 작은 책 한 권을 발견했다. 안에서 발견된 스페인어 문서에는 장식체로 'Yo el Rey'라고 서명이 되어 있었다. 내용은 배 한 척이 스페인 영토에 기항할 권리를 스페인 왕(el Rey)이 허가한다는 것이었다. 또 다른 문서에는 아시엔토에 수반한 특정 조건이 상세히 나와 있었다. 그 중에서도 가장 가슴을 뛰게 하는 것은 책의 장정이었다. 바깥 면에 금으로 SSC라는 두문자가 압인되어 있었던 것이다. 즉, 이 책은 남해회사South Sea Company가 보관하던 아시엔토 증서였다. 내가 리즈에게 허락을 받고 살펴본 이 작은 책이 세계사에서도 가장 악명 높은 문서, 바로 남해회사에 노예무역을 허가한 공식문서이다.

남해회사가 노예무역사업을 궤도에 올리는 데는 시간이 걸렸다. 우선 경영진이 크게 개편되었다. 할리는 1714년에 재무장관직에서 탄핵당하며 정치적 운도 다하기 시작했고, 다음 해에는 반역죄로 런던탑에 갇혔다. 2년 동안 수감되었다가 무죄를 인정받고 풀려나기는 했지만 남해회사 총재직에서 물러나야 했다. 그 자리를 차지한 사람은 조지 1세George I였다. 오래가지 않았던 4국동맹전쟁(영국·프랑스·신성로마제국·네덜란드(그리고 사보이공국)가 연합하여 스페인을 상대로 벌인 전쟁 – 옮긴이) 등 스페인과 정치분쟁 때문에 아시엔토는 1718년부터 1722년까지 중단된다. 하지만 남해회사는 결국 왕립 아프리카 회사와 계약을 맺어 서아프리카 해안에 줄지어 선 요새를 근거로 아프리카인을 납치하고 선단을 파견하여 노예를 직접 보급했다. 아마 프랑스나 포르투갈 노예선을 나포하여 화물을 몰수했다는 핑계를 댔을 것이다. 그 후 회사는 자메이카와 바베이도스에 중계무역항을 건설하고 '중간항로'를 살아서 건너온 아프리카인을 모았다. 건강한 노예는 이곳에서 다시 포르토벨로, 부에노스아이레스. 카르타헤나로 수출되었다. 한 계산 결과에 따르면 남해회사 존속기간 동안 스페인령 아메리카로 실어 나른 노예는 무려 6만 4,000명이다. 사람이 아닌 또 다른 부적절한 무역을 하자는 디포의 계획 역시 결국 열매를 맺었다. 1730년대 후반에 세비야 상인들은 영국인들이 라틴아메리카 직물시장을 완전히 탈취해 버려서 신대륙에 아무것도 팔 수 없다고 불만을 토로했다.[10]

🪙 익스체인지 앨리

남해회사와 노예무역을 같이 떠올리는 사람은 흔치 않다. 보통 남해 회사 하면 1720년에 주가가 엄청나게 올랐다가 폭락한 남해거품 사건 South Sea Bubble을 떠올린다. 남해거품 사건을 다룬 경제학 연구는 대부분 1719년과 1720년에 벌어진 복잡한 금융공학에 초점을 맞춘다. 당시 여러 번에 걸쳐 신주가 발행될 때마다 영국 귀족층이 매집하여 엄청난 부가 생겨났다가 사라졌다는 것이다. 회사의 사업(노예무역)과 1720년 에 벌어진 이상한 주식발행 행태가 서로 단절된 데는 사람들이 시장붕 괴에만 매료되고 노예제가 18세기 세계경제의 핵심이었다는 사실에는 눈을 감는 경향, 즉 '역사의 선택적 기억'이라는 요소도 영향을 끼쳤을 것이다. 하지만 당시 시장의 심리도 반영된 결과일 수도 있다. 런던에 있는 투자자에게 손에 잡히는 물리적 현실이란 미래에 나올 배당의 원 천이지만 멀리 떨어져 있는 자산인 노예라기보다는 회사에서 떨어져 나온 채로 회사 소유권을 상징하는 주식이었다. 투자자가 주의를 집중 하는 장소가 된 시장은 '익스체인지 앨리Exchange Alley'라고 불렸다.

런던 익스체인지 앨리는 기획안 중 대부분이 시작되는 장소이자 남 해회사 주식이 거래되던 장소이다. 지금도 가 볼 만한 곳이다. 지하철 뱅크역에서 내려 콘힐 스트리트를 따라 걸어가다 보면 건물 몇 채를 지 나는 50미터짜리 골목길이 있다. 눈에 잘 띄지 않은 이 짧은 통로는 한 때 전략적으로 매우 중요한 지점이었다. 바로 모든 상품과 증권이 거래 되는 시장이 섰던 왕립 증권거래소 건물과, 상품과 증권의 가치에 관련 한 소식이 도착하던 우체국을 연결하는 지름길이었기 때문이다. 그 결 과 익스체인지 앨리에서는 우체국에 소식이 도착하자마자 이익을 만들

그림 19.2 《투기꾼을 비추는 거울, 영국의 우행*The Bubbler's Mirrour or England's Folly*》. 1721년 부터 영국에서 발행된 풍자 잡지로, 런던 익스체인지 앨리에서 주식을 발행하여 자금을 마련한 여러 기획을 실었다.

어 낼 수 있었다. 편지봉투를 열어 카리브해에서 배가 안전하게 도착했다는 사실을 다른 누구보다 먼저 알아챈 후 주식을 사는 것이다. 로이즈 커피하우스Lloyds Coffeehouse가 우체국 근처로 이사한 것도 당연히 이 같은 이유 때문이었다. 전 세계 해로와 자연재해에 대한 소식이 로이즈 커피하우스에 제일 먼저 도착하면 보험중개인은 이를 보고 보험료를 새로 책정했다.

짧은 골목길에 문을 연 유명 커피하우스인 갤로웨이스Galloway's와 조너선스Jonathan's 두 곳은 모두 주식을 거래하고 신주를 발행하는 장소 역할을 했다. 나쁜 짓을 하다 왕립 증권거래소에서 쫓겨난 중개인 무리는 조너선스에 모여들었다. 이들은 익스체인지 앨리에서도 분명 똑같은 짓을 계속 했을 것이다. 이들이 모이자 시장도 생겨났다.

시장은 매수자와 매도자가 동시에 모여 거래하는 장소이다. 시장이 한산하면 매수 주문이 있는데 매도 주문이 없거나, 매도 주문은 있는데 매수 주문이 없어 거래가가 형성되지 못한다. 성공한 시장이란 붐비는 시장이다. 하지만 시장에 질서를 가져오는 중심은 가격이다. 조너선스 커피하우스는 모든 주식회사의 주가를 게시했다. 존 호튼John Houghton, 존 프리크John Freke, 존 캐스테잉John Castaing 같은 언론인은 조너선스에 앉아 커피를 홀짝이며 주가를 기록하고 풍문을 받아 적다가 날이 저물면 적어 둔 정보를 정리하여 인쇄물로 펴냈다. 수많은 주식중개인과 투기꾼들이 한데 모여 떠들썩하게 이야기하며 주식을 거래하러 커피하우스에 들락거리고, 카리브해에서 발생한 난파사고를 다룬 최신 소식을 들으러 로이즈에 들렀다가, 콘힐에서 복권을 사고, 매수·매도 주문을 외치며, 주식을 매수했다가 황급히 태세를 바꾸어 매도하고, 새로 출현한 발명품·특허·계획을 평하는 장면을 요즈음의 조용한 익스체인지 앨리에서는 상상하기 힘들다. 하지만 당시에 상류층 주식 투자자가 익스체인지 앨리 같은 혼돈을 코앞에 마주했다면 평정과 초탈을 유지하기는 힘들었을 것이다.

🪙 거품 해부

노예무역이 아직 궤도에 오르지 않은데다 엎친 데 덮친 격으로 아시엔토의 효력이 일시 중단된 1719년 후반에도 남해회사는 익스체인지 앨리에 활기를 불어넣었다. 회사는 두 번째 유상증자를 진행하여 100만 파운드가 넘는 정부부채를 인수하려 했다. 정부가 1710년에 복권사업을 하면서 진 빚이었다. 신주를 발행하며 내세우는 가치는 회사가 설립된 이유와 다르지 않았다. 정부채권을 보유한 사람들이 환금하기도 거래하기도 힘든 종잇조각을 배당이 나오는 남해회사 주식으로 바꾸면 앞으로 대서양 횡단무역에서 이익을 얻으리라고 기대할 수 있다는 것이다. 1719년에 자금이 잘 조달되자 경영진은 한 걸음 크게 도약하여 영국 정부가 지고 있던 빚 5,000만 파운드 중 상당액을 인수하기로 1720년에 결정했다.[11]

1720년 초에 영국 정부가 공개한 채무는 연금 수급자가 쉽사리 거래하기 힘든 장단기 연금 1,500만 파운드와 만기가 다양한 민간 소유 상환가능채권 1,650만 파운드로 나뉜다. 남해회사는 두 가지 모두에 입찰했다. 연금 수급자와 채권자는 구조도 복잡하고 매매하기도 힘든 채권과 연금증서를 내놓고 대신 간편하게 배당이 나오는 남해회사 주식을 얻었다. 주식은 수익이 낮을지 몰라도 현금화하기 쉬웠다. 무엇보다도 남해회사는 이 모든 채무를 인수하는 대가로 수수료로 정부에

300만 파운드에서 750만 파운드를 내겠다고 제안했다. 동시에 회사는 일반인을 상대로 주식을 여러 번 발행하고 현금을 거두어들였다. 국채가 없어도 주식을 얻을 수 있었던 것이다. 당시에 유상증자가 다 그러했듯이 신주를 살 때는 회사가 사실상 돈을 빌려주었다.

채권과 주식을 교환하는 조건은 주식 시가에 따라 결정되었다. 회사 주가가 높아지면 정부채권을 인수하는 대가로 발행해야 할 주식 수가 줄어들고, 따라서 회사가 운전자본으로 쓸 여윳돈도 많아진다. 남해회사는 주가를 끌어올리려고 청약자에게 관대한 조건을 제시하는 등 모든 방법을 동원했다. 결국 채권 보유자 중 80에서 85퍼센트가 채권을 주식으로 교환했고, 이 중 대부분이 남해회사 주주가 된다는 데 만족했다.

그해 전반기 남해회사 주가는 폭등했다. 액면가 100파운드였던 주가는 1719년 11월에 116파운드에서 1720년 3월 말에 310파운드, 6월 말에는 950파운드로 올랐다.[12] 앞으로 대서양에서 노예나 다른 상품을 거래해서 얼마나 이익이 날지 모르기는 해도 경제적으로 보아서는 116파운드였던 남해회사 주가가 8개월 만에 950파운드로 오를 만한 근거가 있었다고 보기는 힘들다. 분명 정치적인 이유 등이 있었던 것이다.

남해회사는 설립 당시부터 영국 정치의 산물이었다. 애초에 이 회사는 회사 총재인 할리가 영국 국민을 위해 협상하여 얻어 낸 무역허가권을 소유했고, 스페인과 영국 왕에게 투자받았다는 사실을 전면에 내세웠다. 즉, 회사가 지닌 광대한 경제적 잠재력은 주로 정치인에게 호의를 얻는 데 달려 있었다. 1720년에도 마찬가지였다. 투자자는 정부부채를 차환하는 조건을 설정할 때 남해회사 주식 대부분을 소유한 높으신 분들이 정치력을 활용할 것이라는 쪽에 내기를 걸었다. 투기꾼들은 유력자가 사리사욕을 채우는 방향으로 협상을 마무리하리라 믿고 이들에게 편승했다. 주가가 오르자 왕실이 이익을 보았다는 사실도 다들 알았다. 심지어 회사는 남해회사 주식 교환 건에 찬성하도록 의원 몇 명을 매수하기까지 했다.

당시 시장을 관찰하던 사람들은 계획의 앞뒤가 맞지 않는다고 경고했다. 1720년에 하원의원 아치볼드 허치슨Archibald Hutcheson은 회사가 매입한 국채에서 나오는 배당으로는 주주에게 합당한 배당금을 주기 어렵다는 보고서를 몇 차례에 걸쳐 배포했다. 다시 말하면 주가가 회사도 설명하기 힘들 정도로 지나치게 높았다.

오늘날 연구자들도 대체로 같은 결론을 내놓는다. 경제학자인 피터 가버Peter Garber는 남해회사의 주식전환 사례를 연구한 결과, 회사 주식이 주당 775파운드에 거래될 때 회사가치는 총 1억 6,400만 파운드였다고 추산했다.[13] 이 중 회사가 보유한 국채가치로 뒷받침되는 부분은 1억 700만 파운드이므로, 나머지 5,700만 파운드는 비이성적 과열 또는 회사가 앞으로 대서양 횡단사업에서 거둘 수익에 건 투기의 산물이었다. 자금조달에 엄청나게 성공한 덕분에 회사가 모은 자본은 국채를 매입하는 데 필요한 만큼을 크게 뛰어넘었다. 이렇게 모인 '군자금'은 노예무역에든 아니면 의회에 있는 주인님들이 매력을 느낄 만한 다른 사업에든 투입되어 큰 이익을 냈을 것이다. 그런데 과연 그랬을까?

남해회사에 거품이 인 것은 대서양 횡단무역에 건 기대수준이 갑자기 바뀌어서였을까? 이후 대서양 무역은 규모가 큰 사업이 되었지만 결국 남해회사가 주된 이익을 얻는 원천은 아니었다는 사실을 이제는 누구나 안다. 마찬가지로 1720년에 주가에 거품이 낀 왕립 아프리카 회사는 채무인수에 참여하지 않았다는 사실도 누구나 알고 있다. 왕립 아프리카 회사는 비록 아시엔토가 없었지만, 주식 수요가 늘어나던 상황을 이용하여 1720년에 유상증자로 현금을 끌어들였다.

프랑스 · 영국 · 오스트리아 · 네덜란드가 함께 스페인에 대항한 4국 동맹전쟁은 1718년부터 1720년 2월까지 계속되었다. 전쟁의 목적은 스페인이 이탈리아와 기타 지중해 서부에 손을 뻗치지 못하도록 막는 데 있었지만, 아메리카에 있는 멕시코만 역시 주요 전장이었다. 프랑스군과 스페인군은 텍사스 · 루이지애나 · 뉴멕시코에서 맞붙었고, 영국은 전쟁을 통해 플로리다를 장악하려 했다. 이처럼 아메리카에서까지 모험을 벌인 것을 고려하면 전쟁에 참여한 나라들은 분명 큰 이익을 얻으리라고 믿고 있었다. 프랑스가 스페인으로부터 텍사스와 뉴멕시코를 빼앗아 냈다면 프랑스의 미시시피 회사Mississippi Company는 멕시코만 무역을 장악한 주요 회사가 되었을 것이다. 마찬가지로 영국이 플로리다를 소유하게 되었다면 대단한 전략적 성취를 이룬 셈이었을 것이다. 프랑스와 영국이 이처럼 간절히 원하던 권리를 얻어 내는 데 실패한 채 종전조약(헤이그조약 - 옮긴이)이 체결되었지만, 어쨌든 전쟁 덕분에 일반 투자자도 아메리카 무역이 지닌 경제적 잠재력에 관심을 기울이게 되었다. 한편 다른 연구 결과가 발표되자 자메이카에서 대규모로 벌어진 황금 탐색 관련 투기를 포함하여 당시 서인도제도 무역에 대한 논쟁이 활발해지기도 했다. 하지만 남해회사와 왕립 아프리카 회사 주가를 하늘 높이 올리는 데 이 정도 요인만으로 충분했을까?

윌리엄 로빈슨 스코트는 거품을 일으킨 것이 금융의 힘 자체였을 수도 있다고 추측했다. 주가가 부풀어 오르는 상황에서 주주가 보는 남해 회사란 분명 자유로운 자본으로 이루어진 어마어마한 자금과 마찬가지였을 것이다. 이만한 자본을 확보한 남해회사는 대서양 무역뿐 아니라 수익을 올릴 사업이라면 무엇이든 투자할 수 있었고, '기획의 시대'에

걷잡을 수 없이 퍼져 나가던 창의력은 풍부한 기회를 공급했다. 스코트가 보기에 거품이 낳은 비극이란 자본이 붕괴했다는 사실이 아니라, 규제 당국이 막 자유자본시장으로 기능하기 시작하던 익스체인지 앨리를 탄압하고 자본에 접근하기 힘들도록 제약했다는 사실이다.

🪙 거품을 줄이려는 규제

거품이 절정에 달했던 1720년 6월 9일, 의회는 모든 주식회사가 정부 인가를 받아야 한다는 '거품방지법Bubble Act'을 통과시켰다. 법안에 따라 남해회사를 포함한 모든 주식회사는 인가받은 사업목적에 포함되지 않은 사업용도로 자본을 모집할 방법을 사실상 잃어버렸다. 그리고 법안에는 해상보험사 두 곳을 인가하고, 앞으로 보험사업에서 다른 주식회사가 진입하여 경쟁하지 못한다는 내용도 포함되었다. 법안에 나오는 표현은 디포가 《기획 소론》에서 보여 준 비난이나, 허친슨이 남해회사의 계획을 멈추게 한 유인물들의 서문에서 어리석은 투기를 가리키며 계속 내비친 탄식과 이상하리만큼 비슷했다. 법은 마치 익스체인지 앨리에 있는 주식중개인을 직접 공격하는 듯했다. 즉, 과열된 신주 발행 열기를 겨냥하여 규제했고, 특히 미등기 주식을 거래하지 말라고 중개인을 위협했다. 그러다 적발된 기획자는 '공공에 소란을 일으킨 죄에 준하는 벌금과 처벌'을 받게 되었다.[14] 그러므로 최초의 거대한 주식 거품이 절정에 달했을 때 입법자들이 투기라는 불을 끄려는 시도조차 하지 않았다는 말은 절대 사실이 아니다. 불행은 오히려 법안이 지나치게 성공을 거두었다는 데 있었다.

7월 초가 되자 런던 시민 대부분은 온천을 즐기고 카드놀이를 하러 배스Bath로 떠났다. 남해회사는 두 달 동안 주주명부를 폐쇄했지만 나중에 주식을 인도하기로 약속하는 거래는 계속되었다. 주가는 서서히 낮아져 800파운드 아래로 떨어졌다. 18세기 자본시장 전문가로 손꼽히는 역사가 래리 닐Larry Neal은 회사가 주주명부를 폐쇄했을 때 벌어진 세부 상황, 그리고 명부를 다시 열었을 때 투자자에게 벌어진 일에 붕괴의 뿌리가 있다고 생각한다. 그는 존 캐스테잉이 발행한 주가목록 *Course of the Exchange*에서 남해회사의 일간 주가를 얻어 컴퓨터에 입력하고 그래프로 주가흐름을 그렸다. 닐은 명의개서가 재개된 직후 거품이 터졌고, 여름 동안 주식을 거래했던 투기꾼들은 거래 상대방에게 차액을 물어야 했다고 언급했다. 당시 주가가 약간 떨어지자 일부 거래자가 매입을 철회했고, 시장은 한층 더 불확실해졌다. 거래 상대방이 돈을 지불할 수 있을지 걱정하게 된 것이다.[15]

남해회사의 4차 유상증자에 참여했던 청약자들은 그로부터 한 주 안에 돈을 들고 오지 않으면 청약권을 잃게 되었다. 많은 사람이 청약을 철회하려 했지만 실패했다. 주가는 마치 돌이 가라앉듯 주당 800파운드에서 10월 1일에 200파운드까지 떨어졌다. 네덜란드와 스위스 투자자는 주식을 팔고 영국 밖으로 돈을 인출했다. 주식을 사려고 돈을 빌렸던 사람은 모두 곤경에 빠져 절망했다. 신문에는 투기꾼이 자살했다는 침통한 소식이 실리기 시작했다.

의회가 거품방지법을 통과시킨 이유는 남해회사가 투자금을 유치할 때 익스체인지 앨리에서 엄청나게 유상증자를 해 대던 신설 주식회사들과 경쟁할 필요가 없도록 보호하려는 것이었다고 추정하는 학자도 있다. 이런 관점에서 보면 법안 통과는 정부가 내리는 특허와 특권으로 이루어진 기존 체제를 계속 강요하기 위한 행보였다.

즉, 정부는 신설 회사가 합법적으로 인가받은 회사의 사업을 노린다고 비판하면서 금융시장과 대립하기 시작했다. 나중에는 사악한 주식 중개인과 새로운 계획이라면 무엇이든 믿어 버리는 대중을 비난하는 표현도 덧칠된다. 이런 관점에서 보면 민주적 절차에 따라 뽑힌 대표들은 그저 투자자를 보호하고 특허권의 효력을 다시 인정했을 뿐이다.

다른 시각에서 보면, 거품방지법은 혁신에 돈을 대는 자본시장의 능력을 없애 버렸다. 법안이 통과되자 신주발행은 급격히 줄었다. 그 직후부터 회사들은 정부 인허가에 딸린 권리인 유한책임을 주장하지 않음을 확실히 알려야 했다. 하지만 윌리엄 로빈슨 스코트가 세운 이론대로 그래서 산업혁명이 늦추어졌을까?

정부는 시장이 붕괴한 여파에서 혼란에 빠진 금융문제를 최우선으로 해결하려 했다. 남해회사 이사들은 사기혐의로 기소되었다. 이들에게 자산을 몰수하여 얻은 이익은 투자자에게 자본을 상환하는 데 쓰였다. 하지만 그래도 금융은 계속 돌아갔다. 캐스테잉의 주가목록 등은 1720년 이후에도 계속 발행되었고, 래리 닐에 따르면 런던과 암스테르담 시장에서는 비록 대기업 주식뿐이기는 해도 다양한 증권이 계속 활발하게 거래되었다. 그렇지만 그동안 신기하고 새로운 발명품이 나왔다가 잊히는 일이 없었다고 누가 장담하겠는가? 영국 공학자들이 자본에 빠르게 접근할 수 있었다면 자동직조기와 증기기관차 같은 도구를 생각해 냈을까? 화학자들이 18세기에 다이너마이트를 발명해 냈을까? 다이빙벨을 만들려던 수많은 사람 중 하나쯤은 잠수함이라는 개념을 떠올렸을 것이고, 당시 경제학자 중 하나쯤은 주택가치 하락을 방어할 보험을 새로 만들어 냈을지도 모른다. 하지만 역사는 한 길만을 따라 진행되므로 다른 길은 상상에 그칠 수밖에 없다.

그 이후 18세기 나머지 기간에 대서양 무역을 장악한 주체는 인가를 받은 대기업과 공식 허가를 받지 않은 회색지대에서 활동하는 해적 등 소규모 사업가였다. 경제가 발전하고 산업혁명이 발생하도록 도움을 준 금융시장은 대체로 주식발행보다 은행에 중심을 두고 발달했다. 18세기 초 경제에서 제조업자·금융회사·광업회사 등 다양한 주식회사가 자유롭게 행동했다면 역사는 실제와 다르게 움직였을까? 노예에 크게 의존했던 삼각무역 활성화는 필연이었을까, 아니면 최소한 어느 정도는 경제적 경쟁자를 쳐낸 데 힘입어 일어나게 된 것이었을까? 매우 궁금한 질문이다.

🪙 누가 이기고 누가 졌는가

경제사학자 피터 테민Peter Temin과 요아힘 포트Joachim Voth는 거품시대에 조직적으로 일어났던 남해회사 주식투기 관련 자료가 담긴 보물상자를 찾아냈다. 자료가 나타난 곳은 바로 누구나 예상할 법한 장소였다. 당시 돈을 관리했던 은행 중 한 곳의 기록물보관소였다.

호어스 은행Hoare's bank은 1690년 이래 지금까지 황금색 병 표시를 달고 런던 플리트 스트리트 37번지에 서 있는 멋진 건물로 템플 교회에서 200미터 정도 떨어져 있다. 이 은행은 부유한 개인들의 돈을 관리하는 개인은행private bank(주식회사가 아니라 개인사업체 또는 합자회사 형태로 운영되는 은행, 또는 부유층을 주요 고객으로 받는 은행을 가리킨다. 호어스 은행은 두 가지 모두 해당한다. - 옮긴이)이다. 호어스 은행 설립자는 남해회사 창립 이사 중 일인인 리처드 호어Richard Hoare(1648~1714년)이다. 1720년 당시 은행을 경영하던 사람은 리처드 호어의 아들로 영국식 정원 중 가장 아름답다는 스타우어헤드를 지은 헨리 호어Henry Hoare이다. 호어스 은행이 거품 시대부터 모아 온 자료실을 이용하도록 허가한 덕분에 테민과 포트는 당시 런던에서 가장 넓은 인맥을 자랑하던 기관이 거래하던 방식을 추적해 냈다. 어떤 결론이 났을까? 호어스는 싸게 사서 비싸게 팔았다. 헨리 호어는 허치슨이 낸 비관적 분석을 신뢰하여 주가가 고평가되었다고 생각했지만, 그래도 호어스 은행은 거품을 타고 고점까지 달려간 후 제때 주식을 팔았다. 부유한 내부자들은 거품을 충분히 활용했다.

신망 높은 호어스 은행은 시장붕괴 이후 다가온 유동성 위기를 어떻게 극복했을까? 오늘날 미국 은행가 중에는 호어스 은행이 유연하게 장수한 비결을 알고 싶어 하는 사람이 많을 것이다. 답은, 현금을 많이 보유했다는 것이다. 테민과 포트는 1720년 호어스 은행 자산 중 40퍼센트는 현금이고, 15퍼센트는 남해회사 주식이며, 그 밖에 은·금·다이아몬드·진주가 어느 정도 있었던 반면, 대출금은 그다지 많지 않았음을 확인했다. 익스체인지 앨리가 달아올랐던 1720년 이전에도 호어스 은행은 현금을 소모하지 않고 점점 더 많이 모았다.[16]

디포는 어땠을까? 그는 1720년 남해회사가 국채를 인수한다는 계획을 열렬히 지지했다. 허치슨보다 훨씬 낙관적이었던 그는 스스로 계산해 본 결론으로 의회가 산정한 가치에 화답했다. 디포는 1720년에 쓴 소책자를 통해, 정부발행 연금을 구매하는 것만으로도 한 주에 400파운드 가치가 있다고 선언했다. 그가 보기에 9월에 폭락한 주가는 실제 경제적 가치보다 훨씬 낮았다. 디포는 진정 그다운 문체로 다음과 같이 썼다.

그리고 여기서 더할 수 없이 우려하며 이렇게 고백해야겠다. 비이성적인 질투, 근거 없는 공포, 도저히 설명할 길 없는 우려, 혹은 보편적인 미혹이 지금까지 인류를 사로잡았기에 주가는 여러 실패 원인에 따른 최대 예상손실을 넘어 실제 가치보다 훨씬 낮아졌다고. (중략) 자기 능력을 넘어 엄청나게 구입한 사람들은 돌이키지 못할 만큼 파멸했다.17

디포는 갑작스런 신용위축이야말로 남해거품 사건이 가져온 진정한 악영향이고, 이를 해결하려면 정부와 사람들이 서로 협력해야 한다고 올바르게 인식했다.

신용 악화는 필연적으로 실체 악화로 이어진다. 농부는 자기가 노동하여 얻은 산출물을 가져갈 만한 시장을 찾지 못하게 되어 결국 지주에게 지대를 내지 못할 것이다. 상인은 자기가 취급하는 상품의 수요를 찾을 수 없게 될 것이고, 부지런한 수공업자도 일할 만한 곳을 찾지 못할 것이다. 가난한 사람이 점점 늘어나면 이들을 구제할 수단도 하루하루 줄어들어 간다. (중략) 대체로 현명하고 선한 군주, 충직하고 유능한 장관, 모두의 공익을 위한 수단을 합의해 낼 능력과 의지가 있는 의회가 있는 까닭에 우리는 대체로 축복받았다. 이들이 내는 해결책에 우리도 힘을 합쳐 어려움을 해결하면, 머지않아 신용은 되살아나고 상업은 융성하며 우리는 대대손손 위대하고 행복하며 강력한 국민이 될 것이다.18

디포의 견해는 시간을 초월하여 현재에도 뜻깊다. 특히 21세기 초에 금융제도가 직면한 도전을 생각하면 더없이 적절하다.

20장

프랑스에 인 거품

　스코틀랜드인인 존 로John Law는 당대를 통틀어, 아니 역사를 통틀어도 가장 야심찬 금융 기획자였다. 동시대인인 대니얼 디포처럼 존 로도 젊은 시절에 서더크 교도소에 있었지만 채무자라서는 아니었다. 1694년에 블룸즈버리 광장에서 에드워드 윌슨Edward Wilson이라는 유명한 런던 한량을 죽였기 때문이었다. 로는 혐의를 인정하고 왕에게 집행유예를 허가받았지만, 윌슨이 지녔던 높은 사회적 위치와 그의 죽음을 슬퍼하던 친척들이 지닌 영향력 때문에 사면까지 받기는 불가능했다. 로는 지체 높은 후원자들에게 도움을 받아 서더크를 탈출한 후, 런던에서 영위하던 사회생활을 뒤로 한 채 영국을 떠나 암스테르담으로 갔다.

　25년 후 로는 유럽에서 가장 부유한 사람이 되었다. 그는 프랑스 국고 전체를 사실상 민영화한 거대 기업집단의 수장이자, 국제적으로 주식투기 열기를 불붙인 미시시피 거품Mississippi Bubble 사건의 주역이었다. 그가 이처럼 비범한 위치에 오른 것은 기회를 잘 잡은 덕이라고 할 만도 하지만, 그렇다 해도 순전히 운만 좋았다고는 말할 수 없다.

존 로는 스코틀랜드 에든버러에서 영업하던 부유한 금세공사의 아들이다. 17세기에 금세공사는 은화 같은 화폐를 고객 대신 보관하고, 지폐처럼 유통되던 소위 '금세공사 어음goldsmith's note'이라는 예치증서를 발행하며 비공식 은행업자 역할을 했다. 그러니 로의 가문은 금융에 뿌리를 둔 셈이다. 젊었을 때 로는 수학에 재능 있고 테니스에도 능하며 외모가 굉장히 매력적이고 외향적이며 멋진 사람이라는 평판을 얻었다. 그는 동생과 달리 에든버러에 있는 아버지 회사에 들어가지 않고 국제도시 런던에서 쾌락에 탐닉했다. 로는 이곳에서 비싼 수업료를 내며 교육을 받았다. 그가 물려받은 돈을 도박과 소비로 탕진하고 얻은 것은 고위층에 있는 친구와 적뿐이었다. 슬로터스 커피하우스에서 아브람 드무아브르를 만나는 행운도 누렸다.

로는 런던에서 탈출한 후 유럽 대도시를 돌아다니며 상류층에게 오락거리, 스포츠, 주사위 놀이 같은 노름 상대가 되어 주었다. 세련되고 사회적 지위도 좋으며 수학적 재능까지 갖춘 젊은이에게 딱 맞는 일이었다. 그 후 15년 동안 그는 도박으로 큰돈을 벌었다.

존 로는 두말할 것 없이 금융사에서 가장 흥미로운 인물이다. 역사학자 대부분은 도박판에서 보낸 젊은 시절을 들며 그의 편력에 살을 붙이거나, 아예 무모한 사기꾼이라고 못을 박는다. 로에게 공감하는 작가마저도 훗날 사려 깊은 경제 계획자이자 대담한 정책 결정자가 되는 로와, 도박장을 운영했던 젊은 시절의 로는 서로 다른 사람이나 다름없다고 쓸 정도이다.

그렇지 않은 시각을 지닌 예외라면 풍부한 지식을 바탕으로 존 로의 전기를 쓴 앤트완 머피Antoin Murphy 정도이다.[1] 머피는 로는 도박꾼이

그림 20.1 카시미르 발타자르가 그린 금융업자 존 로의 초상

아니라 확률이론을 이용하여 이익을 본 사람이라고 보았다. 정부가 저평가한 종신연금을 사들인 은행업자와 마찬가지로, 로가 도박사로서 경력을 쌓은 것도 위험을 다루는 당대 최신 수학지식을 숙달한 덕분이다. 로가 도박에 손을 대기 시작할 무렵 확률과 도박을 다룬 주요 문헌은 조금만 수고하면 얻을 수 있었다. 주사위 확률을 분석한 지롤라모 카르다노의 초기 저작은 아마 진지한 수학도에게만 알려져 있었을 것이다. 그렇다 해도 조합이론이나 확률론 같이 도박을 분석하는 기본 수학도구는 의지만 있으면 어디에서나 배울 수 있었다. 로와 동시대를 살았던 사람은 그를 이렇게 묘사한다.

> 계산과 숫자를 그보다 더 잘 이해한 사람은 없었다. 주사위 두 개를 던질 경우 두 눈의 합이 7이 나올 확률이 왜 4나 10보다 두 배 높은지, 왜 7이 나올 확률과 8이 나올 확률이 6 : 5 비율을 이루는지 등등 모든 경우를 실제로 실험해 보며 영국에서 처음 깨달은 그는 걸출한 도박사로 인정받으며 유명인이 되었다.[2]

🪙 리도토 푸블리코

존 로를 이해하기 위한 여정은 존 러스킨이 '르네상스 시절 가장 기본이 되는 유파의 사례 중에서도 가장 기본으로서 주목할 만'[3]하다고 표현한 베네치아 성모세 성당에서 시작해야 한다. 러스킨은 17세기 바로크양식으로 우아하게 만든 정면부(파사드)에서 타락한 도덕과 방종한 문명을 읽어 냈다. 성당을 장식하는 조각상들은 후원자가 거둔 상업적 성공을 찬양한다.

1632년에 정면부를 새로 올린 성당은 축제 분위기를 띄우려 저녁부터 켠 불빛을 받아 분명 장관을 이루었을 것이다. 귀족의 예복을 입고 가루를 뿌린 가발을 쓰고 가면과 삼각모를 한 남자들과, 최신 유행에 따라 머리를 매만지고 성모세 성당의 정면부처럼 우아한 드레스를 입은 여자들은 새벽까지 광장에서 즐겁게 춤추기도 하고, 베네치아 곳곳에 들어선 특유의 도박장 레도티redotti에서 노름도 했다.

성모세 성당은 존 로가 쉬기에 딱 알맞은 장소이다. 그는 성당 정문 근처에 있는 소박하게 각인한 대리석판 아래에 잠들어 있다. 성당 바로 뒤에 있는 모나코 호텔은 로가 살아 있던 시절에 도박이나 다른 사교 오락을 하던 대형 도박장인 리도토 푸블리코Ridotto Pubblico로 유명했다. 대운하를 내려다보는 곳에 있던 리도토 푸블리코에는 높은 천장 아래에 카드놀이 테이블이 여럿 있는 대형 공간 하나와, 비교적 친한 사람끼리 함께 놀던 작은 방 여럿이 있었다. 베네치아에서는 카드 테이블에서 딜러를 하며 수수료를 떼어 받도록 허가받은 사람은 인가받은 거주자(보통은 매우 가난한 귀족)뿐이었기 때문에 로가 정말 리도토 푸블리코에서 딜러를 했을 가능성은 낮다. 하지만 그가 도박에 탐닉했다는 사실은 의심할 여지가 없으며, 근처 어딘가에서 고급 도박장을 비밀리에 운영했을 가능성도 매우 높다.

존 로가 있던 시절 베네치아는 더 이상 유럽의 금융 중심지가 아니었다. 물론 당시에도 베네치아는 독립공화국이었고, 자체 은행제도가 있었으며 리알토에는 오래된 금융 건축물이 남아 있었지만, 암스테르담과 런던에 밀린 지 오래였다. 대신 베네치아는 예술과 오락의 국제 수도로 거듭났다. 이곳은 유럽 순회여행을 할 때 빼놓아서는 안 될 목적지였으며, 점점 더 예술가들의 눈을 잡아끄는 장소였다. 베네치아의 매력 중에도 가장 중심은 베네치아 카니발이었다. 카사노바Giovanni Giacomo Casanova는 회고록에서 자신이 베네치아의 도박장을 오가면서 노름하고 이성을 유혹한 이야기를 풀어놓으며 카니발이 지닌 성적 매력과 위험을 포착했다. 천박함과 막연한 가능성이 주는 이 신비감은 오늘날 라스베이거스가 사람들을 끌어들이는 요소이기도 하다. 라스베이거스처럼 베네치아도 어색함은 잠시 벗어 두고 환상에 탐닉하라고 사람들을 유혹했다. 로가 도박꾼과 도박장 운영자로 성공하여 이익을 내려면 계산에 익숙한 수학자뿐 아니라 상상력에 통달한 장인도 되어야 했다. 거기에다 베네치아는 훌륭한 교사였다.

17세기 베네치아 도박계에서 출현한 중요한 혁신이라면, 도박장 house 또는 물주 역할을 맡은 다른 참가자를 상대로 하는 소위 하우스 게임house game이다.[4] 모든 참가자가 동등한 여느 카드 게임과 달리 하우스 게임에서는 참가자 일인이 게임을 장악하고, 다른 참가자에게서 사실상 비용을 받아 온다. 오늘날 가장 친숙한 사례는 블랙잭이지만 18세기에는 바세트bassette가 전형적인 하우스 게임으로 꼽혔다.[5] 바세트에서는 참가자 일인이 판돈을 많이 가진 물주 역할을 맡고, 다른 참가자들은 통계상 약간 불리한 가운데 물주를 상대로 겨루었다. 하지만 확률로 유리한 물주도 파산할 수 있었다. 따라서 그럴 확률을 보상하기 위해 물주에게 돌아가는 몫이 있었다.

존 로는 분명 베네치아식 하우스 게임의 명수였다. 그는 유럽 도시 여러 곳을 돌아다니며 베네치아 레도티의 마술을 전파했다. 그중에서도 특히 도박에 매료된 도시인 파리에서 로는 부자 중에서도 가장 부유한 사람들을 상대로 엄청난 판돈이 걸린 도박장을 운영해 큰 이익을 남겼다. 게다가 그는 잘생기고 달변이며 운도 좋은 데다 애정 사업에서도 성공을 거두어 다른 도박사들이 열망하던 이상을 체현한 존재였다. 아름답고 재산도 많은 유부녀를 정부로 두었다가 나중에 정식으로 결혼하여, 카사노바마저 달성하지 못한 위업을 달성하며 유럽 사회에 충격을 주었던 것이다. 소문에 따르면 로는 복권으로 제노바 근교에 광활한 부동산을 살 정도로 큰돈을 벌었다. 서른 살이 된 스코틀랜드인이 되찾은 재산은 물려받았다가 잃은 재산보다 훨씬 많았다. 거기서 그냥 은퇴했다면, 아니면 성공한 도박사로서 삶을 이어 갔다면 그는 유럽에서 이름난 한량이자 뛰어난 응용수학자의 본보기로 역사에 남았을 것이다. 하지만 그의 목표는 그 정도보다 훨씬, 터무니없을 정도로 컸다.

📚 죽은 보물

앤트완 머피는 1990년대 초반에 당시까지 알려지지 않았던《토지은행 소론*Essay on a Land Bank*》이라는 경제학 논문 원고를 보게 되었다. 고서적상이 출처가 불분명한 이 원고를 일급 경제사학자로 이름난 머피에게 보여 준 것이다. 그리고 머피는 이 논문이 로가 경제학자로서 가장 처음 남긴 저작임을 확인했다. 이 문서는 로가 경험한 지적 진화의 첫 단계를 보여 주는 귀중한 물건이다.

로는 논문을 통해 경화가 아니라 토지로 가치를 뒷받침하는 은행을 영국에 세우자고 제안했다. 이유는 은은 공급량 변동에 따라 가치가 변동하기 때문이다. 토지는 공급량이 고정되므로 화폐로서 더 낫다. 그 전에도 토지은행을 세우자는 제안은 있었다. 심지어 1696년에는 의회가 국립토지은행National Land Bank 설립을 인가하기도 했다. 주주에게 받은 자본금으로 지주에게 대출하고, 담보로 잡은 토지를 기초로 은행권을 발행하여 영국은행과 경쟁하며 영국 경제에 지폐를 공급하자는 것이다. 이 계획을 지지하는 토리당원들은 돈과 신용이 경제의 생명줄이므로 낮은 이자율로 담보대출을 하게 되면 경제 전반에 자극을 주는 효과도 있다고 주장했다.[6]

논리를 살펴보면 그럴싸하다. 부동산을 담보로 대출한다면 토지에 묶인 부가 다시 생명을 얻게 된다. 대버넌트Charles Davenant는 소책자에서 이렇게 표현했다. "과거에는 주인을 계속 바꾸어 가며 끊임없이 옮겨 가던 당좌증권 2,000만(파운드)이 지금은 토지증권으로 신탁되어 죽은 보물과 다름없다."[7] 대버넌트는 신용이 눈에 보이지 않는 신뢰라는 특징에 의존한다는 사실을 멋지게 웅변한다.

> 인간의 마음에만 존재했던 모든 것 중 가장 환상적이고 멋진 것은 신용이다. 신용이란 강요할 수 없고, 심리에 의존한다. 신용은 희망과 공포라는 격정에 의존한다. 신용은 굳이 추구하지 않아도 생겨나기도 하고 때로 이유 없이 사라지기도 하는데, 한번 사라지면 회복하기가 매우 힘들다.[8]

국립토지은행은 설립하기에 필요한 만큼 청약자를 모집하지 못했다. 부유한 휘그당원들은 토지은행을 설립하려는 목적이 자신이 장악한 영국은행이 차지한 최고의 지위에 도전하는 데 있다고 생각했다. 게다가 청약조건도 경제적으로 그다지 매력적이지 않았다. 부동산 관점에서 부를 재정의하려는 금융계획은 결국 실현되지 못했다.

일찍이 토지은행을 세우려는 계획이 이렇게 실패했는데도 존 로는 오히려 한 걸음 더 나아가 더욱 대담한 개념을 설정했다. 은행이 토지를 담보로 잡을 것이 아니라, 아예 소유하면 어떨까? 주식 청약자가 토지를 은행에 자본으로 내고 표준가치에 따라 주식을 받는 것이다. 그리고 은행은 이 표준가치로 태환되는 은행권을 발행한다. 로가 보기에 이 은행권은 경쟁 상대인 영국은행권보다 더욱 안정적이고 우수한 지폐이기도 했다. "토지는 은보다 담보가치가 확실하다. 토지로 가치를 완전히 보장받는 지폐가 세상에 나타나면 영국은행권이나 금 세공사의 어음보다 선호될 것이다."9

로는 은행이 금융중개인으로서 보유한 부동산으로 가치를 보장받는 증권을 지폐로 만들려고 했다. 토지는 공급량이 고정되고 자산으로서도 확실하므로 토지은행과 토지은행권의 불확실성도 낮을 것이며, 따라서 화폐로 쓰이는 종이에도 신뢰를 불어넣을 것이다. 게다가 이 화폐는 다시 토지로 바꿀 수도 있다. 따라서 토지가 귀해지면 토지은행권도 다른 재화에 비하여 가치가 올라간 채 유통될 것이다. 경제용어를 빌리자면 토지는 '계산화폐numeraire'(뉴메레르, 다른 재화의 교환가치 기준이 되는 재화 – 옮긴이)가 되는 반면, 은은 경제에서 통화단위로서밖에 역할을 하지 못하여 중요성이 줄어들 것이다. 그리하여 가게 주인이 존 로가 제안한 토지은행에서 발행한 지폐를 받게 된다면 당근과 셀러리 가격을 표준화된 부동산 가격에 대한 비율로 표시하게 될 것이다. 이처럼 대수algebra를 영리하게 이용한 기술을 도입하면 스페인이 신대륙에 광산을 보유함으로써 좌지우지하는 귀금속에 경제를 의존할 필요도 없어진다. 하지만 로가 제시한 계획은 안타깝게도 영국의 권력자들에게 지지를 받지 못하여 무산되었다.

그다음 해에 존 로는 더욱 규모가 크고 정교한 계획을 스코틀랜드 의회에 제시하며 지난번과 다른 결과를 기대했다. 로는 이 계획을 《화폐와 상업*Money and Trade*》이라는 소론에 실어 자기 친척이 소유한 회사에서 인쇄하고 대중에게 배포하기도 했다. 앤트완 머피는 《화폐와 상업》을 통해 화폐와 신용이 경제에서 담당하는 중요한 역할을 정교하게 분석한 존 로는 당대 가장 중요한 정치경제학자라고 불려 마땅하다고 주장한다. 로가 보기에 상업은 신용에 의존하고, 신용은 경제에 존재하는 화폐량만큼 사용 가능하다. 이자율을 낮추라고 명령하면 대부자를 시장에서 쫓아내는 결과만 낳을 뿐이다. 반면 화폐공급을 조절하면 이자율을 효율적으로 조절할 수 있다.

> 법으로 이자율을 낮추면 상인은 돈을 더 많이 빌리게 되고, 비용이 덜 들어 상업이 활발해질 것이라고 생각하는 사람도 있다. 하지만 그러한 법은 여러 가지 불편을 야기하게 될 것인 반면, 조금이라도 좋은 효과를 낼 수 있을지는 의문이다. (반면) 화폐 공급량을 늘려 이자가 낮아진다면 상업에 쓰이는 화폐량은 늘어날 것이고, 상인은 손쉽게 돈을 빌리고 이자도 적게 내게 되므로 상행위를 하는 데 드는 비용이 절감되는 반면, 그래서 생기는 불편함은 전혀 없을 것이다.[10]

화폐 공급량을 조절하는 주요 수단은 지급준비금으로 신용을 공급하여 상업에 사용할 화폐수요를 맞추는 은행제도이다.

> 제공받은 신용만큼 화폐가치를 보장하는 은행은 믿을 만하다. (중략) 하지만 그 이상을 대출하여 화폐 공급량을 늘리면 고용이 늘어나고 상업이 확대되어 나라에 이익이 된다. (중략) 하지만 은행의 신뢰성은 줄어든다.[11]

즉, 존 로는 《화폐와 상업》에서 총수요에 기반을 둔 화폐수량이론과, 최적 화폐량이 경제의 생산능력과 직결된다는 개념을 제시하여 훌륭한 통찰력을 드러냈다.[12] 화폐량이 지나치게 적으면 경제를 제약하고, 지나치게 많으면 물가 상승이나 은행 실패를 불러온다. 경제를 최적 능력으로 운영하려면 사용 가능량이 들쑥날쑥한 귀금속을 계산화폐로 이용하거나 강제로 이자율을 제한하기보다는 은행권 같은 화폐를 도구로 이용하는 편이 낫다.

동일한 핵심 원칙은 오늘날 미국 연방준비은행이 물가·국내총생산·실업률을 수집하고 필수 근거로 삼아 경제에 공급할 화폐량과 이를 달성하기 위한 할인율을 결정할 근거가 된다. 물론 로의 화폐수량이론은 칼 모양의 화폐가 경제의 피가 흐르는 도랑 역할을 한 《관자》의 시대와도 맥이 닿는다(8장 참고). 하지만 스코틀랜드 역시 로가 풍부한 지식을 동원해 쓴 논문을 보고도 토지은행 설립을 사양했다. 스코틀랜드와 잉글랜드가 1706년에 통합되자 로는 다시 한번 대륙으로 몸을 피하여 경제학자이자 은행 기획자라는 새 경력을 이어 가야 했다.

🪙 은행가 존 로

존 로는 1716년에 마침내 은행을 설립할 기회를 잡았다. 당시 프랑스도 영국처럼 스페인 왕위계승전쟁에 엄청난 돈을 들여 경제력을 소모해 버렸다. 로는 루이 15세의 섭정인 오를레앙 공작 필리프 2세 Philippe II에게 통화정책 도구로 은행을 사용하는 편이 유익하다고 설득해 냈다. 로는 방돔 광장Place Vendôme에 있던 자택에 은행을 열었다. 방크 제네랄Banque Générale(원어 뜻대로 '일반은행'이라고도 옮긴다. — 옮긴이) 역시 영국은행이나 남해회사와 마찬가지로 로의 개인재산뿐 아니라 정부채무로도 자본을 확충했다. 은행은 사업을 시작하고 대중의 신뢰를 얻기 위해 섭정공과 여러 지체 높은 귀족들에게 예치금을 받았다. 그리고 이 예치금을 근거로 로의 계획에 따라 은행권을 발행하고 기타 은행 서비스를 수행했다. 상인이 발행한 어음을 할인하여 상업대출도 하고, 환어음을 발행하여 국내 상업을 촉진하기도 했다. 영업을 시작한 지 1년이 지나자 상인에게 받는 이자율을 낮춰 존재가치를 드러내기도 했다. 한편 정부를 대신하여 은행권으로 세금을 받아 국영은행 역할도 하기 시작했다.[13] 1718년에 방크 제네랄은 방크 루아얄Banque Royale(원어 뜻대로 '왕립은행'이라고도 옮긴다. —옮긴이)이 되었고, 은행권은 정부가 발행한 증권이 되었다. 위치도 로의 집에서 나와 독립 사무실로 옮겨 갔다. 그리고 존 로는 프랑스의 재무장관이 되었다.

그러는 동안 로는 남해회사의 사업 모델을 본뜨면서도 규모를 훨씬 크게 확장한 회사를 차렸다. 1717년에 국채를 전환하여 공개리에 주식을 발행한 서방회사Companie d'Occident(보통 '미시시피 회사Mississippi Company'라고 한다)가 그것이다. 서방회사는 출범할 때 정부채권과 회사 주식을 교환해 준 데서도, 또 정부의 채무상환 부담을 줄이는 한편 앞으로 아메리카대륙에서 부를 얻는다는 목적도 영국 남해회사와 동일했다. 투자자가 느끼는 매력도 남해회사 때와 동일했다. 가치가 절하되고 현금화하기도 어려운 정부채권을 보유하던 이들은 곧바로 왕에게 직접 채권을 상환받는 데다 앞으로 신대륙에서 엄청난 수익을 올릴 전망이 있는 회사의 보통주로 채권을 바꾸는 편이 낫다고 깨달았다. 회사는 루이지애나주 전역에 관한 권리를 보유했기 때문이다.[14]

1720년 당시에는 루이지애나주 지도가 아직 없었다. 지도는 신생국

미국이 루이지애나를 얻은 후 1803년에 메리웨더 루이스Meriwether Lewis
와 윌리엄 클라크William Clark가 탐사한 후에야 제작된다. 하지만 장기
적으로 루이지애나에 엄청난 경제적 가치가 있음을 의심하는 사람은
드물었다. 자그마한 정착지가 건설된 뉴올리언스는 북쪽에 있는 프랑
스령 캐나다의 모피무역을 남쪽 항구와 연결시켜 주는, 연속항해 기준
으로 세계에서 가장 긴 강의 하구에 위치했다. 루이지애나는 플랜테이
션 체계가 활발하게 도입되지 않았던 당시에도 비옥한 충적토양 덕분
에 농업적 가치가 크리라고 예상되었다. 미래 현금흐름을 평가하는 주
주들이 볼 때 북아메리카에 있는 8만 제곱킬로미터짜리 땅은 장기적으
로 도박을 걸어 볼 만했을 것이다.

　로의 시야는 남해회사 사업 모델을 순식간에 뛰어넘었다. 그는 인수
합병을 통해 프랑스의 해외무역권 전부를 한 회사로 흡수할 수 있다고
내다보았다. 채권전환이 1717년에 성공한 후 1719년에는 구주 배정에
따른 유상증자가 이어졌고 로는 거대한 자본을 확보했다. 그의 회사는
프랑스판 왕립 아프리카 회사와 동인도회사인 세네갈 회사, 인도회사,
중국회사를 빠르게 흡수해 나갔다. 그리하여 로는 프랑스의 장거리 교
역을 사실상 독점하였다. 게다가 담배 전매회사, 왕립조폐소, 그리고
프랑스의 징세 대리인인 페름 제네랄Ferme Générale도 인수했다. 이리하
여 새로 탄생한 초대형 기업집단은 정부에 유리한 조건으로 프랑스 국
채를 전부 인수했다. 투자자에게 장기 자본수익을 제시하여 감당할 만
한 정도까지 이자율을 낮추고 프랑스가 스페인 왕위계승전쟁 때문에
진 채무 전부를 흡수했다.

　존 로는 몇 년을 경이롭게 보내며 중요한 업적을 달성했다. 익스체
인지 앨리의 최신 금융공학과 경제에서 화폐가 수행하는 역할을 경제

학에 따라 스스로 분석하고, 그 결과를 이용하여 프랑스의 재무를 민영화하였으며, 이를 주식 공개발행을 통해 대중의 손에 넘긴 것이다. 그는 희소한 은을 정화로 쓰느라 공급이 고갈된 화폐를 버리고, 시장수요에 대응할 수 있는 명목화폐를 도입했다. 그리고 국제화가 격화되는 상황에서 경쟁국에 전략적으로 대응할 잠재력을 갖춘 회사 지배구조를 만들었다. 그리고 근본부터 금융시장에 의존하는 세계를 만들어 냈다.

🪙 어머니와 딸

로는 세심하게 증자계획을 세웠다. 1719년 6월에는 매달 자본금의 10퍼센트를 분할 납입하는 조건으로 주식을 발행하여 자금력이 부족한 투자자를 끌어모으고 자본시장 고객층을 넓혔다.[15] 방크 루아얄은 투자자에게 회사 주식을 담보로 돈을 빌려주어 오늘날로 따지면 '유동성 공급기관repo facility' 역할을 했다. 로는 주식에 매기는 가격을 은행 문에 붙여 놓기도 했다. 게다가 회사 주식의 발행에 신뢰를 더하기 위하여 개인재산으로 주식을 사겠다고 제안하여 언행일치, 아니 언금일치言金一致를 실천하기도 했다.[16]

마지막으로 로는 신주인수권이 붙은 유상증자 구조를 선보였다. 제1차 주식발행 청약자는 그다음 청약 때 4:1 비율로 신주를 좋은 조건에 살 권리도 부여받았는데, 권리를 실행하는 데 드는 돈은 많지 않았다. 이러한 구조 때문에 제1차 청약 때 발행된 주식은 '어머니méres', 제2차 청약 때 발행된 주식은 '딸filles'이라고 불렸다. 그리고 1719년에 있었던 제3차 청약에서 발행된 주식은 '손녀grand-filles'라고 불렸다. 로가 이렇게 주가를 부양하기 위하여 독특한 방식으로 연이어 유상증자를 실행하자 주식은 엄청난 관심을 끌었다. 로는 프랑스 안에서 투자자층을 넓혔을 뿐 아니라 국제적 투기까지 끌어모으게 되었다. 네덜란드 신문은 파리에서 일어난 사건과 주가를 매일 전했다. 로는 자본을 해외에서 프랑스로 신속하게 끌어오는 구조를 만들어 낸 것이다.[17] 몇 달 시차를 두고 일어난 남해회사와 미시시피 회사 상장은 엄청나게 많은 상환 불능 정부채를 주식으로 바꾸어 내며 정부의 이자 부담을 줄여 주고 주식 투자 수요층도 넓혔으며, 정금正金으로 보장받지 않고 사실상 회사가 책임지는 새로운 화폐도 만들어 냈다. 두 회사가 이를 달성한 것은 앞으로 신대륙에서 재물을 얻으리라는 전망과, 부유한 권력자들이 호의를 보이는 이들 회사를 의회와 왕실이 비호하고 성장시키리라는 예상에 기꺼이 도박을 걸려는 대중에게 매력을 끌었기 때문이다.

프랑스에서 주로 주식이 거래되던 장소는 오늘날 센강 동쪽 퐁피두 센터 뒤편에 있는 좁은 거리 캥캉푸아가이다. 당시에 파리에서 일어난 주식투기 열풍을 다룬 글을 보면 익스체인지 앨리를 묘사한 글과 다를 바 없다. 로가 만들어 낸 투기 열기는 미시시피 회사 주식 수요 증가를 자양분으로 퍼져 나갔다. 물론 주가가 오르면서 벼락부자가 된 사람도 있었으므로(백만장자를 뜻하는 'millionaire'라는 단어도 아마 미시시피 거품 사태 때 나왔을 것이다), 도박장 같은 분위기가 더욱 달아올랐다. 1719년 8월에 400리브르였던 주가는 9월에 1,000리브르로 올랐다가 연말까지 조금 흔들린 후, 1719년 12월까지 1,800리브르까지 극적으로 급등했다. '어머니'의 권리를 소유한 사람들은 주가가 이처럼 극적으로 뛰었던 마지막 시기에 엄청난 이익을 올렸다. 콜옵션이나 선물계약처럼 주식을 기초자산으로 하는 파생상품도 거래되었다. 미시시피 거품은 말 그대로 하룻밤 사이에 파리에 정교한 금융시장을 만들어 냈다.

1720년 2월, 로는 미시시피 회사와 방크 루아얄을 합쳐 거대한 회사를 만들어 냈다. 앤트완 머피는 로가 애초부터 이렇게 장대한 계획을 마음에 담고 있었다고 주장한다. 일종의 제노바 모형의 규모를 키워, 프랑스에서 가장 큰 무역회사들을 하나로 합침으로써 한 명이 경영하는 한 회사로 만들 가능성을 알아보았다는 것이다. 머피는 로가 이 체제를 더욱 급진적으로 확대하여 정금은 물론이고 은행권조차도 모두 회사 주식으로 대체할 계획을 그리고 있었다는 가설까지 세웠다. 아닌게 아니라 1720년 3월에 로는 주식과 은행권 '환율'을 9,000리브르로 고정하여 사실상 주식을 돈으로 바꾸었다.[18]

비록 로가 프랑스를 '민영화'하고 국고 통제권을 주주 손으로 옮겨 놓기는 했지만, 그의 계획은 자유방임주의 자본주의라는 관념과는 거리가 멀었다. 로가 계획한 것은 자신이 장악한 거대한 단일회사였다. 이를 꼭 사악하다고 생각할 필요는 없다. 로의 이론은 통화정책을 중앙에서 통제하면 경제에 큰 이익이 될 수 있다고 증명했다. 이를 전체주의 관점에서 볼 필요도 없다. 계획이 완전히 실현되었다면 민주주의의 또 다른 형태, '주주민주주의'가 등장하여 투자자가 정부의 허가와 권리에 따라, 그리고 프랑스가 전 세계에 보유한 영토를 회사가 소유하여 탐사하고 활용하여 미래에 발생할 경제적 이득에 참여하게 되었을지도 모른다. 그렇다면 1인1표 구조가 아니라 1주1표 구조가 되었을 것이다.

남해거품 사건에는 있었지만 미시시피 거품 사건에는 없었던 것은 혁신이라는 원천이다. 프랑스에도 공공사업과 교역회사 계획을 세우던 기획자는 있었지만, 캥캉푸아가에서 미시시피 회사가 아닌 다른 회사 주식이 활발하게 거래되었다는 증거는 없다. 대중이 주식을 투자하려는 욕구를 두고 로를 상대로 경쟁해서 성공한 사람은 사실상 없었다.

존 로가 주식시장 설립이라는 수단으로 이루려는 목적은 투자자의 자금으로 미시시피 회사를 세우는 것이지, 혁신에 자원을 공급하는 것은 아니었다.

🪙 돈 만들기

미시시피 회사가 주식을 발행하던 1719년 방크 루아얄은 돈을 찍어 내고 있었다. 정부는 몇 번에 걸쳐 포고령을 발표하며 정화를 은행권으로 교체하려 했다. 1720년 1월부터는 정화正貨를 국경 너머로 반출하지 못하도록 금하는 포고령을 발표하고, 보석과 귀금속으로 물건을 만들거나 전시하지 못하도록 엄하게 금지하는 법을 제정했다.[19] 그다음으로 정부는 정화의 매점매석을 막으려 했다. 이러한 움직임은 경제가 금과 은에 의존하는 데서 벗어나게 만든다는 로의 장기 목표의 일환이었다. 오늘날 돌이켜 보면 그의 논리는 옳았다. 정부가 명목화폐를 채택하면 통화공급을 더욱 잘 통제하게 되고, 따라서 적극적으로 통화정책을 실행할 수 있다. 하지만 모든 국민이 정부를 신뢰해야 하고 국경 너머에서도 완벽하게 통용되는 화폐인 정화를 저축하지 말라는 것은 지나친 요구였다. 명목화폐 경제가 진 진정한 위험은 인쇄기이다. 대중은 정부가 은행권 공급을 제한할 것이라고 굳게 믿어야 한다. 앤트완 머피는 바로 이것이 로의 시스템에 내재한 치명적 결점이라고 지적한다. 로가 1720년 초반에 보증한 주식과 은행권 전환가격을 맞추자 주식을 회수하려면 도리 없이 돈을 더 찍어 내야 했다. 그 결과 주식 수요가 줄었고, 캥캉푸아가에서 거래되는 가격과 은행 고시가격이 역전되기까지 하면서 전환과 물가상승이 촉발되었다. 정책 결정자가 주가를 보증하

자 화폐공급 통제력을 잃었다는 역설이 발생한 것이다.[20]

1720년 5월 하순, 회사 주식의 보증가격을 8,000리브르에서 1720년 말까지 5,000리브르로 일정에 따라 낮추는 등 화폐가치를 지탱하기 위한 수단이 포고되자 몰락은 시작되었다. 포고령에는 주가를 부양하느라 물가가 상승하여 발생하는 비용이 지나치게 크다는 인식이 엿보였다. 대중은 이를 좋은 쪽으로 받아들이지 않았다.

🪙 장식으로 나타난 금융구조

조반니 안토니오 펠레그리니Giovanni Antonio Pellegrini는 존 로와 동류였다. 펠레그리니는 베네치아에서 태어나 네덜란드·독일·영국을 옮겨다니며 벽화를 그린 예술가이자 세계인이었다. 오늘날 그는 바로크 또는 로코코 시대 장식미술가로 분류된다. 특히 트롱프뢰유trompe-l'œil(사실적 묘사로 착각을 불러일으키게 그린 그림 또는 양식 - 옮긴이)에 능했으며, 하늘을 나타낸 높은 천장에 우의적(알레고리) 인물이 날아다니는 광경을 극단적으로 원근법을 왜곡하여 그려 환상을 자아낸 그림으로 유명하다. 로는 18세기 초반에 몰래 런던으로 돌아왔을 때 들렀던 포틀랜드 공작의 세인트올번스 저택에서 펠레그리니의 작품을 보았을지도 모른다. 헤이그에 있는 마우리츠 저택(지금은 마우리츠하위스 미술관 - 옮긴이)에 있는 '황금의 방'에서 보았을 수도 있다. 그리고 베네치아에 있는 성로코 대회당의 원형 창에 회원들이 신앙의 횃불을 옮기는 모습을 아찔하고 환상적으로 그린 펠레그리니의 그림을 보았을 가능성도 매우 높다.

우의를 담은 그림이 모두 그렇듯이 펠레그리니의 그림 역시 해석이 필요하다. 추상적 개념이 인간이라는 형태를 띠고 서로 가상의 상호작용을 하는데, 여기에서 시각화한 언어에 반드시 필요한 문법 역할을 하는 것이 공간적 관계이다. 존 러스킨이 좋아한 형식은 당연히 아니다. 하지만 러스킨이 도덕 쇠퇴의 징후라고 보았던 것을 다른 관점에서 본다면 대중의 관심을 두고 세속적 주제와 종교적 주제가 경쟁하여 점점 더 복잡해지는 세계를 이해하려는 예술적 시도라고 해석할 여지도 있다.

로는 자신의 계획의 정수를 그림으로 포착해 낸다는 어려운 작업을 펠레그리니에게 맡겼다. 방크 루아얄의 대강당이 프랑스 경제를 변혁하는 숨 막히는 사건으로 날마다 들썩이던 1719년과 1720년에 펠레그리니가 주변에 아랑곳하지 않고 폭 42미터 높이 9미터짜리 대형 캔버스에 그리던 그림은 이해하기 쉽지 않았을 것이다. 미술사학자이자 경제학자인 대리어스 스피스Darius Spieth는 이 거대한 천장화를 보고, 핵심 등장인물이 나타내는 의미를 해석했다. 후원자가 품은 이상을 이해하고 포착하려 노력했던 예술가가 로가 품은 고고한 전망을 자기 눈과 손으로 정제한 그림이기에 글을 길게 인용할 가치가 충분하다.

> 그림에서 왕을 떠받치는 것은 한편으로 '종교'이고 한편으로는 섭정공을 상징하는 영웅이다. '종교' 위에는 날개 달린 갑옷을 입은 수호천사가 손에 '상업'을 들고 있으며 그 뒤로 '부', '안보', '신용'이 뒤따른다. 수호천사 뒤에서 활을 든 아이는 '발명'을 상징한다. 여기서 오른쪽을 보면 수호천사보다 약간 아래쪽에 계산 내역이 쓰인 종이를 들고 있는 '산수'가 보인다. 몸에 갑옷을 두르고 손에 칼을 든 채 '산수'와 같이 있는 여성은 '산업'이다. (중략) 이 모든 인물 위쪽, 천장 꼭대기에는 유피테르(제우스)가 구름 위에 앉아 있고, 옆으로 약간 떨어진 곳에 유노(헤라)가

있다. 두 사람은 '풍요'를 보내 유노의 부를 나누어 준다. '부'의 왼쪽에 서는 센강이 미시시피강을 품고 있다. (중략) '행복'은 날개를 달고 불꽃을 손에 든 채 구름 위에서 강 위를 날아다닌다. 그 옆에서 굉장히 느긋한 자세를 취한 채 밀 한 단을 안고 있는 것은 '평온'이다. 센강 강둑 위에서는 한 사람이 말 두 마리로 끄는 마차를 찾아냈는데, 일꾼들은 루이지애나에서 도착한 배에서 상품을 내려 여기에 싣고 있다. 미시시피 통치자들이 탄 배도 보인다. (중략) 입구 위쪽에 있는 현관 지붕은 파리 증권거래소를 상징하는데, 그 주변에서는 여러 인물들이 다양한 나라를 상징하는 옷을 입고 한데 모여 교역하고 있다.[21]

벽화에는 상업, 부, 안보, 신용, 발명, 산업, 산수, 풍요 등 새로운 신이 등장한다. 의인화한 미시시피강은 아메리카대륙의 부를 표현하는 거대한 건초를 들고 있지만, 그러기 위해서는 먼저 센강에게 안겨야 한다. 그림은 이처럼 새로운 개념과 지리를 고전·종교·정치질서에 따라 배치해 내면서도 펠레그리니의 다른 작품이 그렇듯 유동적이고 활기차며 극적인 방식으로 관계를 표현한다.

존 로가 《화폐와 상업》에서 펼친 논리는 어떻게 풍경·신·옷감으로 해석되었을까? 하나하나 차곡차곡 쌓인 경제적 주장이 어떻게 거대하고 장식적인 풍자화가 되어 의미가 통하게 되었을까? 예술의 매력(즉 우의의 매력)은 이것이 선과 악·영웅심과 배신·미와 추로 구성된 또 다른 논리체계이자 원형으로 구성된 체계라는 데 있다. 펠레그리니의 걸작에 등장하는 인물들의 조화를 보면 로가 방크 루아얄 후원자들에게 상기시키려 했던 원형이 무엇이었는지 확실해진다. 이들이 상징하는 것은 너무나 바람직하기에 오히려 이루어질 법하지 않다.

무엇보다도 날개 달린 갑옷을 입고 발명과 산수를 발치에 둔 수호천사는 누구를 상징했을까? 로는 새로 등장한 시장의 신들이 모인 만신전에 자기를 끼워 넣을 만큼 엄청나게 오만한 사람이었을까?

주가를 절하하는 포고령을 채택하고 결과적으로 체계가 유지되지 못하리라고 공개선언한 후인 1720년 5월 22일, 이 장엄한 천장 아래에 모였을 존 로와 임원들을 상상해 보자. 이들이 소망했던 것은 1990년대 표현으로 하면 '연착륙'이다. 이들은 주식을 반환하러 몰려오는 주주를 피해 오전 내내 은행 문을 닫아 두었다. 하지만 결국 문을 열어 군중을 들여보내고, 수중에 있는 은행권을 모두 동원하여 주식과 옛 지폐를 매입하였다. 그러나 그 정도로는 충분하지 않았다. 그 후 며칠 동안 비비엔가街에서 폭동이 일어났다. 은행 문과 창문으로 돌이 비오듯 쏟아져 바닥에 깨진 유리조각이 널렸다. 포고령은 취소되었지만 로의 운명은 결정되었다. 주가는 폭락했고, 명목화폐와 민영화한 국고 위에 새 체제를 세우려던 꿈은 끝났다. 지대와 종신연금에 기반을 둔 예전 금융구조로 돌아간 프랑스는 존 로 사건에 관한 모든 기억을 신속하게 지우려 했다. 1724년에 방크 루아얄 사무소가 파괴되면서 천장화도 인정사정 없이 짓밟혔다.

21장

호일에 따르면

1720년 7월 13일, 로테르담 시의회가 열렸다. 에드먼드 호일Edmond Hoyle과 헤라르트 루터스Gerard Roeters라는 기획자 두 사람이 런던에서 건너와 제출한 제안서를 검토하기 위해서였다. 호일 씨는 네덜란드어를 모르는 영국인이었고, 외판원보다는 수학자에 가까워 보였다. 하지만 루터스 씨는 왕실과도 끈이 닿는 암스테르담 유수의 상인가문 출신이었다. 말은 루터스가 다 했다. 그는 로테르담은 경쟁 도시에 뒤쳐질 위험에 처했다고 주장했다. 이어 루터스는 '바로 지금 로테르담시는 활발한 상업 중심지이며 이를 자랑스러워할 만하다. 네덜란드 동인도회사 이사회 자리 여섯 개 중 하나를 차지하고 있어 돈이 되는 아시아 무역에도 한몫 끼고 있지만, 큰형 격인 암스테르담보다는 작은 몫을 차지하고 있다. 반면 증권거래소를 설립한 시기는 암스테르담보다도 먼저인 1595년이다. 로테르담은 성공한 은행업자 여럿, 활발한 해상무역, 보험 등 모든 범위에 걸친 금융 서비스를 자랑했다'고 말했다.

루터스는 하지만 바로 지금 런던에서 일어나고 있는 금융혁신이 로테르담의 경쟁력을 위협하고 있다고 주장했다. 그중에서도 한 가지가 특히 중요했다. 런던 금융업자들은 여러 커피하우스에서 주식을 발행하여 대중으로부터 어마어마하게 확보한 자본으로 보험회사 두 개를 막 설립한 참이었다. 로열 익스체인지 어슈어런스Royal Exchange Assurance와 런던 어슈어런스London Assurance는 정치적 영향력과 노골적인 뇌물 제공을 병행하여 영국의 해상보험 모두를 둘만 독점 취급할 권리를 왕으로부터 부여받았다. 루터스는 두 회사는 이미 해상보험증권을 발행하고 있고 네덜란드로도 진출하려 한다면서, 그 결과 과거의 해상보험 방식은 이제 끝장날 운명에 처했다고 역설했다.

당시까지 네덜란드에서는 보험증권 매수자와 매도자가 거래소에서 만나 조건을 합의하는 방식으로 해상보험에 가입했다. 위험의 가격은 표준화한 조건에 따라 매겨졌다. 바다에서 마주칠 법한 위험도 다른 상품과 마찬가지로 매매되었다. 보험금 청구에 관해 분쟁이 생기면 손꼽히는 보험업자로 구성된 보험협의회인 카머 판 아쉬란시Kamer van Assurantie가 쌍방의 주장을 심리하고 증거를 저울질한 후 공정하게 판결했다. 당시 보험업자는 인근 항구로 가는 화물과 배 가치의 1~2퍼센트, 대서양 횡단 탐험같이 위험한 도박이라도 최고 8퍼센트에 그치는 프리미엄을 얻으려고 개인자본을 잃을 위험을 감수했다. 그래서 이들은 손실을 메우는 데 고전했다. 따라서 보험업을 하려면 충분한 자금과 상호 신뢰가 필요했다. 보험업자는 선장이 보험금을 받으려고 일부러 배를 침몰시키지 않으리라고 신뢰해야 했고, 보험 가입자는 보험업자가 필요할 경우 보험금을 지급하기에 충분한 재산을 가지고 있으리라고 믿을 수 있어야 했다. 이 중 두 번째 조건 때문에 재산이 많음을 증명할 수 있는 보험업자만이 고객을 끌어모았고, 그 경우에도 보험을 인수할 능력은 개인이 지닌 자본에 제약을 받았다. 대규모 탐험에 걸린 보험을 인수할 때 가끔씩은 투자자들이 조합을 이루기도 했지만, 당시 방식으로는 위험을 분산하는 데 한계가 있었다. 당시 제도는 데모스테네스 시절과 다를 바 없었다.

보험이란 위험을 파악하고 분산하는 사업이다. 네덜란드와 영국 보험업자는 바다에서 마주칠 위험(또는 정직하지 못한 선장이 보험사기를 고려할 위험)을 계산하는 데 가장 능숙한 사람들이었다. 하지만 규모는 계산을 압도한다. 아주 큰 보험회사를 세우고 서로 충분히 무관한 사업에 대한 보험을 인수한다면, 보험금 청구 건 하나하나는 회사 규모에 비해 무시해도 될 만큼 작다. 이 교훈은 새로 발견된 큰 수의 법칙에서 직접 도출된 것이다(15장 참고).

두 영국 보험사는 항해 수백 건에 대한 보험을 한 번에 인수할 만한 자본을 확보하여 전통적 보험시장을 압도하며 위협을 가했다. 두 회사는 사업 규모가 커짐에 따라 원하는 대로 개인투자자에게 주식을 발행할 수 있기 때문에 자본이 무제한이나 다름없었다. 루터스는 로테르담의 지도자들이 당장 결단하여 행동하지 않는다면 네덜란드가 보험업을 장악한 이 상황은 빠르게 끝날지도 모른다고 주장했다.

호일과 루터스는 영국의 거대보험사, 그리고 국내 경쟁자인 암스테르담의 보험중개인·보험인수인을 상대로 경쟁할 회사를 로테르담에 세우자고 제안했다. 로테르담 투자자에게 희소식이라면 영국 왕이 얼마 전에 거품방지법에 서명했다는 것인데, 영국 보험사가 또 설립된다 해도 유한책임 혜택을 누리며 대중을 상대로 주식을 발행할 수 없기 때문이었다. 런던 로이즈Lloyd's of London가 설립 이래 오랫동안 투자자의 자본을 무한책임에 노출한 채로 운영해야 했던 이유도 마찬가지였다. 하지만 네덜란드는 영국 법을 적용받지도 않거니와, 네덜란드에 새로 설립되는 회사는 거품방지법 덕분에 결과적으로 영국과 경쟁이 심화되는 사태가 방지된다는 이점을 누리게 되었다.

로테르담시가 받은 제안서에 따르면 회사 자본은 시에서 내로라하는 시민들(즉 시의원)이 주식을 청약하고 주머니에서 꺼내는 돈으로 충당할 예정이었다. 청약자는 주식가격을 한 번에 모두 납부할 필요 없이 일단 10퍼센트만 계약금으로 내면 나머지는 차차 할부로 낼 수 있었다. 그리고 청약자는 자기가 산 권리를 증권거래소에서 팔아 큰 이익을 남길 가능성을 얻었다.

로테르담 시민들도 이미 이러한 주식발행 방식을 알고 있었다. 네덜란드 신문은 1720년 영국 공동주식 발행 투기로 큰돈을 번 사례를 정기적으로 알렸다. 심지어 로열 익스체인지 어슈어런스와 런던 어슈어런스의 주식 호가까지 싣기 시작했다. 이는 네덜란드 자본이 혁신적인 신생 회사에 자금을 투자하는 데 관심을 보였다는 확실한 신호였다. 호일과 루터스가 로테르담이라는 멋진 도시에 온 것도 네덜란드의 투자자본이 썰물처럼 빠져나가는 사태를 막고, 새로운 금융질서의 선도자가 되며, 국내 자본을 끌어모아 암스테르담의 보험중개인들과 경쟁하고, 마지막으로는 투기로 상당한 이익을 낼 기회를 주기 위해서라는 것이다.

시의회의 회의 내용은 기록되지 않았다. 하지만 반대 의견도 있었을 법하다. 암스테르담도 한 달 전에 비슷한 계획을 제안받았지만 기각했다. 가격을 마음대로 정할 만큼 강력하게 시장을 독점하던 기존 보험업계를 위협한다는 것도 분명 기각 이유 중 하나였다. 이사 후보가 보험업에 아는 것이 없어 경영감독을 제대로 하지 못하리라는 이유도 찬성에 걸림돌이 되었다. 마지막으로, 이 계획을 실행한다면 암스테르담에 중요한 해상보험산업이 '바람 장사Wind Negotie', 즉 투기거래의 손아귀에 놓여 시장의 변덕에 따라 회사가치가 출렁일 것이었다.

하지만 결국 호일과 루터스의 제안은 그날 통과되었다. 암스테르담이 한 달 전에 냉정하게 판단한 끝에 기각한 계획을 로테르담은 받아들였다. 기획자들은 청약자 388명을 확보하여 회사를 설립했다. 청약권이 거래소에서 거래되기 시작하자 큰돈을 번 사람이 출현했고, 신설 회사는 영업을 시작하고 보험증권을 발행하기 시작했다. 그리고 호일은 2주에 걸쳐 자기 주식을 팔아서 이제 진정한 자신만의 목표를 추구할 만한 이익을 보았다. 그는 카드 게임에 관한 수학을 익히며 여생을 보냈다. 몇 년 후 그는 확률대수를 이용하여 카드 도박판에서 돈을 따는 방법을 쓴 책을 써서 그동안 적수를 이기는 데 도움이 되었을 비밀을 공개했다. '호일에 따르면'이라는 말을 쓰는 사람이라면 누구나 그에게 경의를 표한다. 카드 게임을 관장하는 규칙의 권위자가 되기 전에 호일은 책략가, 기획자, 확률학자였고, 당대 일류 금융업자였다.

투자자에게는 무슨 일이 일어났을까? 대부분의 투자자는 호일처럼 로테르담과 암스테르담 거래소에서 회사 주가가 청약가격보다 90퍼센트 이상 올랐던 8월에 주식을 팔아 이익을 보았다. 한 달 만에 돈을 두 배로 불린 투기꾼도 몇몇 있었다. 회사는 투자자의 열의에 편승하기 위해 신속하게 두 번째 유상증자를 실행했다. 네덜란드 다른 도시도 즉시 로테르담을 따라 비슷한 보험사와 무역회사를 설립했다. 로테르담·암스테르담·델프트에 있는 거래소 중 한 곳 이상에서 거래되는 주식을 발행한 도시를 꼽자면 하우다, 델프트, 헤이그, 위트레흐트, 스히담, 나

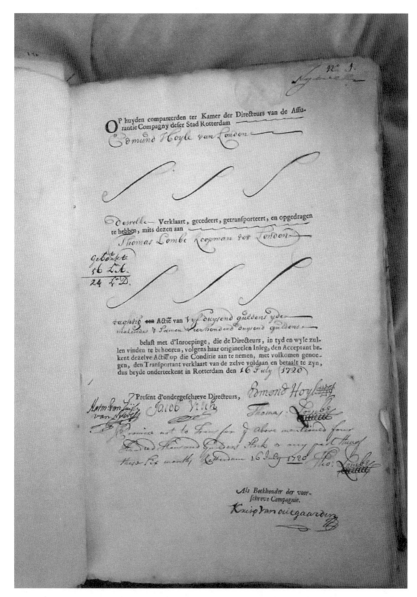

그림 21.1 스타트 로테르담 회사의 주주명부. 에드먼드 호일이 새로 설립된 이 회사의 지분을 팔았다고 적혀 있다. 호일에게 지분을 산 사람은 산업혁명 시대에 처음 등장한 기업가 중 하나로 꼽히는 토머스 롬브이다.

르던, 베스프, 마위던, 메델블릭, 엥크하위전, 에담, 호른, 무니컨담, 퓌르메런트, 알크마르, 즈볼, 미들레뷔르흐, 테르페이르, 도르트레흐트, 플라르딩언, 브릴러, 마슬란트가 있다.

　호일과 루터스는 네덜란드 전역에서 '새 시대new age' 회사가 주식을 공개하고 이를 투기하는 광란의 시대를 열었지만, 열기는 오래가지 않았다. 11월 말이 되자 로테르담 회사의 주가는 프리미엄이 17퍼센트까지 줄어들 정도로 떨어졌고, 다른 회사 주가는 대부분 그보다도 더 낮아졌다. 고점에서 매수한 투기꾼들은 주식가치가 석 달 만에 1/4로 줄어드는 광경을 지켜보아야 했다. 사업 자체가 어리석은 모험이었기 때문에 이런 일이 벌어졌을까? 상장보험사라는 개념이 탄탄하다는 사실은 시간이 흐르면서 증명되었다. 그 외에도 존속하고 번영한 '투기windhandel' 회사가 있었다. 미들레뷔르흐 회사는 이후 18세기에 대서양 무역의 주역이 되어 삼각무역 시대에 노예무역에 참가하면서 네덜란드의 죄악을 나누어 저지르는 한편(18장 참고), 신대륙 플랜테이션 농업에 따른 위험을 줄이기 위해 네덜란드에서 발달한 금융혁신인 증권화에도 기여한다.

🪙 헤이그에서 찾아낸 것

　보통 이야기하는 투자자의 비합리성으로는 1720년 사건을 잘 설명하지 못한다. 예컨대 로테르담 회사가 존속하고 번영했다는 사실을 보면 그렇게 말도 안 되는 계획은 아니었던 셈이다. 실제로 회사는 자본을 모집한 직후부터 보험증권을 발행하기 시작하여 1780년까지 경상수익을 연 5퍼센트씩 올렸다. 60년 동안 손실을 본 해는 세 해뿐이다. 한편 회사는 대규모 자본을 이용하여 환어음을 할인하고, 상품을 자본 삼아 상업대출을 했다. 보험사업 범위도 화재와 생명보험으로 넓혔다. 마츠스하피 아수란시Maatschappij Assurantie, 디스콘터링 언 벨레닝 더 스타트 로테르담Discontering en Beleening der Stad Rotterdam은 같은 해에 설립된 두 영국 경쟁사보다 오래 존속하면서 여러 세기에 걸쳐 영국 보험사 로이즈와 성공적으로 경쟁해 나갔다. 암스테르담이 보험인수자와 보험 가입자끼리 개별 접촉하는 옛 방식에 집착하는 사이, 근대에 '스타트 로테르담'이라고 불린 이 회사는 유럽 대륙 보험업계를 지배하게 되고, 세계에서도 손꼽히는 규모의 금융기관으로 성장했다

1720년 당시에 투자자가 이처럼 오랫동안 성공이 이어질 미래를 살짝이라도 감지했다면, 비이성적 열광이 아니라 탁월한 분별에 따라 호일과 루스터의 제안을 받아들인 셈이다. 로테르담은 법칙을 증명해 낸 예외 사례일지도 모르지만 그렇지 않을지도 모른다. 같은 해에 설립된 런던 어슈어런스, 로열 익스체인지 어슈어런스, 기타 신설 네덜란드 보험사들에는 무슨 일이 닥쳤는가? 100년이 넘도록 학자들이 자료를 찾아 나섰지만 네덜란드 최초의 주식시장 거품을 다룬 기록물은 아직 나타나지 않았다. 네덜란드 시장이 고루해 보이는 보험업계에 열광했다는 사실을 생각하면, 1720년 대영제국에서 발생한 거품을 이해하는 열쇠 역시 보험사업과 연관되어 있을 것이다. 이 길을 따라가기 위한 첫발을 내디디려면 자료를 찾아내야 한다.

틸부르흐Tilburg 대학 금융학 교수 릭 프레헌Rik Frehen은 옛 네덜란드어를 해독하는 데도 능숙하다. 나는 프레헌, 헤이르트 라우번호르스트와 함께 1720년 거품이 발생한 이유에 흥미를 느꼈다. 릭은 네덜란드 보험업이 1720년 전 세계 금융 거품에 끼친 영향을 찾아내기 위하여 네

덜란드 주요 도시에 있는 자료보관소를 모두 찾아가 18세기에 발행된 신문을 하나하나 살펴보고 1720년에 설립된 모든 네덜란드 회사가 남긴 기록물을 수집했다. 그리고 결국 헤이그에서 자신이 찾던 것을 발견해 냈다. 1719년부터 기록된 《레이드서 카우란트*Leydse Courant*》(《레이드서 신문》) 묶음을 찾은 것이다. 빳빳한 종이에 양면 인쇄로 일주일에 세 번 발간되던 《레이드서 카우란트》에는 세계의 금융·정치 소식, 그리고 주가가 실렸다.

《레이드서 카우란트》에서 발견한 것 중 가장 흥미진진한 것은 네덜란드 동인도회사와 서인도회사 주가였다. 두 회사 주식이 1720년에 활발히 거래됐다는 사실은 오래전 이미 알려졌지만, 프랑스와 영국에서처럼 거품이 낀 가격으로 거래되었는지 여부는 아무도 몰랐다. 그런데 《레이드서 카우란트》에는 1720년 거품을 받친 세 번째 다리가 있었음을 뒷받침하는 실증자료가 있었다. 릭은 노련한 사진사인 아버지와 함께 신문의 모든 면을 세심히 기록하고 자료를 분석하기 시작했다.

한편 이상하게도 영국 증권거래소, 런던 어슈어런스, 왕립 아프리카 회사, 요크 빌딩스 같은 영국 회사 주가는 이 네덜란드 신문에 실린 반면, 남해회사를 연구한 자료출처에는 나타나지 않았다. 이 문제는 곧 해결되었다. 우리는 영국 주가목록을 검토한 래리 닐에게 도움을 받아 나머지 영국 회사와 관련한 기록을 채워 넣었다. 이제는 런던 보험사들에 거품이 있었는지, 만약 그렇다면 언제 어떻게 발생했는지 말할 수 있다.

🪙 대서양 횡단 이론

우리 세 명은 주가목록을 새로 발견한 덕분에 대서양 무역이 거품을 만든 주요 요인이라는 가설을 검증할 수 있었다. 만약 대서양 무역이 투기 대상이었다면 미시시피 회사와 남해회사 주가가 오를 때 왕립 아프리카 회사와 네덜란드 서인도회사 주가도 오를 것이다. 주가는 놀라운 이야기를 하고 있다. 왕립 아프리카 회사와 네덜란드 서인도회사 주가는 남해회사와 마찬가지로 1720년에 최고 700퍼센트 상승하며 고점에 도달했다. 반면 네덜란드와 영국의 동인도회사는 같은 기간 비교적 차근차근히 성장했다. 우리는 다른 자료를 통해 대서양 무역에 관련된 다른 런던 소재 회사 주가에도 거품이 발생했다는 사실을 확인해냈다.[1]

그렇다. 1720년 주식시장에는 전반적으로 거품이 있었지만, 그중 대서양 무역회사에 낀 거품이 가장 컸던 반면, 아시아 무역회사와 보수적인 영국은행에 낀 거품은 가장 작았다. 스페인에 도전하여 대서양 무역의 패권을 가져오자는 디포의 희망은 남해 거품 사건을 가져온 주요 동력이었지만, 분명 유일한 동력은 아니었다라는 것이 우리의 결론이다.

🪙 왜 보험이었는가

하지만 왜 보험회사였을까? 로열 익스체인지 어슈어런스와 런던 어슈어런스 주가를 그래프로 나타내 보면, 남해회사를 크게 능가할 정도로 엄청난 거품이 발생했다는 사실을 생생하게 알 수 있다. 그해 늦어서야 발행된 로테르담 회사 주식가격 역시 시장이 붕괴하기 전까지 급등했다. 이러한 역동성은 특히 보험회사를 보는 전망이 바뀜에 따라 출현했을 것이다.

보험사를 상장하자는 생각은 1720년에야 처음 등장한 것은 아니다. 1716년부터 런던 사업가들은 자본을 공개모집하여 정부로부터 회사 설립 허가를 받으려고 시도했다. 1718년에는 케이스 빌링슬리Case Billingsley라는 변호사가 자본금 100만 파운드를 출자하고 보험사 설립허가를 내달라고 청원하여 성공할 뻔하기도 했다. 논거는 호일과 루터스가 제출한 제안서와 매우 유사했다. 다만 법률가가 아니라면 이점으로 생각하기 힘들 시각을 덧붙였을 뿐이다. 즉, 단일한 보험사업체에 소송을 걸기는 비교적 쉽지만, 대부자 연합을 잡아내기는 어렵기도 하고 비용도 많이 들기 때문에, 단일 보험사업체가 법 관점에서 효율적이라는 것이다.[2] 법무부 장관과 차관은 오래 숙고한 끝에 청원을 기각했다. 아마 기존 보험사업자에게 받은 뇌물 때문이었을 것이다. 빌링슬리와 회사는 휴업 중이던 마인스 로열Mines Royal 회사를 인수하기도 했다. 마인스 로열이 기존에 받은 인허가 범위를 확대하여 새로운 사업을 할 수 있으리라는 속셈이었는데 법무장관은 거부했다.

빌링슬리의 제안서에 연관된 사람 중 대부분은 로열 익스체인지 어슈어런스의 뒤편에도 있었다. 1년 후 이 회사는 강력한 정치적 후원자, 바로 하원의장을 지낸 상원의원 온슬로우 경Lord Onslow과 함께 등장한다. 1719년에 새로 설립되면서 청약권을 판매한 이 회사는 초기에는 주가목록에서 '온슬로우 보험Onslow's Insurance'이라고 불리다가 나중에 로열 익스체인지 어슈어런스로 개명한다. 로열 익스체인지 회사와 런던 어슈어런스 회사('램 앤드 콜브룩Ram and Colebrook' 또는 '뉴 인슈어런스New

Insurance 회사' 등 다양한 이름으로 불렸다)의 전신이 되는 회사들은 1719년 후반에 더욱 강력한 정치 지지자를 확보하고 청원서를 새로 제출했다. 1월에 보험위원회가 추가로 설립되고 3월에 의회 위원회가 설립되자 성공할 가능성이 높다는 희망이 보였다.

우리 자료에 따르면 두 회사 주가는 모두 3월 1일까지 두 배로 뛰었는데, 이는 청원이 수락될 것이라는 새 희망 때문임이 확실하다. 하지만 법무장관이 낸 예비 의견이 부정적이라는 소식에 주가는 하락했다. 그러다 5월 중순에는 다섯 배로 뛰었다. 청원을 지지해 달라고 왕과 거래했다는 소문이 퍼졌기 때문이었다.

결국 통과된 거품방지법은 빌링슬리와 회사가 원했던 수준을 크게 뛰어넘었다. 법에 따르면 두 회사는 함께 해상보험을 완전히 독점했고, 다른 회사가 이들과 경쟁하는 것은 불법이었다. 다만 개인자격으로 보험을 인수하려는 사람은 그때까지와 마찬가지로 사업을 할 수 있다는 허점은 있었다. 주식을 팔아 자본을 모집하는 회사를 새로 세울 수 없을 뿐이었다. 이리하여 거품방지법은 단단히 자리 잡은 보험업계를 둘러싸고 오랫동안 계속된 분쟁을 종식시켰다. 보험증권을 발행하는 상장회사를 만들려는 노력은 힘겨운(그리고 때로는 불공정했던) 싸움 끝에 마침내 결실을 거두었다. 잠재적인 판돈은 엄청났다. 두 회사가 대영제국의 해상보험 전부를, 그리고 네덜란드 해상보험 중 상당 부분을 장악할 것이라고 기대해도 불합리하지 않았다.

기적이 일어난 한 해 동안 투자자의 기대심리가 어떻게 움직였는지 생각해 보자. 영국의 해상보험을 독점할 회사가 인가받을 확률은 1719년 후반에는 0에 가까웠고, 1720년 3월에는 매우 희박했다가, 1720년 6월에는 기정사실이 되었다. 1720년 2사분기에 갑자기 상장보험사에 관한 열기가 폭발한 것은 이해할 수 있고 완전히 정당화된다. 그 결과 두 회사가 영국의 해외교역 전체를 유이하게 장악할 보험사가 되리라고 투자자가 기대할 이유는 충분했으며, 여기서 말하는 해외교역에는 당연히 대서양 무역이 포함된다.

하지만 아킬레스건이 있었다. 두 회사는 인가를 받은 후 60만 파운드를 첫째, 셋째, 다섯째, 열째 달에 나누어 왕에게 바치겠다고 약속하고서야 왕으로부터 지지를 얻어 냈다. 두 회사는 청약권을 판매하고 받은 대금으로 첫 번째로 낼 할부금을 쉽게 모았고, 다가오는 여름에도 청약권을 더 팔 수 있으리라고 예상했다. 실제로 왕에게 할부금을 다시 내기 직전인 9월 초에도 유상증자가 예정되었다. 게다가 두 회사는 앞으로 예정된 지불 일정을 맞추기 위하여 화재보험과 생명보험으로도 신속히 진출하여 영국 보험사업 모두를 장악하려고 계획했다. 이는 인가받은 사업범위를 벗어날 위험이 있다는 얘기였다.

📚 회사 규제

거품방지법이 통과된 1720년 6월 이후에도 인가 여부와 무관하게 다양한 사업으로 진출한 회사가 많았다. 그중에서도 가장 뻔뻔한 회사는 요크 건설협회York Building Society('building society'는 이 회사가 현재 영위하는 주요 사업을 고려하여 '주택금융조합' 등으로 번역하기도 하나, 여기서는 시점과 원래 설립목적을 고려하여 건설협회로 옮긴다. ─옮긴이)였다. 1665년에 인가받은 이 건설협회의 사업목적은 런던에 수도를 건설하는 것이었지만, 빌링슬리의 보험사가 그렇듯이 회사는 이익만 난다면 합리적인 선에서 다른 기회를 추구할 권리도 얻으리라고 기대했다. 그 기회에는 스코틀랜드에서 정부에 몰수된 자산을 매입하거나 종신연금을 판매할 계획 등이 포함되었다. 다시 말하면 유한책임주식회사라는 겉모습을 한 채 이익이 된다면 무슨 기회든 잡아 보려고 계획했다.

8월 18일, 법무장관은 거품방지법을 회사에 적용할 것이라는 계획을 발표하면서 주요 위반 사례로 특히 요크 건설협회를 지목했다.[3] 함께 직접 지적을 당한 보험회사들은 화재보험을 판매하여 인가된 사업 범위를 위반한 혐의로 기소될 위험에 처했다. 회사들은 의회에 탄원했지만 바로 자본을 더 모집해도 좋다는 허락을 받지는 못했다.[4]

8월 19일, 런던 어슈어런스는 또 다른 충격을 받았다. 《레이드서 카우란트》에는 당일 런던에서 나온 소식이 실려 있었다. 자메이카를 출발한 영국 선박 12척이 실종된 것이다.[5] 신문은 런던 어슈어런스가 해당 선박에 대한 총액 7만 2,000파운드짜리 보험을 인수했다고 보도했다. 9월 22일에 왕에게 지급해야 할 다음 번 할부금은 5만 파운드였다. 설상가상으로 회사 임원 한 명의 집에 도둑이 들어 적지 않은 재산을 훔쳐 가기까지 했다.

8월 18일이 되자 요크 건설협회, 왕립 증권거래소, 런던 어슈어런스, 왕립 아프리카 회사 주가는 모두 빠르게 하락했다. 런던에서 암스테르담으로 이동하는 데 걸리는 시간인 3일 후, 네덜란드 서인도회사 주가는 마치 절벽에서 추락하듯 하락했다. 거품방지법이 시행되자 런던 시장이 붕괴했다는 사실은 다음 가설을 강력하게 뒷받침한다. 즉, 사람들이 화재보험과 해상보험처럼 밀접한 관계가 있는 사업이든, 아니면 부동산과 종신연금처럼 거리가 먼 사업이든, 이익을 올릴 기회만 있으면 회사 자본을 자유롭게 투입할 수 있다고 기대했기 때문에 그보다 앞서 주가가 상승했으리라는 것이다. 회사들은 최근에 주식을 발행하여 모은 자본을 군자금 삼아 서로 경쟁하면서 사업을 하려고 날개를 폈다. 하지만 법무장관은 이들의 날개를 꺾어 버렸다.

따라서 1720년이 격동한 이유는 단순히 투자심리 과열에만 있지 않다. 이 해는 주식회사를 정의한 역사적 순간이다. 한편으로는 정부 부채를 삼킨 전국적 초거대기업이 탄생한 해이다. 한편 보험주식회사가 탄생하면서 금융혁신을 통해 위험분산 방식에 혁명이 일어난 해이기도 하다. 1720년에 발생한 일련의 규제 움직임은 보험회사뿐 아니라 그보다 훨씬 창의적인 사업체가 공격적으로 행동하던 상황을 제어하려는 대책이었다. 이들 회사는 처음에 주식회사가 자유를 확대할 것이라는 희망을 불어넣으며 투자자를 선동했다. 이 자유 덕분에 성장기회가 한 하위산업 안에서 수직적으로뿐 아니라, 여러 산업을 넘어 수평적으로도 확대될 수 있었을지도 모른다. 1720년 늦봄에 새 보험회사에 유리한 판결이 나오자 다른 회사에도 새로운 자유가 확대될지 모른다는 투기심리가 확대되었다. 하지만 8월 18일에 영장이 발부되자 희망은 끝장에 이르렀다.

정치계가 주식회사가 지닌 힘을 보는 시각의 변화를 알려 준 진정한 지표는 알고 보면 남해회사가 아니라 1720년 한 해 동안 인기를 얻었다 잃었다 한 보험사였다. 8월 18일 이후 보험사 주가가 하락하자 금융은 광범위하게 붕괴했다.

1720년 시장의 극단적 등락을 기본 여건 변화로 설명하기 힘들다고 말하기는 어렵다. 회사가 운영되는 기반인 법·규제 환경을 영국 정부가 조였다 풀었다 하느라 기본 여건 자체가 사실상 1주일 단위로 급격하게 움직였기 때문이다. 시장을 다루는 다양한 정부 위원회, 조사, 질의, 결정은 기본 경제요소 이상으로 중요하다. 새로운 금융기술은 가면

갈수록 확고한 힘을 더해 갔기 때문에, 이 시기는 게임의 규칙이 중요하게 변화하던 역사적 순간이었다. 이미 프랑스의 정치경제를 변혁시킨 새 금융기술은 이제 막 영국도 변혁시키려 했다.

디포가 금융을 사회가 스스로 변혁하여 개선하는 데 쓰는 도구로 사용하는 한편, 도덕을 타락시키는 영향력에는 저항하자는 담대한 비전을 제시하면서 1690년대에 시작한 움직임은 1720년에 정점을 맞았다. 거품방지법은 이처럼 금융기술에 완벽히 야누스 같은 태도를 보여 주었다. 거품방지법이 두 회사가 바다에서 마주할 법한 위험을 더 잘 관리하게 만들어 주었다는 데는 의심할 여지가 없지만, 이를 기술한 언어로는 '주식투기'를 신랄하게 비판했다. 사람들은 금융 사고방식이 줄 선물을 원했지, 그 때문에 등장하게 된 예의 없고 때로 무자비한 시장은 원하지 않았다.

🪙 네덜란드식 해석

1720년에 대중의 상상력을 사로잡은 금융혁신을 진정으로 이해하려면 영국의 거품 기업을 모방한 네덜란드 회사의 관점으로 살펴보아야 한다. 물론 로테르담 회사를 설립하자고 외친 유려한 연설에서는 위험을 분산할 제도를 새로 만들어야 할 중요성이 강조되었다. 하지만 그 직후 로테르담 회사를 따라 네덜란드에서 설립된 회사는 25개가 넘었다. 이들 회사 주식청약권은 늦여름부터 시작하여 그해 말까지 거래소에서 거래되었다. 흥미롭게도 이 회사들이 설립될 때 내세운 사업목적은 한 가지가 아니었다. 모든 회사가 여러 가지 사업을 영위하려는 의도를 명시했다.

네덜란드 회사들이 영국에서 도입한 금융기술은 상장보험사라는 개념뿐 아니라 여러 가지 사업을 동시에 할 수 있는 회사, 즉 상업·은행업·보험·어업·조업 등 상황에 맞고 이익만 난다면 무엇에든 구애받지 않는 주식회사라는 개념이기도 했다. 1720년 전에 네덜란드 주식시장에서 거래되던 주식은 서로 범위가 겹치지 않는 독점권을 보유하고 국제무역을 하던 두 회사의 주식뿐이었다. 그러다 갑자기 여러 산업에서 동시에, 서로 경쟁할 수밖에 없는 길을 걷겠다고 제안하는 회사들이 폭발하듯 설립되었다. 마치 신종 바이러스의 유전자 정보가 익스체인지 앨리를 탈출하여 번식하며 전 세계에 퍼진 듯하다. 예전 유전자 정보는 제1차 대항해시대에 정부의 인가를 받은 중상주의 회사를 탄생시켰다. 하지만 명예혁명 이후 돌연변이한 유전자는 회사들을 부추겨 규제를 우회하고 새로운 계획에 뛰어들고 서로 경쟁하게 만들었다. 각국 정부가 고삐를 죄려 하자 바이러스는 국경을 넘어 다른 나라 시장에서 증식했다. 네덜란드에서 멈추지도 않았다. 7월에는 함부르크에서 보험사가 설립되어 걷잡을 수 없는 투기의 공포에 기름을 부었다.[6] 하지만 1720년에 벌어진 투기거래는 세상에 길이 남는 가치를 더하기도 했다. 로테르담 회사는 사촌뻘인 영국 로열 익스체인지 어슈어런스와 런던 어슈어런스와 함께 바다의 위험을 한데 모은 후 대중으로부터 모집한 자본을 이용하여 이를 방어하는 방식을 새로 만들어 냈다. 보험사가 떠맡게 될 새로운 위험(신용부도스와프와 복잡한 주택저당증권)이 출현한 21세기 전까지만 해도 보험주식회사라는 방식은 사회적으로나 경제적으로나 유용하다는 사실이 입증되었다.

🪙 투자자의 어리석음을 그린 예술품

시장 대폭락은 금융구조 외의 주제에도 교훈을 준다. 1720년에 일어난 폭락은 주식회사를 변혁하는 효과도 냈지만, 보통은 인간의 어리석음이 일으킨 사건으로 기억된다. 대폭락이 일어난 후 암스테르담에서는 *Het Groote Tafereel der Dwaasheid*라는 책이 출판되었다. 제목은 '어리석음을 비추는 위대한 거울' 정도로 해석 가능한데, 내용을 읽어 보면 철학자 에라스우뮈스가 쓴 풍자 에세이 《우신예찬》처럼 해학과 알레고리를 인상적으로 이용하고 있다. 조리 있게 쓴 에세이가 아니라 익명의 저자가 여러 가지 문서와 그림을 한데 모은 것에 가까운 이 책은 1720년에 암스테르담 사회가 자본시장을 본 방식을 포착해 냈다.

책의 첫 부분은 스타트 로테르담이 설립되던 1720년에 네덜란드 회사들이 배포한 투자설명서이다. 각 투자설명서에는 회사의 사업계획, 자금조달계획, 경영구조가 들어 있다. 이처럼 금융경제학자나 열광할 만한 건조한 문서들 뒤에는 대폭락 이후에 쓰인 풍자적 희곡과 시가 여러 편 나온다. 여기에 등장하는 탐욕스런 바보, 영리한 주식투기꾼, 인간에게 이성을 훔쳐 가치 없는 종잇조각을 사게 만드는 초인이자 수수께끼에 싸인 원형인 할리퀸Harlequin(광대 - 옮긴이)과 봄바리오Bombario(협잡꾼 - 옮긴이) 등 익살스런 인물은 작품에 생동감을 불어넣고 있다.

희곡 다음에는 미술작품이 나온다. 《어리석음을 비추는 위대한 거울》에는 주식시장 폭락을 풍자한 판화 수십 점이 실려 있다. 명예·부·어리석음을 의인화한 우의적 장면, 암스테르담과 파리의 붐비는 주식시장, 돈을 걸었다가 잃고 피해를 본 투자자가 고통스러워하는 광경 등 훌륭하고 흥미로운 그림 한 장 한 장을 연극을 보듯 넘겨 가다 보면 금융재앙이 인간세계에 끼친 영향이 느껴진다.

한 그림에서는 존 로가 마치 신처럼 구름 위에 떠 있고 주식시장을 상징하는 인물이 고양이를 풍선에 묶어 띄우려고 미친 듯이 풀무질해대는데, 이는 미시시피회사 주가를 부풀리는 것을 암시한다. 로의 머리에는 풍차가 얹혀 있는데, 여기서 바람은 공허한 로의 금융 시스템을 비유한다. 옆에는 자본금 미납 주식, 일반 주식, 청약권, 대출, 경품, 이중이자 등 문제가 되는 금융계약 목록도 나온다. 이러한 계약서가 가득 든 상자에는 구멍이 뚫려 쥐가 드나든다.

'1720년에 벌어진 우행을 후세에 기억하기 위한 기념물Monument consacré à la postérité en mémoire de la folie de la XX année du XVIII siècle'이라는 제목이 붙은 페이지에는 '어리석음'이 모는 수레를 흥분한 투자자들이 따라가며 엄청난 행렬을 이루었는데, 그 앞에 있는 문 세 개는 각각 '구빈원', '병원', '정신병동'으로 통한다. 행렬이 출발한 장소인 캥캉푸아 커피하우스 뒤편에는 존 로 같은 인물이 보인다. 수레를 끄는 것은 당대 주요 무역회사와 금융회사인 남해회사, 동인도회사, 미시시피회사, 영국은행, 네덜란드 서인도회사, 로열 어슈어런스를 의인화한 사람들이다. 마치 '운명의 수레바퀴'를 떠올리게 하는 수레바퀴는 각각 네덜란드에서 신설된 무역회사와 보험사를 나타낸다. 그림 설명에 따르면 수레가 움직이면서 주가도 오르내린다. 수레 위에서는 행운의 여신이 날아다니며 주식과 바다뱀을 섞어서 뿌리고 있다.

주식회사의 장부를 든 채 수레바퀴 아래에 깔려 있는 회계사는 책임의식이 투철하지만 결국 투기판의 광기에 짓밟힌 관리자 역이다. 군중 안에서 보이는 행동도 흥미롭다. 한 사람은 암스테르담 회사 주식을 팔려고 한다. 또 대출거래를 하는 사람도 있다. 하지만 이처럼 사람 하나

그림 21.2 1720년 작 《어리석음을 비추는 위대한 거울》 중 커피하우스에서 출발한 국제주식 시장 거품이 대기업 여섯 개에 이끌려 진행되는 장면을 묘사한 판화

하나는 다를지 몰라도 군중 자체는 통일된 세력으로 묘사된다. 금융위기는 주변에 휩쓸려 이성을 잃는 인간 본성, 대중의 광기에서 비롯되었음을 명백하게 암시하는 것이다.

책에는 옛 네덜란드 미술을 참고한 그림도 나온다. 예컨대 《어리석음을 비추는 위대한 거울》 작가들은 피터르 브뤼헐Pieter Brueghel(영어식으로는 피터 브뤼겔Peter Brueghel)이나 히에로니무스 보스Hieronymus Bosch를 자유롭게 차용하여, 정신 나간 투자자들이 과열된 자기 두뇌에서 '바보의 돌'을 빼 간직한 장면이나 터무니없는 몽상에서 영원히 헤엄치는 운명에 빠진 바보들을 그렸다. 1630년대 네덜란드 튤립 열풍을 묘사한 그림 하나를 다시 책에 그대로 실어, 튤립 구근투기 사건과 금융시장 대폭락 사건을 직접 비유하기도 했다. 구근투기 그림에 나오는 사람은 크고 속이 빈 모자를 썼는데, 투기에 열중하여 이성과 감정을 잃어버렸음을 암시한다.

도박사였던 존 로의 개인사도 준엄한 풍자를 면하지 못했다. 《어리석음을 비추는 위대한 거울》 중 한 페이지에는 적색과 흑색으로 찍은 카드가 실려 있다. 존 로와 부인은 카드 각 세트의 왕과 여왕으로 그려졌다. 영국에서도 이와 비슷하게 남해회사를 나타낸 카드 세트가 나왔다. 말하고자 하는 바는 명백하다. 금융재앙의 뿌리는 도박이라는 것이다. 재앙을 만들어 낸 기획자는 도박사이고, 금융혁신의 기초 개념은 도박이었다.

💰 시장을 향한 설교

《어리석음을 비추는 위대한 거울》에는 놀라운 그림이 계속해서 나온다. 한 장 한 장 넘길 때마다 등장하는 그림에는 1720년 금융시장을 보고 영감을 얻은 네덜란드와 프랑스 예술가들(그리고 아마 영국 예술가도)이 몇 달 전만 해도 새로 여명을 맞은 듯했던 금융질서가 충격적으로 붕괴한 상황을 이해하려고 우의, 해학, 희화화, 교묘한 암시 등 모든 기법을 동원했다. 대리어스 스피스는 이 그림들은 파리의 방크 루아얄 천장에 그린 존 로의 벽화(20장 참고)와 멋지게 대조된다고 주장한다. 설득력 있는 얘기이다. 우의를 배치하여 희망을 묘사한 벽화를 뒤죽박죽으로 뒤집어 놓은 것이 이 책이다. 로의 벽화는 엘리트 중심이고, 《어리석음을 비추는 위대한 거울》의 그림은 대중 중심이다. 벽화는 통합된 풍경을 그린 반면, 《어리석음을 비추는 위대한 거울》은 서로 독립된 비판을 연달아 실었다. 펠레그리니는 고결한 감정에 호소했지만 《어리석음을 비추는 위대한 거울》의 그림은 추한 감정을 실었다. 하지만 둘 다 우의의 어휘와 문법을 따른다는 공통점도 있다. 등장인물들이 서로 또는 사회와 상호작용하는 장면은 교묘하게 구조화한 역동적 구성을 따라 추상화되어 있다. 바로크양식에 따른 벽화에서 하늘과 소용돌이치는 구름은 천상의 영역, 즉 신들이 다스리는 역동적 세상을 암시한다. 반면 《어리석음을 비추는 위대한 거울》에 나오는 그림에서 구름은 바람장사, 또는 존 로가 만들어 낸 공허한 서류상 경제를 뜻한다.

하나는 고상하고 하나는 천박하다는 차이는 있지만 두 미술작품은 모두 교훈을 주려 한다. 펠레그리니의 벽화는 미시시피 시스템의 이점을 설명한다. 《어리석음을 비추는 위대한 거울》은 미래세대에게 주는 경고이다. 경고 대상은 대체로 인간의 행태이다. 현대의 심리학적 틀을 몰랐던 당시 창작자들은 신화와 우의라는 18세기식 모형을 사용하여 다양한 사고방식에 따라 다양한 방향으로 끌려간 사람들의 심리를 묘사한다. 이 책은 행동금융학 연구의 시초로 볼 만하다. 시장에는 집단의 열망과 참여자의 공포가 내포되어 있으며, 자기 논리를 투자자에게 강요하는 특별한 힘이 있다는 사실을 저자들은 인식했다.

금융시장의 실수를 기록한 《어리석음을 비추는 위대한 거울》은 그대로 받아들이고 싶을 정도로 매력적인 지혜를 실었다. 여기에 실린 묘사가 서브프라임 위기가 일어난 2008년에도 딱 들어맞아 보이는 것도 사실이다. 하지만 책의 분석 결과에는 우의의 언어라는 한계가 있다. 존 로가 낙낙한 옷을 걸치고 하늘에 떠 있는 신들로 묘사될 뿐 상세한 통화정책을 나타낼 수 없었듯이, 《어리석음을 비추는 위대한 거울》을 그린 화가들이 쓴 우의의 언어로는 런던·파리·암스테르담에서 새로 발전하던 주식시장이 대표하는 복잡한 혁신·도구·시장·계약, 그리고 정보흐름을 나타낼 수 없었다. 이 형상들이 그토록 강력하고 설득력 있는 이유는 원형에 호소하기 때문이다. 우의라는 언어는 수학과 시장의 논리에 비하여 의식의 훨씬 깊은 곳에 박혀 있다. 이성적인 존 로와 그가 만든 시스템이 가장 완벽하게 보여 주었듯이 수학적 사고가 저지른 명백한 실수에 맞닥뜨리자 사회는 붕괴를 이해하기 위하여 더 오래된 언어로 되돌아갔다.

지금도 같은 실수를 저지를 위험이 있다. 최근에 붕괴한 이래 주택 저당대출 유동화는 손쓸 수 없이 복잡하여 결국 실패한 금융혁신으로 일축되고, 사회는 현대에 일어난 위기를 유명 금융업자가 악당으로 출연하는 단순한 도덕극으로 바꾸어 놓는다. 이러한 원형은 무의식에 보편적으로 호소력이 있기 때문에 위험하다. 선출된 공무원들이 유권자와 소통해야 할 민주주의 사회에서는 더욱 그렇다. 두뇌를 이루는 여러 부분 중에서도 신화와 이야기를 통해 사고하는 가장 오래된 부분이, 마치 오래전부터 인간의 행동을 점점 더 많이 장악한 이성적 사고에 불만을 품고 질투하다가 이성이 실패를 겪자 기회를 놓치지 않고 공격하는 것처럼 보일 정도이다.

1720년에 금융을 둘러싸고 문화적 변증법이 전개된 끝에 그처럼 극적인 상상을 불러일으켰다고 해도 이상할 것은 없다. 이때는 인간성이 회사와 맞선 한 해였다. 1720년에 투자자들을 부추긴 것은 추상적 개념 또는 비유였다. 다시 말해 다양한 권리와 특권을 부여받은 사람이 아닌 실체였다. 몇 세대 전에 토머스 홉스Thomas Hobbes는 국가commonwealth가 바로 그러한 추상적 개념이라고, 즉 왕이 통치하는 시민을 거대한 괴물인 리바이어던이라고 묘사했다. 새로 탄생한 주식회사란 규칙과

법이 제약하지 못할 정도로 빨리 진화하는 짐승이었다. 이 짐승은 얼마큼 커지게 될까? 이들은 경제 중 얼마만큼을 장악하게 될까? 예컨대 주식회사는 정말 감히 보험업계 전체를 집어삼킬 꿈을 꾸는 것일까?

존 로의 회사는 사실상 프랑스를 집어삼키며 지나치게 커졌다. 그다음으로 영국 회사들은 허가를 받았든 아니든 규제라는 족쇄를 벗어던지고 이익을 추구할 방법을 탐색했고, 앞으로 회사의 이익이 제약받지 않고 두 배, 세 배, 네 배로 늘 것이라고 기대한 투자자 무리는 회사를 응원하고 재정적으로 뒷받침했다. 그리고 네덜란드에서는 아직 개척되지 않은 영역으로 사업을 확장하려는 회사 수십 개가 우후죽순처럼 생겨났다. 하지만 여론은 그때마다 반전하며 주식회사의 성장을 억제했다. 신선한 자본을 먹고사는 회사는 자본에 굶주리면 쉽사리 굴복했다. 전쟁은 패전으로 끝났다기보다는 휴전을 맞았다. 시장폭락은 주식회사가 지닌 근본 약점을 드러냈다. 즉, 투자자가 열광하면 엄청난 비율로 부풀 수도 있지만, 그만한 규모를 유지하기는 쉽지 않다. 하지만 주식회사가 놀라운 힘을 지녔다는 사실도 드러났다. 주식회사의 힘은 개개인의 힘을 초월했다. 주식회사는 경제에 존재하던 유휴자본을 끌어내어 엄청난 규모로 확대하고, 이를 전례 없는 방식으로 할당했다. 이들은 법과 규제라는 고삐를 씌워 공익과 사익을 얻을 만한 크기를 벗어난 짐승, 바로 새로운 리바이어던이었다.

결과

이러한 변혁에 맞닥뜨린 유럽은 1720년에 대규모 주식 거품 붕괴를 겪고 움츠러들었고, 그 후 수십 년 동안 금융기술은 다른 방향으로 발전했다. 거품방지법은 영국에서 주식회사를 설립하고 지분을 거래하는 행위를 엄격하게 제한했다. 네덜란드에서는 동인도회사와 서인도회사를 제외한 주식거래가 완전히 자취를 감추었다. 이제는 스타트 로테르담 같이 성공을 거둔 회사 주식조차 현금화하기 어려웠다. 주식거래는 18세기 말까지 사실상 중단되었다가 1820년대가 되어서야 시장이 본격적으로 회복되기 시작했다. 네덜란드는 주식금융이 죽은 한 세기를 보냈다. 18세기 내내 인가를 받은 회사는 소수에 불과했다. 프랑스에서는 미시시피회사 주식이 계속 거래되었지만 딱 그뿐이었다. 눈에 띌 만큼 활발하게 대중을 상대로 발행되는 주식은 없었다. 영국과 프랑스에서 주식을 혐오하는 분위기가 만연하고 법적 규제도 심했던 18세기와 19세기 초반에 산업혁명이 일어났다는 사실은 굉장한 아이러니를 자아낸다.

무엇이 주식시장을 대신했을까? 18세기 영국과 프랑스에서는 유료 도로나 수로 같은 기반시설을 만들 때 부유한 투자자가 합자회사를 조직하여 자금을 대기도 했다. 합자회사는 정부 인허가를 얻지 않아도 유한책임제로 공개 자본시장에 접근할 수 있었지만, 그래도 투자자들은 그만한 가치가 있는 계획에만 자본을 투입했다. 예컨대 프랑스에서 철강업계에 간접적으로 자금을 댄 사람은 제조업과 무역업에 참여할 허가를 받을 수단이 달리 없었던 지주였다. 제련에는 고온이 필요하고, 고온을 내려면 숯이 필요하고, 숯을 만들려면 목재가 있어야 하는데, 구체제Ancien Régime(프랑스혁명 이전 프랑스의 체제 – 옮긴이)에서 숲을 소유한 사람은 귀족이었다. 마찬가지로 야금에 쓸 연료를 얻으려면 탄광이 필요했다.

벨기에 국경 근처에 있는 도시 아니슈의 탄광회사 'Compagnie des

fosses à Charbon de Monsieur Le Marquis de Traisnel'을 예로 들어
보자. 1773년에 영업을 시작한 이 회사는 이후 주요 탄광회사로 성장하
여 20세기 초에는 1만 명이 넘는 광부를 고용하여 석탄을 캐냈다. 프랑
스혁명 전인 1781년에 후작 문장을 같이 인쇄하여 발행한 회사 주식의
선언 내용에 따르면 소유주인 드 모네페브뢰유는 회사의 부채를 책임
지고, 회사의 동의 없이 자기 주식을 타인에게 넘기지 않는 한 지분율
에 따라 회사의 이익을 분배받을 권리를 지녔다. 다시 말하면 유한책임
과 주식거래는 합의사항에 없었다. 18세기에 최소한 일부 지역에서는
주식회사라는 기술이 퇴보했다. 18세기에도 탄광에는 자금이 투입되었
고, 19세기 산업혁명을 이끈 기계와 동력기 제작에 매우 중요한 야금술
은 발전했다. 하지만 더욱 많은 대중이 경제성장에 따른 이익을 나누어
가지게 하는 금융도구와, 더욱 많은 자본을 모으고 이용할 수 있도록
완전히 발달한 주식시장은 실현되지 않았다. 예로 든 탄광회사는 비공
개 회사였다. 거품이 꺼진 1720년 이후에 주식투자는 다시 내부자만 참
여하는 게임이 되었다.

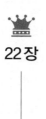

22장

증권화와 부채

거품이 꺼진 1720년 이후 주식시장이 한 걸음 후퇴한 반면, 고정소득상품 시장은 한 걸음 전진했다. 18세기에 (최소한 세기말까지) 유럽과 아메리카에서는 주식에서 등을 돌리고, 신용에 기반을 둔 금융구조에 초점을 맞추는 특이한 금융혁신이 일어났다. 18세기 말까지 지폐는 다시 다양한 형태를 띠었고, 금융업자는 지폐나 온갖 복잡한 채권을 담보로 보강하는 방법을 발달시켰다. 이처럼 정교한 금융혁신이 일어난 덕분에 현금화하기 어려운 자산도 환금성 증권으로 바꿀 수단이 탄생했다.

이야기가 복잡하고 지나치게 상세해졌다고 생각할지 모르지만 담보로 채권을 보강하려는 움직임은 아메리카 식민지 경제와 미국 독립전쟁에 상당한 영향을 끼쳤다. 앞에서는 존 로가 명목화폐와 물가상승이라는 요정을 병에서 꺼내 주었다가 재앙을 불러일으켰던 일을 살펴보았다(20장 참고). 이 장에서 나는 종이화폐와 종이채권이 불확실하기 때문에 투자자가 투자금을 충분히 보호할 만한 담보를 요구했다고 주장한다. 이 새로운 기술 중에는 자산을 모아 신탁한 후 이를 기초로 증권을 발행하는 방법이 있다. 증권화securitization(유동화라고도 한다. - 옮긴이)란 결국 자산을 재포장하여 재판매하는 것이다. 재포장할 때는 여러 자산에서 나오는 현금흐름을 한데 모으고, 미래 수입을 일정하게 하려고 시점을 재조정하며, 때로는 투자 매력을 높이는 방식으로 현금흐름을 나누기도 한다. 이야기를 시작할 장소는 어쩌면 당연할지도 모르겠지만 네덜란드이다.

🪙 네덜란드 뮤추얼펀드

18세기 네덜란드 금융공학자들은 합동종신연금의 기본 구조를 이용하여 처음으로 다양한 대상에 투자하는 기금을 만들어 냈다. 미국 독립전쟁 전후인 1770년대에 네덜란드 투자은행업자들이 시장에 내놓은 투자기금은 '소녀 30명(15장 참고)' 채권과 비슷했다. 소녀에게 지급되는 종신연금이 아니라 여러 나라의 다양한 사업체가 발행한 채권을 보유했다는 차이가 있을 뿐이다.

예를 들어 헤이르트 라우번호르스트는 근대 뮤추얼펀드의 시초를 찾던 중 아브라함 판 케트비흐Abraham van Ketwich가 1774년 암스테르담에서 발행한 유통채권negotiatie '에인드라흐트 마크트 마흐트Eendraght Maakt Magt'를 연구하게 되었다. 유례없이 혁신적인 이 금융증권은 덴마크와 비엔나 은행, 덴마크와 홀슈타인 유료도로, 러시아·스웨덴·브라운슈바이크Braunschweig(영어로 Brunswick)·메클렌부르크Mecklenburg가 발행한 채권, 작센의 우체국과 브라반트의 토탄 채굴 사업체, 스페인과 프랑스 수로水路, 영국 식민지, 에세퀴보와 베르비서에 있는 네덜란드 식민지의 플랜테이션 농장을 담보로 한 대출금, 덴마크령 아메리카 제도에 제공한 대출금 등 다양한 사업에 제공한 대출금으로 구성되어 있었다. 즉, 각국의 국채·지방정부채·회사채의 혼합물이었던 이 증권은 시작부터 매우 국제적이었다.

에인드라흐트 마크트 마흐트는 단순히 채권만으로 구성되지 않았다. 예컨대 네덜란드 식민지 플랜테이션 농장에 빌려준 대출금에는 수리남에 있는 농장과 여기에 속한 노예가 담보로 잡혀 있었다. 대출 수익금 원천은 농장에서 나는 상품 선도거래였는데, 아마 대출이자를 충분히 갚을 만큼 이익을 보는 가격으로 거래되었을 것이다. 마찬가지로 유료도로·수로·우체국에서 나오는 수입도 포트폴리오에 속한 다른 채권을 뒷받침하며, 에인드라흐트 마크트 마흐트 투자자에게 약속한 이자를 안정적으로 지급하는 데 도움이 되었다(1774년 투자자 모집 당시 투자설명서에 나온 보장수익률은 연 4퍼센트였다). 이 유가증권을 보유한 투자자는 채권투자 포트폴리오에서 나오는 누적 현금흐름을 공평하게 나누어 가졌다. '다수의 힘Strength in Many'으로 해석되는 증권 이름부터가 개념을 간명하게 표현했다. 4퍼센트는 신흥시장 대출금을 담은 포트폴리오의 수익률로서 낮아 보인다. 반면 기초자산(채권) 수익률은 그보다 상당히 높았다. 기금은 기초자산이 되는 증권에서 얻는 현금흐름에서 남는 차액을 '재조정'하여 투자자에게 다른 방식으로 보상했다. 기초자산에서 나오는 현금흐름 중 일정량을 배당하지 않고 모아 둔 후, 유통되는 증권 중 일부를 추첨하여 상환한 것이다. 운 좋게 선정된 채권을 상환할 때는 액면가보다 20퍼센트를 더 웃돈으로 주었다. 게다가 상환된 채권의 다음 순번 채권의 배당률은 4퍼센트에서 6퍼센트로 올라갔다. 이를 보고도 요즘 금융상품이 복잡하다는 말이 나올까 싶다.

1774년 에인드라흐트 마크트 마흐트 증권은 기초자산이 매우 다양하고 추첨에 따라 투자자가 받는 현금흐름 구조가 복잡했지만 개념 자체는 단순했다. 기초자산의 위험은 높았지만 수익률은 베르누이가 발견한 큰 수의 법칙에 따라 4퍼센트를 보장받았다. 물론 운이 나쁘면 기초자산이 되는 채권이 조기에 채무불이행될 수 있었다. 남아메리카에서 사탕수수 수확이 저조하면 플랜테이션 대출금에서 나오는 수익이 줄 수도 있었다. 러시아가 채무불이행을 선언할지도 몰랐다. 덴마크령 아메리카 제도의 소유주가 바뀌면 새 주인이 채무가 무효라고 선언할 수도 있었다. 하지만 이처럼 언제든 수명이 다할 수 있는 증권이라도 충분히 많이 보유한다면 포트폴리오에 속한 채권 중 어느 정도가 채무불이행을 맞을지는 큰 수의 법칙에 따라 예상할 수 있었다. 게다가 이처럼 부정적인 사건이 한 번에 모두 일어날 가능성이 얼마나 될까?

이 질문은 2008년에 미국에서 주택담보대출을 받은 서브프라임 등급 차입자들이 비정상적인 비율로 채무를 불이행함으로써 고통을 겪었던 전 세계가 던진 질문과도 같다. 21세기 초에 영리한 금융공학자들이 구조화투자상품을 내놓는 데 채택한 개념은 240년 전 아브라함 판 케트비흐가 사용한 것과 매우 유사했다. 다시 말해 주택담보대출, 자동차 할부금, 신용카드 미수금 같은 다양한 대출에서 얻을 현금흐름을 기초자산으로 하는, 위험할 수도 있는 채권들을 신탁 안에 모은 후(18세기 네덜란드 유가증권과 마찬가지이다), 이 신탁에 포함된 자산을 기초자산으로 채권을 발행하는 것이다.

21세기에 나타난 이러한 채권을 구조화채권이라고 부르는데, 기초자산에서 나오는 현금흐름을 다른 용도로 사용한다는 뜻이다. 예를 들어 구조화투자상품으로 들어온 돈은 최우선순위 트랑셰tranche(한 건의 대출금을 조달하기 위하여 상환우선순위와 금리 등을 달리하여 발행한 각 채권 또는 그 채권등급. 실무에서는 '트랜치'라고도 한다. — 옮긴이) 투자자에게 들어간다. 최우선순위 트랑셰 투자자가 투자금 중 전부 또는 일정 비율을 회수하고 나면 이제 차순위 트랑셰로 현금이 넘쳐 흘러간다. 이렇게 하여 채무자들이 매달 열심히 신용카드 대금, 주택담보대출금, 자동차 할부금, 학자금 대출금을 갚느라 건넨 현금은 투자은행 직원들이 신탁관리자로서 관리하는 양동이에 차곡차곡 쌓이고, 넘치면 다른 양동이로 흐르다가 다른 투자자(기초자산이 될 대출금을 갚은 사람도 여기에 포함될 수 있다)에게 지급되며 현금의 폭포를 이룬다. 자산담보부증권asset-backed security(ABS)은 당시 뮤추얼펀드, 머니마켓펀드money market fund(MMF), 연기금이 널리 보유하던 상품이었다. 따라서 일반인도 자산담보부증권에 투자한 셈이다.

증권화의 기본은 18세기나 지금이나 동일하다. 개별 채권은 위험할지 몰라도 각자 채무불이행될 위험의 상관관계가 낮은 채권을 충분히 많이 모아 놓으면 여기에서 나오는 현금흐름 중 일부를 가지고 비교적 안전한 증권을 구성할 수 있다. 자산담보부증권에는 기초로 삼는 실물자산에 권리를 주장할 수 있다는 장점도 있다. 성실하게 빚을 갚겠다는 주택 소유자의 약속밖에는 의지할 데가 없는 주택저당증권mortgage-backed security(MBS) 소유자와는 상황이 다르다. 주택 소유자가 빚을 갚지 못하면 담보권을 실행하면 되기 때문이다. 그렇다면 대체 무엇이 문제였을까?

아브라함 판 케트비흐 같은 네덜란드 은행업자들은 미국이 건국 초기에 발행한 국채를 증권화하기도 했다. 미국이 독립전쟁에서 승전할 거라는 기대를 품고 신생국이 발행한 고수익 채권을 산 것이다. 이후 알렉산더 해밀턴Alexander Hamilton(당시 미국 재무장관 – 옮긴이)이 국채를 재구성하고 신생 미국이 금융계약을 잘 이행함으로써 네덜란드 투자자들은 이익을 보았다.

🪙 토지은행

토지 증권화는 18세기의 금융 상상력에서 태어났다. 존 로는 정교한 토지은행 계획을 제시한 한편, 역사상 증권화된 토지 중 가장 넓은 '미시시피강 너머 서쪽 땅Trans-Mississippi West'의 지분을 미시시피 회사 주주들에게 제공하기도 했음을 기억하자. 이 신대륙 투자 건은 네덜란드 플랜테이션 농장의 토지·노예·상품 선도계약을 담보로 잡은 대출금과 대동소이하다. 구조가 비교적 단순하고, 채권이 아니라 지분 형태로 구조화했을 뿐이다. 앞으로 살펴보겠지만 이후에도 같은 일이 여러 차례에 걸쳐 대서양 연안 이곳저곳에서 수십 년 동안 계속되다가 프랑스혁명의 여파로 종말을 맞았다.

미국에서 부동산 증권화라는 모험은 토지은행과 함께 시작했다. 18세기에 유럽에서는 토지은행이라는 발상이 아직 이론에 불과했지만 북아메리카에서는 현실이 되어 갔다. 미국인은 대서양 삼각무역 때문에 만성적으로 현금 부족에 시달렸다. 화폐가 부족하자 미국 식민지는 금융 실험실로 변모했다. 미국 최초의 지폐는 1690년에 매사추세츠주가 프랑스령 캐나다 원정비용을 대려고 발행한 채권이다. 이후 유명한 출판업자 벤저민 프랭클린Benjamin Franklin도 화폐 부족이라는 만성적 문제를 해결할 방법으로 지폐체계를 도입하자고 열렬히 지지했다. 실제로 그는 영원히 지폐를 좀먹을 위조지폐 문제와 싸우기 위해 자연물 형태(나무의 잎맥 모양을 지폐에 싣는 방법을 실험했다. - 옮긴이)와 사소한 철자 오류를 활용하는 특수 인쇄공정을 개발하기도 했다.

강압이나 상품가치나 정금正金으로 태환할 가능성 같은 근거가 없다면 돈의 가치는 하락한다. 식민지는 여기에 대응하기 위하여 토지은행이라는 발상을 채택했다. 신대륙에 풍부한 자산, 바로 토지로 화폐가치를 보증하는 식민지 시대 토지관리 관청을 만든 것이다. 매사추세츠 주의회가 1714년에 공식 토지은행을 설립하자 다른 식민지도 빠르게 뒤를 따랐다.[1] 이 은행 중 대부분은 공공기관으로서 지폐를 발행하여 대출을 하고 부동산을 담보로 잡았다. 금융업을 하는 민간은행도 우후죽순처럼 등장했다. 1733년에는 하트포드에서, 1735년에는 뉴햄프셔에서 자체 화폐를 발행하는 주식회사가 설립되었다. 공공은행에서든 민간은행에서든 대출이나 사람들 사이에서 유통되는 은행권의 담보 역할을 한 것은 토지였다. 1741년에 매사추세츠에서 시민들이 모여 설립한 민간은행은 재산이 100파운드 이하인 '정비공' 등에게 25년 만기 부동산담보대출을 이율 3퍼센트에 제공했다.[2] 은행 설립자 중에는 미국 독립혁명가인 새뮤얼 애덤스Samuel Adams의 아버지도 끼어 있었다. 대출금은 은행에서 발행한 지폐로 지급되었다. 담보는 은행이 부동산담보대출을 실행한 토지였다. 원금은 '매사추세츠주에서 생산된 물건의 가치에 따라' 상환되었다. 다시 말해 현물로 갚았다는 얘기다.

은행은 경제에 매우 긴요했던 현금을 공급하여 매사추세츠 사람들이 물건을 사고 계획에 투자하여 경제가 성장하도록 만들었다. 게다가 지폐는 통화로서 신뢰를 얻으며 통용되었다. 지폐라는 약속을 한 조직은 상당한 자산을 보유했기 때문이다. 차입금을 현물로 갚을 것이고, 그러지 못할 경우에는 담보가 설정된 토지로 갚겠다는 차입자의 약속이 바로 자산이다.

한 세대 후 애덤 스미스Adam Smith는 《국부론The Wealth of Nations》에서 이자가 붙지 않는다는 이유를 들어 미국 지폐를 비판했다. 스미스는 이자를 지급하지 않는 지폐를 법정통화로 인정하는 이유를 이해하지 못했지만, 펜실베이니아주의 통화가 영국 스털링화로 따져 액면가 이상으로 거래될 정도로 잘 관리된다는 사실은 인정했다.[3] 반면 매사추세츠주 화폐가치는 영국 화폐 대비 20퍼센트로 하락했다.[4]

이렇게 가치가 떨어진 이유 중에는 내부거래와 사기 문제가 포함될 것이다. 일이 제대로 돌아가려면 토지은행은 자산가치를 공정하게 평가하여 담보를 잡아야 한다. 그렇지 않으면 송나라가 태환하는 데 필요한 준비금을 쌓아 두지 않은 채 지폐를 발행했다가 맞닥뜨렸던 문제가 발생한다(9장 참고). 가치평가란 주관적이므로 부패가 뒤따르기 십상이다. 담보가치 대비 대출한도 비율을 2:1 이하로 제한하여 문제를 해결하려 해도 시장가치란 원래 확실하게 알기 어렵다. 더군다나 비어 있는 미개발 부동산이 담보라면 말할 나위도 없다. 대출금이 지나치게 공급되었을 가능성이 점점 높아졌다.

1741년에 매사추세츠에서 발생한 문제를 본 영국 의회는 금융위기가 다가올까 우려한 끝에 아메리카 지폐 사용을 제한하고 식민지 토지은행을 폐쇄했다. 거품방지법 적용 대상을 아메리카 식민지로도 확대한 것이다. 그리하여 피해를 본 많은 사람 중에는 새뮤얼 애덤스의 아버지도 있었다. 그를 포함한 이사들은 회사 채무를 갚을 책임을 졌기 때문이다. 이때 품은 반영 감정이 아들에게 이어졌을지도 모른다. 하지만 아메리카 일부 지역에서는 금융공학자들이 금지규정을 교묘하게 우회했다. 1766년에 메릴랜드는 기존 지폐를 새 증권으로 바꾸어 주었는데, 이것을 영국에서 제시할 경우 스털링화로 태환할 수 있었다.

🪙 건국의 아버지들

1741년에 금융공학을 제한하기 위하여 식민지에도 거품방지법이 적용되었지만, 아메리카 사업가들은 규제에 따른 제한을 받으면서도 특히 부동산 투자에서 금융의 지평을 확장했다. 주식은 전 세계에서 사업자금을 마련하는 수단으로서 쇠퇴하는 추세를 보였지만 아메리카는 몇 안 되는 예외였다. '대표 없는 과세'에서 아메리카 무역규제에 이르기까지 다양한 쟁점이 분열을 초래하여 미국 독립전쟁을 일으켰지만, 그중에서도 영국 왕과 아메리카 식민지 사이에 가장 첨예한 다툼을 일으킨 초점은 토지개발, 그중에서도 18세기 기준으로 앨러게니산맥 서쪽 땅을 일컫는 '서부' 지역 개척이었다. 서부 지역으로 인구를 이주시키려는 계획을 조직한 주체인 조합·회사·인가주식회사는 자기 이익을 올리려고 영국 왕에게 로비를 열심히 했다.

미국 독립전쟁 지도자 중 다수는 토지투기라는 공통점으로 연결된다. 오하이오 회사Ohio Company를 설립한 버지니아 부자 중에는 조지 워싱턴George Washington의 아버지와 형제 두 명이 끼어 있다. 회사는 1748년에 왕에게 인가받고 오하이오 계곡 땅 800제곱킬로미터를 할당받았다. 프렌치-인디언 전쟁 당시 조지 워싱턴이 버지니아 연대를 지휘하며 이름을 알리게 된 듀케인 전투의 전장이었던 지금의 피츠버그가 바로 오하이오 회사가 얻은 부지이다. 프랑스는 이 땅의 영유권을 주장함으로써 영국의 지배력뿐 아니라 유명한 버지니아 땅투기꾼의 토지 소유권에도 도전하는 셈이었다. 이들을 포함하여 서부 개발에 관심 있던 투자자들은 불쾌해했다. 전쟁이 끝난 후 1763년에 의회는 앨러게니산맥 서쪽 땅을 원주민 소유지로 보존한다고 선언한다.

오하이오 회사는 서부 지역 토지에 투기하기 위해 설립된 수많은 회사 중 하나였다. 1749년 설립된 로열 컴퍼니 오브 버지니아Loyal Company of Virginia에는 앞으로 대통령의 아버지가 될 피터 제퍼슨Peter Jefferson이 연관된다. 이 회사는 1763년 선언문 때문에 프렌치-인디언 전쟁 이후 인허가를 갱신받지 못한다. 서부 지역 토지에 관심 있던 식민지인은 버지니아 사람들 말고도 많았다. 1773년에는 저명한 필라델피아 상인들이 미국 원주민의 땅을 매입하여 개발하려고 일리노이 회사Illinois Company와 워배시 회사Wabash Company를 설립했다. 벤데일리아 회사Vandalia Company는 현재 웨스트버지니아에 속한 땅을 요구했다. 벤저민 프랭클린과 아들도 이 회사 이사였다. 버지니아인과 펜실베이니아인들은 서부 소유권을 두고 험악하게 대립했지만, 서쪽으로 팽창하지 못하도록 금지한 영국의 정책이 걸림돌이기는 둘 다 마찬가지였다.

조지 워싱턴은 아메리카 토지회사가 설립되던 초기에 매우 적극적으로 참여했다. 역사학자 바버라 라스무센Barbara Rasmussen에 따르면 워싱턴이 '월폴 토지회사Walpole Grant, 미시시피 회사, 군사모험회사Military Company of Adventurers, 디즈멀 습지회사Dismal Swamp Company' 주식을 통해 보유한 땅은 총 250제곱킬로미터가 넘었다.[5]

이러한 토지회사가 제시한 사업계획은 비옥하고 넓은 땅을 취득하고 여러 구획으로 분할하여 기본 기반시설을 개발한 다음 여기에 정착할 미국인 또는 외국인에게 파는 것이었다. 사실 오하이오 회사의 토지 소유권에는 일정 기일 안에 토지에 정착할 의무가 명시적으로 못 박혀 있었다. 아메리카 원주민과 소유권 분쟁을 벌여야 하고, 개발에 투자할 경화가 부족하며, 정착민 입장에서도 땅을 취득할 돈이 부족하다는 사실을 고려하면 달성하기 쉬운 조건은 아니었다. 자금제공은 필수였다. 오하이오 지역 정착민에게는 부동산을 담보로 하는 금융조건이 필요했을 것이다. 토지회사가 세운 계획이 제대로 돌아가게 만들 수 있는 것은 신용뿐이었다. 결국 식민지의 부동산담보대출은 토지은행과 마찬가지로 제약을 받았고, 초창기 아메리카 토지회사가 설립될 당시 품었던 희망은 서부개척에 걸린 제약 때문에 꺾였다. 그러니 워싱턴·애덤스·제퍼슨·프랭클린 가문이 왜 독립을 지지할 마음을 먹었는지 이해가 간다. 아메리카 식민지가 독립하면 서부 토지개발, 부동산담보대출, 최적통화정책을 자유롭게 추구할 수 있었다. 금융은 주식회사를 통한 담보대출이나 부동산 투기와 관계가 밀접하므로 독립을 추진할 중요 요인이 되었다. 독립전쟁이 끝난 이후 미국의 금융 역시 거품방지법이나 1763년 포고령에서 자유롭게 풀려나 해방된다.

미국 독립전쟁에 자금을 댄 사람 중에는 네덜란드와 프랑스인도 있다. 앞에서 살펴보았듯이 네덜란드 은행업자 집단은 미국이 진 채무를 한데 모아 증권화하는 방식으로 신생 미국에 대출금을 마련해 주었다. 즉, 신생 미국이 미국과 해외에서 발행한 채권을 매입하고 여러 뮤추얼 펀드에 모은 다음 이를 네덜란드 투자자에게 판매했다. 이 투자자들은 건국한 지 얼마 안 된 새 나라에 도박을 걸었다. 프랑스 왕은 아메리카에서 왕정에서 벗어나 자유를 찾으려는 투쟁이 벌어졌다고 경의를 표하는 신하들의 말을 듣고서도 식민지에서 일어난 반란을 지지했다. 미국 독립전쟁은 프랑스인과 네덜란드인 모두를 자극하여 1782년 네덜란드 애국혁명과 1789년 프랑스혁명으로, 그리고 1795년 네덜란드에서 오라녜공 축출과 바타비아공화국 건국으로 이어진다. 이러한 신생 공화국들은 금융에서도 미국의 영향을 받았다. 프랑스에서는 토지를 기초로 화폐를 발행하는 식으로 미국을 모방했다. 네덜란드에서는 토지에 투기하는 식으로 모방했다. 구대륙은 독창적인 신대륙 금융을 모방했다. 미국은 유럽이 1720년 거품사건 이후 대체로 거부했던 발상과 기법을 실험하는 시험장 역할을 했다. 영국 의회의 규제와 통제를 받느라 애가 탔던 아메리카 식민지에서는 이제 토지은행·지폐·민간 주식회사를 사업 발달의 도구로 쓴다는 발상이 솟아 넘쳤다. 미국에서 개선된 금융기술은 다시 대서양을 건너 유럽으로 가면서 동시에 혁명을 독촉했다. 그리하여 의도하지 않은 결과가 일어났다.

🪙 공포정치

프랑스에서는 공포정치 기간에 부동산을 담보로 삼아 지폐를 발행한다는 토지은행 이론이 현실에 유혈을 불러일으켰다. 프랑스인은 미시시피 거품 때 존 로가 드리운 그림자가 아직도 남아 금융공학을 기피했지만, 어쨌든 자코뱅 혁명정부는 재정을 뒷받침할 수단과 명목화폐를 발행할 확실한 근거가 없다시피 했다. 그래서 그 대신 자산담보부증권에 의지했다. 부동산으로 뒷받침되는 돈 말이다.

프랑스 정부는 가톨릭교회의 재산을 압류한 후 부채를 갚으려고 종이 교환권(아시냐assignat 지폐)을 발행했는데, 이는 국유화한 교회의 재산을 공공경매에서 매입하는 데 사용되었다. 어떤 의미에서 아시냐 지폐는 일찍이 금이나 은 보유고가 아니라 부동산에 근거를 둔 화폐를 꿈꾼 존 로의 이상이 현실로 구현된 것이다(20장 참고). 하지만 아시냐 지폐는 앞서 붕괴한 로의 실험과 동일한 이유로 실패했다. 즉, 인쇄기를 지나치게 활발히 돌렸던 것이다. 부동산은 지나치게 적은 데 비하여 아시냐 지폐는 지나치게 많았다. 로베스피에르는 지주를 단두대에 올리고 이들의 부동산을 '비앙 나쇼노biens nationaux', 즉 아시냐 지폐를 뒷받침하는 정부 부동산 계정에 더해 가며 균형을 맞추려 열심히 싸웠다. 하지만 그 정도로는 모자랐다. 프랑스는 재정을 재조정해 가며 지폐를 도입하려 재차 시도했지만 처음과 마찬가지로 성공하지 못했다.

자크루이 다비드Jacques-Louis David가 그린 〈마라의 죽음〉은 공포정치를 상징하는 그림이다. 혁명가 마라가 피습당해 욕조에 앉은 채 쓰러진 장면을 그린 이 그림에는 사실 프랑스혁명 지도자의 죽음뿐 아니라 프랑스혁명 당시 금융도 표현된다. 죽어 가는 마라가 손에 든 탄원서를 쓴 사람은 자코뱅에게 가족과 함께 고통을 당한 귀족이자 바로 자신을 암살한 샤를로트 코르데Charlotte Corday이다. 탄원서 바로 밑에 보이는 것은 마라가 혁명 당시 가난을 겪던 한 과부에게 자필로 쓴 편지와 자기 재산으로 마련한 아시냐 지폐이다. 이 문서에서 금융은 성변화聖變化(가톨릭의 성체성사에서 빵과 포도주가 그리스도의 몸과 피로 변하는 일 - 옮긴이)한다. 한편에서 귀족에게 빼앗은 재물이, 다른 한편으로 노동자계급에게 전달된다. 1793년 사람들은 그림에서 아시냐 지폐의 아이러니를 확실히 찾아냈을 것이다. 문서는 코르데와 같은 계급 구성원에게서 빼앗은 재산에 과부가 권리를 주장하도록 허용했다. 혁명의 영웅이 전사한 전장은 금융이라는 추상적 영역이다. 화가 다비드는 혁명가가 칼이 아니라 문서를 움켜쥐고 죽어가는 모습을 그려, 증권을 숭고한 것과 동일시했다.[6] 하지만 프랑스에서 부동산으로 뒷받침되는 지폐를 발행하자, 투자자들이 부동산을 대폭 할인된 가격에 얻으려고 지폐를 매점하는 바람에 투기 광풍이 불었다. 혁명은 재산을 재분배했지만, 교회와

그림 22.1 자크루이 다비드 작 〈마라의 죽음〉(위), 마라가 쓴 편지와 프랑스 아시냐 지폐 부분 확대(아래)

지주로부터 가져온 재산을 재분배받은 사람은 증권화를 이용한 화폐제도가 잘못 돌아갈 경우 이익을 얻는 방법을 아는 영악한 부동산 투기꾼이었다.

🪙 네덜란드의 토지투기

앞에서는 네덜란드 플랜테이션 농장 대출금이 신대륙 토지 증권화를 통해 등장한 핵심 혁신이라는 사실을 살펴보았다. 이러한 채권이 담보로 잡은 것은 수리남 플랜테이션 농장에서 생산한 설탕 및 코코아 상품 계약과 수리남 부동산 자체였다. 테오필러 카제노버Theophile Cazenove는 수리남 농장 등 여러 가지 사업을 벌여 본 네덜란드 사업가이다. 그는 러시아에 있던 처가 쪽 인맥을 동원하여 러시아에서 사업을 하며 국제무역 사업에 처음 진입했지만 1770년에 파산했다. 그다음에는 베르비서에서 플랜테이션 농장을 운영하는 수리남 사업기회를 잡았다. 하지만 1789년에 그는 미국 부채를 인수하여 자금을 댄 네덜란드 은행업자 집단에 고용되어 신생 미합중국에서 투자기회를 물색하는 임무를 받는다. 그는 필라델피아에 정착했다.

카제노버는 독립전쟁이 끝난 후 필라델피아에서 자기와 같은 관심사를 지닌 사람들을 찾아냈다. 거품방지법에서 풀려난 미국인들은 주식회사를 설립하여 수로나 유료도로 같은 기반시설을 짓고 공업을 장려했다. 서부 확장과 정착은 재개되었다. 카제노버는 온갖 회사와 계획을 갖춘 땅투기꾼을 만나고 다니, 명목상 조지 워싱턴을 대표로 두고 버지니아 남부의 상업 교통망을 개발하는 제임스강 회사James River Company에 투자했다. 펜실베이니아 북서쪽 끝인 이리Erie에 넓은 토지를 소유한 펜실베이니아 식민회사Pennsylvania Population Company의 주식도 상당량 매입했다.

펜실베이니아 식민회사가 소유한 토지는 원래 미국 독립전쟁 참전군인에게 지급된 것이었다. 군인들은 진정한 미국식 전통에 따라 서부에 있는 땅을 얻어 정착할 권리증서였던 '상각토지증서Depreciation Certificate(독립전쟁 중 가치가 크게 상각된 달러화 대신 참전군인에게 지급했기 때문에 붙은 이름이다. 관련 토지에도 '상각토지The Depreciation Lands'라는 고유명사가 붙어 있다. ─옮긴이)'를 지급받았다. 여기에는 아시냐 지폐에 숨은 금융기술을 변형하여 적용하였다. 물론 서부에 정착하기 싫다면 토지로 뒷받침되는 상각토지증서를 팔면 된다. 증서를 많이 매입한 사람 중 하나가 상각토지증서를 담당하는 부서 책임자였으며 당시에는 펜실베이니아주 감사원장이던 존 니콜슨John Nicholson이었다. 니콜슨은 카제노버와 로버트 모리스Robert Morris 등 투자자 집단을 조직했다. 모리스는 미국의 초대 재무장관으로서 미국 독립전쟁에 들어가는 자금을 사실상 운용한 사람이다. 한편 미국 역사상 손꼽히는 부자이자 땅투기꾼이기도 하다.

니콜슨이 정직한 방법만 사용한 것은 아니다. 그는 가짜 권리증서나 이름을 사용하여 서부 토지 소유권을 엄청나게 끌어모았다. 상각토지증서를 두고 벌어진 분쟁을 중재하는 공직도 맡았던 니콜슨은 거대한 권력을 휘두르다 결국 이를 남용한 혐의로 탄핵당했다. 그럼에도 일단 취득한 토지는 환수되지 않고 펜실베이니아 식민회사의 자산이 된다. 회사 주식을 네덜란드 투기꾼에게 판 것은 손에 쥔 토지를 현금화하는 수단이었다.

카제노버의 고객은 1792년에 암스테르담에서 홀란트 토지회사

Holland Land Company를 설립했는데, 회사의 큰 틀은 초창기 아메리카 토지회사들과 별반 다르지 않았다. 즉, 서부 토지를 매입하고 개발하려는 투자자들이 설립한 주식합자회사였다. 그해에 카제노버는 고객을 대리하여 로버트 모리스에게서 뉴욕 제니시강 계곡에 있는 땅 1만 3,300제곱킬로미터를 매입했다. 네덜란드의 일반 투자자들이 미국에서 발행한 증권에 큰 관심을 보인 덕분에 홀란트 토지회사 컨소시엄은 채권을 발행하여 토지 매입자금을 마련할 수 있었다. 정확히 말하면 1793년 1월에 제니시강 계곡 토지 중 4,000제곱킬로미터를 담보로 설정한 유통채권을 300만 휠던(길더)에 발행한 것이다. 실제 유통채권의 구조는 복잡했다.

투자자는 미개발지 소유권을 확보했을 뿐 아니라, 신탁을 통해 보유한 미국 정부채에서 나오는 이자수입도 보장받았다. 이 구조는 초창기 뮤추얼펀드라고 할 만하다. 다만 홀란트 토지회사 유통채권의 기초자산 중 일부는 환금성증권이 아니라 뉴욕주 서부에 있는 미개발 삼림이었다. 대체 왜 그러한 곳에 투자했을까?

홀란트 토지회사의 주주인 피터르 스타드니츠키Pieter Stadnitski는 이 땅에서 나중에 어떻게 이윤이 발생할지 설명하기 위하여 서부 토지에 거대한 정착 바람이 불 것임을 상세한 계산을 통해 예견하는 책을 펴냈다(물론 아메리카 원주민 국가와 분쟁이 발생할 가능성은 있었다). 이 계획의 목적은 미국인뿐 아니라 유럽을 떠나 미국의 변경으로 이주하여 새 인생을 시작하려는 프랑스인·네덜란드인·독일인에게도 아메리칸드림을 부추기는 데 있었다. 이들은 회사가 제공하는 신용대출을 이용하여 부동산을 사서 정착할 것이고, 그 후 10년 정도가 지나면 정착민들이 대출을 갚고 농장과 도시를 세울 것이며, 그 덕분에 더 많은 정착민이 몰려오면서 회사는 이익을 긁어모으게 될 것이었다. 물론 현실은 스타드니츠키의 예상을 크게 벗어났다.

네덜란드가 프랑스에 사실상 합병되었던 바타비아공화국 시절 일어난 정치적 격변 때문에 홀란트 토지회사 유통채권의 가치는 곤두박질쳤다가 미국 정부채에서 나오는 수입으로 이자지급을 보장한 덕분에 어느 정도 가치가 회복되었다. 결국 회사는 투자자와 새로 협상해야 했다. 채권을 회사 지분으로 교환해 주겠다고 제안한 것이다. 유통채권 구조를 아무리 영리하게 짠다 한들 결국 채권투자는 서부 황무지를 개발하고 사람들을 이주시키는 장기계획과 잘 맞지 않았다. 그런데 이상하게도 계획이 지나치게 낙관적이었고 처음부터 어긋날 운명이었는데도(두 번 실패한 후 미국 혁명사상 가장 불미스러운 사기꾼들과 한통속이 된 사업가에게, 미국을 가 본 적도 없이 이상주의에 빠진 네덜란드 상인들이 공동으로 투자금을 믿고 맡긴 투기사업체였기에 하는 말이다) 투자자들은 제안받은 그대로 조건을 수락했다. 그리고 그 후 50년 동안 이리운하의 도움을 받으며 느리지만 꾸준히 개발이 진행된 끝에 큰 수익을 올린다. 뉴욕주에 정착지가 생기기 시작하고 경작지가 넓게 확장된 것은 네덜란드 금융업자들이 지닌 진취적 전망과 신생 국가의 미래에 대한 근거 없는 믿음 덕분이다. 물론 미국 토지를 대상으로 한 투자가 모두 이렇게 성공하지는 않았다.

🪙 자본 거품

미국사에는 자신의 금융재원을 넘어 투기한 부동산 개발업자 이야기가 차고 넘친다. 미국의 서부개척은 대부분 투자자와 투기꾼이 세운 토지회사를 중심으로 조직되었다. 워싱턴 DC에는 1794년에 연방당 시대Federalist Era(연방당이 세를 떨쳤던 18세기 말을 일컫는 용어 – 옮긴이) 양식에 따라 건축한 이래 지금도 아름답게 보존된 건물 휘트 로Wheat Row가 있다. 건축 당시에는 도시가 성숙하고 빈 공간이 채워지면 얼마나 멋질지 보여 주기 위하여 일종의 본보기로 지은 연립주택이었다. 이 집이 완공되었을 때 백악관과 미국의 의회의사당은 아직 공사 중이었다. 땅투기꾼 제임스 그린리프James Greenleaf가 컬럼비아 특별구District of Columbia(워싱턴 DC의 정식 명칭이다. DC 역시 '컬럼비아 특별구'의 약자이다. – 옮긴이)의 미개발지를 조급하게 매입해 새 수도를 만들어 내는 데 시동을 걸며 세운 여러 계획 중 사실상 유일하게 남은 것이 시 남동부 4번가에 있는 이 건물이다. 그린리프가 지녔던 선견지명은 미국 최대의 부동산회사에 흥망성쇠를 가져오기도 했다. 새 도시를 건설하기도 전에 담보로 잡고 대출해 주다가 위기가 발생한 것이다.

그린리프는 미국 독립전쟁 당시에 암스테르담으로 이주하고, 신생미합중국이 네덜란드에서 돈을 빌리도록 주선한 보스턴 출신 금융업자이다. 그는 네덜란드인 아내를 버리고 미국으로 돌아온 후 땅에 투기하기 시작했다. 정부가 포토맥강 둑에 있는 습지로 수도를 옮긴다고 결정한 데서 자극받은 그는 자기가 세운 중에서도 가장 야심찬 계획을 수립한다. 1790년 제정된 수도설립법Residence Act에 따라 새 나라의 수도는 뉴욕에서 컬럼비아 특별구로 영구히 이동하였으며, 이에 따라 토지 횡령도 발생했다. 얼마나 멋진 기회였을지 상상이 가는가! 정부청사뿐 아니라 주택·호텔·가게·거리·다리 등 필요한 모든 것을 지으며 수도를 완전히 새로 만드는 것이다. 제일 먼저 진출하기만 한다면 대체 무슨 짓을 해야 실패할 수 있을까?

그림 22.2 워싱턴 DC에서 최초로 건축된 벽돌집 휘트 로. 제임스 그린리프와 동업자들이 부동
산 소유권을 담보로 설정하여 네덜란드에서 채권을 발행한 돈으로 워싱턴 토지 매
입자금을 조달했던 1794년에 건축되었다. 이들의 사업은 실패했다.

제임스 그린리프는 1793년과 1794년, 네덜란드 자본시장에서 새 수도의 빈 땅을 모두 살 수 있을 돈을 빌렸다. 이 사업을 같이한 동업자는 로버트 모리스와 존 니콜슨이었다. 3인방은 컬럼비아 특별구의 부지 1만 곳을 취득하고, 공공건물을 지을 돈을 마련하려고 네덜란드에서 차입금을 더 마련했다. 부동산은 홀란트 토지회사의 유통채권과 매우 유사한 형태를 통해 공개리에 발행·거래되는 채권의 담보로 제공되었다. 하지만 그린리프가 발행한 유통채권은 원했던 대로 잘 돌아가지 않았다. 발행한 수량 중 약 20퍼센트 정도만 팔렸기 때문에, 미국의 새로운 수도를 개발하려고 설립된 회사는 처음부터 고통스럽고 해결될 전망도 없을 만큼 깊은 부채의 수렁에 빠졌다.

현금이 절실했던 그린리프·니콜슨·모리스는 신생 회사의 주식을 발행해 보기로 했다. 이들은 1795년 2월에 소유한 부동산을 한데 모아 북아메리카 토지회사North American Land Company를 설립했다. 유럽과 미국에서 지분 형태로 자본을 모아 빠르게 워싱턴 DC를 건설해 나가자는 계획이었다. 그린리프·모리스·니콜슨은 뉴욕주에서 조지아주에 걸친 광대한 미개발지에 출자했다. 세 사람은 모두 미국이 애팔래치아 산맥 너머로 확장해 나갈 수밖에 없으리라고 확신하며 서부의 황무지를 매입했다. 북아메리카 토지회사는 토지 1만 6,000제곱킬로미터를 보유한 상태로 출범했다.

안타깝게도 회사에는 한 가지, 바로 수입이 부족했다. 주식을 발행하여 얻은 자본 규모는 기대에 못 미쳤다. 유럽에서는 프랑스혁명에 이어 전쟁이 발발했기 때문에 채권도 주식도 별 관심을 끌지 못했다. 그린리프는 7월에 약삭빠르게 자기 주식을 회사에 상환하고 대신 워싱턴 DC에 보유한 건물을 담보로 잡은 약속어음을 받아 갔다. 이들이 미국의 미개발지에 빚을 얻어 세운 거대제국은 휘청거렸다. 청구서를 받아도 지불하지 못했다. 세 사업가 모두 빚쟁이를 피하여 숨거나 채무자 형무소에서 시간을 때웠다. 미국 혁명에 공헌한 로버트 모리스가 파산하는 광경을 보고 미국 전체가 받은 충격은 엄청났다. 이는 미합중국에서 포괄적 파산법이 최초로 통과되는 계기가 되었다.[7]

제국이 서쪽을 향할 것이고 워싱턴 DC가 대도시로 성장할 것이라는 데서 그린리프·모리스·니콜슨은 옳았다. 다만 자기들 꿈이 실현되는 데 걸릴 시간과 그동안 버틸 비용을 잘못 계산했을 뿐이다. 이들은 존 로와 마찬가지로 수 세기 후에는 엄청나게 가치가 올라갈 실물자산을 가지고 있었다. 돈의 시간가치는 중요하다. 금융을 이용하여 지형을 바꾸어 놓는다는, 즉 새로운 종류의 도시를 창조한다는 이들의 전망은 특히 미국적이었다. 미합중국은 19세기 동안 대륙을 가로질러 서쪽으로 행진하면서 뗏장집sod house(뗏장, 즉 잔디를 뿌리째 떠낸 흙을 벽돌 대신 쌓아 올린 집 - 옮긴이), 경골구조balloon-frame 가옥, 예술적으로 아름답게 설계한 도시, 시카고처럼 대평원 위에 세운 격자형 도시, 샌프란시스코처럼 언덕 위에 세운 도시 등 새로운 건축구조와 이를 만들 자금조달 방법을 다양하게 실험했다. 이처럼 대륙을 급격하게 변혁하는 자금은 부동산 투기에서 나왔다.

유럽인이 보기에는 언제가 되었든 1720년에 일어난 주식시장 거품 붕괴에 비견할 사건이 일어날 수밖에 없었다. 프랑스 정부는 1834년에 경제학자 미셸 셰발리에Michel Chevalier를 파견하여 미국 경제제도를 연구하도록 했다. 그가 미국 부동산 투기를 보고 남긴 글은 길게 인용할 만하다.

모든 사람이 투기를 하고, 모든 것이 투기 대상이 되었다. 엄청나게 대담한 사업이 성원을 받고, 모든 계획이 투자자를 얻는다. 이 나라는 메인주에서 레드강에 이르기까지 전체가 거대한 캥캉푸아 거리로 변해왔다. 투기가 상승세에 있을 때 언제나 그렇듯이 지금까지는 모두 돈을 벌었다. (중략) 북부 땅에 사는 비전문가들은 그 지역의 값진 목재림을 사야 하느냐는 문제로 서로 논쟁한다. 남쪽 끝에서는 미시시피늪, 앨라배마와 레드강 근처 목화 재배지가, 서쪽으로 가면 일리노이와 미시간의 옥수수밭과 목장이 경쟁 대상이다. 몇몇 신도시가 보여 준 유례없는 성장은 이 나라의 자랑이 되었다. 미국의 황무지 중 이점이 있는 곳이라면 10년 안에 런던과 파리가 각각 서너 개, 리버풀이 열두어 개 정도 들어서서 거리와 건물을, 창고가 빽빽하게 들어선 부두를, 돛대가 빼곡히 선 항구를 뽑낼 것처럼 수요가 몰린다.[8]

셰발리에의 관찰 결과는 19세기뿐 아니라 21세기에도 여전히 사실에 부합한다.

🪙 유럽의 혁신을 돌이켜 보면

유럽은 18세기에 금융혁신을 겪은 결과 중국과 다른 경로를 밟게 되었다. 18세기는 확률론적 사고 및 수학이라는 혁신과 함께 시작했다. 지폐를 발명하고, 주식회사를 수없이 창의적인 방향으로 사용하면서 이 시기에 처음으로 거대한 거품이 일었다. 한편 18세기에는 투기라는 거친 힘의 고삐가 풀려 사회질서가 전복되고, 금융시장과 금융 사고방식에 도덕적 반발이 일어났다. 진지하게 금융의 힘을 규제하고 통제하려는 시도도 여러 번 있었다. 영국에서는 회사, 시장, 은행뿐 아니라 부동산담보대출까지 규제했다.

거품이 꺼진 후 네덜란드 금융계는 비교적 안전하게 채권에서 수익을 얻으려는 일반 투자자를 위하여 금융도구를 점점 더 정교하게 발전시키는 데 앞장섰다. 암스테르담 같은 네덜란드 대도시는 상업무역 자금을 대는 수단을 고안해 냈다. 처음에 플랜테이션 대출제도는 대서양 교역자금을 대는 수단이었지만 이 금융혁신에 앞장선 상인들은 결국 세계 최초의 투자은행가로 진화했다. 이들은 상업무역도 계속했지만 자산담보부증권을 인수하거나 발행하여 엄청난 이익을 올릴 수 있다는 사실도 알아차렸다.

미국 독립전쟁은 대서양 연안에서 새로운 금융제도가 발달하는 데 핵심 역할을 했다. 앞에서 살펴본 대로 미국인들은 주식시장과 지폐에 반발하고 유럽에서 나타난 규제를 회피했다. 경화가 만성적으로 부족했던 식민지에서는 존 로가 통찰했듯 금융공학이 매우 중요했다. 미국에는 화폐가 부족한 반면 땅이 풍부했기 때문에 금융체제에서 별 도리 없이 부동산을 담보로, 즉 가치를 뒷받침하는 원천으로 사용하게 되었다. 초창기 미국 토지회사는 1720년에 거품을 일으킨 회사들이 떠난 장소를 차지했다. 식민지에서 힘 있는 가문들이 오하이오 계곡에 사람들을 정착시키려고 만든 여러 회사는, 신대륙에서 흘러나올 부를 꿈꾸며 1720년에 거품을 일으킨 동종 회사들의 메아리였다. 미국 독립전쟁이 끝난 후 미국인뿐 아니라 네덜란드 상인 겸 은행업자도 이러한 꿈을 실현하려고 회사를 설립하였다.

신생 미합중국이 진 부채를 증권화하여 재산을 늘린 바로 그 투자은행업자들이 땅투기에 뛰어들기도 했다는 사실도 흥미를 자아내지만,

이들이 홀란트 토지회사를 빈틈없이 경영하여 큰 성공을 거두었다는 사실은 그보다 두 배는 더 흥미롭다. 이들은 로버트 모리스, 제임스 그린리프, 존 니콜슨 세 명 모두와 거래하면서도 세 명이 맞은 운명을 피해 갔다. 미국인 동업자들이 어리석게도 자금을 확실하게 확보하지도 않고 부동산을 사들이느라 워싱턴 DC에서 맞은 대실패를 네덜란드 은행업자들은 대체로 회피해 냈다. 반면 워싱턴이 진 채무를 인수한 암스테르담 금융기관은 명성에 심각한 타격을 받았다. 부주의했던 미국 은행을 쓰러뜨린 최근 주택담보대출 위기가 생각나는 대목이다.

18세기 대서양을 넘어 오가며 계속된 지폐 실험은 금융역사상 가장 창의적인 사례로 꼽힌다. 실험 결과 무엇보다도 자산으로 뒷받침되는 화폐가 어떤 잠재력을 지녔는지 자세히 알게 되었다. 그리하여 은행이란 대출금을 화폐로 바꾸는 제도구조라고도 볼 수 있다는 사실이 입증되었다. 부동산담보대출을 통하여 화폐를 발행한 아메리카 식민지 토지은행과, 부분지급준비금 보관제도의 초창기 사례로서 예수금의 권리증서를 발행하여 지폐를 발명한 중국을 대조해 보면 매우 흥미롭다. 둘을 비교하면, 서로 다른 필요 때문에 발달한 금융기술도 결국 수렴 진화하여 매우 비슷한 해법에 도달하기도 한다는 사실을 알게 된다. 아시냐 지폐나 부동산청구권이 부여된 상각토지증서를 발행한다는 발상을 살펴보고 나면, 금이나 은으로 달러가치를 뒷받침한다는 개념은 매우 따분해 보일 정도이다.

18세기에 새로 등장한 복잡한 금융의 세계를 헤쳐 나가려고 시도한 상인·투자자·사업가·시민을 생각할 때면, 현대 금융학을 연구해 온 나조차도 보험계약·유통채권·주식·뮤추얼펀드·토지증서·플랜테이션 대출과 다양한 지폐·환어음·유상증자 등, 이 특별한 세기 동안 융성한 놀라운 상품들을 이해하는 데 부담을 느낀다. 내가 보기에 이 시기에 일어난 금융 사고방식과, 이 사고방식을 확장하기 위한 수학도구의 발달은 절대적으로 불가피했다. 18세기가 끝날 무렵 금융은 여러 가지 형태로 현재와 미래를 중개하는 체계가 되었다. 금융은 미래에 정부가 얻을 수입과 사업체나 금융상품에서 나오는 이익을 모두 현재의 가치로 이전하는 도구로 사용되었다. 한편 명목화폐가 만들어 낸 기초적 역설, '아무런 실체가 없다'는 문제를 해결하려고 밀고 나가기도 했다. 절대국가라면 교환수단을 법으로 강제할 수 있지만 아니라면 이를 자산으로 뒷받침해야 한다. 만성적으로 채무에 시달리는 나라, 현금이 부족한 식민지와 혁명정부는 토지처럼 현금화하기 힘든 자산을 공공연히 거래되는 채권과 지폐 같은 환금성자산으로 바꾸는 수단에 의지했다.

4부

국제금융시장 출현

🪙 국제분쟁

4부는 지금까지 영웅과 악당 역을 동시에 연기했던, 아니 더 적확하게 말하자면 도덕에 확신이 없는 주인공 역을 맡았던 금융기술 이야기의 종막이다. 금융에 내재한 문제와 가능성은 근대에 들어 문명의 방향 자체를 둘러싸고 분쟁을 일으켰다. 1부에서는 최초의 도시국가를 살펴보면서 금융 덕분에 복잡한 정치조직이 출현했다는 사실을 알아보았다. 물론 불확실한 미래를 계약하느라 발생하는 비용도 있었는데, 예를 들어 빚을 갚지 않았다가는 노예가 될 수도 있었다. 이러한 구조에는 국제분쟁과 정치 분열의 씨앗이 숨어 있다.

3부에서는 중세 유럽에서 최초로 나타난 금융상품과 금융 사고방식을 살펴보는 한편, 이에 반발하여 고리대금을 금지하고 금융기술을 본질적으로 부도덕하다고 정의하는 움직임도 알아보았다. 그리고 나서 금융 사고방식의 출현을 확인하였다. 즉, 불확실성을 분석하는 수학적 기법이 생겨났고, 위험 분담은 물론 전 세계의 식민지화까지 모두 다 이룰 수 있는 주식회사라는 막강한 조직에 대한 꿈도 꾸게 되었다. 이제 4부에서는 예전과 마찬가지로 금융이 비윤리적이라고 다시 한번 규정되고, 사유재산과 자유경영 등 금융기술을 뒷받침하는 기본 원칙에 반대하는 솔깃한 주장이 등장했음을 살펴볼 것이다. 이처럼 사회에서 금융이 수행하는 역할을 둘러싸고 활발하게 전개된 변증법은 20세기 초에 최고조에 달했고, 세계는 말 그대로 둘로 갈라졌다.

베네치아가 정부채를 발명하자 그 이후 여러 세기 동안 한 나라가 발행한 채권을 다른 나라 시민이 보유하는 상황이 발생했다. 이 금융구조가 낳은 결과가 식민지화이다. 어떤 민족국가가 발행할 채권을 매입

수에즈운하 건설자금을 조달하기 위해 발행한 채권

한 대부자가 현대화된 대규모 군대를 보유한 나라 출신일 경우 문제는 심각해진다. 4부에서는 이 문제가 형성한 근대 민족국가 간 관계를 살펴본다. 특히 영국 같은 국가가 타국의 통제력을 약화시키는 도구로 채권과 영국의 자본시장이 지닌 힘을 활용했음을 알아볼 것이다. 기원전 제3천년기에 움마와 라가시가 분쟁을 벌이고 배상금을 청구한 일은 19세기와 20세기에도 계속되었다.

결국 세계는 국가채무가 야기한 최악의 쟁점을 해결할 방법을 고심하게 되었다. 예컨대 국제통화기금IMF과 세계은행WB 같은 현대적 국제기구는 금융이 야기한 정치문제를 완화하려는 목적으로 설계되었다. 이러한 기구는 민족국가들이 체결한 국가채무계약을 군사력으로 강제하지 않으려 노력한다. 좋은 사례가 유로존 안에서 벌어지는 정치적 타협 절차이다. 4부의 핵심 주제는 현대 국제채무이다.

🪙 주식 국제화

책의 마지막 부분인 4부에서 두 번째로 중요한 주제는 투자기회가 사회 모든 계층에게 열렸다는 것이다. 1720년에는 기이한 천재성이 현실화했다. 그리하여 상상력을 사로잡고 지갑을 여는 놀라운 힘이 주식시장에서 출현했다. 19세기에 전 세계에서 투자시장이 출현한 덕분에 사람들은 저축하고 투기하여 경제적 미래를 계획하고, 단숨에 부자가 될 희망과 꿈을 거래하게 되었다.

사회자산이 이처럼 새로운 형태로 설정되자 제도적으로나 지적으로 다양한 결과가 나타났다. 투자시장이 열리자 투자자들은 더욱 큰 이익을 올리고 더욱 다양하게 분산투자할 방법을 탐구하였으며, 결국 필연적으로 국제투자를 하게 되었다. 유럽 자본은 지구 곳곳을 찾아 수익을 추구하는 한편 위험도 퍼뜨리면서 주식을 국제화했다.

이제는 주식시장을 통한 투자과정을, 그리고 이 과정이 세계로 퍼져 나가며 나타난 문화적 반응을 추적할 것이다. 영국·러시아·중국·미국 등 여러 사례를 연구하여 근대 주식시장의 발전을 살펴본다.

존 메이너드 케인스John Maynard Keynes는 경제를 성장시키는 기본 요인이 동물적 감각이라고 주장한 것으로도 유명한데, 우리는 이 동물적 감각이 1720년에 풍부했다는 사실을 이미 앞에서 확인하였다. 4부에서는 금융시장에서 희망과 절망, 심지어 분노까지 나타나는 패턴을 살펴볼 것이다. 새 시장과 새 기술에 투자하려는 낙관론의 물결은 언제든 갑자기 반대 방향을 향할 수 있다. 주식가치가 폭락하면 사람들은 시장에 신뢰를 놓게 되고, 투자자의 지갑을 여는 힘은 주가와 함께 빠져나간다. 주식시장의 힘을 믿어야 그 힘을 유지할 수 있다는 사실은 매우 중요하다.

확률수학에서 발견한 분산투자의 과학은 근대에 일어난 금융 발전 중에서도 가장 중요한 것으로 꼽는다. 분산투자의 과학은 국제금융시장에 폭넓게 접근하게 된 전 세계 투자자의 주요 행동을 예측한 결과, 전 세계 모든 투자자는 전 세계 모든 자산을 동일한 비율로 보유하게 될 것이라고 보았다. 다시 말하면 투자시장에 마찰이 없다고 가정할 경우 프랑스에 있는 가정과 캘리포니아에 있는 거대 연기금이 동일한 주식을 보유할 것이라는 말이다. 그리고 이 포트폴리오에는 전 세계 모든 주식(정확히 말하자면 채권 등을 포함한 모든 증권)이 조금씩 들어 있을 것이다. 이론에 따르면 전 세계 사회 구성원들은 금융 덕분에 같은 것을 공유하게 될 것이다. 소규모 투자자는 근대에 들어서야 잘 분산된 투자 포트폴리오를 보유할 수 있었다. 이 이론이 발전한 과정, 그리고 투자자들이 이처럼 기이하게 평등한 포트폴리오를 보유하게 된 과정을 석명하는 것 역시 4부의 핵심 주제이다.

　마지막으로 주식투자 국제화가 국경을 초월한 이해상충을 불러왔다고 주장한다. 국제화는 민족주의적 열정에 불을 붙인다. 그것은 국내 정치의 영향력과 회사를 통제하는 힘을 약화시킨다. 이처럼 주식투자자와 민족국가 사이에 벌어지는 분쟁이 현실에서는 아직 만족스럽게 해결되지 않았다. 4부 마지막 부분에서는 이러한 분쟁의 미래를 탐구한다. 그리고 앞으로 문제를 해결할 방법 몇 가지를 모색해 볼 것이다.

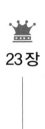

23장

마르크스와 시장

굳고 녹슨 관계 그리고 그 산물인 오래되고 신성한 관념과 견해는 모두
해체되었고, 새로 형성된 것은 굳기도 전에 낡은 것이 되어 버린다. 신
분적이고 정체된 것은 모두 증발하고, 신성한 것은 전부 모욕당한다.
그리하여 사람들은 마침내 자신의 사회적 지위와 상호 관계를 좀 더 냉
철한 눈으로 바라볼 수밖에 없게 되었다.[1]

카를 마르크스Karl Marx와 프리드리히 엥겔스Friedrich Engels는 이렇게
자본주의가 무자비하게 혁신을 향해 돌진하며 전통 사회를 없애 버렸다
고 묘사했다. 두 사람은 1848년에《공산당선언Manifest der Kommunistischen
Partei》을 출간하여 자본주의에 싸움을 걸었다. 이 책은 이 세계가 무엇
이 잘못되었고 이를 어떻게 고칠 것인지 풀어냈다. 두 사람이 보기에
사회문제의 뿌리는 돈, 저축, 투자였다.

📚 그저 한 권의 책

제니 마르크스Jenny Marx가 런던 소호 지역 딘 거리Dean Street 28번 지에 장만한 새 집을 보고 얼마나 놀랐을지 상상하기는 힘들다. 오늘날 이곳에서는 식당 하나가 고급 가게와 술집에 둘러싸여 활발히 영업하고 있지만, 1849년 당시 소호는 형편없는 빈민가였다. 프로이센 남작의 딸이었던 제니는 삶이 힘들어지리라는 사실을 알면서도 지적이고 질풍노도 같은 카를 마르크스와 결혼했다. 처가의 사회적 지위가 높은 데다 제니의 오빠가 프로이센의 내무부 장관을 지내기도 했지만, 어쨌거나 분명한 위험인물이었던 카를 마르크스는 결국 프로이센에서 추방당한다. 그는 1848년에 파리에서 발발한 혁명을 지지했다가(2월 혁명), 얼마 안 가 혁명이 진압당하자 벨기에로 몸을 피했다. 그리고 다시 쾰른으로 이주하여 급진신문의 편집자 일을 하다가 두 번 기소당했으며, 그중 두 번째로 재판받을 때는 폭동 교사 혐의를 받았다. 프로이센과 프랑스에서 추방당한 그를 받아 줄 몇 안 되는 나라 중 하나가 영국이었다. 마르크스 가족은 사업가이자 공산주의자인 프리드리히 엥겔스에게 재정지원을 받았어도 돈이 부족하여 소호에 있는 아파트 3층에 들어갈 수밖에 없었다. 제니가 보기에 그 후에도 삶은 별로 나아지지 않았다. 아들은 결핵으로 죽었고, 자신은 빚쟁이에게 끊임없이 애원해야 했으며, 집에는 가구도 별로 없을뿐더러 그마저도 언제든 압류당할 처지였다. 하지만 이곳은 현대에 가장 중요한 책이 등장한 장소이다. 마르크스는 이 조그마한 아파트에서 《자본론Das Kapital》을 구상하고 그중 대부분을 집필했다. 이곳에도 한 가지 큰 장점이 있었다. 딘 거리에서 조금만 걸어가면 나오는 대영도서관에서 마르크스는 자본주의의 역사

그림 23.1 런던 첼시에 있는 건물. 바로 카를 마르크스가 살며 《자본론》을 쓴 곳이다.

를 다룬 엄청난 자료를 접했다. 런던은 유럽 자본주의의 요람이자 이를 가장 격렬히 비판한 사람의 도시로서 현대 세계를 만들어 낸 변증법을 출산한 셈이다.

《자본론》은 여러 해에 걸쳐 집필된 방대한 책이라 단계별로 완결되었다. 마르크스와 제니는 소호에서 8년을 보낸 후 프림로즈 힐에 있는 엥겔스의 집에 더 가까운 빈민가로 이사했지만, 앞서 삶의 쓰라림을 겪은 마르크스는 사회를 더욱 날카롭게 비판한다. 《자본론》은 어떤 의미에서 일생에 걸친 증오의 역작이고, 투자자계급이 노동자계급을 희생시키는 경제체제에 대한 공격이다. 《자본론》 1권은 1867년에 출간되었다. 2권과 3권은 마르크스가 죽은 후 프리드리히 엥겔스가 편집하여 1894년에 출간했다.

카를 마르크스보다 한참 앞서서도 시장요소·은행·주식시장·대출·투자를 비판하는 의견은 나왔다. 하지만 《자본론》은 자기 나름의 관점에 따라 자본주의를 다시 정의하고, 그 운명을 예측했다는 데서 참신하다. 마르크스는 자본주의가 겪을 실패의 씨앗이 경기주기에 있다고 주장했다. 산업화한 경제에 거대한 불황이 닥치면 프롤레타리아(무산계급)는 자본가에게서 생산수단을 빼앗아 올 충동을 느끼게 될 것이다. 그 사이에 자본주의는 노동자계급의 피를 무자비하고도 체계적으로 빨아먹을 것이다.

🪙 간단하게 살펴보는 자본론

마르크스가 보는 세상에서 모든 것의 가치는 이를 만드는 데 들어가는 노동량에 따라 결정된다. 마르크스는 19세기 초에 활동하며 큰 영향을 끼친 명민한 경제학자 데이비드 리카도David Ricardo의 '가치는 생산 공정에 투입되는 인간의 노동력에 따라 결정된다'는 주장에서 시각을 빌려 왔다. 리카도를 재해석한 마르크스의 이론에 따르면 돈은 특정 상품을 생산하는 데 필요한 노동량을 숨기기 때문에 나쁘다. 차익거래자는 이처럼 왜곡을 일으키는 돈의 기능을 활용하여 상품을 사고팔며 이익을 남긴다. 노동자에게 근근이 살 정도만 임금을 주는 한편, 뒤돌아서는 노동가치를 더 이상 찾아보기 힘들 정도로 높은 가격에 물건을 팔아 마련한 것이 바로 주식회사의 배당금이다. 자본가는 생산수단을 장악하여 잉여노동력을 만들어 내고 비축한다. 기계화와 생산성 향상은 이윤을 높이고 실업을 일으키고, 그리하여 값싼 예비 노동력이 확대된다. 하지만 실업은 수요를 낮추며 따라서 이윤도 떨어진다. 이처럼 생산성 향상과 실업이 반복되면 자본주의 경제에는 주기적으로 위기가 닥친다. 그러다 언젠가는 순환이 깨지고 노동자는 생산수단을 장악할 것이며 따라서 스스로 자기 노동력으로 만들어 낸 잉여가치를 얻게 된다. 마르크스나 한 세기 동안 존속한 마르크스 경제학파에게 양해를 구하여 말하자면, 《자본론》을 이 정도로 간략하게 요약할 수 있다.

학자들은 세대를 거듭해 《자본론》 논쟁을 벌여 가며 노동가치론 등 이 책에 나온 주장의 주요 허점을 지적해 왔다. 하지만 이 책의 논리적 한계는 그다지 중요하지 않다. 《자본론》이 역사에 엄청난 영향을 끼쳤다는 사실에는 논쟁의 여지가 없다.

화폐가 발명되고 채권이 이탈리아에서 최초로 발행되면서 시작된 금융기술은 마르크스의 주장에서 기본을 이룬다.

중세 제노바와 베네치아에 기원을 둔 공공신용제도, 즉 국채제도는 공장제수공업manufacture 시대에 유럽 전체로 전파되었다. (중략) 하지만 그리하여 나타난 게으른 금리생활자 계급, 정부와 국민을 중개하는 금융업자가 일확천금으로 얻은 부, 징세청부인·상인·공장주가 온갖 국채 중 상당 부분을 마치 하늘에서 떨어진 듯 받아 자본으로 이용하여 일확천금으로 얻은 부는 차치하더라도, 국채는 주식회사와 온갖 유가증권 거래와 투기업을, 다시 말해 증권투기와 근대 은행지배를 만들어냈다.[2]

마르크스가 보는 역사에서는 베네치아와 제노바가 정부채를 발행하자 상장주식회사가 발달하여 결국 현대 자본시장이 등장한다. 그가 보기에는 좋지 않은 일이다. 그가 쓴 글에는 중세 스콜라 철학자가 사용했던 도덕적 비난이 가득하다. 마르크스는 채권보유자를 '게으른 연금생활자'라고 본다. 자본가와 노동자를 구분하는 시각은 이해하기 힘들 정도로 이론적이고 과장되어 보일지 몰라도, 신기하게도 결국은 세계 여러 나라에서 혁명을 정당화하며 20세기 중 거의 50년 동안 동과 서를 갈라놓았다. 사회적 형평성 관점에서 금융사를 자세히 비판하는 시기가 서양철학사 중 한때나마 이어졌다.

《자본론》은 사회 모든 측면을 해석하는 포괄적 모형을 제시한다. 이 책은 현대 학문용어를 빌리면 궁극의 '해석학' 문헌으로서 역사·정치·경제·대인관계, 심지어 가족을 이해하는 관점을 제시한다. 그 방법은 사람들을 계급에 따라 전형화한 후 계급의 이익에 따라 행동한다고 간주하는 것이다. 마르크스는 《어리석음을 비추는 위대한 거울》에서 살펴본 우의적 상징(21장 참고) 등 유럽 전통에 잠재한 원형을 사용하면서도 여기서 그치지 않고 더욱 발전시켰다. 예를 들어 그가 저축자를 어떻게 그렸는지 살펴보자.

따라서 축재자는 육체적 욕망을 희생하는 배금주의자이다. 금욕의 복음을 진심으로 믿는다. 한편 그는 상품 형태로 유통시킨 정도까지만 화폐 형태로 끌어낼 수 있다. 더 많이 생산할수록 더 많이 판매할 수 있다. 따라서 근면·절약·탐욕이 3대 덕목이요, 많이 팔고 적게 사는 것이 경제학이다. (중략) 화폐의 양적 제한과 질적 무제한 사이에 존재하는 모순은 축재자가 시지프스같이 노동하여 축적하게 만드는 박차 역할을 한다.[3]

마르크스가 말하는 매점매석자는 구두쇠의 원형 그대로이지만, 또한 억압된 리비도적 욕망을 돈으로 전이한 배금주의자의 특징도 보여 준다.

다른 시대였다면 《자본론》은 서사시(단테의 《신곡》 중 지옥편)나 소설(토머스 모어Thomas More의 《유토피아》), 또는 풍자문학(에라스뮈스의 《우신예찬》) 형태로 쓰였을지도 모른다. 매점매석자처럼 자본주의체제에 갇혀 목적도 없이 영원히 노동하라는 저주를 받은 사람들의 세상을 그렸다는 관점에서 보면 《자본론》에 가장 가까운 것은 《신곡》 지옥편이다. 마르크스는 《자본론》에서 독자를 근대 산업국가라는 생지옥 밑바닥까지 인도하는 영혼 역할을 한다. 그의 목적은 사회의 악과 결점을 드러내는 것이다. 그런데 무시무시하게도 《자본론》은 지옥에서 탈출하는 길을 보여 주지 않는다. 그저 마지막에 종말을 맞을 것이라고 예측할 뿐이다. 문제만 제시할 뿐 해결책은 제시하지는 않는다.

《자본론》이 지옥을 그렸다면 《공산당선언》은 구원으로 가는 길을 안내한다. 마르크스와 엥겔스는 프랑스혁명을 영감의 원천으로 삼아 지배계급을 폭력으로 전복해야만 한다는 생각을 받아들였다. 그러기 위하여 두 사람은 공산당의 목적을 말한다.

공산주의자의 다음 목적은 나머지 모든 프롤레타리아 정당과 동일하다. 즉 프롤레타리아트를 계급으로 만들고, 부르주아지 지배를 뒤엎으며 프롤레타리아트의 손으로 정치권력을 장악하는 것이다.4

이를 달성하고 나면 공산주의자는 계급이 없는 사회를 새로 건설하게 된다. 이들은 사유지를 모두 점령하고 누진세를 무겁게 부과하며 상속을 없애고 해외로 이주하거나 저항하는 사람의 재산을 몰수하며 은행·신용·언론·교통·생산·농업을 국영화하고 모든 이를 산업군으로 편입하여 육체노동을 동등하게 배분하고 사람들을 도시에서 시골로 이주시키고 아동노동을 금지하며 공업생산과 결합된 무료학교를 설립할 것이다. 이처럼 급진적인 계획이 실현되리라고 믿기는 힘들다. 하지만 내가 어린이였던 냉전 시절, 소비에트연방과 중국인민공화국 영토에서는 최소한 이론적으로나마 이러한 정책이 법으로 실현되었다.

🪙 세계 소식

자본가를 신랄하게 비판한 엥겔스가 맨체스터에서 가족이 소유한 제조업체를 일생 동안 운영한 사실은 역사의 아이러니로 유명하다. 게다가 주식을 사고파는 '투기거래'를 비난한 카를 마르크스 자신도 여러 시장을 관찰하며 열심히 활동한 투기꾼이었다. 그는 런던 증권거래소에서 미국 국채와 영국 주식을 열심히 거래하며 이익을 남겼고, 자기가 시장에서 얻은 성과를 친척에게 자랑하기도 했다. 더욱이 마르크스는 자기 이름을 걸고, 엥겔스는 가끔씩 마르크스의 이름을 빌려서 《뉴욕 데일리 트리뷴New York Daily Tribune》에 기고하던 전문 언론인이었다.

즉, 마르크스는 자본주의를 향하여 역사상 가장 강력한 고소장을 쓰는 한편 1850년대에서 1860년대 초까지 유럽의 정치와 경제를 다룬 소식과 분석 기사를 뉴욕 투자자에게 공급하기도 했다.

마르크스가 《트리뷴Tribune》에 기고한 분석 기사 중에는 매우 흥미로운 글이 몇 편 있다. 보도 기사에는 실증적 증거와 합리적 해석이 필요하지만, 마르크스는 당시 세태를 자유롭게 다룬 사건을 내놓기도 했다. 그는 노동계급이 처한 조건, 영국이 중국을 상대로 하던 아편무역, 정신병자에 가하는 부당대우, 미국의 노예제, 인도 식민화 등 수없이 발생하는 불의에 반대하는 도덕의 목소리를 강하게 냈다. 그는 노동조합 운동이 등장하고 주세페 가리발디Giuseppe Garibaldi가 인민혁명을 통해 이탈리아를 통일한 데 박수를 보낸다. 그가 쓴 글은 간결하고 재치 있으며 설득력이 넘친다. 이처럼 생동감 있는 기고문을 보면 그를 용서할 마음까지 들려고 할 정도이다.

《트리뷴》에 기고한 글에서 마르크스는 하나로 연결되어 있는 세상과 지정학적 역학을 묘사한다. 1860년대 세계금융시장은 마르크스가 수천 킬로미터 떨어진 해외시장에서 발행된 채권을 사고팔 수준까지 발달했다. 인도 식민정부가 발행한 채권의 일간 이자율 변동이 논평 대상이 될 정도였다. 언론인 마르크스는 전 지구로 뻗어 나간 시장, 새로운 금융세계의 중심에 있었다. 1720년에 돈이 국경을 넘나들고 주식을 발행하며 세계에서 벌어지는 사건을 보고 투기했던 일련의 사건은 19세기 금융세계를 열기 위한 소규모 총연습이었다.

빅토리아 여왕 전성기에 런던에 살던 사람들은 마르크스와 엥겔스가 쓴 논평이나 선언문보다는 경제 소식을 더 많이 읽었다. 경제 소식의 양은 점점 더 늘어났고, 런던 금융시장은 엄청난 정보를 쏟아 냈다.

자유무역 사상을 주창하며 런던에서 창간된 경제경영지《이코노미스트 *The Economist*》는 매달 50쪽이 넘는 작은 책자에 주식과 채권 시가를 실어 발간했다.《이코노미스트》가 발간한 가격정보지《인베스터 먼슬리 매뉴얼*The Investor's Monthly Manual*》 1869년 12월호를 자세히 읽어 보면 카를 마르크스가 말한 배금주의자 겸 매점매석자(이를 마르크스는 '우리의 친구, 갑부'라고 불렀다)의 세계를 살펴볼 수 있는 창이 있다.

우리의 친구인 갑부가 1870년 새해 첫날 토요일에 1실링 4펜스를 내고 자기가 투자한 금융상품가격이 올랐는지 살펴보는 장면을 상상해 보자. 아마 런던의 플리트 거리 또는 멀리 떨어진 버밍엄, 맨체스터, 헐, 에든버러의 출판업자로부터 정보지를 샀을 것이다. 개인적으로 나는 그 갑부가 나이가 들어 가는 프리드리히 엥겔스라고 상상하고, 그가 리젠트 공원을 향해 걸어 나와 가판대에 들렀다가 정원에 둘러싸인 안락한 자택으로 돌아오는 장면을 그려 보기를 좋아한다. 엥겔스는 1870년 전후에 은퇴하고 투자수익에 의지하여 살면서, 마르크스의 대작을 마무리하며 공산주의 투쟁을 계속했다.

《인베스터 먼슬리 매뉴얼》을 펼쳐 보면 150년 전에 발간된 *Castaing's Course of the Exchange*와는 딴판이라서 놀라움을 자아낸다. 여기에는 전 세계에서 발행된 증권 수천 가지의 가격이 실려 있었다. 갑부들은 1장을 펼쳐 34개 국가와 식민지에서 발행한 정부채 204종의 가격을 살펴볼 수 있었다. 그리고 1870년 1월 당시 전 세계 투자 포트폴리오는 정부채 말고도 다양했다.

갑부들은 남극을 제외한 모든 대륙에서 철도망 건설자금을 대기 위해 동원된 채권·주식·우선주 등 700종이 넘는 철도증권도 살펴볼 수 있었다. 철도에 투자된 자금은 11억 파운드에 달했다. 은행 및 기타 회사(여기에는 새로 몰려온 대륙 간 전신회사도 포함된다)의 가치는 모두 합쳐 530만 파운드였다. 주식시장을 이용하여 자본을 폭넓게 모으고 사회 개선에 쓰자던 디포 같은 선지자의 꿈이 드디어 열매를 맺었다.

🪙 투자가치를 다루는 노동이론

마르크스와 엥겔스라면 자본시장이 만들어 낸 이 엄청난 숫자를 어떻게 보았을지 잠시 생각해 보자. 1870년 런던 증권거래소에서 시세를 발표하던 금융자산 가치는 대략 36억 파운드로, 당시 지구상에 있는 사람들 모두에게 2파운드씩 나누어 줄 수 있는 금액이다. 카를 마르크스가 가치평가 척도로 선호한 노동 단위로 환산해 보면 더 충격적이다. 1860년대 런던에 살던 보통 노동자는 한 주에 20실링, 즉 1파운드를 받았으니 1년에는 52파운드를 번 셈이다.[5] 노동가능기간이 50년이라고 치면 런던 증권거래소에서 거래되던 자본은 노동자 140만 명이 평생 일한 만큼과 동일하다.

1870년 당시 마르크스는 런던 자본시장이 우선은 노동자에게 노예와 같은 임금을 지급하여 가치를 빨아들인 후 초과이윤으로 바꾸고, 마지막으로는 실체가 없지만 증권거래소에서 매일 가치가 매겨지는 자본 증서로 저장하여 엄청나게 많은 노동자의 노동시간을 착취한다고 생각했을 것이다. 마르크스라면 이러한 가격이 환상에 불과하다고, 《인베스터 먼슬리 매뉴얼》에 나오는 숫자는 현실이 아니라고 주장했을 법하다. 마르크스의 관점에서 현실이란 그 숫자로 들어간 노동이다. 1870년 새해 첫날에 빈에 있는 노면전차 회사 주식을 살지 러시아의 철도 대기업 주식을 살지 고민하던 우리의 갑부 친구들은 여러 세대에 걸친 노동자를 착취하여 살아가는 악당일까, 아니면 자신의 경제적 미래를 기꺼이 위험에 빠뜨려 가며 전 세계 기반시설을 현대화하려던 투자자일까? 둘 다 아닐까? 아니면 둘 다일까?

이번에는 36억 파운드란 영국 및 기타 국가의 투자자들이 1870년까지 소비하지 않고 아껴 확보한 순저축액이라고 생각해 보자. 이 자본은 다른 사람을 착취해서가 아니라 투자자 자신이 노동한 데서 나왔다고 상상하자. 그렇다면 이 금액은 엄청나게 큰 노동의 가치가 시간을 뛰어넘어 전달된 것인 셈이다. 비축한 자본은 런던의 일용직 노동자 임금으로 생각하면 140만 명을 50년 동안 부양할 만한 양이다. 영국 인구는 1870년에 대략 2,000만 명이었으니 1인당 금융시장 규모는 180파운드가 된다.

동일한 주식과 채권이 암스테르담·파리·베를린·브뤼셀 같은 자본시장에서도 거래되었고 1870년 유럽 인구는 모두 합쳐 3억 명쯤 되었기 때문에 위에서 말한 숫자에는 속임수가 약간 들어 있다. 그래도 어떤 기준에서 보든, 런던 자본시장이라는 기술은 엄청나게 많이 저장된 인간의 에너지를 과거와 미래 사이에서 중개하고 있었다. 주식과 채권을 발행한 나라와 주식회사는 결국 이렇게 비축한 자본의 현재가치를 증권 소유자에게 약속한 셈이다. 투자자는 자신의 생애주기가 흐름에 따라 그 가치 이상을 소비할 수 있기를 기대했다. 자본은 도둑맞은 노동이 아니라 불확실한 미래라는 위험에 대비하기 위해 막대하게 모아 둔 비축물자였다. 1870년 런던 증권거래소는 현재에 심은 받침대 위에 올라 과거의 저축과 미래의 가능성 사이에서 균형을 잡는 거대한 경제 지렛대였다.

📚 어디에나 시장이

빅토리아 여왕 시대에 자본시장은 종교가 전파되는 속도보다도 빠르게 수십 년 만에 전 세계로 퍼져나갔다. 전 세계 자본시장 중 반 이상이 1880년과 1910년 사이에 설립되었다. 증권거래소의 개화기에 증권거래소 자체보다 더욱 확연하게 변하는 곳은 없었다. 갑자기 모든 국가가 자본의 원천을 원했다. 사실상 모든 주요 국가의 수도에 증권거래소 건물이 올라갔다. 19세기에 왕궁·입법부·대법원 옆에 새로 자리 잡은 증권거래소는 현대성과 진보를 상징하는 건물이었다. 박공과 열주와 새로운 신으로 장식된 증권거래소는 증권가라는 새로운 구역을 만들어 19세기 전 세계 도시의 구조를 바꾸어 놓았다.

수많은 나라가 증권거래소를 지었지만 주식과 채권이 가장 빈번하게 발행되고 거래되는 장소는 여전히 런던이었다. 예컨대 뉴욕 증권거래소의 역사는 1792년까지 거슬러 올라가지만 1880년대에도 미국 철도회사는 대부분의 주식과 채권을 런던에서 매각했다. 미국의 서부 확장 자금 중 일부는 영국 투자자가 공급한 셈이다. 이유는 단순하다. 런던에는 돈이 있었다.

📚 유니버설 증권거래소

런던 중심부에 있는 팰맬Pall Mall 거리 끝에 서 있는 인상적인 건물에는 한 세기 전만 해도 세계금융시장에 투자하는 런던 투자자를 돕던 금융회사인 유니버설 증권거래소Universal Stock Exchange가 있었다. 유니버설 증권거래소는 런던 증권거래소에 비하여 두 가지 이점이 있었다.

첫째, 전신으로 주문을 받았다. 사실상 전자거래소 역할을 한 것이다. 둘째, 적은 비용으로 투자할 수 있도록 설계되었다. 유니버설 증권거래소는 거래 당사자가 거래를 실제로 종결하기까지 3개월 여유를 주었다. 관례에 따라 2주 유예기간 안에 주식을 이전하거나 대금을 납부하지 않고, 잔금을 치르지 않고도 주식을 여러 번씩 거래할 수 있었다. 유니버설 증권거래소는 카를 마르크스가 꿈꾼 악몽 가운데서도 최악인 오늘날 온라인 데이트레이딩 플랫폼의 선구자 격이라고 볼 만하다.

유니버설 증권거래소 뒤에 있던 천재 헨리 로웬펠드Henry Lowenfeld는 오늘날 근대 금융의 거인으로 유명한 이름은 아니다. 로웬펠드는 폴란드에서 이주한 후 양조업을 하며 금주령이 절정에 달했던 시절에 무알콜 맥주를 팔아 재산을 모았다. 이후에는 극장업으로 성공한다. 사회 흐름을 열심히 관찰하는 사업가 로웬펠드는 1889년에 자기 재능을 당시 유행하던 증권시장 투기에 돌렸다. 그리하여 중개업에 뛰어든 그는 사람들이 더 많이 투자할 수밖에 없도록 이끄는 놀라운 통찰을 드러냈다. 그는 투자자가 다양한 증권을 살수록 투자 포트폴리오는 안전해진다고 확신했다. 즉, 로웬펠드는 현대적 분산투자론을 개척했다.

로웬펠드는 1909년에 펴낸 《투자: 엄밀한 과학Investment: An Exact Science》을 통하여 '지역별 자본분배론Theory of Geographical Distribution of Capital'을 제시했다. 이론에 따르면 투자 포트폴리오에는 북아메리카, 남아메리카, 아프리카, 북유럽, 남유럽, 러시아, 중국, 인도 등 전 세계의 다양한 경제구역에서 발행한 증권을 고루 담아야 한다는 것이다. 아울러 로웬펠드는 특정한 지역에서 발행된 채권끼리는 함께 움직이는 경향이 있다고 언급했다. 예컨대 포트폴리오에 담긴 영국 증권이 아무리 다양한들 모두 동일한 요인에 영향을 받는다. 한마디로 말해 한 바구니에 달걀을 모두 담지 말라는 것이다.

> 자본을 안전하게 투자하려면 (1) 같은 금액을 (2) 서로 동일하게 우량한
> 여러 가지 탄탄한 주식에 나누어야 하는데, (3) 채권stock[6] 각각이 영향
> 을 받는 시장 또는 사업은 서로 완전히 달라야 한다. (중략) 시장에서 받
> 는 영향이란 그 주식이 주로 거래되는 증권거래소 전반이 처한 투자조
> 건 때문에 발생하는 영향을 말한다.[7]

로웬펠드는 1895년에서 1906년까지 유니버설 증권거래소에서 거래
된 증권가격 추이를 그래프로 그려 자기 이론을 증명했다. 그래프에는
시간이 흐르면서 각국 채권가격이 서로 다른 방향으로 움직이는 모습
이 보인다. 한 나라 채권가격이 떨어진다고 반드시 다른 채권가격도 떨
어지지는 않았다. 1720년 전 세계 주가폭락은 제쳐 두자. 로웬펠드는
세계시장이 급성장한 최근에 집중했다. 이 자료를 수집하여 연구한 결
과 그는 국제적으로 분산투자하면 포트폴리오가 덜 위험해진다는 사실
을 확인했다. 그렇다면 전 세계에 투자해야 진정 잘 분산된 포트폴리오
라고 할 만하다고 추론했다. 투자자가 그처럼 이상적인 현대적 분산 포
트폴리오를 구축하려면 편리한 거래소가 있어야 했다.

로웬펠드는 철도증권만 사용하여 멋진 사례를 만들어 냈다. 한 나라
의 특정 산업에 속한 채권은 보통 서로 높은 상관관계를 보인다. 그런
데 로웬펠드는 영국·캐나다·독일·사르데냐·인도·이집트·미국·멕
시코·아르헨티나·스페인 등 수익률이 서로 비슷한 세계 10개국 철도
채권에 각각 동일한 금액을 투자한 포트폴리오를 제시했다. 포트폴리
오의 기대수익률은 단일 철도채권과 같지만, 각국의 채권을 한데 묶자

GEOGRAPHICALLY DISTRIBUTED INVESTMENTS° PRODUCING 4 PER CENT. PER ANN.

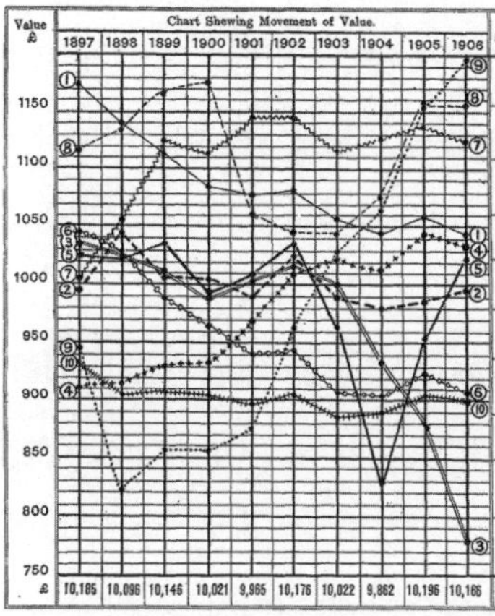

Value £	Chart Shewing Movement of Value.										Geo-graphical Division.	Quantities and Names of Stocks.	Table Shewing Annual Income.									
	1897	1898	1899	1900	1901	1902	1903	1904	1905	1906			1897	1898	1899	1900	1901	1902	1903	1904	1905	1906
1150											BRITISH.	① £1,000 India 3½% Stk.	£35	£35	£35	£35	£35	£35	£35	£35	£35	£35
1100											BRITISH COLONIES.	② £900 Canadian Pacific Rly. 4% Perp. Debs.	36	36	36	36	36	36	36	36	36	36
1050											EUROPE, NORTH.	③ £1,000 Russian 4% Cons. R. Rd. Bonds, Ser. I.	40	40	40	40	40	40	40	40	40	40
1000											EUROPE, SOUTH.	④ £1,000 Italian 5% Rentes†	40	40	40	40	40	40	40	40	40	40
950											ASIA.	⑤ £1,000 Japan 5% 1895-6	50	50	50	50	50	50	50	50	50	50
900											AFRICA.	⑥ £900 Cape Town 4% 1943	36	36	36	36	36	36	36	36	36	36
850											AMERICA, NORTH.	⑦ £1,100 Denver & Rio Grande 4% 1st Mtg. G. Bonds	44	44	44	44	44	44	44	44	44	44
800											AMERICA, CENTRAL.	⑧ £800 Mexican Railway 6%	48	48	48	48	48	48	48	48	48	48
750											AMERICA, SOUTH.	⑨ £900 Great Western Brazil Rly. 6% Perm. Debs.	54	54	54	54	54	54	54	54	54	54
											INTER-NATIONAL.	⑩ £900 International Invest. Trust 4% Perp. Debs......	36	36	36	36	36	36	36	36	36	36
£	10,185	10,096	10,146	10,021	9,995	10,176	10,022	9,862	10,196	10,165		Capital—Total Annual Values—Income	419	419	419	419	419	419	419	419	419	419

° NOTE.—Geographical Division of Capital necessitates an equal division over similar stocks, every one of which is subject to a different trade influence. In the above Chart the conditions of similarity in quality and difference in trade influence only have been complied with, the Capital division is quite uneven. If an even Capital division had been adopted all zig-zag price lines would of necessity have started from the same point, and this would have made the Chart quite undecipherable. For this reason the above is not a perfect investment list from a practical point of view.
† Italian Tax of 20% deducted.

그림 23.2 헨리 로웬펠드의 《투자: 엄밀한 과학》에 실린 그래프. 각국의 채권가격 움직임과 채권가격 변동이 서로를 상쇄하여 가격과 이자 흐름을 안정적으로 만들어 낸다는 사실을 보여 준다.

변동성은 크게 줄어들었다. 로웬펠드라는 마법사가 모자에서 토끼를 꺼낸 것이다. 지구 방방곡곡에서 발행된 외국 증권 한 무더기를 빈 모자에 넣는다. 그러면 놀랍도록 안정된 투자 포트폴리오가 나온다. 이후 20세기가 되면 학자들이 이 발견을 형식화하고 일반화하게 되지만, 뛰어난 발상을 떠올려 런던이 전 세계로 자본을 수출하도록 장려한 사람은 로웬펠드였다. 역설적으로 들리겠지만, 위험해 보이는 사업이라도 전 세계에 투자하면 안전하다는 사실을 로웬펠드는 증명했다.

🪙 살아 있는 포트폴리오

로웬펠드가 내놓은 분석은 놀라울 만큼 혁신적이었다. 그리고 그가 세운 유니버설 증권거래소는 효율적으로 세계시장에 투자할 수단을 주었다. 어떻게 보면 그는 네덜란드와 영국에서 오래전부터 쓰이던 투자법을 옹호했을 뿐이다. 22장에서 살펴보았듯이 18세기에 네덜란드에서 설립된 뮤추얼펀드가 전 세계 채권에 분산투자했다는 사실을 떠올려 보자. 1868년에 설립된 증권투자회사 포린 앤 콜로니얼 거번먼트 트러스트Foreign and Colonial Government Trust(F&C)도 같은 개념을 도입했다. 폭넓은 인맥을 갖춘 보수당원이자 변호사인 필립 로즈Phillip Rose가 설립한 F&C의 투자 포트폴리오는 이집트·이탈리아·페루·스페인·러시아·오스트리아·터키·다뉴브강 유역·오스트레일리아·노바스코샤주·미국·브라질·포르투갈 등 각국의 고수익 채권으로 구성되었으며, 투자자산의 수익률은 대부분 5퍼센트(오스트레일리아 뉴사우스웨일스주)에서 15퍼센트(터키) 사이였다.[8] 이 중 각각은 상환불능 상태에 빠질 가능성이 있지만(실제로도 벌어진 일이다) 한데 묶인 상태에서는 손실이 충분히 보완되었다. 19세기 영국 금융시장 자료를 대량으로 모아 분석해 온 금융역사가 벤 섀벗Ben Chabot은 영국 최초의 투자기금인 F&B가 낸 실적을 자세히 분석한 후, 전반적 수익률은 시장에 뒤떨어졌어도 일반 투자자에게 폭넓은 분산투자 수단과 안정성을 제공했다고 결론지었다.[9]

확실히 안정적이다. F&C는 두 번에 걸친 세계대전, 대공황, 그리고 2008년 금융위기에서도 살아남아 오늘날에도 투자자의 자산 수십 억 파운드를 관리하고 있다. 오래전에 초점을 고정수익상품에서 주식으로 전환한 이 회사의 포트폴리오는 생물과 같다. 설립 당시부터 잘 돌아간 이 회사의 핵심 특징은 사람들의 돈을 신탁받아 다양한 주식에 분산하고, 배당금을 전달해 주며, 투자자가 원하면 주식을 팔아 돈을 돌려준다는 데 있다. 《자본론》 1권이 출판된 다음 해에 설립된 F&C는 투자에서 투기위험을 가능한 한 모두 제거했다. F&C 같은 기금은 세계 주식시장에서 승자와 패자를 가려내기보다는 평균만큼만 벌려 한다. 그리고 헨리 로웬펠드의 통계분석에서 보았듯이 세계경제가 호황이라면 평균 정도로도 충분히 훌륭하다.

로웬펠드는 카를 마르크스와 대조적으로 공개 증권시장이 사회에 큰 효용을 주고, 일반 저축자가 국제적 팽창과 경제성장에 참여할 수단이 되며, 자본을 자유롭게 하여 사회에 생산적으로 투자하는 방법이라고 썼다. 그는 사회 구성원이라면 모두, 그중에서도 특히 노동자계급이 투자해야 한다고 장려했다. 자본시장에 투자되는 돈이 많아질수록 산업이 더욱 발전하고 노동자 고용도 늘어난다. 그리고 신중하게 분산투자하면 결국에는 앞으로 은퇴한 후 쓸 저축금도 만들어 낼 수 있다. 마르크스가 보기에 금융자본주의는 노동계급의 종말을 불러올 도구였지만, 로웬펠드가 보기에는 안정을 이루는 수단이었다. 하지만 이에 따라 의도하지 않은 정치적 결과도 나타났다.

홉슨의 제국주의

이 장에서는 근대 기업금융과 이를 둘러싼 정치생태계가 국제적으로 분쟁과 혁명이 벌어질 무대를 마련한 과정을 검토한다. 영국의 자유주의 전통에 따른 자기비판을 살펴보면서 시작하자. 제1차 세계대전 이전 영국의 해외투자를 비판하는 쪽의 수석 대변인은 경제 작가 존 홉슨John A. Hobson이다. 오늘날 홉슨은 중요한 경제학자이자 정치 논평가로 인정받지만 살아 있던 당시에는 마르크스주의 이론가라며 학계로부터 폄하당했다. 홉슨을 오늘날 말로 하면 세계에서 벌어지는 사건을 대중에게 설명해 주는 '대중 지식인'이다. 홉슨은 1902년에 《제국주의 연구Imperialism: A Study》라는 걸작을 남겼다. 그는 카를 마르크스의 깃발을 내건 이 책에서, 유럽 국가들이 자본주의에 따라 이익을 찾아 헤매며 전 세계를 식민지화하려는 끔찍한 길을 밟고 있다고 주장했다. 유럽은 엄청난 군사적·경제적 비용을 들여 세계 다른 곳으로 정치 통제력을 확장했다. 그렇게 만든 원인은 자본주의적 축적과정을 통하여 획득한 잉여자본과 투자자의 위험을 최소화하려는 욕망이었다.

> 외국의 정치환경에 연동한 위험을 완전히 떠안고 해외에 투자한 투자가는 이러한 위험을 극소화하기 위해, 그리고 투자한 자본의 가치와 수익을 높이기 위해 해당국 정부의 자원을 활용하려 한다. 투자가 계급과 투기자 계급은 영국이 외국 영토를 자기 깃발로 덮어, 투자와 투기로 높은 수익을 올릴 지역을 새로 확보하기를 희망하는 경우가 많다.[10]

홉슨의 관점에 따르면 부유한 투자자는 물론이고 포린 앤 콜로니얼 거번먼트 트러스트의 경영자도 필연적으로 자신이 해외에 투자한 자산을 보호하도록 정부를 압박하게 된다.

그런데 홉슨의 주장을 보고 바로 떠오르는 문제가 있다. 사는 쪽이 있다면 언제나 파는 쪽도 있다는 사실이다. 정말 유럽 투자자가 자기의 해외 투자자산을 보호하라고 정부를 압박한다고 쳐도, 신흥시장에 속한 국가가 주식과 채권을 발행하는 행위는 자발적이다. 전 세계 정부와 회사는 자의로 런던 증권거래소에서 채권을 발행한다. 런던에서는 엄청나게 많은 증권이 거래되며 근대화·신기술·기반시설 비용을 댔다.

북아메리카·러시아·남아메리카·중국·아프리카의 철도·수로·전차·전력망을 건설할 돈은 유럽 투자자에게서 나왔다. 제국주의와 개발은 동전의 양면이다. 금융은 전 세계를 평등하게 만드는 데 뛰어나다. 예를 들어 에티오피아가 자본시장에 제대로 접근할 수만 있었다면 스코틀랜드만큼이나 훌륭한 철도를 부설할 수 있었으리라. 투자자가 원하는 것이라고는 괜찮은 자본수익률과, 채권이 상환될 것이라는 어느 정도의 보증뿐이다.

담보가 그러한 보증수단 사례이다. 예를 들어 채권을 사서 중국 철도 건설에 자금을 댄 사람들은 중국 정부가 채권을 상환하지 않을 경우 철도 소유권을 가져와야 한다고 생각했다. 각국 정부도 보증이 필요하다는 사실을 이해했으므로 소금이나 담배 같은 정부 전매품에서 나오는 재산권이나 세입을 담보로 제공하기도 했다. 그런데 담보를 제공할 권리가 과연 정부에게 있었을까? 통치자가 돈을 빌려 흥청망청 써 버리고 갚지 않는다고 해서 담보로 잡힌 국가자산을 외국인에게 넘겨줄 수 있을까? 국가의 채무불이행은 정치적 정당성에 얽힌 근본 문제를 드러냈다.

🪙 〈아이다〉에게 진 빚

화려하기로 따지면 베르디의 〈아이다Aida〉는 지금껏 상상할 수 있는 최고의 오페라이다. 오스만제국이 임명한 이집트 통치자 이스마일 파샤Ismail Pasha가 의뢰하여 제작된 〈아이다〉는 1871년에 카이로에서 초연되어 당시 관객으로 온 각국 외교관에게 극찬을 받았다. 이집트식 기념물에서 모티프를 얻어 만든 화려한 무대는 초연 후 140년이 넘게 지난 지금 봐도 즐겁다. 나는 고대 로마 시절에 건설된 베로나의 대형 원형극장에 거대한 기둥을 세워 설치한 〈아이다〉 무대를, 그 이중의 시대착오적 광경을 평생 잊지 못할 것이다. 이스마일은 비록 엄청난 비용을 들였지만 〈아이다〉를 통해 원하던 효과를 얻었다. 이집트가 근대 민족국가임을 전 세계에 인정받고, 유럽과 돈독한 문화적 유대를 쌓은 것이다.

이스마일 파샤는 국제채권시장을 통하여 외국자본을 가장 적극적으로 차입하는 축에 들었다. 그는 이집트가 오스만제국의 자치속령이었던 1863년에 이집트 총독으로 임명받은 직후부터 기반시설을 건설하고 서양 문화와 취향에 적응해 나가며 고국을 근대화하기 시작했다. 그가 선언한 가장 유명한 말은 다음과 같다.

> 내 나라는 더 이상 아프리카에 속하지 않는다. 우리는 이제 유럽의 일부다. 따라서 예전 방식을 버리고, 우리 사회환경에 적합하게 만든 새 제도를 채택하는 편이 자연스럽다.11

그가 거둔 가장 화려한 성공으로 꼽히는 1869년 수에즈운하 개통은 수리학의 성취일 뿐 아니라 금융의 위업이기도 하다. 계획에 들어간 자본을 댄 회사는 영민한 외교관이자 기획자인 페르디낭 드 레셉스 Ferdinand de Lesseps가 1858년에 설립한 민간회사 '수에즈 만국해양운하회사Compagnie universelle du canal maritime de Suez'이다. 회사는 이스마일의 전임자와 협상하여 지분을 주고 장기 운영권을 받기로 했다. 상세한 협상 내용에는 유럽의 해외투자와 홉슨이 비판한 제국주의가 기본적으로 자아내는 긴장이 드러난다.

사실 수에즈 회사는 이집트 정부와 맺은 협약에 따라 프랑스 회사법을 적용받는 이집트 주식회사였다.[12] 당시 이집트의 법 기반으로는 주주의 권리를 정의하고 보호하기 힘들었다. 공사에 들 엄청난 자본을 모으려면 신뢰할 만한 회사법이 필요했다. 한편 계약에는 영토 대여에 관한 내용도 있었다. 운하는 이집트 소유이지만 이를 개발하고 관리할 권리는 전적으로 회사에 있었다. 결과적으로 회사는 이집트를 가로지르는 영토의 장기 조차권을 취득한다. 수에즈 회사의 이사회와 최고경영진은 프랑스에 거주하면서 이집트에 있는 회사를 감독했다.

이집트 회사인 수에즈 회사는 이론적으로 프랑스인이 운영했지만 사실상 이집트 총독이 장악했다. 총독은 이집트의 이름으로 지분 44퍼센트를 보유하고 이후 들어올 운하 운영수입 중 15퍼센트를 받기로 했다. 이처럼 정교한 구조는 외관상 이집트의 영토주권을 보존하면서도 국제투자자본을 끌어들이는 효과를 냈다.

이스마일이 끌어들인 부채는 1875년에 국제문제를 일으켰다. 근대화와 영토확장에 따른 이익을 잘못 계산했기 때문이다. 채권을 보유한 외국인에게 원리금을 지급하지 못하게 된 이스마일은 어쩔 수 없이 영국에 수에즈운하 주식을 팔았다. 정치적으로는 벤저민 디즈레일리 Benjamin Disraeli가 주관하여 주식을 인수한 영국이 수에즈운하를 장악하게 되었지만, 그렇다 해도 형식으로는 프랑스 회사법에 따라 운영되는 이집트 주식회사를 영국이 소유한 것이었다. 채권을 보유한 외국인 연합은 투자금을 회복하기 위하여 재정운영권을 직접 행사하겠다고 압박하여 이를 1878년에 총독에게서 빼앗아 온다. 이스마일은 〈아이다〉가 승리를 거둔 지 몇 년 만에 이집트 통치권을 영국과 프랑스의 연합체에 넘겨주었다. 그 후 벌어진 통치권 분할협상에 따라 프랑스는 리비아를 얻고, 대신 영국은 이집트를 손에 넣는다.

이집트인은 외국의 식민지배를 받는 상황에다가 그중에서도 특히 운하에서 들어오는 수입이 매우 적고 근대화에 따른 혜택이 보잘것없는 현실에 극도로 분노했다. 영국인은 재정운영권뿐 아니라 나라에서 가장 많은 수입을 내는 자산을 장악한 반면, 이집트인은 국가재정을 전혀 통제하지 못했다. 오랫동안 멀리 있는 오스만제국의 지배를 받아 오다 이제 유럽인에게 장악당한 이집트는 발끈했다.

아흐메드 우라비Ahmed Urabi 대령은 영국 점령군을 몰아내려고 1882년에 민주혁명을 일으켰다. 그는 민주주의를 부르짖으며 대중을 단결시켰다. 그는 '오스만제국의 임명을 받은 이스마일은 도저히 갚을 수 없는 빚을 외국에서 끌어들여 이집트 사람들에게 지웠다. 이집트 시민은 이 문제에 발언권이 없지만 빚을 갚을 책임은 진다. 이집트 재정을 관리하는 외국인들은 외국인 채권자에게 갚으려고 돈을 쥐어짤 궁리만 한다'고 비난했다.

6월에 알렉산드리아에서 외국인을 공격하며 시작한 우라비 반란은 이집트 전역으로 번졌다. 영국은 군함으로 알렉산드리아를 포격하며 결국 텔엘케비르Tel el-Kebir 전투에서 반란을 진압한다. 시작할 때는 국가채무위기였던 것이 거침없이 제국주의로 발전했다. 물론 촉매는 전략적으로 매우 중요한 수에즈운하 통제권이었다.

비록 외국 자본을 도입해 맹렬히 근대화하려는 목적 때문이었지만 이집트가 결국 빚더미에 올라앉은 것을 보고 다른 나라는 모두 경계하게 되었다. 이스마일 파샤는 카이로 오페라 극장에서 유럽 고위관리를 접대하더니, 바로 다음 순간에는 같은 사람들에게 자기 재산과 권력을 빼앗겼다. 게다가 자기가 저지른 낭비를 갚아야 하는 사람은 자신의 신민이었다. 옛날 옛적부터 전해 내려오는 이야기처럼 빚을 지고 노예가 된 것이다. 그런데 근대판 이야기에서는 국가주권이 위험에 처했다. 17세기와 18세기에 벌어진 세계 식민지화는 영국·스페인·네덜란드·포르투갈·프랑스 같은 무역대국이 국가 차원에서 국제무역을 보호하려던 결과이다. 반면 19세기에 주권을 잃게 되는 과정은 차츰 계약 위반의 결과라는 형태를 띠게 되었다. 투자자 권리 보호라는 명목은 주권침해를 정당화했다. 금융계약은 역사의 임계점에 도달하여, 이제 정치권력을 재조정하는 중요한 역할을 담당했다.

신기하게도 존 홉슨은 금융 중심지의 투자자와 개발도상국 세계의 이해가 근본부터 서로 충돌한다고 지적했지만, 한편으로는 제국주의가 평화에 크게 기여한다는 의견도 유지했다. 홉슨은 로웬펠드가 특히 좋아했던 잡지 *Financial Review of Reviews*에 기고한 일련의 투자론을 통하여, 여러 국제금융시장과 기관이 상호 의존하며 복잡한 망을 이루었기 때문에 주요 국가가 서로를 공격할 엄두조차 내지 못하는 상황이 공고해졌다고 추론했다.[13] 홉슨의 관점으로 보면, 만약 독일이 영국을 공격하려 한다면 영국 투자자뿐 아니라 독일 투자자도 피해를 입는다. 자본을 수출한 나라라면 국가끼리 맺은 금융의 끈을 끊는 상황을 감당할수 없다. 결과적으로 국제금융시장은 금융판 상호확증파괴조약이 되었다. 이집트에서 그랬듯 금융세계의 변방에서는 반란이 일어난다 해도 중심지는 분명 계속 지위를 유지할 것이다. 유럽 열강이 소유한 식민지 또는 반식민지가 제국주의라는 멍에에 맞서 싸운다면 세상은 이익이 걸린 투자자와 투자자에게 봉사하는 나라들에게 떠밀려 결국 평화로운 상태로 나갈 것이다. 홉슨의 생각이 얼마나 엄청나게 어긋났는지 둘러보라.

24장

중국의 금융업자들

이집트인의 경험은 다른 나라에서도 반복되었다. 중국 또한 그런 나라 가운데 하나다. 중국이 유럽 금융을 마주하며 벌어진 복잡하고도 흥미로운 이야기를 살펴보면 자본주의가 지닌 특징 중 최고와 최악이 극명하게 드러난다. 중국은 19세기 동안 진행된 금융 식민지화를 견뎌야 했지만, 한편 관리와 사업가가 최신 금융기법을 빠르게 습득하고 목적에 맞게 발전시키기도 했다. 그리하여 상하이는 20세기 초에 민간 사업체와 중국의 핵심 기반시설 개발사업을 가리지 않고 자금을 공급한 주요 은행 및 주식시장을 갖춘 주요 금융 중심지가 된다. 다른 나라에서도 그렇듯이 중국 투자자 역시 투기에 몰입했다. 시장은 고무무역 같이 새로 출현한 사업전망을 보고 호황을 맞았다가 무너지면서 은행과 금융체계에 충격을 주었다. 중국 시장은 개인투자자의 활동 기반으로서 점점 확장되었다. 중국 사업가들은 민족국가가 외국과 경쟁하고 전쟁하며 무너지는 다문화 세계를 헤쳐 나가며 중국을 근대 세계경제로 이

끌었다. 중국 관리들은 1905년까지 기업금융과 정교한 기업법을 받아들여 기업이 민간 소유가 되는 기초를 닦았다. 하지만 1949년에 대륙을 통일한 중국 공산당은 이 성공사례를 정반대로 재해석하여 서양 자본주의의 식민지 착취라고 매도한다. 물론 공산당의 수정주의 역사관에도 일말의 진실은 있다. 위험한 약물과 함께 시작한 중국의 금융 근대화는 중앙정부 약화와 주권침해의 결과물이다.

약물중독이라는 가치를 제안합니다

아편무역은 금융역사상 가장 부끄러운 사건으로 꼽힌다. 영국 동인도회사는 18세기 후반까지 인도에서 중국으로 아편을 실어 나르는 무역망을 잘 발전시켰다. 아편은 중국에서 회사의 핵심 목적을 달성하는 데 도움이 되었다. 영국으로 수출하는 중국산 차와 균형을 맞추려고 교환하는 상품이 바로 아편이었다. 광저우의 영국 무역항에서 아편을 팔면 그만큼 차 값으로 지불할 경화(즉, 은)를 상쇄할 수 있었다. 중국 통치자들도 아편무역이 얼마나 위험한지 잘 알고 여러 번에 걸쳐 교역을 금지했다. 하지만 결국 아편은 1830년대에 세계에서 가장 중요한 교역상품이 되었다. 아편흡연은 중국에서 합법이었지만 효과는 파괴적이었다. 아편무역은 영국 동인도회사 투자자에게 매력적인 이익을 가져다주었고, 중국 정부 역시 여기서 이익을 보았다. 영국 동인도회사가 1834년에 독점권을 잃자 자딘Jardine, 매시슨 앤드 컴퍼니Matheson and Company, 러셀 앤드 컴퍼니Russell and Company, 덴트 앤드 컴퍼니Dent and Company 같은 몇몇 상업회사가 경쟁하며 아편무역을 장악하였다.

이 중 덴트 앤드 컴퍼니는 중국 정부가 영국에 아편무역을 끝내라고 점점 강력하게 요청했음에도 캘커타에서 아편을 사서 광저우로 수출하며 큰 이익을 남겼다. 광저우 총독 임칙서林則徐는 1839년에 중국의 주권을 다시 천명하고 아편무역을 중단시키는 데 착수했다. 그는 우선 랜슬롯 덴트Lancelot Dent를 수감하고 회사가 보관하던 아편을 압수한 후 폐기했다. 더 나아가 외국 상인 모두에게 보유하고 있는 아편을 내놓으라고 강요하여 모두 1,200톤을 확보했다. 이때 압수한 아편 대금 보상 문제가 해결되지 않자 제1차 아편전쟁이 발발했다.

영국 의회에서도 중국이 아편이라는 유령을 퇴치할 권리가 있다고 지지하는 목소리가 나왔고 세계 언론도 적나라하게 드러난 영국 무역의 이기성을 확인하고 분노했지만, 결국 승리한 것은 상업적 이익과 외교였다. 영국은 함포로 중국이 무역항을 다시 열어 아편무역을 재개하도록 강요했다. 1842년 체결된 난징조약 덕분에 영국 상인은 광저우, 샤먼廈門, 푸저우福州, 닝보寧波,[1] 상하이 등 5개 조약항에서 교역할 권리를 얻었다. 이제 영국 상인은 이전과 달리 광저우뿐 아니라 중국 해안에 있는 여러 항구에서도 수익이 많이 남는 차와 아편무역을 할 수 있게 되었다.

🪙 거대한 수렴

제1차 아편전쟁이 발발한 직접 원인은 아편무역이지만, 그 아래에 숨은 쟁점은 중국이 주권국으로서 국경을 관리하고 외국 상인이 중국 법을 따르도록 만들 권리 유무였다. 중국의 주권은 제1차 아편전쟁으로 심각하게 침해되었다. 제2차 아편전쟁(1856~1860년)은 한 발짝 더 나아가 베이징에 있는 원명원圓明園을 약탈하고 파괴하며 끝났다. 그리하여 외국에 무역을 허용하고, 외국의 상업이익을 위하여 치외법권지대를 설치하도록 중국에 강요하는 과정이 완료되었다.

아편전쟁이 가져온 결과를 더 들어보자면, 홍콩이 영국에 장기 할양되고, 폐기된 아편가격과 전쟁비용조로 중국이 영국과 연합국에 지급해야 할 배상금이 확정되었다. 제1차 아편전쟁 배상금은 3년간 2,100만 달러에 이자 5퍼센트를 붙인 금액이었다. 영국 관리 한 명이 조약항에서 징수한 관세를 관리하며 배상금 모금과정을 감독했으며, 결과적으로 정부수입 중 상당한 부분에서 중국의 주권을 배제했다. 조약항에서 해상무역 관세징수를 감독한 행위는 이후 중국 금융제도의 중요한 특징이 된다.

물론 이 구조는 중국과 무역하는 데 매우 유용했는데, 수혜자는 주로 영국 회사였지만 또한 조약항에 권리를 주장한 미국 사업가이기도 했다. 이 구조는 서양의 사업방식과 금융기술이 중국으로 들어오는 매개체가 되었다. 19세기 후반 중국에도 고유의 은행이나 암염 채굴·농업 같은 사업자금을 모집한 주식회사 등 금융 관련 기관이 꽤 있었지만, 이런 회사는 유한책임회사도 아니었고 증권거래소에서 주식이 거래되지도 않았다. 근대 금융의 씨앗은 외국이 침략한 후에야 중국 시장에 뿌려진 것이다. 하지만 씨앗이 자라는 방식은 중국식이었다.

중국에서는 정부가 민간 사업체를 몰아내고 직접 사업을 장악한 역사가 유구했지만, 공개 주식발행을 금지한 영국 규정은 제1차 아편전쟁 시기까지도 존재했다. 1720년 거품방지법에서 파생된 영국 법령에 따르면 영국인이 유한책임주식회사를 설립하는 데는 심각한 제약이 있었다. 영국에서는 유한책임이 없는 지분조합을 만들어 규제를 우회했지만, 오늘날과 같은 주식회사를 만들 자유는 없었다. 의회와 협상하여 주식회사를 만든 사례는 극소수였다. 이처럼 19세기 초반까지 영국에 존재한 지분 금융구조가 취약했기 때문에 상하이의 영국 조차지에서 대형 주식회사를 설립하는 계획이 크게 주목받았다.

1865년에 덴트 앤드 컴퍼니의 존 덴트John Dent, 사순 앤드 선스 Sassoon and Sons의 아서 사순Arthur Sassoon, 홍콩 부두 관리책임자이자 페닌슐라 앤드 오리엔탈 스팀십 컴퍼니Peninsular and Oriental Steamship Company(당시 한자명은 반도동방륜선공사半島東方輪船公司) 이사회 회장인 토머스 서덜랜드Thomas Sutherland 등 홍콩 상인과 영국 관리들은 함께 홍콩상하이은행Hong Kong Shanghai Banking Company, 즉 오늘날의 HSBC를 설립했다. 회사가 주식회사 지위를 부여받은 1866년은 영국 이 영국 내에서 유한책임주식회사 설립을 제한했던 규제를 마침내 완화한 지 10년밖에 지나지 않은 시점이었다. 오래 기다려 온 자유를 얻기 위해 의회에서 몇 번에 걸쳐 제정된 법령 중에서도 정점은 1856년 주식회사법Joint Stock Companies Act이었다. 홍콩상하이은행은 영국에서 지구 정반대편에 있는 영국 관할 조약항에 위치했지만 여전히 특별허가가 필요했고, 결국 얻어 냈다. 은행은 우선 홍콩에 주식을 상장했고, 두 번째로 6개월 후 상하이에서 2차 유상증자를 실행했다.

설립 당시부터 넓은 인맥을 보유한 HSBC는 중국 무역업에 자금을 대는 주요 상업은행일 뿐 아니라 중국의 해상무역 관세수입을 보관하는 금고 역할까지 했다. 은행은 이러한 기반을 근거로 앞으로 들어올 관세수입을 담보로 중국 정부에 대출을 해 주었다. 그러니 어떤 의미에서는 중국 정부가 적자재정이라는 현대적 수단을 도입하도록 만든 주체는 HSBC이다. HSBC는 설립 초창기에 계속하여 해상무역 관세의 증빙을 받고 대출을 했다. 예를 들어 1866년에는 푸젠성 총독 좌종당

左宗棠이 반란을 진압하려고 같은 방식으로 돈을 빌렸다. 1877년에 HSBC는 중국 정부가 최초로 발행한 국제채권 500만 냥(은 한 냥은 1/3 온스)을 인수했다.[2] 이는 베네치아가 프레스티티(10장 참고)를 발행하여 금융에서 대분기가 나타난 이래, 중국 정부가 서양 방식으로 국채를 발행하며 다시 수렴하는 과정 중 마지막 단계였다.

HSBC는 비록 아편무역으로 손을 더럽힌 설립자가 세운 회사이지만, 중국이 근대 금융을 받아들이는 과정에서 금고, 중개인, 인수인을 담당하며 중요한 역할을 했다. 즉, 중국이 채권을 발행한 것은 유럽에서와 마찬가지로 허약해진 정부에 재정이 필요했기 때문인 셈이다. 개정된 영국 회사법에 따라 상하이에 설립된 국제금융기관은 새 금융기술을 도입하게 만드는 촉매로서 중요한 역할을 했다. HSBC가 주선하고 런던·브뤼셀·파리·상트페테르부르크 같은 유럽 수도에서 상장된 일련의 국제채권은 19세기 후반에서 20세기 초까지 중국에서 철도 같은 주요 기반시설을 개발할 자금원이 되었다. 관세수입 같은 특정 세입으로 채권을 담보했기 때문에 국제 투자자들은 상환 가능성을 낙관했다. 한편 이 지점에서 결국 중국인과 충돌하게 되기도 한다.

기업가와 중국 방식

제1차 아편전쟁 전 중국에서 유일한 개항장이었던 광저우에서 처음 설립된 서양 회사들은 공식허가를 받은 공행公行을 써야만 했다. 이는 1843년부터 필수 요건에서 제외되었지만 실제로는 이후에도 계속되었다. 중국에 있는 무역회사를 크게 좌지우지한 이들 중국인 관리자를 가리키는 역사용어가 매판買辦(comprador)이다. 매판은 무역회사에 속한 중국인 대리인이자, 아편·비단·차·면화 같은 상품교역을 처리하고 수수료를 받는 중개인이기도 했다. 이들은 외국 회사의 핵심 고용인으로서 치외법권을 누리는 한편, 중개자라는 처지를 이용하여 스스로 무역하기도 했다. 조약항이 늘어나자 매판 자리도 많아졌는데, 이 자리를 채운 사람은 광저우 상인들이었다. 매판의 핵심 성격은 신뢰 보증·가문에 기반한 인맥으로 중국 국내 사업체와 접촉하는 접점이었다.[3] 바로 이 인맥에 서양 회사가 신뢰할 만하다고 보증해 주는 것이 매판의 일이다. 어느 한쪽이라도 약속을 지키지 않으면 피해를 보는 사람은 매판이기 때문에 보통 높은 보수를 받았다.

매판 중 매우 많은 사람이 엄청난 재산을 모았다. 하지만 그보다 더 중요한 것은 금융 노하우를 얻었다는 사실이다. 매판은 언어 구사에서 두 가지 또는 그 이상에 능한 전문가일 뿐 아니라, 두 금융제도에 익숙한 전문가이기도 했다. 이들은 상품과 제조품뿐 아니라 금융기술로도 동양과 서양을 중개했다. 그 형태는 은행업 참여와 중국 자체 증권거래소 설립이었다.

매판 중에서도 특히 광저우의 한 가문이 새로운 금융기법을 소개하는 데 중요한 역할을 했다. 허영촌許榮村(1822~1873년)은 덴트 앤드 컴퍼니의 수석매판이었다. 그는 아주 젊었을 때 비단무역으로 부자가 되기도 했지만, 그보다도 1852년 런던 세계박람회에 중국 비단을 전시하도록 후원한 일로 유명하다. 따라서 덴트를 위하여 일할 당시에 그는 자기 사업으로 성공한 기업가이기도 했다. 허영촌은 외조카 서윤徐潤(1838~1911년)도 덴트로 데려왔다. 서윤은 1861년에 덴트 앤 컴퍼니 상하이 지사 수석매판 자리를 외삼촌에게 물려받았다가 1868년에 독립하여 자기 사업을 시작했는데, 자본을 대부분 차입금으로 조달하여 상하이에 부동산 대기업을 설립하기도 했다.

덴트 앤드 컴퍼니 임원들이 우선 홍콩에서 6개월 후에 상하이에서 홍콩상하이은행 주식을 발행하려고 준비하던 1865년 당시에 서윤은 상하이에서 덴트의 매판 일을 했다. 즉, 서윤은 덴트의 상업무역을 소상하게 알았을 뿐 아니라 상하이에서 HSBC 주식을 공개하는 데 관여했을 가능성도 높다. 그랬다면 주식회사를 만들고 주식을 상장하는 장면을 눈앞에서 보았을 것이다.

중국인 매판은 19세기에 조약항에서 설립된 회사에 적극적으로 투자했다. 투자 대상 회사 중에 재미있게도 보험사와 해운사가 있었다는 사실을 보면 1720년 벌어진 금융혁신의 메아리가 울려 퍼지는 듯하다. 중국 상인들은 유니언 인슈어런스 컴퍼니 오브 마카오Union Insurance Company of Macao(1835년), 캔턴 인슈어런스 컴퍼니Canton Insurance Company (1836년. Canton은 당시 광저우 또는 광둥성을 가리키는 영단어이다. – 옮긴이), 양쯔 인슈어런스 어소시에이션Yangtze Insurance Association(1862년), 노스차이나 인슈어런스 컴퍼니North-China Insurance Company(1863년) 및 기타 보험사 4개(1871년 이전)에 상당한 자본을 투자했다.[4] 상하이 증권거래소를 연구한 역사학자 W. A. 토머스W. A. Thomas는 1860년대 이후 상하이에서 설립된 회사의 자본 중 40~50퍼센트를 상인과 매판 등 중국 투자자들이 댔을 것이라고 추정한다. 따라서 중국에 상장주식회사 제도가 도입된 덕분에 특히 해운과 해상보험 부문에서 사업체가 자금을 얻을 수단이 새로 생겼을 뿐 아니라, 중국인도 분산투자 수단을 얻기도 했다. 외국인이 세우고 운영하는 회사에 중국 상인이 주요 주주로 참여하는 식으로 주식이 배분되자, 회사 안에서 중국과 영국 상인의 손익도 조정되었다. 보험사나 해운사에 상당한 지분을 확보한 중국 상인이라면 기존 사업도 같은 방식으로 진행시킬 가능성이 크다. 조약항이 열리고 영국 회사가 빠르게 확장해 나갈 때, 영국의 확장에 자금을 대는 자본가에는 중국 상인도 끼어 있었다. 역사학자 하오옌핑郝延平은 19세기 후반 조약항에서 기업이 발달하는 데 필요한 전문성뿐 아니라 사업자본도 대부분 매판이 공급했다고 주장한다.[5]

📎 자강운동

중국이 국제무역에 경제 문호를 개방하자 중국의 관리와 상인은 교통체계 근대화나 무기와 방어술의 발전 등 세계에서 빠르게 진행되는 기술발전에 깊은 관심을 두게 되었다. 중국 지도자들이 새 기술을 도입하여 더 이상 외국에서 노하우를 들여오지 않아도 성장할 수 있는 강력하고 자주적인 중국을 만들려던 노력이 '양무운동洋務運動'이다. 이 자강自强운동의 지도자 중 한 명이 중국 남동부에 있는 광활한 땅인 장쑤성 총독 이홍장李鴻章이다. 양무운동의 핵심은 지식과 전문기술을 획득하고 서양식 금융을 도입하여 중국이 발전자금을 동등한 입장에서 얻는 데 있었다. 수많은 중국인을 유학 보낸 이홍장의 혜안은 열매를 맺었다. 유학생 중 한 명이 덴트 앤드 컴퍼니에서 일하다 예일 대학교에 유학한 용굉容閎이다.

용굉은 상장주식회사를 활용하여 중국의 핵심 산업을 발전시키자는 발상을 가지고 1867년에 중국으로 돌아왔다. 그는 미국에서 운하나 철도 같은 주요 기반시설을 지을 때 자본시장에서 자금을 얻는 광경을 보았다. 중국에서도 같은 방법을 써서 비슷한 계획을 실현할 자본을 모으면 어떨까?

용굉의 발상이 제일 먼저 적용된 분야는 중요한 수송수단인 해운이었다. 그가 품은 선견지명은 1872년에 룬촨자오상쥐輪船招商局(China Merchants Steamship Navigation Company)[6]가 설립되면서 열매를 맺었다. 그 전까지 중국에서 상업무역을 할 때는 영국인이 소유한 페닌슐라 앤드 오리엔탈 스팀십 컴퍼니 같은 외국 해운사에 크게 의존했다. 중국인 매판은 외국 해운사 중 대부분에 투자했지만, 한편 외국인이 회사를 소유해서는 중국에 상당히 불리하다고도 생각했다.

용굉과 동창인 당경성唐景星은 상하이에서 자딘의 매판으로 일하다가 퇴사하고 룬촨자오상쥐 사장이 되었다. 이홍장은 손꼽히는 사업가들을 후원자로 초빙해 왔는데, 그중 첫째가 서윤이었다. 서윤은 주된 주선자 겸 인수자로서 회사 주식발행을 추진했고, 개인재산으로도 주식을 사며 다른 상하이 상인들도 자신을 따라 행동하도록 부추겼다. 한때는 그가 직간접적으로 모집한 자본이 총자본 중 반을 넘기도 했다.

서윤이 얻어 온 경험은 분명 유용하게 쓰였을 것이다. 그는 HSBC가 힘 있는 외국 상사를 설립자로 끌어들여 중국 금융에서 중요한 역할을 하게 된 과정을 보았다. 어떤 의미에서 HSBC는 주요 주주가 사용하는 금융도구였다. 마찬가지 원칙을 룬촨자오상쥐에도 적용할 수 있었다. 상하이에서 손꼽히는 상인들이 회사의 지분을 보유하는 한편 운송할 때는 이 회사의 서비스만을 사용한다면, 결국 자신이 내는 운송료를 배당으로 돌려받는 셈이다.

회사는 기존 다른 회사와 달리 중국 국적인만이 주식을 소유할 수 있다는 단서를 달았다. 회사의 목적은 서양의 금융수단을 도입하여 중국의 기반시설을 근대화하는 데 있었다. 이와 비슷한 중국인 전용 회사가 광산, 제분, 무기생산, 전신사업에 돈을 대려는 목적으로 설립되었

그림 24.1 상하이시 황푸강 강변에 있는 룬촨자오상쥐(輪船招商局) 사옥. 1872년에 설립된 이 회사는 중국 최초로 상장한 주식회사이다.

다. 다시 말해 중국은 서양에서 도입한 주식회사를 여럿 설립하여 근대화를 진행한 후, 발전의 통제권을 서양으로부터 다시 가져오는 일종의 '빅뱅'을 거쳤다. 그리고 자기 특유의 방식을 추가하기도 했다. 룬촨자오상쥐는 차별화된 중국 방식에 따라 조직되고 운영되었다.

룬촨자오상쥐 같은 중국 주식회사는 관독상판官督商辦(관청이 감독하고 상인이 경영한다는 의미이다. -옮긴이) 제도에 따라 조직되었기 때문에 정부관리에게 이사 직위를 주는 명문 규정이 있었다. 이렇게 정부와 상인이 공동운영하는 제도는 상인이 자본을 공급하고 정부관리가 생산할당량을 통제하던 중국 고유의 소금 전매조직에서 빌려 온 것이다.[7] 이 구조는 깨인 정부관리가 이윤을 창출하는 사업을 감독하여 공익을 적절히 대변한다는 낡은 이상을 반영한다. 물론 이러한 민관합동 구조의 뿌리는 중국사 중 더 오래된 시기에도 존재했다는 사실을 앞서 살펴보았다(9장 참고). 또는 정부가 통제하는 전통 방식과 가치를 창출하는 근대 주식회사 형태를 서로 조화시켜 기업 경영방식을 새로 규정하는 금융혁신이었다고 간주하는 편이 더 적합할 수도 있다. 문제는 새로운 실험이 성공할 것이냐는 것이었다.

문제는 두 가지였다. 첫째, 관독상판 구조가 성공하려면 깨어 있고 사심 없는 정부관리가 필수적이다. 이 조건이 충족되지 못하면 관독상판 구조는 언제든 착취하는 데 남용된다. 예컨대 1895년에 룬촨자오상쥐 민영화 과정을 감독하라고 파견된 정부관리는 상당한 지분을 받았다.[8] 둘째, 회사의 주요 주주이기도 한 정부는 배당 하한선을 엄격하게 적용했다. 회사는 이윤을 유보하지 않고 배당해야 했다. 그리하여 자원을 빼앗기고 장기 생존 가능성을 침해당했다.

이홍장 자신은 정부가 지나치게 통제할 때 무슨 문제가 나타날지 알았다. 회사 설립 초기에는 간섭받지 않도록 보호할 힘이 그에게 있었지만, 결국은 정부가 영향력을 행사한 끝에 경영 실패, 자금 오용, 주주수익 저하가 발생했다.[9] 정부개입은 투자자를 끌어오는 데 약점이기도 했다. 룬촨자오상쥐처럼 1870년대에 설립된 후 계속 영업한 중국 회사도 몇몇 있다. 하지만 주식시장은 결국 민간자본의 물꼬를 터 중국이 발전하도록 자극하고 중국에서 영업하는 서양 주식회사와 경쟁할 만한 회사를 세우는 데 도움이 되지 못했다.

이홍장은 주식회사에 사업자금을 대는 잠재력이 있음을 알아챈 선지자였지만, 그가 후원한 회사가 성공한 것은 투자를 끌어모을 능력이 있어서라기보다는 이홍장에게 개인적 후원을 받으며 반쯤 독점을 누렸기 때문이었다. 그리고 총독 자리에서 물러난 후 이홍장에게는 자신이 후원하는 회사를 경쟁에서 보호할 능력이 없었다.

중국이 첫 번째로 주식회사 자본주의를 실험하는 기반이었던 정부 후원 모형에는 장단점이 있었다. 힘 있는 관리는 상인들에게 회사에 자금을 대라고 권유하고, 자본을 투자한 대가로 정부 차원에서 다양한 혜택을 제공할 수 있었다. 하지만 이 구조는 성공을 보장할 만큼 탄탄하지 못했다.

중국은 19세기 내내 국내 회사를 위해 금융제도를 자체적으로 발전시키려고 노력했다. 예컨대 1880년대에 중국 정부가 시도한 관상합판 官商合辦(관청과 상인이 함께 경영한다는 의미이다. - 옮긴이), 즉 상인과 민간 투자자에게 자율권을 더 허용하는 구조도 시도되었지만 제대로 돌아가지는 않았다. 중국 증권시장 발전에 실제로 촉매 역할을 한 것은 청일전쟁에서 일본에 패하여 체결한 시모노세키조약이었다. 조약 덕분에 외국인은 중국 조약항에서 무역할 허가를 얻는 한편, 중국에서 제조업체를 설립하고 소유할 수도 있었다. 그리고 조약이 체결된 후 중국 정부는 동일한 권리를 중국 사업가에게도 인정해야 했다.

그 결과 1895년 이후에 민간기업 설립 열풍이 불었다. 예컨대 1895년부터 1916년까지 면직회사 35개, 직조공장 8개, 채광회사 35개가 신설되었다. 그에 비하여 관상합판 기업 수는 보잘것없었다.

하버드 경영대학원에서 중국 역사를 연구하는 엘리자베트 퀼 Elisabeth Köll은 중국에서 설립된 초창기 주식회사의 실제 운영방식을 세세히 연구한다. 그녀가 진행한 연구 대상 중 하나가 난징조약 체결 후 1895년에 설립된 대형 직물회사 다성사창大生紗廠이다. 이 회사는 상하이에서 북서쪽에 있는 난퉁南通시 근처에서 정부 후원을 받아 설립되었다.10 진보파 정부개혁론자인 장젠張謇은 민관합동 모형에 따라 이 회사를 세웠다. 진보파 정치인이던 장쑤성 총독 장즈둥張之洞은 회사를 강력하게 후원했지만 회사운영에 직접 참여하지는 않았다. 중국 기업들이 관독상판제에서 서양 주식회사 모형에 따른 민간기업으로 변신하는 중대한 변화가 일어나자 장즈둥의 역할도 최소한도로 줄어든 것이다. 다성사창은 대체로 서양 주식회사 모형에 따라 운영되었다. 회사는 주식을 발행하고 연례 주주총회를 개최하였으며 장부를 감사받았다. 1905년 제정된 회사법에 따라 등록했고, 1907년에는 유한책임회사로 인정받았다.

다성사창이 비록 정부의 통제와 후원에서 벗어나려 하기는 했지만 엄밀히 보면 주주민주주의 모형을 채택한 것은 아니다. 장젠과 가족들은 소수지분만을 소유하고도 사실상 회사를 경영했다. 엘리사베트 퀼이 확인한 바에 따르면 기타 주주들은 장젠 가족이 회사자원을 사용하는 데 적극 반발했다. 주주들은 회의장에서 회사자금이 장젠 가문이 소유한 난통 대학교를 후원하는 데 쓰였고, 경영진 보수 수준이 부적절하며, 회사 경영진이 외부감사인을 겸임하여 독립성이 결여되었다는 불만을 제기했다. 물론 이사회가 이러한 논의를 할 장소를 제공했고 반발 내용을 회의록에 이처럼 충실히 남겼다는 사실을 보면 주주민주주의는 뿌리내리고 있었다. 하지만 가장 소리 높여 불만을 제기한 주주의 발언권은 안타깝게도 이사진이 교체된 후 줄어들었다.

흥미롭게도 다성사창은 지금도 있다. 비록 국영화되기는 했지만, 장쑤다성江蘇大生집단유한공사라는 유한책임 방직회사가 되어 큰 성공을 거둔 것이다. 회사 웹사이트에는 설립자인 장젠을 기리는 내용이 있다.

🪙 철도와 혁명

1904년 이후 중국이 서양모형에 기반을 둔 회사법을 채택하자 다시 주식발행 열풍이 불었다. 중국 철도회사들이 설립되어 국제자본시장에서 주식과 채권을 발행할 수 있는 외국 회사와 경쟁했다. 물론 중국인들이 유럽 철도 부설자금 조달과정을 지켜보고 추진한 일이기도 하다. 마젠중馬建忠은 용굉보다 한 세대 후에 파리정치대학École Libre des Sciences Politiques(현재 이름은 Institut d'études Politiques de Paris 또는 시앙스포SciencesPo라고 함 – 옮긴이)을 졸업했다. 그는 1876년에 자신의 후견인에게 보낸 편지에 파리 채권시장의 힘을 이렇게 묘사했다.

이러한 나라가 사용할 수 있는 원천은 마치 샘이나 강같이 방대합니다. 어떻게 그러한 상태를 만들어 냈을까요? 이 나라들은 첫째로 사람들의 신뢰를 얻고, 둘째로 투명한 방식으로 차입하며, 셋째로 확정된 기간

동안 채무가 상환되도록 보장합니다.[11]

중국에서 1894년부터 1911년까지 일어난 보로운동保路運動, 즉 '철도권 회복운동'은 급격히 성장하는 철도망을 중국 안에서 지키자는 열의를 전국에 불러일으켰다. 보로운동 전에 중국 철도에 자금을 대고 이를 건설하며 장악한 것은 대부분 외국 회사였다. 정부와 협상하여 철도 부설권을 얻어 낸 프랑스·벨기에·독일·러시아·영국·미국 회사는 넓은 중국 영토에서 철도를 운영하면서 중국 법의 적용을 받지 않는 치외법권 등 권리를 향유했다.

중국 사업가들은 회사를 설립하여 경쟁하면 외국 회사와 같은 권리를 얻게 되리라고 생각했다. 국내 철도회사는 민족 여론을 강력하게 조성했고 중국인 투자자의 투기 열풍을 어느 정도 부채질하기도 했지만, 결국은 자본과 전문성 모두 부족한 탓에 대부분 실패했다.

한 사례를 들어보자. 1905년에 상인과 관리가 오늘날의 후난성과 후베이성에 걸친 후광湖廣 지역에서 철도회사를 설립하여 두 성의 성도를 철도로 연결하려 했다. 투자자 연합은 J. P. 모건J. P. Morgan이 후원한 업체가 약속한 기일을 맞추지 못했으므로 개발권을 취소해 달라고 청나라 정부에 로비하여 목적을 달성했다. 중국인이 진행한 계획에 투자자들은 열광했다.《북화첩보北華捷報(North China Herald)》는 이렇게 보도했다.

부유층뿐 아니라 여윳돈은 고사하고 먹고살 돈조차 없을 정도로 가난한 극빈자들까지 주식을 되는 대로 매입한다.[12]

보로운동은 중국인이 스스로 자금을 대 산업성장을 이룰 꿈을 중국의 풀뿌리 계층에까지 퍼뜨렸다. '중국 주주의 역량 강화'란 조약항에서 사업하는 소수 거상만 꾸는 꿈이 절대로 아니었다. 이 꿈을 온 나라로 퍼뜨린 것이 보로운동이었다. 철도는 광대한 나라 곳곳을 연결하는 신기술일 뿐 아니라 중국에 비축된 자본 속에 숨은 힘을 개방하여 중국인 자신이 중국으로 발전을 다시 가져오는 수단이기도 했다. 여기서 말하는 자본 비축분이란 자금 자체조달이 바로 역량 강화라는 말에 설득된 보통 중국인들이 저축한 돈이었다.

하지만 서둘러 설립된 국내 회사들은 제대로 경영되는 경우가 드물었다. 예일 대학교에서 공학을 공부하고 돌아와 최초로 중국 자금으로 베이징과 장자커우張家口를 잇는 철도를 건설해 낸 잔텐유詹天佑처럼 최고의 인재를 영입한 회사도 있었지만, 나머지 대부분은 부패와 전문 경영능력·기술력 부족 때문에 희생되었다.

당연히 청나라 정부는 국내 회사에 지역 간 철도 부설권을 부여하고 적은 이익만 얻기보다는 J. P. 모건 같은 국제금융사에 높은 값을 받고 개발권을 거래하는 편을 선호했기 때문에 이러한 신생 철도회사를 지원하는 데 시큰둥했다.

청나라 정부는 1911년에 철도건설이 진척되지 않는다는 명목을 내세우며 중국 철도회사를 모두 국영화했다(아마 이해관계가 얽힌 국제 금융계가 압력을 넣었기 때문이기도 할 것이다). 그리하여 보로운동은 사실상 끝났다. 그 후 정부는 J. P. 모건이 주축이 된 금융단에게 후광철도 채권을 발행하여, 외국인이 경영하는 후광철도의 자금을 댔다. 채권에는 소금세와 곡물세, 그리고 성省간 관세가 담보로 제공되었다. 채권이 발행되자 1905년에 부자든 빈자든 너도나도 열심히 청약했던 바로 그 국내 투자자들은 개발권을 외국인에게 빼앗기고도 채권을 보증하는 데 쓰인 세금은 계속 내야 했다.

사람들은 즉각 반응했다. 쓰촨성 청두成都 사람들은 총독 관저로 몰려가 철도국영화에 반대하며 시위를 벌였다. 경비병이 군중에 발포하여 32명이 죽었다. 쓰촨 사람들은 납세를 거부했다. 정부는 군대를 파견했다. 그리고 지휘관과 총독이 모두 사망했다. 1911년 9월에 쓰촨성은 독립을 선언했고, 10월에는 순친왕醇親王이 당시 여섯 살이던 아들 선통제宣統帝의 황명에 따라 섭정 자리에서 물러났다. 그리고 청나라는 중화민국으로 교체되었다.

장즈둥과 장젠은 혁명에 중요한 역할을 했다. 장즈둥은 1911년에 군대를 이끌고 반란군과 함께 청군에 맞섰고, 장젠은 1913년에 들어선 새 정부에서 공상총장工商總長(산업부 장관)에 임명되었다. 즉, 흥미롭게도 신해혁명과 다성사창 사이에는 관계가 있는 셈이다. 중국의 경제·상업 발전 관할권이 각 지역에 있느냐 황제에게 있느냐는 논쟁을 따라 황제 충성파와 반대파도 갈라졌다.

이 사건은 금융이 파괴적 기술이 된 사례 중에서도 특히 충격적이다. 시민혁명이 일어나고 제국 정부가 전복된 이유가 순전히 철도 부설권 논란과 엄청난 후광철도 채무에 반발하는 여론 때문이라고 말할 수야 없지만, 금융구조가 극적으로 변화하고 권력이 일개 국가에서 전 세계로 이동한 사건은 분명 중요한 촉매 역할을 했다. 중국은 주식회사라는 금융도구를 빠르게 도입하여 자금을 조달했는데, 그러는 와중에 자본시장에 많은 사람들이 참여하면서 충성의 대상이 크게 변하고 기대 수준이 바뀌었다. 중국은 주주민주주의와 새로운 물리적 기술 도입자금 모금방법을 실험했다가 관독상판 조직이나 중앙정부의 권리 부여

및 회수를 통해서 이를 쉽게 통제하지 못하게 된 예기치 못한 결과에 맞닥뜨렸다. 중국인은 금융계약이 자국의 급격한 발전에 참여하는 수단이 되리라는 희망을 품고 이를 사들였다.

중국은 매판제도를 도입하는 한편, 특히 금융 및 기술 근대화를 배우려고 학생을 유학시켜 단 40여 년 만에 주식회사 자본주의의 교훈을 흡수했다. 중국 상인과 관리는 주식을 발행하고 은행을 설립하며 철도를 부설하고 국제시장에서 국채를 발행하는 방법을 빠르게 배워 나갔다. 외국이 아편전쟁을 개시하고 배상금을 부과하며 치외법권과 조약을 통해 중국 영토와 중국 상업에 대한 주권을 침해하는 와중이었는데도 말이다.

이 이야기는 금융혁신이란 정치력이 강해서가 아니라 약해서 나타나는 결과라고 해석하고 싶게 만드는 매력적인 근거가 되고 있다. 하지만 비교적 보수적인 관점에 따라 19세기와 20세기 초에 중국에서 급격하게 일어난 금융혁신이 놀랍고도 예기치 않은 결과를 불러왔다고 해석해도 충분하다. 이러한 관점에서 보면 1911년에 일어난 신해혁명과 18세기 미국 독립전쟁은 예상보다 공통점이 많다. 미국에서도 자기 나름의 시각으로 경제 발전을 보던 식민지 관리들이 중앙정부의 통제에 반발했다. 미국에서는 세금·토지회사·해외무역 규제가 촉매 역할을 했다. 중국에서는 발전에 깊이 개입하던 중앙정부가 중요 요소였다.

상하이 주식시장

공화국이 새로 들어선 후 중국 금융시장에는 무슨 일이 일어났을까? 이 시기에는 장점과 약점이 모두 드러났다. 중화민국 총통 위안스 카이袁世凱는 중국 철도권을 국내 투자자에게 돌려주지 않았다. 부족한 정부재정을 회복하려면 외국 자본시장에서 돈을 빌리는 수밖에 없었기 때문이다. 정부는 1913년에 영국·독일·프랑스·러시아 연합체로부터 선후대차관善後大借款('재건차관')을 도입했다. 미국은 원칙에 따라 참여하지 않았다. 차관 조건은 중국 신정부에 매우 가혹했다. 한 마디로 자금을 빌려준 나라로부터 자국을 보호하지 않겠다고 약속한 것과 같았다.

혁명 이후 중국은 소위 '군벌시대'에 만연한 정치 불안에 신음했다. 국채는 대부분 1921년에 채무불이행 선언되었으나 해상무역 관세로 보증받은 국채의 원리금은 계속 납부되었다. 1939년에는 사실상 모든 중국 국채가 채무불이행 상태에 빠졌다. 이 시점에 중국 금융이 죽어 가고 있었으리라고 생각할 사람도 있을 텐데 그렇지 않다. 1939년 당시 상하이는 세계에서 손꼽히는 금융 중심지였다. 세계적으로 유명한 상하이의 와이탄外灘(영어로는 Bund라고 불린다) 지역 강변에 금융사 건물로 이룬 위풍당당한 벽이 건설된 시기가 바로 20세기 초이다. 그리고 이때 중국의 주식시장도 번영했다. 중국의 정치와 경제는 혼란에 빠졌어도 상업과 금융 기반은 호황을 누렸다.

HSBC가 1865년에 주식을 발행하여 자금을 얻었고, 룬촨자오상쥐가 설립되면서 1872년에 중국인 전용 주식시장이 출범했다는 사실을 다시 떠올려 보자. 중국 회사와 외국 회사의 주식이 모두 활발히 거래되고 영어 신문과 중국어 신문을 가리지 않고 주가가 실리기 시작한 때가 그 시점이다.

예를 들어 1870년에《북화첩보北華捷報》에 주가가 실린 회사는 은행 6개(HSBC 포함), 해운사 7개, 항만회사 3개, 석유회사 3개, 해상보험사 5개, 화재보험사 3개, 교량회사 2개, 스포츠클럽과 '재건기금' 각각 1개

등 31개였는데, 선후대차관이 발행되던 1913년에는 109개로 늘었다. 같은 해에 뉴욕에서 발행되던 신문에 정기적으로 주가가 실린 회사는 66개뿐이었다. 물론 영국 주가목록이 그보다 훨씬 길기는 했다. 일본에 점령당해 통상적 시장영업이 중단된 1939년까지만 해도 상하이 증권거래소는 세계 주요 주식시장이었다. 여기서 거래되던 회사 중 사실상 전부가 은행, 부동산회사, 항만회사, 공공시설회사, 상하이 소재 제조기업, 고무회사 등 상하이 등 동아시아에서 영업하던 회사였다.

이홍장과 서윤 같은 중국 근대개혁가가 고안한 중국인 전용 주식시장은 이와 조금 다른 길을 걸었다. 우리가 이를 상세히 알게 된 것은 예일 대학교 학생이었던 리저우가 상하이 신문 《신보申報(선바오)》 중 1882~1887년, 1908~1912년 발행분에서 상당히 많은 주가자료를 모아 준 덕분이다.

서윤이 룬촨자오상쥐 설립에 도움을 준 지 10년 후인 1882년에 상하이에서는 광업, 보험, 원자재, 공공시설, 제조업, 해운, 부동산 등을 영위하는 33개 중국 회사 주식이 활발히 거래되었다. 주식은 대부분 발행 당시 액면가 이상으로 거래되었다. 광업과 운송 등을 영위하는 회사 주식은 액면가보다 30~50퍼센트 높은 가격에 거래되었다. 다시 말하면 비교적 비효율적인 관독상판 구조로 운영되고 투자자에게 배당금을 많이 지급했음에도 불구하고 10년 동안 주가가 상당히 오른 것이다.

1883년에 금융위기가 일어나 시장이 침체되었다. 전쟁 불안이 가라앉지 않은데다 설 직후에 비단회사 하나가 파산하여 일어난 위기였다. 그때까지 중국 은행은 주식을 담보로 잡고 돈을 빌려주기도 하고, 유명한 서윤 같은 땅투기꾼에게 돈을 빌려주기도 했다. 1883년 10월까지 많은 중국 은행이 무너졌고, 중국 회사에 신용을 제공했던 외국 은행들은 대출금을 회수했다. 2008년 위기와 마찬가지로 부동산과 증권으로 보증받은 은행대출에서 시작되는 전형적 금융위기였다. 주가가 폭락하자 체제를 떠받치던 버팀목인 금융도 함께 무너졌다. 서윤은 이때 벌어진 금융위기에 대해 자서전에 매우 상세히 기록했다. 그는 은 100만 냥을 잃어 부동산을 헐값에 처분해야 했다. 그는 자신이 주식에서 입은 손실도 기록했는데, 룬촨자오상쥐에서 거의 50만 냥을 잃었고 이 밖에 광업회사, 제분회사, 유리회사, 낙농회사, 설탕정제회사, 그리고 부동산회사 세 곳에서도 돈을 잃었다고 한다. 상하이 최고의 부자였던 그는 보기 드물 정도로 극적인 파산을 맞았다.

1885년 1월에는 중국 회사 중 주식 대부분이 액면가 대비 반 이하 가격으로 거래되었고, 그해 말에는 소수만이 거래가격을 공시했다. 1720년 대폭락 때 목격한 바로 그 패턴이다. 시장이 붕괴하자 주가만 낮아진 것이 아니라 주식에 대한 대중의 관심까지 줄어들었다. 중국 주식의 유동성은 증발해 버렸다. 시장 옹호자 중 첫손에 꼽히던, 그리고 엄청난 부를 쌓아 자강운동이 성공하면 이익을 얻으리라는 꿈을 수많은 투기꾼에게 불어넣었을 서윤은 몰락하고 말았다.

하지만 1883년에 시장이 붕괴하지 않았다면 서윤은 아마 상하이의 J. P. 모건으로 기억되었을 것이다. 모건이 그랬듯 서윤도 금융업의 거물이었으며, 애초에 수많은 중국회사의 주식이 거래되도록 명성과 영향력을 발휘한 사람이었다. 사실은 J. P. 모건도 1907년에 서윤이 맞았던 위기와 매우 비슷한 일을 겪었다. 하지만 주식시장이 폭락하자 모건은 중개인에게 시장에 나가 주식을 사라고 지시한 일로 유명하다. 그 결과 완전히 붕괴할 뻔했던 시장은 살아났다. 그리고 모건은 월스트리트의 영웅이 되었다. 하지만 만약 모건의 도박이 실패했다면 어찌 되었을까? 아마 뉴욕 시장도 무너져 돈이 고갈되었을 것이다. 두 금융업자의, 그리고 두 주식시장의 차이는 단지 운뿐일지도 모른다.

그렇다고 중국 국내시장이 1883년에 사라진 것은 아니다. 앞에서 살펴보았던 1905년에 다시 살아났지만, 큰 관심을 받으며 설립되고 《신보》에 주가가 실린 국내 철도회사는 없었다. 주가목록은 룬촨자오상쥐와 카이핑광업開平鑛務局 외에 금융기관까지 포함되면서 늘어났다. 예를 들어 중국통상은행中國通商銀行이 상장회사였고, 외국 회사였지만 어쨌든 HSBC 주가도 공시되었다. 명목상으로는 중국에서 거래되는 데 장벽이 있던 외국 상장회사도 20세기에는 《신보》와 《북화첩보》에 중국 회사와 함께 주가가 실렸다. 1935년에도 상하이 주식시장에 중국인 전용 회사가 몇 군데 남아 있기는 했지만 대체로는 외국 주식시장과 국내 주식시장이 사실상 하나로 통합되었다.

여담이지만 외국 회사에 투자한 중국인은 중국인 전용 회사에 법적으로 반발하게 된다. 1897년에 중국통상은행이 중국인 주주에게 자본 납입을 요청하자 분쟁이 벌어졌는데, 그 과정에서 기존 조약 중 '외국' 업체에 대한 중국인의 투자를 관장하는 조항이 모호하다는 사실이 드러났다. 상하이 법원은 중국 국내 주식이 존재한다는 것은 외국 국적인이 중국인과 합작할 수 없다는 법적 근거가 된다고, 그리고 그 반대도 마찬가지라고 해석했다. 결과적으로 중국인이 비중국 회사에 투자한 지분이 중국 법에 따라 보호받지 못하게 된 것이다. 이 문제는 1902년에 조약이 체결되고서야 해결되었다.[13]

중국은 몇 년 밖에 안 되는 짧은 기간에, 그것도 자체적 형태로 기술을 실험해 가며 자본시장 혁신의 선두로 나아갔다. 중국은 아편무역을 둘러싸고 조직된 강력한 소수의 외국 상업은행이 장악한 금융구조에서 벗어나, 수출뿐 아니라 제조와 개발에도 자금을 대는 세계 주요 자본시장으로 발전했다. 이처럼 서양의 금융도구를 신속하게 도입하고 재해석하게 된 주요 매개체 중 하나가 매판계급이다. 청나라 정부와 뒤를 이은 중화민국 정부는 아편전쟁 때부터 착취당하여 재정이 허약해졌지만, 서양 국가가 무역개방을 강요하는 형태로 타협한 결과 역설적이게도 중국 상인과 금융업자 계급은 예기치 못한 방식으로 힘을 얻었다.

19세기 후반과 20세기 초반에 중국이 근대 국제세계에 등장했다는 사실은 금융역사상 계속되는 교훈을 다시 뒷받침한다. 금융기술은 신속하게 확산되어 기존 환경에 적응할 수 있고, 또한 새로운 가능성을 열어 주는 한편 파괴적 효과를 내기도 한다. 중국 국내 주식시장 호황과 1720년에 발생한 거품을 같이 살펴보면 패턴이 드러난다. 주식시장은 자본기반을 폭넓게 확대하는 놀라운 기계이다. 보통 사람이라도 신문만 펼치면 이익이 날 만한 신설 회사에 참여할 만한지 알아볼 수 있다. 주식회사는 상상력을 사로잡고 지갑을 연다. 중국의 경우 재산이 보잘것없어도 자국이 스스로 신속하게 기술을 발전시키는 데 참여할 수 있다는 희망을 중국 투자자에게 불어넣은 것은 보로운동이었다. 영국인에게 수모를 당하고 한때 반식민지로 전락한 제국을, 스스로의 운명을 움켜쥐고 스스로 만든 조건에 따라 주식회사를 규정하며 광대한 내적 자본의 원천을 이용하여 스스로 전진하는 기업국가로 재정의하는 수단이 된 것은 바로 시장이었다. 중앙집권의 역사가 유구한데도 중국이 이처럼 전진해 나가도록 만든 요인은 근대 금융도구를 충분히 배우고, 제국 정부라는 멍에가 견딜 수 없이 무겁다는 사실을 알아차린 정치가와 상인, 다시 말해 개혁가의 활력이었다.

상하이는 1920년대와 1930년대에 근대성 개념과 국제 문화·경제

통합을 구현함으로써 과도기에 선 사람들을 사로잡았다. 중국은 현대적 은행, 주식시장, 고층건물, 소비재, 교통통신 체계, 교육기관, 예술, 문화 등 세계로부터 가장 좋은 것을 받은 후 자신의 조건에 맞추어 재창조할 수 있었다. 상하이는 금융 수도로서 문화를 이처럼 대담하게 표현하는 데 중요한 역할을 했다. 하지만 금융과 사회변화의 관계는 그다음에 중국을 재정의한 사건, 바로 1949년 공산당혁명에도 기여했다. 중국은 결국 자본주의와 개인주의를 거부하고 자유시장에 반발하는 전 세계적 움직임을 따른다.

25장

러시아라는 곰

이 장에서 살펴볼 나라도 19세기 후반 유럽이 집중한 투자처이다. 이 나라도 창의적 기법을 받아들여 정부자금을 조달하고, 외국 채권자와 주주를 환영하였으며, 외부 자본을 이용하여 기반시설을 건설하고 산업을 발전시켰다. 하지만 이 나라는 결국 근대 금융을 거부하였고(그렇지 않다 해도 최소한 자본주의의 금융기술은 거부하였고), 완전히 다른 이념을 향하여 전 세계를 이끌었다. 러시아혁명은 외국인에게 소유권과 개발권을 허락하지 않았을 뿐 아니라, 이러한 투자방식이 기반을 둔 바로 그 원칙까지 거부하는 경제이론을 받아들였다.

상트페테르부르크 증권거래소

상트페테르부르크의 구조에는 아직도 설계자인 표트르대제가 품었던 이상주의가 남아 있다. 러시아가 바다로 나가는 출구이자 해상교역

그림 25.1 상트페테르부르크 증권거래소 건물. 프랑스 건축가 토마 드 토몽이 설계하고 1805년부터 1810년까지 건축했다.

을 하는 관문이었던 이 도시는 여러 섬에 걸쳐 있는데, 개중 몇은 다리로 건너갈 수 있지만 예카테리나대제의 웅장한 여름궁전처럼 배를 타고 가는 편이 나은 섬도 있다. 아름다운 산책로 주변으로 에르미타주 박물관이나 러시아 국립박물관 같이 멋진 건물이 배치된 이 도시는 때때로 센강이 있는 파리같은 느낌도 준다.

혁명 이전에 상트페테르부르크 증권시장은 강변에 세심하게 터를 잡고 신고전주의 양식으로 멋지게 세운 하얀색 건물에 있었다. 금융은 19세기 러시아의 경제 발전에 중요한 역할을 했다. 하지만 뉴욕 증권거래소의 초창기 역사는 매우 잘 연구되어 있는 반면, 상트페테르부르크 증권거래소의 역사에 관심을 기울인 연구자는 거의 없었다. 다른 유럽 국가와 마찬가지로 러시아도 1720년 전후에 회사를 만드는 실험을 했다. 러시아에서 최초로 주식을 발행하여 자금을 조달한 시기는 1704년이라고 기록되어 있고, 1830년까지는 지나친 투기를 우려할 정도로 주식이 거래되었다. 투기 열풍은 1869년과 1893년에 불었는데, 이 중 1893년에는 주식담보대출 규제가 완화되었기 때문에 발생했다. 따라서 러시아 시장의 역사는 미국 주식시장 발전과 어느 정도 궤를 같이한다.

19세기 상트페테르부르크 증권거래소는 런던 주식시장의 축소판이었으며 규모와 상장사 숫자로 보면 뉴욕 증권거래소와 그럭저럭 비교할 상대가 되었다. 거래가 시작된 지 수십 년 후인 1869년부터 기록된 연감에는 46개 주식이 나오는데, 그중에는 알래스카 식민지를 건설했던 러시아아메리카 회사Rossiko-Amerikanskaia kompania도 있었다. 북아메리카 모피교역 칙허를 받아 1799년에 설립된 이 회사는 태평양 해안을 따라 남쪽으로 캘리포니아까지 내려오며 북아메리카에 요새를 연이어 건설했다. 러시아가 알래스카를 미국에 매각한 1867년 이후 러시아

아메리카 회사는 더 이상 아메리카에서 영업하지 않았지만, 이후에도 상트페테르부르크 증권거래소에 상장한 상업회사로 명맥을 이어 갔다. 러시아아메리카 회사 외에 초창기 상트페테르부르크 증권거래소에 상장된 회사들은 금융업·보험업·해운업·철도업·교역업·제조업·공공시설운영업 등을 영위했다. 상장사는 1917년까지 635개로 늘어나, 어떤 기준으로 보아도 상당히 큰 시장을 형성했다.

숫자를 살펴보면 재미있는 이야기가 드러난다. 러시아 주식시장은 1869년부터 1917년까지 미국 시장에 비하여 변동성이 매우 컸지만 수익성에서는 거의 100퍼센트 앞섰다. 상트페테르부르크에서 거래된 주식가격은 러일전쟁과 1905년 혁명기간에 폭락했다가 1910년에 극적으로 회복했다. 게다가 러시아 자본시장 자료를 보면 제1차 세계대전 때까지 금융 발전과 번영이라는 장밋빛 전망이 그려진다. 러시아에는 주식시장이 있었다. 그리고 근대 기반시설을 개발하는 데 필요한 자본을 모으기 위하여 활발히 사용되었다. 이는 개인투자자가 다양한 산업에 분산투자하게 돕는 도구이기도 했다.

러시아 채권시장 역시 혁신적이고 활발히 돌아갔다. 정부는 저축자와 도박꾼 모두에게 매력적이고 기발한 형태로 채권을 발행했다. 일단 채권은 정기적으로 이자를 주는 저축상품이었다. 한편 1864년에 발행된 러시아 채권에는 분리 가능한 복권이 붙어 있어 투기꾼에게도 매력적이었다.[1] 복권을 거래하는 별도 시장이 출현했고, 당첨이 불가능한 꿈만은 아니라는 사실을 운 좋은 복권 소유자들이 전국 복권 추첨행사에서 증명하기도 했다.

이처럼 내부에 정교한 금융시장을 갖추고 있던 러시아에서도 회사들은 미국 회사가 그랬듯이 외국 증권거래소에서 자본을 유치했다. 사실 19세기와 20세기 초반에 러시아만큼 자본시장을 적극적으로 이용한 개발도상국은 없다시피 하다. 러시아는 엄청난 액수의 국채를 파리 증권거래소에서 매각했는데, 바로 그 목적으로 정치적 동맹을 맺었기 때문에 가능한 일이었다. 영국 투자자도 러시아에 투자했는데, 특히 민간 기업을 통하여 광산 운영자금을 댔다. 시베리아 횡단철도, 상트페테르부르크 전력공급, 바쿠유전 개발자금은 모두 유럽 투자자가 댄 것이었다. 이러한 채무를 불이행하자 외국은 자산을 압류하고 주권을 침해하겠다고 암묵적으로 위협했다. 근대화를 진행하고 있었고 어느 정도는 국제문화를 받아들인 두 대국, 중국과 이집트 사례가 러시아에도 닥치려 했다.

🪙 금융과 핀란드역

차르 군주정에 평생 대항한 블라디미르 레닌Vladimir Lenin은 망명한 지 몇 년 후 1917년 4월 3일에 상트페테르부르크 핀란드역에 당당히 도착했다. 그가 오랫동안 추진했던 혁명은 마침내 궤도에 올랐다. 러시아인은 제1차 세계대전이 한창일 때 차르를 폐위했다. 4월 3일에 레닌은 망명기간에 취리히에서 쓴 원고를 가지고 왔다. 그는 저서 《제국주의: 자본주의의 최고 단계Imperialism: The Highest Stage of Capitalism》를 통해 제1차 세계대전이란 세계열강이 지구를 각각의 시장으로 나누어 가지려고 일으킨 최후의 충돌이라고 묘사했다. 레닌은 마르크스의 관점에 따라 이 궁극적 세계전쟁을 자본주의의 종말로 보았다. 이는 마르크스가 《자본론》에서 예측한 변혁적 금융위기를 불러와 노동자와 생산수단을 다시 통합하고 세계의 부자들이 소유한 투자 포트폴리오에 축적된 노동가치를 돌려받는 계기가 되리라는 것이다.

레닌의 주장에 따르면 제국주의란 경쟁적 자본주의가 독점적 자본주의로 이행하여, 전 세계를 각자의 이익권으로 분할해 온 소수의 강력한 금융 대기업이 마침내 생산수단을 장악하고 이에 따라 비용이 많이 드는 경쟁도 감소하는 현상이다. 그는 처음부터 자신이 홉슨의 《제국주의》에서 영감을 얻어 이 책을 썼다는 사실을 분명하게 밝혔다. 홉슨이 1902년에 쓴 논문을 단초로 삼는 한편, 부르주아적 평화주의를 버리고 자본주의의 종말이라는 마르크스의 인습타파적 시각으로 대체한 것이다. 레닌의 《제국주의》는 거칠고 간략하며 마르크스와 달리 철학을 길게 논하지 않는다. 대신 자료에 근거를 둔다. 레닌은 홉슨 같은 세기말 경제학자들의 주장을 출처로 국제은행 연합체가 부상하고, 세계 증권거래소에서 발행되는 채권과 주식이 계속 늘어날 것이며, 엄청난 자본이 영국·프랑스·독일에서 아시아·아프리카·아메리카로 수출될 것이라는 주장을 풍부한 자료를 추출하여 이 짧은 책에 실었다. 또 어떤 자료는 *Investment Monthly Manual*에 나온 숫자를 가공한 듯하다. 국제금융 규모가 극적으로 확대되었다는 사실을 기록하려고 자본주의 출판물을 사용한 것이다.

레닌은 금융상품에 얼마나 많은 돈이 투자되었는지 보여 주며 독자를 경악시킨다. 그는 흐름의 속도가 더욱 빨라진 끝에 기업연합과 카르텔로 짠 그물을 가지고 세계의 은행과 산업을 장악하는 금융 과두체제가 수십 년 안에 세계에 확산될 앞날을 그린다. 레닌이 보기에 급격하게 성장하는 자본시장은 이러한 자본가 귀족이 엄청난 자본을 손쉽게 얻어 내 자산을 취득하는 도구이다. 레닌 시절 금융 과두체제는 규칙을 고치고 회사와 경쟁을 보는 일반적 기대를 바꾸었다. 예를 들어 그는 스탠더드 오일Standard Oil을 이렇게 비판한다.

> 대기업 하나가 엄청난 비중을 점유하고 (중략) 원료 가공에서부터 다양
> 한 완성품을 제조하기까지 일련의 단계를 모두 통제하고, 이러한 제품
> 을 단 한 가지 방식에 따라 수천만 또는 수억 소비자에게 공급한다면(이
> 는 바로 미국 석유업계 연합이 미국과 독일에서 석유를 판매하는 방식이다), 생
> 산이 사회화되고, 민간경제와 사유재산 관계가 서로 '맞물려' 보호막을
> 형성하며 (중략) 최악의 경우에는 기회주의적 종양을 치료할 시기가 계
> 속 지연되어 상당히 오랜 기간 부패해 간다 하더라도, 이 문제가 언젠
> 가 해결될 수밖에 없는 것은 명백하다.[2]

서로 공고하게 연합하고 자본시장에서 술수를 써 가며 세계시장을 지
배하는 석유회사가 근대 러시아와 닮았다는 아이러니에 관심을 두는
사람은 아마 많지 않을 것이다.

🪙 독점을 좋아하는 사람은 없다

오늘날 독자가 보기에는 레닌의 책 가운데 옳은 부분도 있다. 그가
공격했던 반경쟁 독점은 이후 미국에서 독점금지법으로 규제된다. 스
탠더드 오일은 여러 회사로 분할되는데, 거대기업 하나가 경제 대부분
을 사실상 장악하지 못하도록 방지하기 위함이다.

레닌이 가장 격렬하게 비판한 대상은 철도회사와 여기에 자금을 댄
은행이었다. 그는 *Investor's Monthly Manual*을 통하여 앞서 살펴보았듯
이(23장 참고) 철도회사 자본이 보기 드문 규모로, 심지어 국채규모와도

비견할 만큼 성장하는 상황을 기술했다.

> 철도란 기본적인 자본주의적 산업체와 석탄과 철광석과 철강의 총합이
> 며, 세계무역의 발전과 부르주아 민주주의적 문명의 발전을 나타내는
> 가장 뛰어난 지표이다. (중략) 철도부설은 단순하고 자연스러우며 민주
> 적이고 문화적인 문명화를 촉진하는 사업처럼 보일는지도 모른다. 이는
> 자본주의적 임금노예제를 현란한 색채로 묘사하는 부르주아 교수들이
> 나 프티 부르주아지 속물들의 견해기도 하다. 그러나 이러한 사업을 수
> 천 가지 서로 다른 교차점을 통하여 생산수단 일반의 사적 소유와 연결
> 하는 자본주의적 실타래(경제제도)는 이러한 철도건설을 [식민지와 반(半)
> 식민지의] 수억 인민을, 다시 말해서 종속국에 거주하는 지구 인구의 절
> 반을 넘는 인민들뿐만 아니라 '문명화된' 국가에 사는 자본주의 임금노
> 예들까지 포함한 수많은 인민을 억압하는 수단으로 전환했다. (중략)
> 자본주의는 이제 한 줌밖에 안 되는 '선진'국가가 대다수 세계인민을 식
> 민지를 통해 억압하고 금융적으로 교살하는 세계체계로까지 성장했다.
> 이러한 '전리품'은 완전무장한 두세 개의 강력한 세계적 약탈자의 손에
> 분배되고, 약탈자는 현재 전리품 분배를 넘어서서 전 세계를 자신들이
> 벌이는 전쟁 속으로 휘몰아 가고 있다.3

일본이 제국주의 열강 목록에 포함된 것이 의미심장하다. 러시아가
1905년에 러일전쟁에서 패배하며 상트페테르부르크와 모스크바 거리
에서 반란이 촉발되자 차르는 이를 무자비하게 진압했다(피의 일요일).
레닌의 책을 읽은 러시아인들은 제국주의가 자기 나라에 총구를 돌려
독립을 위협하고 있는 세력이라고 이해했을 것이다. 비난할 대상은 러

시아인이 아니라 외국 주주와 채권 보유자였다. 러시아도 의화단운동 이후 중국을 분할하여 조계를 설치하는 데 참여했지만, 어쨌든 이웃나라가 주권을 잃은 사건에는 명백한 교훈이 있었다. 제국주의 세계에서는 경제구역이 정치적 장벽을 대체하고 있었다. 러시아 산업자산 중 반을 외국인이 장악한 상황에서 러시아가 빚을 갚지 못하면 무슨 일이 일어날까? 독일은 바쿠유전을, 프랑스는 철도를, 일본은 러시아 동부를, 영국은 광산을 차지하지 않을까?

레닌은 제1차 세계대전이 한창일 때 러시아로 돌아오자마자 자신을 취리히에서부터 안전하게 실어다 준 독일과 화평하자고 주장했다. 볼셰비키는 2월혁명 이후 소수파였지만 10월이 되자 권력을 장악했다. 레닌이 이끄는 러시아는 라트비아와 에스토니아, 우크라이나, 조지아, 아르메니아, 아제르바이잔을 할양하며 독일과 평화협정을 맺었다. 하지만 평화는 아직 먼 일이었다.

러시아 내전은 1917년부터 1923년까지 벌어졌다. 열강들은 볼셰비키에 맞서는 백군을 지원했다. 1919년에 북쪽에서는 미국과 영국군이 아르한겔스크에서 밀고 들어왔고, 동쪽에서는 일본이 블라디보스토크를 장악했으며, 남쪽에서는 프랑스가 잠시나마 오데사를 점령했다. 볼셰비키는 결국 엄청난 대가를 치르고서야 이들을 모두 격퇴한다. 내전에서, 그리고 열강에 맞선 전쟁에서 불가능해 보이던 승리를 거둔 것이다. 그리고 외국에 진 채무를 모두 상환 거부하고 러시아 산업을 전부 국영화했다. 영국과 프랑스 투자자가 러시아의 기반시설, 유전, 공장에 잡은 담보는 모두 휴지 조각이 되었다. 신생 국가는 외국 자본가의 권리는 고사하고 심지어 개인 재산권도 인정하지 않았다. 1923년에 레닌은 마침내 러시아를 마르크스주의 국가의 모범으로 재탄생시키기 시작

한다. 그가 1924년에 죽은 후에는 후계자인 이오시프 스탈린Josef Stalin
이 과업을 넘겨받았다.

볼셰비키혁명은 자본주의와 극과 극을 이루는 세계 최초의 공산주의 국가를 만들어 냈다. 소비에트연방은 금융업자·주주·투자자·저축자 없는 국가를 운영하는 실험장이 되었다. 그리고 프롤레타리아에게 권력을 주라는 카를 마르크스의 웅변을 충실히 이행했다. 하지만 어쨌든 러시아 사람들도 밥은 먹어야 했다. 자금을 스스로 대야 했던 소련은 그래서 중앙계획이라는 기념비적 과업에 손을 댔다. 세계 자본가들은 러시아가 진정 자기들 없이 살아갈 작정이라는 것을 도저히 믿지 못했다.

자본가들이 보기에 자본주의를 그토록 극단적으로 보는 시각이 정말 널리 퍼지는 일은 있을 성싶지 않았다. 예컨대 1917년 12월에 키시팀 광업주식회사 이사였던 레슬리 어커트Leslie Urquhart는 불안해하는 주주들을 달래려고 이렇게 썼다.

> 러시아에서 일어나는 사건이 우리 자산 소유권 같이 긴요한 이해관계에 어떤 영향을 끼치겠냐는 질문을 받는다면, 저는 가능한 한 가장 단호하게 성급한 볼셰비키 찬탈자들이 계약을 파기하겠다며 내놓은 선언을 심각하게 받아들여서는 안 된다고 말하겠습니다. 이 사건은 미친 사람들이 벌이는 소동입니다. (중략) 이 모든 사람들이 유산과 사유재산권을 포기하고, 사회주의에 미쳐 소동을 벌이는 사람들과 땅을 소유하지 못한 도시 프롤레타리아의 욕심을 만족시키려고 할까요? (중략) 이 모든 혼돈과 무정부 상태는 썩은 것을 모두 정화하고 러시아를 더욱 순수하며 위대하게 만드는 불길이라고 저는 강력하게 확신합니다(옳소! 옳소!).[4]

이 회사 주식은 볼셰비키에게 구리광산을 몰수당한 후에도 1918년 내내 계속 거래되었다. 군대를 보내 백군을 지원하라고 영국 정부를 설득한 사람들 중에는 아마 어커트도 끼어 있었을 것이다. 하지만 이번에는 소용없었다.

🪙 돈을 먹을 수는 없다

외채 상환을 거부하고, 10월 혁명결과를 뒤집으려는 외국 유수의 투자자에 맞서 싸운 러시아에도 어쨌든 돈은 필요했다. 예일 대학교가 소장한 옛 금융문서 중에는 오늘날 달러 지폐의 두 배 정도 크기로 인쇄한 종이가 있다. 앞면에는 밭에 씨를 뿌리는 농부 그림이 있다. 같이 인쇄된 내용에 따르면 이 종이는 1923년에 발행된 단기대출채권, 다시 말하면 정부의 상환 약속증서이다. 신기하게도 상환액수는 루블화가 아니라 귀리 한 부대로 약정되어 있다. 카를 마르크스라면 자랑스러워했을지도 모르겠다. 새로 수립된 소비에트 정부는 진정한 가치를 가리는 베일이자 자본가가 화폐를 축적하도록 부추기는 물신주의의 우상인 돈을 과감하게 없앤 것이다. 이상주의에 찬 볼셰비키가 돈 대신 도입한 투자와 교환 수단은 더욱 기본적인 가치 원천이었다. 농부가 씨를 뿌리는 낭만적이고 목가적인 장면을 그려 노동가치이론을 표현하는 한편, 러시아인들이 곡식 자체에 가치가 있다고 상상하지 않도록 방지했다. 즉, 곡식의 가치는 씨 뿌리고 수확하는 데 정직하게 들어간 노동량과 같다. 이 지폐가 명목화폐인지 아니면 정말 태환 가능한지는 지폐만 봐서는 불확실하다. 만약 정말 귀리 한 부대로 상환될 단기채권이었다면 관련된 정보가 부족하다. 지폐에는 곡식 부대를 언제 어디서 받을 수 있는지 나오지 않는다. 그러니 지폐는 노동가치이론을 표현했다고 보는 편이 맞을 것이다. 아니면 신생 소비에트연방이 취약했음을 상징할지도 모른다. 러시아는 보유한 자원보다 필요한 자원이 많아 초인플레이션이 발생한 탓에 1920년 초반에 심한 고통을 겪었다. 귀리 채권은 아마 인플레이션에서 보호받는 화폐였을 것이다. 그렇다면 다시 의문이 생기는데, 이 약속을 지키려면 정부가 귀리 부대를 얼마나 지급해야 했을지, 그리고 실제로 귀리가 지급되었을지 아는 사람이 있기나 할까. 오늘날 이 지폐 한 장을 사는 데 50달러도 들지 않는 것을 보면, 지폐는 대부분 태환되지 않았을 것이다.

🪙 객관주의의 씨앗

알리사 지노브에브나 로젠바움Alisa Zinov'yevna Rosenbaum은 1905년에 상트페테르부르크에서 태어났다. 그의 아버지는 시 중심가에서 멀지 않은 교차로에 붉은 벽돌로 멋지게 지은 약국을 소유한 약사였다(건물은 지금도 약국으로 쓰인다). 약국 위층에 살던 알리사네 가족은 1917년 사건이 수도 거리에서 펼쳐지는 장면을 생생하게 지켜보았다. 당시 열두 살이던 알리사는 혁명이 빚어내는 폭력과 혼돈을 똑똑히 보았다. 볼셰비키가 가게를 몰수하자 그는 가족과 함께 크림반도로 도피했다가 1921년에 다시 고향으로 돌아왔다. 그리고 러시아가 비교적 자유로운 시장에서 중앙계획식 집단경제로 바뀌는 장면을 목격했다. 1920년대에 그는 역사와 정치이론을 공부했던 상트페테르부르크 주립대에서 노면전차로 멀지 않은 곳에 있는 네프스키 대로 근처 아파트에서 살았다.[5] '유물론적 역사관' 등은 마르크스 이론에서 깊이 영향받은 과목이다. 한편 '중세사', '근대사'나 '중세 교역사' 같은 과목을 보면 혁명 전 러시아 학계가 경제사와 금융사에 관심을 두었음을 알 수 있다.

지적인 젊은 여성 알리사는 1926년에 미국으로 이주하여 극작가가 되기로 마음먹었다. 그리고 미국식으로 에인 랜드Ayn Rand라고 개명한다. 이후 그녀는 극작가로도 어느 정도 성공하지만, 진정한 업적으로 내세울 만한 것은 정치 소설이었다. 《아틀라스Atlas Shrugged》는 20세기에 큰 영향을 준 책으로 널리 꼽힌다. 냉전이 절정에 달했던 1957년에 출판된 이 소설을 통해 그녀는 소련식 집단주의를 단호히 거부하고, 자유방임주의 자본주의와 이기적·합리적·경제적 행동을 옹호하는 자유지상주의 철학인 '객관주의'를 제안한다. 이후 미국에서 자수성가하여 사업가나 최고경영자가 될 경제 엘리트들이 워싱턴 DC의 밀실에서 경영 관련 결정을 내리는 중우정치와 온정주의를 거부하는 데는 《아틀라스》가 큰 영향을 끼쳤다.

랜드는 의도만 좋았던 집단주의 때문에 도덕·사회·기술이 퇴보하는 이야기를 장황허게 풀어낸다. 여기에는 자기가 젊었던 시절 상트페테르부르크에서 목격한 러시아 사회와 경제의 실패가 명백하게 반영되어 있다. 《아틀라스》에서 시장은 실패하고 엘리트들은 산에 은거하며 국영 철도는 멈춘다. 《아틀라스》는 현대 미국 자유지상주의 사상의 근거가 되었다. 랜드의 사상은 자유시장이라는 해결책을 옹호하는 사람들에게 깊이 호소할 수 있는 잠재력이 있지만, 마르크스·엥겔스·홉슨·레닌의 저작이 안고 있는 결점 대부분이 그의 책에서도 똑같이 드러나기도 한다. 영감이 넘치는 장광설을 통해 체제를 비판하지만, 결국 실용적이고 정치적인 해결책은 부족하다. 랜드는 정치를 원칙의 장애물로 그렸다. 이 점에서는 카를 마르크스도 동의했을 법하다. 전체주의를 통하여 이상적인 마르크스주의 국가를 건설하자던 레닌의 정치적 실천은 생산수단을 프롤레타리아가 아니라 당의 손에 넘겨주면서 마르크스주의의 이상을 배신했다.

랜드의 책은 금융시장 옹호자와 비판자 사이에 끝없이 이어지는 변증법에서 둘 사이를 잇는 연결고리이다(물론 랜드는 그러한 생각에 반대했을 것이다). 시장이 없다면 마르크스도 없었을 것이다. 마르크스가 없었다면 레닌도 없었을 것이고, 레닌이 없었다면 에인 랜드도 없었을 것이다. 세 사람이 주장을 펼치는 방식은 모두 달랐지만, 세 사람 모두 부자연스러울 정도로 설득력이 있었다. 세 사람 모두 심층적이고 영구적이며 상충하는 사회 도식들을 활용했기 때문이리라.

20세기 초 러시아에서는 근대 금융제도를 두고 전쟁이 벌어졌다. 도저히 믿기지 않는 일이지만, 공산당은 예기치 못하게 발발한 세계대전의 혼란통에서 혁명을 일으켜 인구 1억이 넘는 나라의 권력을 쥐고 싸워 열강을 몰아냈다. 러시아는 금융을 혁신해 온 오랜 전통을 거부하고 국제 자본시장에 의존하지 않도록 결정하는 한편, 자본주의를 매도하고 《공산당선언》에 나오는 모습으로 변모했다. 자유방임주의 자본주의의 보루인 런던에서 안락의자에 앉은 혁명가 두 명이 집필하고 방대한 양의 문화비평을 통해 살을 붙였지만 실질적 세부사항은 부족한 얇은 책, 《공산당선언》 말이다. 20세기에 벌어진 기묘한 균열은 금방 아물 성싶지 않았다.

당시에는 세계가 종교적 불관용 때문에 분열될 것이라고 예상하는 사람도 있었을 법하다. 이슬람 세계에서는 지금도 십자군을 들먹이며 단합하자고 외치는 사람이 있다. 하지만 금융이론이, 특히 투자자가 사회에서 담당하는 역할을 두고 벌어진 다툼이 세계를 둘로 쪼개리라고 짐작하기는 어려웠다. 지금은 누구나 세계가 두 가지 다른 길을 걸었다는 사실을 안다. 중국 역시 세계대전과 내전의 참화가 벌어진 후 1949년에 마르크스레닌주의 혁명을 일으켜 러시아를 따라갔다. 쿠바·북한·베트남도 마찬가지였다. 내가 어렸을 적 무서워했던 핵공격 및 방공호 대피신호는 동과 서를 경제와 금융체제에 따라 분열시킨 역사의 메아리였다.

전 세계에서 발행된 증권으로 투자 포트폴리오를 짜면 안정적으로 수익을 올릴 수 있다던 헨리 로웬펠드의 말은 반만 맞았다. 그의 이론은 제1차 세계대전, 러시아혁명, 제2차 세계대전, 레닌, 마오쩌둥이 균열을 일으키며 끝난 자본주의의 드문 황금기 시절의 시장을 통계적으로 분석한 데 근거를 두었다. 지리적 포트폴리오 분산은 이후 볼셰비키와 마오쩌둥주의자가 벌인 재산몰수, 제2차 세계대전 이후 벌어진 일본과 독일 시장 붕괴, 철의 장막이 유럽을 둘로 나누자 발생한 동유럽의 자산 손실 때문에 피해를 입는다. 전 세계 분산투자는 좋은 생각이었다. 전 세계가 동시에 위기에 빠지기 전까지는.

26장

케인스가 구조하러 간다

제1차 세계대전은 볼셰비키혁명 외에 다른 결과도 낳았다. 독일은 연합군에 패배하여 식민지, 상선, 해로, 기름진 영토를 빼앗기고 감당하기 힘든 부채까지 짊어졌다. 전쟁 부채는 결국 국채를 중심으로 구축된 국제금융체계가 야기하는 위험에 첨예한 관심을 불러일으킨다.

케임브리지 대학교 경제학자 존 메이너드 케인스John Maynard Keynes는 영국 측 전후 협상단에 참여했다. 그는 1919년 파리강화회의에서 영국 재무부 대표 역할을 하다, 조약조건이 지나치게 부담스럽다고 항의하며 그해 6월에 물러났다.

베르사유조약을 낳은 협상과정을 그린 케인스의 책《평화의 경제적 결과The Economic Consequences of the Peace》는 크게 인기를 끌었다. 그가 보기에 베르사유조약은 경제적 수단을 사용한 전쟁의 연속이었다. 이 책에서 케인스는 세계대전에서 희생된 영국인 수가 끔찍하게 많은 것은 사실이지만 그래도 연합국이 자비를 베풀어야 한다고 간곡히 주장했다. 독일인은 굶주릴 수밖에 없다. 이들에게는 전쟁배상금을 치를 비용도 생존하기 위한 식량을 수입할 돈도 없다. 이러한 환경에서는 심각한 정치적 결과가 발생할 것이다. 연합군은 독일에 전쟁배상금으로 2,690억 마르크를 청구했다. 내가 계산한 바에 따르면 배상금은 보리로 2조 리터 정도 된다. 라가시가 움마에게 청구한 계산서의 반 정도 되는 셈이다(2장 참고). 라가시와 움마에서 베르사유조약으로 이어지는 경로는 금융채무의 기원과 민족국가를 채무로 예속하는 완연한 근대 금융기술을 잇는 길이기도 하다.

《평화의 경제적 결과》에는 인도주의·철학·금융, 그리고 소문이 가득하다. 베르사유조약이 어떻게 타결되었는지 알고 싶었던 세상 사람들은 케인스의 폭로에 열광했다. 세계 지도자들은 매우 충격적으로 묘사되었다. 케인스가 보기에 우드로 윌슨Woodrow Wilson은 태도가 '장로교인'답게 뻣뻣하고, 상대방에게 책략을 쓰는 데 무관심했기 때문에 현실적 조건을 적용하는 데 실패했다. 로이드 조지Lloyd George는 초자연적이고 교묘한 기술을 갖춘 악마로 묘사된다. 그는 우둔한 윌슨을 매번 골탕 먹인다. 프랑스 총리 조르주 클레망소Georges Clemenceau는 차갑고 비협조적이며 독일에 무자비한 적으로 묘사된다. 이 셋을 합치면 〈맥베스Macbeth〉에 나오는 세 마녀가 현대에 환생한 셈이다.

케인스는 협상과정을 제3자 입장에서 초연하게 묘사하여 독자들을 즐겁게 했지만, 내심으로는 전쟁과 평화협상 실패의 원인이 모두 자본주의의 결점과 근대사회의 심리에 있다고 생각했다. 이 점에서 그는 마르크스·홉슨·레닌의 의견을 반복했다. 케인스가 보기에 근대 투자시장이란 인류가 미래에 대비하려고 마련한 자본을 지배계급이 장악한 광대한 저장고에 부자연스러울 정도로 축적하게 만든 요인이었다.

그림 26.1 1908년의 존 메이너드 케인스. 그웬돌런 래버랫 작

사회는 증가한 소득 중 대부분이 이를 가장 적게 소비할 계급의 손에 들어가도록 짜여졌다. 19세기에 새로 등장한 부자들은 소비하여 즉시 얻을 수 있는 쾌락보다는 투자를 통해 얻을 힘을 선호하기 때문에 많이 소비하지 않는다. 실제로 이 시기와 다른 모든 시기를 구별하는 차이인 고정자산 축적과 자본 개선이 크게 진행된 요인이 바로 부의 불평등한 배분이었다. 사실은 자본주의 체계를 정당화하는 주된 근거가 바로 여기에 있다.[1]

케인스가 보기에 자본주의 체계의 '이중 기만'은 애초부터 불안정했다. 가장 심하게 비난한 대상은 돈을 저축하는 데 심리적으로 집착하는 지배계급의 인색함이었다. 케인스는 경제적 가치를 현재에서 미래로 옮겨 만족감을 연기하는 데 반감을 보였기에 평화협정도 강하게 비판했다.

그는 전쟁을 새 금융질서로 향하는 분기점이라고 보았다. 전쟁 덕분에 노동자계급은 자신이 무엇을 잃어버렸는지 깨달았고, 자본가계급은 극도로 불확실한 미래에 직면하면서 자기 재산이 무가치하다는 사실을 알아차렸다. 케인스는 두 계급의 심리는 바로 지금, 바로 여기에서 소비하고 삶의 질을 추구하는 쪽으로 돌아설 것이라고 주장했다. 그가 보기에 자본주의에서 축적된 자본 중 일부를 소비하면 더욱 나은 미래로 갈 수 있었다. 케인스의 책은 끔찍하기는 해도 잘 들어맞는 예측으로 유명해졌다. 제1차 세계대전의 여파에서 초인플레이션, 파시즘, 그리고 이웃나라 러시아의 전체주의 마르크시즘 국가 건국 등 재난이 꼬리를 물고 일어났던 것이다.

이 책을 비판하는 사람은 독일 경제가 실제로는 케인스의 예상보다 더 잘 회복되었고, 배상금은 결국 상당히 줄어들었다는 사실을 지적한다.[2] 그렇다 해도 상관없다. 전 세계 지도자들은 당시 마르크스주의적 표현대로 국가부채가 정치에 영향을 끼친다는 기본 문제를 확실하게 인식하게 되었다.

이 장에서는 케인스가 제1차 세계대전 이후 금융을 재형성하는 데 공헌한 사항뿐 아니라 그가 금융 사상가와 전략가로서 맡은 역할도 살펴볼 것이다. 그는 국가부채 문제, 감정과 시장의 중요성, 무모한 주식시장 투자라는 세 가지 거대한 주제가 결합하는 교차로에 서 있기 때문에 근대 금융사에서 가장 중요한 인물이다.

🪙 국가부채 문제

소장파 경제학자 시절에 케인스는 홉슨이 제기한 국제부채 문제에 전 세계의 관심을 끌여들였다. 제2차 세계대전이 끝난 지 몇 년 후 그는 금융시장이 야기한 근본 실패를 풀(또는 최소한 완화하려고 노력한) 금융기구를 창설하는 데 도움을 주었다. 1944년 7월 뉴햄프셔주 브레턴우즈Breton Woods에서 29개 연합국이 협상하여 협정을 낸 결과, 사상 최초로 국제금융기구가 설립되었다. 회의는 케인스가 1933년에 발표한 글 〈번영으로 가는 길The Means to Prosperity〉에서 제안했듯이 세계 공통화폐와 이를 관리할 기구를 만들 '세계경제회의World Economic Conference'와 맥이 닿아 있었다. 글을 발표한 지 11년 후 케인스는 자신이 품은 전 세계적 전망뿐 아니라 영국의 이익도 대변하며 브레턴우즈회의에 참석했다. 그는 채무국과 채무국 사이를 중재하게 될 국제제도의 틀을 만들자고 제안했다.

결국 채택된 계획은 케인스가 제안한 방안과 완전히 같지는 않았지만 기본 구조는 비슷했다. 이 체계의 핵심 요소는 국가들이 채무문제를 협의할 국제 공동체인데, 국제통화기금International Monetary Fund(IMF)과 국제부흥개발은행International Bank for Reconstruction and Development(IBRD, 이후 세계은행World Bank이 된다)이 담당하게 되었다. IMF를 설립한 목적은 국제수지의 괴리를 해결하는 일이었다. 간단히 말하면 지나치게 많은 외화채무를 진 국가에 돈을 빌려주는 한편 국제수지 균형을 찾도록 인도하는 것이다. IMF는 화폐문제를 겪는 국가와 집단 협상할 새로운 수단이었다. 각국이 출연하여 모은 자금은 국제수지 불균형을 겪는 국가가 인출할 수 있었다.

IMF의 중요한 특징은 국가채무를 보증받는 옛 방식을 없앴다는 데 있다. 예컨대 이제는 채무를 상환받기 위하여 루르Ruhr 지역을 담보로 잡힐 필요가 없다. 원리금을 직접 상환받기 위하여 채무국 관세나 운하 사용료 징수권을 차압하지도 않는다. 이제 IMF는 거시경제지표를 미래 대출조건으로 설정했고, 부채 수준이 심각하다면 체계적인 경제 조정을 요구했다. 그 수단은 이기적인 채권 보유자 또는 대출은행이 아니라 거시경제학자가 설계한 해결책인데, 재정긴축, 화폐가치 절하, 수출 증대, 무역자유화, 자유시장 정책 및 민영화 도입 등 다양했다.

이처럼 IMF로부터 조건을 부여받은 국가들은 조건이 가혹하다거나 처방이 잘못되었다며 불평하기도 했다. 예컨대 최근 IMF의 구제금융을 받은 그리스 사례를 보자. IMF와 유럽연합이 요구한 대로 재정을 긴축한 그리스 경제는 호전되기는커녕 실업률 악화 등 고통을 겪었다. 그런데 최근 그리스 채무불이행 사태를 1898년 그리스 채무재조정 사태와 비교해 보자. 당시 그리스는 크레타섬 영유권을 두고 벌인 전쟁에서 오스만제국에 패하여 지금과 마찬가지로 국제채무를 상환할 수 없었다. 그리스 정부는 IMF와 협상한 것이 아니라 프랑스·독일·영국 채권자협의회와 협상했다. 그리하여 구제금융을 얻은 대가로 마치 1878년 영국이 이집트를 장악했듯(23장 참고) 각국이 참여한 위원회가 그리스 금융을 장악하게 되었다. 위원회는 정부수입을 대신 가져가 채권을 상환받는데, 그 과정에서 패전으로 오스만제국에 지급해야 할 전쟁배상금 재원도 가져가는 결과를 낳았다. IMF는 최소한 국가의 주권은 보전해 준다. 이처럼 새로 등장한 구조를 케인스가 혼자 설계한 것은 아니라 해도 주요 참여자라는 데 이견은 없을 것이다. 자신이 옳은 일을 하고 있다고 확신한 이유는 일찍이 1919년 파리강화회의를 경험한 데 있었다. 현대 그리스는 케인스에게 어느 정도 고마워해야 한다. 비록 구제금융을 제공하며 온갖 불쾌한 일을 일으켰지만 최소한 국가로서 주권은 보전해 준 기반을 마련한 사람이기 때문이다.

🪙 세계은행

브레턴우즈에서 탄생한 주요 기관 중 두 번째는 성장 자금을 댈 은행이다. 앞에서 보았듯이 세계 금융시장은 결국 전 세계에 기반시설을 만들어 냈다. 담보를 잡지 못하도록 규제하는 정책은 정치 관점에서는 바람직하지만 투자자의 대출 의지에 악영향을 끼친다. 국제대출에 새 규칙이 도입된 후에 대규모 계획은 어떻게 자금을 조달했을까? 이러한 잠재적 자금조달 공백을 메우기 위해 설립된 것이 훗날 세계은행이 될 국제부흥개발은행이다. 세계은행은 개발도상국에 자금을 대출하여 빈곤 개선, 보건 향상, 교육 등 숭고한 목표를 달성하는 데 도움을 준다.

세계은행이 독립한 식민지에서 예전 종주국 대신 수행하는 역할은 채권금융을 통하여 자본·기술·법률과 교육제도 등을 개발도상국에 전달하는 것이다.

세계은행은 세계에 필요한가? 이 쟁점은 최근 들어 중요한 토론 및 연구 대상이다. 증거가 축적되자 세계은행이 개발도상국에서 중요한 사명을 달성하는 데 그다지 효율적이지 않다는 사실도 확실해지고 있다. 뉴욕 대학교 교수이자 세계은행에서 경제전문가로 일했던 윌리엄 이스털리William Easterly는 세계은행이 빈곤국에 엄청난 돈을 쏟아붓기만 하고 합당한 결과는 얻지 못한 채 빠져나오며 공회전할 뿐이라고 주장한다. 이스털리와 동료들은 외국 원조·투자·경제성장이 서로 관계가 없다는 사실을 발견했다.[3] 세계은행 대출은 저리인 데다 상환 압력도 크지 않으므로 사실상 원조이다. 상당한 차관과 원조금이 투입된 아프리카에서는 지난 수십 년 동안 외국 원조액과 1인당 성장률이 사실상 음의 상관관계를 보였다. 세계은행은 좋은 의도로 설립되었고, 헌신적이고 이상에 찬 직원을 보유하였으며, 세계를 긍정적으로 바꾸려고 자금을 투입하는 기관이지만 성공 사례를 만들어 내지는 못했다.

이스털리를 포함한 연구자들의 주장에 따르면, 이처럼 기관들이 실패한 요인의 뿌리에는 자원분배를 시장의 보이지 않는 손이 아니라 상부에서 규제하는 구조에 맡겨야 더 효율적이라는 케인스식 추정이 있다. 이스털리의 주장은 간단하다. 성장을 촉진하기에는 지휘통제식 접근법보다 보상조절이 훨씬 낫다. 물론 케인스는 제약 없는 금융국제화와 부적절한 저축 습관 때문에 발생하는 괴리를 해결하기 위해 정부가 핵심 역할을 맡아야 한다고 상정했다. 그가 유산으로 남긴 금융구조는 금융기관 집단과 맺을 관계를 대체하고, 대출자와 채무국 사이를 분리하여 식민지와 같은 착취가 일어날 가능성을 줄이도록 설계되었다. 브레턴우즈회의는 제국주의의 부활을 막아 세계를 구했을까? 그리고 더 많은 국가를 번영으로 이끌었을까? 그랬든 아니든 간에 국가끼리 또는 국가와 자본시장이 관계하는 방식을 브레턴우즈회의가 바꾸었다는 사실은 부정할 수 없다.

브레턴우즈회의는 최종 대출자인 IMF와 세계은행을 도입하여 각국이 주권을 침해당하면서까지 협상해야 할 필요를 크게 줄였다. 그래서 금융계약이 세계시장에서 자유롭게 체결된다고 말하기 힘들어졌고 자본시장의 효율도 떨어졌다고 주장하는 사람도 당연히 있다. 하지만 일찍이 솔론Solon도 아테네인이 개인의 자유를 걸고 계약해서는 안 된다고 선언한 바 있다.

만약 케인스가 다른 책을 하나도 쓰지 않았다고 가정해도, 진정한 금융혁신을 이끌어 낸 브레턴우즈협정은 여전히 업적으로 남았을 것이다. 세계는 협정체결 이후 수십 년 동안 큰 도움을 받았다. 정부가 기반이 된 해결책이 대체로 그러하듯 브레턴우즈 협정 역시 불완전하고 비효율적이며 여러 가지로 남용될 수 있고, 또한 후원자와 수혜자 모두에게 비판받곤 한다. 그렇기는 해도 이제껏 살펴본 바에 따르면 제도적 기술은 한 가지 목적을 위해 출현했더라도 이후 경제환경이 발달하며 여러 가지 요구가 나타날 경우에는 점차 적응해 나갔다. IMF와 세계은행도 융통성을 유지하여 같은 길을 따르기 바란다.

🪙 감정의 중요성

케인스는 이 외에도 책을 여러 권 더 썼다. 그중에서도 특히 경제사상에 거대한 영향을 끼친 필생의 역작이 한 권 있다. 그는 세계가 대공황의 늪에 잠겨 있던 1936년에 출간된 《고용 · 화폐 · 이자의 일반이론 *The General Theory of Employment, Interest, and Money*》을 통해 경제가 끝이 없어 보이는 절망에 빠지게 된 과정을 분석했다. 축재가 경제문제의 원천이라는 주제의 씨앗은 《평화의 경제적 결과》에서도 엿보인다. 실업률이 올라가고 전망이 어두워지면 사람들은 소비를 줄이고 저축하는데, 그렇게 되면 실업률은 더욱 상승한다. 케인스는 정부가 개입하면 이처럼 잘못된 균형을 깰 수 있다고 추론했다. 즉, 이자율을 낮추면 투자가 촉진되고, 대공황 같은 극단적 상황에서 정부가 대규모 프로젝트를 시작하여 고용을 늘리면 수요가 자극받으며 따라서 생산과 고용이 다시 늘어난다. 이렇게 하여 정부는 빈사상태에 빠진 경제에 충격을 주어 살려 낼 수 있다.

아마도 균형을 바꾸는 데 시장심리가 중요한 역할을 한다는 이론이 이 책에서 가장 유명한 부분일 것이다. 케인스는 시장을 움직이는 것은 동물적 감각이라고 관찰했다. 그가 말하는 동물적 감각이란 즉흥적이고 상호적인 희망이고, 심지어 비이성적이거나 최소한 미래를 지나치게 낙관적으로 보는 몽상이지만 어쨌든 새로운 경제의 주요 특징이다. 그는 인류의 '동물적 감각'이 기본적이고 바람직한 동력이라고 간주했다. 이 감각이 없으면 사람들이 지나치게 많이 저축하여 소비가 줄어들고 생산이 감소하며 급여가 줄어들어, 다시 더 많이 저축하기로 결정하게 된다. 진보하려면 과도한 낙관주의가 있어야 한다는 얘기다.

사업가는 기술과 우연이 혼합되어 평균적 결과를 알 수 없는 도박에 참여한다. 인류에게 도박을 하려는 유혹이 없다면 이익은 일단 제쳐 두고

라도 공장 · 철도 · 광산 · 농장을 짓는 데서 만족을 얻지 못할 것이고, 냉정하게 계산하여 투자액을 결정한다면 그리 많이 투자하지 못할 것이다. (중략) 실제로도 투자로 얻은 평균 이익은 진보와 번영의 시대에 조차 투자를 부추긴 희망에 미치지 못했다. (중략) 우리가 취하는 긍정적인 행동은 그것이 도덕적이든 쾌락적이든 경제적이든, 대부분 수학적 기대가 아니라 즉흥적 낙관에 기반을 둔다.[4]

다시 말하면, 만약 언제나 순현재가치를 이성적으로 판단하여 투자 여부를 결정한다면 새로운 것은 절대 나타날 수 없다. 기술 진보가 진행되는 것은 어리석게 도박하는 사업가 덕분이다. 케인스가 존 로를 얼마나 깊이 알았는지는 아무도 모른다. 하지만 1720년에 대중의 마음과 자본을 사로잡은 새 기술과 새로운 회사의 꿈과 희망 때문에 거품이 일어났다는 사실을 떠올려 보자. 이 특별한 해에 투기의 밀도가 높아지자 그동안 잠재해 있던 자연력이 새로 나타나 자본시장이 금융의 관성을 순식간에 극복하고 모든 가능성을 움직였다.

케인스는 이를 경제의 강력한 잠재력으로 인식했을 뿐 아니라, 이 힘을 정부가 길들여 거시경제 균형을 바꾸는 데 쓸 수 있다고 믿었다. 그는 경제정책이 대중의 기대를 관리할 수 있다고 통찰했다. 미래를 보는 시각을 바꾸어 주면, 사람들은 현재에 지갑을 열고 소비한다. 시장 심리는 사람들이 비이성적 공포를 느낄 경우 경제를 억누를 수 있지만, 제대로 관리되면 매우 좋은 결과를 가져올 힘이 된다.

케인스가 제안한 바에 따르면 정부는 호황을 없애는 방식으로 불황을 공격하지 말고, 거품이 절정에 달할 때 개입하고 시장심리를 자극하며 관리함으로써 하방 나선을 멈추게 해야 한다. 케인스의 계획은 경제를 호황 비슷한 상태로 영구히 유지하는 것이었다. 케인스는 투자수익이 떨어지기 시작하고 주가가 하락하며, 투기꾼이 별 도리 없이 판돈을 회수할 수밖에 없고 공장에 주문이 끊기기 시작할 바로 그때, 정부는 당나귀가 척박한 상황을 곱씹고 있지 말고 보상에 눈을 돌리도록 막대기 끝에 매단 당근을 눈앞에 두면 된다는 영리한 생각을 했다.

물론 투자자도 이렇게 호황 비슷한 상태를 만드는 데 기여하지만 오랫동안 그러지는 않는다. 경제가 제대로 관리된다면 투자자는 임시방편에 불과하다. 이자율이 내려가고 완전고용이 일상이 된다면 노동계급을 착취해 살던 갑부·매점매석자·자본가는 이제 필요 없어질 것이다.

> 이자생활자의 안락사, 아무런 기능 없는 투자자의 안락사는 갑작스럽게 닥치는 것이 아니라 오늘날 영국에서 보이는 현상이 점진적으로 연장되는 결과일 것이며, 그렇게 되는 데는 혁명도 필요 없을 것이다. (중략) 하지만 그렇다 해도 공동체가 국가기관을 통해 계속 저축하여 자본을 더 이상 희소하지 않을 때까지 성장시키는 것은 가능하다.[5]

케인스는 개인투자가 결국 집단 저축에 밀려날 것이라고 예측한다. 국가는 저축을 잘 관리하여 풍요를 달성할 것이다. 한편 그날이 오기 전을 살았던 케인스 자신은 적극적으로 행동하여 성공한 투기꾼이었으며, 자신이 말한바 이자생활자였다.

주식시장을 향한 황급한 돌진

나는 철도회사를 관리하거나 트러스트를 조직하거나, 이도 저도 아니

면 일반인 투자자에게 사기를 치고 싶어. 이러한 일의 원칙은 숙달하기 매우 쉽고 재미도 있거든.6

– 존 메이너드 케인스, 1905년

이 인용문은 케인스가 케임브리지 대학교 학생이던 자신감 넘치는 시절에 친구 리턴 스트레이치Lytton Strachey에게 쓴 편지 일부이다. 케인스에게는 애초부터 기획자 겸 투기꾼이 되어 돈을 벌 의도가 있었다. 케인스를 경제학자로 보면 그가 자유시장체제의 앞날을 어둡게 전망했다고 짐작하기 쉽다. 하지만 개인으로서의 케인스는 자유시장을 적극적으로 지지했다.

케인스는 거시경제에 혁명을 가져오고 국제금융구조가 밟을 새로운 진로를 설계할 때조차 투자신탁을 설립하고 주식 같은 금융상품에 열심히 투기하며 기관투자업계를 주식시장으로 다시 데려왔다. 케인스가 금융업자와 투자자로서 활동한 이야기는 데이비드 체임버스David Chambers가 쏟은 노력 덕분에 최근에야 드러났다. 체임버스는 존 메이너드 케인스의 유산이 많이 남은 장소인 케임브리지 대학교 교수이다.

케인스는 케임브리지 대학에서 유명한 경제학자였을 뿐 아니라 대학의 자금을 관리하기도 했다. 당시에는 교수들이 정기적으로 행정업무를 담당했는데, 케인스도 세계금융이 격동하던 시절에 킹스칼리지King's College의 회계를 담당했다. 케인스가 킹스칼리지의 투자 포트폴리오를 담당하던 시절은 1921년부터 1946년까지였다. 이 시기에 케인스는 투자 · 저축 · 동물적 감각에 대한 자기 사상을 발전시켰다.

자신도 금융업을 하다 학계로 돌아온 사람인 체임버스는 케인스의 투자 포트폴리오와 지적 성취가 서로를 어떻게 반영했는지 궁금했다.

케인스는 1920년대와 1930년대에 시장의 등락시점을 예측하려는 과정에서 시장심리를 보는 시각을 형성했을까? 그는 기술혁신 전망을 평가해 보았을까? 케인스는 돈을 쌓아 두고 채권의 이자지급표를 모으던 이자소득자였을까, 아니면 낙관에 차 전망이 불확실한 신생 기업의 주식을 사 모으던 투기꾼이었을까? 그는 진정한 위험을 제대로 평가할 만한 능력을 갖추었을까?

체임버스는 오랜 친구이자 조언자인 런던 경영대학원 교수 엘로이 딤슨Elroy Dimson과 함께 킹스칼리지 서고에 파묻혀 케인스의 투자 이력을 재구성했다. 그 결과 두 사람은 케인스가 다른 분야에서도 그랬듯이 투자 성향에서도 우상파괴자였다는 사실을 밝혀냈다. 그는 한 세기 동안 부동산과 고정수입에 의존하던 케임브리지 대학 자금관리 전통에서 즉각 벗어나 주식으로 향했다. 주식투자 포트폴리오에서도 그는 도박을 했다. 폭넓게 분산투자하지 않고 몇몇 주식에 집중한 것이다. 전략은 성공했다. 전체 기간으로 보았을 때 케인스의 포트폴리오는 영국 주식 모두에 균일하게 투자하는 포트폴리오를 손쉽게 능가했다. 그는 채권투자에서 주식투자로 방향을 바꿔 돌진해 낸 진정한 선구자였다.

《일반이론》에는 투자정책을 보는 케인스의 통찰이 담겨 있다. 케인스는 생산성 높은 기업에 대한 장기투자를 칭송했다. 그러한 철학은 자신이 채권시장에서 돈을 회수하여 모험사업에 투자한 행위와 일관되고 있다. 그는 만약 투기가 시장에 투자하는 주된 이유가 된다면 기업을 지속하는 데 방해가 될 것이라고 생각했다. 그렇지만 케인스 자신은 두 가지 모두에 의존하여 투자했다. 체임버스와 딤슨은 케인스가 1930년대 중반까지 시장의 등락 시기를 타려고 시도했음을 확인했다. 아마 자신은 똑똑하기 때문에 '동물적 감각'을 예측할 수 있다고 믿었을 것이다. 그런데 그런 것은 불가능하다고 말하는 효율적 시장이론을 이 책 앞부분에서 살펴본 바 있다.

사실 사상가로서 케인스는 효율적 시장이론에 약간 회의적이었다. 그는 가격이 시장심리에 밀려 근본 가치에서 크게 벗어날 수 있다고 강조하기도 했고, 쥘 르뇨가 말한 랜덤워크 이론의 통계적 기반을 믿지도 않았다. 케인스의 저서 중 가장 학술적인 《확률론A Treatise on Probability》은 그가 파리강화회의가 끝난 후 케임브리지 대학교로 돌아와 쓴 책이다. 이 책에서 그는 통계학자라면 자료가 중심집중 경향을 띤다고 무조건 가정해서는 안 된다고 주장한다. 16장으로 돌아가, 많은 사람들이 동일한 증권을 바라보고 있기 때문에 효율적 시장가격이 형성된다는 르뇨의 말을 다시 떠올려 보자. 하지만 케인스는 시장에 그러한 구조가 적용되지 않을 수도 있다고 경고한다. 예컨대 모든 사람이 동일한 증권을 바라보고 있지는 않을지도 모르고, 개중 다른 사람보다 뛰어난 통찰력을 갖춘 사람도 있을지 모른다. 시장정보를 볼 때는 더 깊이 파고들어 그 자료가 어떻게 생성되었는지 파악해야 한다고 케인스는 주장한다. 이때 조건이 중요하다. 따라서 다른 사람들은 시장이 랜덤워크를 따른다고 가정할 때, 약삭빠른 분석자는 추세를 식별해 낼 수도 있다.

안타깝지만 케인스는 그렇게까지 시장시점을 잘 잡아내지 못했다. 특히 그는 1929년 시장붕괴를 예측하지 못했다. 1930년대에 시장이 왜곡되고 뒤집히자 그는 결국 자기 철학을 바꾼다. 그는 믿을 만한 기본과 장기수익 전망을 지닌 회사를 찾는 가치투자자가 된다. 그는 광업회사, 해운사, 자동차회사 등 자신이 선호하는 몇 가지에만 집중했다. 전략은 좋은 효과를 냈다.

🪙 케인스 대 마르크스

자본시장을 새롭고도 매력적으로 해석한 업적으로 보면 케인스는 마르크스에 버금간다. 두 사람 모두 경제사상 학파를 온전히 창시했다. 그리고 모두 세상을 바꾸었다.

내가 보기에 두 사람이 지닌 설득력은 경제 논리만큼이나 문학적 재능에도 기인한다. 두 사람은 모두 뿌리 깊은 고정관념을 활용했다. 특히 저축자를 인색한 매점매석자로 보았다는 데서 그렇다. 대중은 이러한 고정관념에 깊이 공감했는데, 두 저자가 책을 쓴 시기는 모두 근대 세계의 미래가 매우 불확실하여 대중이 불안을 느끼던 시기였기 때문이다. 사람들에게는 당시 경제학을 논리적으로 분석한 글뿐 아니라 잠재의식에 호소할 이야기도 필요했다. 좌뇌와 우뇌에 모두 적합한 설명이 필요했다는 말이다.

우선 마르크스를 보자. 산업화로 사회가 혼란해지고 국제자본시장이라는 새로운 현상이 출현하였으며 세계질서에서 승자와 패자가 새로 정해지던 당시 상황은 열변을 토하며 고발하는 그의 수사법, 그리고 경제를 하나의 (기업)집단으로 재구성하자는 급진적 제안과 잘 어울렸다.

케인스의 비판도 어조만 약간 은근할 뿐이었다. 젊은 시절 그는 정의감에 넘치는 선언문을 써 근대 금융전쟁을 공격했다. 원숙한 경제학자가 된 후 대공황의 수렁에서 집필한 그의 역작은 고전경제학이 실패한 패러다임이라고 공격했다. 케인스는 합리적 최적화 개념을 논박했고 인간 본성의 유서 깊은 유령을, 즉《어리석음을 비추는 위대한 거울》에 나오는 일반인과 악마와 광인을 다시 불러들였다. 이러한 심상에는 지금도 공감이 간다.

한편 마르크스가 보기에 구원은 혁명에 있었다. 반면 케인스는 마르크스와 달리 현 상태에서 구원을 구한다. 《일반이론》은 경제침체를 뒤집을 중요한 역할을 중앙정부에 맡겼다. 그런 의미에서 보면 근원에 낙관이 있는 셈이다. 현대의 경제문제인 경기변동은 신용주기와 비효율적인 투자결정 때문에 발생하는데, 정부는 이자율 정책 혹은 직접 고용의 주체가 되어 관리할 수 있다. 케인스는 미래에 좋은 것만 가득하고 나쁜 것은 하나도 없을 거라고 보장한다. 과잉을 속죄하는 의미에서 시장이 붕괴하리라는 도덕적 등식을 깨뜨린다. 케인스 사상이 대공황 이후 경제정책을 둘러싼 논쟁에서 중심을 차지하는 것도 당연하다.

🪙 케인스와 미국

케인스는 런던이 세계 금융 수도이던 시대에 경력을 시작했다가 평생 동안 중심축이 신세계로 이동하는 광경을 관찰한다. 제1차 세계대전이 끝난 후 파리강화회의 당사자는 영국·프랑스·미국 지도자였다. 미국이 세계열강의 극장에 들어가는 장면이었다. 브레턴우즈회의는 제2차 세계대전 종전 직전 미국에서 열렸는데, 통설에 따르면 주로 케인스와 미국 재무부의 해리 덱스터 화이트Harry Dexter White가 새 금융구조를 협상해 내려고 충돌하는 장이었다. 케인스는 금융에서 영국의 힘을 유지하기 위하여 싸웠다. 하지만 영국은 더 이상 런던이 세계 자본의 교차로였을 때와 달리 협상조건을 스스로 결정할 수 없었다. 케인스는 미국이 영국을 가리는 상황을 괴로워했지만 결국 금융사에 새 장이 열렸음을 인정할 수밖에 없었다. 이렇게 새로 출현한 미국 중심의 세계가 어떻게 돌아갈 것인지 궁금해하며, 보통은 명쾌한 의견을 견지했다.

27장

금융의 신세계

미국인은 여론이 어떤지 알아내는 데 지나치게 몰두하는 경향이 있다. 이러한 국민적 약점 때문에 주식시장이 대가를 치르게 된다. 미국인은 다수 영국인과 달리 '수입을 얻기 위해' 투자하는 경우가 드물다고 한다. 그리고 자본가격 상승의 전망이 보이지 않는다면 선뜻 투자상품을 매입하지 않을 것이다. 이 말을 다시 생각해 보면, 결국 미국인이 투자상품을 살 때는 예상 수익이 아니라 전통적 가치평가 기준이 유리한 쪽으로 움직이리라는 예상에 희망을 건다는 것이고, 따라서 미국인은 투기꾼이라는 얘기다. 기업이 꾸준한 수익을 올릴 때는 투기꾼이 거품을 일으켜 피해를 주는 일도 없을 것이다. 하지만 기업이 투기라는 욕조에서 부풀어 오르는 거품이 된다면 상황이 심각해진다. 한 나라의 자본이 도박행위의 부산물로 성장한다면 일이 제대로 풀려 가기는 힘들다. 새로운 투자를 장래 수익 관점에서 가장 많은 이익이 날 경로로 돌리는 것을 사회적 사명으로 하는 기관 취급을 받는 월스트리트가 거둔 성공은 자유지상주의 자본주의가 거둔 탁월한 승리라고 할 수 없다. 그런 것은 월스트리트 최고의 두뇌가 지향하는 목적이 아니라는 내 의견이 맞다면 그리 놀라운 말도 아니다.[1]

－존 메이너드 케인스, 《고용, 이자 및 화폐의 일반이론》

🪙 미국 방식

세미나는 나무판을 댄 벽, 격자 모양 천장, 길고 아름다운 테이블을 갖춰 그야말로 하버드 대학다운 방에서 열렸다. 방으로 들어온 교수와 대학원생은 익숙한 서열에 따라 고참 교수라면 앞자리에, 박사과정 학생이라면 벽 쪽 의자에 앉았다. 젊은 역사학자 한 명이 방 안으로 성큼성큼 걸어 들어오더니 테이블 상석에 앉았다. 그는 종이 뭉치를 펼치더니 방 안이 조용해질 때까지 기다린 후 가방에서 수류탄을 꺼냈다. 그는 한마디도 없이 수류탄을 자기 앞에 곧바로 세워 두었다. 관중들은 웃어야 할지 바로 달아나야 할지 확신이 서지 않았다. 어쨌든 줄리아 오트Julia Ott는 관중으로부터 주의를 이끌어 냈다.[2] 그날 그는 미국인이 주식시장 투자를 도입한 역사를 주제로 하버드 경영대학원에서 열린 세미나를 주관했다. 수류탄은 제1차 세계대전에서 쓰이던 것이었다. 이는 제1차 세계대전이 끝난 후 미국인 대부분이 취한 투자 태도를 상기시키는 물건이었다.

전쟁이 끝난 후 1920년대에 러시아는 마르크스레닌주의 국가로 행진해 간 반면, 미국인은 미국 특유의 이상주의와 열정으로 정반대 방향을 향해 힘차게 움직였다. 줄리아 오트의 강의 주제는 그가 상세하게 다룬 논문 주제와 마찬가지로 주식시장 투자라는 쟁점을 보는 미국인의 심리가 근본부터 바뀌었다는 사실을 지적한 것이었다. 유럽인, 특히 영국인은 자본시장을 저축과 투자 수단으로 활용한 지 오래되었던 반면, 미국 가정의 투자 규모는 제1차 세계대전 동안에야 유의미하게 증가했다. 미국 정부가 미국군의 전쟁비용을 대기 위하여 발행한 저축채권이 팔리는 데는 애국심도 어느 정도 영향을 끼쳤다. 하지만 미국 정부가 저축채권을 모두 상환하자 투자자는 대체품을 물색했고, 중개인도 다른 금융상품을 찾아다녔다.

뉴욕에 있는 신사회연구원New School of Social Research의 역사학 교수인 줄리아 오트는 20세기 초에 미국이 주식이라는 종교(그녀의 표현에 따르면 '주주민주주의shareholder democracy')로 개종한 일련의 과정에 해박한 지식을 가지고 있다. 특히 처음에 소매투자는 유도되었다기보다 강요되었다. 러시아인이 화폐와 저축이라는 부르주아적 사상을 거부하는 훈련을 하던 1920년대에, 미국인들은 소매투자가 새로 이익을 창출할 마케팅 분야라고 본 중개인과 은행으로부터 자본시장이라는 복잡한 신세계를 소개받았다. 마침내 시장투자라는 시대정신이 대서양을 건넜다.

1792년에 뉴욕 증권거래소가 설립되었고 19세기에 월스트리트 투기꾼과 철도 거물에 얽힌 이야기가 다채롭게 펼쳐졌지만, 20세기까지만 해도 미국은 자본을 수입하는 쪽이었다. 하지만 일단 일반 투자자의 힘을 활용하게 되자 머지않아 미국은 국제금융의 실력자가 되었다. 미국인은 빅토리아 여왕 시대에 영국 자본시장이 영국 제국주의를 지원한 과정을 잘 알았으며, 자신들이 이러한 역할을 자연스레 상속했다고 생각했다. 하지만 제국주의는 절대로 소매투자의 원동력이 아니었다.

줄리아 오트는 1920년대에 미국 기업에 대한 투자가 자기발전·자립·자율확대를 이루는 수단이 되었다고 지적한다. 주식가격을 낸 투자자는 누구라도 거대기업의 의결권을 가진 사원이자 향후 회사의 이해 당사자가 되었다. 이러한 주제는 미국 사회에 자연스레 발생했다기보다 월스트리트가, 특히 뉴욕 증권거래소를 통한 판촉활동으로 세심하게 키워 낸 것이다. 줄리아 오트가 증권거래소 자료실을 활용하여 엄청나게 많이 찾아낸 근거에 따르면, 주주민주주의라는 발상은 연설이나 홍보활동뿐 아니라 복잡한 금융활동의 요점을 뽑아낸 금융 만화를 일반인에게 제공하며 가정의 안정과 자기발전이라는 욕망에 호소한 언론을 통해서도 대중에게 전달되었다.

전쟁 전에는 대니얼 드루Daniel Drew, 코넬리어스 밴더빌트Cornelius Vanderbilt, J. P. 모건 같은 내부자가 월스트리트를 장악했다는 시각이 일반적이었지만, 1920년대 뉴욕 증권거래소는 공정함을 강조했다. 주식시장 투자의 '새 시대'에는 미국의 소규모 투자자도 더 이상 내부자의 시장조작에 따른 희생자가 아니었다. 뉴욕 증권거래소는 자신들은 평등한 투자거래만 승인한다고 홍보했다. 보통주가 예전에는 투기 및 막후 사기와 동의어였다면, 애국이라는 열정이 달아오르고 중개인과 투자 포트폴리오가 갑자기 친숙해지는 시기를 지난 당시에는 미국 가정의 새로운 주요 '가정용품'으로 변모했다. 소매투자시장의 발전이 더뎠던 미국에서도 사람들은 한번 맛을 보자마자 투자를 여가의 수단으로 여기게 되었다.

🪙 주식 대 채권

케인스는 옳았다. 주식은 빅토리아 여왕 시대에 영국 투자자가 보인 움직임과는 근본적으로 다른 방식을 통해 1920년대 미국인의 상상력을 사로잡았다. 헨리 로웬펠드의 세계적 분산투자 연구서에서는 건전한 투자정책을 묘사할 때 대체로 채권을 들었다. 포린 앤드 콜로니얼 거번 먼트 트러스트가 설립된 목적은 주식으로 자본이익을 얻는 것이 아니라 높은 평균 채권 수익률을 얻는 데 있었다. 케인스는 보기 드물게도 일찍부터 주식이 금융의 미래라고 옹호했지만, 당시 영국에서는 조금 지나치게 앞서간 셈이었다. 하지만 미국에서는 취향이 주식 쪽으로 급격하게 전환되었다. 미국인도 여전히 채권을 사기는 했지만 우려는 점점 깊어 갔다. 채권이 근대에 덜 안전해진 한 가지 요인을 말한다면, 채권에는 인플레이션 위험이 따른다.

제1차 세계대전 이후 독일에서 일어난 초인플레이션을 보고 전 세계는 경악했다. 독일 물가가 1921년에서 1924년까지 1조 배 이상 올라서 1924년에 유통되는 지폐에서 0을 12개 지우는 화폐개혁을 실행할 정도였다. 지폐에는 인쇄된 종이만한 가치조차 없었다. 0 뒤에 0이 계속 붙는 말도 안 되는 악순환, 수레에 지폐를 가득 채워 가게에 가거나 벽지 대신 지폐를 바르는 장면은 정부를 향한 신뢰를 근본부터 뒤흔들었다. 금본위제가 실패하면 어떤 화폐도 진정 안전하지 못하며, 어떤 국가도 언제까지나 예외는 아니라는 사실을 전 세계는 깨달았다.

예일 대학교 경제학 교수 어빙 피셔Irving Fisher는 한발 더 나아가 보통 사람은 화폐가치 절하가 얼마나 끔찍한 영향을 낳는지 상상조차 하지 못한다고 상정했다. 피셔는 재미있게도 마르크스주의에 나오는 '화폐 물신숭배'를 아마도 무의식중에 반영하여, 화폐의 '명목'가치가 어느 정도 고정되어 있으므로 믿을 만하다고 믿는 인간 성향에 '화폐착각'이라는 용어를 붙였다. 그는 인플레이션을 감안한 가치, 즉 '실질'가치를 사용하라고 사람들을 설득해야 한다고 주장했다. 피셔가 보기에 사람들은 재화의 가치를 측정할 기준점으로 명목가격에 집착하지만, 명목가격이 화폐 유통량에 얼마나 좌우되는지는 무시한다. 그가 저축자에게 내리는 처방은 이렇다. 돈과 채권을 멀리하라. 미래에는 달러 지폐 가치가 형편없어진다. 회사 같은 진짜 물건을 사는 편이 낫다. 미국 회사 주식을 사면 배당도 나올 뿐 아니라, 정부가 돈을 찍어 내면 명목가치가 저절로 올라갈 유형자산도 지분을 소유한 만큼 가지게 된다. 피셔는 케인스가 그랬듯 경제학자가 세계적 문제를 푸는 데 도움을 줄 수 있다고 믿은 진보주의자였다. 경제학의 수학적 방법론을 미국에 소개한 피셔는 화폐수량이론과 부채 디플레이션 시장경기이론을 주창한 거시경제 이론가로 유명하다.

피셔가 특히 기여한 분야는 금융경제학이다. 그는 현재가치 수학을 채택하여 투자를 결정하는 데 적용했다(바로 피보나치가 처음 공식화한 방식이다!). 피셔가 분석한 바에 따르면 기업 관리자가 화폐의 시간가치와 계획의 위험을 모두 반영하여 여러 가지 계획의 순현재가치를 구하고 그중 가장 높은 것을 선택해야 주주의 이익이 극대화된다. 피셔의 금융학 강좌를 들은 예일 대학교 대학원생들은 이처럼 합당한 의사결정을 적용하는 법을 배웠다. 피셔의 순현재가치 등식은 오늘날 금융분석에서 널리 쓰인다.

피셔는 주식회사를 연구하고 인플레이션의 영향을 분석한 끝에 채권투자보다 주식투자를 강력하게 옹호하게 되었다. 그 자신도 같은 조언을 채택하여 개인재산을, 그리고 부유한 아내 쪽 가문의 저축자산을 주식으로 굴렸다.

💰 펀드 A와 펀드 B

에드거 로런스 스미스Edgar Lawrence Smith는 1920년대 월스트리트에서 일한 채권분석가이다. 주식시장 열기에 흥미를 느낀 그는 주식을 보유한 투자자가 채권을 보유한 투자자보다 장기적으로 좋은 성과를 올렸는지 검증해 보았다. 수십 년 전 헨리 로웬펠드가 했던 연구와는 크게 다른 실험이었다. 스미스는 국제투자나 위험 자체가 아니라 수익에 관심을 두었다. 주식과 채권 중 무엇이 더 큰 수익을 올렸을까?

스미스의 실험법은 간단했다. 그는 1830년대부터 1920년대까지 회사 주식에 투자할 경우 나오는 현금흐름으로 채권투자자에게 지급할 비용을 충당할 수 있는지 확인했다. 그 결과 장기적으로는 주식이 언제나 실질적으로 채권보다 낫다는 사실을 확인했다. 주식에서 나오는 배당액은 주가 대비 비율을 유지하며 꾸준히 늘어나야 한다고도 주장했다. 스미스는 1924년 12월에 자신의 연구 결과를 담은 책《장기투자자산으로서 보통주Common Stocks as Long Term Investment》를 펴냈다.

책은 나오자마자 크게 인기를 끌었다. 스미스는 안전투자를 보는 전통적 관념을 근본부터 뒤흔들었다. 보수적이고 안전하다고 생각된 채권은 이제 극히 위험한 물건 취급을 받았다. 스미스와 그의 책이 안내한 금융의 새 시대는 자신의 추종자가 과감하고 신식이며 영리하고, 수동적이 아니라 적극적이며, 근대 미국 산업발전과 기술혁신에 직접 참여하는 사람들이라고 정의했다. '철도채권에서 빠져나와 항공회사로 가자!'고 풍부한 그래프와 수치로 세심하게 실증분석하는 스미스의 책에서 미국 투자자들이 찾아낸 것은 미래를 위해 저축하는 방식을 혁신하자는 설득력 있는 주장이었다. 1930년대 가치투자자인 벤저민 그레이엄Benjamin Graham과 데이비드 도드David Dodd는 《장기투자자산으로서 보통주》가 '새 시대 주식시장의 공식 '교과서'가 되고 말았다'고 했다.[3] 존 메이너드 케인스도 1925년에 이 책을 읽고 호평했다. 어빙 피셔는 그보다도 훨씬 열을 올리며, 스미스가 주식과 채권의 상대 수요를 근본부터 바꿀 추세를 제시했다고 주장했다.

에드거 스미스는 기념비적 저작을 출판하기 직전에 '인베스터스 매니지먼트 컴퍼니Investors Management Company'를 설립했다. 이 회사는 엄격하게 수수료를 받고 서비스를 제공하여, 다른 회사와 달리 극단적인 이해상충이 발생할 여지를 제거했다. 인베스터스 매니지먼트 컴퍼니는 월스트리트 대기업과 달리 주식을 인수했다가 실패하면 자사의 투자신탁에 묻어 두는 짓을 하지 않았다.

회사가 판매하는 상품은 두 가지, 펀드 A와 펀드 B였다. 투자자는 둘 중 무엇을 선택해도 스미스의 책에 간략히 서술된 대원칙에 따라 보통주에 분산투자한 포트폴리오를 보유하였다. 펀드 A가 매년 배당으로 지급할 금액은 투자금의 5퍼센트였는데, 이는 스미스가 과거를 분석한 결과 지속 가능한 수익률이라고 추정한 비율이다. 펀드 B는 배당금을 모두 보통주에 재투자했다. 스미스는 주식이 장기투자자산으로서 우월하다는 사실을 증명했을 뿐 아니라, 스스로 투자기금을 설립하여 자신의 연구결과를 이용할 수단을 미국인에게 제공하기도 했다. 인베스터스 매니지먼트 컴퍼니의 펀드 A와 B는 비록 미국 최초의 뮤추얼펀드는 아니지만 매우 유명해졌다. 모방자도 즉시 출현했다.

미국인은 주식매입에 빠져든 지 얼마 안 되어 투자신탁과도 사랑에 빠졌다. 투자자의 돈을 한데 모아 주식에 분산투자한다는 단순한 생각은 탁월하기는 해도 새로운 발상은 절대 아니었다. 어쨌든 지금과 다름없이 정교한 뮤추얼펀드를 발명한 사람은 네덜란드인이었다. 유명한 포린 앤드 콜로니얼 거번먼트 트러스트와 같이 미국 펀드가 본보기로 삼은 영국 투자상품은 1920년에 널리 알려졌다. 심지어 신탁을 '영국식' 투자법이라고 부를 정도였다. 여기에 미국은 주식을 강조하는 지혜를 더했다. 어빙 피셔도 투자기금을 열렬히 칭송했다.

> 보통주가 수반하는 위험은 감소하거나 분산투자에 따라 상쇄된다. (중략) 투자기금과 투자위원회는 보통주 투자자의 위험을 줄이는 경향이 있다. 이처럼 새로운 움직임 덕분에 주식수요가 새로 늘어나 주가가 올랐고, 동시에 채권의 수요가 줄어 가격이 낮아지는 경향이 나타났다.4

이 말이 무엇을 예측했는지 살펴보자. 피셔는 소액 투자자가 분산투자하는 투자신탁을 사용하여 주식을 보유하기 시작하면 포트폴리오의 위험은 낮아질 것이라고 추론했다. 역사를 살펴볼 때 한 종목의 주식을 사는 것은 다양한 주식을 보유할 때보다 대략 두 배 위험하다. 만약 한 회사의 주식을 사는 것처럼 손쉽게 포트폴리오를 살 수 있다면, 같은 위험 수준을 유지하면서도 주식시장 투자를 두 배로 늘릴 수 있다.

이처럼 분산투자 효과가 있기 때문에 피셔는 소규모 투자자라면 채권을 버리고 주식을 살 것이라고 예측했다. 그러면 주식가격이 오를 것이므로 주식시장은 '영원히 고원에' 머무를 것이다. 피셔는 낙관주의가 가득하던 1920년대에 주식과 투자신탁이 뒷받침하는 새 경제질서의 등장을 예측했다. 투자자는 자신의 규모와 상관없이 투자기금을 보유하여 주식에 폭넓게 분산투자한 포트폴리오를 확보하게 될 것이다. 따라서 미국 회사 주식을 원하는 수요는 계속 유지될 것이다.

피셔가 이렇게 예측한 시기는 안타깝게도 1929년 여름이었고, 미국 대중은 그의 예측을 절대 잊지 않았다. 어빙 피셔는 자신뿐 아니라 사위들의 재산도 잃은 데다 수많은 소규모 투자자를 자기와 함께 시장에 투자하라고 부추겼다는 데 자괴감을 느꼈다.

예일 대학교는 뉴헤이븐 프로스펙트 거리에 있는 피셔의 저택을 구입한 후 그가 1947년에 죽을 때까지 세를 주어 도와주었다. 그가 내놓았던 시장 예측은 무덤까지 그를 따라가 먹구름을 드리웠다. 아니, 죽은 뒤까지 그를 따라갔다. 나는 뉴헤이븐에서 태어나 어린 시절에 어빙 피셔의 저택 앞마당에서 놀았는데, 그가 죽은 후에 저택은 학교로 바뀌었다. 아무도 내게 여기가 미국에서 가장 위대한 경제학자의 집이라고 말해 주지 않았다. 뉴헤이븐시는 어빙 피셔가 죽은 지 10년이 조금 지난 후 그를 없었던 사람으로 취급했다.

🪙 땅에서 돈을 만들어 내는 기계

와이낸드가 말했다. "나는 마천루 아래 서 있는 사람을 바라보는 게 좋소. 그럼 사람이 개미만 하게 보이지. 그 경우에 딱 맞는 상투어 아니오? 염병할 멍청이들! 돌과 강철로 그 어마어마한 물건을 만들어 낸 건 바로 우리 인간이오. 그러니 마천루 아래서 인간은 작아지는 게 아니라 그 건물보다 커지는 것이오."[5]

– 에인 랜드, 《파운틴헤드*The Fountainhead*》

에인 랜드가 보기에 미국의 개인주의를 가장 잘 체화한 것은 마천루이다. 마천루란 한 선지자가 평범한 관습을 뛰어넘어 엄청난 힘을 발휘하며 만들어 낸 미국의 거대한 상징이자 세계에 남긴 커다란 족적이다. 소련에서 특권을 지닌 공산당원을 위해 모스크바에 우울한 구성주의식 주거구가 들어서던 1920년대에 미국에는 맨해튼이 건설되었다. 마천루는 격자식 미국 도시를 하늘 쪽으로 확장한 새로운 건축 질서였다. 마천루와 재즈 음악은 미국의 세기가 도래했음을 알렸다. 비평가 찰스 브랙던Charles Bragdon은 1925년에 '마천루는 부산스럽고 산만하며 위험을 택하는 미국 정신을 상징할 뿐 아니라, 건축계에서 유일하게 독창적인 발전 결과라고 말해도 누구도 반박할 수 없다'고 썼다.[6] 1920년대에 모양을 갖춘 맨해튼을 보고 전 세계가 놀랐다.

1929년에 조지아 오키프Georgia O'Keeffe는 셸튼 호텔Shelton Hotel 13층에 숙소를 마련하고 창문 가까운 곳에 이젤과 물감 통을 가져다 둔 후 남쪽을 바라보았다. 그는 보통 캔버스보다 가로세로가 두 배는 긴 특수 캔버스를 창문 모양에 맞추어 세로로 세웠다. 오키프는 그림을 그리기 전에 굳이 풍경을 스케치하지 않았다. 그는 마천루가 이룬 뉴욕의 숲을 한껏 느껴 보려 했다. 저녁이 되었다. 그는 가장 가까이 있는 버클리 호텔Berkley Hotel에 초점을 맞추었다. 버클리 호텔은 그가 건축사를 다시 이야기하는 수단이 되었다. 꼭대기에 올라간 황금색 탑은 지붕·문·벽으로 구성된 단순한 건물 이야기를 시작했다. 끝을 톱니처럼 만든 성, 그 위에 위태롭게 올라 있는 탑에 하나 난 장미꽃 무늬 창은 노트르담 같은 성당이 언뜻 생각나게 하는 고딕 양식의 원형이다. 이러한 형태 너머에는 미래가 있다. 휘황찬란한 대로에는 반짝이는 헤드라이트가 남쪽 지평선을 향해 끝없이 이어진다. 과거와 근대는 이 부분에서 대조를 이룬다. 버클리 호텔 주변에서 밀고 당기던 긴장감은 왼쪽에 있는, 아마 크라이슬러 빌딩Chrysler Building일 우아한 첨탑으로 넘어간다. 오키프는 캔버스 오른쪽에 아직 지어지지도 않은 건물을 상상해 그려 넣었다. 표면에는 장식 없는 창문들이 열을 맞춰 늘어서 디지털 개념을 연상케 하는 이 건물 양식은 1950년이 되어서야 실현되지만 오키프는 새로운 미국 예술 양식의 최종 형태를 내다본 것이다.

오키프와 그의 남편이자 사진작가 겸 화랑 소유주였던 앨프리드 스티글리츠Alfred Stieglitz는 맨해튼의 고층건물에 살았다. 이들은 새로 생긴 수직도시를 받아들였다. 오키프는 집에서 내려다보이는 49번 거리 광경에서 영감을 얻어, 단순하고 장식이 없으며 그럼에도 신기하게 부드럽고 감각적인 자기 특유의 화풍을 개발했다. 그가 1924년부터 1929년까지 그린 마천루 그림들은 새로운 감각과 과감성을 담아냈고, 무엇보다도 새로운 미국의 원형을 탐구했다. 이는 장식적인 보자르Beaux Art 양식에 따른 학술적 제약에서 그의 작품을 해방시킨 일종의 원시 형태 또는 주제였다.

셸튼 호텔은 그에게 매우 적당했다. 이 건물은 에인 랜드의 소설 《파운틴헤드》 주인공 하워드 로크Howard Roark가 설계했음 직했다. "구조는 간결하고 단순했지만 자세히 들여다보면 그 단순성을 이루기 위해 얼마만한 노고와 복잡한 방법, 긴장된 사고가 필요한지 알 수 있었다. (중략) 그 건물은 고전 양식도, 고딕이나 르네상스 양식도 아니었다. 하워드 로크 양식이었다."7 오늘날 셸튼 호텔은 극단적인 실용주의 양식에 따라 설계되어 놀라울 정도로 장식이 없는 건물로 유명하다. 이 건물은 거리에서 떨어진 곳에 건물을 지어야 한다고 개정한 뉴욕시 설계규정에 따라 건축된 최초의 주요 건물이었다. 뉴욕 사람들은 건물들이 서로 붙어 빛을 가릴 거라고 걱정했다. 그래서 건축가들은 건물 벽을 단벽(계단 모양 벽)으로 만들어야 했다. 오키프는 그림을 통해 셸튼 호텔 건물의 가파른 단벽을 칭송했다. 셸튼은 그녀의 예술 주제인 한편, 수직과 첨단기술이 이룬 새 질서가 태어난 곳이기도 했다.

오키프의 걸작인 〈밤의 라디에이터 빌딩*Radiator Building, at Night*〉은 레이먼드 후드Raymond Hood가 지은 가장 높은 건물을 담았다. 지금도 브라이언트 공원에 서 있는 이 건물은 부드러운 검은색 외벽에 꼭대기를 화려하게 장식하여 보는 사람을 놀라게 하는 단벽형 빌딩이다. 이 건물을 건축한 이유는 배관과 수리 자재를 건축업자에게 파는 아메리칸 라디에이터 컴퍼니American Radiator Company(이후 아메리칸 스탠더드 컴퍼니로 이름을 바꾼다)를 광고하는 데 있었다. 이 마천루는 미국 부동산이 혁신된 놀라운 세기에 방점을 찍었다. 이러한 미국 특유의 건축양식은 중요한 변곡점을 반영한다. 이제 도시는 옆으로가 아니라 위로 성장하기 시작한 것이다. 마천루는 뉴욕(1870년)과 시카고(1891년)에 먼저 출현하더니 1920년대에는 도시 건축을 완전히 변혁해 냈다. 철골조 덕분에 내벽은 위층 무게를 버틸 의무에서 해방되었고, 외벽은 얇아졌으며 수직 방향 성장에는 한계가 없어졌다. 인장력 있는 금속이 석재를 대체했고, 엘리베이터는 거인의 새로운 순환계가 되었다. 마침내 난방·냉방·조명 체계가 하나로 통합되자 미국 사무실의 재정의와 미국 도시의 재형성이 완료되었다.

🪙 근대화 자금 조달

마천루에는 자본을 조달하는 '새 시대'의 기술도 필요했다. 거의 모든 마천루 건축비는 대부분 부동산담보대출을 증권화한 채권으로 조달되었다. 미국 부동산금융업자들은 은행처럼 부동산을 담보로 대출해

그림 27.1 조지아 오키프의 1927년 작 〈밤의 라디에이터 빌딩〉. 1920년대에는 마천루 건설 자금을 새로운 투자상품으로 조달했고, 미국인들은 하늘 높은 줄 모르고 올라가는 주가에 황홀해했다.

주지 않고, 소매투자자에게 직접 돈을 빌리는 방법을 고안해 냈다. 1920년대 미국 투자자에게 사랑받았던 채권이 단 하나 있었다면 그것은 마천루채권skyscrapper bond이었다.

이 채권은 이렇게 돌아갔다. 개발업자는 건물을 짓기 위해 주식회사를 세우고, 건축자금 중 상당 부분을 대출한다. 부동산대출회사는 이 대출채권을 인수한 후 다시 채권을 발행하여 소규모 투자자에게 판매하는데, 이때 쓰는 영업인력이 바로 전쟁채권 유통체계가 남긴 유산이다. 부동산대출회사는 타인에게 팔 수 없는 채권을 인수하여 차입자가 돈을 갚지 않을 위험에 노출된다. 하지만 부동산시장 전체의 위험에 노출된 것은 최소 100달러 단위로 쪼개 판매된 이 채권을 산 개인투자자이다.

거품이 일던 1920년대 주식시장에 몸을 맡기기 불안했던 투자자가 보기에 마천루채권은 신중함과 근대성이 완벽하게 조화된 물건이었다. 개발업자가 돈을 갚지 않을 때 채권소유자가 투자금을 지키려면 어떻게 해야 할까? 되팔 수 있고, 대부자가 누구에게나 보일 만큼 거대한 물리적 자산을 소유하면 된다. 회사 자산은 더할 나위 없이 투명했다. 시내로 가면 채권을 보증하는 실제 건물이 보이기 때문이다. 한편 마천루채권을 매입하는 행위는 미국 도시의 신기술에, 다시 말해 미국의 대도시를 조금 지나면 횡단보도·비행기·비행선으로 연결될 3차원 배열로 변혁할 건축물에 투자하는 것이기도 했다.

이 새로운 부동산담보채권은 1,000건 이상 발행되었고 액면가는 모두 합쳐 40억 달러가 넘었다. 1922년부터 1931년 사이에 뉴욕에 건설된 높이 60미터 이상 건물 수는 현재까지 통틀어 어느 시기보다도 많았다. 1925년에는 국가 수입 중 1/8이 건축업에서 나왔다.[8] 상승을 가능케 한 것은 엘리베이터 발명, 철골건축 발달, 그리고 회사들이 특정 위치에 조밀하게 모여야 할 수요였다. 마천루 덕분에 도시의 핵심 지역을 여러 배로 늘려 사용할 수 있었다. 마천루에는 이처럼 선택된 위치를 상징하는 조각이라는 정체성도 있었다. 캐스 길버트Cass Gilbert가 고딕 양식에 영향을 받아 설계한 울워스 빌딩Woolworth Building이 그랬듯이 거대한 건축물은 그 자체가 광고물이기도 했다. 거대 건물은 임원이 지닌 특권의 새 척도를 아찔한 높이, 아름다운 전망, 그리고 무엇을 암시하고 상징하든 결국 길버트 자신이 말한 대로 '땅에서 돈을 찍어 내는 기계'9인 건축으로 만들어 냈다. 그리고 실제로도 이 기계는 돈을 제조해 냈다.

새로 올라간 마천루는 임대료가 나오는 층을 쌓아 올려 만든 거대한 케이크였다. 뉴욕, 시카고, 디트로이트 같은 도시에서 경기가 호황을 맞자 세입자들은 쇠와 돌로 새로 만든 이 기계 안 사무실을 장기 임차했다. 따라서 건물 하나하나는 임차인이 내겠다고 약속한 장기 현금흐름 다발과 같았다. 이 현금흐름을 부동산담보부증권을 통해 한데 묶어 채권 이표利票로 바꿔 놓으면, 투자자는 이표를 떼어 이자를 청구했다. 부동산담보부 마천루채권은 하늘에 걸린 신식 임대료를 화폐성 자산으로 바꾸어 놓았다.

물론 마천루채권이 하늘에서 뚝 떨어진 것은 아니다. 부동산저당채권을 증권화한 역사는 1920년 이전으로 길게 거슬러 올라간다. 1909년에는 시카고에 있는 S. W. 스트로스 앤드 코S. W. Straus & Co.가 단일 건물 저당대출 증권화 방식을 완벽하게 발전시켰다고 주장했다.10 미국 중서부 부동산저당채권 회사로 설립된 스트로스는 마천루채권 발행을 선도하게 된다. 전성기였던 1920년대 마천루채권시장을 지배한 것은 S. W. 스트로스 앤드 코, 뉴욕에 있던 아메리칸 본드 앤드 모기지 컴퍼니American Bond & Mortgage Company, 마찬가지로 뉴욕에 있던 G. L. 밀러 앤드 코G. L. Miller & Co. 등 세 회사였다. 채권금융사는 증권화 과정에서 중요한 역할을 맡았다. 이들은 증권발행조건, 원리금 지급 일정, 표면금리, 담보요건 등을 설계하여 채권을 만들어 내고, 이를 대중에게 팔아 원리금을 지급했다. 회사는 차입자에게 임대료를 걷고 투자자에게 채권이자를 지급했다. 이 회사들이 장점으로 내세운 것은 안정성이다. 예를 들어 스트로스는 32년이 넘는 동안 계속하여 부동산저당채권을 발행한 이력을 대대적으로 광고했다.

나는 2008년 시장붕괴를 보다가 미국 부동산저당증권의 역사가 궁금해졌는데, 그때까지 알았던 사실이라야 고작 1920년대에 부동산저당증권을 공개거래하는 시장이 있었다는 정도였다. 호기심이 일어 초창기에 발행된 이들 채권을 이베이에서 몇 장 사기도 했다. 인터넷에서 구매한 채권증서를 보니 학문적 호기심이 동했다. 그리고 채권을 발행해서 건물을 짓는다는 개념이 오늘날에는 엄청난 혁신으로 간주된다는 사실을 깨달았다. 20년 전이었다면, 예컨대 시카고에 있는 존 행콕 센터John Hancock Center를 담보로 잡은 채권을 사고 싶어도 살 수 없었다. 최근에야 금융공학자들이 마천루에 건설자금을 공급하는 증권화 시장을 되살린 것이다. 수많은 단일 건물 채권을 거래했던 거대한 금융시장에 무슨 일이 생긴 것일까? 어떻게 그런 시장이 여러 세대가 흐를 동안 사라져 버린 것일까?

이상하게 들릴지 모르지만 미국 부동산저당채권시장은 스스로 거둔 성공에 희생되었다. 새 시대의 부동산저당금융은 1920년대 이전에 이미 조금씩 약점을 드러냈다. 뉴저지에 있던 한 부동산개발 대기업 사장

해리 블랙Harry S. Black은 이렇게 언급했다.

> 로어 뉴욕Lower New York의 마천루 문제가 점점 더 주목받고 있다. (중
> 략) 지난 1~2년 사이에 많은 건물이 새로 들어서면서 경쟁이 심해지고
> 시청 아래쪽에 선 대형 사무용 건물이 괜찮은 투자수익을 올리기 힘들
> 게 된 현실을 보면, 최소한 사무실·극장·호텔은 뉴욕에 지나치게 많
> 이 들어섰다.11

1920년대에 경기가 호황을 맞자 이러한 금융문제가 완화되고 다시 사
무용 건물이 건설되기 시작했다. 재산이 많지 않은 소매투자자를 끌려
고 액면가를 낮춰 새로 발행한 채권 규모에는 부동산업계 임원조차도
경악했다. 전미 건물주 및 관리자 협회National Association of Building
Owners and Managers 협회장이던 리 톰슨 스미스Lee Thompson Smith는
1926년, 사무실 시장에 노골적인 투기가 발생하고 있으며, 기본 수요가
아니라 채권 발행자 때문에 거품이 일고 있다고 불만을 제기했다.

> 건물이 계속 건설되는 것은 전적으로 채권금융사 때문이다. 이들은 건
> 물이 필요한지는 제쳐 두고 채권을 파는 데만 혈안이 되어 있다. (중략)
> 수익은 고려하지 않고 건설비용을 전부 차입하여 투기하는 건설사 때
> 문에 생산이 과잉상태이다. 그런 후 건설사는 건물을 팔아 이익을 남기
> 고 나서 또 다른 곳으로 건물을 지으러 간다. (중략) 얼마 안 되는 자본
> 만 투자하고 나머지 건축비용은 모두 채권금융사에게 빌려 조달하는
> 계획은 비난받아 마땅하다. 그렇게 비과학적인 계획은 극히 위험하고
> 무모하다.12

물론 스미스의 의견은 옳다. 꼬리가 개를 흔드는 주객전도 현상이 벌어지고 있었다. 철도기술자노동조합이 주축을 이룬 투자자 연합이 1926년 7월에 G. L. 밀러를 인수한 보기 드문 사례를 살펴보자.[13] 노동조합이 개입한 이유가 무엇이었을까? 부동산채권을 조합원에게 직접 판매할 가능성을 보았기 때문이다. 채권금융사 자체를 돈이 나오는 기계로 인식했을 만큼 대중적으로 부동산저당채권 수요가 높았던 것이다.

그런데 1926년 8월 6일에 이상한 일이 일어났다. 밀러사社는 571 파크 애비뉴 주식회사571 Park Avenue Corporation가 발행한 채권을 인수하고 증권화하여 성공적으로 판매했는데도 원금을 부동산개발사에 전하지 못하였다. 그리고 파산을 선언했다. 밀러사가 증권 판매금을 앞서 발행한 채권 원금을 갚는 등에 사용했기 때문이다. 금융사 연구가이자 채권시장 논평가인 제임스 그랜트James Grant가 저서 《마음의 돈Money of the Mind》을 통해 말했듯이 "밀러사는 일종의 폰지 사기 회사였다."[14] 1925년에 꺼진 플로리다 토지 거품Florida Land Bubble 사건도 1920년대에 널리 퍼졌다. 지금도 미국인이라면 누군가 플로리다의 늪지대를 산다는 얘기만 꺼내도 웃을 정도이다. 맨해튼에 건설된 마천루는 땅에서 돈을 만들어 내는 놀랍고 새로운 기계가 필요해서가 아니라, 이를 뒷받침해 줄 채권이 필요해서 생긴 진짜 거품이 아니었는지 생각해 볼 만하다.

스트로스사는 1932년까지 존속했다. 이 회사 역시 결국 여기에서 돈을 훔쳐 저기에 갚았다는 사실이 드러났다. 하지만 부도난 부동산저당채권 보유자들이 파산을 선언한 차입자의 자산압류를 청구하려고 하자, 스트로스는 자사가 부동산저당채권 보유자의 이익을 대변한다는 터무니없는 입장을 내세웠다. 스트로스사 자체가 건축회사의 지분을 소유했으므로 대부자를 희생시켜 차입자에게 이익을 주는 식으로 협상을 이끌어 내려 하여 이해상충이 발생했다. 회사의 행위가 얼마나 악독했던지 미국 증권거래위원회Securities and Exchange Commission(SEC)가 신설 이후 최초로 대규모 사기 여부 조사에 착수했을 정도였다.

부동산저당채권시장의 붕괴가 건물가치 하락과 만연한 파산만으로 부족했다면, 결정타를 날린 것은 완전한 신뢰 실종이었을 것이다. 소규모 투자자 수백만 명이 스트로스나 밀러 같은 회사를 믿고 채권을 샀다. 투자자들은 오점 없는 이력과 담보가치를 믿었다. 이들 회사는 실패하면서 법 제도가 투자자의 이익을 보호해 줄 것이라는 믿음도 같이 끌고 내려갔다. SEC는 1936년에 조사를 종료하며 〈부동산채권 보유자 구제위원회Committees for the Holders of Real Estate Bond〉라는 보고서를 발행했다. 보고서에는 부동산저당증권 투자자를 대상으로 한 다양한 사기와 속임수가 극명하게 드러났다.[15]

예를 들어 뉴욕 센트럴 파크 서로西路에 있는 머제스틱 아파트 사례를 보자. 웨스트 72번가와 73번가 사이에 위치한 이 건물은 1930년에 건축가 겸 부동산개발업자인 어윈 채닌Irwin S. Chanin이 아르데코 양식으로 설계하고 S. W. 스트로스사에는 1930년 6월에 발행한 채권으로 건설자금을 댄 거대한 건축물이다. 스트로스사는 금리 6퍼센트 채권 940만 달러어치를 인수했다. 회사는 경쟁을 붙이면서까지 영업사원을 독려했지만 10월이 되어서도 아직 200만 달러어치가 판매되지 않은 채였다. 남은 건설채권이 어떻게 되었는지는 SEC가 당시 스트로스사 뉴욕 지사장의 증언을 기록한 녹취록에 나온다. 스트로스는 남은 채권을 단기채권으로 재포장한 후 새로 발행한 '스트로스맨해튼스Strauss-

Manhattans' 채권의 기초자산으로 삼았다. 오래된 술을 새 부대에 담는 사기는 성공했다. 한동안 수익을 내지 못할 미완성 건물을 담보로 잡은 채권은 그 사실을 모르는 시장으로 쏟아져 들어갔다. 머제스틱 채권은 1931년 12월에 상환이 중지되었고, 스트로스맨해튼스 역시 1933년에 뒤를 따랐다.

SEC 보고서에는 스트로스 같은 대기업이 투자자보다 자신의 이익을 우선한 사례가 연달아 상세히 나온다. 조사가 끝나고 먼지가 가라앉은 후 SEC가 내린 결론은 파산절차의 근본적인 결함으로 공개발행된 증권 보유자가 부당한 손해를 본다는 것이었다. 경제 붕괴에 제도 실패라는 망령이 한술 더 뜨는 격이다.

대공황이 오자 오키프도 마천루에 관심을 잃었다. 1929년 이후 그는 마천루를 버리고, 후에 자신을 대표하게 된 황소 두개골이나 꽃 그림을 그렸다. 그리고 번잡한 도시생활보다는 단순한 미국 남서부를 좋아하는 서양 예술계의 현자로 더 유명해진다. 어쩌면 그도 잠시나마 계속된 미국인과 마천루의 연애가 비극으로 끝났다는 사실을 깨달았으리라.

🪙 1929년의 잔해

대다수는 1929년 주가폭락과 대공황을 자본주의 실패 또는 최소한 규제 없는 시장이 실패했다는 증거로 보았다. 케인스는 이를 미국인의 지나친 투기 성향이 낳은 결과라고 보았다. 1929년 주가폭락을 가장 흥미롭게 분석한 존 케네스 갤브레이스John Kenneth Galbraith는 이를 소규모 투자자의 꿈과 희망을 먹잇감으로 삼는 냉소적인 월스트리트 장사

꿈과 비이성적인 투기심리가 빚어낸 결과라고 보았다. 그 후 이어진 대공황은 1920년대에 발생한 거품과 주식시장 하락 때문에 금융이 붕괴한 탓이라고들 한다.

1920년대 월스트리트 주식시장이 호황을 맞은 것은 미국인들이 중개인, 투자기금, 그리고 투기로 이익을 얻을 꿈에 어느 정도 부추김을 받아 전례 없이 주식에 열광했기 때문임이 확실하다. 1929년 10월 28일('검은 월요일'), 주가가 단 하루 만에 13퍼센트 가까이 떨어지며 시장이 붕괴했다. 런던 증권거래소 주가가 폭락한 지 한 달이 조금 더 지난 후였다. 돈을 빌려 주식을 산 사람은 몰락했다. 주식을 담보로 잡은 은행은 곤경에 빠졌다. 주식시장은 폭락 후 대략 10년에 걸쳐 극단적으로 요동쳤고, 주식이 안전하고 채권이 위험하리라는 예전 경제 예측은 완전히 뒤집혔다.

모든 사람이 시장을 불신하게 된 것은 아니다. 1930년 1월에 엄청나게 비싼 가격으로 발행된 《포춘Fortune》지는 창간호 표지에 《어리석음을 비추는 위대한 거울》을 연상케 하는 주제인 '운명의 수레바퀴wheel of fortune'를 전혀 아이러니하지 않다는 듯이 실었다('fortune'은 잡지명처럼 부를 의미하기도 하고, 운명을 의미하기도 한다. - 옮긴이). 내 할아버지처럼 1920년대의 낙관주의에 맞춰 기대수준을 형성한 투자자들은 주식을 계속 보유하거나 심지어 더 사들이기까지 했다. 하지만 다른 사람들이 보기에 1920년대란 마침내 터져 버릴 비이성적 거품이 일고, 아무런 합리적 근거 없이 투기 열풍이 분 시기일 뿐이다.

하버드 경영대학원 경제학자 톰 니컬러스Tom Nicholas는 최근에 재미있는 방법을 사용하여 1920년대 주가가 미래 전망을 합리적으로 평가한 결과에 기초했는지 확인했다. 그의 전문 분야는 기술혁신이다. 니컬러스는 1920년대에 보기 드문 수준으로 기술변화가 일어나고, 투자자들이 혁신에 높은 가치를 매겼기 때문에 주식시장이 호황을 맞았다는 가설을 세웠다. 당시 주식시장 호황은 라디오 발명, 자동차 보급, 일반인 대상 항공여행 출현 등 근대식 생활로 이어진 수많은 변화 덕분이 아니었을까? 옛 기술이 패하고 새 기술이 승리하는 시기를 맞은 투자자들은 시대를 앞서가는 회사에 가산점을 주었다. 물론 1990년대 기술주 거품에도 적용되는 이야기이다. 당시 '신경제new economy' 기업 주가도 앞으로 우위를 점할 거라는 기대를 업고 급격히 올랐다.

니컬러스는 재미있는 방법으로 자기 이론을 검증했다.[16] 1920년대 미국 회사가 보유한 특허를 모두 확인한 후, 이 중 수십 년 후에 가치를 증명한 특허를 추렸다. 그는 이를 '지적 자본'이라고 부른다. 니컬러스에 따르면 회사가 '지적 자본'을 많이 보유했을수록 1920년대에 인정받은 가치도 높았다. 1920년대 시장은 혁신을 가격산정의 주요 요소로 취급했던 것이다. 시장붕괴 직전 최후의 주가 상승기간인 1929년 3월부터 9월까지 기간에는 그러한 경향이 특히 강했다. 특허를 보유하지 않은 회사는 지적 자본을 보유한 회사에 심각하게 뒤쳐졌다. 이는 첨단기술 산업뿐 아니라 모든 산업에 적용되는 이야기였다. 1920년대에 세계가 여러 영역에서 중요한 전환점을 맞는 것을 본 투자자는 이러한 변화를 이용하기 위하여 지적 자본이 있는 회사에 가치를 부여했다.

또한 니컬러스는 주가폭락 이후에도 회사들이 연구개발비를 계속 투자한 반면 투자자들은 1932년부터 1939년까지 지적 자본을 예전처럼 평가하지 않았음을 확인했다. 그는 "1920년대 투자자는 더 많은 지적 자본을 보유했다고 사후에 확인된 회사 주가를 밀어 올렸다"고 결론 내린다. 1920년대에 주가가 가파르게 올라간 현상에는 변화하는 세계에서 혁신이 중요하다는 시각이 반영되어 있다. 당시 투자자는 말 그대로 미래에 값이 오를 주식을 주문한 것이다. 그것은 잘못된 행동이었을까? 다우존스 지수Dow Jones index는 1921년 63.90달러에서 1929년에 381.17달러로 상승하여 정점에 올랐다가 1932년에 41.22달러로 떨어졌다. 지적 자산 가치를 평가한 결과가 어떻게 그토록 급격히 바뀔 수 있을까?

아마 케인스의 말이 맞을 것이다. 대체로 투자자는 그 이후 이어질 금융·경제적 곤경을 예측했을 것이다. 특허는 미래 기술의 설계도일 뿐이다. 특허로 성공을 거두려면 일단 물건을 실제로 만들어 팔아야 한다. 담배처럼 사람들에게 이미 익숙한 물건에는 특허가 나지 않는다. 특허의 가치는 미래 소비 전망에 따라 상당히 크게 오르락내리락한다. 예컨대 1920년대에 어떤 회사가 컬러사진을 만들어 내는 새롭고 멋진 방법을 특허 냈다고 가정해 보자. 소비수준이 높은 시대라면 특허를 이용하여 신속하게 제품을 생산하고 최신 기기에 목마른 세상에 출시할 것이다. 하지만 실업률이 높아지고 사람들이 새 물건을 사기보다 저축과 안정을 생각하는 세상에서라면 회사는 몇 년 동안 제품개발을 미룬다. 특허 자체는 여전히 훌륭하지만, 금방이라도 수익을 가져다주리라는 희망은 줄어드므로 특허의 경제적 가치도 떨어지게 된다.

어빙 피셔의 순현재가치 기준을 적용해 보면, 예기치 못한 사건이 일어나 회사들이 매우 혁신적인 새 계획을 갑자기 모두 연기하게 될 경우 주가도 떨어질 수밖에 없다. 이익이 날 계획을 10년 정도 연기하게 되면 현재가치는 대략 절반 정도로 감소한다. 만약 혁신이 대부분 그렇듯이 위험한 계획이라면 10년 연기에 따른 가치 하락 폭은 80퍼센트까지도 확대된다. 1930년대 초반의 추가폭락은 사람들에게 여유가 생길 경우 매우 가치가 클 놀라운 특허라도 앞으로 배당을 내기까지는 아주 아주 오랜 시간이 걸리리라는 현실을 인식했기 때문에 일어났을 것이다.

반면 브래드포드 들롱Bradford DeLong과 안드레이 슐라이퍼Andrei Shleifer는 다른 시각을 취한다. 이들이 시장을 깊이 살핀 결론에 따르면, 투자자는 시장에 도취된 탓에 주가를 근본 경제가치를 훨씬 넘어선 수준까지 산정했다.[17] 들롱과 슐라이퍼는 이를 검증하기 위하여 1920년대에 거래된 투자기금 가격을 수집하고, 이 펀드가 보유했던 주식가격을 관찰했다. 그 결과 두 교수는 투자자들이 주식을 한데 모아 얻느라 지불해야 했던 웃돈이 보통 60퍼센트 정도였다고 확인했다. 투자자들이 '스스로 돈을 굴렸다면' 훨씬 싼 가격만 지불했을 것이다. 결론적으로 투자기금이 비싼 값에 거래됐다면, 주식시장에서 사고팔리는 것도 모두 비싸게 거래됐을 것이다. 1920년대 뒤편에 있던 것은 합리적 투자가 아니라 투자심리였다.

에드거 로런스 스미스가 만든 투자기금은 제작자의 명성보다 오래 갔다. 1920년대에는 누구나 알았던 스미스의 이름은 주식투자의 장점을 부각한 공로에도 불구하고 이후 금융역사의 각주에 희미하게만 남아 있다. 하지만 스미스는 시장 연구를 계속했다. 나는 소위 '날씨 효과weather effect(날씨가 맑은 날에 주식시장이 호조를 보이는 경향)'라는 신기한 현상을 연구하다가 스미스가 1939년에 쓴 《인간 행위에서 보이는 밀물 썰물Tides in the Affairs of Men》을 발견했다. 책에서 그는 날씨의 변동성과 주식시장의 변동성은 서로 연결되어 있으며, 둘 다 태양의 흑점에 영향을 받는다고 주장했다. 스미스는 날씨가 1929년 주가폭락을 예지했다고 확신했다. 이 의견에 대해서는 그가 옳았는지 확신하지 못하겠다.

🪙 예측 검증

1929년 주가폭락은 미국인이 주식 숭배에, 그중에서도 특히 월스트리트에 믿음을 잃는 계기가 되었다. 갑작스런 시장 반전에 당황한 예측가는 어빙 피셔뿐이 아니었다. 앞에서도 주가폭락이 자신의 방법을 굳게 믿던 케인스를 흔들어 놓았음을 살펴보았다. 시카고 신문재벌 상속자인 앨프리드 콜스Alfred Cowles 역시 케인스와 비슷한 영향을 받은 투자자이다. 콜스는 콜로라도스프링스에 있는 결핵 요양원에서 어빙 피셔를 만나 주가폭락을 두고 이야기를 나누며 시간을 보냈다. 콜스는 1920년대에 가족이 거금을 투자한 포트폴리오를 관리하는 투자자문 역할을 하다가 비슷한 처지에 있던 사람들이 흔히 그랬던 것처럼 1929년에 큰 손실을 보았다. 콜스는 월스트리트에 모인 지성들이 투자자에게 왜 임박한 재앙에 대해 경고하지 못했는지 궁금해했다. 어쩌면 월스트리트 분석가도 자기 고객보다 특별히 더 아는 것이 없을지 모른다.

콜스는 자료를 가지고 자신의 생각을 검증하기 시작했다. 우선 그는 대형 증권사가 1920년대와 1930년대 초반에 발표한 주식 추천 자료를 모두 모았다. 그리고 추천받은 주식과 무작위로 고른 주식을 과거 주가 자료와 배당 정보를 이용하여 서로 비교해 보았다. 그가 내린 결론은 예측을 직업으로 하는 사람들에게 절망적이었다. 주식시장 예측가들은 내다보지 못했다. 차라리 다트판을 가지고 예측하는 편이 나았던 것이다.[18] 지금이야 거의 한 세기를 앞서 쥘 르뇨가 같은 결론에 도달했음을 알고 있지만, 앨프리드 콜스 같이 1929년에 투자했던 사람들은 사서 고생한 후에야 이 사실을 배웠다. 후대 연구자들도 근대 분석가들이 예측한 내용과 근대 뮤추얼펀드 실적을 토대로 보통 같은 결론에 도달한다. 전문가들이 전반적으로 가치를 더한다는 증거는 없고, 일반적인 뮤추얼펀드에 비하면 차라리 수수료가 없는 다트판을 이용하는 편이 보통은 더 나으며, 그보다도 더 좋은 것은 비용이 낮고 잘 분산된 주식 포트폴리오이다.

앨프리드 콜스는 주식시장의 랜덤워크 모형도 검증했다. 이번에도 콜스는 쥘 르뇨의 업적을(또는 절묘한 브라운운동 공식을) 알지 못한 채, 보유기간을 달리했을 때 주식 수익률을 관찰하여 예측 가능한 추세를 따라가는지 알아보았다. 그렇기도, 아니기도 하다는 답이 나왔다. 시장 가격 움직임에는 어느 정도 관성이 있는 듯했다. 투자기간이 3년 이하라면 과거 추세가 반전되기보다는 지속되는 듯했지만, 여기에서 이익을 내기 위해 들이는 거래비용이 수익을 모두 상쇄했다.

그런데 주가폭락을 제대로 예측해 낸 기법이 하나 있었다. 바로 다우이론Dow theory이었다. 다우이론은 《월스트리트 저널Wall Street Journal》과 다우존스 산업평균지수Dow Jones Industrial Averages를 만들어 낸 찰스 헨리 다우Charles Henry Dow의 이름을 딴 것으로 주식시장 추세를 주기에 따라 설명하는 모형이다. 이후 신봉자들이 해석하고 설명하는 바에 따르면 이 이론은 주식시장의 움직임을 1년 이상 이어지는 1차 추세, 1차 추세와 같거나 다른 형태로 몇 주에서 몇 달 동안 지속하는 2차 추세, 매일 발생하는 '잡음'인 3차 움직임 등 세 가지로 구분한다. 이 이론에서는 다우 산업지수와 다우 교통지수를 기초로 한 주가 움직임을 이용하여 1차 추세를 식별해 낸다. 산업지수와 교통지수를 결합한 수치가 위아래로 움직인다면 1차 추세 신호가 발생한 것이므로 사거나 팔 신호로 볼 만하다. 이 이론이 말이 안 되는 것은 아니다. 수학에서도 서로 주기가 다른 파장을 한데 묶는다는 기본적 직관을 이용하여 온갖 자연현상을 모형화한다. 하지만 다우이론은 효율적 시장은 예측 불가하다는 예전 통찰과 상충된다.

《월스트리트 저널》편집자이며 다우이론을 이용하여 상승장과 하락장을 예측해 온 윌리엄 피터 해밀튼William Peter Hamilton은 1929년 늦여름, 단호한 태도로 주가 하락을 예측했다. 그는 시장이 꺾일 것이라고 외쳤고, 다우이론 신봉자들은 대비했다. 콜스가 보았다면 매우 흥미로워했을 것이다. 다우이론은 모호한 가설이 아니라 당대 가장 중요한 경제지 독자가 널리 받아들인 이론이었기 때문이다. 콜스는 이 이론에 정말 무언가 있는지 확인하려고 상당한 노력을 기울였다.

콜스는 해밀튼이 그저 운이 좋아 딱 한 번 대단한 성과를 낸 것은 아닌지 확인하려고 1907년부터 그가 사망한 1929년 12월까지 발표한 예측 내용을 모두 수집했다. 그 결과, 다우이론은 그저 수동적으로 주식 포트폴리오를 보유한 것보다 좋은 성과를 내지 못했을 것이며, 따라서 최고의 두뇌들도 시장붕괴를 예측하긴 어려웠을 거라는 허무한 결론을 내게 되었다. 물론 친구인 어빙 피셔에게는 달갑지 않으나마 위안이 되었을 것이다. 하지만 콜스의 결론은 큰 반향을 얻지 못했다. 오늘날 앨프리드 콜스라는 이름보다는 다우이론을 들어본 사람이 더 많다.

하지만 앨프리드 콜스는 이후 금융학 연구에 연구자 겸 후원자로서 깊은 영향을 끼쳤다. 그가 현대 금융에 가장 크게 기여한 것으로는 자료와 통계에 초점을 맞춘 연구가 꼽힌다. 콜스는 자신의 이론을 검증하기 위하여 1872년 이후 미국 주식과 배당 데이터베이스를 완성했다. 이는 매우 어려운 작업이라, 컴퓨터가 등장하기 전인 당시에 사무원을 써 계산을 시킬 수도 없었다. 대신 그는 신기술이던 천공카드를 사용하여 주식시장지수 자료를 스스로 구축했다.

콜스는 실무가이면서도 한편으로는 통계를 깊이 사랑하고 또 비범한 직관을 갖춘 사람이었다(그래서 쥘 르뇨와 흥미로울 정도로 행적이 겹친다). 시장 예측과 주식시장 시계열 패턴을 검증한 그의 연구 논문은 주식시장의 효율성을 실증한 연구 분야에 한 획을 그었다. 콜스는 르뇨가 불붙인 랜덤워크 이론의 횃불을 근대로 가져와, 이를 실증적으로 검증할 다양한 방법을 새로 개발했다. 그런데 콜스가 후원자로서 끼친 영향은 더 크다. 그가 재산을 기부하여 세운 주식시장 연구소 콜스 경제학 연구위원회Cowles Commission for Research in Economics는 지금 예일 대학교 소속이다. 위원회는 콜스의 연구자료를 다수 출판했을 뿐 아니라, 시장이 사회에서 하는 역할에 관심을 둔 손꼽히는 학자들을 한데 모아오기도 했다. 여기서 나온 모든 연구 결과에는 시장을 향한 깊은 호기심과 수학적·통계적 도구를 결합하려던 콜스의 개인적 열정이 반영되어 있다.

그런데 다우이론에 대한 콜스의 의견은 틀린 것으로 밝혀졌다. 수익뿐 아니라 위험까지 고려하여 콜스의 연구를 재현해 보자, 다우이론을 따를 경우 투자자의 포트폴리오 수익은 연간 4퍼센트씩 더 올라갔다.

쥘 르뇨의 랜덤워크 이론에 따르면 일어날 수 없는 일 아닌가? 그럴지도 모르지만 다우존스의 예측력에는 어느 정도 근거가 있었다. 동료인 마이애미 대학교의 알로크 쿠마르Alok Kumar와 뉴욕 대학교의 스티븐 브라운Stephen Brown은 해밀턴이 다우이론에 따라 내놓은 예측 패턴을 깊이 파고든 결과, 다우 예측법이 과거 시장추세에 근거한다는 사실을 밝혀냈다. 우리는 신경망 알고리즘 같은 기법을 적용하여 다우이론에 내재한 규칙을 재구성했다. 그것은 시장관성momentum 전략이었다.

최근 몇 주 동안 주가가 하락했다면 다우이론은 당연히 약세장을 예측한다. 물론 강세장과 약세장을 예측할 때는 다른 주가 패턴도 고려해야 하므로 실제로는 그보다 약간 더 복잡해진다. 해밀턴도 복잡한 '계량quant'모형을 쓰지는 않았을 것이다. 그렇지만 예측이 멈춘 후 몇 년 동안에도 다우이론은 어느 정도 유효했다. 해밀턴은 다우이론의 비밀을 간직한 채 1929년 말에 사망했지만, 우리가 다우이론에 따라 만든 모형은 이후 70여 년 동안 훌륭한 가상의 성과를 냈다.

그렇다면 내가 랜덤워크 가설에 건 믿음은 흔들렸을까? 어느 정도는 그렇다. 앞에서 살펴보았듯이 현대 금융이라는 첨단기술 체계는 예측 불가능성이라는 기반 위에 건설되어 있다. 그 안에서는 마치 모든 조각이 멋지게 들어맞는 듯하지만, 실제로는 사이에 틈이 있어 연구할 여지가 열려 있다. 그래서 투기꾼의 세상에도 희망이 있는 법이다.

🪙 시장을 보는 사고방식

다우이론은 여러 세대에 걸쳐 주식시장의 추세에 숨은 법칙을 찾으려는 분석가에게 영감을 주었다. 사회학자 앨프리드 윈즐로 존스Alfred Winslow Jones는 새롭게 출현한 주식시장 연구기술 분야를 조사하여 《포춘》지 1949년 3월호에 실었다. 투자자들은 주가가 영원히 오를 거라는 확신이 영영 사라진 듯한 상황에서도 어쨌든 주식으로 이익을 올리기 위하여 전문가의 조언을 찾아다녔다. 존스는 기본 실적에 따라 주식가치를 평가하는 것이 아니라 거래량, 상승·하락 주식비율, 투자심리척도, 그리고 당연히 과거 시장추세 같은 통계기법과 그래프에 기반을 둔 소식지가 인기를 얻는 중이라고 언급했다. 그는 다음과 같이 썼다.

하지만 시장은 지난 10년 동안 기본 실적과는 완전히 동떨어지게 움직인 것으로 악명 높다. 따라서 시장을 판단하는 옛 방식은 도움이 되지 못했다. 게다가 주식시장에서 돈을 벌기 위한 경쟁은 소란스럽던 20년대보다 지금 훨씬 더 첨예하다. 따라서 정확하게 시장을 예측할 새 방식의 수요가 있다.[19]

존스가 연구한 새 분야인 기술적 분석은 1929년에 갑작스레 벌어진 시장붕괴를 기억하고, 다음 번에 닥칠 시장위기를 예측할 합리적 수단을 바라는 마음에 대응하여 출현했다.

기술적 분석은 무작위로 움직이는 듯 보이는 시장에도 진실이 숨어 있고, 이를 통계로 찾아낼 수 있다는 믿음을 기초로 예측하는 것이다. 이처럼 수학으로 확실한 개연성을 찾으려는 모험의 역사는 바로 야코프 베르누이에까지 거슬러 올라간다.

효율적 시장이론 신봉자와 다우이론 같은 체계로 주식시장을 예측하려는 사람들이 서로 분열했고, 투자계는 가치투자 신봉자 대 기술적 투자 신봉자로 갈렸다. 존스는 어떤 투자 언론인이 '기술적 분석가를 심령술사, 점술판 이용자, 점성술사, 흑점이론 추종자, 주기이론가와 한데 묶어 꾸준하고 날카롭게 조롱했다'고 글에 언급해 두었다.[20]

1929년 시장붕괴가 몰고 온 충격에 대한 또 다른 대응이 기본분석이다. 시장에 흥분이 일었다가 기대가 망가져 일어나는 결과가 거품과 붕괴라면, 주가는 기본가치와 크게 괴리될 수 있다고 결론짓는 편이 자연스럽다. 그렇다면 가격이 잘못 산정된 개별 주식을 찾는 것도 시장 변동에 대응하는 한 가지 방법이 된다. 《증권분석Security Analysis》은 벤저민 그레이엄Benjamin Graham과 데이비드 도드David Dodd가 1934년에 펴낸 책이다. 《증권분석》이 여러 해 동안 폭넓은 관심을 받은 것은 벤저민 그레이엄의 제자 중 가장 유명한 워런 버핏Warren Buffet이 대성공을 거둔 덕분이기도 하다. 하지만 이 책이 대공황의 수렁에서도 인기를 끌었던 이유는 '시장가격이 오르락내리락해도 세심하고 철두철미하며 기민하게 살펴보면 회사의 내재가치를 알아낼 수 있다'는 전제에 있을 것이다. 이 책은 재무제표와 손익공시를 넘어 회사의 경제적 기본을 이해하고, 미래 수익력을 합리적으로 예측할 방법을 알려 준다. 《증권분석》은 돈을 쉽게 벌게 해 주겠다고 약속하지 않았다. 분석이란 세심히 연구하며 배워야 할 분야이기 때문이다. 분석을 제대로 하려면 양적 기법에 숙달할 뿐 아니라 우월한 질적 판단법도 발달시켜야 한다.

영감을 주는 책이 그러하듯 이 책 역시 강력한 원형을 활용한다. 《증권분석》은 대담하고 독립적인 인격을, 자기확신이라는 용기를 갖추고 시장에 변덕스럽게 부는 바람에 굳건히 맞설 투자자상을 그린다. 그레이엄과 도드가 말하는 증권분석가는 단순히 위험을 기꺼이 감수하려는 투기꾼이 아니라, 세심하게 감안한 몇 가지 기준을 만든 후 충실히 지킨다는 원칙에 입각한 투자자이다. 이러한 투자자에 가장 가까운 인물은 에인 랜드의 소설 《파운틴헤드》 주인공 하워드 로크Howard Roark일 것이다. 그는 명민한 통찰력을 갖추고 거짓과 타협하지 않으며 주변에서 변해 가는 세상을 보면서도 자신이 일해 온 방식을 굳게 지키는 사람이다. 그레이엄과 도드가 말한 증권분석가는 두렵게 요동치는 새 시대에 완벽하게 들어맞는 영웅이었다.

🪙 1920년대와 시장붕괴가 남긴 유산

미국인의 주식시장 투자 열기가 1920년대에 절정으로 치달은 요인은 자립정신, 주식이 채권보다 나았다는 증거, 전쟁채권이 퇴장하여 생긴 빈 자리를 채우려고 주식을 홍보한 월스트리트, 위험이 분산투자로 감소되고 소규모 투자자에게 전달된 현상, 그리고 지적 자본을 높이 평가하게 만든 기술발전 가속과 투기심리 고조의 결합 등 여러 가지이다.

어떻게 보면 미국인이 주식에 매료된 현상은 영국·중국·러시아 등 전 세계에서 주식투자를 재발견하면서 일어난 일과 다르지 않다. 그런데도 중요한 차이를 꼽자면 미국 주식시장이 발달한 시기에 미국은 세계열강으로서 주역이 되고 있었다. 기업가정신, 주주민주주의, 기업자본주의는 미국의 자화상을 이루는 요소가 되었다. 1929년 주식시장 붕괴는 주식이 투자 대상으로 적절하냐는 의문을 부른 동시에, 미국인이 금융제도에 품은 신뢰를 침식했다. 미 정부는 대공황의 수렁에서 SEC를 설립하여 금융시장의 공정성에 대한 믿음을 회복하며 신뢰 위기에 대응했다. 하지만 그토록 빠르게 오르내리는 주식가치를 보고 사람들은 과연 주식시장이 장기저축에 진정 적합한 도구인지 의심을 품었다. 이러한 의혹이 퍼지고 오랜 시간이 흐른 뒤에야 미국인은 주식이 과연 좋은 투자 대상이냐는 물음을 다시 이성적으로 논하게 된다.

시장이 붕괴한 이후 마천루 열풍도 잦아들었지만, 아름다운 건축물은 1930년대에도 설계되고 건축되었다. 거대한 라디오 시티 뮤직 홀 Radio City Music Hall과 드높은 RCA타워RCA Tower(현재는 GE빌딩)를 포함한 복합건물 록펠러 센터가 건축 계획된 시기는 1928년이지만 준공 시기는 1932년이다. RCA타워 로비에 있는 벽화를 둘러싸고 벌어진 소

그림 27.2 주제프 마리아 세르트가 그린 뉴욕 록펠러 센터 로비 벽화 일부분

동을 살펴보면 시대가 바뀌었다는 단서가 드러난다. 원래 록펠러 가문이 벽화를 의뢰한 멕시코 화가 디에고 리베라Diego Rivera는 20세기 사회변혁을 표현한 야심작 〈교차로에 선 사람Man at the Crossroads〉을 그렸다. 인본주의 관점에 걸맞게 중심에 있는 프롤레타리아 과학자가 기계화·생물학·천문학 등 근대 과학의 교차점을 통제하는 모습을 그린 그림이었다. 리베라는 그림 양옆에 두 가지 사회를 그렸다. 한쪽에서는 담배연기가 자욱한 방에서 엘리트들이 카드놀이를 하며 칵테일을 마신다. 반대편에는 레닌, 트로츠키, 그리고 아이를 돌보는 어머니가 있다. 디에고 리베라는 이런 무언의 질문을 던진 것이다. "당신은 어떤 미래상을 택할 것인가?"

록펠러 가문은 리베라의 벽화를 덧칠하여 덮어 버리고, 살바도르 달리Salvador Dalí의 친구이자 그 자신도 유명한 벽화가인 주제프 마리아

세르트Josep Maria Sert에게 새 벽화를 의뢰했다. 세르트는 근육질 노동
자들이 장엄한 마천루인 맨해튼 성당을 짓는 모습을 고전적인 보자르
양식에 따라 꽉 채워 실내를 장식했다. 비행기는 선회하며 천상의 터널
로 빨려 들어간다. 이 그림은 국제화, 기계화, 미국 노동자에게 바치는
경의이다. 그러나 여기에는 1920년대에 빛나던 낙관주의가 없다. 적갈
색 색조는 침울한 느낌을 준다. 역동적인 붓질과 극사실주의 표현은 관
객을 두렵게 한다. 소용돌이치는 풍경은 굽어 있기도 하고, 한편 고지
식할 정도로 직선으로 이루어지기도 한 로비의 아르 데코 양식을 상대
로 싸우는 듯하다. 오늘날에도 GE빌딩에 들어가면 볼 수 있는 이 그림
은 마치 인류가 건축의 연옥에 갇혀 천국에 도달하지도, 지옥으로 떨어
지지도 못하는 무서운 꿈에 사로잡힌 느낌을 준다. 1930년대 정신을 매
우 잘 포착한 그림이 아닐 수 없다.

28장

미래 재설계

1929년 시장붕괴가 미국인에게 금융시장이 불확실하다고 경고했다면, 대공황은 거시경제의 엄청난 위험을 극명하게 드러냈다. 이러한 위험에 대응할 금융 해법이 필요했다. 1930년대에 실업과 빈곤이 만연하자 미국이 저축과 사회보장에서 절박한 위기에 직면했다는 사실이 명확하게 드러났다. 대공황이 닥치기 전 미국에는 민영보험, 다양한 개인 저축상품, 연방·주·시·회사 차원의 퇴직연금제도가 모두 존재했지만, 경제위기가 닥쳐 체계적 충격에 노출되자 이들 모두 취약하다는 사실이 밝혀졌다. 20세기 초 미국은 주식회사에 희망을 걸었지만 불황이 오자 수많은 회사가 실패하면서 일자리와 퇴직연금도 같이 사라졌다. 그렇다면 무엇이 회사를 대신하여 현재와 미래의 수요를 충족할 수 있을까? 바로 정부가 그 답이다.

뉴욕 주지사 프랭클린 루스벨트Franklin Roosevelt는 1930년에 주립 연금제도를 도입했다. 그리고 대통령이 되었을 때도 이를 뉴딜 정책의 핵심 요소로 가져왔다. 이 장에서는 1930년대 미국 금융의 변혁을 살펴본다. 이 책에서 논한 여러 가지 금융혁신이 그러했듯이 이때 일어난 변화에 따라 새로운 방식으로 중요한 문제에 대처하게 되었지만 나중에는 그래서 문제가 일어나기도 한다. 1930년대에 만들어진 금융구조는 지금도 유지되고 있으며, 미국은 여기에서 일어난 제도적 쟁점과 여전히 씨름하고 있다. 이 시기는 금융역사상 역동적이고 흥미롭기로 손꼽힌다. 당시의 유산 대부분은 지금도 현대 금융의 뼈대를 이루고 있다.

💰 사회보장

> 이제는 누구나 깨달았습니다. 우리는 평생 아이들을 먹이고 입히느라 고생했지만 이제 한푼도 없이 황혼을 보내게 된 노인에게 무엇인가 해 주어야 합니다. 노인이 원숙기를 두려움 없이 안락하게 보내리라고 기대하도록 만들어야 합니다. 우리는 60세가 넘은 모든 사람에게 정부가 연금을 주자고 제안합니다.
>
> ─휴이 롱, 1935년 상원 연설기록[1]

루이지애나주 상원의원으로 카리스마 넘치는 대중주의 정치인 휴이 롱Huey Long은 '우리의 부를 공유하자'고 선언했다. 월스트리트 백만장자들의 재산을 사람들에게 재분배하자는 것이 그의 계획이었다. 그중에서도 가장 핵심은 노동자에게 받은 기여분뿐 아니라 부자에게 매긴 세금까지도 재원으로 하여 연소득이 1만 달러 이하인 사람 누구에게나 퇴직연금을 보장하자는 것이었다. 롱이 보는 정부란 평등을 이루고 사람들을 부양하는 존재이다. 반면 프랭클린 루스벨트는 노동자가 스스로 자금을 마련하는 연금, 즉 노동자 기여분으로 재원을 마련하고 정부가 운영하는 저축제도를 상상했다. 사회보장제도를 놓고 토론이 벌어지던 1935년 6월, 상원 연단에 오른 롱은 루스벨트를 비난하며 총예산 30억 달러를 마련할 방법도 없이 착수한 연금제도는 무산될 것이라고 외쳤다. 하지만 롱은 결국 법안에 찬성표를 던졌고, 사회보장제도는 법제화되었다.

사회보장제도는 원래 퇴직한 저소득 노동자에게 종신연금을 지급한다는 계획이었지만, 얼마 안 가 노동하는 사람이라면 거의 모두에게 적용되는 제도로 수정되었다. 미국 사회보장제도가 보이는 몇 가지 특징은 1930년대 미국인이 개인책임과 단체보험을 비교하며 보였던 특이한 태도에서 기인한다. 연금제도를 만드는 과정에서 루스벨트와 롱이 격돌하며 튀긴 불꽃은 미국 특유의 결과를 낳았다.

미국 사회보장제도는 35년간 소득 중 가장 높은 평균액을 기초로 노동하지 않은 해는 빼고 계산한 금액을 은퇴할 때부터 사망할 때까지 지급한다. 수령액은 물가 변동에 따라 계속 조정되며, 의무가입이다. 노동자는 임금 중 일부를 사회보장제도에 납부해야 하므로 사회보장제도는 사실상 소득세로 재원을 마련하는 셈이다. 사회보장제도처럼 인플레이션 방어 효과가 있고 세계 최강국이 보장하며 납세자가 뒷받침하는 종신연금이란 민간시장에서 구입하고 싶어도 그럴 수 없거나 매우 비싼 가격을 지불해야 할 상품이다. 미국 사회보장제도는 엄청난 혜택이다.

사회보장제도의 형태는 금융 자기결정권을 중시한 1920년대 기풍과 큰 관련이 있다. 사회보장제도가 제공하는 안전망은 미국인의 개인주의 정신과 충돌한다. 하지만 저축제도라는 성격은 미국인이 지닌 개인투자 개념과 잘 맞았다. 사회보장제도는 이러한 양면적 성격 덕분에 가진 자와 아닌 자 모두의 입맛에 맞았다. 1930년대까지 서유럽 국가는 대부분 사회안전망 제도를 도입했다. 하지만 미국에서는 금융이 사회에서 차지하는 역할을 보는 시각이 달랐기 때문에 여기에 부응하려면 다른 접근법을 써야 했다.

그때나 지금이나 문제는 비용 조달방식이다. 원래는 노동소득 기여분으로 기금을 만든 후 여기에서 미래 인출분을 받는 식으로 구상했다. 하지만 당시에는 터무니없어 보이는 계획이었다. 노동소득자에게 받는 수억, 수십억 달러를 어디에 투자할 것인가? 주식에 투자한다고? 종목은 누가 선정하나? 이렇게 엄청난 돈을 누가 통제할 것인가? 《포춘》지는 당시 다양하게 쏟아져 나온 사회보장제도 제안을 분석한 후, 1940년이 되면 기금 규모가 750억 달러에 이를 것인데, 이만한 재산을 한데 모으는 것은 "금융에서 저지를 수 있는 어리석음 중에서도 최상급이다. (중략) 이 정도 금액을 투자하기는 사실상 불가능할 것이다"라고 썼다.[2] 물론 휴이 롱이라면 그냥 이 돈을 미국의 백만장자들이 소유한 투자자산에서 몰수해 왔을 것이다.

장단점을 두고 얼마간 논쟁이 벌어진 끝에 기금을 통하기보다는 기여분과 수령분을 연방정부의 수입과 지출의무로 생각하는 편으로 결론이 났다. 사회보장제도는 원천징수 방식에 따라 운영되었다. 투자자 기여분은 재무부 금고로 들어가고, 퇴직연금은 매월 금고에서 나온다. 하지만 사회보장제도 기여분은 은행에 머물러 있지만은 않고 미국 국채를 사는 데 쓰인다. 다시 말해 정부가 소득세를 받아 정부 자신이 발행한 증권을 사는 것이다. 국채는 정부의 장기 보증을 대체하는 회계적 술수이다. 엄밀히 투자기금은 아니지만, 정부가 국채를 팔고 다른 자산

그림 28.1 미국 사회보장제도를 설계한 경제학자 프랜시스 퍼킨스. 뉴욕주 이타카시에 있는 코넬 노사관계대학원에서 강의하는 모습이다.

을 사기로 결정한다면 투자기금처럼 볼 여지도 있다.

사회보장제도를 둘러싼 논쟁의 초점은 처음부터 파산 가능성에 있었다. 법안을 밀어붙인 사람은 뉴딜 정책을 설계한 선동가이자 노동부 장관 프랜시스 퍼킨스Frances Perkins였다. 그는 경제학자로 구성된 위원회에 법안 시행을 맡겼다. 위원장은 위스콘신 대학교 경제학 교수 에드윈 위트Edwin Witte였다. 그 외에 동료 교수 존 커먼스John Commons, 캘리포니아 대학교 교수 바버라 암스트롱Barbara Armstrong, 프린스턴 대학교 교수 더글러스 브라운J. Douglas Brown 등이 위원으로 참여했다.[3] 고문단은 계획의 기본 구조를 짜고, 장·단기 재정적 생존능력을 계산했다. 물론 숫자는 잘 들어맞지 않았다.

《포춘》지 1935년 3월호는 위원회가 직면한 근본적 재정문제를 강조했다. 미래 지출액을 뒷받침할 자산을 갖추지 않았으므로 어떻게 봐도 보험제도라고 볼 수는 없다는 것이다. 《포춘》지 기사는 부양률(노동자 대 은퇴자 비율) 상승, 출산율 감소, 기대수명 상승 같은 요인을 고려하면 계획이 시작한 지 45년 후인 1980년에는 재정 고갈 문제가 닥칠 수밖에 없다고 인용했다.

> 계획 전체를 요약하면 이렇다. (중략) 최후에 기댈 곳은 정부가 지닌 과
> 세 권한이다. 이 법이 선언하는 내용을 한마디로 줄이면, 열거된 조건
> 을 충족한 사람은 누구든 '정부에게 돈을 청구할 권리'를 가진다는 것
> 이다.[4]

설계자들은 결국 미래 납세자가 제도 때문에 곤란한 입장에 처하리라는 사실을 온전히 알면서도 계획에 착수했다.

관련 주제를 연구한 사학자 실베스터 샤이버Sylvester Scheiber의 주장에 따르면 루스벨트가 처음에 의도한 것은 원천징수방식 제도가 아니었지만, 정치 절차를 거치다 보니 어쩔 수 없이 일단 문제를 뒤로 미루는 방식을 채택할 수밖에 없었다. 또한 샤이버는 설계자도 20세기 후반이 되면 사회보장제도가 연방예산에서 엄청난 금액을 가져와 지급하리라는 사실을 잘 알았지만, 그런 문제는 뉴딜 정책이 당면한 과제보다 우선순위가 밀렸을 뿐이라고 지적한다.

후손에게 엄청난 빚을 물려주는 것이 옳으냐는 논쟁은 오늘날에도 계속된다. 반면 할아버지 세대가 현대 인구 추세를 무시한 결과를 뻔히 내다보면서도 그런 행동을 했다고 비난하는 사람은 없다. 사회보장제도의 결손금을 떠넘긴 사람들은 할아버지 세대이다. 하지만 나이가 들어가는 부모와 친척이 최소한도로나마 부양받을 거라고 생각하면 위안이 되기도 한다.

사회보장제도는 보기 드문 금융혁신이다. 그리고 정부가 약속한 배분액보다 부채가 커질 미래가 되면 정부세입을 사용해야 파산을 막을 수 있게 설계되었기 때문에, 미래 입법자에게는 구조를 수정하여 계속 유지할 책임이 있다. 1935년에 설립된 사회보장제도를 살펴보면 금융사의 교훈이 절묘하게 부각된다. 가격을 잘못 산정한 채 종신연금을 발행하여 재정을 충당했던 18세기 유럽 각국 정부를 떠올려 보자. 보험통계는 앞으로 등장할 민족국가의 존속에 그토록 중요한데도 어떻게 철저히 무시당했을까? 20세기 미국 사회보장제도의 설계과정을 살펴보면, 그때나 지금이나 가격책정 오류가 일어난 것은 장기비용을 무시해서가 아니라 정치구조 때문에 단기 분쟁해결에 가중치를 두었던 때문이라고 할 만하다.

🪙 금융 사회공학

미국 노동자 모두에게 정부가 보증하는 퇴직 종신연금을 준다는 중요한 혁신은 분명히 사람들의 행동에 엄청난 영향을 끼쳤을 것이다. 저축률, 위험 감수 성향, 개인계획, 가족구조, 채용 판단 등 장기 경제계획에 밀접한 관계가 있는 여러 요소는 어떤 영향을 받았을까? 답하기 힘든 문제이다. 내가 받는 급여에서 공제된 세금이 인플레이션에 연동되는 종신연금을 구입하는 데 사용된다면, 자발적으로 인플레이션에 연동된 채권을 살 가능성은 낮아진다. 65세가 되면 사회보장제도 덕분에 돈이 들어온다는 사실을 알기 때문에 저축을 덜 할지도 모른다. 근무연수와 급여에 따라 수령액을 산정한다면 근로 의욕도 높아지고 더 많은 급여를 받으려는 노력도 더할 것이다. 하지만 사회보장제도는 최소 근로연수만 채우면 일정액 이상을 지급하기 때문에 몇 년만 일한 후 평생 게으름을 부릴 사람도 생길지 모른다. 단순히 퇴직 이후를 보장한다면 퇴직을 장려하는 효과도 있다. 퇴직연금을 받지 못하는 사람은 가능한 한 오래 직장에 다닐 것이다. 사회보장제도는 새로운, 그래서 더욱 효율적일 가능성이 큰 노동자에게 일자리를 주는 방법으로 비쳤다. 개인에게 안전망을 제공하면 노년에 가족에게 부양받을 필요가 없어진다. 사회보장제도가 도입되면 대가족이 줄어들 것이라고 예측한 사람도 있다. 자식이 아니라 정부가 주요한 사회보험 수단이 되면 출산이 줄어들 것이라는 예측도 있었다.

살아 있는 사람들이 금융구조가 그려 낸 빈칸을 채워 나간다. 사회보장제도 설계자들이 만든 규칙이 경제행동뿐 아니라 일상생활과 가족 구성 방식도 바꾸었다는 말이다. 물론 비교할 가상의 세상을 살아 보지 못했으니 사회보장제도가 끼친 영향을 검증하기는 힘들다. 그렇다고 경제학으로 예측할 수조차 없다는 말은 아니다. 연구자 중에는 사회보장제도가 행동에 어떤 영향을 끼쳤고, 저축 형태의 변화가 어떤 잠재적 효과를 냈는지 알아보고 있는 사람도 있다.

데버라 루카스Deborah Lucas는 동세대에서 손꼽히는 금융경제학자이며, 공무에도 깊이 헌신하고 있다. 매사추세츠 공대 교수인 그는 미국 관리예산처에서 금융공학 지식을 활용하여, 정부가 제공한 다양한 보증으로 인해 납세자가 실제로 부담하는 금액을 추정하는 업무도 한다. 한번은 사회보장제도가 사람들과 금융시장에 끼치는 영향을 연구했다. 루카스는 시카고 대학교 존 히튼John Heaton과 컬럼비아 대학교 스티븐 젤더스Stephen Zeldes와 함께 이론모형을 사용하여 저축률, 주식 대 채권 투자 성향, 주식가격이 어떤 영향을 받는지 살펴보았다. 이론이란 머리를 동그라미로, 몸과 팔다리는 선으로 그린 사람과 같다. 이론으로 현실을 간략하게 표현하여 핵심을 포착할 수 있는 상황이 있는가 하면, 세부사항이 중요하기 때문에 이론이 현실을 합당하게 반영하는지 알기 힘들 때도 있다.

그런 위험을 감안하고 세 사람의 이론을 살펴보면, 정부로부터 종신 연금을 받는 투자자는 사회보장보험 납입금 이외의 저축을 줄인다(감소폭은 사람에 따라 다르다). 시장은 저축자가 원할 경우 사회보장보험에서 '해방시켜 준다.' 또한 루카스와 공동연구자들은 사회보장보험 납입금을 투자하기란 불가능하다던 《포춘》지의 우려는 아마 지나친 것이었다는 재미있는 사실도 밝혀냈다. 주식과 채권을 정부가 소유하든 개인이 소유하든 자산가격에는 차이가 없다. 하지만 정부가 소유한 회사가 더 효율적인가 하는 한층 더 심오한 문제는 또 다른 얘기다.

🪙 신탁의 신뢰 회복

뉴딜 계획에 따라 미래의 엄청난 불확실성을 해결하기 위한 정부 연금제도가 탄생한 한편, 민간 저축부문도 강화되었다. 현대 뮤추얼펀드 회사는 뉴딜이 남긴 커다란 유산 중 하나이다. 에드거 로런스 스미스는 1925년에 인베스트먼트 트러스트를 설립할 때 누가 투자를 관리하고, 관리자와 고객 간의 이해상충을 어떻게 최소화하며, 투자자가 매수·매도하는 방법 등 실질적 쟁점에 관한 구조를 사실상 백지에서부터 전부 짜야 했다. 투자신탁이 유행하자 월스트리트는 기본 구조를 온갖 형태로 영리하게 변형시켰으며, 때로는 좋은 발상을 위험할 정도로 극단까지 몰고 가기도 했다.

가장 악명 높은 회사는 1928년 설립된 골드만삭스 트레이딩 코퍼레이션Goldman Sachs Trading Corporation이다. 골드만삭스는 이 회사를 통해 피라미드 형태로 여러 회사를 소유하는 등 복잡한 금융공학을 실행하여, 차입비율을 극단적으로 높인 투자기구를 장악하고 1929년 초반에 포트폴리오에 포함된 자산의 시장가치를 훨씬 뛰어넘는 가격에 주식을 팔았다. 이는 시장붕괴 이후 열린 상원 청문회에서 좋은 먹잇감이 되었다.

쿠전스(James J. Couzens) 상원의원: 골드만삭스 앤드 컴퍼니는 골드만삭스 트레이딩 코퍼레이션을 설립했습니까?

삭스: 그렇습니다, 의원님.

쿠전스: 그리고 주식을 공개매각했지요?

삭스: 전부는 아닙니다. 회사는 최초 발행액 중 10퍼센트에 해당하는

1,000만 달러를 투자했습니다.

쿠전스: 그리고 나머지 90퍼센트를 공개매각했지요?

삭스: 그렇습니다, 의원님.

쿠전스: 얼마에 매각했습니까?

삭스: 104달러입니다.

쿠전스: 그러면 지금 주가는 얼마입니까?

삭스: 대략 1.75달러입니다.5

골드만삭스 트레이딩 코퍼레이션을 다룬 존 케네스 갤브레이스의 매우 흥미로운 책 《대폭락 1929*The Great Stock Market Crash of 1929*》는 비슷한 맥락에서 쓰인 《어리석음을 비추는 위대한 거울》과 이상적인 짝을 이룬다.

갤브레이스에 따르면 골드만삭스가 소유한 펀드는 1929년에 시장이 붕괴할 때 주당 104달러에서 1.75달러로 곤두박질쳤다. 다음 해 말에 골드만삭스 최고경영자가 받은 성과급은 대체 어디서 나왔는지 의문이 든다. 갤브레이스는 골드만삭스 트레이딩 코퍼레이션을 부각하여 투자신탁 출현이 주식시장 거품에 어느 정도 책임이 있다고 암시한다. 한편 갤브레이스는 1928년에 있던 근본 문제가 2008년에도 여전히 존재했다고 강조했다. 금융혁신은 경계를 시험하기 마련이고, 때로는 그 와중에 소비자·고객·투자자가 희생된다. 금융이 빠르게 혁신하는 시기에는 위험을 평가하기 힘들기도 하고, 심지어 위험을 이해하는 사람이 투자자에게 숨기기 쉬울 때도 있다. 고위 임원이 상원 청문회에서 증언하거나 월스트리트의 선정적인 이야기가 퍼지면서 1920년대에 지나치게 차입에 의존하여 거래했던 투자신탁들이 부각되자 그 외 모든 펀드도 곱지 않은 시선을 받았다.

'신탁의 신뢰'라는 문제를 해결할 책임을 진 SEC(미국 증권거래위원회)는 우선 구조와 지배 형태를 표준화하는 데 착수했다. 1932년 열린 상원위원회는 주식을 발행한 회사가 이 주식을 소유한 펀드를 팔기도 한다는 문제를 확인했다. 예를 들어 은행이 신주를 대중에게 팔기 어려워지면 자사가 소유한 펀드에 몰아넣는 것이다. SEC는 주식발행회사와 투자신탁회사를 분리하는 조치를 취했다. 골드만삭스식 피라미드 지배 문제를 해결하기 위하여 펀드는 다른 펀드의 지분을 소유하지 못하게 금지했다. 한편 1940년에 투자회사법Investment Company Act과 투자자문법Investment Advisers Act이 통과되면서 차입인수, 임직원 보상, 내부통제뿐 아니라 투자펀드가 일반인에게 판매 가능한 주식 종류도 규제를 받았다. 골드만삭스 사건이 재현되지 않도록 차입인수와 경영권 쟁점에 규제가 심해졌다.

펀드는 주식과 채권에 분산투자하는 회사로서 설립되었으며, 투자자는 이 투자 포트폴리오의 지분을 사고팔 수 있었다. 펀드는 실제로 돈을 관리하는 회사와 독립된 지배구조를 갖추었다. 서비스를 제공하고 받는 수수료는 처음에는 정액으로만 청구할 수 있었다. 이러한 기본 투자상품은 호황기의 절정이자 새로 설립되는 주식회사보다 신탁이 더 많던 1928년과 1929년에 팔리던 다양한 상품 중 기본적인 것만 남겨 단순화한 것이다.

미국 뮤추얼펀드가 남긴 유산이 얼마나 성공을 거두었는지는 장기에 걸쳐 실제로 고객으로부터 낸 성과로 추정할 수 있다. 예를 들어 에드거 로런스 스미스의 인베스터스 매니지먼트 컴퍼니에는 무슨 일이 일어났을까? 이 펀드는 지금까지도 남아 있기 때문에 1932년부터 현재까지 일별 가격등락을 추적해 볼 수 있다. 운용사인 아메리칸 펀드 American Funds는 지금까지도 이 펀드의 일별 가격과 배당기록을 유지한다. 1932년에 1달러를 펀드에 넣은 후 배당을 모두 재투자했다면(그러면 세금도 낼 필요 없다) 2010년에는 2,747달러가 되는데, 연간 수익률이 복리로 10.7퍼센트 정도 되는 셈이다. 이는 미국 대형주 지수에 투자했을 때 얻었을 수익률 10.9퍼센트와 비슷하다. 시장을 이기지는 못했겠지만 에드거 로런스 스미스가 예측했던 대로 거의 80년 동안 엄청난 수익을 올렸을 것이다. 이 80년이라는 기간 중에는 미국이 참전한 주요 전쟁 네 번(제2차 세계대전, 한국전쟁, 베트남전쟁, 걸프전쟁)과 1930년대 대공황 및 2009년 시작한 대침체great recession 기간 중 대부분이 포함된다. 경제정책이 완화되었다가 긴축된 시기, 공화당 행정부와 민주당 행정부가 교체된 시기, 두 자릿수 인플레이션 시기, 거품이 일었다 붕괴한 시기도 여러 번씩 포함되는 데도 그렇다.

1920년대에 출범하고 1930년대에 규제에 따라 뮤추얼펀드로 재편된 미국 주식신탁은 건전한 장기투자자산이 되겠다는 약속을 여러 세대에 걸쳐 지켜 왔다. 인베스터스 매니지먼트 컴퍼니 펀드는 에드거 로런스 스미스가 남긴 유산이자 오래전 금융역사까지 계보가 거슬러 올라가는 '살아 있는 화석'인 한편, 훌륭한 실적을 통해 다윈의 적자생존설을 뒷받침하는 증거이기도 하다. 오늘날 뮤추얼펀드 구조는 1940년 투자회사법에 따라 SEC로부터 감독받던 펀드보다 조금 더 장식을 덧붙인 정도에 불과하지만, 그 덕분에 사람들은 시간의 검증을 존경스러울 만큼 잘 버텨 낸 금융도구를 이용할 기회를 얻었다. 사람들은 언제나 펀드회사가 같은 물건을 조금 더 싸게 팔기를 원하기는 하지만, 어쨌거나 이 투자구조는 투명성과 단순함을 갖추면서 전 세계에 모범이 되었다.

그런데 1940년에 투자회사법이 통과되었다고 해서 다른 투자상품이 불법화되지는 않았다. 그저 소매투자자에게 팔기 힘들어졌을 뿐이다. 1940년부터 법적 규제 때문에 타격을 입은 투자관리자도 비소매자금은 자유롭게 관리할 수 있었다. 즉, 투자자를 일정 수 이상 모집하지 않는 한은 원하는 대로 행동할 수 있었다. 이 법은 흥미롭게도 특정 투자집단을 소매시장에서 분리하여 현대 헤지펀드 산업을 만들어 내기도 했다. SEC는 소매투자업을 따로 구분하여 규제하고 깨끗하게 다듬고 표준화했다. 이러한 산업 건전화 때문에 훌륭한 발상이나 관리자가 밀려났다고 주장할 사람도 있겠지만, 전반적으로는 바라던 효과가 발휘되면서 미국인을 금융시장으로 되돌린 것도 사실이다.

그리하여 미국 금융체제는 1940년까지 상당히 재건되었다. 저축은 대체로 긍정적 영향을 받았다. 정부의 안전망과 정부가 보증하는 종신연금은 노동자 중 대부분에게 적용되었다. 이는 개인투자 대안 중 경계선에 서 있던 일부를 밀어냈지만 전부를 대체하지는 않았다. 규제 담당자는 1929년 시장붕괴 위기를 이용하여 분산투자기구를 정리하여 표준화했고, 개인의 이익에 해를 끼친다고 생각되던 금융기관 간 밀월관계를 깨뜨렸다. 비록 금융시장이 불확실한 미래를 대비하는 보험 기제로서 신뢰받는다는 기본 전제는 1930년대에 흔들렸지만, 위기 이후 새로 금융계가 등장할 기반은 마련된 셈이다.

29장

전후 이론

해리 마코위츠Harry Markowitz는 1952년에 당시 시카고 대학교에 있던 콜스 재단의 연구원으로 초청받았다. 학생이었던 마코위츠가 관심을 두던 분야는 경제학과 '운영연구operation research'(동일한 용어를 군사학에서는 '작전연구'라고 번역하기도 한다. - 옮긴이)였는데, 운영연구란 전시에 수학을 이용해 전략적 포격이나 해상수송 같은 작전문제를 풀려는 선구적 활동에서 파생된 응용수학 분야이다. 이후 운영연구 연구자들은 이러한 기법을 적용할 만한 분야가 매우 다양하다는 사실을 깨달았다. 즉, 제조업, 수송, 심지어 사회 및 전략적 관계 역시 수학기법으로 분석 가능하다.

마코위츠는 금융에서 가장 중요한 문제인 최적투자 포트폴리오 선정에 수학을 이용해 보자는 발상을 떠올렸다. 그는 이렇게 말했다.

제가 논문 주제를 고르고 있을 무렵 우연히 대화를 나누다가 수학 기법을 주식시장에 적용할 수 있겠다는 생각이 떠올랐습니다. 어떻게 생각하시냐고 마샥Marschak 교수에게 여쭤보니 그럴듯하다고 하면서, 앨프리드 콜스도 그렇게 적용하는 데 관심이 있었다고 설명해 주시더군요. 마샥 교수가 소개해 준 마셜 케첨Marshall Ketchum 교수는 당시 금융 이론과 실무를 파악하는 데 도움이 될 참고문헌 목록을 주셨습니다.[1]

마코위츠는 이 생각을 발전시켜 20세기 투자계를 바꿀 특별한 모형을 만들어 냈다. 월스트리트의 주류가 단순 분산투자 포트폴리오에서 벗어나 다양한 추정기법과 주식 기본분석으로 옮겨 가던 20세기 중반에 콜스와 피셔가 미국 금융에 뿌린 수학과 통계라는 씨앗이 움트며 새로운 금융혁명으로 이어지고 있었다. 이 장에서는 마코위츠 모형과 바로 뒤이어 나타난 자본자산가격결정모형Capital Asset Pricing Model (CAPM)이 국제투자의 틀을 되살리는 한편, 금융과 민족국가 사이에 예기치 못한 갈등을 새로 불러온 과정을 살펴본다.

투자와 엄밀한 과학

해리 마코위츠가 남긴 업적의 본질은 앞서 헨리 로웬펠드와 어빙 피셔가 보여 준 통찰에 통계기법을 적용한 데 있다. 그가 만든 것은 엄밀한 최적의 주식 분산투자공식이다. 로웬펠드가 여러 나라의 자산에 균형을 맞춰 투자하는 포트폴리오를 제시했고 피셔가 잘 분산된 투자신탁을 추천했다면, 마코위츠는 가장 잘 분산된 최선의 해답을 찾는 방법은 무엇인가라는 질문을 던졌다.

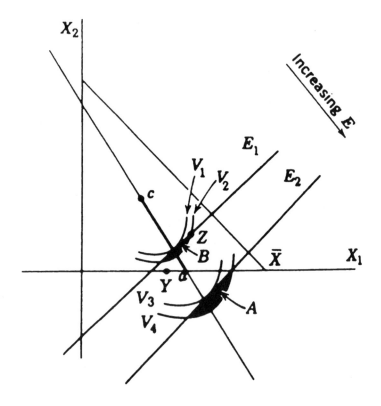

그림 29.1 해리 마코위츠는 최적투자 포트폴리오를 선택하는 수학적 방법을 개발했다. 이 그림은 마코위츠가 말한 '최적'을 실제로 찾는 장면이다. 곡선은 주식과 채권으로 구성된 여러 가지 포트폴리오를 나타낸다. 포트폴리오의 기대수익률은 각각 다르다.

해답은 주가 움직임이 서로 어떻게 관계되느냐에 달려 있다. 상관관계가 낮은 주식들을 택하면 포트폴리오의 분산투자 효과가 커져 위험이 낮아진다. 마코위츠는 자산의 위험과 수익, 그리고 자산끼리 동조하는 경향을 측정하면 선택 가능한 조합 중 가장 위험이 낮은 포트폴리오를 도출할 수 있음을 보여 주었다.

시장이 붕괴하여 주가가 떨어질 때 채권가격이 오르기도 한다. 이처럼 두 자산이 반대 방향으로 움직인다면 한 자산의 위험을 다른 자산이 '보호'하는 역할을 한다. 마코위츠 모형은 모든 달걀을 한 바구니에 담지 말라는 기본적 직관을 전제로, 바구니 각각에 위험을 나누는 가장 좋은 방법이 무엇인지 알려 준다. 예를 들어 채권과 주식을 50:50으로 섞기보다는 60:40으로 섞는 편이 낫다는 식이다. 마코위츠는 포트폴리오 구성비율 산정과정에서 어림짐작을 들어내고 확실한 답을 제시했다.

마코위츠 방식에서는 기본분석투자와 심도 깊은 연구라는 교리를 완전히 무시했다는 점이 주목할 만하다. 이러한 정보는 주식의 가격과 기대수익률에 이미 포함되어 있다고 가정했다. 마코위츠 같은 투자자에게 필요한 정보는 주식의 기대수익률, 변동성(르뇨가 말한 '진동'), 주식 간의 상관관계 또는 동조 경향 같은 통계정보뿐이다. 그는 투자관리를 회사를 깊이 연구하는 전문 업무에서 수학 문제풀이로 바꾸어 놓았다.

콜스 연구소는 1950년대에 예일 대학교로 이전했다. 마코위츠는 1958년과 1959년에 걸쳐 쓴 투자론 논문을 다듬어 만든 저서 《포트폴리오 선택Portfolio Selection》을 1959년에 콜스 재단 논문집 제16호로 출간했다. 이 책의 형식은 1930년대 일어난 금융도구의 근본적 변화를 반영했기 때문에 기본적 투자를 다룬 그레이엄과 도드의 영향력 있는 책과는 매우 달랐다.

컴퓨터 프로그램과 선형대수학으로 무장한 순수과학자가 등장하자 고독한 영웅인 기본적 분석가는 빛을 잃었다. 원자력 시대에 새로 등장한 금융 영웅은 최적화를 달성하는 길을 제시했다. 이 책이 발간된 후 수십 년 동안 컴퓨터 성능이 점점 향상되면서 연기금이나 대학기금 등 대규모 자산을 관리하는 담당자들이 마코위츠 모형을 사용할 수 있게 되었다. 물론 수학모형이 다 그런 것처럼 적용 가능성은 투입되는 자료의 질과 가정의 신뢰성에 따라 결정되었다. 비록 그러한 위험이 있었지만(나중에는 이러한 위험을 다룰 기법도 개발된다) 마코위츠 모형은 사실상 모든 기관의 포트폴리오 관리자가 사용하는 기본 도구가 되었다. 놀랍게도 해리 마코위츠는 자신이 만든 최적투자공식 도출방법을 특허 내거나 저작권을 주장하지 않고, 자기가 쓴 책의 부록에 실어 전 세계에 선물했다.

🪙 완벽한 포트폴리오

빌 샤프Bill Sharpe가 경제전문가 집단에 합류한 시기는 마코위츠의 포트폴리오 최적화 모형이 올린 놀라운 성과가 막 소개될 무렵이었다. 그는 제2차 세계대전 종전 후 몇 년 만에 운영연구의 중심지가 된 샌타모니카의 랜드 연구소Rand Institute에서 일할 당시 마코위츠와 긴밀히 협조하며 논문을 썼다. 샤프는 모든 투자자가 각자의 투자 포트폴리오를 최적화하면 일어날 일을 논문을 통해 추론했다. 마코위츠 모형이 모든 곳에서 쓰인다면 주가는 어떻게 될까? 사람들은 무엇보다도 자산의 동조 성향이 어떻게 될지 신경 쓸 것이다. 주식 간 동조가 약할수록 위험도 낮아진다. 사람들이 완전히 분산된 포트폴리오를 만들 때 근거로 삼는 것은 주식이 내포한 동조 성향이다.

이 동조 지표를 '베타beta'라고 부른다. 오늘날 투자업계에서 한 주식이 포트폴리오에 위험을 더할지 확인한다는 말은 베타를 살펴본다는 말과 같다. 베타가 높은 주식은 베타가 낮은 주식보다 위험성이 높다.

샤프는 베타 척도보다 더 재미있는 것도 발견해 냈다. 모든 투자자는 결국 위험자산으로 구성된 단 하나의 포트폴리오로 모인다는 사실이다. 그의 이론은 만능 포트폴리오를 예측했다. 샤프의 이론에 따른 세계에서는 전 세계 모든 사람이 돈이 많든 적든 단 하나의 투자신탁의 주식을 보유하게 되는데, 이 투자신탁은 전 세계 모든 회사의 주식을 보유한다. 사람들은 모든 자산을 보유한 초대형 뮤추얼펀드 관리자에게 투자결정을 모두 위임한다. 하지만 이 재산을 동등하게 공유하는 것은 아니다. 내가 가진 이 회사 지분은 예컨대 워런 버핏이 가진 지분보다 훨씬 적다. 모두 같은 파이를 먹지만 버핏 몫이 더 클 뿐이다.

물론 CAPM(자본자산가격결정모형)은 이상화한 모형이므로 실제로 존재하지 않는 세계만 예측한다. 그렇지만 조건이 CAPM의 가정에 근접하면 사람들은 더욱 폭넓게 분산된 포트폴리오에 가까운 선택을 할 것이라는 말이다. 전 세계 자산에 접근하게 된 19세기 후반 런던 시장에서도 같은 일이 일어났다. 국제화의 황금기에 런던 투자자들은 전 세계에 분산투자하라는 로웬펠드의 격언에 따라 집단 전체로 보면 마코위츠 모형에서 제시된 최적점에 가까운 비율로 분산투자했다.[2]

CAPM은 추상적이기는 해도 명쾌한 이론일 뿐 아니라 실제 금융에서도 여러 가지에 폭넓게 적용된다. CAPM에 따라 고베타 주식과 저베타 주식을 섞어 얻을 기대수익 균형점 추정방식은 기업이 의사를 결정하고 위험을 분석하는 데 쓰인다. 한편 자본 가중치에 따라 여러 자산에 분산투자하는 포트폴리오를 모든 사람이 원하게 되리라고 예측되자 새로운 투자상품이 개발되었다. 바로 인덱스펀드index fund이다.

📂 인덱스화

수동적으로 지수를 추종하는 투자상품인 인덱스펀드는 1970년대의 두 가지 학문적 연구 흐름이 하나로 합쳐지며 발전했다. 첫째 흐름은 CAPM이 낸 시장 포트폴리오 결론이다. 샤프의 모형은 매우 단순한 상품이 출시되면 아주 폭넓게 수요자가 즉각 반응할 것이라 예측했기에 판매자에게는 꿈과 같았다. 둘째는 지분투자 재검토이다.

에드거 로런스 스미스가 거의 잊힌 1970년대에 로저 아이봇슨Roger Ibbotson과 렉스 싱크필드Rex Sinquefield라는 시카고 대학교 교수 두 명은 주식이 장기투자자산으로 적합하냐는 기본 문제를 다시 살펴보기로 결정했다. 이들은 시카고 증권가격연구소Chicago Center for Research in Security Prices(CRSP)의 데이터베이스를 이용하는 한편, 앞서 스미스 같은 분석가들이 사용하지 않은 1920년대와 1930년대 미국 국채가격을 수집하여 주식 수익률이 채권 수익률을 초과한 정도, 즉 주식 프리미엄을 계산했다. 어떤 결론이 났을까? 주식 수익률은 1926년에서 1976년까지 미국 단기국채 수익률을 연평균 6퍼센트 초과했다. 두 사람이 사용한 표본은 우연하게도 스미스가 연구한 자료와 완전히 독립되어 있었고, 대공황과 제2차 세계대전뿐 아니라 실질가치 기준으로 미국 주가가 50퍼센트까지 떨어졌던 1970년대 초반의 무시무시한 스태그플레이션까지도 추출기간에 포함되었다.

아이봇슨과 싱크필드는 주식의 장기수익률이 긍정적이라고 기록하는 데서 그치지 않고 대담한 예측까지 내놓았다. 과거 경험에 근거하여 앞으로 1976년에서 2000년에 이르는 25년 동안 주식·채권·국채 수익률과 인플레이션을 전망한 것이다. 두 사람의 의견은 1970년대 시장회의론자에게 역풍을 맞았지만 결과는 놀라우리만치 정확했다. 사실 주가는 2000년까지 아이봇슨과 싱크필드의 예측을 약간 상회하기까지 했다. 1976년에 예측한 내용은 주가가 안타까울 만큼 제자리걸음을 하며 10년이 흐른 오늘날까지도 제대로 맞아떨어진다. 역사는 장기 주식투자 수익률을 매우 잘 예측하는 근거임이 밝혀졌다.

흥미롭게도 1970년대에는 1920년대처럼 새로운 투자펀드가 탄생했다. 바로 스탠더드앤드푸어스 500Standard and Poor's 500(S&P 500) 지수에 연동한 뮤추얼펀드이다. 윌리엄 샤프는 샌프란시스코 은행인 웰스파고Wells Fargo와 함께 자신의 CAPM 시장 포트폴리오 이론이 반영된 저비용 인덱스펀드를 만들어 냈다. 미국 동부 해안에서는 1976년에 뱅가드Vanguard사가 운용수수료를 매우 낮게 책정하여 시장을 추종하는 마켓 인덱스 신탁Market Index Trust을 출시했다. 주식위험 프리미엄을 추구한다는 원칙에 따라 제작된 이 상품은 과거의 S&P 500 장기수익률을 실마리로 삼았다. 지수에 연동하면 아이봇슨과 싱크필드가 측정하고 예측한 장기수익률을 얻을 수 있다. 그 덕분에 장기 계획과 투자가 매우 쉬워졌다. '값싼 복제품을 사고, 형편없는 관리자를 고를 위험을 피하라'는 인덱스펀드는 효율적 시장이론과 CAPM에 근거하여 만든 단순하고 멋진 상품이었다.

그 후 35년 동안 뱅가드 마켓 인덱스 신탁은 더할 나위 없이 똑똑하고 노련하고 좋은 학교를 나와, 업계에 투신하여 성과에 따라 보수를 받는 사람들이 관리하는 주식 뮤추얼펀드 대부분을 매년 추월하며 투자관리업계에 공포를 불러왔다. 이제 운용사는 별로 중요해 보이지 않았다. 장기로 보면 투자자는 액티브펀드active fund(종목을 적극적으로 선정하여 시장을 뛰어넘는 수익률을 추구하는 펀드 – 옮긴이)보다 인덱스펀드에 투자하는 편이 나았다. 딥블루Deep Blue가 체스 챔피언 가리 카스파로프Gary Kasparov를 이겼듯 회사 규모에 따라 미국 주식을 기계적으로 보유하는 규칙은 결국 대부분의 운용사보다 좋은 성과를 올린다는 사실이 드러났다. 적극적 운용사가 장기적으로 시장을 뛰어넘을 가능성도 분명히 있지만, 좋은 결과를 낼 운용사를 미리 예상하기는 힘들다. 지수 추종 정책이 경쟁자를 압도한 이유는 무엇일까? 답은 간단하다. 수수료와 거래비용이 낮기 때문이다. 적극적 운용사는 비싸다. 이들은 연구를 많이 하고, 정보를 수집하고 소화한다. 다양한 시장 전망을 아우르려고 분석 담당자를 많이 확보한다. 보유 주식가치에 영향을 줄 경제 발전도 주시해야 한다.

반면 인덱스펀드는 그저 모든 주식을 보유한다. 폭넓게 분산투자하기 때문에, 포트폴리오에 좋지 않은 주식이 조금 있다 해도 비율로 보면 큰 영향을 끼치지 않는다. 규모에 따라 회사별 투자비율이 정해지므로 포트폴리오의 균형을 맞추려고 주식을 사고팔 필요도 없다. 개별 주식가격이 오르내리면 자동으로 균형이 맞는다. 그런데 왜 모든 사람이 지수를 추종하지는 않을까? 아마 더 잘할 수 있다는 근거 없는 희망(즉 인간 본성)을 억누를 수 없어서일 것이다.

하지만 지수 추종 전략에도 약점은 있다. 웰스 파고나 뱅가드 같은 투자회사가 지수 추종의 장점을 홍보하는 동안 S&P 500에 포함된 '벤치마크' 포트폴리오에 투자된 자금비율은 점점 올라갔다. 지수에 포함된 주식가치가 실제로 과대평가되는 역설이 일어난다. 누군가가 S&P 500 지수에 투자하면 그 가치는 올라가는데, 회사의 수익 전망이 호전되어서가 아니라 단지 모든 사람이 지수에 포함된 주식을 보유하고 싶어 하기 때문이다. 하지만 이 '지수효과index effect'는 사소한 문제이다. 긍정적 금융혁신이 일어날 때 보통 일어나는 의도치 않은 부작용이며, 피해는 그다지 크지 않다.

그리하여 미국은 1970년대 중반에 주식시장에 투자하는 장점과 함께 값싸고 잘 분산된 투자 포트폴리오의 매력을 다시 찾아냈다. 기본 투자 방식이 다시 유행을 타는 데 50년이 걸렸다는 사실은 의미심장하다. 시장붕괴에는 여론을 바꿀 만한 강력한 힘이 있다. 1720년 시장붕괴는 18세기 유럽의 자금조달 방식을 되돌렸다. 1929년 시장붕괴는 분산투자를 신봉하던 투자자를 뒤흔들었다. 기술을 다시 습득하거나 재건하는 데는 수십 년이 걸릴 수 있다. 그리고 잘 분산된 저비용 투자로 서서히 추세가 돌아오는 와중에도 시장을 뛰어넘겠다는 희망은 끝없이 출현하고 있다.

💰 세계 금융의 미래

금융이 미래를 개선할 것이라던 콩도르세 후작 등 예언가의 꿈은 21세기에 현실이 되어 가고 있다. 세계는 미래를 위하여 축적하는 구조를 만들어 가며 진보해 왔다. 세계은행에서 일하는 연구자들은 모든 나라에서 연금제도 수혜자가 늘어나고 있음을 확인했다. 콩도르세가 2012년 국제연금보급 보고서를 읽어 보았다면 전율했을 것이다. 정부가 만든 퇴직자 연금제도는 어떤 형태로든 사실상 모든 나라에 있다.

연금 중 대부분은 콩도르세가 내다본 대로 노동급여 기여분으로 자금을 충당한다. 물론 연구 결과를 보면 아직도 갈 길이 멀다. 고소득 국가에서는 노동력 대비 연금제도 수혜자 비율이 최고 85퍼센트에 이른다. 반면 사하라 이남 아프리카에서는 10퍼센트 언저리밖에 되지 않는다. 고소득 국가에서는 GDP 대비 연금지출이 약 7.5퍼센트이다. 부유한 나라에서는 은퇴자를 부양하는 데 엄청난 비용을 들인다.

금융의 미래에 관한 또 다른 꿈도 결실을 맺고 있다. 어빙 피셔는 소규모 투자자도 뮤추얼펀드를 보유하여 분산투자하는 세상을 꿈꾸었다. 세계은행은 다른 보고서를 통해 1990년대 후반에 뮤추얼펀드 산업의 발전상을 추적한 결과 엄청난 성장률을 확인했다. 특히 선진국에서 뮤추얼펀드의 자산규모는 GDP와 비교해도 상당하다.[3] 예컨대 1998년 총자산규모는 5조 5,000억 달러였다. 1929년 대재앙에서 잘 회복한 셈이다. CAPM도 현실에 가까워지고 있다. 웃팔 바타차리야Utpal Bhattacharya 교수와 닐 갤핀Neal Galpin 교수는 2011년에 전 세계에 가치가중value-weighted 투자 포트폴리오가 보급되는 추세를 연구했다. 그 결과 지난 30년 동안 특히 선진국에서는 이론적 이상에 접근하는 추세가 확인되었다.[4]

국영 투자펀드가 결국 개인투자자를 대체할 거라던 케인스의 예측을 기억하는가? 그의 예측이 국부펀드기구를 통해 현실화된 나라도 있다. 국부펀드는 정부가 석유 채굴로 수입을 얻는 자원 부국에서 나타났다. 쿠웨이트와 두바이 같은 페르시아만 국가는 석유가 고갈될 때를 대비해 석유를 금융자산으로 바꿀 수단이 필요했다. 국부펀드의 두 번째 물결은 중앙은행 준비금을 투자하여 이익을 얻으려는 나라에서 등장했다. 케인스는 옳았을까? 이것이 세계금융의 미래인가?

🪙 노르웨이

노르웨이 경제는 20세기 후반에 해변에서 유전을 발견하면서 완전히 바뀌었다. 석유, 그것도 아주 많은 석유는 중요한 요소가 되었다. 북해유전 발견은 뜻밖의 소득이었지만 한편으로는 노르웨이 사회에 문제를 던졌다. 수입이 홍수처럼 밀려 들어오는 상황에서 전통적 가치는 어떻게 보존할 것인가?

노르웨이 의회(스토르팅Storting이라고 한다)는 놀라운 결단을 내렸다. 노르웨이 미래세대에게 혜택을 주기 위한 노르웨이 정부연기금Norwegian Pension Fund Global을 만들어 낸 것이다. 해당 기금은 매년 자산 대비 일부분만 지출하고 나머지 대부분은 국제금융투자를 통하여 이자와 배당을 쌓는다. 이렇게 근검절약하는 방식은 케인스에게라면 거부당했겠지만 노르웨이의 전통적 가치에는 부합한다.

주식과 채권 포트폴리오에 투자하는 노르웨이 정책은 좋은 생각일까? 이는 정치경제의 근본 문제이다. 이상적인 국가라면 국제투자 포트폴리오를 보유해야 하는가? 존 로는 뭐라고 말했을까? 또 카를 마르크스는 뭐라고 했을까?

미국의 주식 숭배 성향은 21세기 들어 전 세계로 퍼져 나갔다. 주식투자는 개인의 포트폴리오 선택이 아니라 국가의 정치적 전략으로 탈바꿈했다. 노르웨이에 있어 정말 중요한 쟁점은 국제투자시장이 매우 효율적인지 여부가 아니라, 지질학적 자산을 금융자산으로 변모시키는 것이 합당한지 여부이다.

🪙 새로운 구조

국부펀드는 놀랍고 새로운 금융혁신으로서 세계 경제와 외교를 재편할 만하다. 다른 나라가 국부펀드 설립에 착수하는 이유도 같을 것이다. 추세를 이끈 것은 산유국이었지만 최근에는 그렇지 않은 나라도 국부펀드를 설립하기로 결정했다. 싱가포르·한국·중국·러시아에는 자산규모가 수십억 달러를 넘는 국부펀드가 있다. 펀드자산은 천연자원 판매와 세금으로도, 국제적 정산을 위한 미국 달러 보유고에서 충당하기도 한다. 한 가정이 당좌계좌에 돈을 어느 정도 두고 나머지를 투자하듯, 국부펀드를 보유한 국가는 유동성과 장기자산의 성장성 사이에서 균형을 잡는다. 이처럼 균형을 잡는 행위는 합리적이지만 그로 인해 새로 흥미로운 쟁점이 등장하기도 한다.

납세자에게 돈을 돌려주면 안 되는가? 노르웨이처럼 투명한 민주주의 사회에서는 정치 절차가 상당히 신뢰받는다. 그럼에도 대리인문제는 여전히 존재한다. 국부펀드가 있는 나라는 각각 매우 다양한 민주 절차와 정치 투명성을 보인다. 미국에서도 정치계가 대규모 국영연금을 둘러싸고 영향력을 발휘하여 이익을 편파적으로 주려는 경향이 만연해 있다. 정부가 펀드를 소유한다면, 펀드자산 관리자와 계약할 수밖에 없다. 미국 정부가 국부펀드를 만든다면 누구에게 관리해 달라고 요청해야 할까? 최고투자담당자 급여는 얼마나 주어야 할까?

그보다도 더 근본적인 쟁점은 정부와 가정의 책임감 양극화이다. 주식에 열광하는 미국인의 성향은 자급자족과 독립 심리에서 탄생했다. 1920년대에 주식과 펀드 투자가 일반인에게 확대되자 주식을 소유하여 퇴직 이후를 직접 책임지자는 생각이 퍼졌다. 미국인의 시각으로는 정부의 돈을 납세자에게 돌려주어 스스로 쓸 곳을 결정하라고 말하는 편이 자연스러울 것이다. 미국에서는 사회보장제도를 둘러싸고 주기적으로 논쟁이 벌어지며, 개인투자계좌 지지파와 정부펀드 지지파가 확연히 갈라져 있다. 개인계좌가 있다면 금융위험을 얼마나 감수할지, 자산을 지금 쓸 것인지 나중에 쓸 것인지 시민이 직접 결정할 수 있다. 정부 투자펀드가 있으면 사람들은 스스로 투자결정을 내릴 부담을 덜겠지만, 본질적으로 집안의 가장 역할을 국가에 맡기게 된다. 가부장주의 대 개인주의라는 주제는 금융역사를 관통한다. 봉급封給·연금·국채·주식·뮤추얼펀드·공개자본시장의 뿌리는 모두 개인 투자결정에 있다. 국가 소유 연기금과 국부펀드가 출현하며 시작된 저축의 제도화는 저축자와 금융시장 사이를 갈라놓고 있다.

🪙 결정 위임

투자 제도화에는 사람들을 그들 자신으로부터 보호한다는 장점이 있다. 투자자 대부분은 자기가 주식을 잘 선정한다고 생각하지만 사실은 그렇지 않다. 투자자 중 절대 다수는 지수를 추종하는 편이 현명하지만, 인간 본성은 합리적 선택을 가로막는다. 시카고 대학교 교수 리처드 탈러Richard H. Thaler는 행동금융학 분야의 선구자이다. 그는 캘리포니아 대학교 로스앤젤레스 캠퍼스 교수 슐로모 베나치Shlomo Benartzi와 함께 투자자가 연금펀드옵션을 어떻게 선택하는지 연구했다.[5] 결과는 실망스러웠다. 사람들은 주식과 채권의 차이도 몰랐다. 각 펀드에 주식비율이 높은지 채권비율이 높은지도 개의치 않고 퇴직연금사가 제시하는 선택지에 저축금을 동등하게 나누는 경향이 있었다. 이 연구처럼 투자자가 자산을 배분하는 기본 능력을 연구한 실험 결과에 따르면 사람들 대부분은 직접 투자를 관리할 능력이 없다. 누군가 대신 결정해 준다면 평균적인 사람의 미래는 나아질 것이다. 이러한 논리 경로를 따라가면 개인의 힘을 빼앗는 가부장적 국가가 등장한다. 이는 미국인의 가치나 주주민주주의라는 오랜 주제와 상반된다. 그렇다면 사람들에게서 결정권은 빼앗지 않은 채 옳은 선택을 할 수 있도록 약간만 '밀어주면' 어떨까? 탈러와 베나치는 평균적인 사람에게 적당한 기본 자산배분 비율 또는 납입률을 제공하는 프로그램을 만들자고 제안했다. 언제든 기본 설정을 바꿀 수 있지만, 따로 설정을 바꾸지 않아도 좋은 결과를 내도록 말이다. 리처드 탈러와 캐스 선스타인Cass Sunstein은 여기에 '넛지Nudge'라는 이름을 붙이고 같은 이름으로 책을 냈다.[6]

당신 같으면 정부가 당신을 위해 납입금 중 50퍼센트를 주식에 투자하라는 식으로 꼬드기고 '넛지'하기를 바라는가? 정부가 이미 사람들의 행복을 고려하여 온갖 규정과 기준을 만들어 놓았기 때문에 나라면 그래도 별로 상관없을 것 같다. 소득세 원천징수는 어떻게 생각하는가? 내야 할 세금을 매달 월급에서 떼어 한곳에 모아 두었다가 4월 15일(미국 소득세 신고기한 – 옮긴이)이 되면 한번에 내는 편을 좋아하는가? 앞으로 개인금융에서는 개인이 스스로 책임지고 자유롭게 투자하는 쪽과, 정부가 저축을 강제하거나 저축행동에 영향을 주는 쪽 사이에서 균형을 잡는 일이 중요해질 것이다. 아마 국부펀드가 개인저축을 대체할 것이고, 정부는 국부펀드를 이용하여 은퇴 후 소득을 댈 것이다. 미래에 미국 사회보장제도는 그렇게 될 것이다.

🪙 누가 회사를 소유할 것인가

한 가지 충격적인 사실을 말해 보자. 국부펀드는 성장해 나가면서 결국 전 세계에서 주식이 공개 거래되는 회사 모두의 대주주 역할을 맡게 될 것이다. 현재 규모로 보아도 노르웨이는 유럽 주식회사 전체 중 2퍼센트 정도를 소유하고 있다. 모든 상장회사의 이사회가 몇몇 국부펀드 관리자에게 우선 보고하는 날이 곧 올 것이다. 이처럼 소유권이 국부펀드 손에 집중되는 현상에는 장점도 단점도 있다. 소유가 집중되면 회사 경영자는 엄격히 통제를 받는다. 소수의 강력한 주주는 정직하지 못하거나 능력 없는 최고경영자를 쉽게 쫓아낼 수 있다. 소유권이 널리 분산되었다면 일어나기 힘든 일이다.

하지만 국익은 올바른 사업상 결정과 상충할 때도 있다. 예를 들어 미국 정부가 2008년 금융위기 동안 제너럴 모터스General Motors의 대주주가 되자 회사가 이익을 늘리기 위해 생산을 해외로 외주할 전망은 흐려졌다. 중국·한국·러시아의 국부펀드 대표들이 일본 혼다자동차 이사회에 출석해서 다음 번에 첨단 자동차공장을 어디에 지을지 논하는 광경을 상상해 보라! 아랍에미리트 국부펀드 투자자들이 BP(영국 석유회사. 옛 이름은 British Petroleum - 옮긴이) 이사회 회의장을 가득 채운 장면은 또 어떨까? 전 세계는 외국인이 국내 주식회사를 소유하고 경영하는 쟁점을 면밀히 조율해 왔다. 2007년에는 두바이가 미국 항구 여러 곳을 운영하는 회사를 사려는 놀라운 일이 벌어졌다. 영국인은 자기들이 가장 좋아하는 과자회사 캐드베리Cadbury의 소유권을 미국인이 가져갔다는 생각에 진저리쳤다(미국 크래프트푸드Kraft Foods가 2010년에 캐드베리를 인수했다. - 옮긴이). 프랑스인은 펩시가 자국의 요구르트회사

다논Danone에 관심을 보이자 반발했다.

무엇이 걱정일까? 외국인의 회사 소유권을 두고 지금 벌어지는 논쟁에서는 국부펀드가 다른 주주와 마찬가지로 이익 극대화에만 관심을 둔다는 주장과, 외국인이 소유 지분을 통해 자기 나라의 이익을 도모할 거라는 주장이 서로 대립해 왔다. 나는 국부펀드가 이사회에서 판단하는 기준은 대부분 이익 극대화일 것이지만, 또한 자국의 이익을 위해 권리를 행사할 가능성이 지금도 존재하고 앞으로 쟁점이 될 가능성도 있다고 생각한다. 근거는 지배구조에 있다. 국가가 신의성실의무를 지는 대상은 회사의 다른 주주가 아니라 자국 시민이다. 특정한 환경에서는 이익 극대화와 국익이 상충되는 상황에 직면할 것인데, 이때 올바른 행동은 자국 시민을 우선시하는 것뿐이다. 어떤 국가든 국부펀드가 미래에 외교를 위한 필수 수단이 될 것이냐는 문제를 두고 고심하고 있다. 미국이 국부펀드 없이 살아남을 수 있을까? 전 세계 기업에서 금융으로 중요한 지위를 차지하지 않는다면, 회사의 지구온난화 대처법과 같이 중요한 문제를 논할 때 미국이 회의장에 들어갈 수나 있을까?

그리하여 기업 지배구조는 매우 중요해진다. 주식회사는 투자자가 경영책임을 위임하는 쪽으로 발전했으므로, 앞으로도 경영위임이 더욱 일반화될 것이라고 기대할 수 있다. 하지만 특히 민주주의에서는 정치인이 선거운동을 하면서 유권자에게 유리한 쪽으로 회사정책에 영향을 주겠다고 약속할 가능성이 크다.

🪙 맬서스를 기억하라

연금 · 뮤추얼펀드 · 국부펀드가 성장하면서 콩도르세 후작이 도피하며 1794년에 서술한 희망과 꿈이 일부나마 이루어졌다. 반면 맬서스 신부가 부분적으로나마 옳았다는 징후도 많다. 전 세계에 연금제도가 확산하고 있다며 열렬히 찬사를 보낸 세계은행 보고서에는 한편 그 비용을 지불할 능력이 부족해진다는 경고도 들어 있다.

맬서스식 인구 경향은 20세기 들어 가용자원이 늘어남에도 불구하고 출산율이 저하하면서 약화했다. 18세기의 유명한 괴짜가 예상한 바와 달리 한 가정당 어린이 수는 국가정책(중국에서처럼) 때문이든 개인 선택(미국에서처럼)에 따라서든 줄어드는 추세이다. 그러나 오늘날 인구구조는 퇴직비용충당모형에 엄청난 충격을 준다. 미국 사회보장제도에 얽힌 이야기는 크게 변하지 않은 채 전 세계에서 반복된다. 기대수명이 늘어나고 출산율이 낮아지자 은퇴자 대 노동자 비율, 즉 부양률은 감내하기 힘든 수준에 접근하고 있다. 세계은행에 따르면 현재 부양률은 미국에서 20퍼센트 전후, 전 세계 기준으로는 12퍼센트이다. 2050년이 되면 선진국의 부양률은 33퍼센트 전후로 오를 것이다. 노동자 세 명당 은퇴자 한 명 꼴이다.

노동자와 은퇴자 비율이 변하면 모든 것이 영향을 받는다. 예를 들어 연금이 돈줄을 완전히 쥔 상황이라면, 점점 더 많은 세계의 자본은 노년층의 소유가 되어 노년층을 위해 투자되거나 또는 그렇게 약속될 것이다. 가진 자와 가지지 못한 자 사이에, 다시 말해 자본을 가진 노인과 자본을 가지지 못한 젊은이 사이에 분쟁이 벌어질 수도 있다. 하지만 그보다는 엄청난 연금 지급준비금을 뒷받침하는 자산이 그저 정부의 약속일 따름인 상황이 더 그럴듯하다. 앞에서 살펴본 대로 미국 사회보장제도는 원천징수방식을 기본으로 1930년대에 설립되었고, 1770년대 프랑스 종신연금제도는 지킬 수 없는 약속이었기에 파산했다. 역사는 미래를 거의 똑같이 찍어 내는 틀이다. 수학과 통계로 아무리 세세하게 예측한다 한들 제대로 된 연금저축과 사회보장제도를 만들어 낼 수 없다는 맬서스의 예언은 통렬할 정도로 옳았는지도 모르겠다. 결국은 금융이 소용없는 날이 올 수도 있다. 지금 돈을 받고 미래에 돈을 주겠다는, 금융에서 가장 기본이 되는 계약은 5,000년 전에 메소포타미아에서 발명된 이래 지금껏 쓰이고 있다. 하지만 퇴직 이후를 관리하는 방법을 전 세계 차원에서 만들기는 불가능할지도 모른다. 2008년 금융위기와 제도구조 재건에 지난 10년 동안 많은 관심이 쏟아졌지만, 세계가 직면한 도전 중 가장 근본에 있는 것은 저축에 관련한 금융 그리고 정치이다.

미국에서는 금융실패라는 미래가 이미 다가왔다. 디트로이트시가 파산하자 은퇴자와 노동자 사이의 대립이 극명하게 드러났다. 경찰·소방관·교사·미화원 등 퇴직한 시 공무원은 돈이 가장 필요할 때 디트로이트시가 약속을 파기할 가능성에 맞닥뜨렸다. 프랑스혁명을 기억하는 편이 현명하다. 가장 기본적인 저축기구를 둘러싸고 정부와 시민이 맺은 사회협약을 위반한다면, 정치제도 전체가 복구 불가능한 피해를 입을지도 모른다. 금융채무 재조정으로 비칠 행동이 벌어진다면 현재 수혜자인 은퇴자는, 그리고 정부와의 관계를 고민하는 젊은이는 깊이 영향을 받고, 다양한 감정을 드러낼 것이다.

결론

　이 책에서는 금융이라는 기술이 어떻게 발전해 왔고 왜 중요한지를 폭넓게 물었다. 금융기술이 오랜 옛날부터 다양한 곳에서 시작되었다는 사실은 초반부터 명백하게 드러난다. 금융은 한 문화권의 경제뿐 아니라 사회적·지적 구조에도 내재한다. 금융도구와 사회는 다양한 수준에서 서로 영향을 주고받으며 같이 발전했다. 문명은 다양한 금융해법을 발견하면서 문자·확률론·저축과 투자방법·국제관계 조화 등 가장 중요한 성취를 얻어 내기도 했다. 한편 금융기술은 심각한 문제를 일으키기도 했다. 채무의 발명은 노예제·전쟁배상금·제국주의·금융위기로 이어졌다. 금융의 본질은 이처럼 양면에서 장기적 역사 관점에 따라 달리 보아야 한다. 그리하면 최소한 미래의 금융제도를 설계하는 길잡이 역할을 해 줄 것이다.

　이 책에서는 금융 사고방식이 쉽지 않다고 주장하기도 했다. 오늘날 금융계에서 쓰이는 복잡한 기법은 대부분 1,000년도 전에 기원했지만 금융은 낯설거나 전통에 반하는 것으로 간주되어 왔다. 시장 붕괴와 거품은 언제든 사람들을 기습한다. 사람들 대부분이 보기에 옵션·선물·채권·뮤추얼펀드 같은 도구나 금융시장·주식회사·은행 같은 기관은 도저히 이해할 수 없을 만큼 복잡하다. 이는 금융적 사고가 비교적 최근에 발전해 왔고, 데모스테네스 시절 벌어지던 복잡한 법적 주장에서 오늘날 포트폴리오 이론을 뒷받침하는 응용수학에 이르기까지 특수한 분석도구에 의지하기 때문이기도 하다.

기술이 모두 그렇듯 금융 역시 정교해질수록 이를 이해하고 적용하기 위하여 전문화되어 왔다. 반면 금융이 실패하여 발생한 경제적 영향은 금융계뿐 아니라 모두에게 미쳤다. 금융위기가 닥쳤을 때 사회는 금융이 없던 세상에 집단적 향수를 보이는 경향이 있었다. 하지만 이 책에서 든 여러 사례를 보면 문명은 시간을 뛰어넘어 가치를 대물림하고 수없이 많은 경제위험을 재구성할 때 언제나 금융도구에 의존했다. 때로는 카를 마르크스 같은 사상가가 돈이나 주식회사 같은 금융제도를 뿌리 뽑을 꿈을 꾸기도 했다. 그러한 주장은 강렬한 매력을 발산했지만, 금융도구 없는 세상으로 시계를 되돌리자는 말은 도시나 민족국가가 없던 시기의 생활방식으로 회귀하자는 말과 같다.

이 책에서는 금융문제를 해결하는 데 여러 가지 방법이 있다는 주장도 했다. 중국 금융사를 통하여 발전과정을 비교해 보면, 정치환경이 기술적 해법을 결정하기도 한다는 사실을 배울 수 있다. 예컨대 중국의 화폐와 관련 제도는 그리스나 로마 세계와 매우 다른 경로로 발전했다. 하지만 동양과 서양은 결국 한곳에 수렴하여 화폐를 국가의 핵심 도구로 삼게 된다.

서로 다른 문화를 비교해 보면, 현대 국제경제에서 가장 중요한 사업 단위라고 할 만한 주식회사가 얼마나 특이한 현상인지도 알 수 있다. 중국 문명은 주식회사라는 형태 없이도 수천 년 동안 번영했다. 하지만 중국은 19세기 후반에 이르러 주식회사 구조를 신속하게 도입하여 목적에 맞게 변형함으로써, '금융이란 중국의 문제를 해결하기 위해 배우고 변형할 수 있는 도구'라는 사실을 명확하게 이해한 토대 위에서 유연함과 독창성을 드러냈다. 주식회사의 역사가 길다는 사실은 주식회사가 매우 안정된 균형이며, 아주 다양한 사업체에 적용 가능하고 굉장히 폭넓은 주체가 참여할 수 있는 일종의 정교한 경제적 '게임'이라는 사실을 시사한다. 나는 국제금융체계의 중심이 국부펀드 같은 대규모 집단 투자자 쪽으로 움직인다 해도 계속 존재할 만큼 탄탄한 제도가 주식회사라고 생각한다.

국제금융 발전을 더 넓은 관점에서 살펴보면 특히 유럽이 자본시장에 깊이 의존했다는 사실이 드러난다. 이처럼 뚜렷하게 구분되는 전통의 기원을 중세 유럽이 허약한 소규모 국가로 파편화된 데 있다고 주장한다. 이 결론을 확대해 보면 국제금융시장 체계는 잘 조직된 관료제를 갖춘 강력한 중앙집권국가를 대체할 만하다. 오늘날 금융시장과 정부는 공존하고 서로를 보완하지만, 때로는 서로 충돌한다. 금융사는 이러한 역학을 이해하는 틀이 된다.

역사는 그 자체로 재미있지만, 또한 현재의 척도로서, 미래의 지침으로서도 중요하다. 세계가 하나의 집단적 세계문명을 향해 움직이고 점점 더 많은 인구가 복잡한 사회에 참여하게 된다면 금융도구도 추세를 따라잡아야 한다. 그리고 금융의 과거를 통째로 살펴보면 적절한 교훈이 드러난다. 역사에는 위험분담과 시점 간 가치이동을 다루는 금융방식이, 그리고 이러한 도구가 여러 가지로 변형되면서 다양한 사회에 채택되는 과정이 나온다. 과거에 거둔 성공을 목적에 따라 고치고, 과거의 실패를 보고 무엇을 피해야 하는지 배우는 것은 순전히 우리 자유이다. 하지만 5,000년에 걸쳐 금융을 혁신한 경험에 따르면, 금융과 문명은 앞으로도 영원히 밀접하게 얽힐 것이다.

후주

서문

1 Goetzmann, William H. 2009. *Beyond the Revolution: A History of American Thought from Paine to Pragmatism*. New York: Basic Books, p. xii.

1장

1 Jacobsen, Thorkild. 1976. *The Treasures of Darkness: A History of Mesopotamian Religion*, vol. 326. New Haven, CT: Yale University Press, p. 196. (한국어 번역은 다음을 참고함. 김산해 저, 《최초의 신화 길가메쉬 서사시》, 휴머니스트, 2005)
2 길가메시 서사시 발견에 얽힌 역사적 배경과 번역문은 다음을 참고하라. Foster, Benjamin R. 번역. 2001. *The Epic of Gilgamesh*. New York: W. W. Norton and Company. (한국어 번역문은 위 각주와 동일 자료 참고)
3 Schmandt-Besserat, Denise. 1992. *From Counting to Cuneiform*, vol. 1. Austin: University of Texas Press.
4 Aubet, Maria Eugenia. 2013. *Commerce and Colonization in the Ancient Near East*. Cambridge: Cambridge University Press.
5 Lieberman, Stephen J. 1980. "Of clay pebbles, hollow clay balls, and writing: A Sumerian view". *American Journal of Archaeology* 84(3): 339–358.
6 Englund, Robert. 1988. "Administrative timekeeping in ancient Mesopotamia". *Journal of the Economic and Social History of the Orient* 31: 121–185.
7 Englund, Robert. 2004. "Proto-cuneiform Account Books and Journals", 다음에서 인용함. Michael Hudson 및 Cornelia Wunsch(편저), *Creating Economic Order. International Scholars Conference on Ancient Near Eastern Economies*, vol. 4. Bethesda, MD: CDL Press, pp. 32–33.

2장

1 다음을 참고하라. Van De Mieroop, Marc. 2005. "The Invention of Interest: Sumerian Loans" (William Goetzmann and K. Geert Rouwenhorst 편저, *The Origins of Value: The Financial Innovations That Created Modern Capital Markets*. Oxford: Oxford University Press, pp. 17–30, p. 19).
2 Van De Mieroop (2005), p. 29.
3 다음을 참고하라. Nissen, Hans J., Peter Damerow, Robert K. Englund. 1993. *Archaic Bookkeeping*. Chicago: University of Chicago Press, p. 97.
4 Van De Mieroop (2005), p. 20.
5 다음을 참고하라. Garfinkle, Steven J. 2004. "Shepherds, merchants, and credit: Some observations on lending practices in Ur III Mesopotamia". *Journal of the Economic and Social History of the Orient* 47: 1–30. Garfinkle, Steven J. 2012. *Entrepreneurs and Enterprise in Early Mesopotamia: A Study of Three Archives from the Third Dynasty of Ur*. Bethesda, MD: CDL Press. Van De Mieroop, Marc. 1986. "Tūram-ilī: An Ur III Merchant". *Journal of Cuneiform Studies* 38(1): 1–80.

3장

1 고대 금융가를 자세히 다룬 내용은 다음 중 5장을 참고하라. Van De Mieroop, Marc. 1992. *Society and Enterprise in Old Babylonian Ur*. Berlin: Dietrich Reimer Verlag, pp. 121-167.

2 Darling, M. L. 1925. *The Punjab Peasant in Prosperity and Debt*. London: Oxford University Press.

3 Goddeeris, Anne. 2002. *Economy and Society in Northern Babylonia in the Early Old Babylonian Period (ca. 2000–1800 BC)*. Leuvin, Belgium: Peeters.

4 Goddeeris (2002), p. 153.

5 다음을 참고하라. Van De Mieroop, Marc. 2014. "Silver as a Financial Tool in Ancient Egypt and Mesopotamia" (Peter Bernholz, Roland Vaubel 편저, *Explaining Monetary and Financial Innovation: A Historical Analysis*. Financial and Monetary Policy Studies, vol. 39. Cham, Switzerland: Springer International Publishing, pp. 17-29).

6 다음을 참고하라. Aubet, Maria Eugenia. 2013. *Commerce and Colonization in the Ancient Near East*. Cambridge: Cambridge University Press. Veenhof, Klaas R. 2010. "Ancient Assur: The city, its traders, and its commercial network". *Journal of the Economic and Social History of the Orient* 53: 39-82.

7 Larsen, Mogens Trolle. 1977. "Partnerships in the old Assyrian trade". *Iraq* 39(1): 119-145.

8 다음을 참고하라. Veenhof, K. R., J. Eidem. 2008. *Mesopotamia: The Old Assyrian Period*. Saint Paul, MN: Academic Press Fribourg, p. 267.

9 Eidem, Jesper 2003. "Apum: A Kingdom on the Old Assyrian Route" (Klaas. R. Veenhof, Jesper Eidem 편저, *Mesopotamia, The Old Assyrian Period*. Orbis Biblicus et Orientalis, vol. 160/5. Saint Paul, MN: Academic Press Fribourg, pp. 265-352).

4장

1 Stolper, Matthew W. 1985. *Entrepreneurs and Empire: the MurašûArchive, the MurašûFirm, and Persian Rule in Babylonia*. Istanbul: Nederlands Historisch-Archaeologisch Instituut te Istanbul.

2 Slotsky, Alice Louise. 1997. *The Bourse of Babylon: Market Quotations in the Astronomical Diaries of Babylonia*. Bethesda, MD: CDL Press, p. 7. 다음에 나오는 경제학자의 관점도 참고하라. Temin, Peter. 2002. "Price behavior in ancient Babylon". *Explorations in Economic History* 39(1): 46-60.

3 Slotsky (1997), p. 19.

4 Van der Spek, R. J., Jan Luiten van Zanden, Bas van Leeuwen 편저. 2014. *A History of Market Performance: From Ancient Babylonia to the Modern World*, vol. 68. London: Routledge.

5 다음을 참고하라. Jursa, Michael. 2014. "Market Performance and Market Integration in Babylonia in the 'Long sixth century' B.C." (R. J. Van der Spek, Jan Luiten van Zanden, Bas van Leeuwen 편저, *A History of Market Performance: From Ancient Babylonia to the Modern World*, vol. 68. London: Routledge).

6 Huis, Joost, Reinhart Pirngruber, Bas Van Leeuwen. 2014. "Climate, War and Economic Development: The Case of second century BC Babylon" (R. J. Van der Spek, Jan Luiten van Zanden, Bas van Leeuwen 편저, *A History of Market Performance: From Ancient Babylonia to the Modern World*, vol. 68. London: Routledge).

1   Fleck, Robert K., F. Andrew Hanssen. 2012. "On the benefits and costs of legal expertise: Adjudication in ancient Athens". *Review of Law & Economics* 8(2): 367-399.

2   Figueira, Thomas. 1986. "*Sitopolai and Sitophylakes* in Lysias' 'Against the Grain Dealers': Governmental intervention in the Athenian economy". *Phoenix* 40: 149-171.

3   Dunham, Wayne R. 2008. "Cold case files: The Athenian grain merchants, 386 BC". *Cato Journal* 28: 495.

4   Lysias. Oration XXII. 다음에서 확인 가능함. http://www.gutenberg.org/cache/epub/6969/pg6969.html.

5   Moreno, Alfonso. 2007. *Feeding the Democracy: The Athenian Grain Supply in the Fifth and Fourth Centuries BC*. Oxford: Oxford University Press, p. 32.

6   고대 그리스어 지명. 오늘날 우크라이나에 있는 드네프르강을 가리킴.

7   Demosthenes. 2004. "35 Against Lac*ritus*" (*Demosthenes, Speeches 27-38*, Douglas M. Macdowell 번역. Austin: University of Texas Press, p. 137. 문단 10-14).

8   Demosthenes (2004), p. 144.

9   Cohen, Edward E. 1997b. *Athenian Economy and Society: A Banking Perspective*. Princeton, NJ: Princeton University Press.

10 Garland, Robert. 1987. *The Piraeus from the Fifth to the First Century B.C.* Ithaca, NY: Cornell University Press, p. 92.

11 Cohen (1997b), p. 9.

12 Millett, Paul. 2002. *Lending and Borrowing in Ancient Athens*. Cambridge: Cambridge University Press, p. 199부터.

13 Millett (2002), p. 64.

14 Cohen (1997b), p. 123; Demosthenes. 2004. *Demosthenes, Speeches 27-38*. Douglas M. Macdowell 번역. Austin: University of Texas Press, p. 21.

15 Demosthenes. 1939. "Against Aphobus" (*Demosthenes with an English Translation by A. T. Murray*. London: William Heinemann, speech 27, paragraph 9. 다음에서 열람 가능: http://data.perseus.org/citations/urn:cts:greekLit:tlg0014.tlg027.perseus-eng1:9. 1탈란톤=60미나=6,000드라크마이다.

16 Aeschylus. 1926. *Aeschylus, with an English Translation by Herbert Weir Smyth*, vol. 1: *Persians*. Cambridge, MA. Harvard University Press, lines 234-239. 다음에서 열람 가능: http://data.perseus.org/citations/urn:cts:greekLit:tlg0085.tlg002.perseus-eng1:232-248. (《아이스퀼로스 비극 전집》, 천병희 옮김, 숲, 2008, p. 208)

17 Davis, Gil. 2014. "Mining money in Late Archaic Athens", *Historia* 63(3): 257-277. 다음도 참고하라. Sverdrup, H., akd Peter Schlyter. 2013. "Modeling the Survival of Athenian Owl Tetradrachms Struck in the Period from 561-42 BC from Then to the Present", in *Proceedings of the 30th International Conference of the System Dynamics Society*, vol. 5. St. Gallen, Switzerland: Systems Dynamics Society, pp. 4024-4043.

18 Xenophon. 1892. *The Works of Xenophon*, H. G. Daykins 번역. London: Macmillan and Co., p. 331. (《크세노폰 소작품집》, 이은종 옮김, 주영사, 2016, p.158-159)

19 Aperghis, G. G. 1998. "A reassessment of the Laurion Mining lease records". *Bulletin of the Institute of Classical Studies* 42(1): 1-20.

20 Papazarkadas, N. 2012. "Poletai" (*The Encyclopedia of Ancient History*. http://onlinelibrary.wiley.com/doi/10.1002/9781444338386.wbeah04267/full).

21 Camp, John McKesson. 2007. "Excavations in the Athenian Agora: 2002-2007".

Hesperia 76(4): 627–663.

6장

1 Van Wees, Hans. 2013. *Ships and Silver, Taxes and Tribute: A Fiscal History of Archaic Athens.* London: IB Tauris.
2 다음에서 인용. Seaford, Richard. 2004. *Money and the Early Greek Mind: Homer, Philosophy, Tragedy.* Cambridge: Cambridge University Press, p. 204.
3 Plato. 1967. *Plato in Twelve Volumes*, Vol. 3. W.R.M. Lamb 번역. Cambridge, MA: Harvard University Press; London: William Heinemann Ltd. Gorg. 515. (《플라톤/고르기아스/프로타고라스》, 천병희 옮김, 숲, 2014, p. 174)
4 Sverdrup, H., and Peter Schlyter. 2013. "Modeling the Survival of Athenian Owl Tetradrachms Struck in the Period from 561.42 BC from Then to the Present", (*Proceedings of the 30th International Conference of the System Dynamics Society*, vol. 5. St. Gallen, Switzerland: Systems Dynamics Society, pp. 4024–4043)
5 Thucydides. 1910. *The Peloponnesian War.* Richard Crawley 번역. London and New York: J. M. Dent and E. P. Dutton, 2.13.2–4. (《펠로폰네소스 전쟁사》, 천병희 옮김, 숲, 2011, p. 152)
6 Schaps, David M. 2004. *The Invention of Coinage and the Monetization of Ancient Greece.* Ann Arbor: University of Michigan Press, p. 93.
7 Schaps (2004), p. 5. (아리스토텔레스, 《정치학》, 천병희 옮김, 숲, 2009, p. 44)
8 Schaps (2004).
9 Bresson, Alain. 2006. "The origin of Lydian and Greek coinage: Cost and quantity". *Historical Research* 5: 149.159.

7장

1 Rathbone, Dominic, Peter Temin. 2008. "Financial Intermediation in First-Century AD Rome and Eighteenth-Century England" (Koenraad Verboven, Katelijn Vandorpe, Vèronique Chankowski 편저, *Pistoi dia tèn technèn. Bankers, Loans and Archives in the Ancient World.* Leuven, Belgium: Peeters).
2 Tacitus, Annals, 6권, 16장과 17장. (《타키투스의 연대기》, 박광순 옮김, 종합출판범우, 2005)
3 Verboven, Koenraad. 54.44 BCE. "Financial or monetary crisis?" Edipuglia, 2003.
4 Rosenstein, Nathan. "Aristocrats and agriculture in the Middle and Late Republic". *Journal of Roman Studies* 98 (2008): 1–26.
5 Tacitus, Annals, 6권, 17장. (《타키투스의 연대기》, p. 371). 세스테르티우스는 로마 동전 이름이며, 가치가 1/4 데나리우스에 해당하는 회계 단위기도 하다.
6 Rodewald, Cosmo. 1976. *Money in the Age of Tiberius.* Manchester, UK: Manchester University Press, p. 11.
7 Harris, William V. 편저. 2008. *The Monetary Systems of the Greeks and Romans.* Oxford: Oxford University Press, p. 188.
8 디오는 구제금융을 조금 다르게 서술했다. 디오에 따르면 티베리우스는 '2,500만(데나리우스, 즉 1억 세스테르티우스)을 국고에 출연하여, 원로원 의원들이 지원자에게 대출할 수 있게 만들었다.' 다음을 참고하라. Rodewald (1976), p. 2.
9 Von Reden, Sitta. 2007. *Money in Ptolemaic Egypt: From the Macedonian Conquest to*

the End of the Third Century BC. Cambridge: Cambridge University Press, p. 284부터.

10 Schmitz, Leonhard. 1875. "Argentarii" (William Smith 편저, *A Dictionary of Greek and Roman Antiquities*. London: John Murray, pp. 130-132). 다음에서 확인: http://penelope.uchicago.edu/Thayer/E/Roman/Texts/secondary/SMIGRA*/Argentarii.html.

11 S. J. B. Barnish. 1985. "The wealth of Julius Argentarius". *Byzantion* 55: 5-38.

12 Temin, Peter. 2013. *The Roman Market Economy*. Princeton, NJ: Princeton University Press, p. 182.

13 Seneca. "On Taking One's Own Life" (*Epistulae Morales*, R. M. Gummere 번역. Cambridge, MA: Harvard University Press, epistle 77). (《산다는 것과 죽는다는 것》, 장경룡 옮김, 혜원출판사, 1999, p. 182)

14 Jones, David Francis. 2006. *The Bankers of Puteoli: Finance, Trade and Industry in the Roman World*. Stroud, UK: Tempus.

15 존스는 다음에서 이 서판을 상세히 다루며, 계약 당사자가 어떤 일을 했는지 재구성한다. Jones (2006), pp. 97-99.

16 Casson, Lionel. 1980. "The role of the state in Rome's grain trade". *Memoirs of the American Academy in Rome* 36: 21-33.

17 Andreau, Jean. 1999. *Banking and Business in the Roman World*. Cambridge: Cambridge University Press, p. 75.

18 Temin, Peter. 2006. "The economy of the early Roman Empire". *Journal of Economic Perspectives* 20(1): 133-151.

19 로마 경제에 노예제가 어떻게 기여했는지 논한 자료는 다음을 참고하라. Bruce W. Frier, Dennis P. Kehoe. 2007. "Law and economic institutions" (Walter Scheidel, Ian Morris, Richard Saller 편저, *The Cambridge Economic History of the Greco-Roman World*. Cambridge: Cambridge University Press, pp. 113-143).

20 Hansmann, Henry, Reinier Kraakman, Richard Squire. 2006. "Law and the rise of the firm". *Harvard Law Review* 119(5): 1333-1403.

21 Malmendier, Ulrike. 2005. "Roman Shares" (William N. Goetzmann, K. Geert Rouwenhorst 편저, *The Origins of Value: The Financial Innovations That Created Modern Capital Markets*. Oxford: Oxford University Press, p. 38).

22 Cicero, M. Tullius. 1891. "Against Publius Vatinius" (*The Orations of Marcus Tullius Cicero*, C. D. Yonge 번역. London: George Bell & Sons, part 29).

23 Badian, Ernst. 1972. *Publicans and Sinners: Private Enterprise in the Service of the Roman Republic*. Ithaca, NY: Cornell University Press, p. 103.

24 Verboven, Koenraad. 2003. "54-44 BCE. Financial or Monetary Crisis?" (E. L. Cascio 편저, *Credito e Moneta nel Mondo Romano*. Bari, Italy: Edipuglia, pp. 49-68, p. 57).

25 Kay, Philip. 2014. *Rome's Economic Revolution*. Oxford: Oxford University Press, p. 15.

26 Kay (2014).

27 Harris, William V. 2006. "A revisionist view of Roman money". *Journal of Roman Studies* 96: 1-24.

28 Harl, Kenneth W. 1996. *Coinage in the Roman Economy, 300 BC to AD 700*. Baltimore: Johns Hopkins University Press, p. 125부터.

29 Harl (1996), p. 130.

30 Rubin, Jared. 2009. "Social insurance, commitment, and the origin of law: Interest bans in early Christianity". *Journal of Law and Economics* 52(4): 761-786.

31 Silver, Morris. 2011. "Finding the Roman Empire's disappeared deposit bankers". *Historia* 60(3): 301-327.

32 Davis Jr., R. A., A. T. Welty, J. Borrego, J. A. Morales, J. G. Pendon, J. G. Ryan.

2000. "Rio Tinto estuary (Spain): 5000 years of pollution". *Environmental Geology* 39(10): 1107–1116.

33 Rosman, Kevin J. R., Warrick Chisholm, Sungmin Hong, Jean-Pierre Candelone, Claude F. Boutron. 1997. "Lead from Carthaginian and Roman Spanish mines isotopically identified in Greenland ice dated from 600 BC to 300 AD". *Environmental Science & Technology* 31(12): 3413–3416.

2부

1 Mao, Tse-Tung. 1965. *Selected Works of Mao Tse-Tung*, vol. 2. Oxford: Pergamon Press, p. 309.

8장

1 Chou, Hung-hsiang [周鴻翔]. 1970. "Fu-X ladies of the Shang Dynasty". *Monumenta Serica* 29: 346–390.
2 해석은 다음을 참고하여 수정함. David S. Nivison. 1996. "'Virtue' in Bone and Bronze" (*The Ways of Confucianism: Investigations in Chinese Philosophy*, Bryan W. Van Norden 서문. La Salle, IL: Open Court Press). (한국어 번역은 다음을 참고함. 박원규·최남규 공저, 《중국고대 금문의 이해》, 2009, p. 194)
3 Watson, Burton 번역, 1971. *Records of the Grand Historian of China. Translated from the Shih chi of Ssu-ma Ch'ien*. New York: Columbia University Press, p. 344. (《사기열전 2》, 김원중 옮김, 민음사, 2015, p. 811)
4 Watson (1971), p. 435. (《사기열전 2》, p. 802)
5 Watson (1971), p. 436. (《사기열전 2》, p. 801)
6 Watson (1971), p. 436. (《사기열전 1》, 김원중 옮김, 민음사, 2015, p. 242)
7 Peng, Xinwei, Edward H. Kaplan. 1994. *A Monetary History of China*, vol. 1. Bellingham: Western Washington University, p. 95. (《관자》, 신동준 옮김, 인간사랑, 2015, p. 1284)
8 Peng and Kaplan (1994), p. 96. (《관자》, p. 1368)
9 Peng and Kaplan (1994), p. 96. (《관자》, p. 1329)
10 Peng and Kaplan (1994), p. 95. (《관자》, p. 1414)
11 Peng and Kaplan (1994), p. 100. 해석 출처는 *Strategems of the Warring States, Strategems of Qi*. [《전국책(戰國策)》 제책(齊策)]
12 이후 나오는 문제 출처는 다음과 같다. *Suàn shùshū*. C. Cullen 번역. 2007. *Historia Mathematica* 34(1): 10–44. (한국어 번역은 다음을 참고. 차종천 편저, 《산수서·산경십서》, 교우사, 2006, p. 27–28)

9장

1 Ebrey, Patricia Buckley 편저. 2009. *Chinese Civilization: A Sourcebook*. New York: Simon and Schuster, p. 36. (《한비자 2》, 이운구 옮김, 한길사, 2002, p. 921)
2 Biot, Edouard. 1851. *Le Tcheou-li: ou rites des Tcheou*. Paris: Imprimerie nationale. Matthew Landry의 1권 도입부 번역 미출간 원고. (《주례》, 지재희·이준녕 공역, 자유문고, 2002, p. 20)
3 Hansen, Valerie, and Ana Mata-Fink. 2005. "Records from a Seventh Century Pawn

Shop" (William N. Goetzmann, K. Geert Rouwenhorst 편저, *The Origins of Value: The Financial Innovations That Created Modern Capital Markets*. Oxford: Oxford University Press, pp. 56-64).

4 Goetzmann, William N., and K. Geert Rouwenhorst. 2005. *The Origins of Value: The Financial Innovations That Created Modern Capital Markets*. Oxford: Oxford University Press, p. 62.

5 Elman, Benjamin A. 2013. *Civil Examinations and Meritocracy in Late Imperial China*. Cambridge, MA: Harvard University Press, p. 176.

6 Von Glahn, Richard, "The Origins of Paper Money in China" (William N. Goetzmann, K. Geert Rouwenhorst 편저, *The Origins of Value: The Financial Innovations That Created Modern Capital Markets*. Oxford: Oxford University Press, pp. 65-90).

7 송나라 시대 차마사의 역할을 상세히 다룬 자료는 다음을 참고하라. Smith, Paul J. 1991. *Taxing Heaven's Storehouse: Horses, Bureaucrats, and the Destruction of the Sichuan Tea Industry, 1074-1224*. Harvard-Yenching Institute Monograph Series, vol. 32. Cambridge, MA: Council on East Asian Studies and Harvard University Press.

8 Polo, Marco. 1920. *Marco Polo; Notes and Addenda to Sir Henry Yule's Edition, Containing the Results of Recent Research and Discovery, by Henri Cordier*. London: John Murray. Project Gutenberg. Chapter 24. 다음에서 확인: http://www.gutenberg.org/ebooks/10636. (《동방견문록》, 채희순 옮김, 동서문화사, 2016 등 다수)

10장

1 Lin, Justin Yifu. 1995. "The Needham Puzzle: Why the Industrial Revolution did not originate in China". *Economic Development and Cultural Change* 43(2): 269-292.

2 Zelin, Madeleine. 2005. *The Merchants of Zigong: Industrial Entrepreneurship in Early Modern China*. New York: Columbia University Press.

3 Pomeranz, Kenneth. 1997. "'Traditional' Chinese business forms revisited: Family, firm, and financing in the history of the Yutang Company of Jining, 1779-1956". *Late Imperial China* 18(1): 1.38.

4 Allen, Robert C. 2005. "Capital Accumulation, Technological Change, and the Distribution of Income during the British Industrial Revolution". Discussion Paper. Department of Economics, University of Oxford.

11장

1 Delisle, M. Leopold. 1888. "Mémoires sur les Operations Financieres des Templiers". *Mémoires de l'Institute National de France*. Academie des Inscriptions Belles-Lettres, Paris 33: 11.

2 Delisle (1888), p. 47.

3 Delisle (1888), p. 48.

4 Forey, A. J. 1973. *The Templars in the Corona de Aragon*. Oxford: Oxford University Press, p. 22.

5 Delisle (1888), p. 87.

6 Forey (1973), p. 113.

7 Forey (1973), p. 115.

8 Bisson, Thomas. 1984. *Fiscal Accounts of Catalonia under the Early Count Kings*.

Berkeley: University of California Press, p. 82.

9 Bisson (1984), vol. 2, p. 211.
10 Bisson (1984), vol. 2, p. 222.
11 Bisson (1984), vol. 2, p. 222.
12 다음을 참고하라. Munro, John H. 2003. "The Medieval origins of the financial revolution: Usury, rentes and negotiability". *International History Review* 25(3): 505-562.

12장

1 Ruskin, John. 1867. *The Stones of Venice*. New York: J. Wiley & Son, vol. 1, p. 17. (《베네치아의 돌》, 박언곤 옮김, 예경, 2006, p. 18)
2 다음을 참고하라. Norwich, John Julius. 1982. *A History of Venice*. New York: Alfred A. Knopf, pp. 104-106.
3 Mueller, Reinhold C., Frederic Chapin Lane. 1997. *The Venetian Money Market: Banks, Panics, and the Public Debt, 1200-1500*. Baltimore: Johns Hopkins University Press, vol. 2, p. 461.
4 Mueller and Lane (1997), vol. 2, p. 466.
5 라인홀트 뮬러(Reinhold Mueller)에 따르면 자선단체는 기부금을 영구히 받는 수단으로 부동산을 이용하지 못하도록 금지당했다. '죽은 자'의 손으로 들어가는 부동산이 지나치게 많아지기 때문이다. 금융자산은 이를 대체하기에 이상적이었다.
6 토론토 대학교의 역사학자 존 먼로(John H. Munro)는 연구 초점을 중세 금융혁명의 지적 기반과 공적·사적 채무계약의 철학적 틀에 초점을 맞춘다. 인용문은 그가 쓴 글에서 따온 것이고, 원문 출처는 다음과 같다. Benjamin Jowett 번역 및 편집. 1885. *The Politics of Aristotle: Translated into English, Volume I: Introduction and Translation*. Oxford: Oxford University Press, p. 19: Politics, Book I.10, 1258, p. 5. (《정치학》, 천병희 옮김, 숲, 2009, p. 49)
7 Goetzmann, William N., K. Geert Rouwenhorst 편저. 2005. *The Origins of Value: The Financial Innovations that Created Modern Capital Markets*. Oxford: Oxford University Press, p. 5.
8 다음에서 인용함. Munro, John H. 2003. "The Medieval origins of the financial revolution: Usury, rentes and negotiability". *International History Review* 25(3): 505-562.
9 Le Goff, Jacques. 2004. *From Heaven to Earth: The Shift in Values between the 12th and the 13th Century in the Christian West*. A. H. Heinecken Prize for History Lecture Series. Amsterdam: Royal Netherlands Academy of Arts and Sciences.

13장

1 Goetzmann, William, K. Geert Rouwenhorst 편저. 2005. *The Origins of Value: The Financial Innovations that Created Modern Capital Markets*. Oxford: Oxford University Press, p. 131.
2 Goetzmann, Rouwenhorst (2005), p. 134.
3 Goetzmann and Rouwenhorst (2005), p. 135.
4 Van Egmond, Warren. 1980. *Practical Mathematics in the Italian Renaissance: A Catalog of Italian Abbacus Manuscripts and Printed Books to 1600*. Monografia n 4, Annali dell' Istituto e Museo di Storia della Scienza di Firenze Firenze 1 (1980). Florence: Istituto

e museo di storia della scienza.

14장

1 Natalie Babbit 원저, Lieber, Jeffrey와 James V. Hart가 각색한 극본 "Tuck Everlasting".
  인용문은 다음에서 확인. http://www.whysanity.net/monos/tuck.html.
2 월스트리트의 유명 투자자이자 언론사 편집자, 작가인 피터 번스타인(Peter Bernstein)은
  위험에 얽힌 이야기를 유려하게 풀어냈다. 그가 쓴 책에는 도박을 이해하려던 수학자의
  욕망이 여러 가지 독창적인 수학도구로 발전한 과정이 잘 나타나 있다. Bernstein, Peter.
  1998. *Against the Gods: The Remarkable Story of Risk*. New York: John Wiley & Sons.
  (《리스크: 위험, 기회, 미래가 공존하는》. 안진환 옮김, 2008, 한국경제신문)

15장

1 Cardano, Girolamo. 2002. *The Book of My Life*, Jean Stoner 번역. New York: New
  York Review of Books, p. 50.
2 토머스 캐버나(Thomas Kavanagh)는 도박이 유럽의 지적 문화가 발전하는 데 깊이 영향
  을 끼쳤다고 설득력 있게 주장한다. Kavanagh, Thomas. 2005. *Dice, Cards, Wheels: A
  Different History of French Culture*. University Park: University of Pennsylvania Press.
3 Bernoulli, 1704년 4월 20일에 라이프니츠에게 쓴 편지 중에서. (Jacob Bernoulli, Edith
  Dudley Sylla. 2006. *The Art of Conjecturing, Together with Letter to a Friend on Sets in
  Court Tennis*. Baltimore: Johns Hopkins University Press, p. 40)
4 Bernoulli and Sylla (2006), p. 44.
5 Halley, Edmund. 1693. "An estimate of the degrees of mortality of mankind, drawn
  from curious tables of the births and funerals at the city of Breslaw, with an attempt
  to ascertain the price of annuities upon lives". *Philosophical Transactions London* 17:
  596-610. 다음에서 열람 가능: http://www.pierre-marteau.com/editions/1693-
  mortality/halley-text.html.
6 De Moivre, Abraham. 1756. *The Doctrine of Chances: Or, a Method of Calculating the
  Probabilities of Events in a Play*, 3판. London: Millar, p. viii. 1967년 재판, New York:
  Chelsea Publishing.
7 Francois Velde, David Weir. 1992. "The financial market and government debt policy
  in France, 1746-1793". *Journal of Economic History* 52(1): 1-39.
8 Velde and Weir (1992).
9 Needham, J., and L. Wang. 1959. *Science and Civilisation in China*, vol. 3.
  Cambridge: Cambridge University Press, p. 133부터.
10 Needham, J., and L. Wang. 1959. *Science and Civilisation in China*, vol. 3.
  Cambridge: Cambridge University Press, p. 133부터.
11 다음의 마지막 장. M. de Condorcet, Marie-Jean-Antoine-Nicolas Caritat. 1796.
  *Condorcet's Outlines of an Historical View of the Progress of the Human Mind, Being a
  Posthumous Work of the Late M. de Condorcet*. (프랑스어를 번역). Philadelphia: M.
  Carey. (《인간 정신의 진보에 관한 역사적 개요》, 장세룡 옮김, 책세상, 2002, p. 81)
12 Malthus, T. R., Donald Winch, Patricia James. 1992. *Malthus: An Essay on the
  Principle of Population*. Cambridge: Cambridge University Press, p. 47. (《인구론》, 이
  서행 옮김, 동서문화사, 2011, p. 305-306)

16장

1　버크셔 해서웨이 주식회사(Berkshire Hathaway, Inc.) 2002년 사업보고서, Chairman's Letter, p. 15.
2　Jovanovic, Franck. 2001. "Does God practice a random walk? The 'financial physics' of a 19th-century forerunner, Jules Regnault (avec Philippe Le Gall)". *European Journal of the History of Economic Thought* 8(3): 323-362.
3　Jovanovic, Franck. 2006. "Economic instruments and theory in the construction of Henri Lefèvre's science of the stock market". *Pioneers of Financial Economics* 1: 169-190.
4　윌리엄 샤프(William Sharpe), 존 콕스(John Cox), 스티븐 로스(Stephen Ross), 마크 루벤스타인(Mark Rubenstein).
5　This is Money. 2008년 11월 3일. "Nassim Taleb and the Secret of the Black Swan", *Daily Mail*. 다음에서 열람 가능: http://www.thisismoney.co.uk/markets/article.html?in_article_id=456175&in_page_id=3#ixzz161dvBHe7.

17장

1　Fratianni, Michele. 2006. "Government debt, reputation and creditors' protections: The tale of San Giorgio". *Review of Finance* 10(4): 487-506.
2　Mundy, John. 1954. *Liberty and Political Power in Toulouse 1050-1230*. New York: Columbia University Press, p. 60.

18장

1　Scott, William Robert. 1995. *Joint Stock Companies to 1720*. Bristol: Theomes Press, p. 19. Original edition 1910-1912.
2　Scott (1995), p. 18.
3　Tyson, Peter. 2006. "Future of the Passage". 다음에서 열람 가능: http://www.pbs.org/wgbh/nova/arctic/passage.html.
4　Dari-Martini, Guiseppi, Oscar Gelderblom, Joost Jonker, and Enrico Perroti. 2013. "The Emergence of the Corporate Form". Amsterdam Law School Legal Studies Research Paper 2013-11.
5　다음을 참고하라. Neal, Larry. 2005. "Venture Shares in the Dutch East India Company" (William N. Goetzmann, K. Geert Rouwenhorst 편저, *The Origins of Value: The Financial Innovations That Created Modern Capital Markets*. Oxford: Oxford University Press, p. 167).

19장

1　Richetti, John J. 2005. *The Life of Daniel Defoe: A Critical Biography*. Oxford: Blackwell, p. 11.
2　Defoe, Daniel. 1697. "Author's Introduction" (*An Essay upon Projects*. London: Printed by R. R. for Tho. Cockerill). 다음에서 열람 가능: http://etext.library.adelaide.edu.au/d/defoe/daniel/d31es/part3.html.
3　Francesca Bray. 1999. "Towards a Critical History of Non-Western Technology"

(Timothy Brook, Gregory Blue 편저, *China and Historical Capitalism*. Cambridge: Cambridge University Press, p. 167).

4 Scott, William Robert. 1995. *Joint Stock Companies to 1720*. Bristol: Theomes Press, Bristol, vol. 1, p. 395. Original edition 1910-1912.

5 남해회사의 상세한 설립과정은 다음을 참고하라. Dale, Richard. 2004. *The First Crash*. Princeton, NJ: Princeton University Press, p. 46부터. Carruthers, Bruce. 1996. *City of Capital. Politics and Markets in the English Financial Revolution*. Princeton, NJ: Princeton University Press, p. 152부터.

6 Defoe, Daniel. 1712. *An Essay on the South-Sea Trade with an Enquiry into the Grounds and Reasons of the Present Dislike and Complaint against the Settlement of a South-Sea Company*. London: J. Baker.

7 Dale (2004), p. 49.

8 Thomas, Hugh. 1997. *The Slave Trade*. New York: Simon and Schuster, p. 235.

9 Inikori, Joseph E. 2002. *Africans and the Industrial Revolution in England*. Cambridge: Cambridge University Press.

10 Thomas (1997), p. 246.

11 다음을 참고하라. Peter Temin, Hans-Joachim Voth. 2003. "Riding the South Sea Bubble". MIT Working Paper, Cambridge, MA.

12 Neal, Larry. 1993. *The Rise of Financial Capitalism: International Capital Markets in the Age of Reason*. Cambridge: Cambridge University Press, p. 235.

13 Garber, Peter M. 1990. "Famous first bubbles". *Journal of Economic Perspectives* 4(2): 35-54.

14 Banner, Stuart. 1998. *Anglo-American Securities Regulation*. Cambridge: Cambridge University Press, p. 76.

15 Neal (1993).

16 Peter Temin, Joachim Voth. 2006. "Banking as an emerging technology: Hoare's Bank, 1702-1742". *Financial History Review* 13(2): 149-178.

17 Defoe, Daniel. 1720. *The South-Sea Scheme Examin'd: And the Reasonableness Thereof Demonstrated. By a Hearty Well-Wisher to Publick Credit*, third edition. London: J. Roberts, p. 8.

18 Defoe (1720), p. 13.

20장

1 Murphy, Antoine. 1997. *John Law: Economic Theorist and Policy-Maker*. Oxford: Oxford University Press.

2 다음에서 인용. Murphy (1997), p. 38.

3 Ruskin, John. 1867. *The Stones of Venice*, vol. 1. New York: John Wiley & Sons, p. 328. (국내 번역된 축약본에는 누락된 부분임)

4 이 역시 다른 금융혁신과 마찬가지로 동방에서 유래했을 가능성이 높다. 도박장이 얻는 이익을 제한하는 법이 고대 인도에 있었던 데서 미루어 보면 하우스 게임은 베네치아에 출현하기 오래전부터 널리 퍼졌을 것이다.

5 Schwartz, David. 2006. *Roll the Bones: The History of Gambling*. East Rutherford, NJ: Gotham Books, p. 94.

6 이러한 멋진 해석의 출처는 다음 자료이다. Ludovic Desmed. 2005. "Money in the 'Body Politick': The analysis of trade and circulation in the writings of seventeenth-century political arithmeticians". *History of Political Economy* 37: 1, 이후 나오는 인용

문도 같은 자료에서 도움을 받았다.

7　Davenant, Charles. 1942. *Two Manuscripts by Charles Davenant: (A) a Memorial Concerning the Coyn of England (B) a Memorial Concerning Credit.* Baltimore: Johns Hopkins University Press, p. 213. 초판 1696년 발행. 다음에서 인용함. Desmed (2005), p. 1.

8　Davenant (1942), p. 75.

9　다음 자료에서 로를 인용한 구절임. Murphy (1997), p. 60.

10　Law, John. 1750. *Money and Trade Considered: With a Proposal for Supplying the Nation with Money.* Edinburgh: R. & A. Foulis, p. 35. 초판은 1705년 발행.

11　Law (1750), p. 50.

12　Murphy, Antoine. 2005. "John Law: Innovating Theorist and Policy Maker" (William Goetzmann, Geert Rouwenhorst 편저, *The Origins of Value: The Financial Innovations That Created Modern Capital Markets.* Oxford: Oxford University Press, 2005, pp. 225–238).

13　Murphy (2005), p. 163.

14　Murphy (2005), p. 167.

15　Neal, Larry. 1993. *The Rise of Financial Capitalism: International Capital Markets in the Age of Reason.* Cambridge: Cambridge University Press, p. 75.

16　Murphy (2005), p. 189.

17　Neal (1993), p. 67.

18　Murphy (2005), p. 228.

19　Murphy (2005), p. 221.

20　Murphy (2005), p. 320.

21　Spieth, Darius. 2013. "The French Context of Het Groote Tafereel der dwaasheid, John Law, Rococo Culture, and the Riches of the New World" (William N. Goetzmann, Catherine Labio, K. Geert Rouwenhorst, Timothy Young 편저, *The Great Mirror of Folly: Finance, Culture, and the Great Crash of 1720.* New Haven, CT: Yale University Press, p. 231).

21장

1　흥미롭게도 1721년에 간행된 자료 출처의 제목은 'The Bubbler's Mirror(투기꾼을 비추는 거울)'이다.

2　Martin, Fredrick. 1876. *The History of Lloyds and of Marine Insurance in Great Britain.* London: Macmillan and Company, p. 90부터.

3　*London Gazette* no. 5879, 1720년 8월 20~23일.

4　Frehen, Rik G. P., William N. Goetzmann, K. Geert Rouwenhorst. 2013. "New evidence on the first financial bubble". *Journal of Financial Economics* 108(3): 585–607.

5　지엽적 이야기인데, 학계에서는 이 해난사고가 일어난 날짜를 오랫동안 1720년 10월로 잘못 파악했다. 예컨대 다음을 참고하라. Martin (1876), p. 101. 여기에는 아래가 인용되어 있다. Postlethwayt, Malachy, Jacques Savary des Brulons, Emanuel Bowen, Thomas Kitchin, Charles Mosley, Richard William Seale. 1766. *The Universal Dictionary of Trade and Commerce.* London: Printed for H. Woodfall, A. Millar, J. and R. Tonson, et al.

6　Sombart, Werner. 2001. *The Jews and Modern Capitalism,* M. Epstein 번역. Kitchener, Ont.: Batoche, p. 68. 초판은 1911년 출판.

22장

1 Thayer, Theodore. 1953. "The land-bank system in the American colonies". *Journal of Economic History* 13(2): 145-159.

2 Sumner, William G. 1896. *A History of Banking in All the Leading Nations: The United States*, vol. 1. New York: Journal of Commerce and Commercial Bulletin, p. 10.

3 Smith, Adam. 1921. *An Inquiry into the Nature and Causes of the Wealth of Nations*, vol. 2. London: J. M. Dent & Sons, p. 423.

4 Thayer (1953).

5 Rasmussen, Barbara. 1994. *Absentee Landowning and Exploitation in West Vrginia: 1760-1920*. Lexington: University Press of Kentucky, p. 28.

6 Spieth, Darius A. 2006. "The Corsets Assignat in David's 'Death of Marat'". 출처: *Notes in the History of Art* 30: 22-28.

7 다음을 참고하라. Mann, Bruce H. 2002. *Republic of Debtors: Bankruptcy in the Age of American Independence*. Cambridge, MA: Harvard University Press, p. 203. 다음은 미국 건국 초기 토지투기를 다룬 훌륭한 자료이다. Sakowski, A. M. 1932. *The Great American Land Bubble*. New York: Harper and Brothers.

8 Chevalier, Michel. 1839. *Society, Manners and Politics in the United States; Being a Series of Letters on North America*. 파리 3판 번역. Boston: Weeks, Jordan and Company, pp. 305-306.

23장

1 Marx, Karl. Friedrich Engels. 1906. *Manifesto of the Communist Party*. Chicago: Charles H. Kerr and Company, p. 17. (《공산당선언》, 이진우 옮김, 책세상, 2002, p. 20)

2 Marx, Karl. 2007. *Capital: A Critique of Political Economy.The Process of Capitalist Production*. New York: Cosimo, p. 827. (《자본론》, 김수행 옮김, 비봉출판사, 2015, pp. 1037-1038)

3 Marx, Karl. 1921. *Capital: The Process of Capitalist Production*. Samuel Moore와 Edward Aveling 번역, Frederick Engels 편저. Ernest Untermann이 편집한 독일어 제4판에 따라 개정하고 보강. Chicago: Charles H. Kerr, p. 150. (《자본론》, p. 170)

4 Marx and Engels (1906), p. 33. (《공산당선언》, 이진우 옮김, 책세상, 2002, p. 33)

5 Porter, Dale H. 1998. *The Thames Embankment: Environment, Technology, and Society in Victorian London*. Akron, OH: University of Akron Press.

6 영국에서는 채권을 'stock'이라고 하고, 주식을 'share'라고 한다. 미국에서는 주식을 'stock'이라고 부르기 때문에 혼동할 수 있다.

7 Lowenfeld, Henry. 1909. *Investment: An Exact Science*. London: Financial Review of Reviews, pp. 11-12.

8 Hutson, Elaine. 2005. "The early managed fund industry: Investment trusts in 19th-century Britain". *International Review of Financial Analysis* 14: 439-454.

9 Chabot, Benjamin. Christopher Kurz. 2011. "Trust Me with Your Money: English Investors and the Precursor of the Modern Mutual Fund." 다음에서 열람 가능: http://citeseerx.ist.psu.edu/viewdoc/summary?doi=10.1.1.195.459.

10 Hobson, J. H. 1902. *Imperialism: A Study*. London: Cosimo, p. 63. (《제국주의론》, 신홍범 · 김종철 옮김, 창작과비평사, 1982, p. 54)

11 Scham, Sandra A. 2013. The Making and Unmaking of European Cairo. *Journal of*

Eastern Mediterranean Archaeology and Heritage Studies (1) 4: 313-318.

12 Piquet, Caroline. 2004. "The Suez Company's concession in Egypt, 1854. 1956: Modern infrastructure and local economic development". *Enterprise and Society* 5(1): 107-127.

13 Cain, P. J. 2002. *Hobson and Imperialism: Radicalism, New Liberalism, and Finance, 1887-1938*. New York: Oxford University Press.

24장

1 이는 현대 중국어 발음이고, 영어로는 각각 Canton, Amoy, Foochow, Ningpo라고도 한다.

2 다음을 참고하라. Goetzmann, William N., Andrey Ukhov, Ning Zhu. 2007. "China and the world financial markets 1870.1939: Modern lessons from historical globalization". *Economic History Review* 60(2): 267-312.

3 다음을 참고하라. Pui Tak Lee. 1991. "Business Networks and Patterns of Cantonese Compradors and Merchants in Nineteenth-Century Hong Kong", *Journal of the Royal Asiatic Society Hong Kong Branch* 31: 1-39.

4 Thomas, W. A. 2001. *Western Capitalism in China*. Burlington, VT: Ashgate, p. 88.

5 Hao, Yen-p'ing. 1970. *The Comprador in Nineteenth-Century China: Bridge between East and West*. Cambridge, MA: Harvard University Press.

6 현재 홍콩의 주요 기업집단인 자오상쥐 그룹(招商局集)이다.

7 다음을 참고하라. Goetzmann, William N., Elisabeth Koll. 2005. "The History of Corporate Ownership in China" (Randall Morck 편저, *A History of Corporate Governance around the World: Family Business Groups to Professional Managers*. Chicago: University of Chicago Press, p. 157부터).

8 Goetzmann and Koll (2005), p. 158.

9 다음을 참고하라. C. K. Lai. 1992. "The Qing State and Merchant Enterprise: The China Merchant's Company, 1872.1902" (J. K. Leonard, J. R. Watt 편저, *To Achieve Security and Wealth: The Qing Imperial State and the Economy, 1644-1911*. East Asia Program. Ithaca, NY: Cornell University Press, pp. 139-155).

10 이 내용은 다음에서 인용했다. Goetzmann and Köll (2005).

11 Bailey, Paul. 2013. *Strengthen the Country and Enrich the People: The Reform Writings of Ma Jianzhong*. London: Routledge, p. 74.

12 Lee, En-han. 1977. *China's Quest for Railway Autonomy, 1904-1911: A Study of the Chinese Railway Rights Recovery Movement*. Athens, OH: Ohio University Press, p. 104.

13 Thomas (2001), p. 89.

25장

1 Ukhov, Andrey. 2003. Financial Innovation and Russian Government Debt before 1918. Yale ICF Working Paper 03-20, May 5.

2 Lenin, V. I. 1963. *Imperialism, the Highest Stage of Capitalism*. Lenin's Selected Works, vol. 1. Moscow: Progress Publishers. Originally published in 1917. 다음에서 확인 가능: https://www.marxists.org/archive/lenin/works/1916/imp-hsc/. (《제국주의》, 박세영 옮김, 과학과사상, 1988, p. 164)

3 Lenin, V. I. 1917. *Imperialism, the Highest Stage of Capitalism*, 프랑스어판과 독일어판 서문. 다음에서 확인 가능 : https://www.marxists.org/archive/lenin/works/1916/

imp-hsc/pref02.htm. (《제국주의》, p. 18)

4   *Times*. 1917. "COMPANY MEETINGS. Kyshtim Corporation (Limited). Mineral
     Resources of the Estates. Metallurgical and Commercial Industries", 12월 15일, p. 12.
5   다음을 참고하라. Sciabarra, Chris Matthew. 1995. *Ayn Rand: The Russian Radical*.
     University Park: Pennsylvania State University Press.

26장

1   Keynes, John Maynard. 1920. The Economic Consequences of the Peace. New York:
     Harcourt, Brace and Howe. (《평화의 경제적 결과》, 정명진 옮김, 부글북스, 2016, p. 29)
2   다음을 참고하라. Guinnane, Timothy. 2005. "German Debt in the Twentieth
     Century" (William Goetzmann, K. Geert Rouwenhorst 편저, *The Origins of Value: The
     Financial Innovations That Created Modern Capital Markets*. Oxford: Oxford University
     Press, pp. 327–341).
3   Easterly, William. 2003. "Can foreign aid buy growth?" *Journal of Economic
     Perspectives* 17(3): 23–48.
4   Keynes, John Maynard. 2006. *General Theory of Employment, Interest and Money*.
     London: Atlantic Books. (《고용, 이자 및 화폐의 일반이론》, 조순 옮김, 비봉출판사,
     2007, p. 176)
5   Keynes (2006). (《고용, 이자 및 화폐의 일반이론》, 조순 옮김, 비봉출판사, 2007, p.453)
6   다음에서 인용. David Chambers, Elroy Dimson. 2013. "John Maynard Keynes,
     investment innovator". *Journal of Economic Perspectives* 27(3): 213–228.

27장

1   David Chambers, Elroy Dimson. 2013. "John Maynard Keynes, investment
     innovator". *Journal of Economic Perspectives* 27(3): 213–228. (존 메이너드 케인스, 《고
     용, 이자 및 화폐의 일반이론》, 조순 옮김, 비봉출판사, 2007, p. 186)
2   Ott, Julia C. 2011. *When Wall Street Met Main Street*. Cambridge, MA: Harvard
     University Press.
3   Benjamin Graham, David J. Dodd, Sidney Cottle. 1962. *Security Analysis: Principles
     and Techniques*. New York: McGraw-Hill, p. 409 note. (《증권분석》, 박길수 옮김, 리딩
     리더, 2008, p. 557)
4   Fisher, Irving. 1930. *The Theory of Interest*. New York: Macmillan, pp. 220–221.
5   Rand, Ayn. 2005. The Fountainhead. London: Penguin. (《파운틴헤드 2》, 민승남 옮
     김, 휴머니스트, 2011, p. 253)
6   Chave, Anna C. 1991. " 'Who Will Paint New York?': 'The World's New Art Center'
     and the skyscraper paintings of Georgia O'Keeffe". *American Art* 5(1/2): 87–107.
7   Rand (2005). (《파운틴헤드 2》, p.253)
8   Shultz, Earle, and Walter Simmons. 1959. *Offices in the Sky*. Indianapolis, IN: Bobbs-
     Merrill, p. 143.
9   Gilbert, Cass. 1900. "The financial importance of rapid building". *Engineering Record*
     41: 624.
10   Grant, James. 1992. *Money of the Mind*. New York: Farrar, Straus and Giroux, p. 159.
11   다음에서 인용. Shultz and Simmons (1959), p. 73.
12   Shultz and Simmons (1959), pp. 143–144.
13   Grant (1992), p. 164.

14 Grant (1992), p. 165.

15 *Report on Protective Committees of the Securities and Exchange Commission*. 1936. Part III. *Committee for the Holders of Real Estate Bonds*. Washington, DC: US Government Printing Office, p. 67부터.

16 다음을 참고하라. Nicholas, Tom. 2008. "Does innovation cause stock market runups? Evidence from the great crash". *American Economic Review* 98(4): 1370-1396.

17 De Long, J. Bradford, and Andrei Shleifer. 1990. *The Bubble of 1929: Evidence from Closed-End Funds*. No. w3523. Cambridge, MA: National Bureau of Economic Research.

18 이어지는 내용은 오하이오주 신시내티에서 열린 계량경제학학회(Econometric Society)와 미국통계학협회(American Statistical Association) 합동회의가 1932년 12월 31일에 열리기 전에 회람되고 다음을 통해 재출간되었다. Cowles, Alfred. 1933. "Can Stock Market Forecasters Forecast?" *Econometrica* 1(3): 309-324.

19 Jones, Alfred Winslow. 1949. "Fashions in forecasting." *Fortune*, 3월호, pp. 88-91.

20 Jones (1949).

28장

1 상원의원 Huey P. Long, 1934년 2월 5일 73대 의회 연설. Congressional Record, v. 78, pt. 3. 미국 사회보장제도(Social Security) 공식 홈페이지에서 인용. 다음에서 열람 가능: http://www.ssa.gov/history/longsen.html.

2 *Fortune*. 1935. "Social Security by any other name", 3월호, pp. 86-87.

3 다음은 미국 사회보장제도의 기원을 다룬 훌륭한 자료이다. Scheiber, Sylvester J. 2012. *The Predictable Surprise: The Unraveling of the U.S. Retirement System*. Oxford: Oxford University Press.

4 *Fortune* (1935).

5 미국 상원 증권거래소 청문회, 1932. 다음에서 인용. Galbraith, John Kenneth. 1997. *The Great Stock Market Crash of 1929*. Boston: Houghton Mifflin Harcourt, pp. 64-65. (《대폭락 1929》, 이헌대 옮김, 일리, 2008, pp. 103-104)

29장

1 Marowitz, Harry. 1991. "Autobiography" (Tore Frängsmyr 편저, Les Prix Nobel. *The Nobel Prizes 1990*. Stockholm: Nobel Foundation).

2 다음을 참고하라. Goetzmann, William N., Andrey D. Ukhov. 2006. "British investment overseas 1870-1913: A modern portfolio theory approach". *Review of Finance* 10(2): 261-300.

3 Leora Klapper, Victor Sulla, Dimitri Vittas. 2004. "The development of mutual funds around the world". *Emerging Markets Review* 5(1): 1-38.

4 Utpal Bhattacharya, Neal Galpin. 2011. "The global rise of the value-weighted portfolio", *Journal of Financial and Quantitative Analysis* 46(3): 737.

5 Benartzi, Shlomo, Richard H. Thaler. 2001. "Naive diversification strategies in defined contribution saving plans". *American Economic Review* 91(1): 79-98.

6 Thaler, Richard H. and Cass R. Sustein. 2008. Nudge: Improving Decisions About Health, Wealth and Happiness. New Haven: Yale University Press. (《넛지 : 똑똑한 선택을 이끄는 힘》, 안진환 옮김, 리더스북, 2009)

참고문헌

Aeschylus. 1926. *Aeschylus, with an English Translation by Herbert Weir Smyth*, vol. 1: *Persians*. Cambridge, MA. Harvard University Press. (《아이스퀼로스 비극 전집》, 2008, 천병희 옮김, 숲)

Allen, Robert C. 2005. "Capital Accumulation, Technological Change, and the Distribution of Income during the British Industrial Revolution". Discussion Paper. Department of Economics, University of Oxford.

_____. 2009. *The British Industrial Revolution in Global Perspective*. Cambridge: Cambridge University Press.

Andreadēs, Andreas Michaël. 1933. *A History of Greek Public Finance*, vol. 1. Cambridge, MA: Harvard University Press.

Andreau, Jean. 1999. *Banking and Business in the Roman World*. Cambridge: Cambridge University Press.

Angela, Alberto. 2009. *A Day in the Life of Ancient Rome*. New York: Europa Editions. (《고대 로마인의 24시간》, 2012, 주효숙 옮김, 까치)

Aperghis, G. G. 1998. "A reassessment of the Laurion mining lease records". *Bulletin of the Institute of Classical Studies* 42(1): 1–20.

Archibald, Zosia, John K. Davies, and Vincent Gabrielsen (eds.). 2011. *The Economies of Hellenistic Societies, Third to First Centuries BC*. Oxford: Oxford University Press.

Archibald, Zosia Halina. 2013. *Ancient Economies of the Northern Aegean: Fifth to First Centuries BC*. Oxford: Oxford University Press.

Aubet, Maria Eugenia. 2013. *Commerce and Colonization in the Ancient Near East*. Cambridge: Cambridge University Press.

Badian, Ernst. 1972. *Publicans and Sinners: Private Enterprise in the Service of the Roman Republic*. Ithaca, NY: Cornell University Press.

Bailey, Paul. 2013. *Strengthen the Country and Enrich the People: The Reform Writings of Ma Jianzhong*. London: Routledge.

Banner, Stuart. 1998. *Anglo-American Securities Regulation*. Cambridge: Cambridge University Press.

Barnish, S. J. B. 1985. "The wealth of Julius Argentarius". *Byzantion* 55: 5–38.

Benartzi, Shlomo, and Richard H. Thaler. 2001. "Naive diversification strategies in defined contribution saving plans". *American Economic Review* (Evanston) 91(1): 79–98.

Bernoulli, Jacob, and Edith Dudley Sylla. 2006. *The Art of Conjecturing, Together with Letter to a Friend on Sets in Court Tennis*. Baltimore: Johns Hopkins University Press. (《추측술》, 2013, 조재근 옮김, 지만지-발췌역)

Bernstein, Peter L. 1998. *Against the Gods: The Remarkable Story of Risk*. New York: John Wiley & Sons. (《리스크》, 2008, 안진환 옮김, 한국경제신문)

Bhattacharya, Utpal, and Neal Galpin. 2011. "The global rise of the value-weighted portfolio". *Journal of Financial and Quantitative Analysis* 46(3): 737.

Biot, E. 1851. *Le Tcheou-li: Ou rites des Tcheou*. Paris: Imprimerie nationale. (본문에서 인용한 내용은 다음을 참고함. 《주례》, 2002, 지재희 · 이준녕 옮김, 자유문고)

Bisson, Thomas. 1984. *Fiscal Accounts of Catalonia under the Early Count Kings*. Berkeley: University of California Press.

Bowman, Alan, and Andrew Wilson. 2009. *Quantifying the Roman Economy. Oxford Studies in the Roman Economy* 1. Oxford: Oxford University Press.

Bray, Francesca. 1999. "Towards a Critical History of Non-Western Technology", in Timothy Brook and Gregory Blue (eds.), *China and Historical Capitalism*. Cambridge: Cambridge University Press, p. 167.

Bresson, Alain. 2006. "The origin of Lydian and Greek coinage: Cost and quantity". *Historical Research* 5: 149–159.

Cain, P. J. 2002. *Hobson and Imperialism: Radicalism, New Liberalism, and Finance, 1887–1938*. New York: Oxford University Press.

Camp, John McKessen. 2007. "Excavations in the Athenian Agora: 2002–2007". *Hesperia* 76(4): 627–663.

Cardano, Girolamo. 2002. *The Book of My Life*, Jean Stoner (trans.). New York: New York Review of Books.

Carruthers, Bruce G. 1996. *City of Capital: Politics and Markets in the English Financial Revolution*. Princeton, NJ: Princeton University Press.

Casson, Lionel. 1980. "The Role of the State in Rome's Grain Trade". *Memoirs of the American Academy in Rome* 36: 21–33.

Chabot, B., and C. Kurz. 2011. "Trust Me with Your Money: English Investors and the Precursor of the Modern Mutual Fund." 다음에서 열람 가능: http://citeseerx.ist.psu.edu/viewdoc/summary?doi=10.1.1.195.459.

Chambers, David, and Elroy Dimson. 2013. "John Maynard Keynes, investment innovator". *Journal of Economic Perspectives* 27(3): 213–228.

Chancellor, Edward. 2000. *Devil Take the Hindmost: A History of Financial Speculation*. New York: Plume. (《금융투기의 역사》, 2001, 강남규 옮김, 국일증권경제연구소)

Chave, Anna C. 1991. " 'Who Will Paint New York?': 'The World's New Art Center' and the skyscraper paintings of Georgia O'Keeffe". *American Art* 5(1/2): 87–107.

Chevalier, Michael. 1839. *Society, Manners and Politics in the United States; Being a Series of Letters on North America*. Tranlated from the third Paris edition. Boston: Weeks, Jordan and Company.

Chou, Hung-hsiang (翔周鴻). 1970. "Fu-X ladies of the Shang Dynasty". *Monumenta Serica* 29: 346–390.

Cicero, M. Tullius. 1891. *The Orations of Marcus Tullius Cicero*, C. D. Yonge (trans.). London: George Bell & Sons.

Clark, Gregory. 2007. *A Farewell to Alms: A Brief Economic History of the World*. Princeton, NJ: Princeton University Press. (《맬서스, 산업혁명 그리고 이해할 수 없는 신세계》, 2009, 이은주 옮김, 한스미디어)

Cohen, Edward E. 1997a. *Ancient Athenian Maritime Courts*. Princeton, NJ: Princeton University Press.

_____. 1997b. *Athenian Economy and Society: A Banking Perspective*. Princeton, NJ: Princeton University Press.

Condie, Bill. 2008. "Nassim Taleb and the Secret of the Black Swan", *London Evening Standard*, October 27, p. 1.

Condorcet, M. de., and Marie-Jean-Antoine-Nicolas Caritat. 1796. *Condorcet's Outlines of an Historical View of the Progress of the Human Mind, Being a Posthumous Work of the Late M. de Condorcet*. (Translated from the French). Philadelphia: M. Carey. (《인간 정신의 진보에 관한 역사》, 2002, 장세룡 옮김, 책세상)

Cowles, Alfred. 1933. "Can stock market forecasters forecast?" *Econometrica* 1(3): 309–324.

Dale, Richard. 2004. *The First Crash: Lessons from the South Sea Bubble*. Princeton, NJ:

Princeton University Press.

Dari-Martini, Guiseppi, Oscar Gelderblom, Joost Jonker, and Enrico Perroti. 2013. "The Emergence of the Corporate Form". *Amsterdam Law School Legal Studies Research Paper* 2013-11.

Darling, M. L. 1925. *The Punjab Peasant in Prosperity and Debt*. London: Oxford University Press.

Davenant, Charles. 1942. *Two Manuscripts by Charles Davenant: A Memorial Concerning the Coyn of England (B) a Memorial Concerning Credit*. Baltimore: Johns Hopkins University Press. First published in 1696.

Davis, Gil. 2014. "Mining money in Late Archaic Athens". *Historia* 63(3): 257-277.

Davis Jr., R. A., A. T. Weltry, J. Borrego, J. A. Morales, J. G. Pendon, and J. G. Ryan. 2000. "Rio Tinto estuary (Spain): 5000 years of pollution". *Environmental Geology* 39(10): 1107-1116.

Davis, William Stearns. 1910. *The Influence of Wealth in Imperial Rome*. New York: Macmillan.

Defoe, Daniel. 1697. "Author's Introduction", in An Essay upon Projects. London: Printed by R. R. for Tho. Cockerill. 다음에서 열람 가능: http://etext.library.adelaide.edu.au/d/defoe/daniel/d31es/part3.html.

_____. 1704. *A Review of the State of the British Nation*. June 14. London: Defoe.

_____. 1712. *An Essay on the South-Sea Trade with an Enquiry into the Grounds and Reasons of the present Dislike and Complaint against the Settlement of a South-Sea Company*. London: J. Baker.

_____. 1720. *The South-Sea Scheme Examin'd: And the Reasonableness Thereof Demonstrated. By a Hearty Well-Wisher to Publick Credit, third edition*. London: J. Roberts.

Delisle, M. Leopold. 1888. "Memoires sur les Operations Financieres des Templiers". *Memoires de l'Institute National de France. Academie des Inscriptions Belles-Lettres*, Paris 33: 11.

De Long, J. Bradford, and Andrei Shleifer. 1990. *The Bubble of 1929: Evidence from Closed-End Funds*. No. w3523. Cambridge, MA: National Bureau of Economic Research.

De Moivre, Abraham. 1756. *The Doctrine of Chances: Or, a Method of Calculating the Probabilities of Events in a Play*, third edition. London: Millar. Reprinted in 1967, New York: Chelsea Publishing.

Demosthenes. 2003. *Demosthenes: Speeches 50-59*, Douglas M. Macdowell (trans.). Austin: University of Texas Press.

_____. 2004. "35 Against Lacritus", in Demosthenes, *Speeches 27-38*, Douglas M. Macdowell (trans.). Austin: University of Texas Press, pp. 137-144.

Desmed, Ludovic. 2005. "Money in the 'Body Politick': The analysis of trade and circulation in the writings of seventeenth-century political arithmeticians". *History of Political Economy* 37(1): 1.

Duncan-Jones, Richard. 1998. *Money and Government in the Roman Empire*. Cambridge: Cambridge University Press.

Dunham, Wayne R. 2008. "Cold case files: The Athenian grain merchants, 386 BC". *Cato Journal* 28: 495.

Easterly, William. 2003. "Can foreign aid buy growth?" *Journal of Economic Perspectives* 17(3): 23-48.

Ebrey, Patricia Buckley (ed.). 2009. *Chinese Civilization: A Sourcebook*. New York: Simon and Schuster. (본문에서 인용한 내용은 다음을 참고함. 《한비자》, 2002, 이운구 옮김, 한길사)

Eidem, Jesper. 2008. "Apum: A Kingdom on the Old Assyrian Route", in Klaas R. Veenhof and Jesper Eidem (eds.), *Mesopotamia, The Old Assyrian Period*. Orbis Biblicus et Orientalis, vol. 160/5. Saint Paul, MN: Academic Press Fribourg, pp. 265-352.

Elman, Benjamin A. 2013. *Civil Examinations and Meritocracy in Late Imperial China*. Cambridge, MA: Harvard University Press.

Elvin, Mark. 2005. "Why Premodern China-Probably-Did Not Develop Probabilistic Thinking". Working paper, Australian National University.

Englund, Robert. 1988. "Administrative timekeeping in ancient Mesopotamia". *Journal of the Economic and Social History of the Orient* 31: 121-185.

_____. 2004. "Proto-cuneiform Account Books and Journals", in Michael Hudson and Cornelia Wunsch (eds.), *Creating Economic Order*. International Scholars Conference on Ancient Near Eastern Economies, vol. 4. Bethesda, MD: CDL Press, pp. 32-33.

Ferguson, Niall. 2002. *The Cash Nexus: Money and Power in the Modern World, 1700-2000*. New York: Basic Books. (《현금의 지배》, 2002, 류후규 옮김, 김영사)

Figueira, Thomas J. 1986. "Sitopolai and Sitophylakes in Lysias' 'Against the Grain Dealers': Governmental intervention in the Athenian economy". *Phoenix* 40: 149-171.

Fisher, Irving. 1930. *The Theory of Interest*. New York: Macmillan.

Fleck, Robert K., and F. Andrew Hanssen. 2012. "On the benefits and costs of legal expertise: Adjudication in ancient Athens". *Review of Law & Economics* 8(2): 367-399.

Forey, A. J. 1973. *The Templars in the Corona de Aragon*. Oxford: Oxford University Press.

Fortune. 1935. "Social Security by any other name", March, pp. 86-87.

Foster, Benjamin R. (trans.). 2001. *The Epic of Gilgamesh*. New York: W. W. Norton and Company. (《최초의 신화 길가메쉬 서사시》, 2005, 김산해 옮김, 휴머니스트)

Fratianni, Michele. 2006. "Government debt, reputation and creditors' protections: The tale of San Giorgio". *Review of Finance* 10(4): 487-506.

Frehen, Rik G. P., William N. Goetzmann, and K. Geert Rouwenhorst. 2013. "New evidence on the first financial bubble". *Journal of Financial Economics* 108(3): 585-607.

Frier, Bruce W., and Dennis P. Kehoe. 2007. "Law and Economic Institutions", in Walter Scheidel, Ian Morris, and Richard Saller (eds.), *The Cambridge Economic History of the Greco-Roman World*. Cambridge: Cambridge University Press, pp. 113-143.

Galbraith, John Kenneth. 2009. *The Great Stock Market Crash of 1929*. Boston: Houghton Mifflin Harcourt. (《대폭락 1929》, 2008, 이헌대 옮김, 일리)

Garber, Peter M. 1990. "Famous first bubbles". *Journal of Economic Perspectives* 4(2): 35-54.

Garfinkle, Steven J. 2004. "Shepherds, merchants, and credit: Some observations on lending practices in Ur III Mesopotamia", *Journal of the Economic and Social History of the Orient* 47(1): 1-30.

_____. 2012. *Entrepreneurs and Enterprise in Early Mesopotamia: A Study of Three Archives from the Third Dynasty of Ur*. Bethesda, MD: CDL Press.

Garland, Robert. 1987. *The Piraeus from the Fifth to the First Century B.C.* Ithaca, NY: Cornell University Press.

Gilbert, Cass. 1900. "The financial importance of rapid building". *Engineering Record* 41: 624.

Goddeeris, Anne. 2002. *Economy and Society in Northern Babylonia in the Early Old Babylonian Period (ca. 2000-1800 BC)*. Leuven, Belgium: Peeters.

Goetzmann, William H. 2009. *Beyond the Revolution: A History of American Thought from Paine to Pragmatism*. New York: Basic Books.

Goetzmann, William N., and K. Geert Rouwenhorst (eds.). 2005. *The Origins of Value: The*

Financial Innovations That Created Modern Capital Markets. Oxford: Oxford University Press.

Goetzmann, William N., and Elisabeth Köll. 2005. "The History of Corporate Ownership in China: State Patronage, Company Legislation, and the Issue of Control", in Randall K. Morck (ed.), *A History of Corporate Governance around the World: Family Business Groups to Professional Managers*. Chicago: University of Chicago Press, pp. 149-184.

Goetzmann, William N., and Andrey D. Ukhov. 2006. "British investment overseas 1870-1913: A modern portfolio theory approach". *Review of Finance* 10(2): 261-300.

Goetzmann, William N., Andrey Ukhov, and Ning Zhu. 2007. "China and the world financial markets 1870-1939: Modern lessons from historical globalization". *Economic History Review* 60(2): 267-312.

Goetzmann, William N., Catherine Labio, K. Geert Rouwenhorst, and Timothy Young (eds.). 2013. *The Great Mirror of Folly: Finance, Culture, and the Great Crash of 1720*. New Haven, CT: Yale University Press.

Grant, James. 1992. *Money of the Mind*. New York: Farrar, Straus and Giroux.

Guinnane, Timothy. 2005. "German Debt in the Twentieth Century", in William N. Goetzmann and K. Geert Rouwenhorst (eds.), *The Origins of Value: The Financial Innovations That Created Modern Capital Markets*. Oxford: Oxford University Press, pp. 327-341.

Hadden, Peter. 1994. *On the Shoulders of Merchants: Exchange and the Mathematical Conception of Nature in Early Modern Europe*. Albany: State University of New York Press.

Halley, Edmund. 1693. "An estimate of the degrees of mortality of mankind, drawn from curious tables of the births and funerals at the city of Breslaw, with an attempt to ascertain the price of annuities upon lives". *Philosophical Transactions London* 17: 596-610. 다음에서 열람 가능: http://www.pierre-marteau.com/editions/1693-mortality/halley-text.html.

Hansen, Valerie, and Ana Mata-Fink. 2005. "Records from a Seventh Century Pawn Shop", in William N. Goetzmann and K. Geert Rouwenhorst (eds.), *The Origins of Value: The Financial Innovations That Created Modern Capital Markets*. Oxford: Oxford University Press, pp. 56-64.

Hansmann, Henry, Reinier Kraakman, and Richard Squire. 2006. "Law and the rise of the firm". *Harvard Law Review* 119(5): 1333-1403.

Hao, Yen-p'ing. 1970. *The Comprador in Nineteenth Century China: Bridge between East and West*, vol. 45. Cambridge, MA: Harvard University Press.

Harl, Kenneth W. 1996. *Coinage in the Roman Economy, 300 BC to AD 700*. Baltimore: Johns Hopkins University Press.

Harris, William V. 2006. "A revisionist view of Roman money". Journal of Roman Studies 96: 1-24.

Harris, William V. (ed.). 2008. *The Monetary Systems of the Greeks and Romans*. Oxford: Oxford University Press.

Hobson, J. H. 1902. *Imperialism: A Study*. London: Cosimo. (《제국주의론》, 1982, 신홍범·김종철 옮김, 창작과비평사)

Huis, Joost, Reinhart Pirngruber, and Bas Van Leeuwen. 2014. "Climate, War and Economic Development: The Case of Second Century BC Babylon", in R. J. Van der Spek, Jan Luiten van Zanden, and Bas van Leeuwen (eds.), *A History of Market Performance: From Ancient Babylonia to the Modern World*, vol. 68. London: Routledge.

Hutson, Elaine. 2005. "The early managed fund industry: Investment trusts in 19th century Britain". *International Review of Financial Analysis* 14: 439–454.

Inikori, Joseph E. 2002. *Africans and the Industrial Revolution in England*. Cambridge: Cambridge University Press.

Jacobsen, Thorkild. 1976. *The Treasures of Darkness: A History of Mesopotamian Religion*. New Haven, CT: Yale University Press.

Jones, Alfred Winslow. 1949. "Fashions in forecasting", Fortune, March, pp. 88–91.

Jones, David Francis. 2006. *The Bankers of Puteoli: Finance, Trade and Industry in the Roman World*. Stroud, UK: Tempus.

Jovanovic, Franck. 2001. "Does God practice a random walk? The 'financial physics' of a 19th-century forerunner, Jules Regnault (avec Philippe Le Gall)". *European Journal of the History of Economic Thought* 8(3): 323–362.

_____. 2006. "Economic instruments and theory in the construction of Henri Lefèvre's science of the stock market". *Pioneers of Financial Economics* 1: 169–190.

Jowett, Benjamin (trans. and ed.). 1885. *The Politics of Aristotle: Translated into English*, 2 vols. Oxford: Oxford University Press. (《정치학》, 2009, 천병희 옮김, 숲)

Jursa, Michael. 2014. "Market Performance and Market Integration in Babylonia in the 'Long Sixth Century' B.C.", in R. J. Van der Spek, Jan Luiten van Zanden, and Bas van Leeuwen (eds.), *A History of Market Performance: From Ancient Babylonia to the Modern World*, vol. 68. London: Routledge.

Kavanagh, Thomas. 2005. *Dice, Cards, Wheels: A Different History of French Culture*. University Park: University of Pennsylvania Press.

Kay, Philip. 2014. *Rome's Economic Revolution*. Oxford: Oxford University Press.

Keynes, John Maynard. 1920. *The Economic Consequences of the Peace*. New York: Harcourt, Brace and Howe. (《평화의 경제적 결과》, 2016, 정명진 옮김, 부글북스)

_____. 2006. *General Theory of Employment, Interest and Money*. London: Atlantic Books. (《고용, 이자 및 화폐의 일반이론》, 2007, 조순 옮김, 비봉출판사)

Klapper, Leora, Victor Sulla, and Dimitri Vittas. 2004. "The development of mutual funds around the world". *Emerging Markets Review* 5(1): 1–38.

Kuran, Timur. 2011. *The Long Divergence: How Islamic Law Held Back the Middle East*. Princeton, NJ: Princeton University Press.

Lai, C. K. 1992. "The Qing State and Merchant Enterprise: The China Merchant's Company, 1872–1902", in J. K. Leonard and J. R. Watt (eds.), *To Achieve Security and Wealth: The Qing Imperial State and the Economy, 1644–1911*. East Asia Program. Ithaca, NY: Cornell University Press, pp. 139–155.

Larsen, Mogens Trolle. 1977. "Partnerships in the old Assyrian trade". *Iraq* 39(1): 119–145.

Law, John. 1750. *Money and Trade Considered: With a Proposal for Supplying the Nation with Money*. Edinburgh: R. & A. Foulis. First published in 1705.

Lee, En-han. 1977. *China's Quest for Railway Autonomy, 1904–1911: A Study of the Chinese Railway Rights Recovery Movement*. Singapore: Singapore University Press.

Lee, Pui Tak. 1991. "Business networks and patterns of Cantonese compradors and merchants in nineteenth-century Hong Kong". *Journal of the Royal Asiatic Society Hong Kong Branch* 31: 1–39.

Le Goff, Jacques. 2004. *From Heaven to Earth: The Shift in Values between the 12th and the 13th Century in the Christian West*. A. H. Heinecken Prize for History Lecture Series. Amsterdam: Royal Netherlands Academy of Arts and Sciences.

Leiberman, Stephen J. 1980. "Of clay pebbles, hollow clay balls, and writing: A Sumerian view". *American Journal of Archaeology* 84(3): 339–358.

Lenin, V. I. 1963. *Imperialism, the Highest Stage of Capitalism. Lenin's Selected Works*, vol. 1. Moscow: Progress Publishers. Originally published in 1917. 다음에서 열람 가능: https://www.marxists.org/archive/lenin/works/1916/imp-hsc/. (《제국주의: 자본주의 발전의 최고단계》, 1988, 박세영 옮김, 과학과사상)

Lin, Justin Yifu. 1995. "The Needham Puzzle: Why the Industrial Revolution did not originate in China". *Economic Development and Cultural Change* 43(2): 269–292.

London Gazette. 1720. no. 5879 August 20–23.

Lowenfeld, Henry. 1909. *Investment: An Exact Science*. London: Financial Review of Reviews.

Luzzatto, Gino. 1963. *Il Debito Publico della Repubblica di Venezia*. Milan: Instituto Editoriale Cisalpino.

Lysias. *Oration XXII.* 다음에서 열람 가능: http://www.gutenberg.org/cache/epub/6969/pg6969.html.

Malmendier, Ulrike. 2005. "Roman Shares", in William N. Goetzmann and K. Geert Rouwenhorst (eds.), *The Origins of Value: The Financial Innovations That Created Modern Capital Markets*. Oxford: Oxford University Press, pp. 31–42.

Malthus, T. R., Donald Winch, and Patricia James. 1992. *Malthus: An Essay on the Principle of Population*. Cambridge: Cambridge University Press. (《인구론》, 2016, 이서행 옮김, 동서문화사)

Mann, Bruce H. 2002. *Republic of Debtors: Bankruptcy in the Age of American Independence*. Cambridge, MA: Harvard University Press.

Manning, Joseph Gilbert. 2003. *Land and Power in Ptolemaic Egypt*. Cambridge: Cambridge University Press.

Manning, Joseph Gilbert, and Ian Morris (eds.). 2007. *The Ancient Economy: Evidence and Models*. Redwood City, CA: Stanford University Press.

Marowitz, Harry. 1991. "Autobiography", in Tore Frangsmyr (ed.), *Les Prix Nobel.The Nobel Prizes 1990*. Stockholm: Nobel Foundation.

Martin, Fredrick. 1876. *The History of Lloyd's and of Marine Insurance in Great Britain*. London: Macmillan and Company.

Marx, Karl. 2007. *Capital: A Critique of Political Economy-The Process of Capitalist Production*. New York: Cosimo. (《자본론》, 2015, 김수행 옮김, 비봉출판사)

———. 1921. *Capital: The Process of Capitalist Production*, Samuel Moore and Edward Aveling (trans.), Frederick Engels (ed.). Revised and amplified according to the fourth German ed. by Ernest Untermann. Chicago: Charles H. Kerr.

Marx, Karl, and Friedrich Engels. 1906. *Manifesto of the Communist Party*. Chicago: Charles H. Kerr and Company. (《공산당선언》, 2002, 이진우 옮김, 책세상)

Meadows, Andrew, and Kirsty Shipton. 2004. *Money and Its Uses in the Ancient Greek World*. Oxford: Oxford University Press.

Millett, Paul. 2002. *Lending and Borrowing in Ancient Athens*. Cambridge: Cambridge University Press.

Moreno, Alfonso. 2007. *Feeding the Democracy: The Athenian Grain Supply in the Fifth and Fourth Centuries BC*. Oxford: Oxford University Press.

Mueller, Reinhold C., and Frederic Chapin Lane. 1997. *The Venetian Money Market: Banks, Panics, and the Public Debt, 1200–1500. Money and Banking in Medieval and Renaissance Venice, vol. 2.* Baltimore: Johns Hopkins University Press.

Mundy, John. 1954. *Liberty and Political Power in Toulouse 1050–1230*. New York: Columbia University Press.

Munro, John H. 2003. "The Medieval origins of the financial revolution: Usury, rentes and negotiability". *International History Review* 25(3): 505–562.

Murphy, Antoine. 1997. *John Law: Economic Theorist and Policy-Maker.* Oxford: Oxford University Press.

_____. 2005. "John Law: Innovating Theorist and Policy Maker", in William N. Goetzmann and K. Geert Rouwenhorst (eds.), *The Origins of Value: The Financial Innovations That Created Modern Capital Markets.* Oxford: Oxford University Press, pp. 225–238.

Neal, Larry. 1993. *The Rise of Financial Capitalism in the Age of Reason.* Cambridge: Cambridge University Press.

_____. 2005. "Venture Shares of the Dutch East India Company", in William N. Goetzmann and K. Geert Rouwenhorst (eds.), *The Origins of Value: The Financial Innovations That Created Modern Capital Markets.* Oxford: Oxford University Press, pp. 165–175.

Neal, Larry, and Jeffrey Williamson. 2014. *The Cambridge History of Capitalism,* vol. 1. Cambridge: Cambridge University Press.

Needham, J., and L. Wang. 1959. *Science and Civilisation in China,* vol. 3. Cambridge: Cambridge University Press.

Nicholas, Tom. 2008. "Does innovation cause stock market runups? Evidence from the Great Crash". *American Economic Review* 98(4): 1370–1396.

Nissen, Hans J., Peter Damerow, and Robert K. Englund. 1993. *Archaic Bookkeeping.* Chicago: University of Chicago Press.

Nivison, David S. 1996. " 'Virtue' in Bone and Bronze", in *The Ways of Confucianism: Investigations in Chinese Philosophy,* edited with an introduction by Bryan W. Van Norden. La Salle, IL: Open Court Press.

Norwich, John Julius. 1982. *A History of Venice.* New York: Alfred A. Knopf.

Ott, Julia C. 2011. *When Wall Street Met Main Street.* Cambridge, MA: Harvard University Press.

Papazarkadas, N. 2012. "Poletai". in *The Encyclopedia of Ancient History.* 다음에서 열람 가능: http://onlinelibrary.wiley.com/doi/10.1002/9781444338386.wbeah04267/full.

Parkins, Helen, and Christopher Smith (eds.). 2005. *Trade, Traders and the Ancient City.* London: Routledge.

Peng, Xinwei, and Edward H. Kaplan. 1994. *A Monetary History of China,* vol. 1. Bellingham, WA: Western Washington University. (본문에서 인용한 내용은 다음을 참고함. 《관자》, 2015, 신동준 옮김, 인간사랑)

Piquet, Caroline. 2004. "The Suez Company's concession in Egypt, 1854–1956: Modern infrastructure and local economic development". *Enterprise and Society* 5(1): 107–127.

Plato. 1967. *Plato in Twelve Volumes,* vol. 3, W.R.M. Lamb (trans.). London: William Heinemann. (본문에 인용된 부분은 다음을 참고함. 《플라톤/고르기아스/프로타고라스》, 2014, 천병희 옮김, 숲)

Polo, Marco. 1920. *Marco Polo; Notes and Addenda to Sir Henry Yule's Edition, Containing the Results of Recent Research and Discovery, by Henri Cordier.* London:John Murray. Project Gutenberg. Chapter 24. 다음에서 열람 가능: http://www.gutenberg.org/ebooks/10636. (《동방견문록》, 2016, 채희순 옮김, 동서문화사)

Pomeranz, Kenneth. 1997. " 'Traditional' Chinese business forms revisited: Family, firm, and financing in the history of the Yutang Company of Jining, 1779–1956". *Late Imperial China* 18(1): 1–38.

Porter, Dale H. 1998. *The Thames Embankment: Environment, Technology, and Society in Victorian London*. Akron, OH: University of Akron Press.

Postlethwayt, Malachy, Jacques Savary des Brulons, Emanuel Bowen, Thomas Kitchin, Charles Mosley, and Richard William Seale. 1766. *The Universal Dictionary of Trade and Commerce*. London: Printed for H. Woodfall, A. Millar, J. and R. Tonson, et al.

Rand, Ayn. 2005. *The Fountainhead*. London: Penguin. (《파운틴 헤드》, 2011, 민승남 옮김, 휴머니스트)

Rasmussen, Barbara. 1994. *Absentee Landowning and Exploitation in West Virginia: 1760–1920*. Lexington: University Press of Kentucky.

Rathbone, Dominic, and Peter Temin. 2008. "Financial Intermediation in First-Century AD Rome and Eighteenth-Century England", in Koenraad Verboven, Katelijn Vandorpe, and Veronique Chankowski (eds.), *Pistoi dia tèn technèn. Bankers, Loans and Archives in the Ancient World*. Leuven, Belgium: Peeters.

Regnault, Jules. 1863. *Calcul des Chances et Philosophie de la Bourse*. Paris: Mallet-Bachelier [et] Castel.

Richetti, John J. 2005. *The Life of Daniel Defoe: A Critical Biography*. Oxford: Blackwell.

Rodewald, Cosmo. 1976. *Money in the Age of Tiberius*. Manchester, UK: Manchester University Press.

Rosenstein, Nathan. 2008. "Aristocrats and agriculture in the Middle and Late Republic". *Journal of Roman Studies* 98: 1–26.

Rosenthal, Jean-Laurent, and Roy Bin Wong. 2011. *Before and Beyond Divergence*. Cambridge, MA: Harvard University Press.

Rosman, Kevin J. R., Warrick Chisholm, Sungmin Hong, Jean-Pierre Candelone, and Claude F. Boutron. 1997. "Lead from Carthaginian and Roman Spanish mines isotopically identified in Greenland ice dated from 600 BC to 300 AD". *Environmental Science & Technology* 31(12): 3413–3416.

Rostovtzeff, Michael Ivanovitch. 1926. *The Social & Economic History of the Roman Empire*, vol. 1. New York: Biblio and Tannen.

Rubin, Jared. 2009. "Social insurance, commitment, and the origin of law: Interest bans in early Christianity". *Journal of Law and Economics* 52(4): 761–786.

Ruskin, John. 1867. *The Stones of Venice*, vol. 1. New York: John Wiley & Sons. (《베네치아의 돌》, 2006, 박언곤 옮김, 예경)

Sakowski, A. M. 1932. *The Great American Land Bubble*. New York: Harper and Brothers.

Schaps, David M. 2004. *The Invention of Coinage and the Monetization of Ancient Greece*. Ann Arbor: University of Michigan Press.

_____. 2006. "The Invention of Coinage in Lydia, in India, and in China". Paper presented at Session 30 of the XIV International Economic History Congress, Helsinki, August 21–25, 2006.

Scheiber, Sylvester J. 2012. *The Predictable Surprise: The Unraveling of the U.S. Retirement System*. Oxford: Oxford University Press.

Scheidel, Walter (ed.). 2009. *Rome and China: Comparative Perspectives on Ancient World Empires*. Oxford: Oxford University Press.

Scheidel, Walter, Ian Morris, and Richard P. Saller (eds.). 2007. *The Cambridge Economic History of the Greco-Roman World*. Cambridge: Cambridge University Press.

Schmandt-Besserat, Denise. 1992. *From Counting to Cuneiform*, vol. 1. Austin: University of Texas Press.

Schmitz, Leonhard. 1875. "Argentarii", in William Smith (ed.), *A Dictionary of Greek and*

Roman Antiquities. London: John Murray, pp. 130-132. 다음에서 열람 가능: http://
   penelope.uchicago.edu/Thayer/E/Roman/Texts/secondary/SMIGRA*/Argentarii.html.

Schneider, Robert Alan. 1989. *Public Life in Toulouse, 1463-1789: From Municipal Republic
   to Cosmopolitan City*. Ithaca, NY: Cornell University Press.

Schwartz, David. 2006. *Roll the Bones: The History of Gambling*. East Rutherford, NJ:
   Gotham Books.

Sciabarra, Chris Matthew. 1995. *Ayn Rand: The Russian Radical*. University Park:
   Pennsylvania State University Press.

Scott, William Robert. 1995. *Joint Stock Companies to 1720*. Bristol: Theomes Press.
   Original edition 1910-1912.

Seaford, Richard. 2004. *Money and the Early Greek Mind: Homer, Philosophy, Tragedy*.
   Cambridge: Cambridge University Press.

Seneca. 1920. "On Taking One's Own Life", in *Epistulae Morales*, R. M. Gummere(trans.).
   Cambridge, MA: Harvard University Press, epistle 77.

Shultz, Earle, and Walter Simmons. 1959. *Offices in the Sky*. Indianapolis, IN: Bobbs-
   Merrill.

Silver, Morris. 1995. *Economic Structures of Antiquity*. Contributions in Economics and
   Economic History 159. Westport: Greenwood Press.

_____. 2011. "Finding the Roman Empire's disappeared deposit bankers". *Historia* 60(3):
   301-327.

Slotsky, Alice Louise. 1997. *The Bourse of Babylon: Market Quotations in the Astronomical
   Diaries of Babylonia*. Bethesda, MD: CDL Press.

Smith, Adam. 1921. *An Inquiry into the Nature and Causes of the Wealth of Nations*, vol. 2.
   London: J. M. Dent & Sons. (《국부론》, 2007, 김수행 옮김, 비봉출판사)

Smith, Paul J. 1991. *Taxing Heaven's Storehouse: Horses, Bureaucrats, and the Destruction of
   the Sichuan Tea Industry, 1074-1224*. Harvard-Yenching Institute Monograph Series, vol. 32.
   Cambridge, MA: Council on East Asian Studies and Harvard University Press.

Sombart, Werner. 2001. *The Jews and Modern Capitalism*, M. Epstein (trans.). Kitchener,
   Ont.: Batoche. Originally published in 1911.

Sosin, Joshua D. 2000. "Perpetual Endowments in the Hellenistic world: A Case-Study in
   Economic Rationalism". Dissertation, Duke University, Durham, NC.

Spieth, Darius. 2006. "The Corsets Assignat in David's 'Death of Marat'". *Source: Notes in
   the History of Art* 30: 22-28.

_____. 2013. "The French Context of Het Groote Tafereel der dwaasheid, John Law,
   Rococo Culture, and the Riches of the New World," in William N. Goetzmann,
   Catherine Labio, K. Geert Rouwenhorst, and Timothy Young (eds.), *The Great Mirror of
   Folly: Finance, Culture, and the Great Crash of 1720*. New Haven, CT: Yale University
   Press, p. 231.

Stasavage, David. 2011. *States of Credit: Size, Power, and the Development of European Polities*.
   Princeton, NJ: Princeton University Press.

Stolper, Matthew W. 1985. *Entrepreneurs and Empire: The Murašû Archive, the Murašû Firm,
   and Persian Rule in Babylonia*. Istanbul: Nederlands Historisch-Archaeologisch Instituut
   te Istanbul.

The United States, vol. 1. New York: Journal of Commerce and Commercial Bulletin.

Sverdrup, H., and Peter Schlyter. 2013. "Modeling the Survival of Athenian Owl
   Tetradrachms Struck in the Period from 561-42 BC from Then to the Present", in
   Proceedings of the 30th International Conference of the System Dynamics Society, vol. 5. St.

Gallen, Switzerland: Systems Dynamics Society, pp. 4024-4043.

Temin, Peter. 2002. "Price behavior in ancient Babylon". *Explorations in Economic History* 39(1): 46-60.

_____. 2006. "The economy of the early Roman Empire". *Journal of Economic Perspectives* 20(1): 133-151.

_____. 2013. *The Roman Market Economy*. Princeton, NJ: Princeton University Press.

Temin, Peter, and Hans-Joachim Voth. 2003. "Riding the South Sea Bubble". MIT Working Paper, Cambridge, MA.

_____. 2006. "Banking as an emerging technology: Hoare's Bank, 1702-1742". *Financial History Review* 13(2): 149-178.

Thayer, Theodore. 1953. "The Land-Bank system in the American colonies". *Journal of Economic History* 13(2): 145-159.

Thomas, Hugh. 1997. *The Slave Trade*. New York: Simon and Schuster.

Thomas, W. A. 2001. *Western Capitalism in China*. Burlington, VT: Ashgate.

Thucydides. 1910. *The Peloponnesian War*, Richard Crawley (trans.). London and New York: J. M. Dent and E. P. Dutton. (《펠로폰네소스 전쟁사》, 2011, 천병희 옮김, 숲)

Times. 1917. "COMPANY MEETINGS. Kyshtim Corporation (Limited). Mineral Resources of the Estates. Metallurgical and Commercial Industries", December 15, p. 12.

Tyson, Peter. 2006. "Future of the Passage." 다음에서 열람 가능: http://www.pbs.org/wgbh/nova/arctic/passage.html.

Ukhov, Andrey. 2003. Financial Innovation and Russian Government Debt before 1918. Yale ICF Working Paper 03-20, May 5.

Van De Mieroop, Marc. 1986. "Tūram-ilī: An Ur III merchant". *Journal of Cuneiform Studies* 38(1): 1-80.

_____. 1992. *Society and Enterprise in Old Babylonian Ur*. Berlin: Dietrich Reimer Verlag.

_____. 1997. *The Ancient Mesopotamian City*. Oxford: Oxford University Press.

_____. 2005. "The Invention of Interest: Sumerian Loans", in William N. Goetzmann and K. Geert Rouwenhorst (eds.), *The Origins of Value: The Financial Innovations That Created Modern Capital Markets*. Oxford: Oxford University Press, pp. 17-30.

_____. 2014. "Silver as a Financial Tool in Ancient Egypt and Mesopotamia", in Peter Bernholz and Roland Vaubel (eds.), *Explaining Monetary and Financial Innovation: A Historical Analysis. Financial and Monetary Policy Studies* vol. 39. Cham, Switzerland: Springer International, pp. 17-29.

Van der Spek, Robartus J. 1997. "New evidence from the Babylonian astronomical diaries concerning Seleucid and Arsacid history". *Archiv für Orientforschung* 1997: 167-175.

Van der Spek, Robartus J., Jan Luiten van Zanden, and Bas van Leeuwen (eds.). 2014. *A History of Market Performance: From Ancient Babylonia to the Modern World*, vol. 68. London: Routledge.

Van Egmond, Warren. 1980. *Practical Mathematics in the Italian Renaissance: A Catalog of Italian Abbacus Manuscripts and Printed Books to 1600*. Monografia 4, Annali dell'Istituto e Museo di Storia della Scienza di Firenze. Florence: Istituto e Museo di Storia della Scienza.

Van Wees, Hans. 2013. *Ships and Silver, Taxes and Tribute: A Fiscal History of Archaic Athens*. London: IB Tauris.

Veenhof, Klaas R. 2010. "Ancient Assur: The city, its traders, and its commercial network". *Journal of the Economic and Social History of the Orient* 53: 39-82.

Veenhof, Klaas R., and Jesper Eidem (eds.). 2008. *Mesopotamia: The Old Assyrian Period*.

Orbis Biblicus et Orientalis, vol. 160/5. Saint Paul, MN: Academic Press Fribourg.

Veenhof, Klaas R., K. R. Veenhof, and Jesper Eidem. 2008. *Mesopotamia: Annäherungen.* Saint Paul, MN: Academic Press Fribourg.

Velde, Francois, and David Weir. 1992. "The financial market and government debt policy in France, 1746–1793". *Journal of Economic History* 52(1): 1–39.

Verboven, Koenraad. 2003. "54–44 BCE. Financial or Monetary Crisis?" In E. L. Cascio (ed.), *Credito e Moneta nel Mondo Romano*. Bari, Italy: Edipuglia, pp. 49–68.

Verboven, Koenraad, Katelijn Vandorpe, and Véronique Chankowski. 2008. *Pistoi dia tèn technèn. Bankers, Loans and Archives in the Ancient World*. Leuven, Belgium: Peeters.

Von Glahn, Richard. 2005. "The Origins of Paper Money in China", in William N. Goetzmann and K. Geert Rouwenhorst (eds.), *The Origins of Value: The Financial Innovations That Created Modern Capital Markets*. Oxford: Oxford University Press, pp. 65–90.

Von Reden, Sitta. 2007. *Money in Ptolemaic Egypt: From the Macedonian Conquest to the End of the Third Century BC*. Cambridge: Cambridge University Press.

Watson, Burton (trans.). 1971. *Records of the Grand Historian of China. Translated from the Shih chi of Ssu-ma Ch'ie*. New York: Columbia University Press. (《사기》, 2015, 김원중 옮김, 민음사)

Xenophon. 1892. The Works of Xenophon, H. G. Daykins (trans.). London: Macmillan and Company. (본문에 인용된 부분은 다음을 참고함. 《크세노폰 소작품집》, 2016, 이은종 옮김, 주영사)

Zelin, Madeleine. 2005. *The Merchants of Zigong: Industrial Entrepreneurship in Early Modern China*. New York: Columbia University Press.

그림 출처

그림 1.1   드니즈 슈만트베세라(Denise Schmandt-Besserat)(http://sites.utexas.edu/dsb), 독일 베를린 소재 페르가몬 중근동박물관(Vorderasiatisches Museum).

그림 2.1   베를린 프로이센 문화재단 이미지저장소(bpk)/페르가몬 중근동박물관 (Vorderasiatisches Museum) 및 베를린 미술관(Staatliche Museen)/뉴욕주 소재 아트리소스(Art Resource).

그림 2.2   Photo ⓒ 2015 Crown/SAC Andy Holmes (RAF). https://commons.wikimedia.org/wiki/File:Uruk_Archaealogical_site_at_Warka,_Iraq_MOD_45156521.jpg.

그림 2.4   Photo ⓒ 그랑 팔레(Grand Palais, 루브르 박물관)/마티외 라보(Mathieu Rabeau).

그림 2.5   캘리포니아 대학교 로스앤젤레스 캠퍼스, 로버트 잉글런드(Robert Englund).

그림 3.1   펜 박물관(Penn Museum), 149979번 도판.

그림 4.1   R. J. 판더스픽(R. J. Van der Spek).

그림 5.1   예일 대학교 미술관/크리스토퍼 가드너(Christopher Gardner).

그림 5.2   이언 이미지(Eon Images).

그림 6.1   클래시컬 뉴미스매틱 그룹(Classical Numismatic Group). http://commons.wikimedia.org/wiki/File:SNGCop_039.jpg.

그림 7.2   ⓒ 론 레즈닉(Ron Reznick).

그림 7.3   https://commons.wikimedia.org/wiki/File: Stabiae_-Port_Scene_-MAN.jpg.

그림 7.4   예일 대학교 미술관, 2001.87.1.

그림 7.5   예일 대학교 미술관, 2001.87.1293.

그림 7.6   존 드레이터(John R. de Laeter). 2001. *Applications of Inorganic Mass Spectrometry*. Hoboken, N.J.: John Wiley & Sons.

2부 그림   https://commons.wikimedia.org/wikiFile:%E4%BD%95%E5%B0%8A.jpg.

그림 8.2   은허 부호묘(殷墟 妇好墓). 1980. 베이징 원우(文物)출판사, p. 10.

그림 8.3   https://commons.wikimedia.org/wiki/File:He_Zun.jpg.

그림 8.4   앨프리드 신츠(Alfred Schintz). 1996. *The Magic Square: Cities in Ancient China*. Stuttgart: Axel Menges.

그림 9.1   예일 대학교 바이네케 희귀본 도서관(Beinecke Rare Book and Manuscript Library).

그림 9.2   스티븐 로스(Stephen A. Ross) 소장품.

그림 10.1   니덤 연구소(Needham Research Institute).

3부 그림   예일 대학교 루이스 월폴 도서관(Lewis Walpole Library).

그림 12.3   런던 영국박물관.

그림 13.1   Bibliotheca Ricchardiana.

그림 14.1   예일 대학교 바이네케 희귀본 도서관(Beinecke Rare Book and Manuscript Library).

그림 15.1   에드먼드 핼리(Edmund Halley). *An Estimate of the Degrees of Mortality of Mankind*(1693). Philosophical Transactions of the Royal Society of London 17(1693), 596-610 및 654-656. L. J. 리드(Reid)의 서문을 추가하여 편집 및 재간된 다음 판본을 참고함. 메릴랜드 주 볼티모어 The Johns Hopkins Press 1942.

그림 15.3   (왼쪽) https://commons.wikimedia.org/wiki/File:Nicolas_de_Condorcet.PNG (오른쪽) https://commons.wikimedia.org/wiki/File:Thomas_Robert_Malthus_Wellcome_L0069037_-crop.jpg.

그림 16.1   http://www.antique-prints.de/shop/catalog.php?list=KAT32&seg=2.

그림 16.2   프랑크 조바노빅(Franck Jovanovic). 2006. "Economic instruments and theory in the construction of Henri Lefèvre's science of the stock market", *Pioneers of Financial Economics* 1: 169-190.

그림 17.1 케임브리지 대학교 디지털도서관(University of Cambridge Digital Library).

그림 18.1 앤 세이버스(Ann Savors) 저 "The search for the North West Passage" by (p. 6), 영국박물관.

그림 19.1 예일 대학교 루이스 월폴 도서관.

그림 19.2 예일 대학교 루이스 월폴 도서관.

그림 20.1 http://en.wikipedia.org/wiki/John_Law_%28economist%29#/media/File:John_Law-Casimir_Balthazar_mg_8450.jpg.

그림 21.2 예일 대학교 루이스 월폴 도서관.

그림 22.1 1886: 쥘 다비드샤사뇰(Jules David-Chassagnol) 기증, 프랑스 파리; 1893: 벨기에 왕립미술관 취득. http://commons.wikimedia.org/wiki/File:Jacques-Louis_David_-Marat_assassinated_-Google_Art_Project_2.jpg.

그림 22.2 https://commons.wikimedia.org/wiki/File:Wheat_Row_-Washington,_D.C..jpg.

그림 23.2 헨리 로웬펠드. *Investment, an Exact Science.*

그림 24.1 스와이어 친(Swire Chin).

그림 25.1 ⓒ Valeriya|Dreamstime.com-구 페테르부르크 증권거래소 정문 사진.

그림 26.1 영국 국립초상화박물관, 런던.

그림 27.1 테네시주 내슈빌 소재 피스크 대학(Fisk University) 및 아칸소주 벤튼빌 소재 크리스털브리지 미국예술박물관(Crystal Bridges Museum of American Art) 공동소장품인 앨프리드 스티글리츠 작품집. 에드워드 로비슨 3세(Edward C. Robison III) 촬영.

그림 27.2 ⓒ 앤 페리(Ann Parry)/Ann-Parry.com.

그림 28.1 코넬 대학교 킬 센터(Kheel Center). 1963년 전후에 앨런 베어든(Alan J. Bearden)이 촬영.

그림 29.1 마코위츠. *Portfolio Selection: Efficient Diversification of Investments*, John Wiley & Sons Ltd.

* 다음 그림 출처는 저자 개인 소장품임.
 1부 그림, 4부 그림, 그림 2.3, 7.1, 8.1, 8.5, 8.6, 11.1, 12.1, 12.2, 15.2, 17.2, 21.1, 23.1

옮긴이의 글

회계법인과 금융회사에서 꽤 오래 일했지만 회계나 금융의 역사에 관심을 가진 적은 거의 없었다. 오늘날의 주식회사가 고대 로마에서 징세인 조합이라는 형태로 등장하여 중세 프랑스와 근대 영국에서 오노르 델 바자클이라는 제분회사와 머스코비 회사로 재출현함으로써 지금의 모습으로 발전했다는 사실을 알든 모르든, 주식을 상장하고 지분 매매를 중개하는 데에는 아무런 영향이 없었다.

"역사는 그 자체로 재미있지만 현재의 척도와 미래의 지침으로도 중요하다"는 표현으로 보건대, 지은이는 앞으로 금융을 개선하고 발전시키는 데 힘을 더하고 싶은 마음에 이 책을 쓴 듯하다. 그렇다. 이 책에서 통찰을 얻어 새로운 영역을 개척해 내는 독자도 분명 있을 것이다.

다만, 나는 그만한 지식과 역량도 부족할뿐더러 여가시간에는 흥미 위주의 독서만 하는 터라 이 책을 옮기면서 조금 다른 것을 얻었다. 제일 달라진 것은 박물관을 방문했을 때 느끼는 감동이다. 오래된 유물일수록 좋다. 박물관에 전시된 주먹도끼를 보았을 때를 상상해 본다. 수십만 년 전, 인류가 수없이 많은 시행착오를 거친 끝에 그만큼 쓸 만한 도구를 만들어 내고 또 발전시켰다는 사실에 새삼 놀란다. 이 보잘것없어 보이는 발명품이 오랜 시간이 흘러 창칼이나 총포 따위의 '최신' 도구로 발전했을 뿐만 아니라 크게는 모든 현대 문명을 낳았다는 생각에 이르면 아득한 전율마저 느낀다.

지은이는 금융은 도시를 낳고, 도시는 금융을 낳았다고 말한다. 다시 말해 금융이란 문명이 '악해지는' 출발점도 아니고, '선해지기 위해' 버릴 수 있는 부속물도 아니다. 문명 그 자체라고 봄이 옳다. 한때는 잉여 생산물이 쌓이고 계급이 등장하면서 문명이 태동하던 시절의 상징으로 고인돌을 제일 먼저 떠올리고는 했었다. 그런데 이 책을 본 뒤로는 점토판에 쐐기문자가 찍힌 금융계약서까지 생각하게 되었다. 심지어 고인돌 주변에는 오래된 옛날의 근로계약서가 묻혀 있을지도 모른다는 상상까지도. 어쩌면 "망치를 손에 쥐면 모든 것이 못으로 보인다"는 말마따나, 경제학을 전공한 회계사로 금융계에서 일하다 보니 이런 경제학·금융학적 주장에 더욱 매료되었는지도 모르겠다.

가끔은 일상의 내 업무를 새로운 눈으로 다시 보게 된다. 신입사원 때부터 지금까지 해 온 재무추정은 이미 4,000년 전부터 존재하던 일이며, 부동산담보대출·선물계약 등 현대의 금융 업무도 벌써 2,000전에 출현했다는 사실을 깨닫고 나면, 일하면서 느끼는 기분이 전과 같지 않다. '지금 내가 하는 일은 문명 그 자체였다'는 턱없이 거창한 고양감, '금융계약서는 피로 쓰였다. 마치 항공 운항 체크리스트처럼' 같이 일견 호들갑스러운 비장함, 그리고 '수천 년 전 그 사람들 때문에 지금 내가 이 고생을 한다'는 말도 안 되는 투정까지. 그래서 '읽지 않아도 일하는 데 아무 지장 없을' 이 책을 번역하는 작업은 남다른 의미가 있었다. 물론 대출계약서가 가끔씩 '살아 있는 화석'으로 보인다고 해서 일의 긴장감과 피로가 가시지는 않았지만, 단순한 지식욕 충족을 넘어 하루 여덟 시간(일하는 시간)의 일상에 새로운 의미를 부여하게 된 귀중한 기회였다.

이 책은 내게 한 가지 의미가 더 있다. 바로, 번역일을 하면서 '원저자에게 직접 연락한 첫 책'이라는 점이다. 동서양의 수천 년을 넘나드는 방대한 정보를 옮기다 보니, 여러 차례 한계를 느꼈다. (그나마 지역 주민에게까지도 개방해 준 서강대학교 로욜라도서관 덕분에 상당한 의문을 해결했다. 개가식 대형 도서관을 이용하지 못했다면 작업이 훨씬 힘들고 번거로웠을 것이다.) 풀지 못한 숙제가 스무 개를 넘어가던 어느 날, 큰 맘 먹고 지은이 괴츠만 교수에게 이메일을 보냈다. 답이 오면 당연히 좋고, 오지 않아도 내가 알아서 하면 된다는 면죄부를 받은 셈이라는 약간은 뻔뻔한 마음가짐으로. 그런데 이게 웬일인가! 한 시간 만에 첫 답장을 받았던 느낌이 지금도 생생하다. 그 후로도 지은이와는 여러 차례 이메일을 통해 직접 의견을 주고받았다. 덕분에 이 책에 담긴 정보 가운데 최소한 '오역일지도 모르겠다고 생각하면서도 써 내려간' 부분은 없다.

명쾌한 답을 얻었던 것도 기뻤지만, 지은이가 친절하고 적극적으로 답해 준 것 또한 감동적이었다. 물론 내가 지은이었어도 내 책이 다른 말로 번역된다는 점, 또 힘들여 쓴 문장을 하나하나 고민해 가면서 읽은 독자가 어딘가에 있다는 사실에 기꺼이 답해 줄 것 같긴 하다. 그러나 세상에는 옮긴이의 질문에 끝내 답장하지 않는 원저자나 또 가여운 학생에게 불친절한 교수가 적지 않다. 반대로 '지은이나 교수는 이런 질문에 답할 시간이 없을 것'이라고 지레짐작하고 혼자서 끙끙 앓다 마는 학생과 옮긴이도 물론 있다. (바로 여기에 있다.) 그런 의미에서 이 책의 번역을 마감하며, 윌리엄 괴츠만 교수, 그리고 괴츠만 교수에게 전달받은 질문에 성의껏 답해 준 발레리 한센 교수와 리처드 폰 글란 교수에게 다시 한번 감사의 말씀을 드리고 싶다.